经纬院士
建德开来
贺教育部
高校文科项目
成果上线

李德成
二〇二一

教育部哲学社会科学研究重大课题攻关项目

中国公民人文素质研究
——数据评析与对策建议

STUDY ON CHINA CITIZEN HUMANE QUALITY:
DATA ANALYSIS AND POLICY RECOMMENDED

石亚军
等著

经济科学出版社
Economic Science Press

图书在版编目（CIP）数据

中国公民人文素质研究——数据评析与对策建议／石亚军
等著 . —北京：经济科学出版社，2009.9
（教育部哲学社会科学研究重大课题攻关项目）
ISBN 978 – 7 – 5058 – 7607 – 1

Ⅰ. 中⋯　Ⅱ. 石⋯　Ⅲ. 公民教育 – 素质教育 – 研究 –
中国　Ⅳ. D648.3

中国版本图书馆 CIP 数据核字（2009）第 001537 号

责任编辑：漆　熠
责任校对：徐领弟　远瑞华
版式设计：代小卫
技术编辑：潘泽新　邱　天

中国公民人文素质研究
——数据评析与对策建议
石亚军　等著
经济科学出版社出版、发行　新华书店经销
社址：北京市海淀区阜成路甲 28 号　邮编：100142
总编部电话：88191217　发行部电话：88191540
网址：www.esp.com.cn
电子邮件：esp@esp.com.cn
北京中科印刷有限公司印装
787×1092　16 开　32 印张　600000 字
2009 年 9 月第 1 版　2009 年 9 月第 1 次印刷
印数：0001—8000 册
ISBN 978 – 7 – 5058 – 7607 – 1　定价：70.00 元
（图书出现印装问题，本社负责调换）
（版权所有　翻印必究）

课题组主要成员

(按姓氏笔画为序)

邓宇　刘俊生　李程伟　张生　郑真江

编审委员会成员

主　任　孔和平　罗志荣
委　员　郭兆旭　吕　萍　唐俊南　安　远
　　　　文远怀　张　虹　谢　锐　解　丹

总　序

哲学社会科学是人们认识世界、改造世界的重要工具，是推动历史发展和社会进步的重要力量。哲学社会科学的研究能力和成果，是综合国力的重要组成部分，哲学社会科学的发展水平，体现着一个国家和民族的思维能力、精神状态和文明素质。一个民族要屹立于世界民族之林，不能没有哲学社会科学的熏陶和滋养；一个国家要在国际综合国力竞争中赢得优势，不能没有包括哲学社会科学在内的"软实力"的强大和支撑。

近年来，党和国家高度重视哲学社会科学的繁荣发展。江泽民同志多次强调哲学社会科学在建设中国特色社会主义事业中的重要作用，提出哲学社会科学与自然科学"四个同样重要"、"五个高度重视"、"两个不可替代"等重要思想论断。党的十六大以来，以胡锦涛同志为总书记的党中央始终坚持把哲学社会科学放在十分重要的战略位置，就繁荣发展哲学社会科学做出了一系列重大部署，采取了一系列重大举措。2004年，中共中央下发《关于进一步繁荣发展哲学社会科学的意见》，明确了新世纪繁荣发展哲学社会科学的指导方针、总体目标和主要任务。党的十七大报告明确指出："繁荣发展哲学社会科学，推进学科体系、学术观点、科研方法创新，鼓励哲学社会科学界为党和人民事业发挥思想库作用，推动我国哲学社会科学优秀成果和优秀人才走向世界。"这是党中央在新的历史时期、新的历史阶段为全面建设小康社会，加快推进社会主义现代化建设，实现中华民族伟大复兴提出的重大战略目标和任务，为进一步繁荣发展哲学社会科学指明了方向，提供了根本保证和强大动力。

高校是我国哲学社会科学事业的主力军。改革开放以来，在党中央的坚强领导下，高校哲学社会科学抓住前所未有的发展机遇，紧紧围绕党和国家工作大局，坚持正确的政治方向，贯彻"双百"方针，以发展为主题，以改革为动力，以理论创新为主导，以方法创新为突破口，发扬理论联系实际学风，弘扬求真务实精神，立足创新、提高质量，高校哲学社会科学事业实现了跨越式发展，呈现空前繁荣的发展局面。广大高校哲学社会科学工作者以饱满的热情积极参与马克思主义理论研究和建设工程，大力推进具有中国特色、中国风格、中国气派的哲学社会科学学科体系和教材体系建设，为推进马克思主义中国化，推动理论创新，服务党和国家的政策决策，为弘扬优秀传统文化，培育民族精神，为培养社会主义合格建设者和可靠接班人，做出了不可磨灭的重要贡献。

自2003年始，教育部正式启动了哲学社会科学研究重大课题攻关项目计划。这是教育部促进高校哲学社会科学繁荣发展的一项重大举措，也是教育部实施"高校哲学社会科学繁荣计划"的一项重要内容。重大攻关项目采取招投标的组织方式，按照"公平竞争，择优立项，严格管理，铸造精品"的要求进行，每年评审立项约40个项目，每个项目资助30万～80万元。项目研究实行首席专家负责制，鼓励跨学科、跨学校、跨地区的联合研究，鼓励吸收国内外专家共同参加课题组研究工作。几年来，重大攻关项目以解决国家经济建设和社会发展过程中具有前瞻性、战略性、全局性的重大理论和实际问题为主攻方向，以提升为党和政府咨询决策服务能力和推动哲学社会科学发展为战略目标，集合高校优秀研究团队和顶尖人才，团结协作，联合攻关，产出了一批标志性研究成果，壮大了科研人才队伍，有效提升了高校哲学社会科学整体实力。国务委员刘延东同志为此做出重要批示，指出重大攻关项目有效调动各方面的积极性，产生了一批重要成果，影响广泛，成效显著；要总结经验，再接再厉，紧密服务国家需求，更好地优化资源，突出重点，多出精品，多出人才，为经济社会发展做出新的贡献。这个重要批示，既充分肯定了重大攻关项目取得的优异成绩，又对重大攻关项目提出了明确的指导意见和殷切希望。

作为教育部社科研究项目的重中之重，我们始终秉持以管理创新服务学术创新的理念，坚持科学管理、民主管理、依法管理，切实增强服务意识，不断创新管理模式，健全管理制度，加强对重大攻关项目的选题遴选、评审立项、组织开题、中期检查到最终成果鉴定的全过程管理，逐渐探索并形成一套成熟的、符合学术研究规律的管理办法，努力将重大攻关项目打造成学术精品工程。我们将项目最终成果汇编成"教育部哲学社会科学研究重大课题攻关项目成果文库"统一组织出版。经济科学出版社倾全社之力，精心组织编辑力量，努力铸造出版精品。国学大师季羡林先生欣然题词："经时济世　继往开来——贺教育部重大攻关项目成果出版"；欧阳中石先生题写了"教育部哲学社会科学研究重大课题攻关项目"的书名，充分体现了他们对繁荣发展高校哲学社会科学的深切勉励和由衷期望。

　　创新是哲学社会科学研究的灵魂，是推动高校哲学社会科学研究不断深化的不竭动力。我们正处在一个伟大的时代，建设有中国特色的哲学社会科学是历史的呼唤，时代的强音，是推进中国特色社会主义事业的迫切要求。我们要不断增强使命感和责任感，立足新实践，适应新要求，始终坚持以马克思主义为指导，深入贯彻落实科学发展观，以构建具有中国特色社会主义哲学社会科学为己任，振奋精神，开拓进取，以改革创新精神，大力推进高校哲学社会科学繁荣发展，为全面建设小康社会，构建社会主义和谐社会，促进社会主义文化大发展大繁荣贡献更大的力量。

教育部社会科学司

前 言

本书是在《中国公民人文素质现状调查与对策研究》课题（项目批准号：03JZD0028）基础上修改而成。《中国公民人文素质现状调查与对策研究》是教育部在2003年首次设立的哲学社会科学研究重大课题攻关项目之一，教育部推行繁荣哲学社会科学计划的这一措施，将被证明是具有前瞻性和战略性的重要贡献，承担这一课题的研究，对于我们来说，是一次历史性和创新性的挑战。

当改革开放进入关键性和显示性阶段时，20世纪90年代中期的中国教育界掀起了向其他领域迅速拓展的人文素质教育热潮，潮击所致，从大学的教学计划到育人过程；从政府的执政理念到治理改革；从媒体的关注层面到报道热点；从小康社会的规划到北京奥运的战略，到处都在传播着人文素质教育的魅力。这种经济和社会越是跨越式发展就越是呼唤着高扬人文精神和提升人文素质的现象，给予我们的是一种警示性联想的启发，把80年代末提出过的在改革中谨防失去不该失去的告诫，强调到更加引人瞩目的视域。今天的中国，创造了世界上经济繁荣的奇迹和社会稳定的奇景，检视这些成果和思考可持续发展时，容易被漠视的是由优良人文素质为核心的民族文化内涵及精神底蕴。外国人看我们并不都是看热闹，许多人是透过经济和社会的发展从中国人文文化中感觉到了深层和长远的压力，这从一种角度提示我们应该怎样珍惜自己的优长。中国人看自己也并不都是看行道，重功利轻人文、重经济轻文化，对履行传承人文传统和培育人文素质的使命缺乏意识和责任的现象比较普遍，现实中公民的人文素质状况和社会的人文精神底蕴存在许多与时代发展不相适应的问题，使总体上繁荣哲学社会科学，传承人文传统和提升人文素质的任务依然艰巨。在中国现代化的进程中，当然要实现经济的现代化、政治的现代化、科技的现代化、文化的现代化、教育的现代化、军事的现代化、社会的现代化等等，然而，更为根本和更为重要的是实现人的现代化。现代化的人最重要的是要具备现代优良的人文素质，善于把握价值、善于创新思维、善于实现发展、善于关爱他人、善于合作共事、善于服务社会，由此才能创造主观愿望与客观规律相符合、新生事物与生态环境相适应、发展力度与基本秩序相照应的经济、政治、科技、文化、教育、军事和社会的现代化。于是，对中国公民人文素质的现状进行全面调查，并对获取的数据作出事实分析和价值判断，据此审视人文素质教育的得失利弊和经验教训，为提高和优化公民人文素质，构建公民人文素质拓展保障机制提出制度安排、内容设置、方法创新、模式探索的思路和路径，成为在哲学社会科学为贯彻落实科学发展观，构建和谐社会，实现全面发展的小康社会作出贡献的重要任务。这一任务的确定，无疑具有前瞻性和战略性。

承担如此重要的课题研究，我们课题组应该做什么，在哪些方面有所作为呢？

我们的任务包括两个部分：一是调查；二是研究。调查任务的目标是，获取中国公民所有群体的人文素质状况的数据，并对公民人文素质的整体状况和分类状况给予符合实际的描述。研究任务的目标是，对同一公民群体人文素质的不同维度进行权重比较，并作出素质结构的判断；对不同公民群体同一人文素质维度进行横向比较，并形成差异分析；对公民人文素质提升保障机制进行实证研究，并建立中国公民人文素质评价体系和发展指数；对影响人文素质的原因和结症进行因果研究，并提出改进和提升人文素质在各个方面的对策建议。完成这些任务，无论是课题的立意和幅度，还是调查的设计和实施，以及研究的视野和工具，都因为没有任何先行成果和经验作为参照，因而需要我们进行历史性和挑战性的项目攻关与理论创造。

调查是否可靠，调查和研究成果能否具有较好的社会效益，将最终决定课题的实际意义和客观价值。为统一调查和研究工作的纲要，首先，对课题进行了三个定位：课题的属性定位是，实证研究与理论研究相统一，基础研究、现状研究与对策研究三结合；课题的受众定位是，所有行业公民分类群体的成员；课题的功能定位是，有利于政府决策、社会各行各业提升自身行业人员素质、公民个体的自省和学习。继而，确定了课题的四个目标：其一，实现"人文素质"理论创新；其二，建立中国公民各分类群体人文素质状态图景；其三，提出提升中国公民人文素质的对策建议；其四，搭建中国公民人文素质互动平台。

经过三年的努力，课题组严格按照标书设计的研究计划，全体成员竭诚合作、倾其全力、严谨工作、扎实调研，高效率、高质量完成了各个阶段和全过程调查任务，随之分步形成高规格、高水平的阶段性成果，最终形成原创性、前沿性、标志性成果。

课题研究充满了困难和挑战，整个过程是我们自身接受教育和不断提高的过程，是攻克难关实现突破的过程，是课题组团队合作的过程，大家以优良人文素质的标准作为要求来进行人文素质现状的调查和对策研究。三年来，许多成员牺牲了平时和寒暑假的休息，废寝忘食，辛勤劳作；许多成员竭诚投入而从不计较报酬；赴西藏的调查员忍耐着强烈的高原反应的困扰，仍精益求精地做好调查工作；有的成员为了求证一个数据反复奔波，与诸如此类令人感动的事迹相联系的，自然是调查工作的责任心和准确度，研究工作的学术性和科学性，使我们有资格向社会提供由这份报告所引领的最终成果。为此，在这里一并向马抗美、解战原、张保生、何向东、刘斌、赵伶俐、都沙、文兵、米健、曾尔恕、许传玺、夏吟兰、宣增益、郑真江、杨玉圣、李程伟、刘俊生、张生、邓宇、郭世佑、孙鹤、王晓宏等同仁表示由衷的感谢。西南大学何向东教授作为课题的主要合作者，负责组织了西部地区的研究工作，他领导的团队撰写了《中国西部人文：文化资源与素质教育》、《中国西部公民人文素质调研报告》两本书，并为总课题的研究作出了重要贡献。

由于本课题是首次设立，我们的探索也是初涉，在经验和水平上难免有许多局限性，研究成果仅是代表我们的一家之见，肯定存在不少瑕疵，很多方面需要进一步完善。如果研究成果能够引起全社会对提高公民人文素质的重视、兴趣和参与，能够在某些方面对加强人文素质教育有咨询和借鉴意义，能够对推动全社会人文素质的提升有一些作用，我们的全部付出就是值得的。在此，敬请社会各界和各位专家批评指正。

摘　要

今天的中国，创造了世界上经济繁荣的奇迹和社会稳定的奇景，检视这些成果和思考可持续发展时，容易被漠视的是由优良人文素质为核心的民族文化内涵及精神底蕴。在中国现代化的进程中，当然要实现经济的现代化、政治的现代化、科技的现代化、文化的现代化、教育的现代化、军事的现代化、社会的现代化等等，然而，更为根本和更为重要的是实现人的现代化。现代化的人最重要的是要具备现代优良的人文素质，善于把握价值、善于创新思维、善于实现发展、善于关爱他人、善于合作共事、善于服务社会，由此才能创造主观愿望与客观规律相符合、新生事物与生态环境相适应、发展力度与基本秩序相照应的经济、政治、科技、文化、教育、军事和社会的现代化。因此，提升公民的人文素质，成为学界的热门话题、教育改革的主题和社会进步与人的全面发展的重大课题。本课题正是基于此背景，针对此问题，采用科学调查方法，在广泛、深入调研的基础上，通过统计工具，选定评价指标，创制指数模型，对中国公民的人文素质现状作以总体描述和客观评价，并有针对性地进行定性和定量的分析、归纳、总结、比较，探究其问题成因，厘清其影响程度，从而为提高中国公民人文素质提出总体战略思路和具体对策建议。

全文共分十六章，按照逻辑顺序，可以分为三个部分：

——基础理论，包括导论和第一章至第五章。导论对课题研究的背景、意义、价值、内容、调查方法、依据等进行总体介绍。第一章对中国公民人文素质概念、特征、特点及其维度等进行界定和梳理，使不同层次读者能够深入浅出地对人文素质有总体了解，并能掌握其本质内涵。第二章对调查中采用的方法、标准、类别等进行界定和说明。如对群体的概念、特点、标准和类别进行界定，对经济、地理和行政区域划分标准进行说明。第三章建立中国公民人文素质评价指标体系，从指标体系的建立、原则和结构等方面对其进行理论介绍，并从评价标准的确定和功能模块的使用等方面进行应用说明。第四章建立了中国公民人文素质发展指数。第五章对中国公民人文素质现状进行指数评价。

——实证分析，包括第六章至第十四章。第六章从性别、年龄、工龄、学历、群体、地区六个方面对中国公民的人文素质作总体分析。第七章至第十二章则分别从以上六个方面进行道德、法律、文史哲、科学、审美、环保等六个维度的具体分析，进而对每一维度进行水平概括。第十三章分析了中国公民人文素质总体状况的成因，对群体间人文素质差异原因进行了比较。第十四章从人力资源、国民经济持续增长、民主法治事业、社会文化事业等方面的影响和效应进行深入分析，从而从宏观到微观、总体到具体、一般到特殊对中国公民人文素质的现状进行分析、挖掘、探因、反思。

——对策建议，包括第十五章和第十六章。第十五章从战略思路层面提出了加强中国公民人文素质建设的基本思路，明确了总体目标、指导思想、基本原则和总体措施。第十六章从具体对策角度，在加强教育体系建设、创新活动载体、发挥网络媒体作用、开发整合文化资源、着力政府工作机制等方面提出加强中国公民人文素质建设的具体对策。

课题对中国公民人文素质的现状进行全面调查，并对获取的数据作出事实分析和价值判断，据此强调提高人文素质对于实践科学发展观和构建和谐社会的重要意义，审视人文素质教育的得失利弊和经验教训，为提高和优化公民人文素质，构建公民人文素质拓展保障机制提出了制度安排、内容设置、方法创新、模式探索的建设性意见和具体措施。

Abstract

Nowadays China creates the miracle of economic prosperity and the marvel of social stability. When these achievements are inspected and the sustainable development is reflected, what is easily ignored is the national cultural connotation and spiritual deposits whose kernel is the excellent humane quality. In the progress of China's modernization, in addition to the modernization of economy, politics, science and technology, culture, education, military force as well as society, it is more fundamental and important to realize the modernization of human himself. As far as the good humane quality of modernized human is concerned, the most important quality includes a good mastery of value, strong ability of creative thoughts, high potential for development, showing solicitude for others, teamwork spirit as well as responding to social needs. Only by this can the modernization of economy, politics, science and technology, education, military force and society be achieved in which the subjective wishes are in conformity with objective laws, the newborn things fit in with ecological environment, and the development pace coordinates with the basic order of society. Therefore, the improvement in citizens' humane quality has become a hot topic of the academic circle. It is also recognized as the keynote of educational reform as well as a significant task of social progress and all-round development of humankind.

In such context, the research employs scientific methods to conduct wide-ranging and in-depth investigation. With the help of statistical tools, a set of assessment indicators was picked out to develop index model, for an overall description and objective evaluation of status quo of humane quality of the Chinese citizens. By making qualitative and quantitative analysis, inducing, summarization comparison and probing into causes of problems, the degree of influence is clarified, which helps generate overall strategic approaches and concrete countermeasure proposals to enhance the humane quality of

Chinese citizens.

By logical order, the dissertation is divided into three parts comprising 16 chapters. The three parts are: Fundamental Theory, Empirical Analysis and Countermeasure Proposals.

Fundamental Theory is composed of the Introduction and Chapter One to Five. Introduction gives an overall description of background, significance, value, contents, methods for investigation, and basis of the research. Chapter One defines and clarifies the concept, characteristics, features and dimensions of Chinese citizens' humane quality which facilitate readers' understanding of the concept of humane quality, as well as the grasping of essential connotation of the concept. Chapter Two defines and illuminates the methods, standards, categories and so forth applied in the investigation. For example, the concept, characteristics, standards and categories of "group" are clarified; the delimitation standards of economic, geological and administration region are illuminated. Chapter Three develops the indicator system for evaluation of Chinese citizens' humane quality. This chapter gives theoretical explanation on the establishment, principles and structure of indicator system and demonstrates the application of assessment standards establishment and the use of functional modules. Chapter Four provides development index of Chinese citizens' humane quality. Chapter Five conducts index evaluation on the Chinese citizens' humane quality.

Empirical Analysis is composed of Chapter Six to Fourteen. Chapter Six gives an overall analysis of Chinese citizens' humane quality from six aspects of gender, age, working age, academic qualification, group and region. Chapter Seven to Twelve provide specific analysis of the aforesaid six aspects in six dimensions, i.e., morality, law, literature, history and philosophy, science, esthete and environmental protection. Chapter Thirteen analyzes the causes of the overall situation of Chinese citizens' humane quality, and compares the reasons of humane quality differences among various groups. Chapter Fourteen makes in-depth analysis of influence and effect of human resources, sustained growth of national economy, democracy and rule of law, social and cultural undertakings on Chinese citizens' humane quality, and analyzes, grubs, probes and reflects, macroscopically and microscopically, overall and concretely, generally and specifically, the status quo of Chinese citizens' humanity quality.

Countermeasure Proposals is composed of Chapter Fifteen to Sixteen. Chapter Fifteen raises the basic idea for strengthening the construction of Chinese citizens' humane quality from the perspective of strategic thinking, and clarifies the overall objective, guiding ideology, basic principles and general measures. Chapter Sixteen proposes specific countermeasures for improving Chinese citizens' humane quality which include strengthening the construction of educational system, innovating activity carriers, giving play to online media, exploiting and integrating cultural resources, placing emphasis on the improvement in governmental working mechanism and so forth.

The research emphasizes the significance of improving humane quality to the fulfillment of scientific outlook on development as well as the building of harmonious society by making factual analysis and value assessment of data acquired from all-round investigation into the current situation of Chinese citizens' humane quality, scrutinizes the gains and losses, lessons and experience of humane quality education, and provides constructive suggestions and specific measures on aspects of system arrangement, contents set-up, methods innovation and model exploration for improving and optimizing citizens' humane quality and building guarantee mechanism for the expansion of citizens' humane quality.

目 录

导 论　1

第一章 ▶ 中国公民人文素质概念　35
　第一节　人文概念及其扩展形态　35
　第二节　人文素质概念及其特征　37
　第三节　中国公民人文素质概念特点及其维度　38

第二章 ▶ 中国公民人文素质调查　40
　第一节　按群体分层调查　40
　第二节　按地区分层调查　42

第三章 ▶ 中国公民人文素质评价指标体系　44
　第一节　中国公民人文素质评价指标体系概述　44
　第二节　中国公民人文素质评价指标体系的应用　68

第四章 ▶ 中国公民人文素质发展指数体系　71
　第一节　中国公民人文素质发展指数体系概述　71
　第二节　人文素质发展指数的计算　75
　第三节　人文素质发展指数体系的构成　77

第五章 ▶ 人文素质评价指标体系和发展指数体系综合评价　81
　第一节　不同群体人文素质发展指标和指数的总体评价　81
　第二节　不同地区人文素质评价指标和发展指数的总体评价　84

第六章 ▶ 中国公民人文素质总体分析　90

第一节　按性别构成所作的人文素质发展总体分析　97
第二节　按年龄构成所作的人文素质发展总体分析　98
第三节　按工龄构成的人文素质发展总体分析　99
第四节　按学历构成的人文素质总体分析　100
第五节　按群体构成所作的人文素质总体分析　101
第六节　按地区构成所作的人文素质总体分析　103

第七章 ▶ 中国公民人文素质发展的道德维度分析　104

第一节　按性别构成的道德维度分析　104
第二节　按年龄构成的道德维度分析　115
第三节　按工龄构成的道德维度分析　127
第四节　按学历构成的道德维度分析　137
第五节　按群体构成的道德维度分析　148
第六节　按区域构成的道德维度分析　164
第七节　中国公民道德素质水平概括分析　174

第八章 ▶ 中国公民人文素质发展的法律维度分析　177

第一节　按性别构成的法律维度分析　177
第二节　按年龄构成的法律维度分析　184
第三节　按工龄构成的法律维度分析　190
第四节　按学历构成的法律维度分析　195
第五节　按群体构成的法律维度分析　201
第六节　按区域构成的法律维度分析　210
第七节　中国公民法律素质水平概括分析　214

第九章 ▶ 中国公民人文素质发展的文史哲维度分析　217

第一节　按性别构成的文史哲维度分析　217
第二节　按年龄构成的文史哲维度分析　226
第三节　按工龄构成的文史哲维度分析　234
第四节　按学历构成的文史哲维度分析　244
第五节　按群体构成的文史哲维度分析　254
第六节　按区域构成的文史哲维度分析　267

第七节　中国公民文史哲素质水平概括分析　276

第十章 ▶ 中国公民人文素质发展的科学维度分析　278

第一节　按性别构成的科学维度分析　278
第二节　按年龄构成的科学维度分析　285
第三节　按工龄构成的科学维度分析　290
第四节　按学历构成的科学维度分析　296
第五节　按群体构成的科学维度分析　303
第六节　按区域构成的科学维度分析　312
第七节　中国公民科学素质水平概括分析　317

第十一章 ▶ 中国公民人文素质发展的审美维度分析　320

第一节　按性别构成的审美维度分析　320
第二节　按年龄构成的审美维度分析　325
第三节　按工龄构成的审美维度分析　330
第四节　按学历构成的审美维度分析　335
第五节　按群体构成的审美维度分析　340
第六节　按区域构成的审美维度分析　347
第七节　中国公民审美素质水平概括分析　351

第十二章 ▶ 中国公民人文素质发展的环保维度分析　354

第一节　按性别构成的环保维度分析　354
第二节　按年龄构成的环保维度分析　358
第三节　按工龄构成的环保维度分析　363
第四节　按学历构成的环保维度分析　368
第五节　按群体构成的环保维度分析　373
第六节　按区域构成的环保维度分析　380
第七节　中国公民环保素质水平概括分析　384

第十三章 ▶ 中国公民人文素质成因分析　386

第一节　我国公民人文素质总体状况的成因分析　389
第二节　我国公民职业群体人文素质差异的成因　397

第十四章 ▶ 我国公民人文素质的效应分析　408

第一节　我国公民人文素质的人力资源效应　408

第二节　我国公民人文素质对国民经济可持续增长的影响　413
　　第三节　我国公民人文素质对民主法治事业的影响　419
　　第四节　我国公民人文素质对社会文化事业的影响　424

第十五章　加强中国公民人文素质建设的基本思路　429
　　第一节　加强中国公民人文素质建设的总体目标　429
　　第二节　加强中国公民人文素质建设的基本原则　433
　　第三节　加强中国公民人文素质建设的主要抓手　436

第十六章　加强中国公民人文素质建设的具体对策　440
　　第一节　加强公民人文素质教育体系建设　440
　　第二节　创新公民人文素质建设活动载体　447
　　第三节　发挥并规范网络及其他媒体的作用　451
　　第四节　开发整合公民人文素质建设所需文化资源　452
　　第五节　着力加强政府工作机制建设　456

参考文献　475

后记　479

Contents

Introduction   1

Chapter 1   Concept of Chinese Citizens' Humane Quality   35
   1. Concept of Humanity and Its Expanded Forms   35
   2. Concept of Humane Quality and Its Characteristics   37
   3. Characteristics and Dimensionality of Chinese Citizens' Humane Quality   38

Chapter 2   Investigation into Chinese Citizens' Humane Quality   40
   1. Delamination Survey by Colony   40
   2. Delamination Survey by Region   42

Chapter 3   Evaluation Index System of Chinese Citizens' Humane Quality   44
   1. A Brief Introduction to the Evaluation Index System   44
   2. Application of the Evaluation Index System   68

Chapter 4   Chinese Citizens' Humane Quality Development Index (**HQDI**)   71
   1. A Brief Introduction to HQDI   71
   2. Calculation of HQDI   75
   3. Composition of HQDI System   77

Chapter 5   Synthetic Evaluation of Chinese Citizens' Humane Quality Index System and HQDI System   81
1. A Collective Evaluation of the Index System and HQDI among Colonies   81
2. A Collective Evaluation of the Index System and HQDI among Regions   84

Chapter 6   A Collective Analysis of Chinese Citizens' Humane Quality   90
1. Analysis on Chinese Citizens' Humane Quality by Gender   97
2. Analysis on Chinese Citizens' Humane Quality by Age   98
3. Analysis on Chinese Citizens' Humane Quality by Length of Service   99
4. Analysis on Chinese Citizens' Humane Quality by Educational Background   100
5. Analysis on Chinese Citizens' Humane Quality by Colony   101
6. Analysis on Chinese Citizens' Humane Quality by Region   103

Chapter 7   Analysis on Chinese Citizens' Humane Quality by Ethical Dimensionality   104
1. Ethical Dimensionality Analysis by Gender   104
2. Ethical Dimensionality Analysis by Age   115
3. Ethical Dimensionality Analysis by Length of Service   127
4. Ethical Dimensionality Analysis by Educational Background   137
5. Ethical Dimensionality Analysis by Colony   148
6. Ethical Dimensionality Analysis by Region   164
7. Recapitulative Analysis of Ethical Quality of Chinese Citizens   174

Chapter 8   Analysis of Chinese Citizens' Humane Quality by Law Dimensionality   177
1. Law Dimensionality Analysis by Gender   177
2. Law Dimensionality Analysis by Age   184
3. Law Dimensionality Analysis by Length of Service   190
4. Law Dimensionality Analysis by Educational Background   195

5. Law Dimensionality Analysis by Colony   201
  6. Law Dimensionality Analysis by Region   210
  7. Recapitulative Analysis of Law Quality of Chinese Citizens   214

Chapter 9   Analysis of Chinese Citizens' Humane Quality by Literature, History and Philosophy Dimensionality   217
  1. Literature History and Philosophy Dimensionality Analysis by Gender   217
  2. Literature History and Philosophy Dimensionality Analysis by Age   226
  3. Literature History and Philosophy Dimensionality Analysis by Length of Service   234
  4. Literature, History and Philosophy Dimensionality Analysis by Educational Background   244
  5. Literature, History and Philosophy Dimensionality Analysis by Colony   254
  6. Literature, History and Philosophy Dimensionality Analysis by Region   267
  7. Recapitulative Analysis of Literature, History and Philosophy Quality of Chinese Citizens   276

Chapter 10   Analysis of Chinese Citizens' Humane Quality by Science Dimensionality   278
  1. Science Dimensionality Analysis by Gender   278
  2. Science Dimensionality Analysis by Age   285
  3. Science Dimensionality Analysis by Length of Service   290
  4. Science Dimensionality Analysis by Educational Background   296
  5. Science Dimensionality Analysis by Colony   303
  6. Science Dimensionality Analysis by Region   312
  7. Recapitulative Analysis of Science Quality of Chinese Citizens   317

Chapter 11   Analysis of Chinese Citizens' Humane Quality by Esthetics Dimensionality   320
  1. Esthetics Dimensionality Analysis by Gender   320

2. Esthetics Dimensionality Analysis by Age　　325
   3. Esthetics Dimensionality Analysis by Length of Service　　330
   4. Esthetics Dimensionality Analysis by Educational Background　　335
   5. Esthetics Dimensionality Analysis by Colony　　340
   6. Esthetics Dimensionality Analysis by Region　　347
   7. Recapitulative Analysis of Esthetics Quality of Chinese Citizens　　351

Chapter 12　Analysis of Chinese Citizens' Humane Quality by Environmental Protection Dimensionality　　354
   1. Environmental Protection Dimensionality Analysis by Gender　　354
   2. Environmental Protection Dimensionality Analysis by Age　　358
   3. Environmental Protection Dimensionality Analysis by Length of Service　　363
   4. Environmental Protection Dimensionality Analysis by Educational Background　　368
   5. Environmental Protection Dimensionality Analysis by Colony　　373
   6. Environmental Protection Dimensionality Analysis by Region　　380
   7. Recapitulative Analysis of Environmental Protection Quality of Chinese Citizens　　384

Chapter 13　Analysis of Contributing Factors of Chinese Citizens' Humane Quality　　386
   1. Analysis of Contributing Factors of Chinese Citizens' Humane Quality from a Holistic Perspective　　389
   2. Analysis of Contributing Factors of Differences among Professional Colony of Chinese Citizens　　397

Chapter 14　Effect and Influence Analysis of Chinese Citizens' Humane Quality　　408
   1. Effect and Influence on Human Resources　　408
   2. Effect and Influence on Sustainable Growth of GDP　　413
   3. Effect and Influence on Democracy and Rules of Law　　419
   4. Effect and Influence on Social and Cultural Undertaking　　424

Chapter 15   Basic Idea for Strengthening the Construction of Chinese Citizens' Humane Quality   429

1. Overall Objective for Improving Chinese Citizens' Humane Quality   429
2. General Principle for Improving Chinese Citizens' Humane Quality   433
3. Major Approach to Improving Chinese Citizens' Humane Quality   436

Chapter 16   Specific Measures to Strengthen the Construction of Chinese Citizens' Humane Quality   440

1. Strengthening the Construction of Humane Quality Educational System   440
2. Innovating Activity Carrier for Humane Quality Construction   447
3. Giving Play to and Regulating the Functions of Network and Other Media   451
4. Developing and Integrating Cultural Resource Needed for the Construction of Humane Quality   452
5. Reinforcing the Construction of Government Working Mechanism   456

References   475

Postscript   479

导　论

一、研究背景及价值

（一）研究背景

党的十六大和十六届六中全会站在时代发展潮流的最前端，规划了涉及国家和民族未来前景的三个战略目标：一是全面建设小康社会，二是在中国特色社会主义道路上实现中华民族的伟大复兴，三是构建社会主义和谐社会。社会的全面小康、民族的伟大复兴、社会的整体和谐相辅相成，不仅是并列的奋斗目标，而且是并行的创造过程。数以亿计的高素质劳动者、数以千万计的专门人才和一大批拔尖创新人才既是过程的创造者，又是目标的实现者，他们的人文素质能否适应历史使命的要求，在根本上决定着小康社会的进程和成效，民族复兴的强度和水平，和谐社会的质量和规格。于是，提升公民的人文素质，成为学界的热门话题、教育改革的主题和社会进步与人的全面发展的重大课题。

其实，在20世纪后期，世界上的许多有识之士理性地思考如何超越工业革命尤其是科技革命带来的诸多社会困扰时，从历史和现实的连线中找到了通向柳暗花明大门的钥匙。人们清楚地认识到，四大文明古国的成就取决于优良的人文素质孕育了深厚的文化底蕴，中国曾经独领风骚一千多年的"四大发明"得益于优良而发达的人文传统，而当代所有经得起历史检验的经济、科技、社会的发展奇观，都无疑建立在科学精神与人文素质的内在张力之上。在这一背景下，高扬社会的人文精神，提升公民的人文素质被作为关系到国家和民族发展的命脉问题响亮地呼之而出。

高等教育界最先成为这一趋势的代表，20世纪90年代中叶，世界各国在制订面向21世纪高等教育改革和发展规划时，都不约而同地把培养人才的关键目标定在了提高综合基本素质上，其中，特别强调了人文素质的核心地位。1994年8月，《中共中央关于进一步加强和改进学校德育工作的若干意见》颁发并第一次以中央文件形式提出了加强素质教育。1994年，以杨叔子院士、路甬祥院士、黄楠森教授等著名学者为代表，强烈呼吁加强大学生和公民人文素质培养，以后，52所高校开展大学生文化素质教育的试点工作，并成为"国家大学生文化素质教育基地"。1995年，前国家教委在全国全面实施《高等教育面向21世纪教学内容和课程体系改革计划》，加强文化素质教育成为其中的重点项目。1999年，经国务院批准教育部发布实施《面向21世纪教育振兴行动计划》，启动了"跨世纪素质教育工程"。2001年10月，在来自20多个国家的"中外大学校长论坛"上，大家达成了这样的共识：21世纪大学的核心是科学教育与人文教育的协调统一，弘扬人文精神是高等教育更深层次的历史使命。

在这一系列重要事件的启发和引领下，高等学校充分运用人才资源和学术智慧，凝练了人文素质研究的方向，汇聚了人文素质教育的队伍，建立了人文素质研究和教育的平台，推动人文素质教育课程和活动从无到有，人文素质教育教材和读物从简到精，人文素质教育方法和技术从弱到强，形成了高等学校人文素质教育的完整体系，推出了一大批包括学术论文、学术专著、教材、课件、辅助资料、咨询报告的研究成果。

然而，综观公民人文素质在全社会范围的关注和研究状况，总体上呈现出意识不强、统筹不够、成果不丰和实效不显的局限，主要表现为六多六少：局部研究多全局研究少、个别研究多整体研究少、定性分析多定量分析少、单体研究多比较研究少、逻辑分析多历史分析少、泛泛而论多深入研究少。这些局限集中反映在两个方面：一是对公民人文素质现状缺乏调查，尤其是全面、科学、准确的调查；二是对人文素质的基本理论和教育方法缺乏具有广度与深度的研究，具体表现为：

第一，虽然有的学者和机构开展过一些调查，但是主要是集中于大学生等特定人群。已有调查的缺失在于，即使是针对大学生人文素质的调查，也往往局限于个别或部分地区、个别或部分高校、个别或部分专业系科，缺乏覆盖这一群体的全面性；更为缺乏的是，对全国公民各分类群体的全面调查，不掌握中国公民人文素质的整体数据。另外，已有的调查报告大都局限于零散的现象描述，缺乏充分的实证研究与系统深入的学术提炼，其学术价值和实践意义有待加强。

第二，对于人文素质的理论研究，尚未有比较系统的梳理和论证，直接性的学术对话也不多见。关于人文素质，有的视为人文知识素养或传统文化修养；有的理解为对人的生存意义与价值的关注；有的说是人所具有的人文综合素质，还有的说就是区别于科学素质的人的素质；有的等同于思想道德素质，还有的与科学素质混为一谈。关于人文素质教育，大都没有意识到人文知识、人文素养和人文形态的区别和联系，以致大多数高等学校人文素质教育的全部着眼点和着力点都落在人文知识的灌输和普及上，忽视了人文知识向人文素养的内化，以及人文素养向人文形态的外化。

第三，多数人文素质教育的文章主要是限于高等学校特别是理工科学校的人文素质教育，深层次、高水平研究成果尚待呼出，研究其他群体的成果更不多见。

实现全面发展的小康社会、中华民族的伟大复兴、社会主义和谐社会，迫切需要提高全体中国公民的人文素质，提高全体中国公民的人文素质迫切需要明了超越性方向和路径，明了超越性方向和路径迫切需要了解中国公民人文素质的现状，这三个迫切需要归结到一点，凸显出本课题的逻辑必然和价值是由。

（二）研究价值

1. 学术价值

（1）通过学科内部的纵向延伸和学科之间的横向关联，运用哲学、历史学、教育学、社会学、心理学、政治学、人口学、文化学、艺术学、美学、民俗学、管理学等学科的综合知识，厘定"人文素质"的基本概念，系统梳理人文素质、人文主义、人文精神的内涵与外延，诠释人文素质与公民整体素质、人文素质与现代化、传统文化与现代化等关系，构建人文素质的基本范式和理论架构，形成理论研究的学术价值。

（2）拓宽调研时空，扩展实证研究学术视野，通过科学抽样完整获取中国公民人文素质的状态数据，建立可供政府、学校、企业、各种社会组织进行决策咨询、学术研究、人才培养、队伍建设、绩效考核通用的科学性、综合性、可操作性的数据库，形成资讯运用的学术价值。

（3）整合人文社会科学与自然科学的研究方法和手段，创建中国公民人文素质评价体系，对公民各分类群体或个体的人文素质进行水平评价，创建中国公民人文素质发展指数，对公民各分类群体的人文素质发展速率和效益进行比较评价，形成考评实施的学术价值。

（4）系统概括中外人文素质教育的制度变迁，总结其经验教训，揭示人文知识、人文素养、人文形态三个界面的异同，以及由人文知识向人文素养的内化，再由人文素养向人文形态的外化的规律，探索人文素质教育的崭新理念、流程、方法和模式，构架中国公民人文素质教育的理论结构，形成教育改革的学术价值。

（5）运用多学科和跨学科的学术理念、专业术语、研究原则、调查方法、技术路线，建立面向全国公民各个分类群体的调查体系，为国内类似课题研究提供范本，为类似课题研究的国际对话提供平台，形成交流互动的学术价值。

2. 实践价值

（1）有利于进一步了解国情，检验我国改革开放与现代化进程中所取得的成果及所存在的问题，以理论性资源为政府部门制定相应政策提供客观翔实的数据，以及针对性与说服力较强的对策建议，引起国家和社会民众对我国公民人文素质状况的密切关注，强化政府、企事业单位、社会组织、家庭对提高公民人文素质的责任。

（2）有利于以系统梳理实践性资源为挖掘与抢救民族文化的优秀成分，摒弃其糟粕提供社会责任的压力和社会义务的动力，从而促进民族文化的整合与创新，增进民族的自信心与竞争力。

（3）有利于促进公民建立一套坚持以热爱祖国为荣、以危害祖国为耻，以服务人民为荣、以背离人民为耻，以崇尚科学为荣、以愚昧无知为耻，以辛勤劳动为荣、以好逸恶劳为耻，以团结互助为荣、以损人利己为耻，以诚实守信为荣、以见利忘义为耻，以遵纪守法为荣、以违法乱纪为耻，以艰苦奋斗为荣、以骄奢淫逸为耻的精神性范畴体系，促进社会主义荣辱观的普及。

二、研究思路及路径

（一）研究思路

（1）以人文素质概念的确定为逻辑起点，以中国公民人文素质的现状概括和分析为逻辑主线，以提升中国公民人文素质并促进人的全面发展和现代化建设的对策建议为逻辑落点，推进两个战略过程和六个战役阶段，即现状调查过程及其史学梳理、理论准备阶段，要素分解、指标界定阶段，数据收集、统计分析阶段，对策研究过程及其现状分析、对策研究阶段，数据导入、实证检验阶段，网库建设、资源共享阶段。

（2）课题组划分五个子课题组，现状调查阶段共同参与，全面进入角色，找准感觉，掌握数据。对策研究阶段按照最终成果的要求分别承担攻关任务，最后整体推进。子课题组与总课题组之间、子课题组之间的工作遵循服从指挥与独立工作相统一、规范性计划与创造性工作相统一、个人能力与团队能量相统一、权利与义务相统一、稳定性结构与滚动性调整相统一、阶段性工作与整体性工作相统一的原则。

（3）在社会调查中，抓住科学调查问卷的设计、恰当调查样本的确定、正确调查方式的选取这三个关键，结合经济、政治、地理、文化、教育、宗教、风俗等背景因素，统筹城市与村镇、发达与欠发达、传统都市与新兴城市、都市与边陲、山区与湖区、道路沿线与偏僻村落、杂居人群与自然村落的关系，形成调查问卷、样本和方式在维度结构、地区结构、数量结构的合理化和趋优化。

（4）在现状分析中，首先将统计描述与人文描述相统一、定量描述与定性描述相统一，对调查资料分别进行共时性和历时性相结合的分类描述（含交叉分类）与整体概述，梳理各行各业公民人文素质现状的主流、支流与潜流，建立相关数据库及评价指标体系。然后采用结构—功能分析与行为科学方法相结合，逻辑分析与历史分析相结合，相关分析与因果解释相结合，时间与空间比较相结合，学科定向研究与跨学科综合研究相结合，分析各分类群体人文素质的特点、相关性、因果联系及其影响。

（5）在对策研究中，运用哲学、历史学、教育学、社会学、心理学、管理学、文化学、人类学以及系统论、决策论、博弈论等相关理论与方法，总结公民人文素质中的优良成分及其形成的原因和经验，明确存在的缺陷和不足及其相关的原因和教训，并根据应然性与可能性相结合、科学性与导向性相结合、紧迫感与自信心相结合的原则，提供针对性、学术性与操作性较强的建议，提出在一定周期内可望解决的途径与方法。

（二）研究路径

1. 课题开题

2003 年 12 月 31 日，课题组召开开题报告会，充实完善了工作方案，调整组成了包括北京师范大学、西南师范大学在内的五个子课题组，明确了任务，进行了分工。会议一致认为，研究工作分为两大阶段：一是 2005 年 9 月前，开展全国范围内的较大规模抽样调查，获取准确的、覆盖面全的、有代表性的详尽数据；二是 2006 年年底前，进行认真深入的科学研究，形成若干学术论著等最终成果。

2004 年寒假期间，各子课题组分别就公民人文素质的核心理论问题和群体调研问题展开了深入讨论，设计了子课题工作方案，完成了人文素质论文资料库和书籍资料库。

2. 问卷设计

2004 年 2~6 月，集多学科力量研究、设计、制定中国公民人文素质调查指标体系、调查问卷、调查执行方案，共召开近 30 次会议，在公民群体分类、职业分类、调查区域、对象规模、调查方式、调查实施、问卷设计等核心问题上取得重要成果，仅问卷的设计就进行了 18 次修改。

2004 年 6 月 23 日，课题组在京召开会议，经过专家的反复论证，最终确定了"中国公民人文素质调查问卷设计一览表"、"中国公民人文素质调查问卷"（见附件一、附件二）。

3. 试验调查

为了确保调研工作准确有效，决定于2004年暑期在北京地区开展预调查。2004年6月24日至7月10日，制定了预调查工作手册，对预调查的抽样方案、调查群体、调查程序等进行了详细的安排，组建了有36名学生参与的调查队伍。

2004年暑假期间，对北京市3 300余名市民进行了预调查。

2004年9～10月底，建立了预调查数据库，形成了预调查统计报告。

4. 充实完善

针对预调查中出现的问题，对调查的方法、途径、要点、经验进行了总结，对问卷的问题做了进一步的论证，修改并最终确定了调查问卷。在此基础上，调整、充实、完善了全国调查的总体方案，并就问卷的制作、机读卡的制作、问卷统计与分析软件的制作、调查队伍的组建、全国各地合作网络的构建、课题标识和小礼品的制作进行了充分、扎实的准备。其间，召开各种研讨会、论证会、协调会共计10余次。

5. 全国调查

2004年11月，总课题组启动全国调查工作，调查工作计划面向全国31个省份、30个公民分类群体、33 000余人开展调查。2004年12月，课题组分别在北京地区和重庆地区选拔了380多名调查员，组成124个调查组。2004年1月至2005年3月，在全国各个省份开展了全面调查工作。

调查对象：11个大类群体30个小类群体，11个大类群体分别为：农民、工人、企业管理人员、商业人员、公务员、教师、学生、文化卫生从业人员、第三部门、科技人员及其他群体。

调查地区：全国31个省、自治区、直辖市，每个群体抽取一个发达城市和一个欠发达城市作为调查地区。

抽样方式：随机抽取。

调查规模：在每个省份调查30个小类群体的情况，每个小类群体分别在一个发达城市和一个欠发达城市调查，每个小类群体分别调查18人。总计每个省份调查1 080人，全国总共调查33 480人。

被调查单位数量：每个省份均抽取30个发达地区的调查单位和30个欠发达地区的调查单位作为调查对象，全国总共抽取1 860个基本调查单位。

调查内容：问卷调查为主，个别访谈为辅。每个群体均使用统一的调查问卷进行调查，即"中国公民人文素质调查问卷"；个别访谈采取"格式文件"的形式，即编制包含问卷六个维度的统一的个别访谈表，调查员在调查过程中根据编制的格式表格的内容进行访谈。

调查证明：每个基本调查单位的调查均要求在问卷档案袋上签字盖章并有相

关照片辅助说明调查确实已经进行,另外,所有抽取的调查单位均要求填写联络方式,以便核查调查确实进行。

调查时间:2004年1月至2005年3月。

上述阐述的调查工作已经进行完毕,落实的情况为:原计划在全国调查1 860个基本单位,最后调查1 845个基本单位,15个调查单位最后确认不合格作废;原计划在全国调查调查33 480人,最后收取的有效问卷为32 504份,占97.1%。

6. 数据统计

2005年4~7月,对3 600袋卷宗资料进行了统计、分析,并完整建立了共32 504条记录的全国公民人文素质调查数据库,正式完成了《中国公民人文素质现状调查统计报告》。

《中国公民人文素质现状调查统计报告》分为4册,共计1 700多页约80万字,是在采集全国31个省、自治区、直辖市调查数据的基础上进行的一个统计报告,统计软件为社会科学统计软件SPSS。

本统计报告按照问卷设计维度表的顺序进行统计,分为道德素质维度、法律素质维度、文史哲素质维度、科学素质维度和审美素质维度等六个一级维度分类进行统计,每个维度基本按照意识、行为、常识等二级维度进行统计。

统计报告的第一册主要介绍本次调查抽样情况、各个省份的调查问卷回收情况、各个省份的调查辅助证明材料的回收情况,并对全国调查的基本情况进行了统计;第二册主要是分群体、分性别进行单项交叉统计;第三册主要是分群体、分地区进行单项交叉统计;第四册主要是分群体、分文化程度进行单项交叉统计。

本统计数据是对中国公民人文素质状况进行研究的最直接依据,统计报告是撰写调查报告和学术论著的重要依据,初步具有以下价值:

(1)维度类型研究价值:本统计报告根据不同的维度分类进行统计,可以便利地观测各个群体在不同维度上选择情况,了解各个群体的道德素质、法律素质、文史哲素质、科学素质和审美素质等方面的情况;

(2)群体差异研究价值:本统计报告侧重于群体情况的分析,对11个大类群体30个小类群体分性别、分地区、分文化程度进行比较分析,可以直观地观察各个群体的人文素质状况,并可以针对不同的群体进行群体间的比较分析;

(3)地区差异研究价值:本统计报告划分发达和欠发达两个类型,对不同地区水平的被调查者的选择情况进行统计;将来也可以根据研究的需要,划分东西部、南北方进行不同地区进行统计分析;

(4)性别差异研究价值:本统计报告划分男性公民和女性公民两个性别类

型进行统计，各个群体均对其不同性别的选择情况进行了统计；

（5）文化程度差异研究价值：本统计报告划分小学、初中、高中、本科、硕士、博士六个类别文化程度进行统计，提供不同文化程度群体的选择状况。

本统计报告除了总体情况统计外，在第二册、第三册、第四册对各个群体在性别类型、地区类型、文化程度类型等方面的选择情况进行了细致的统计，可以直接了解社会各个阶层、各个群体的人文素质状况，相信在社会各个阶层、各个群体中开展人文素质教育具有重要的指导意义。

7. 调查鉴定

2005年7~9月，对统计报告的数据进行进一步归类、提炼整理，我们进行对策研究形成了40万字的《中国公民人文素质统计分析报告》。10月，在北京召开了调查数据鉴定会，来自北京大学、中国人民大学、北京师范大学、中国社会科学院的学科专家听取了课题组的汇报，查阅了调查工作的所有文件和报告，对调查方案、问卷、组织、步骤、方式、保障措施、统计方法、结果进行了学术鉴定，对调查工作和成果给予了高度评价，信度定为98%。

8. 对策研究

2005年10月，确定了最终成果的类型、标题，五个子课题组分别领取任务，开始对策研究和成果撰写。

三、研究成果及创新

（一）研究成果

（1）主要成果，即调查研究专著《中国公民人文素质研究——数据评析与对策建议》。该成果在汇报课题调查研究思路、措施、初步成果的基础上，推出《中国公民人文素质评价指标体系》（以下简称《体系》）和《中国公民人文素质发展指数》（以下简称《指数》），应用《体系》和《指数》对公民各个分类群体人文素质现状和各个地区公民人文素质现状分别进行比较分析，并阐述成因和价值评断，最终提出加强教育和互动，提高公民人文素质的对策建议。

（2）辅助成果，包括：学术专著《人文素质论》，阐明人文素质的基本概念和拓展内涵，人文素质要素的构成和由来，人文素质的重要意义，人文素质发展的趋势，人文素质与人的全面发展和社会的现代化之间的关系；学术专著《人文素质教育：制度变迁与路径选择》，从制度层面系统回顾古今中外人文素质教育的历史、思想、方法、成效、经验、教训，提出更新观念、优化结构、创新方法、重组流程、激活模式，加强人文素质教育的思路和措施；实证著述《中国公民人文素质调查报告》和《中国西部公民人文素质调查报告》，对全国公民和西部公民人文素质调查问卷的研究、验证、调整，调查方式的选取、调试、运用，调查工作的设计、组织、运作，调查数据的采集、整理、统计进行系统性经验陈述；学术专著《中国西部公民人文素质与文化》，阐述西部公民人文素质的总体状况和特征，提高公民人文素质与推动西部文化发展的关系。

（3）附加成果，包括：《人文手册》，着眼于人文素质的养成和优化，从知识、素养、形态的结合上，为各有风格、各具特点的公民提供集科学性、知识性、趣味性、建设性、简易性、渗透性、实用性为一体的工具书。

（4）以基础研究和比较研究为主的30余篇学术论文，在公民11个大类群体、30个小类群体与人文素质的6个维度之间，进行同群异维、同维异群的开放性比较研究。

（二）研究创新

经过课题组成员的共同努力，我们的研究在以下五个方面形成了独具特色的成果创新：

（1）研制并实施了全国范围内公民人文素质状况大规模调查的问卷体系、组织模式、方法手段，不仅在此次调查中行之有效，还具有长效性和示范性。

（2）创立并应用了中国公民人文素质评价指标体系，该体系集科学性、指导性、操作性于一体，评价维度、二、三级指标的设置及内部权重的划分合理，可便捷地应用于公民群体和个体的评价。

（3）创立并应用了中国公民人文素质发展指数（HQDI），形成了用统计方法综合而成衡量不同群体人文素质发展情况的数据值和运算公式，该指数丰富了人文社会科学综合指标体系的内容，是对人文社会科学综合评价方法的完善和创新，为量化式评价文明发展程度提供了新的操作工具。

（4）研制并论证了人文素质教育培养三个界面两轮转化的理论命题和实践模式，三个界面是人文知识、人文素养、人文形态，两轮转化是由人文知识向人文素养的内化，然后由人文素养向人文形态的外化，构成人文素质教育培养的逻辑路径和有效系络。

（5）提出科学规范、清晰易行、学术含量高、实践效应强的认知对策体系、决策对策体系、执行对策体系、平衡对策体系、评价对策体系和可持续发展对策体系，将有助于调整制度性的管理机制，可望对公民人文素质的教育起到规范与引导作用。

附件一：中国公民人文素质调查设计一览表

（调查内容维度、项目、项目提问、预选答案，问卷题型与题号、预选答案，调查对象及人数、统计方法等）

一级维度	二级维度	三级维度	项目	项目提问题	预选答案	问卷题型；总题号	答案参考	计分方法
1 道德素质	11 道德意识（意向）	111 基本道德意识（意向）		11-1 你最看重人的哪3种品质或关系：	[1]关爱（帮助） [2]冷漠（隔膜） [3]宽容 [4]不负责任 [5]欺诈 [6]负责任 [7]敌对 [8]诚信 [9]相互利用 [10]沟通（理解）	十选三，3-1，1	[1]、[3]、[6]、[8]、[10]积极道德意向；[2]、[4]、[5]、[7]、[9]消极道德意向	B
				11-2 你觉得现在的人实际上哪3种品质或相互关系居多：	[1]关爱（帮助） [2]冷漠（隔膜） [3]宽容 [4]不负责任 [5]欺诈 [6]负责任 [7]敌对 [8]诚信 [9]相互利用 [10]沟通（理解）	十选三，3-2，2	[1]、[3]、[6]、[8]、[10]积极现实道德意识；[2]、[4]、[5]、[7]、[9]消极现实道德意识	B
				11-3 你对于"自由"的理解是：	[1]想干什么就干什么 [2]行为受约束 [3]在一定约束中，有自己的行为和精神自由	三选一，1-1，3		
	12 道德常识	121 公共道德规则		12-1 下面哪5项是《公民道德建设实施纲要》中确定的道德准则：	[1]文明礼貌 [2]家庭和睦 [3]见义勇为 [4]为民服务 [5]敬老爱幼 [6]助人为乐 [7]诚信无欺 [8]邻里友善 [9]爱岗敬业 [10]尊重隐私	十选五，4-1，4	[1]、[3]、[6]、[10]公共道德；[4]、[7]、[9]职业道德；[2]、[5]、[8]家庭道德	B
		122 职业道德规则						
		123 家庭道德规则						

续表

一级维度	二级维度	项目	项目提问	预选答案	问卷题及答案参考 题型;题号;总题号	答案参考	计分方法
1 道德素质	13 道德行为	131 公共道德行为	13-1 你想丢废物,但50米左右远的地方才有垃圾桶,一般你会:	[1] 随手扔掉 [2] 捡别人不注意扔掉 [3] 走50米扔到垃圾桶里或放在袋里一会儿再扔到垃圾桶里	三选一,1-2,5		A
			13-2 乘车遇上老弱病残,你通常是:	[1] 主动让座 [2] 想让但终于没让 [3] 不让座	三选一,1-3,6		A
			13-3 当拾到别人钱物时,你会采取哪2种行为:	[1] 设法归还 [2] 有奖归还 [3] 没人看见就不归还 [4] 不管是否有人看见都不归还 [5] 根据数额大小定	五选二,2-1,7		
		132 职业道德行为	13-4 对于你所做的工作和学习,你是:	[1] 想办法干得最好 [2] 做到合格为准 [3] 能对付过去就行	三选一,1-4,8		A
			13-5 规定时间内没有完成的工作和学习任务,你一般会:	[1] 自己加班加点完成 [2] 按上级要求加班 [3] 拒绝加班	三选一,1-5,9		A

续表

一级维度	二级维度	项目	项目提问题	调查内容（调查维度及项目等）预选答案	问卷题及答案参考 题型；类型 题号；总题号	答案参考	计分方法
1 道德素质	13 道德行为	133 家庭道德行为	13-6 与丈夫（妻子）或其他家人发生矛盾时，你通常采取哪2种行为：	[1]体谅忍让 [2]沟通交流 [3]吵闹打斗 [4]不理睬或逃避 [5]求助他人	五选二，2-2，10		A
			13-7 当你未成年时与他人发生矛盾或吵架打架时，父母对你常采用哪2种方法：	[1]不问情由就打骂 [2]了解情况，说服教育 [3]一律鼓励反击 [4]带你与对方讲理 [5]不怎么管	五选二，2-3，11		A
2 法律素质	21 法律意识	211 做事能想到法律（兼212）	21-1 如果他人有了激烈矛盾纠纷，你会首先想到的解决方法是：	[1]遵循法律和政策规定解决 [2]找单位和领导帮助解决 [3]通过恐吓、武力或其他施压方式解决	三选一，1-6，12		A
		212 知道法律价值					
	22 法律常识	221 知道什么是法律	22-1 以下哪一条说的是法律：	[1]依靠党员模范带头作用而实施的行为规范 [2]依靠国家的警察（公安机关）、法院等作为后盾保障实施的行为规范 [3]依靠社会舆论维持的行为规范	三选一，1-7，13	[2]	B

续表

一级维度	二级维度	项目	项目提问	预选答案	题型;总题号	答案参考	计分方法
2 法律素质	22 法律意识	222 知道已颁布的法律	22-2 下面5项哪些是中华人民共和国已经颁布的法律:	[1] 宪法 [2] 技法 [3] 合同法 [4] 民事诉讼法 [5] 继承法 [6] 研究法 [7] 教学法 [8] 工作法 [9] 婚姻法 [10] 优选法	十选五, 4-2, 14	[1]、[3]、[4]、[5]、[9] 是	B
	23 法律行为	231 有遵守法律的行为	23-1 当你遇到法律问题时,通常会采取或采取过哪3种行为:	[1] 总是遵守法律 [2] 对法律条文提出过建议 [3] 权利被侵害时 [4] 有时遵守法律 [5] 指出过别人的违法行为 [6] 权利被侵害者索赔过 [7] 很少遵守法律 [8] 权利被侵害者但怕报复没有打官司 [9] 参加过法律宣传活动 [10] 以上行为都没有(选此项的只选一项)	十选三, 3-3, 15	[1]、[4]、[7] 守法行为 [2]、[5]、[9] 维法行为 [3]、[6]、[8] 以法维权行为 [10] 欠法律行为	A
		232 有维护法律的行为					
		233 有用法律维权的行为					
3 文史哲素质	31 民族意识	311 爱国与民主意识	31-1 在同等价格和同等质量条件下,你会选择购买的商品:	[1] 肯定是中国货 [2] 肯定是外国货 [3] 不一定	三选一, 1-8, 16		A
			31-2 看到我国在某些地方落后于其他国家, 你的心情总会是:	[1] 立志为国争光 [2] 对民风不满 [3] 无所谓	三选一, 1-9, 17		A

续表

一级维度	二级维度	项目	项目提问问题	预选答案	问卷题目类型;题号,总题号	答案参考	计分方法
	31 民族意识	311 爱国与民主意识	31-3 当被误认是日本人或韩国人时，你会：	[1] 沉默 [2] 声明是中国人 [3] 干脆回答是	三选一；1-10, 18	[1]、[6]、[7]、[10] 爱国意识	A
			31-4 对下面这些事件你最关心哪5项：	[1] 台湾回归 [2] 足球赛 [3] 选美比赛 [4] 政府价格听证会 [5] 反腐败问题 [6] 农民问题 [7] 治安问题 [8] 为弱势群体呼吁 [9] 明星新闻 [10] 国际合作与交流	十选五；4-3, 19	[4]、[5]、[8] 民主意识；[2]、[3]、[9] 消闲心态	B
		312 人权意识	31-5 请选择3个我国的公民权利：	[1] 参政权 [2] 审批权 [3] 生命权 [4] 行政权 [5] 劳动权 [6] 处罚权 [7] 选举权 [8] 进出口权 [9] 财产权 [10] 外交权	十选三；3-4, 20	[1]、[3]、[5]、[7]、[9] 是公民的权利	B
3 文史哲素质	32 文史哲常识	321 知道中外历史名人若干	32-1 请从以下人名中选出5个中外历史名人：	[1] 贝克汉姆 [2] 林肯 [3] 毛泽东 [4] 哈迪生 [5] 戴高乐 [6] 雷锋 [7] 孔子 [8] 爱迪生 [9] 韩红 [10] 贾宝玉	十选五；4-4, 21	[3]、[6]、[7] 中史名人；[2]、[5]、[8] 外史名人	B
		322 知道中外著名历史事件若干	32-2 请从以下事件中选出5项中外著名历史事件：	[1] 虹桥垮塌事件 [2] 9.18事变 [3] 汽车召回事件 [4] 中华人民共和国成立 [5] 文化大革命 [6] 抗洪救灾 [7] 第一次工业革命 [8] 十月革命 [9] 第二次世界大战 [10] 世界小姐选美	十选五；4-5, 22	[2]、[4]、[7] 中史名事；[3]、[6]、[8] 外史名事	B

续表

一级维度	二级维度	项目	项目提问题	预选答案	问卷题及答案参考 题型;题号;总题号	答案参考	计分方法
3 文史哲素质	32 文史哲常识	323 有一定哲学常识	32-3 请从下面选出5个哲学方面的知识:	[1]思想 [2]矛盾之否定 [3]平等 [4]公正 [5]否定之否定 [6]继承 [7]发展 [8]本质与现象 [9]意识流 [10]普遍联系	十选五, 4-6, 23	[2],[5],[7],[8],[10] 哲学知识	B
		324 有一定文学常识	32-4 请从以下选出5部中外文学名著:	[1]还珠格格 [2]三国演义 [3]拯救大兵瑞恩 [4]红楼梦 [5]安娜·卡列妮娜 [6]三重门 [7]水浒传 [8]红与黑 [9]巴黎圣母院 [10]红高粱	十选五, 4-7, 24	[2],[4],[7] 中国经典文学; [5],[8],[9] 外国经典文学	B
	33 文化与生活价值观	331 文化价值观	33-1 你最感兴趣的3种文化是:	[1]古代文化 [2]现代文化 [3]后现代文化 [4]中国民间民族文化 [5]传统经典文化 [6]通俗流行文化 [7]异国文化 [8]全球共同文化(全球化) [9]宗教文化 [10]前卫(超前)文化	十选三, 3-5, 25		A
			33-2 对你来说学习外文最重要的意义是哪2项:	[1]对外交往或出国 [2]获取更多信息 [3]应付考试 [4]提高自身素质 [5]没有什么意义	五选二, 2-4, 26		A
			33-3 你认为中国举办北京奥运会的意义是:	[1]促进经济文化多方面发展,意义重大 [2]中国能够赚钱就好 [3]消耗国资国力,意义不大	三选一, 1-11, 27		A

续表

一级维度	二级维度	三级维度	项目	调查内容（调查维度及项目等）		问卷题及答案参考		计分方法
				项目提问题	预选答案	题型；题号	答案参考	
3 文史哲素质	33 文化与生活价值观		33-4	社会进步到今天特别强调"以人为本"，你认为其主要的意思是：	[1] 更看重人的自然本能需要 [2] 以人的现实需要为本 [3] 以发展和提升人的素质为本	三选一，1-12, 28		
			332 理想与信念	33-5 如果说理想是对未来美好想象和向往，那么你：	[1] 有理想，并为实现理想而努力 [2] 有理想，但觉得实现很困难 [3] 无所谓理想，每天能过得去就行	三选一，1-13, 29		
				33-6 信念是对某种理念的坚定相信。认为自己的行为：	[1] 总是有信念支持 [2] 有时有信念支持 [3] 不清楚	三选一，1-14, 30		
				33-7 你认为共产主义是：	[1] 最美好的社会制度 [2] 是一个虚幻的口号 [3] 不清楚什么是共产主义	三选一，1-15, 31		
			334 金钱价值观	33-8 你对钱的看法是：	[1] 金钱万能 [2] 钱不是万能 [3] 钱多反而坏事	三选一，1-16, 32		A

续表

一级维度	二级维度	项目	项目提问题	调查内容（调查维度及项目等）预选答案	问卷题及答案参考 题型；类型 题号；总题号	答案参考	计分方法
3 文史哲素质	33 文化与生活价值观	335 消费观	33-9 如果意外得到一笔数目较大的钱，你会首先选择：	[1] 精神消费，如艺术、购书、学习、思想情感交流等 [2] 物质消费，如购家用电器、生活用品、购房购车 [3] 投资或存起来	三选一，1-17, 33		A
		336 婚姻情爱观	33-10 对于爱情与婚姻你更赞成哪2种说法：	[1] 婚姻与爱情是两回事 [2] 婚外情破坏婚姻 [3] 婚外情巩固婚姻 [4] 爱情与婚姻可以永远统一 [5] 爱情与婚姻的统一有阶段性	五选二，2-5, 34		
			33-11 你认为人生在世，哪2种感情很重要：	[1] 亲情 [2] 友情 [3] 爱情 [4] 恩情 [5] 无情	五选二，2-6, 35		
		337 人生目的	33-12 你对自己为什么活着的认识和态度	[1] 有思考，清醒明白 [2] 有思考，但茫然想过，听任命运安排 [3] 没	三选一，1-18, 36		
		338 性别观	33-13 你认为现在社会大多数情况下男女是否平等：	[1] 男女机会均等 [2] 女性处于弱势 [3] 男性处于弱势	三选一，1-19, 37		

续表

一级维度	二级维度	项目	项目提问题	调查内容（调查维度及项目等）预选答案	问卷题及答案参考 题型；题号；总题号	答案参考	计分方法
3 文史哲素质	33 文化与生活价值观	339 生活体验	33-14 你觉得自己目前的生活接近以下哪2种状态：	[1] 丰富多彩 [2] 平平常常 [3] 空虚无聊 [4] 衣食无忧 [5] 衣食困难	五选二，2-7，38		
		3310 闲暇生活观	33-15 闲暇时你更愿意做下面哪3件事：	[1] 健身、运动 [2] 阅读 [3] 旅游 [4] 喝酒行令 [5] 看电视 [6] 卡拉OK、泡吧 [7] 麻将、打牌、棋类（不赌钱） [8] 赌钱 [9] 艺术欣赏 [10] 继续做工作或挣钱	十选三，3-6，39	[1] 健身 [2]、[3]、[5]、[9] 健身健心 [7] 赌博 [4]、[6]、[8] 其他	
	34 网络文化	341 网络文化活动	34-1 你上网进行得较多的是哪5项活动：	[1] 不上网或很少上网（选此项的只选一项） [2] 学习 [3] 商务 [4] 看稀奇 [5] 交友（交流思想情感） [6] 谈恋爱 [7] 论坛或创作 [8] 随便聊聊天，看片、听音乐、学业等 [9] 娱乐（打游戏、下棋、打牌等） [10] 信息利用（检索职业、专业、事业、学业等信息）	十选五，4-8，40	[5]、[6]、[7] 人与人之间沟通 [2]、[3]、[10] 工作学业 [4]、[8]、[9] 休闲	A
		342 审美文化生活（兼53）					
		343 道德与科学生活（兼13；兼43；兼63）					

18

续表

一级维度	二级维度	项目	项目提问题	预选答案	问卷题及答案参考 题型；类型题号；总题号	问卷题及答案参考 答案参考	计分方法
4 科学素质	41 科学意识与价值	411 知道科学的价值	41-1 从下面选3项科学产生的作用：	[1] 改变生活方式 [2] 改革社会制度 [3] 促进教育发展 [4] 开展组织活动 [5] 解决人类和自然危机 [6] 倾诉情感 [7] 影响个人兴趣爱好 [8] 创造新知识与文化 [9] 与大众对话 [10] 不知道有什么作用	十选三，3-7, 41	[1]、[3]、[5]、[7]、[8] 是科学的价值	B
		412 做事有科学依据	41-2 工作或学习中你通常首先考虑：	[1] 按他人意志办事 [2] 按自己兴趣办事 [3] 按客观规律办事	三选一，1-20, 42	[3] 科学意识	A
			41-3 你是否知道"科学发展观"的含义：	[1] 明确知道 [2] 知道一些，不太明确 [3] 不知道	三选一，1-21, 43		
	42 科普常识	421 了解生活常识	42-1 从下面选3项对人体健康有利的生活习惯：	[1] 长时间看电视 [2] 多吃盐 [3] 适量运动 [4] 不吸烟 [5] 心情愉快 [6] 多吃肉 [7] 悲伤 [8] 生活有规律 [9] 多吃蔬菜 [10] 多吃补药	十选三，3-8, 44	[3]、[5]、[7]、[8]、[9] 生活常识	B

续表

一级维度	二级维度	三级维度	项目	项目提问题	调查内容（调查维度及项目等）预选答案	问卷题及答案参考 题型；类型 题号；总题号	答案参考		计分方法
4 科学素质	42 科普常识	422 了解自然科学常识	42-2 请从以下选出3项正确的知识：	[1]抗生素能杀死病毒 [2]地球围绕太阳转1圈需要1年 [3]开水的温度是摄氏90度 [4]燃烧是化学反应 [5]栽树对保持水土作用不大 [6]决定孩子的性别 [7]月亮自己可以发光 [8]光速比声速快 [9]电子比原子大 [10]月亮对地球的引力是大海产生潮汐的原因	十选三，3-9，45	[2]、[4]、[6]、[8]、[10] 科学常识		B
		423 了解当前科技动态	42-3 请从下面选出3项现当代的新科技成果	[1]克隆技术 [2]空间技术 [3]植物嫁接 [4]经济膨胀 [5]九章算术 [6]光纤技术 [7]基因（DNA） [8]水力发电 [9]多媒体技术 [10]蒸汽机	十选三，3-10，46	[1]、[2]、[6]、[7]、[9] 现当代新科技		A
	43 科学行为	431 善于发现、思考和解决问题	43-1 在工作、生活、学习中你总是（选2项）：	[1]经常遇到问题 [2]很少遇到问题 [3]善于发现问题的原因 [4]善于提出解决问题的办法 [5]善于解决问题	五选二，2-8，47		是否	B
		432 欣赏追求捍卫科学真理	43-2 面对科学与科技，你常常会有哪3种态度和行为：	[1]欣赏它 [2]对它兴趣不大 [3]反感它 [4]设法弄懂它 [5]有机会才学它 [6]对它缺乏学习和认识 [7]坚决维护和宣传它 [8]有时宣传它 [9]总是担心它的负面影响 [10]不清楚	十选三，3-11，48	[1]、[3] 喜欢科学 [4]、[5]、[6] 追求科学 [7]、[8]、[9] 捍卫科学	是否 是否 是否	A

续表

一级维度	二级维度	项目	调查内容（调查维度及项目等）项目提问题	预选答案	问卷题及答案参考 题型；类型号，总题号	答案参考	计分方法
5 审美素质	51 审美意识与价值观	511 做事有审美标准	51-1 你做事或购物时是否考虑美不美的问题：	[1]不太考虑 [2]有时考虑 [3]总是考虑	三选一，1-22, 49		A
		512 审美判断的标准（审美情趣）（兼521）	51-2 你认为下列哪3项是很美的：	[1]漂亮 [2]善良 [3]权力 [4]真理 [5]财富 [6]时尚 [7]智慧 [8]和谐 [9]真诚 [10]怪诞	十选三，3-12, 50		A
		513 审美判断的标准（和审美理想）	51-3 你经常根据什么标准判定事物美丑：	[1]自己的当前兴趣和喜好 [2]大众舆论和流行时尚 [3]理想化的标准或境界	三选一，1-23, 51		A
			51-4 对于未美容或"人造美女"、"人造美男"，你最能接受哪2种观点：	[1]赞同。有机会自己也会去做 [2]赞同。但自己不打算去做 [3]反对。是虚荣心的表现 [4]反对。违反人的天然性 [5]无所谓	五选二，2-9, 52		
	52 审美常识	521 美是什么					
		522 美学是什么	52-1 "美学"指的是哪种意思：	[1]关于美国的学问 [2]关于美答的问题 [3]关于美和审美的学问	三选一，1-24, 53	[3]	B

续表

一级维度	二级维度	项目	项目提问	调查内容（调查维度及项目等）预选答案	题型；类型题号	答案参考	计分方法
5 审美素质	52 审美常识	523 美育是什么	52-2 你认为哪2种意思是指"美育":	[1] 美容、美发教育 [2] 与美国交往的教育 [3] 艺术欣赏教育 [4] 培养审美能力教育 [5] 使人和谐发展的教育	五选二，2-10，54		B
	53 审美行为	531 自然审美活动	53-1 你通常进行以下哪2项欣赏美的活动:	[1] 自然美 [2] 社会美 [3] 艺术美 [4] 科学美 [5] 不明确	五选二，2-11，55		A
		532 社会审美活动					
		533 艺术审美活动					
		534 科学审美活动					
6 环保素质	61 环保意识	611 知道环境要保护（和"环境保护"的含义）（兼621）	61-1 你认为以下哪2个说法正确	[1] "环境保护"指防止社会文化污染，树立社会新风尚的工作 [2] "环境保护"指防止自然生态恶化，保持自然与社会和谐发展 [3] 建设规划与环境规划同时进行 [4] 先建设再实施环境保护 [5] 建设与环境保护难以兼顾	五选二，2-12，56	[2] "环境保护"的含义 [3] 知道环境要保护	B
	62 环保常识	621 知道什么是"环保"（"环境保护"的含义）					

续表

一级维度	二级维度	项目	调查内容（调查维度及项目等）		问卷题及答案参考		计分方法
			项目提问	预选答案	题型；题号；总题号	答案参考	
6 环保素质	62 环保常识	622 知道环保的基本方法	62-1 请从以下选出3项环保护的方法：	[1] 不乱扔垃圾　[2] 向江河排放废物　[3] 制定配套的环保政策法规　[4] 打击破坏环境者　[5] 植树造林，退耕还林　[6] 不穿脏衣服　[7] 不游泳　[8] 不吃脏东西　[9] 遵守交通规则　[10] 建设工程与环境保护同时设计、同时施工、同时使用	十选三，3-13，57	[1]、[2]、[3]、[5]、[10] 是正确的方法	B
		623 知道环保的意义（表层和深层意义等）	61-2 请从以下选出5项环境保护的好处：	[1] 有利身心健康　[2] 有利子孙后代　[3] 提高收入　[4] 保持水土，防止污染　[5] 没有噪声干扰　[6] 提高工作兴趣　[7] 掌受社会福利　[8] 人与自然的和谐　[9] 可持续发展　[10] 不知道环保的好处	十选五，4-9，58	[1]、[4]、[5] 表层意义 [2]、[8]、[9] 深层意义 [3]、[6]、[7] 非环保意义 [10] 不知意义	B
	63 环保行为	631 有关心环保的行为	63-1 你经常有下列哪3项环境保护行为	[1] 主动干涉破坏环境的行为　[2] 举报破坏环境活动　[3] 自觉宣传环保　[4] 经常参加环保活动　[5] 反对食用野生动物　[6] 总是注意不损害环境　[7] 关心所在居住区的环境质量　[8] 关心所在居住区的环境质量　[9] 没有看见过有损环保的行为　[10] 不知道如何保护环境	十选三，3-14，59	[1]、[2] 捍卫环保行为 [3]、[4]、[6] 参加环保的行为 [5]、[7]、[8] 关心环保的行为 [9]、[10] 缺乏环保行为	A
		632 有捍卫环保的行为					
		633 自愿参与环保行动	63-2 你愿意参加环境保护活动吗：	[1] 自愿主动参加　[2] 组织安排了愿意参加　[3] 不愿意参加	三选一，1-25，60		A
6	19		60个问题	56个项目			

说明：1. 本项调查内容，由6大一级维度，19个二级维度，56个项目，60个问题构成。
2. 调查问卷共有三类题型，其代码含义：
   (1) "三选一"类型题，共25题；
   (2) "五选二"类型题，共12题；
   (3) "十选三"类型题，共14题；
   (4) "十选五"类型题，共9题；
   如"1-2"，代表"五选二"类型题的第2题。
3. 记分方法（初步）：分AB两类。
   "A"是趋势统计。方法：在各选择上有一选择，记1分。共30题。
   "B"是合理值统计。方法：任何合理选择上，有一选择记1分（+1），任不合理选择上，有一选择记负1分（-1）。共20题。
4. 基本统计方法：Z（T）检验；F检验；求相关反相关系数检验；线型回归；多元回归。
   统计图表制作：数据表；数据统计表；直方图；比例图；曲线图等。
5. 调查对象及人群抽样构成：由全国4个直辖市和华东、华南、华西、华北、东南、西南、中部等10个大区，2个地区水平（发达；欠发达），11大类31类具体人群构成。

[1] 农   民　　([1-1] 务农)　　　　　　　　　　　　　　　　　　　　[1-2] 农民工）
[2] 工   人　　([2-1] 国企)　　　　　　　　　　　　　　　　　　　　[2-2] 三资）
[3] 企管人员　　([3-1] 国企)　　　　　　　　　　　　　　　　　　　　[3-2] 三资）
[4] 商业人员　　([4-1] 国商业员工)　　　　　　　　　　　　　　　　　[4-2] 三资员工)　　　　　　[4-3] 个体商户)
[5] 军警人员　　([5-1] 军队)　　　　　　　　　　　　　　　　　　　　[5-2] 武警）
[6] 公务员　　　([6-1] 一般行政)　　　　　　　　　　　　　　　　　　[6-2] 公检法安）
[7] 教   师　　([7-1] 高校教师)　　　　　　　　　　　　　　　　　　[7-2] 中学教师)　　　　　　[7-3] 小学教师)　　[7-4] 幼儿教师）
[8] 文化卫生　　([8-1] 体育)　　　　　　　　　　　　　　　　　　　　[8-2] 传媒)　　　　　　　　[8-3] 演艺)　　　　[8-4] 医护）
[9] 学   生　　([9-1] 小学)　　　　　　　　　　　　　　　　　　　　[9-2] 中学)　　　　　　　　[9-3] 大学)　　　　[9-4] 研究生）
[10] 科技人员　 ([10-1] 科学研究)　　　　　　　　　　　　　　　　　　[10-2] 技术开发)　　　　　　[10-3] 技术运用）
[11] 其   他　　([11-1] 自由职业)　　　　　　　　　　　　　　　　　　[11-2] 无固定职业)　　　　　[11-3] 无职业）

6. 调查人数的计算方法：[9（大区）+3 840×? +1×?（西南小区，兼少数民族）]×2（水平：发达；欠发达）×31（具体人群）×60（每小类人群数，男女对半）=36 620×2（水平）+3 840×?（西南小区，兼少数民族）=33 480+3 720×?（西南小区）=（人）
例如北京：1×2×31×60=3 720（人）

附件二：中国公民人文素质调查问卷

区　号	卷　号

亲爱的朋友：

　　下面的提问可以帮助您了解自己，也可以帮助我们了解大众的情况，以制定有关政策。请您依次阅读下面的问题，每题都有预选答案。请您根据自己的真实情况选择答案，并用2B铅笔在《中国公民人文素质调查选答卡》相应的数码上填涂。因为本调查表不记姓名，所以请您不要有任何顾虑。非常感谢您的支持！

　　0. 基本情况：下面有6项指标，在每项指标中选择符合您情况的1个答案，每一项情况只选一个；有括号（　）的，请在括号中再选一项。

　　01. 性　　别：[1] 男　　　　　　[2] 女
　　02. 年　　龄：[1] 7~12　　　　[2] 13~15　　　[3] 16~18
　　　　　　　　　[4] 19~22　　　 [5] 23~29　　　[6] 30~39
　　　　　　　　　[7] 40~49　　　 [8] 50~59　　　[9] 60~69　　[10] 70岁以上
　　03. 学　　历：[1] 小学　　　　　[2] 初中　　　　[3] 高中
　　　　　　　　　[4] 大学（含大专）[5] 硕士生　　　[6] 博士生
　　04. 所在地域：[1] 大城市　　　　[2] 中小城市　　[3] 小城镇　　[4] 农村
　　05. 您当前所在行业或职业：
　　[1] 农　　　民（[1-1] 务农　　　[1-2] 农民工）
　　[2] 工　　　人（[2-1] 国企　　　[2-2] 私企）
　　[3] 企管人员（[3-1] 国企　　　[3-2] 私企）
　　[4] 商业人员（[4-1] 国商员工　[4-2] 私企员工　[4-3] 个体商户）
　　[5] 公　务　员（[5-1] 一般行政　[5-2] 公检法安）
　　[6] 教　　　师（[6-1] 高校教师　[6-2] 中学教师　[6-3] 小学教师）
　　[7] 学　　　生（[7-1] 中学　　　[7-2] 大学　　　[7-3] 研究生）
　　[8] 文化卫生（[8-1] 体育　　　[8-2] 传媒　　　[8-3] 演艺　　[8-4] 医护）
　　[9] 第三部门（[9-1] 宗教团体　[9-2] 慈善机构　[9-3] 中介机构
　　　　　　　　　[9-4] 基金会　　[9-5] 社团　　　[9-6] 行业协会）
　　[10] 科技人员（[10-1] 科技人员）
　　[11] 其　　他（[11-1] 自由职业　[11-2] 无职业）
　　06. 工　　龄：[1] 1~5　　　　 [2] 6~10　　　　[3] 11~19
　　　　　　　　　[4] 20~29　　　 [5] 30年以上　　[6] 无工龄

　　1. 三选一题：
　　下面的每个提问都有3个答案，请您按照自己的实际情况选择其中1个，在答题卡上相应番号上填涂至黑，只选一个，不能多选。

1-1. 你对于"自由"的理解是：
  [1] 想干什么就干什么　　　　　　[2] 行为受约束，但精神自由
  [3] 在一定约束中，有自己的行为和精神自由

1-2. 你想丢废物，但50米左右远的地方才有垃圾桶，一般你会：
  [1] 随手扔掉　　　　　　　　　　[2] 趁别人不注意扔掉
  [3] 走50米扔到垃圾桶里或放在袋里一会儿再扔到垃圾桶里

1-3. 乘车遇上老弱病残，你通常是：
  [1] 主动让座　　　　　　　　　　[2] 想让但终于没让
  [3] 不让座

1-4. 对于你所做的工作和学习，你一般是：
  [1] 想办法干得最好　　　　　　　[2] 做到合格为准
  [3] 能对付过去就行

1-5. 规定时间内没有完成的工作和学习任务，你一般会：
  [1] 自己加班加点完成　　　　　　[2] 按上级要求加班
  [3] 拒绝加班

1-6. 如果与他人有了激烈矛盾纠纷，你首先会想到的解决方法是：
  [1] 遵循法律和政策规定解决　　　[2] 找单位和领导帮助解决
  [3] 通过恐吓、武力或其他施压方式解决

1-7. 以下哪一条说的是法律：
  [1] 依靠党员模范带头作用而实施的行为规范
  [2] 依靠国家的警察（公安机关）、法院等作为后盾保障实施的行为规范
  [3] 依靠社会舆论维持的行为规范

1-8. 在同等价格和同等质量条件下，你会选择购买的商品：
  [1] 肯定是中国货　　　　　　　　[2] 肯定是外国货
  [3] 不一定

1-9. 看到我国在某些方面落后于其他国家，你的心情总会是：
  [1] 立志为国争光　　　　　　　　[2] 对民风不满
  [3] 无所谓

1-10. 当被误认是日本人或韩国人时，你会：
  [1] 沉默　　　　　　　　　　　　[2] 声明是中国人
  [3] 干脆回答是

1-11. 你认为中国举办北京奥运会的意义是：
  [1] 促进经济文化多方面发展，意义重大　　[2] 中国能够赚钱就好
  [3] 消耗国资国力，意义不大

1-12. 社会进步到今天特别强调"以人为本"，你认为其最主要的意思是：
  [1] 更看重人的自然本能需要　　　[2] 以人的现实需要为本
  [3] 以发展和提升人的素质为本

1 - 13. 如果说理想是对未来的美好想象和向往，那么你：
  [1] 有理想，并为实现理想而努力   [2] 有理想，但觉得要实现很困难
  [3] 无所谓理想，每天能过得去就行

1 - 14. 信念是对某种理念的坚定相信。你认为自己的行为：
  [1] 总是有信念支持   [2] 有时有信念支持
  [3] 不清楚

1 - 15. 你认为共产主义是：
  [1] 最美好的社会制度   [2] 是一个虚幻的口号
  [3] 不清楚什么是共产主义

1 - 16. 你对钱的看法是：
  [1] 金钱万能   [2] 钱不是万能
  [3] 钱多反而坏事

1 - 17. 如果意外得到一笔数目较大的钱，你会首先选择：
  [1] 精神消费，如艺术、购书、学习、思想情感交流等
  [2] 物质消费，如购家用电器、生活用品、购房购车
  [3] 投资或存起来

1 - 18. 你对自己为什么活着的认识和态度：
  [1] 有思考，清醒明白   [2] 有思考，但茫然
  [3] 没想过，听任命运安排

1 - 19. 你认为现在社会大多数情况下男女是否平等：
  [1] 男女机会均等   [2] 女性处于弱势
  [3] 男性处于弱势

1 - 20. 工作或学习中你通常首先考虑：
  [1] 按他人意志办事   [2] 据自己兴趣办事
  [3] 按客观规律办事

1 - 21. 你是否知道"科学发展观"的含义：
  [1] 明确知道   [2] 知道一些，不太明确
  [3] 不知道

1 - 22. 你做事或购物时是否考虑美不美的问题：
  [1] 不太考虑   [2] 有时考虑
  [3] 总是考虑

1 - 23. 你经常根据什么标准判定事物美丑：
  [1] 自己当前的兴趣和喜好   [2] 大众舆论和流行时尚
  [3] 理想化的标准或境界

1 - 24. 你认为"美学"指的是哪种意思：
  [1] 关于美国的学问   [2] 关于美容的学问
  [3] 关于美和审美的学问

1 - 25. 你愿意参加环境保护活动吗：

[1] 自愿主动参加 　　　　　　　[2] 组织安排了就参加
[3] 不愿参加

2. 五选二题：

下面的每个提问有 5 个答案，请根据自己的想法选择 2 个，将答案的番号填在后面的空格里，只选 2 个，不能多选。

2-1. 当拾到别人钱物时，你会采取哪 2 种行为：
　　[1] 设法归还　　　　　　　　[2] 没人看见就不归还
　　[3] 有奖归还　　　　　　　　[4] 不管是否有人看见都不归还
　　[5] 根据数额大小定

2-2. 与丈夫（妻子）或其他家人发生矛盾时，你通常采取哪 2 种行为：
　　[1] 体谅忍让　　　　　　　　[2] 沟通交流
　　[3] 吵闹打斗　　　　　　　　[4] 不理睬或逃避
　　[5] 求助他人

2-3. 当你未成年时与他人发生矛盾或吵架打架时，父母对你常采用哪 2 种行为：
　　[1] 不问情由就打骂　　　　　[2] 了解情况，说服教育
　　[3] 一律鼓励反击　　　　　　[4] 带你与对方讲理
　　[5] 不怎么管

2-4. 对你来说学习外文最重要的意义是哪 2 项：
　　[1] 对外交往或出国　　　　　[2] 获取更多信息
　　[3] 应付考试　　　　　　　　[4] 提高自身素质
　　[5] 没有什么意义

2-5. 对于爱情与婚姻你更赞成哪 2 种说法：
　　[1] 婚姻与爱情是两回事　　　[2] 婚外情破坏婚姻
　　[3] 婚外情巩固婚姻　　　　　[4] 爱情与婚姻可以永远统一
　　[5] 爱情与婚姻的统一有阶段性

2-6. 你认为人生在世，哪 2 种情感很重要：
　　[1] 亲情　　　　　　　　　　[2] 友情
　　[3] 爱情　　　　　　　　　　[4] 恩情
　　[5] 无情

2-7. 你觉得自己目前的生活接近以下哪 2 种状态：
　　[1] 丰富多彩　　　　　　　　[2] 平平常常
　　[3] 空虚无聊　　　　　　　　[4] 衣食无忧
　　[5] 衣食困难

2-8. 在工作、生活、学习中你总是（选 2 项）：
　　[1] 经常遇到问题　　　　　　[2] 很少遇到问题
　　[3] 善于发现问题的原因　　　[4] 善于提出解决问题的办法
　　[5] 善于解决问题

2-9. 对手术美容或"人造美女"、"人造美男"，你最能接受哪 2 种观点：

[1] 赞同。有机会自己也会去做　　　　[2] 赞同。但自己不打算去做
[3] 反对。违反人的天然性　　　　　　[4] 反对。是虚荣心的表现
[5] 无所谓

2-10. 你认为"美育"是指哪 2 种意思：
[1] 美容、美发教育　　　　　　　　　[2] 与美国交往的教育
[3] 艺术欣赏教育　　　　　　　　　　[4] 培养审美能力的教育
[5] 使人和谐发展的教育

2-11. 你通常进行以下哪 2 项欣赏美的活动：
[1] 自然美　　　　　　　　　　　　　[2] 社会美
[3] 艺术美　　　　　　　　　　　　　[4] 科学美
[5] 不明确

2-12. 你认为以下哪 2 个说法正确：
[1] "环境保护"指防止社会文化污染，树立社会新风尚的工作
[2] "环境保护"指防止自然生态恶化，保持自然与社会和谐发展
[3] 建设规划与环境规划同时进行
[4] 先建设再实施环境保护
[5] 建设与环境保护难以兼顾

3. 十选三题：

下面的每个提问有 10 个答案，请根据自己的想法选择 3 个，将答案的番号填在后面的空格里，只选 3 个，不能多选。

3-1. 你最看重人的哪 3 种品质或关系：
[1] 关爱（帮助）　　　　　　　　　　[2] 冷漠（隔膜）
[3] 宽容　　　　　　　　　　　　　　[4] 不负责任
[5] 欺诈　　　　　　　　　　　　　　[6] 负责任
[7] 敌对　　　　　　　　　　　　　　[8] 诚信
[9] 相互利用　　　　　　　　　　　　[10] 沟通（理解）

3-2. 你觉得现在的人实际上哪 3 种品质或相互关系居多：
[1] 关爱（帮助）　　　　　　　　　　[2] 冷漠（隔膜）
[3] 宽容　　　　　　　　　　　　　　[4] 不负责任
[5] 欺诈　　　　　　　　　　　　　　[6] 负责任
[7] 敌对　　　　　　　　　　　　　　[8] 诚信
[9] 相互利用　　　　　　　　　　　　[10] 沟通（理解）

3-3. 当你遇到法律问题时，通常会采取或采取过哪 3 种行为：
[1] 总是遵守法律　　　　　　　　　　[2] 对法律条文提出过建议
[3] 权利被侵害时打过官司　　　　　　[4] 有时遵守法律
[5] 指出过别人的违法行为　　　　　　[6] 权利被侵害时找侵害者索赔过
[7] 很少遵守法律　　　　　　　　　　[8] 权利被侵害但怕麻烦没有打官司
[9] 参加过法律宣传活动

[10] 以上行为都没有（选此项的只选一项）

3-4. 请选择3个我国的公民权利：

[1] 参政权　　　　　　　　　　　　[2] 审批权
[3] 生命权　　　　　　　　　　　　[4] 行政权
[5] 劳动权　　　　　　　　　　　　[6] 处罚权
[7] 选举权　　　　　　　　　　　　[8] 进出口权
[9] 财产权　　　　　　　　　　　　[10] 外交权

3-5. 你最感兴趣的3种文化是：

[1] 古代文化　　　　　　　　　　　[2] 现代文化
[3] 后现代文化　　　　　　　　　　[4] 中国民间民族文化
[5] 传统经典文化　　　　　　　　　[6] 通俗流行文化
[7] 异国文化　　　　　　　　　　　[8] 全球共同文化（全球化）
[9] 宗教文化　　　　　　　　　　　[10] 前卫（超前）文化

3-6. 闲暇时你更愿意做下面哪3件事：

[1] 健身、运动　　　　　　　　　　[2] 阅读
[3] 旅游　　　　　　　　　　　　　[4] 喝酒行令
[5] 看电视　　　　　　　　　　　　[6] 卡拉OK、泡吧
[7] 赌钱（含麻将打牌）　　　　　　[8] 麻将打牌棋类（不赌钱）
[9] 艺术欣赏　　　　　　　　　　　[10] 继续工作或挣钱

3-7. 从下面选3项科学所产生的作用：

[1] 改变生活方式　　　　　　　　　[2] 改革社会制度
[3] 促进教育发展　　　　　　　　　[4] 开展组织活动
[5] 解决人类和自然危机　　　　　　[6] 倾诉情感
[7] 影响个人兴趣爱好　　　　　　　[8] 创造新知识与文化
[9] 与大众对话　　　　　　　　　　[10] 不知道有什么作用

3-8. 从下面选3项对人体健康有利的生活习惯：

[1] 长时间看电视　　　　　　　　　[2] 多吃盐
[3] 适量运动　　　　　　　　　　　[4] 悲伤
[5] 心情愉快　　　　　　　　　　　[6] 多吃肉
[7] 不吸烟　　　　　　　　　　　　[8] 生活有规律
[9] 多吃蔬菜　　　　　　　　　　　[10] 多吃补药

3-9. 请从以下选出3项正确的知识：

[1] 抗生素能杀死病毒　　　　　　　[2] 地球围绕太阳转1圈需要1年
[3] 开水的温度是摄氏90度　　　　　[4] 燃烧是化学反应
[5] 栽树对保持水土作用不大　　　　[6] 父亲的基因决定孩子的性别
[7] 月亮自己可以发光　　　　　　　[8] 光速比声速快
[9] 电子比原子大
[10] 月亮对地球的引力是大海产生潮汐的原因

3-10. 请从下面选出3项现当代的新科技成果：

[1] 克隆技术　　　　　　　　　　[2] 空间技术

[3] 植物嫁接　　　　　　　　　　[4] 经济膨胀

[5] 九章算术　　　　　　　　　　[6] 光纤技术

[7] 基因（DNA）技术　　　　　　[8] 水力发电

[9] 多媒体技术　　　　　　　　　[10] 蒸汽机

3-11. 面对科学与技术，你常常会抱有哪3种态度和行为：

[1] 欣赏它　　　　　　　　　　　[2] 对它兴趣不大

[3] 反感它　　　　　　　　　　　[4] 设法弄懂它

[5] 有机会才学它　　　　　　　　[6] 对它缺乏学习和认识

[7] 坚决维护和宣传它　　　　　　[8] 有时宣传它

[9] 总是担心它的负面影响　　　　[10] 不清楚

3-12. 你认为下列哪3项是很美的：

[1] 漂亮　　　　　　　　　　　　[2] 善良

[3] 时尚　　　　　　　　　　　　[4] 真理

[5] 财富　　　　　　　　　　　　[6] 权力

[7] 智慧　　　　　　　　　　　　[8] 和谐

[9] 真诚　　　　　　　　　　　　[10] 怪诞

3-13. 请从以下选出3项环境保护的方法：

[1] 不乱扔垃圾　　　　　　　　　[2] 制定配套的环保政策法规

[3] 不向江河排放废物　　　　　　[4] 不穿脏衣服

[5] 植树造林，退耕还林　　　　　[6] 打击破坏环境者

[7] 不游泳　　　　　　　　　　　[8] 不吃脏东西

[9] 遵守交通规则

[10] 建设工程与环境保护同时设计、同时施工、同时使用

3-14. 你经常有下列哪3项环境保护行为：

[1] 主动干涉破坏环境的行为　　　[2] 举报破坏环境的行为

[3] 有时参加环保活动　　　　　　[4] 经常参加环保活动

[5] 自觉宣传环保　　　　　　　　[6] 总是注意不损害环境

[7] 反对食用野生动物　　　　　　[8] 关心居住区的环境质量

[9] 没有看见过有损环保的行为　　[10] 不知道如何保护环境

4. 十选五题：

下面的每个提问有10个答案，请根据自己的实际情况，将答案的番号填在后面的空格里，只选5个，不能多选。

4-1. 下面哪5项是《公民道德建设实施纲要》中确定的道德准则：

[1] 文明礼貌　　　　　　　　　　[2] 家庭和睦

[3] 见义勇为　　　　　　　　　　[4] 为民服务

[5] 敬老爱幼　　　　　　　　　　[6] 助人为乐

[7] 诚信无欺 [8] 邻里友善
[9] 爱岗敬业 [10] 尊重隐私

4-2. 下面哪5项已经是中华人民共和国颁布的法律:
[1] 宪法 [2] 技法
[3] 合同法 [4] 民事诉讼法
[5] 继承法 [6] 研究法
[7] 教学法 [8] 工作法
[9] 婚姻法 [10] 优选法

4-3. 对下面这些事件你最关心哪5项:
[1] 台湾回归 [2] 足球赛
[3] 选美比赛 [4] 政府价格听证会
[5] 反腐败问题 [6] 农民问题
[7] 治安问题 [8] 为弱势群体呼吁
[9] 明星新闻 [10] 国际合作与交流

4-4. 请从以下人名中选出5个中外历史名人:
[1] 贝克汉姆 [2] 林肯
[3] 毛泽东 [4] 哈克·波里
[5] 戴高乐 [6] 雷锋
[7] 孔子 [8] 爱迪生
[9] 韩红 [10] 贾宝玉

4-5. 请从以下条件中选出5项中外著名历史事件:
[1] 虹桥垮塌事件 [2] 9·18事变
[3] 第一次工业革命 [4] 中华人民共和国成立
[5] 汽车召回事件 [6] 第二次世界大战
[7] 文化大革命 [8] 十月革命
[9] 抗洪救灾 [10] 世界小姐选美

4-6. 请从下面中选出5个哲学方面的知识:
[1] 思想 [2] 矛盾
[3] 平等 [4] 公正
[5] 否定之否定 [6] 继承
[7] 发展 [8] 本质与现象
[9] 意识流 [10] 普遍联系

4-7. 请从以下选出5部中外文学名著:
[1] 还珠格格 [2] 三国演义
[3] 拯救大兵瑞恩 [4] 红楼梦
[5] 安娜·卡列妮娜 [6] 三重门
[7] 水浒传 [8] 红与黑
[9] 巴黎圣母院 [10] 红高粱

4－8. 你上网进行得较多的是哪 5 项活动：

［1］不上网或极少上网（选此项的只选一项） ［2］学习

［3］商务 ［4］看稀奇

［5］交友（交流思想情感） ［6］谈恋爱

［7］论坛或创作 ［8］随便聊天，打发时间

［9］娱乐（打游戏、下棋、打牌、看片、听音乐等）

［10］信息利用（检索职业、专业、事业、学业等信息）

4－9. 请从以下选出 5 项环境保护的好处：

［1］有利身心健康 ［2］有利子孙后代

［3］提高收入 ［4］保持水土，防止污染

［5］没有噪声干扰 ［6］提高工作兴趣

［7］享受社会福利 ［8］人与自然的和谐

［9］可持续发展 ［10］不知道环保的好处

附件三：抽样方法示图

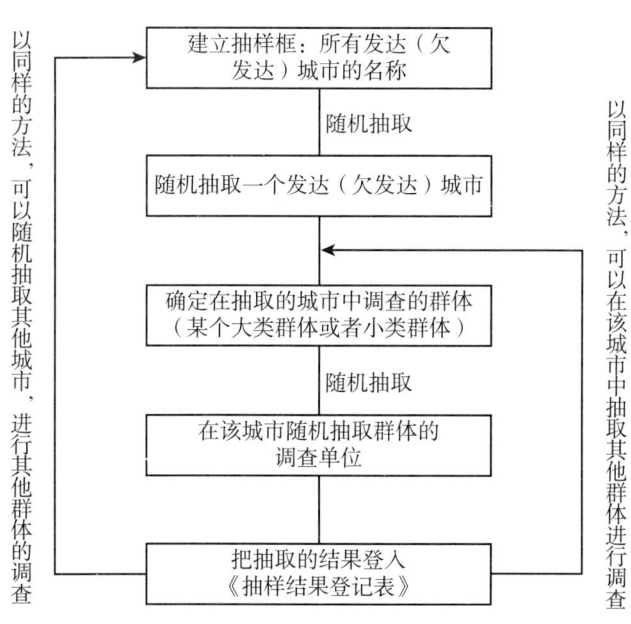

说明：

1. 分别抽取发达城市和欠发达城市。

2. 在发达城市和欠发达城市分别对 11 个大类群体 30 个小类群体的调查单位进行随机抽取。

3. 可以在一个发达城市和一个欠发达城市分别全部抽取所有群体的调查单位，也可以在几个发达城市和几个欠发达城市分别抽取所有群体的调查单位，视当地情况而定。

抽样结果预计为 60 个单位，但对单位相同的调查群体，可以合并为在一个调查单位进行调查，如"高校教师"和"大学生"，只需抽取一个大学作为调查单位，无须分别抽取一个大学作为"高校教师"的调查单位，再抽取另一个大学作为"大学生"的调查单位。

附件四：调查组织流程图

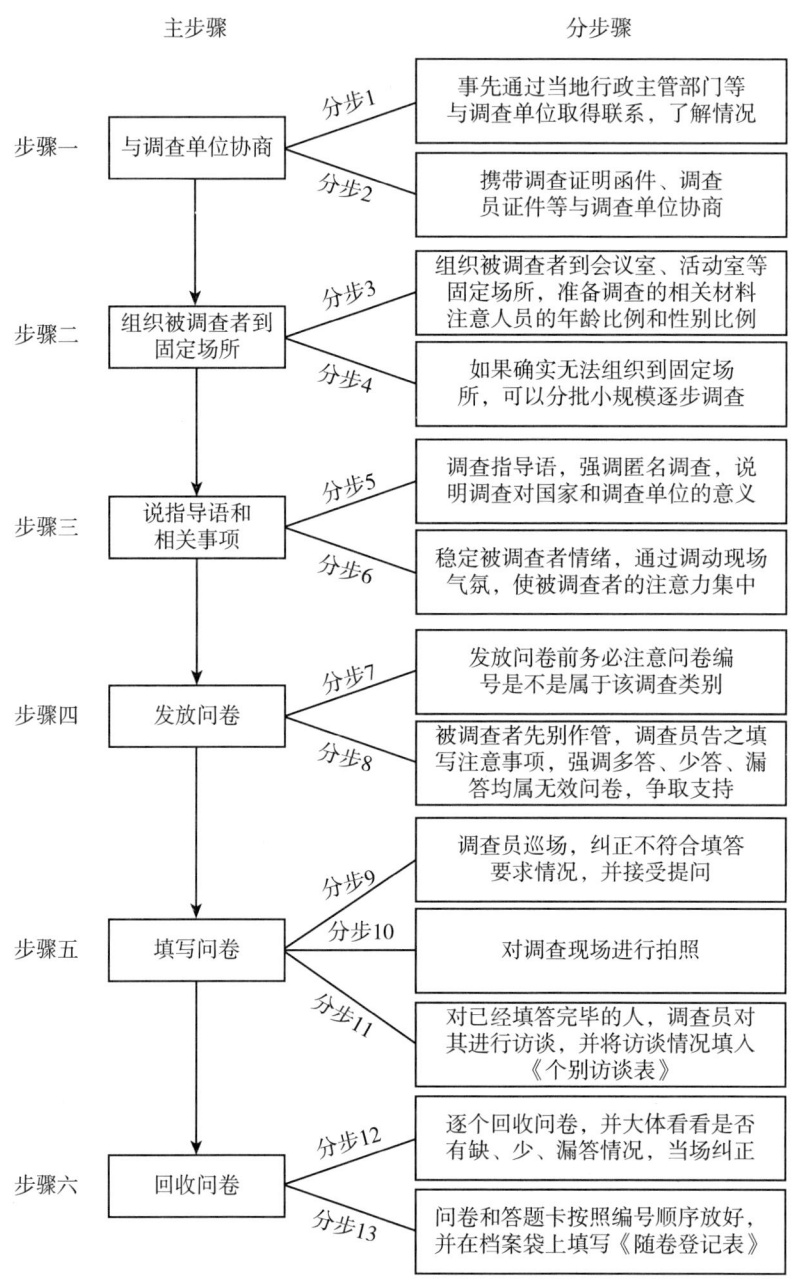

第一章

中国公民人文素质概念

第一节 人文概念及其扩展形态

一、人文概念

人文在客观上通常是指人在适应、改变、创造自然、社会和思维中形成的人类各种社会文化现象，反映在哲学、文学、历史学、人类学、文化学、美学、艺术学范畴的概括和表达中，区别于由数学、物理、化学、天文、地理、生物等范畴反映的自然现象。人文一词最早出自我国古代典籍，要么指诗书礼乐等，如《易·贲》曰："文明以止，人文也。观乎天文，以察时变；观乎人文，以化成天下"；要么指人事，如《后汉书·公孙瓒传论》曰："舍诸天运，征乎人文。"今天，随着社会与自然的深层互动越来越活跃，人文已经从起初仅仅用来表述人的社会生存方式或者人与人关系的单意词，发展成为涵盖人类所有发展活动的内容、过程、关系、方式、成果、效应，揭示人们生存、生息、生产、生活、生命的社会形态和自然形态的复合词。

二、人文命题

人文概念的观念形态，是被许许多多中外思想家用来检视人的价值地位的认识命题。孔孟推崇"天人合一"，老子主张"人与天一"，荀子立论"天人之分"，刘禹锡呐喊"天人交胜"，古希腊伯里克利提出"人是第一重要的"，普罗泰戈拉留下"人是万物的尺度"的名言，亚里士多德说，人是政治动物，富兰克林认为人是制造工具的动物，卡西尔则把人称为符号动物，黑格尔将人的本质解释成自由，马克思指出，人的本质是一切社会关系的总和。这些具有历史意义和时代标志的认识命题，深刻表征着人类在自然和社会中求生存，求发展面临的最大困惑，集中体现着由思想家代表的所处时代人们对人的价值地位的最高诉求，引领了当时人类自我探究的认识方向。

三、人文思潮

人文概念的意识形态是人文思潮，在14世纪欧洲文艺复兴运动中兴起。当时，发誓与基督教会和神学文化冰炭不容的新兴资产阶级知识分子仿效古希腊罗马的世俗文化，高扬以人为中心，主张人性解放和人格平等，促进人的全面发展的新世界观，掀起了席卷欧洲的人文主义思想狂潮。14世纪意大利的但丁、彼特拉克、薄伽丘，15世纪意大利的布鲁尼、瓦拉、皮科、庞波那奇、马基雅弗利、达·芬奇，16世纪英国的乔叟、莎士比亚，法国的蒙台涅、拉伯雷，西班牙的斐微斯、塞万提斯，德国的爱拉斯谟，以敏锐的智慧和精湛的作品打造了世俗世界的精神寄托，促进了近代欧洲的思想解放。人文思潮在产生的特定时代，也称人文主义，跨越这一时代，人文思潮或人文主义追求的反对专制制度和宗教戒规，凸显人本位和人的自由、平等的核心价值，不断得到提升和展扩，经过历史风雨的冲刷和社会博弈的锤炼，演化并凝练成口口相传的人文精神。

四、人文学科

人文概念的研究形态是人文学科或称人文科学，起源于12、13世纪的欧洲。那时，大学内外拥护和反对宗教神学的两种力量不约而同地促进了人文科学的分娩和问世。法国的布伦大学、巴黎大学，英国的牛津大学、剑桥大学的学者为了从现实中印证基督神灵的威权，将哲学装扮为效劳于神学的婢女，将科学装扮为侍从于宗教的仆人，增设人文学科对其人和自然的特定对象以及古典人文著述专门研究，客观上拉开了正规大学研究人文科学的序幕。与此同时，社会上新型世俗知识界把对抗宗教文化和神学教义的行动转向不可逆转的轨道，抒发理性认识人的情怀，伸张人的权利，建构人的科学，传承人的文化，使人文学科的诞生和人文科学的发展获得了现实的社会基础。19世纪，人文科学因在普遍执政的资产阶级看来减弱了工具价值，而在形式上与社会科学合并，统称社会科学。19

世纪末20世纪初,适应科学发展和人们认识和解决社会问题的需要,人文科学与社会科学相分离,独步前行。20世纪下半叶以来,人文科学在人们深刻反思该世纪集中爆发的政治危机、经济危机、技术危机、军事危机、社会危机五大危机中,其地位越来越受到普遍重视,其体系由于研究需求和兴趣的拓展越来越成熟和完善,其对解决世界上重大问题和根本问题的作用越来越明显。

第二节 人文素质概念及其特征

一、人文素质的概念

人文素质是价值性极强的概念,是在人类社会漫长的发展过程中,伴随着人们认识和改造自身及客观世界的成果积累而形成的跨学科的复合性概念,是包含在人文现象、人文命题、人文思潮和人文学科中的价值取向和事实解答。人文素质反映的是人在自身社会经历中的人文体验和在文化交流中的人文知识的基础上,通过内心的认定、取值、积淀、拓升而定型的追求人的全面发展和社会的全面进步的精神态度,倡举高品位价值境界和深层次品行底蕴的人格修养,善于慎对自我、尊重他人、关爱社会、呵护环境的心理品质。人文素质包含了哲学、文学、史学、政治学、经济学、法学、人类学、社会性、心理学、美学、教育学、管理学、环境学等学科关于人的问题的研究视域,价值旨归体现为,在人与自身的关系上,重在讲理想、讲进取、讲守节、讲自律;在人与他人的关系上,重在讲诚信、讲为善、讲包容、讲互助;在人与集体的关系上,重在讲大局、讲奉献、讲合作、讲和谐;在人与社会的关系上,重在讲规范、讲秩序、讲公平、讲安定。在现实中,人文素质的个体状况会有差异,这不过是人文素质在特定主体身上实现程度的不同,而不是意味着人文素质本身具有相反或者相克的性质。

二、人文素质的特征

人文素质与科学素质一样,都是人内在最重要,对人的生存方式、发展趋势和事业能力起着根本决定作用的基本品质。但是,人文素质与科学素质也有不一样,它具有明显的历史性、科学性、价值性、社会性特征。作为历史性特征,人文素质的核心是人文传统,体现为对人文遗产的扬弃和传承;作为科学性特征,人文素质的核心是人文精神,体现为对人文理性的把握和应用;作为价值性特征，人文素质的核心是人文情操，体现为对人文旨归的守护和弘扬；作为社会性特征，人文素质的核心是人文实践，体现为对人文关怀的承诺和践行。人文传统、人文精神、人文情操、人文实践从人文素质的社会特质方面集中反映了人的哲学品味、文学品味和史学品位，人的生产态度、生活态度和生命态度，人的认知修养、价值修养和审美修养，人的做人之道、行事之道和处世之道。

第三节 中国公民人文素质概念特点及其维度

一、中国公民人文素质概念特点

中国公民人文素质概念与一般人文素质概念属于属种关系，在基本内涵上是共通的，人文素质概念的主要要素和根本特征，必然体现在中国公民人文素质的概念中。然而，将两个概念有所区别，是有道理的，主要理由是，人文素质概念是一个学理化概念，意蕴着人文素质规格和标准的抽象性、理想性、目标性，而中国公民人文素质概念却是一个事理化概念，表现着人文素质规格和标准的具象性、现实性、过程性。这一差别的具体解释出自于中国公民的定语，表现在三个方面：其一，由于中国根本的经济制度、政治制度、社会制度以及意识形态体现着中国特色社会主义，这样，宪法规范和国家意志要求中国公民在享有法律保障的权利的同时，必须履行维护国家利益的基本义务。因此，中国公民的人文素质必然以体现中国特色社会主义的价值取向为基准。其二，由于中国是一个礼仪之邦，有着5000年德仁至上的人文文化传统，其中的精华成为中华民族精神振兴的薪火，并对现代化建设发挥极大的支撑作用。因此，中国公民的人文素质必然要体现对民族优良传统的传承。其三，由于中国公民的人文素质是在中国特有的生活方式、社会风貌、民俗习惯、地理方位、生态环境中形成的，适应于中国的社会发展，因此，其中的要素构成和权重结构必然依社会发展的程度和水平具有适域性特点。

二、中国公民人文素质的维度

中国公民人文素质包括六个维度，即道德维度、法律维度、文史哲维度、科学维度、审美维度和环保维度，每个维度都拆分为意识、常识和行为三个要素，对18个要素进行分解，形成37个具体的观测点。就六个维度与人文素质整体功能的关系而言，道德维度表明的是公民在社会公德、职业道德、家庭伦理中的价值标准、知识水平和行为方式，是人文素质的核心维度；法律维度表明的是公民在社会活动和社会关系中的法律精神、法治意识、守法态度和护法责任，是人文素质的关键维度；文史哲维度表明的是公民文学、史学、哲学的知识品位以及在社会工作和社会生活中应用的能级，是人文素质的主干维度；科学维度表明的是公民具有的科学精神、科学视野和科学方法的水平以及以此处理社会问题和维护社会秩序的效应，是人文素质的支撑维度；艺术维度表明的是公民了解艺术的机理和分类，以及在事业、学业、家业中崇尚美、守护美、表现美的程度，是人文素质的横断维度；环保维度表明的是公民珍爱资源、优化生态、造福后代的心理、意识和行为指向，以及对环境保护发挥的作用，是人文素质的平衡维度。

第二章

中国公民人文素质调查

第一节 按群体分层调查

一、公民群体的概念和特点

公民（citizen）是指具有某国国籍，在宪法和法律上享有权利并承担义务的人，实质上是指具有国家国籍并有权参与国家公共权力行使与监督的人。公民群体（citizen group）就是按照不同标准划分，由多个公民个体所组成的具有一定共同特征的群体。公民群体的特点表现为：其一，群体结构是不断变化的系统，一方面由于个体观念和行为的变化而处于不断建构过程中；另一方面，群体分类随着经济、政治、社会、文化等变迁而具有阶段化融合或分化的变化，如农民工进城后逐步转变为城市工人群体，大学生毕业以后可能会转化为公务员群体等等。其二，公民群体是一个人与人之间的相互作用的社会网络。其三，公民群体的变化能够在一定程度上反映出社会发展的趋向，如农村人口的多少客观上能够反映一个国家的城市化水平；大学毛入学率反映一个国家经济、教育、文化的现代化发展程度。

二、公民群体的标准与类别

1. 公民群体分类的标准

公民群体分类与社会分层的标准具有密切联系，①应该遵循客观的原则，采用可以直接测量的客观事实或现象（如占有生产资料的状况、职业状况等）作为划分公民群体的标准。

划分阶层和群体的标准可以是经济标准（如占有生产资料的多少、个人收入高低等），也可以是非经济标准（如政治权力、年龄、受教育程度、地域等）。德国社会学家韦伯提出"三重标准"论，力荐财富（经济）、权力（政治和威望）、社会标准。美国社会学家帕森斯认为，财富和威望都依赖于职业，主张以职业作为社会分层的标准。

在我国，大多数社会学家或社会分析家在对当今社会阶层和公民群体进行划分时，都采取了按照职业进行分类的标准。如朱光磊把公民群体划分为：（1）蓝领工人；（2）白领工人；（3）知识分子；（4）官员；（5）失业者；（6）退休工人；（7）农业劳动者；（8）乡镇企业职工；（9）乡村干部和乡村知识分子；（10）农民工；（11）个体劳动者；（12）私营企业主；（13）企业经营者；（14）军人；（15）大学生（朱光磊，1998）。又如，杨继绳把社会各阶层分类为：（1）农民；（2）工人；（3）流动民工；（4）私营企业主；（5）知识分子；（6）官员；（7）当代新买办；（8）社会有害群体（杨继绳，2000）。再如，李路路把城市阶层结构分类为：（1）党政机关、企事业单位负责人和中高层管理人员；（2）专业技术人员；（3）党政机关、企事业单位的一般管理人员和办事人员；（4）体力劳动者（工人和农民）；（5）自雇佣者/个体户（李路路，2003）。

本课题组采用上述普遍性方法，以职业作为公民群体分类的主要标准。

2. 公民群体的类别构成

在中国公民人文素质现状调查中，根据调查和统计分析的需要，我们按照性别、年龄、学历、地域和职业五个标准进行分类。按照性别划分，分为男性公民群体和女性公民群体；按照年龄划分，分为10个年龄段的不同群体；按照学历层次划分，从小学生到博士生分为6个不同学历层次群体；按照地域（经济发达程度）划分，分为发达地区群体和欠发达地区群体；按照职业分类划分，分

---

① 按照社会统计学的理论和方法，对中国公民人文素质状况按照"公民群体"分类进行调查，实际上就是采用了分层法，即将公民按照一定标准划分为不同的群体进行调查比较，群体的划分也是基于社会"阶层"的划分。

为11个大类群体30个小类群体（见图2-1）。11个大类群体分别为：农民、工人、企业管理人员、商业人员、公务员、教师、学生、文化卫生从业人员、第三部门、科技人员及其他群体。根据11个大类群体的不同层次、不同性质、不同类型等细分群体，形成30个小类群体。

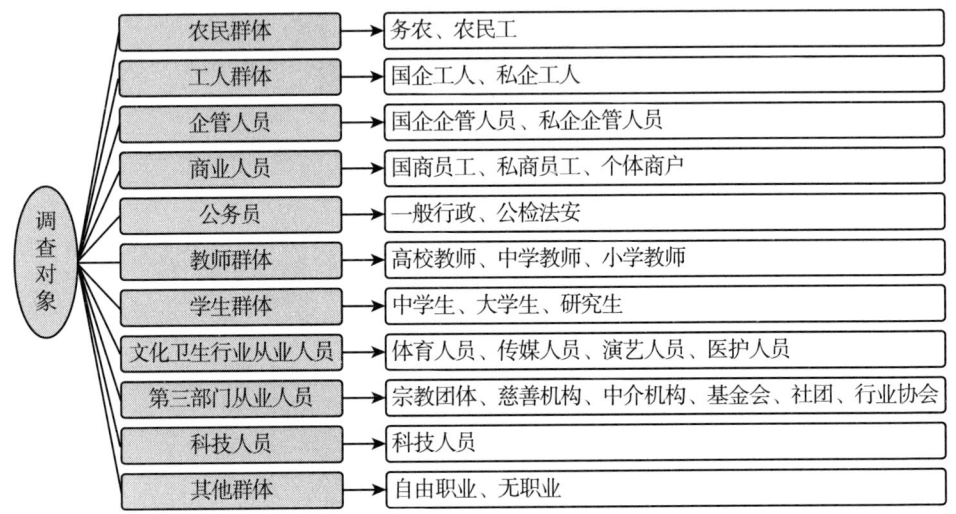

图2-1 按职业群体分类图

第二节 按地区分层调查

在群体分层的同时，按照经济、地理和行政三种区域划分方式进行区域分层比较。

一、人文素质发展的经济区域划分标准

根据国家经济发展战略调整的规划，将经济区域划分为东部、中部、西部和东北部四个地区。

西部：根据《国务院关于实施西部大开发的若干政策措施》，西部为以下12个省份：西南五省区（四川、云南、贵州、西藏、重庆）、西北五省区（陕西、甘肃、青海、新疆、宁夏）和内蒙古、广西。

中部：根据《中共中央、国务院关于促进中部地区崛起的若干意见》，中部

为以下 6 个省份：湖北、湖南、河南、安徽、江西、山西。

东北部：根据振兴东北的战略部署，东北地区包括：辽宁、吉林和黑龙江。

东部其余 10 个省区均为东部。

二、人文素质发展的地理区域划分标准

南北界线一般只针对东部地区，不涉及四川以及以西，作为地理分界线，习惯以秦淮河为准，安徽、江苏由于位于分界线两侧，无法严格区分。南北方人文素质差异主要取两个方面的对比：

东北三省与东南三省对比：东北三省指黑龙江、吉林和辽宁；东南三省指福建、广东和海南三省。

西北五省区与西南五省区对比：西北五省区指陕西、宁夏、甘肃、青海、新疆；西南五省区指四川、贵州、云南、重庆、西藏。

三、人文素质发展的行政区域划分标准

按照传统意义上的行政大区划分为七个行政区域，如表 2-1。

表 2-1　　　　　　　　七大行政区域划分表

地　区	省　份
华东（6 省）	上海、山东、江苏、浙江、安徽、江西
华北（5 省区）	北京、天津、河北、山西、内蒙古
华南（3 省）	福建、海南、广东
东北（3 省）	辽宁、吉林、黑龙江
华中（3 省）	河南、湖北、湖南
西北（5 省区）	陕西、宁夏、甘肃、青海、新疆
西南（6 省区）	广西、四川、贵州、云南、重庆、西藏

第三章

中国公民人文素质评价指标体系

第一节 中国公民人文素质评价指标体系概述

一、评价指标体系及建立的原则

中国公民人文素质评价指标体系是衡量、监测当代中国公民人文素质状况和水平的一种专题性社会评价体系,是本课题依据全国性抽样调查获取的数据对我国公民不同分类群体和不同地区公民整体人文素质进行评价的主要工具之一。

建立中国公民人文素质评价指标体系,遵循并体现科学性、导向性、层次性、系统性、模块化和可操作性的原则:

1. 科学性原则

科学性原则表现为指标体系是合事理性和合事实性的统一,以德尔斐法[①]为准构建指标体系,结合由哲学、历史学、文学、心理学、政治学、管理学、统计学等相关领域的专家组成的专家系统的多轮意见汇总,确定了主观方面6个维度的一级指标(A级指标)、18个二级指标(B级指标)和37个三级指标(C级

---

① 德尔斐法是一种定性研究方法,其本质是利用专家的知识、经验、智慧等无法量化的带有很大模糊性的信息,通过背对背式信息交换,逐步取得比较一致的意见,达到科学研究的目的。专家的专业、水平、年龄、职务、性格、社会背景等诸方面因素都会影响他们对某一问题的认识,进而影响研究的结果。为此,专家系统中既要有相关专业的专家,也要有其他专业的专家。

指标),同时又拟定了客观方面 6 个维度的 12 个指标,使指标体系能够从主观和客观两个方面较为准确地描述公民人文素质的客观情况。

2. 导向性原则

导向性原则表现为充分利用评价目标,对不同群体的人文素质发展起到"引航"作用,具体体现在:(1) 符合国家的法律法规以及中央的方针政策;(2) 合理确定各级指标体系权重系数的导向;(3) 正确引导公民人文素质评价和发展的效应取向。

3. 层次性原则

层次性原则是尊重个体发展具有差异性的发展性评价思想的具体体现,通过运用发展性评价的指标体系,对公民素质的状况进行评价解释,尽可能帮助不同层次群体正确认识和把握自我,并使社会上有关部门和组织可以根据不同需求对不同群体进行客观评价。这里将评价指标按照重要程度分为三个层次:第一层次为道德指标和文史哲指标,是核心和基础指标;第二层次为法律指标和科学指标,是主干和支撑指标;第三层次为审美指标和环保指标,是延伸和派生指标(见图 3-1)。

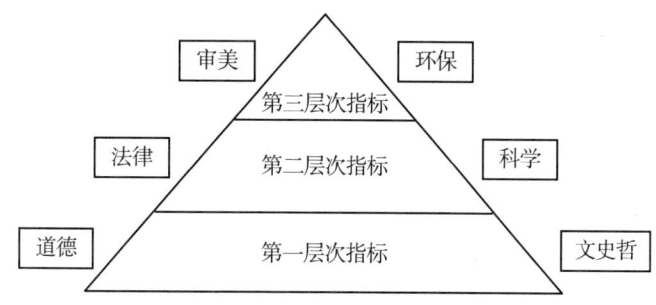

图 3-1 人文素质评价指标的层次图

4. 系统的原则

各个子系统之间相互交织、相互联系、相互渗透,形成了人文素质全面评价的总系统。

5. 模块化原则

将整体评价划分为相应的 6 个模块,分别进行评价,一方面可以对不同地域、不同群体的公民素质状况进行比较;另一方面可以找出影响公民整体素质的关键因素,对于分析公民素质水平具有重要意义。

6. 可操作性原则

可操作性原则指各项评价指标可以进行实际测定,从而比较客观地采集被评价者的状态数据,给出符合实际的指标分值。具体表现为:第一,指标制定宜粗不宜细,避免指标选择困难;第二,指标中能量化的尽可能量化,使评价针对性更强;第三,抓主要因素,突出相关指标,把宏大、复杂、繁琐的指标体系简易化、明细化,使操作方便易行。

根据上述原则,在设计中国公民人文素质评价指标体系时,在各类指标中,致力于处理好定性指标与定量指标的关系、静态指标与动态指标的关系、综合指标与分项指标的关系、直接指标和间接指标的关系、个体指标和群体指标的关系。同时,使指标体系具有显现的描述功能、解释功能、监测功能、比较功能、预测功能和促进功能。

二、评价指标体系的基本结构

1. 评价指标体系的要素选择

根据影响公民人文素质的6个维度分别选取A1道德维度指标、A2法律维度指标、A3文史哲维度指标、A4科学维度指标、A5审美维度指标和A6环保维度指标6个方面,每一个维度下为3个二级维度指标,从B1~B18共18个,为了具体计分需要,在二级指标的基础上,设立37个三级指标,即C1~C37,具体内容见表3-1。

表3-1　　　　　　　人文素质评价指标一览表

一级指标	二级指标	三级指标
A1 道德维度指标	B1 道德意识指标	C1 道德认同指标
		C2 道德状况指标
	B2 道德常识指标	C3 道德约束指标
		C4 道德内涵指标
	B3 道德行为指标	C5 公共行为指标
		C6 工作行为指标
		C7 家庭行为指标
A2 法律维度指标	B4 法律意识指标	C8 法律诉求指标
	B5 法律常识指标	C9 法律性质指标
		C10 法律认知指标
	B6 法律行为指标	C11 守法行为指标
	B7 民族意识指标	C12 爱国意识指标
		C13 人权意识指标

续表

一级指标	二级指标	三级指标
A3 文史哲维度指标	B8 文史哲常识指标	C14 文化认知指标
		C15 历史认知指标
		C16 哲学认知指标
	B9 文化生活价值指标	C17 文化价值指标
		C18 理想信念指标
		C19 生活消费指标
		C20 婚姻爱情指标
A4 科学维度指标	B10 科学价值指标	C21 科学作用指标
		C22 科学意识指标
		C23 科学发展指标
	B11 科学常识指标	C24 科学普及指标
		C25 科学认知指标
		C26 科学动态指标
	B12 科学行为指标	C27 科学实践指标
		C28 科学真理指标
A5 审美维度指标	B13 审美意识指标	C29 审美态度指标
		C30 审美标准指标
	B14 审美常识指标	C31 美学认知指标
		C32 美育认知指标
	B15 审美行为指标	C33 审美活动指标
A6 环保维度指标	B16 环保意识指标	C34 环保意义指标
	B17 环保常识指标	C35 概念认知指标
		C36 方法认知指标
	B18 环保行为指标	C37 环保行动指标

2. 评价指标权重计算与计分规则

要素指标选择以后，采取"维度指标、主观指标、客观指标、总体指标百分制计分"的原则,即每个维度单独计分时按照百分制计算,主观和客观指标也分别按照百分制计算,最后6个维度综合起来也按照百分制计算的原则。在计算和设计权重时分三个层次:

第一个层次（A层）,由专家通过采取层次分析法（AHP）和两两比较法对6个维度的相对重要性进行比较打分,然后计算出6个维度的权重比值。

AHP法的基本原理是把研究的复杂问题看作一个大系统,通过对系统的多个因素的分析,划出各因素间相互联系的有序层次;再请专家对每一层次的各因素进行客观的判断后,相应地给出重要性的定量表示;进而建立数学模型,计算出每一层次全部因素的相对重要性的权值,并加以排序;最后根据排序结果进行规划决策和选择解决问题的措施。具体而言,假设对某一评价目标为 u,其影响因素有 $P_i(i=1,2,\cdots,n)$ 个,且 P_i 的重要性权数分别为 $w_i(i=1,2,\cdots,n)$,其中, $w_i > 0$, $\sum_{i=1}^{n} w_i = 1$,即 $u = w_1 P_1 + w_2 P_2 + \cdots + w_n P_n = \sum_{i=1}^{n} w_i P_i$。由于 P_i 因素对目标 u 的影响程度即重要性权数 w_i 不一样,因此,将 P_i 两两比较,可得到 P_i 个因素对目标 u 重要性权数比（也就是相对重要性）构成的矩阵 A,即判断矩阵,目标 u 的 P_i 个因素的重要性权数,可通过对该矩阵解特征值问题求出,即由 $Aw = \lambda_{max} \cdot w$ 求出正规化特征向量而得到。

根据调查结果和专家分析,对6个维度指标两两比较其相对重要性后,列表如表3-2。

表3-2　　　　　　　　6个维度重要性两两比较结果表

	道德维度	法律维度	文史哲维度	科学维度	审美维度	环保维度	行求和
道德维度	1.00	1.88	0.86	1.33	1.60	2.67	9.33
法律维度	0.53	1.00	0.36	1.05	2.33	2.00	7.27
文史哲维度	1.17	2.80	1.00	1.83	1.60	1.75	10.15
科学维度	0.75	0.96	0.55	1.00	1.67	1.83	6.75
审美维度	0.63	0.43	0.63	0.60	1.00	0.67	3.95
环保维度	0.38	0.50	0.57	0.55	1.50	1.00	4.49
列求和	4.45	7.56	3.96	6.36	9.70	9.92	

判断矩阵的权数可通过求正规化的特征向量而得,有3种计算方法,即几何平均法、算术平均法和逐次逼近法。前两种是近似计算方法,后一种方法精确度高,适合计算机计算,由于判断矩阵本身已经带有不少误差,并不需要很高的精度,因此一般采用算术平均法,具体计算过程如下:

(1) 将 P 矩阵的每一列正规化，令 $P_{ij} = P_{ij} / \sum_{i=1}^{n} \bar{w}_i$，$i, j = 1, 2, \cdots, n$；

(2) 按行加总 $\bar{w}_i = \sum_{j=1}^{n} \bar{P}_i$，$i = 1, 2, \cdots, n$。

(3) 加总后的 $\bar{w}_i$ 再正规化，得到特征向量 w_i，即 $w_i = \bar{w}_i / \sum_{i=1}^{n} \bar{w}_i$，$i = 1$, 2, $\cdots, n$。

按照上述方法计算出各维度评价标准权重如表 3 – 3。

表 3 – 3　　　　　各维度评价标准权重计算表

各维度	道德	法律	文史哲	科学	审美	环保	行平均
道德	0.224719	0.248013	0.21665983	0.209724	0.164948	0.268908	0.2222
法律	0.11985	0.132274	0.09027493	0.164442	0.24055	0.201681	0.1582
文史哲	0.262172	0.370366	0.2527698	0.28837	0.164948	0.176471	0.2525
科学	0.168539	0.126522	0.13787444	0.157293	0.171821	0.184874	0.1578
审美	0.140449	0.056689	0.15798112	0.094376	0.103093	0.067227	0.1033
环保	0.08427	0.066137	0.14443989	0.085796	0.154639	0.10084	0.1060
合计							1.0000

从表 3 – 3 最右列的行平均值可知 6 个维度的权重如表 3 – 4。

表 3 – 4　　　　　　　各维度权重表

维度	道德	法律	文史哲	科学	审美	环保
权重值	0.2222	0.1582	0.2525	0.1578	0.1033	0.1060

第二个层次（B 层），在二级指标中按照固定比例设定的方法。主观指标中的二级指标均按照"意识、常识、行为"三个层面设定评价指标，因此每个维度的权重分配也按照三个层面设定权重为 3:3:4，即按照百分制分别为 30 分、30 分和 40 分。客观指标中的二级指标则按照 1:1 来设定权重，即每个二级指标满分为 50 分。之所以在二级指标层面按照固定比例设定的方法，主要考虑以下几点：一是指标观测点的类同性。对于主观方面中二级指标的 6 个维度均按照"意识、常识、行为"三个层面进行问卷设计和数据收集，三个层面中行为对于客观实际的反映最为直接，意识和常识是基础，因此对各维度主观指标赋值的权重按照 3:3:4 的比例。二是指标比较的通用性。对于指标权重的设计按照同一层

面指标固定比重的方法，可以方便在维度之间指标对比分析和同一维度内主观客观指标的对比分析和相关分析，能够比较直接客观地反映问题。三是操作的简易性。权重设计的相对固定，可以为计算分析更加简化直观，方便操作使用，为以后进行指标跟踪测度分析打下良好基础。

第三个层面（C 层），是对具体测度指标权重的设计和计算。一般情况下均采取在二级指标的基础上指标内平均赋值的方法，如 B1 道德意识指标满分 30 分，B1 下面的三级指标为 C1 道德认同指标，C2 道德影响指标，C3 道德约束指标，则每个三级指标平均赋值为 10 分，因此权重比为 1:1:1；特殊情况下按照公共行为指标的权重高于一般家庭或工作中相关指标的权重，如 B3 道德行为指标下的 C7 公共行为指标为 20 分，C8 工作行为指标为 10 分，C9 家庭行为指标为 10 分。

按照上述权重设计与计算的原则，我们设计出主观和客观两个方面的公民人文素质发展指标体系计分表，并将具体指标进行统一说明，具体内容见表 3–5。

表 3–5　　　　中国公民人文素质评价指标体系权重计分表

一级指标	A层权重	分数	二级指标	B层权重	分数	三级指标	C层权重	分数	问卷问题	问卷题型
A1 道德维度指标	0.2222	100	B1 道德意识指标	0.3	30	C1 道德认同指标	0.33	10	3–1	M2
						C2 道德状况指标	0.33	10	3–2	M2
						C3 道德约束指标	0.33	10	1–1	S
			B2 道德常识指标	0.3	30	C4 道德内涵指标	1	30	4–1	M3
			B3 道德行为指标	0.4	40	C5 公共行为指标	0.5	20	1–2	S
									1–3	S
									2–1	M1
						C6 工作行为指标	0.25	10	1–4	S
									1–5	S
						C7 家庭行为指标	0.25	10	2–2	M1
									2–3	M1

续表

一级指标	A层权重	分数	二级指标	B层权重	分数	三级指标	C层权重	分数	问卷问题	问卷题型
A2 法律维度指标	0.1582	100	B4 法律意识指标	0.3	30	C8 法律诉求指标	1	30	1-6	S
			B5 法律常识指标	0.3	30	C9 法律性质指标	0.5	15	1-7	S
						C10 法律认知指标	0.5	15	4-2	M3
			B6 法律行为指标	0.4	40	C11 守法行为指标	1	40	3-3	M2
A3 文史哲维度指标	0.2525	100	B7 民族意识指标	0.3	30	C12 爱国意识指标	0.33	10	1-8 1-9	S S
						C13 人权意识指标	0.33	10	1-10 3-4	S M2
						C14 文化认知指标	0.33	10	4-7	M3
			B8 文史哲常识指标	0.3	30	C15 历史认知指标	0.33	10	4-4 4-5	M3 M3
						C16 哲学认知指标	0.33	10	4-6 3-5	M3 M2
			B9 文化生活价值指标	0.4	40	C17 文化价值指标	0.25	10	2-4 1-11	M1 S

续表

一级指标	A层权重	分数	二级指标	B层权重	分数	三级指标	C层权重	分数	问卷问题	问卷题型
A4 科学维度指标	0.1578	100	B10 科学价值指标	0.3	30	C18 理想信念指标	0.25	10	4-8 1-12 1-13	M3 S
						C19 生活消费指标	0.25	10	1-14 1-15 1-18	
						C20 婚姻爱情指标	0.25	10	1-16 1-17 2-7	S S M1
						C21 科学作用指标	0.33	10	3-6 2-5	M2 M1
						C22 科学意识指标	0.33	10	2-6 1-19 3-7	M1 S M2
			B11 科学常识指标	0.3	30	C23 科学发展指标	0.33	10	1-20 1-21	S S
						C24 生活认知指标	0.33	10	3-8	M2
						C25 科学认知指标	0.33	10	3-9	M2
						C26 动态认知指标	0.33	10	3-10	M2
			B12 科学行为指标	0.4	40	C27 科学实践指标	0.5	20	2-8	M1
						C28 科学真理指标	0.5	20	3-11	M2

续表

一级指标	A层权重	分数	二级指标	B层权重	分数	三级指标	C层权重	分数	问卷问题	问卷题型
A5 审美维度指标	0.1033	100	B13 审美意识指标	0.3	30	C29 审美态度指标	0.5	15	3-12	M2
						C30 审美标准指标	0.5	15	2-9	M1
			B14 审美常识指标	0.3	30	C31 美学认知指标	0.5	15	1-24	S
						C32 美育认知指标	0.5	15	2-10	M1
			B15 审美行为指标	0.3	40	C33 审美活动指标	1	40	2-11	M1
A6 环保维度指标	0.1060	100	B16 环保意识指标	0.3	30	C34 环保意义指标	1	30	4-9	M3
			B17 环保常识指标	0.3	30	C35 概念认知指标	0.5	15	2-12	M1
						C36 方法认知指标	0.5	15	3-13	M2
			B18 环保行为指标	0.4	40	C37 环保行动指标	1	40	1-25	S

计算分数方法说明：

（1）问卷题型分类：按照调查问卷中的四种问题，即第一种类型三选一题为单项选择题，记作 Single Choice，简称 S 型；第二种类型五选二题为多项选择题，记作 Multiple Choice1，简称 M1 型；第三种类型十选三题为多项选择题，记作 Multiple Choice2，简称 M2 型；第四种类型十选五题为多项选择题，记作 Multiple Choice3，简称 M3 型；每题满分均为 10 分。

（2）计分规则

① 对于 S 型，分趋向题和正误题。趋向题可按三个等级记分，三个答案按照从最优选择、一般选择、错误选择三个等次分别记分为 10 分、5 分和 0 分。正误题，对正确选项赋值 10，错误选项赋值为 0。

② 对于 M1 型，对于选项能够按照优劣排序的问题，五个答案按照优劣顺序分别记分为 6 分、4 分、3 分、2 分、0 分；对于不能按照优劣排序的，即正误题，则错误选项一律 0 分，正确的记 5 分。

③ 对于 M2 型，计分时所有的正确答案赋值 3.333。

④ 对于 M3 型，10 个答案按照积极和消极选项（或者正确和错误选项）分别记分，积极（正确）的选项分别记 2 分，消极（错误）的记 0 分。

⑤ 基本值：每个问卷问题计算均按照满分 10 分计算，计算结果为基本值。

⑥ 权数值：个别指标满分要超过 10 分，满分超过 10 分的指标除以基本值后为权数值。分值超过 10 分的指标，在计算时采取基本值乘以权数来计算最后得分。

3. 各维度人文素质评价指标量化与计分

对于调查结果进行指标量化处理，采取总分百分制，按照表 3-6：中国公民人文素质发展指标体系计分表的计分规则，通过 SPSS 统计软件对选项进行赋值，综合汇总计算。下面将从 6 个维度对 37 个三级指标进行计算。

A1. 道德维度指标的具体内容（100 分）

道德维度指标包括 3 个二级指标，即道德意识指标、道德常识指标和道德行为指标，满分分别为 30 分、30 分和 40 分，具体可测定的量化指标计分如表 3-6。

表 3-6　　　　　　**A1 道德维度指标量化计分表**

二级指标名称	计分	三级指标	计分	问卷评价对象
B1 道德意识指标	30	C1 道德认同指标	10	不同人群对品质和关系的重视程度（问卷 3-1）
		C2 道德状况指标	10	品质和关系在现实生活中的影响程度（问卷 3-2）
		C3 道德约束指标	10	对自由的理解情况（问卷 1-1）
B2 道德常识指标	30	C4 道德内涵指标	30	各类人群对公共道德知识的了解情况（问卷 4-1）
B3 道德行为指标	40	C5 公共行为指标	20	C5.1 爱护公共环境行为情况（问卷 1-2）
				C5.2 敬老助弱助残行为情况（问卷 1-3）
				C5.3 拾金不昧精神（问卷 2-1）
		C6 职业行为指标	10	C6.1 工作态度情况（问卷 1-4）
				C6.2 关于工作责任感情况（问卷 1-5）
		C7 家庭行为指标	10	C7.1 家庭矛盾处理方式情况（问卷 2-2）
				C7.2 家庭子女教育方式情况（问卷 2-3）

B1 道德意识指标的内容和对应三级指标计算

C1. 道德认同指标（10 分）

1. 道德认同指标：对公民的道德品质主观倾向和认同度的测度。
2. 问卷题型：M2 型
3. 问卷问题：问卷 3-1 中，你最看重人的哪 3 种品质或关系：[1] 关爱（帮助），[2] 冷漠（隔膜），[3] 宽容，[4] 不负责任，[5] 欺诈，[6] 负责任，[7] 敌对，[8] 诚信，[9] 相互利用，[10] 沟通（理解）。
4. 计算方法：根据 M2 型记分规则对正确选项赋值 3.33，通过 SPSS 软件自动计算。

C2. 道德影响指标（10 分）

1. 道德影响指标：对公民的道德品质影响程度的测度。

2. 问卷题型：M2 型。

3. 问卷问题：问卷 3-2 中你觉得现在的人实际上哪 3 种品质或相互关系居多：[1] 关爱（帮助），[2] 冷漠（隔膜），[3] 宽容，[4] 不负责任，[5] 欺诈，[6] 负责任，[7] 敌对，[8] 诚信，[9] 相互利用，[10] 沟通（理解）。

4. 计算同 C1

C3. 道德约束指标（10 分）

1. 道德约束指标：通过对自由含义的理解和倾向对公民道德自我约束的测度。

2. 问卷题型：S 型。

3. 问卷问题：问卷 1-1 中，你对自由的理解有三个选项：[1] 想干什么就干什么；[2] 行为受约束，但精神自由；[3] 在一定约束中，有自己的行为和精神自由。

4. 计算方法：按照 S 型趋势问题的计分规则，将选项 [1]、[2]、[3] 分别赋值 0 分、5 分、10 分。则农民务农人员对自由理解指标得分为：

$32.5\% \times 0 + 16.9\% \times 5 + 50.5\% \times 10 = 0 + 5.05 + 0.845 = 5.895$

B2 道德常识指标的内容和对应三级指标计算

C4. 道德内涵指标（30 分）

1. 道德内涵指标：是对公民在公共道德、职业道德和家庭美德等方面内涵认知的测度。

2. 问卷类型：M3 型。

3. 问卷问题：问卷 4-1，下面哪 5 项是《公民道德建设实施纲要》中确定的道德准则：[1] 文明礼貌；[2] 家庭和睦；[3] 见义勇为；[4] 为民服务；[5] 敬老爱幼；[6] 助人为乐；[7] 诚信无欺；[8] 邻里友善；[9] 爱岗敬业；[10] 尊重隐私。

4. 计算方法：根据公民道德实施纲要的 20 个字 "爱国守法、明礼诚信、团结友善、勤俭自强、敬业奉献"，可以对应选项中的 [1]、[4]、[7]、[8]、[9] 五个选项，因此在计算中，按照 M3 型记分规则，分别对这五个选项赋值 2 分进行综合统计。因为该指标满分为 30 分，则权数值 = 30/10 = 3，因此计算出得分以后再乘以其权数值 3。

B3 道德行为指标内容和对应三级指标计算

C5. 公共行为指标（20 分）

1. 公共行为指标：对公民在公共环境中的具体行为倾向的测度。本指标选择了 "爱护公共环境"、"敬老助弱助残" 和 "拾金不昧" 三个测度点。和 A1

道德素质维度指标下的其他所有 C 级指标相比，设定公共行为指标为 20 分，因为公共行为能够更加客观地体现公民的道德素质，和职业道德行为和家庭道德行为来比较，职业道德行为和家庭道德行为都在一个特定的、有约束的环境中发生的行为，如职业道德行为发生在工作单位，家庭道德行为发生在家庭中，因此都有相对固定的监督约束机制或见证者，而公共行为则相对有更多地不确定性，时间地点都比较宽泛，更没有相对应的约束监督机制，因此这些行为更能够体现公民的道德素质，故而将此项指标分值提高，从而提高在整体评价中的客观性和准确性。

2. 问卷题型：S 型（问卷 1-2，问卷 1-3）和 M1 型（问卷 2-1）。

3. 问卷问题：

C5.1 爱护公共环境行为情况（问卷 1-2），问卷的问题是：你想丢废物，但 50 米左右远的地方才有垃圾桶，一般你会：[1] 随手扔掉、[2] 趁别人不注意扔掉和 [3] 走 50 米扔到垃圾桶里或放在袋里一会儿再扔到垃圾桶里。

C5.2 敬老助弱助残行为情况（问卷 1-3），问卷问题是：乘车遇上老弱病残，你通常是：[1] 主动让座，[2] 想让但终于没让，[3] 不让座。

C5.3 拾金不昧精神（问卷 2-1），问卷的问题是：当拾到别人钱物时，你会采取哪两种行为：[1] 设法归还，[2] 没人看见就不归还，[3] 有奖归还，[4] 不管是否有人看见都不归还，[5] 根据数额大小定。

4. 计算方法：公共行为指标由三个问卷的问题组成，每个问题分别计分如下：C5.1，该题为趋向问题，按照 S 型问卷题的计分规则为，选择 [1]、[2]、[3] 选项分别记 0 分，5 分，10 分，则农民中务农人员的爱护公共环境行为情况计算得分如下：$0 \times 18.5\% + 5 \times 18.8\% + 62.7\% \times 10 = 7.21$（分）。

C5.2，该题为趋向问题，按照 S 型问卷题的计分规则为，选择 [1]、[2]、[3] 选项分别记 10 分、5 分、0 分，则农民中务农人员的敬老助弱助残行为情况计算得分如下：$10 \times 62.6\% + 5 \times 26.5\% + 10.9\% \times 0 = 7.585$（分）。

C5.3，按照 M1 型问卷题的计分规则，五个选项优劣顺序为 [1]—[3]—[5]—[2]—[4] 分别设分数为：选择 [1] 记 6 分，选择 [2] 记 2 分，选择 [3] 记 4 分，选择 [4] 记 0 分，选择 [5] 记 3 分。

C6. 职业行为指标（10 分）

1. 职业行为指标：对公民在工作环境中的具体行为倾向的测度。

2. 问卷题型：S 型。

3. 问卷问题：

对于 C6.1 工作态度情况（问卷 1-4），问卷的问题是：对于你所做的工作和学习，你一般是：[1] 想办法干得最好；[2] 做到合格为准；[3] 能对付过去就行。

对于 C6.2 关于工作责任感情况（问卷 1-5），问卷的问题是：规定时间内没有完成的工作和学习任务，你一般会：［1］自己加班加点完成；［2］按照上级要求加班；［3］拒绝加班。

C7. 家庭行为指标（10 分）

1. 家庭行为指标：对公民在家庭生活中的具体行为倾向的测度。
2. 问卷题型：M1 型。
3. 问卷问题：

对于 C7.1 家庭矛盾处理方式情况（问卷 2-2），问卷问题为：与丈夫（妻子）或其他家人发生矛盾时，你通常采取哪两种行为：［1］体谅忍让，［2］沟通交流，［3］吵闹打斗，［4］不理睬或逃避，［5］求助他人。

对于 C7.2 家庭子女教育方式情况（问卷 2-3），问卷问题为：当你未成年时与他人发生矛盾或吵架打架时，父母对你常采用哪两种行为？［1］不问理由就打骂，［2］了解情况，说服教育；［3］一律鼓励反击；［4］带你与对方讲理；［5］不怎么管。

A2. 法律维度指标的具体内容（100 分）

法律维度指标包括三个二级指标，即法律意识指标、法律常识指标和法律行为指标，满分分别为 30 分、30 分和 40 分，具体可测定的量化指标计分如表 3-7。

表 3-7　　　　　　　A2 法律维度指标量化计分表

二级指标名称	计分	三级指标	计分	问卷评价对象
B4 法律意识指标	30	C8 法律诉求指标	30	公民法律意识情况（问卷 1-6）
B5 法律常识指标	30	C9 法律性质指标	15	公民对法律性质的认识情况（问卷 1-7）
		C10 法律认知指标	15	公民对现行法律的认知情况（问卷 4-2）
B6 法律行为指标	40	C11 守法行为指标	40	公民遵守法律行为情况（问卷 3-3）

B4 法律意识指标内容和对应三级指标计算

C8 法律诉求指标（30 分）

1. 法律诉求指标：对公民在社会生活中诉求法律途径解决矛盾的测度。
2. 问卷题型：S 型。
3. 问卷问题：对于 C10 各类人群法律意识情况（问卷 1-6）问题：如果与

他人有了激烈矛盾纠纷，你首先会想到的解决方法是：［1］遵循法律和政策规定解决；［2］找单位和领导帮助解决；［3］通过恐吓、武力或其他施压方式解决。

B5 法律常识指标内容和对应三级指标计算

C9 法律性质指标（15 分）

1. 法律性质指标：对公民对法律性质认识情况的测度。

2. 问卷题型：S 型。

3. 问卷问题：对于 C11 各类人群对法律性质的认识情况（问卷 1 - 7）问卷问题是：以下哪一条说的是法律？［1］依靠党员模范带头作用而实施的行为规范；［2］依靠国家的警察（公安机关）、法院等作为后盾保障实施的行为规范；［3］依靠社会舆论维持的行为规范。

C10 法律认知指标（15 分）

1. 法律认知指标：对公民对法律常识认知情况的测度。

2. 问卷题型：M3 型。

3. 问卷问题：对于 C12 各类人群对现行法律的认知情况（问卷 4 - 2）问卷问题是：下面哪 5 项已经是中华人民共和国颁布的法律：［1］宪法；［2］技法；［3］合同法；［4］民事诉讼法；［5］继承法；［6］研究法；[7]教学法；[8]工作法；[9]婚姻法；[10]优选法。

B6 法律行为指标内容和对应三级指标计算

C11 守法行为指标（40 分）

1. 守法行为指标：对公民对遵守法律行为情况的测度。

2. 问卷题型：M2 型。

3. 问卷问题：（问卷 3 - 3）的问卷问题是：当你遇到法律问题时，通常会采取或采取过哪三种行为：［1］总是遵守法律；［2］对法律条文提出过建议；［3］权利被侵害时打过官司；［4］有时遵守法律；［5］指出过别人的违法行为；［6］权利被侵害时找侵害者索赔过；［7］很少遵守法律；［8］权利被侵害但怕麻烦没有打官司；［9］参加过法律宣传活动；［10］以上行为都没有（选此项的只选一项）。

4. 计算方法：根据 M2 型记分规则对正确选项赋值 3.33，通过 SPSS 软件自动计算。

A3. 文史哲维度指标体系的具体内容（100 分）

文史哲维度指标包括三个二级指标，即 B7 民族意识指标、B8 文史哲常识指标和 B9 文化生活指标，满分分别为 30 分、30 分和 40 分，具体可测定的量化指标计分如表 3 - 8 所示。

表 3-8　　　　　A3 文史哲维度指标量化计分表

二级指标名称	计分	三级指标	计分	评价对象
B7 民族意识指标	30	C12 爱国意识指标	15	C16.1 各类人群对待国货的态度（问卷1-8）C16.2 各类人群的民族自豪感（问卷1-9）C16.3 各类人群的民族自尊心（问卷1-10）
		C13 人权意识指标	15	各类人群人权意识情况（问卷3-4）
B8 文史哲常识指标	30	C14 文化认知指标	10	各类人群对中外文学名著的认知情况（问卷4-7）
		C15 历史认知指标	10	各类人群对中外历史名人的认知情况（问卷4-4）各类人群对中外历史事件的认知情况（问卷4-5）
		C16 哲学认知指标	10	各类人群对哲学常识的认知情况（问卷4-6）
B9 文化生活价值指标	40	C17 文化价值指标	10	各类人群对学习外语意义的理解（问卷2-4）各类人群对北京举办奥运会的态度（问卷1-11）各类人群对"以人为本"的理解（问卷1-12）
		C18 理想信念指标	10	各类人群对理想的态度（问卷1-13）各类人群对信念的态度（问卷1-14）各类人群对共产主义的理解（问卷1-15）各类人群对人生目的思考（问卷1-18）
		C19 生活消费指标	10	各类人群的金钱价值观（问卷1-16）各类人群的消费观（问卷1-17）各类人群自我生活状态评价（问卷2-7）各类人群的闲暇生活观评价（问卷3-6）
		C20 婚姻爱情指标	10	各类人群爱情与婚姻观（问卷2-5）各类人群情感观（问卷2-6）各类人群的性别观（问卷1-19）

B7 民族意识指标内容和对应三级指标计算

C12 爱国意识指标（15 分）

1. 爱国意识指标：对公民爱国意识、民族自豪感和民族自尊心的测度。

2. 问卷题型：S 型。

3. 问卷内容：

C12.1 各类人群对待国货的态度（问卷1-8）：在同等价格和同等质量条件下，你会选择购买的商品：［1］肯定是中国货；［2］肯定是外国货；［3］不一定。

C12.2 各类人群的民族自豪感（问卷1-9）：看到我国在某些方面落后于其

他国家，你的心情总会是：[1] 立志为国争光；[2] 对民风不满；[3] 无所谓。

C12.3 各类人群的民族自尊心（问卷1-10）：当被误认是日本人或韩国人时，你会：[1] 沉默；[2] 声明是中国人；[3] 干脆回答是。

C13 人权意识指标（15分）

1. 人权意识指标：对公民人权意识情况的测度。

2. 问卷题型：M2型。

3. 问卷问题：（问卷3-4）问卷问题是请选择3个我国的公民权利：

[1] 参政权；[2] 审批权；[3] 生命权；[4] 行政权；[5] 劳动权；[6] 处罚权；[7] 选举权；[8] 进出口权；[9] 财产权；[10] 外交权。

4. 计算方法：根据M2型记分规则对正确选项赋值3.33，通过SPSS软件自动计算。

B8 文史哲常识指标内容和对应三级指标计算

C14 文学认知指标（10分）

1. 文学认知指标：对公民基础文学知识认知情况的测度。

2. 问卷题型：M3型。

3. 问卷问题：问卷4-7对各类人群中外文学名著的认知情况进行调查。调查的问题是请从以下选出5部中外文学名著：

[1] 还珠格格；[2] 三国演义；[3] 拯救大兵瑞恩；[4] 红楼梦；[5] 安娜·卡列妮娜；[6] 三重门；[7] 水浒传；[8] 红与黑；[9] 巴黎圣母院；[10] 红高粱

C15 历史认知指标（10分）

1. 历史认知指标：公民对中外历史名人和事件的认知情况的测度。

2. 问卷题型：M3型。

3. 问卷问题：

C15.1 问卷4-4对各类人群对中外历史名人的认知情况进行评价，问卷问题是请从以下人名中选出5个中外历史名人：[1] 贝克汉姆；[2] 林肯；[3] 毛泽东；[4] 哈克·波里；[5] 戴高乐；[6] 雷锋；[7] 孔子；[8] 爱迪生；[9] 韩红；[10] 贾宝玉。

C15.2 问卷4-5对各类人群对中外历史事件的认知情况进行评价，问卷问题为请从以下条件中选出5项中外著名历史事件：[1] 虹桥垮塌事件；[2] 9·18事变；[3] 第一次工业革命；[4] 中华人民共和国成立；[5] 汽车召回事件；[6] 第二次世界大战；[7] 文化大革命；[8] 十月革命；[9] 抗洪救灾；[10] 世界小姐选美。

C16 哲学认知指标（10分）

1. 哲学认知指标：公民对哲学常识认知情况的测度。

2. 问卷题型：M3 型。

3. 问卷问题：通过问卷 4-6 对各类人群哲学常识的认知情况进行调查，问题是请从下面中选出 5 个哲学方面的知识：［1］思想；［2］矛盾；［3］平等；［4］公正；［5］否定之否定；［6］继承；［7］发展；［8］本质与现象；［9］意识流；［10］普遍联系

B9 文化生活价值观指标内容及对应三级指标计算

C17 文化价值指标（10 分）

1. 文化价值指标：对公民的一般文化取向、网络文化倾向、学习意义、价值观念等的测度。

2. 问卷题型：问卷 3-5（M2 型），问卷 2-4（M1 型），问卷 1-11（S 型），问卷 4-8（M3 型）。

3. 问卷问题：

C17.1 问卷 3-5 的具体问题你最感兴趣的 3 种文化是：［1］古代文化；［2］现代文化；［3］后现代文化；［4］中国民间民族文化；［5］传统经典文化；［6］通俗流行文化；［7］异国文化；［8］全球共同文化（全球化）；［9］宗教文化；［10］前卫（超前）文化

C17.2 问卷 2-4 的问题是对你来说学习外文最重要的意义是哪 2 项：［1］对外交往或出国；［2］获取更多信息；［3］应付考试；［4］提高自身素质；［5］没有什么意义

C17.3 问卷 1-11 的问题是你认为中国举办北京奥运会的意义是：［1］促进经济文化多方面发展，意义重大；［2］中国能够赚钱就好；［3］消耗国资国力，意义不大

C17.4 问卷 4-8，你上网进行得较多的是哪 5 项活动：［1］不上网或极少上网（选此项的只选一项）；［2］学习；［3］商务；［4］看稀奇；［5］交友（交流思想情感）；［6］谈恋爱；［7］论坛或创作；［8］随便聊天，打发时间；［9］娱乐（打游戏、下棋、打牌、看片、听音乐等）；［10］信息利用（检索职业、专业、事业、学业等信息）

C18 理想信念指标（10 分）

1. 理想信念指标：对公民人生观和世界观的测度。

2. 问卷题型：S 型。

3. 问卷问题：

C18.1 问卷 1-12，社会进步到今天特别强调"以人为本"，你认为其最主要的意思是：［1］更看重人的自然本能需要；［2］以人的现实需要为本；

［3］以发展和提升人的素质为本；

C18.2 问卷 1-13，如果说理想是对未来的美好想象和向往，那么你：［1］有理想，并为实现理想而努力；［2］有理想，但觉得要实现很困难；［3］无所谓理想，每天能过得去就行；

C18.3 问卷 1-14，信念是对某种理念的坚定相信。你认为自己的行为：［1］总是有信念支持；［2］有时有信念支持；［3］不清楚

C18.4 问卷 1-15，你认为共产主义是：［1］最美好的社会制度；［2］是一个虚幻的口号；［3］不清楚什么是共产主义

C18.5 问卷 1-18，你对自己为什么活着的认识和态度：［1］有思考，清醒明白；［2］有思考，但茫然；［3］没想过，听任命运安排

C19 生活消费指标（10分）

1. 生活消费指标：是对公民的自我生活状态、闲暇生活观、金钱价值观和消费观的测度。

2. 问卷题型：问卷 1-16 和问卷 1-17（S型），问卷 2-7（M1型），问卷 3-6（M2型）。

3. 问卷问题：C19.1 问卷 1-16，你对钱的看法是：［1］金钱万能；［2］钱不是万能；［3］钱多反而坏事。

C19.2 问卷 1-17，如果意外得到一笔数目较大的钱，你会首先选择：［1］精神消费，如艺术、购书、学习、思想情感交流等；［2］物质消费，如购家用电器、生活用品、购房购车；［3］投资或存起来；

C19.3 问卷 2-7，你觉得自己目前的生活接近以下哪两种状态：［1］丰富多彩；［2］平平常常；［3］空虚无聊；［4］衣食无忧；［5］衣食困难

C19.4 问卷 3-6，闲暇时你更愿意做下面哪3件事：［1］健身、运动；［2］阅读；［3］旅游；［4］喝酒行令；［5］看电视；［6］卡拉OK、泡吧；［7］赌钱（含麻将打牌）；［8］麻将打牌棋类（不赌钱）；［9］艺术欣赏；［10］继续工作或挣钱

C20 婚姻爱情指标（10分）

1. 婚姻爱情指标：对公民爱情婚姻观、情感观和性别观趋向的测度。

2. 问卷题型：问卷 2-5，（M1型）。

3. 问卷问题：问卷 2-5，对于爱情与婚姻你更赞成哪两种说法：［1］婚姻与爱情是两回事；［2］婚外情破坏婚姻；［3］婚外情巩固婚姻；［4］爱情与婚姻可以永远统一；［5］爱情与婚姻的统一有阶段性。

A4. 科学素质维度指标（100分）

科学维度指标包括三个二级指标，即科学价值指标、科学常识指标和科学行为指标，满分分别为30分、30分和40分，具体可测定的量化指标计分如表 3-9：

表 3 – 9　　　　　　A4 科学素质维度指标量化计分表

二级指标	计分	三级指标	计分	评价对象
B10 科学价值指标	30	C21 科学作用指标 C22 科学意识指标 C23 科学发展指标	10 10 10	各类人群对科学价值的认知情况（问卷 3 – 7） 各类人群在工作和学习中的科学意识（问卷 1 – 20） 各类人群对"科学发展观"的理解（问卷 1 – 21）
B11 科学常识指标	30	C24 生活认知指标 C25 科学认知指标 C26 科学动态指标	10 10 10	各类人群对日常生活中科学知识的认知情况（问卷 3 – 8） 4.2.2 各类人群对自然科学常识的认知情况（问卷 3 – 9） 4.2.3 各类人群对当前科学技术动态的认知情况（问卷 3 – 10）
B12 科学行为指标	40	C27 科学实践指标 C28 科学真理指标	20 20	各类人群发现、思考和解决问题情况（问卷 2 – 8） 各类人群欣赏、追求和捍卫科学真理情况（问卷 3 – 11）

B10 科学价值指标内容及对应三级指标计算

C21 科学作用指标（10 分）

1. 科学作用指标：对公民科学价值作用了解认知情况的测度。

2. 问卷题型：M2 型。

3. 问卷问题：问卷 3 – 7，问卷问题是从下面选 3 项科学所产生的作用：［1］改变生活方式；［2］改革社会制度；［3］促进教育发展；［4］开展组织活动；［5］解决人类和自然危机；［6］倾诉情感；［7］影响个人兴趣爱好；［8］创造新知识与文化；［9］与大众对话；［10］不知道有什么作用。

4. 计算方法：根据 M2 型记分规则对正确选项赋值 3.33，通过 SPSS 软件自动计算。

C22 科学意识指标（10 分）

1. 科学意识指标：对公民在工作和学习中的科学意识情况的测度。

2. 问卷题型：S 型。

3. 问卷问题：问卷 1 – 20，问卷问题是工作或学习中你通常首先考虑：［1］按他人意志办事；［2］据自己兴趣办事；［3］按客观规律办事。

C23 科学发展指标（10 分）

1. 科学发展指标：对公民对科学发展理解的测度。

2. 问卷题型：S 型。

3. 问卷问题：问卷 1 – 21 问卷问题为你是否知道"科学发展观"的含义：

[1] 明确知道；[2] 知道一些，不太明确；[3] 不知道。

B11 科学常识指标内容及对应三级指标计算

C24 生活认知指标（10 分）

1. 生活认知指标：对公民日常生活中科学知识的认知情况的测度。

2. 问卷题型：M2 型。

3. 问卷问题：问卷 3-8，从下面选 3 项对人体健康有利的生活习惯：[1] 长时间看电视；[2] 多吃盐；[3] 适量运动；[4] 悲伤；[5] 心情愉快；[6] 多吃肉；[7] 不吸烟；[8] 生活有规律；[9] 多吃蔬菜；[10] 多吃补药。

4. 计算方法：根据 M2 型记分规则对正确选项赋值 3.33，通过 SPSS 软件自动计算。

C25 科学认知指标（10 分）

1. 科学认知指标：对公民自然科学常识认知情况的测度。

2. 问卷题型：M2 型。

3. 问卷问题：问卷 3-9，对各类人群对自然科学常识的认知情况进行评价，问卷问题是请从以下选出 3 项正确的知识：[1] 抗生素能杀死病毒；[2] 地球围绕太阳转 1 圈需要 1 年；[3] 开水的温度是摄氏 90 度；[4] 燃烧是化学反应；[5] 栽树对保持水土作用不大；[6] 父亲的基因决定孩子的性别；[7] 月亮自己可以发光；[8] 光速比声速快；[9] 电子比原子大；[10] 月亮对地球的引力是大海产生潮汐的原因。

4. 计算方法：根据 M2 型记分规则对正确选项赋值 3.33，通过 SPSS 软件进行统计计算。

C26 科学动态指标（10 分）

1. 科学动态指标：对公民对当前科学技术动态的认知情况的测度。

2. 问卷题型：M2 型。

3. 问卷问题：问卷 3-10，问卷问题是请从下面选出 3 项现当代的新科技成果：[1] 克隆技术；[2] 空间技术；[3] 植物嫁接；[4] 经济膨胀；[5] 九章算术；[6] 光纤技术；[7] 基因（DNA）技术；[8] 水力发电；[9] 多媒体技术；[10] 蒸汽机。

4. 计算方法：根据 M2 型记分规则对正确选项赋值 3.33，通过 SPSS 软件进行统计计算。

B12 科学行为指标内容及对应三级指标计算

C27 科学实践指标（20 分）

1. 解决问题指标：对各类人群发现、思考和解决问题的情况进行测度。

2. 问卷题型：M1 型。

3. 问卷问题：问卷 2-8，在工作、生活、学习中你总是（选 2 项）：［1］经常遇到问题；［2］很少遇到问题；［3］善于发现问题的原因；［4］善于提出解决问题的办法；［5］善于解决问题。

C28 科学真理指标（20 分）

1. 科学真理指标：对公民欣赏、追求和捍卫科学真理情况的测度。

2. 问卷题型：M2 型。

3. 问卷问题：问卷 3-11，面对科学与技术，你常常会抱有哪 3 种态度和行为：［1］欣赏它；［2］对它兴趣不大；［3］反感它；［4］设法弄懂它；［5］有机会才学它；［6］对它缺乏学习和认识；［7］坚决维护和宣传它；［8］有时宣传它；［9］总是担心它的负面影响；［10］不清楚。

4. 计算方法：根据 M2 型记分规则对正确选项赋值 3.33，按照权数值 2，通过 SPSS 软件进行统计计算。

A5. 审美素质维度指标（100 分）

审美素质维度指标包括三个二级指标，即 B13 审美意识指标、B14 审美常识指标和 B15 审美行为指标，满分分别为 30 分、30 分和 40 分，具体可测定的量化指标计分如表 3-10：

表 3-10　　　　　A5 审美素质维度指标量化计分表

二级指标	计分	三级指标	计分	问卷评价对象
B13 审美意识指标	30	C29 审美态度指标	15	对于审美的态度（问卷 1-22）
		C30 审美标准指标	15	判断事物美丑的标准（问卷 1-23）
B14 审美常识指标	40	C31 美学认知指标	20	对"美学"的理解情况（问卷 1-24）
		C32 美育认知指标	20	对"美育"的理解情况（问卷 2-10）
B15 审美行为指标	30	C33 审美活动指标	30	公民经常进行的审美活动对象（问卷 2-11）

B13 审美意识指标内容及对应三级指标计算

C29 审美态度指标（15 分）

1. 审美态度指标：对公民审美态度的测度。

2. 问卷题型：S 型。

3. 问卷问题：问卷 1-22，你做事或购物时是否考虑美不美的问题：［1］不太考虑；［2］有时考虑；［3］总是考虑。

C30 审美标准指标（15 分）

1. 审美标准指标：公民判断事物美丑标准的测度。

2. 问卷题型：问卷 1-23（S 型）；问卷 2-9（M1 型）。

3. 问卷问题：

C30，问卷1-23，你经常根据什么标准判定事物美丑：[1] 自己当前的兴趣和喜好；[2] 大众舆论和流行时尚；[3] 理想化的标准或境界。

B14 审美常识指标内容及对应三级指标计算

C31 美学认知指标（15分）

1. 美学认知指标：公民对美学的理解情况的测度。

2. 问卷题型：S型。

3. 问卷问题：问卷1-24，你认为"美学"指的是哪种意思：[1] 关于美国的学问；[2] 关于美容的学问；[3] 关于美和审美的学问。

C32 美育认知指标（15分）

1. 美育认知指标：是对公民对美育理解情况的测度。

2. 问卷题型：M1型。

3. 问卷问题：问卷2-10，你认为"美育"是指哪两种意思：[1] 美容、美发教育；[2] 与美国交往的教育；[3] 艺术欣赏教育；[4] 培养审美能力的教育；[5] 使人和谐发展的教育。

B15 审美行为指标及三级指标计算

C33 审美活动指标（40分）

1. 审美活动指标：对公民审美活动倾向的测度。

2. 问卷题型：M1型。

3. 问卷问题：问卷2-11，你通常进行以下哪两项欣赏美的活动：

[1] 自然美；[2] 社会美；[3] 艺术美；[4] 科学美；[5] 不明确。

A6. 环保维度指标（100分）

环保维度指标包括三个二级指标，即B16环保意识指标、B17环保常识指标和B18环保行为指标，满分分别为30分、30分和40分，具体可测定的量化指标计分如表3-11。

表3-11　　　　　　A6 环保维度指标量化计分表

二级指标	计分	三级指标	计分	问卷评价对象
B16 环保意识指标	30	C34 环保意义指标	30	各类人群对环保意义的理解（问卷4-9）
B17 环保常识指标	30	C35 概念认知指标	15	各类人群对环保概念和规定的认知情况（问卷2-12）
		C36 方法认知指标	15	各类人群对环保方法的认知情况（问卷3-13）
B18 环保行为指标	40	C37 环保行动指标	40	各类人群志愿参加环保活动情况（问卷1-25）

B16 环保意识指标及对应三级指标计算

C34 环保意义指标（30 分）

1. 环保意义指标：公民对环保意义理解程度的测度。

2. 问卷题型：M3 型。

3. 问卷问题：问卷 4-9，请从以下选出 5 项环境保护的好处：[1] 有利身心健康；[2] 有利子孙后代；[3] 提高收入；[4] 保持水土，防止污染；[5] 没有噪声干扰；[6] 提高工作兴趣；[7] 享受社会福利；[8] 人与自然的和谐；[9] 可持续发展；[10] 不知道环保的好处。

B17 环保常识指标及对应三级指标计算

C35 概念认知指标（15 分）

1. 概念认知指标：对公民对环保概念和规定认知情况的测度。

2. 问卷题型：M1 型。

3. 问卷问题：问卷 2-12，你认为以下哪两个说法正确：[1] "环境保护"指防止社会文化污染，树立社会新风尚的工作；[2] "环境保护"指防止自然生态恶化，保持自然与社会和谐发展；[3] 建设规划与环境规划同时进行；[4] 先建设再实施环境保护；[5] 建设与环境保护难以兼顾。

C36 方法认知指标（15 分）

1. 方法认知指标：对公民对环保方法选择情况的测度。

2. 问卷题型：M2 型。

3. 问卷问题：通过问卷 3-13 对各类人群对环保方法的认知情况进行评价。问卷问题是请从以下选出 3 项环境保护的方法：[1] 不乱扔垃圾；[2] 制定配套的环保政策法规；[3] 不向江河排放废物；[4] 不穿脏衣服；[5] 植树造林，退耕还林；[6] 打击破坏环境者；[7] 不游泳；[8] 不吃脏东西；[9] 遵守交通规则；[10] 建设工程与环境保护同时设计、同时施工、同时使用。

4. 计算方法：根据 M2 型记分规则对正确选项赋值 3.33，按照权数值 1.5，通过 SPSS 软件进行统计计算。

B18 环保行为指标及对应三级指标计算

C37 环保行动指标（40 分）

1. 环保行动指标：对公民的环保行为的测度。

2. 问卷题型：S 型。

3. 问卷问题：问卷 1-25，你愿意参加环境保护活动吗：[1] 自愿主动参加；[2] 组织安排了就参加；[3] 不愿参加。

第二节 中国公民人文素质评价指标体系的应用

一、评价体系评价标准的确定

为了准确客观反映群体或个体人文素质状态，采取区间划分法，按照分值高低划分为五个不同等级来描述不同人群或者不同地区人文素质基本状态。具体划分等级如表 3-12。

表 3-12　　　　中国公民人文素质评价指标评价等级表

指标得分区间值	人文素质发展程度	等级
S≤30	人文素质发展水平低	Ⅴ
30＜S≤50	人文素质发展水平较低	Ⅳ
50＜S≤70	人文素质发展水平一般	Ⅲ
70＜S≤90	人文素质发展水平较高	Ⅱ
S＞90	人文素质发展水平高	Ⅰ

二、评价体系功能模块的使用

所谓功能模块，就是依据 6 个维度的不同角度，以调查问卷得到的各维度指标为基础，结合相关的客观指标进行对比分析，从而构成人文素质评价分析系统，可以研究人文素质发展各维度指标受客观因素影响程度和范围（见图 3-2）。该系统的各种应用模型如下：

模型一：公民人文素质"整体—分项"评价模型

模型一是通过 6 个维度的主观和客观指标对不同群体或个体进行综合评价的方法。在评价时，注意各个模块主观客观指标数据完整准确，同时，各模块之间不存在前后顺序，只根据各个维度模块设定的权重进行加权计算。在综合评价的同时，也可以综合各模块主观和客观指标对 6 个维度进行分项评价。

模型二：公民人文素质"递进—层次"评价模型

人文素质评价指标分为三个层次，第一层次为道德维度指标和文史哲维度指标，是核心和基础指标；第二层次为法律维度指标和科学维度指标，是主干和支撑指标；第三层次为审美维度指标和环保维度指标，是延伸和派生指标，三者之

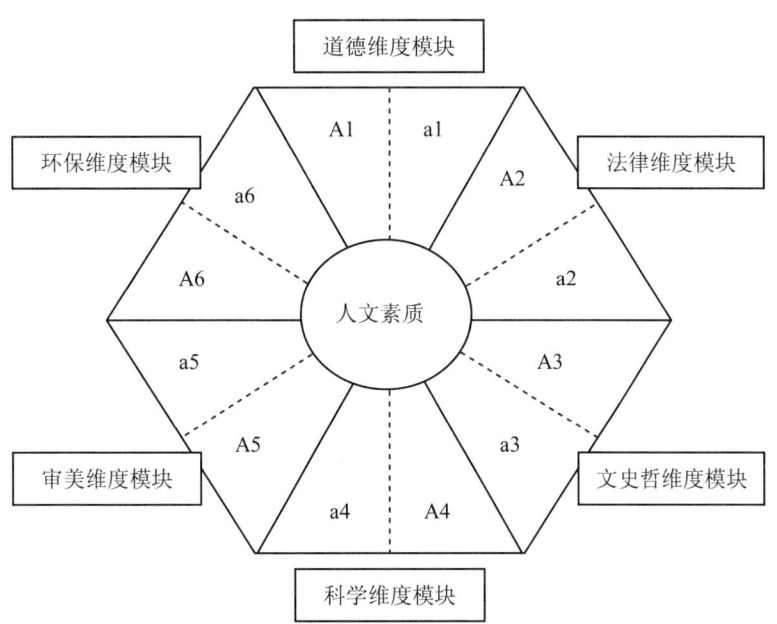

图 3-2 公民人文素质"整体—分项"评价模型图

注：图中大写 A 表示主观的调查指标，小写 a 表示客观的影响或相关因素。

间关系是层层递进的，即核心基础→主干支撑→延伸派生。建立"递进—层次"评价模型，可以利用层次间的递进性进行分析评价，也可以利用递进的层次关系对数据进行横向和纵向对比。分析对比各维度模块均以百分制为基础计分，并参照表 3-12《中国公民人文素质发展指标评价等级表》进行评价分析。具体内容如图 3-3 所示。

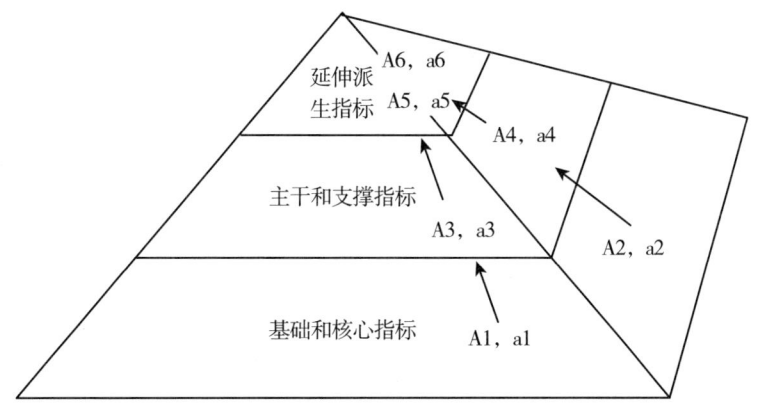

图 3-3 公民人文素质"递进—层次"评价模型图

注：图中大写 A 表示主观的调查指标，小写 a 表示客观的影响或相关因素。

模型三：公民人文素质"反馈—决策"模型

结合公民人文素质评价指标体系的6个维度，对评价过程和信息反馈流程进行整合，建立公民人文素质"反馈—决策"模型。如图3-4所示，虚线箭头表示信息反馈和政府有关部门根据评价结果采取相应决策来影响客观指标，客观指标促进主观指标的逐步改变，从而使人文素质发展指标总体提高。

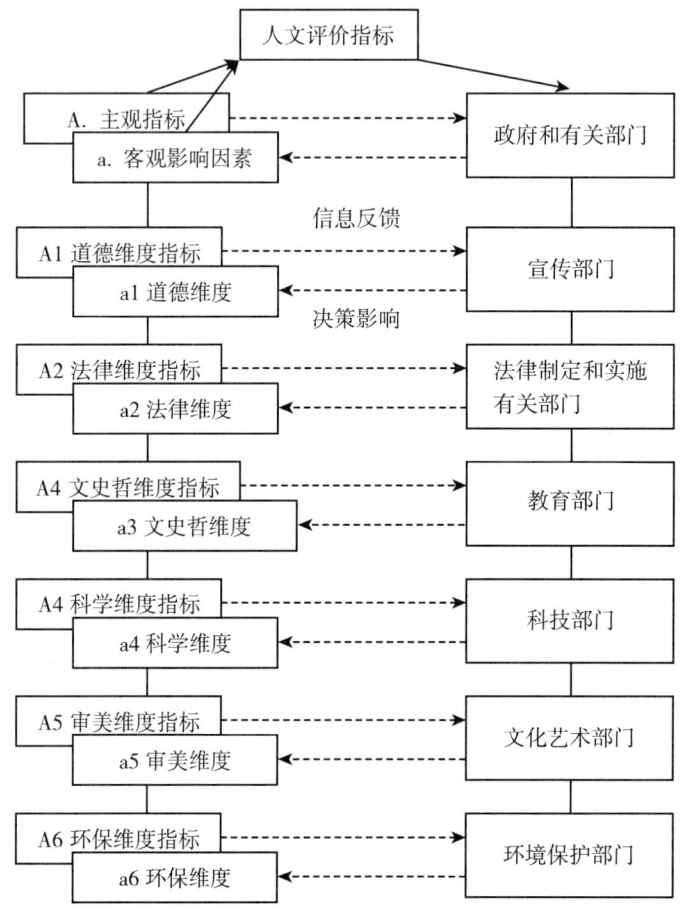

图3-4 公民人文素质"反馈—决策"模型图

注：图中大写A表示主观的调查指标，小写a表示客观的影响或相关因素。

第四章

中国公民人文素质发展指数体系

第一节 中国公民人文素质发展指数体系概述

一、指数与指数体系

指数（index number）是用来反映现象数量发展变化的百分数，更多地被用于反映大量综合现象发展变化的趋势。广义地讲，任何两个数值对比形成的相对数都可以称为指数；狭义地讲，指数是用于测定多个项目在不同场合下综合变动的一种相对数。[①] 从不同的角度出发，指数可以分为以下几种主要类型：按照所反映的内容不同，可以分为数量指数（quantitative index number）和质量指数（qualitative index number）；按计入指数的项目多少不同，可分为个体指数（individual index number）和综合指数（aggregative index number）；按计算形式不同，可分为简单指数（simple index number）和加权指数（weighted index number）；按对比场合不同，可分为时间性指数（time index number）和区域性指数（regional index number）。

目前人们最熟悉的是与经济生活相关的指数，如股票市场价格指数，人们可以通过其变化了解股票市场价格的变化趋势，便于人们判断和决策股票的买卖，属于几种常用的价格指数之一。其他常用的价格指数还包括：零售价格指数、消

[①] 贾俊平：《统计学》，清华大学出版社 2004 年版，第 393 页。

费价格指数、生产价格指数等,这些指数相对来讲都属于简单指数。统计现代化的发展的一个重要特点,就是从偏重于对经济现象的计量分析,扩展的同时也重视对社会现象的计量分析。目前在社会科学中常用的评价指数包括:物质生活质量指数(physical quality of life index,PQLI)、社会进步指数(index of social progress,ISP)、人的发展指数(human development index,HDI)等。此外,指数还有非常多的种类。例如,消费者信心指数、和谐社会指数、气象指数等。这些社会科学中的指数一般都属于综合评价指数,即利用指数的思想和方法,将所选择的有代表性的若干指标合成一个指数,从而对事物发展的状况作出综合的评判,这种综合性评价可以通过指数体系的形式实现。

指数体系是指内涵上具有一定联系,且具有一定的数量对等关系的三个或三个以上的指数所构成的一个整体。利用指数体系可以对现象发展的相对变化程度及各因素的影响程度进行分析,也可以对现象发展变化的绝对数量及各因素的影响数额进行分析。对于社会科学中一些多指标综合评价问题,一般可以采用建立综合指数体系的方法,对不同维度指数合成为一个综合评价指数,同时每个维度的指数又可以对不同方面的社会趋向进行单独描述分析。目前,这种类型的指数体系已经开始在社会经济和生活中开始应用。例如,中国汽车网指数体系(Chinacars Index,CI)[①],该指数体系由汽车人气指数、汽车服务指数、汽车营销指数和汽车技术指数四部分组成,反映汽车生活中消费者的声音,维护消费者的权益,并让汽车消费者与汽车产业链企业真正形成互动。又如,苏州工业园区人力资源指数体系[②],该体系可以全面、系统地反映园区人力资源市场供求状况和变动趋势,它由四个相互联系的基础指数体系构成:即人力资源需求指数体系、人力资源供给指数体系、人力资源匹配指数体系和人力资源薪酬指数体系。这一指数体系可以用来反映特定地区在一定时间范围内的劳动力供给、劳动力需求、供需匹配,以及工资价格的变动趋势,从而能够帮助政府、企业和求职者利用这些信息进行决策。

二、人文素质发展指数的概念和特征

人文素质发展指数是本课题组对我国公民不同分类群体和不同地区公民整体人文素质发展的相对进程进行评价而建立的主要工具,是在人文素质评价体系用比较的方法从多个不同维度对中国公民人文素质现状进行测度基础上,通过特定

[①] 中国汽车网指数体系网址:http://ci.chinacars.com/。
[②] 苏州工业园区人力资源指数体系网址:http://www.siphrd.com/hrindex/intro5.php。

数学公式计算而得的人文素质相对发展程度测度结果。

人文素质发展指数（human quality development index，HQDI），是指在采用中国公民人文素质评价指标体系 6 个维度指标进行赋值测算之后所得到有关数据值的基础上，利用统计方法综合而成的用来衡量不同群体人文素质发展状况的数据值。

由于人文素质是在人类社会漫长的发展过程中，伴随着人认识和改造自身及客观世界的成果积累而形成的复合性品质，便决定人文素质发展指数具有其他经济、社会等方面指数不同的特征：

（1）测度的复杂性（complexity）。用数量指标来对涉及公民群体对生产、生活、交往等方面的观点、态度和心理进行分析、度量和比较，是极端复杂的工作，复杂性表现为不仅涉及影响人文素质的客观要素，还要考虑不同群体的主观取向。

（2）测度的不确定性（uncertainty）。人文素质发展指数的测度是对公民的观点、态度和心理进行了解、分析、比较和评价，由于主观态度由于受环境、情绪、时间等方面因素的制约而存在不断变化性，使对于公民的人文素质情况的测度具有不确定性。

（3）指数的综合性（synthesis）。"人文素质发展指数"是由多方面、多个指标或指数元素所构成的多结构完整体系。

（4）指数的相对性（relativity）。一方面，由于从问卷调查的角度出发，测度的结果是在一定时间和一定群体内进行的，具有时间和空间上的静态特征，基于静态基础上的数据比较仅能反映横向（不同公民群体）差异；另一方面，由于人文素质本身是不断发展、演进和变化着的，使其在具体形式上存在着许多差异，很难用一个统一或唯一的标准加以绝对衡量，便决定测度结果是一种相对指数。

（5）指数的动态性（trends）。进行人文素质发展指数的分析，着眼于特定时期要维持指数体系的相对稳定，从而保持指数的可比性，但着眼于长期，由于人文素质发展本身是一个动态的过程，随着经济、政治、文化、教育、社会的发展，人文发展指数必将随之动态发展。因此，对此研究也将不断随着实践的发展而不断加以修改和调整，从而把握指数发展的总体趋向。

三、人文素质发展指数的编制意义

将公民群体的人文状态用"指数"加以度量和表现，是对理论和理论应用的一种挑战。因此，人文素质发展指数的编制和使用具有重要的理论创新作用和实践操作意义。

（1）人文素质发展指数丰富了人文社会科学综合评价指标体系的内容。从国外对人文素质研究的现状来看，大多学者在人文社会科学领域研究的问题一般围绕着价值观、价值取向、生活态度、生活方式等方面，一般都是单项或几项的研究，涉及的范围具有一定局限性和约束性，没有将人文素质作为一个整体内容来研究。从社会科学研究方法来看，对于人文社会科学的研究一般以建立评价指标体系为主，例如，北京青年发展报告[1]、中国青年发展状况研究报告[2]、社会信用评价指标体系研究、和谐社会的指标体系研究[3]、公民道德建设综合评价指标体系[4]等。人文素质发展指数的建立，无疑拓展了评价视野，更新了评价手段。

（2）人文素质发展指数是对人文社会科学综合评价方法的完善和创新。通过人文素质发展指数可以在对不同地区、不同群体的人文素质状况进行总体了解，进而对总体发展趋势作描述的基础上，通过横向比较、相对分析，从特定的角度揭示不同地区、不同群体人文素质的差异状况，以拓展人文社会科学为查找原因，提出对策，提供依据的视野。

（3）人文素质发展指数为量化评价文明发展程度提供操作工具。社会的文明进步体现在物质文明、政治文明和精神文明三个主要方面，物质文明的量化描述可以更加直接、准确、客观，但是对政治文明、精神文明的评价尚需要通过一些间接的方式。人文素质发展指数正是通过对人文素质发展程度的数量化描述，为量化评价文明发展程度提供了实践操作工具。

四、人文素质发展指数与人文素质评价指标的关系

人文素质发展指数是以人文素质评价指标体系为基础建立起来的，因此，两者存在紧密联系。

（1）两者反映结果的同向性。因为人文素质发展指数建立在人文素质评价指标体系的基础之上，因此，其总体结果必然前后一致，具有同一趋向。

（2）两者体系框架的相似性。为了计算合成的方便，指数的计算和指标的

---

[1] 共青团北京市委主编：《北京青年发展报告》，人民出版社2003年版。
[2] 郑杰英、刘俊彦主编：《当代中国青年发展状况指标体系研究》，天津社会科学院出版社2003年版。
[3] 北京市哲学社会科学"十一五"规划课题，北京市哲学社会科学规划办公室，2006年3月。
[4] 《公民道德建设评价体系》，学习出版社2004年版。北京市东城区委和北京市社会科学院共同承担的北京市"十五"社科规划项目"加强公民道德建设全民提高公民素质"。

计算均按照 6 个维度分别计算，最后合成，同时两者还都采用了主观评价、客观对比分析的方法。

（3）两者揭示内容的共通性。无论是指标体系内容还是指数体系内容，都从 6 个维度揭示了公民的人文素质状况，调查的数据来源和公式方法存在一定的通用性，在主观部分指数值的计算中要应用指标分值的计算结果。

（4）两者具有动态的发展性。人文素质评价指标体系和人文素质发展指数体系是建立在一定社会经济政治文化背景的基础上，通过问卷调查得来的结果，随着时代的发展，有些评价指标也会随之变化。

此外，两者还存在一定差别。

（1）静态和动态的差别。评价指标体系是对静态情况的描述和评价，发展指数体系是对相对变动情况的评价。例如，评价指标体系可以对不同人群在某一时期的人文素质状况进行评价，给出具体得分；发展指数体系可以就不同人群相对变动情况进行客观评价。

（2）绝对和相对的差别。评价指标是绝对数，通过绝对数量能够直观反映不同人群人文素质状况，而发展指数是相对数，通过相对数量可以更容易展示不同人群或不同地区的差异程度。

3. 复杂和简单的差别。评价指标的计算和比较相对复杂，而发展指数的计算是建立在评价指标分值的基础上的计算，因此相对比较简单。

第二节　人文素质发展指数的计算

一、对人文素质评价指标处理方法的选择

不同数量指标进行综合评价时必须先作无量纲化处理①。无量纲化的方法主要有三大类，即直线型无量纲化方法、折线型无量纲化方法和曲线型无量纲化方法。三种类型的无量纲化公式中，曲线型公式是较高级、较精确的型式，能够更加精确地揭示出指标实际值与评价值之间的关系。直线型公式则属于比较简便、近似性的形式，而折线型是介于两者之间的一种方法。多元分析处理的是多变量的问题，但经常由于变量太多，使得分析的复杂性增加。观察变量的增加本来是为了使研究过程趋于完整，但如果为使研究结果清晰明了而一味地增加观察变量

---

① 无量纲化，也叫数据的标准化、规格化，它是通过数学变换来消除原始变量（指标）量纲影响的方法。

又会让人陷入混乱不清。因此，在多指标综合评价时采用哪种方法进行无量纲化应该遵行以下几项原则[①]：

（1）客观性原则。无量纲化所选用的转化公式要能够客观地反映指标实际值与事物综合发展水平之间的对应关系。根据综合评判对象的实际情况来确定所用公式，需要对被评判对象的历史数据和横向比较数据作深入地分析，才能够找出事物发展变化的阈值点，才能够确定评价公式和具体参数。

（2）简易性原则。多指标综合评价中的无量纲化处理方法，在客观性的基础上，还应该简便易行，易于推广。因此，采用直线型无量纲化公式来代替可能更能客观的曲线型公式可以使计算和计量简单易行。

（3）可行性原则。在选取无量纲化方法时，不仅要根据无量纲化方法本身的特点，还要考虑到用多指标综合评价方法对无量纲化方法的要求。

二、人文素质评价指标处理的过程

人文素质发展指数由6个维度的指标构成，在进行指数计算前，需要分别对指标进行无量纲化处理。处理过程中，一般采取不同人群和不同地区相对位置的方法计算指数值。

在各维度指标测度中，一般各维度指标数值高低与人文发展程度高低呈正相关，则这些指标的得分采用下面公式计算，即原始数据值越大，指数得分越高，指数所呈现的人文素质发展程度越高。

其指数的计算公式为：$U_i = \dfrac{V_i - V_{\min}}{V_{\max} - V_{\min}}$，其中 V_i 是某个群体的原始数据值（原始得分），$V_{\max}$ 为所有不同群体中指标分数最大值，$V_{\min}$ 为指标最小值。

三、人文素质发展指数（HQDI）的公式与评判标准

人文素质发展指数是对不同维度层指数评价值的进一步收敛，它的大小综合反映中国公民人文素质的发展程度。

1. 计算公式

$$HQDI = \sum_{i=1}^{t} A_i W_i$$

[①] 邱东：《谁是政府统计的最后东家》，中国统计出版社2003年版，第25页。

式中：HQDI——人文素质发展指数；
A_i——维度层指数值；
W_i——该维度层指数下要素层指标的权重；
t——表示维度层指数个数。

权重值同指标权重值计算结果，见表 3-4。

2. 人文素质发展指数值得分级标准

根据上述评价模型和评价标准，表 4-1 给出人文素质发展程度的判断依据。

表 4-1　　　　　中国公民人文素质发展指数评判表

HQDI 区间值	人文素质发展程度	等级
HQDI≤0.3	人文素质发展程度差	V
0.3＜HQDI≤0.5	人文素质发展程度较差	IV
0.5＜HQDI≤0.7	人文素质发展程度一般	III
0.7＜HQDI≤0.9	人文素质发展程度较高	II
HQDI＞0.9	人文素质发展程度高	I

第三节　人文素质发展指数体系的构成

一、人文素质发展指数体系结构设计

人文素质发展指数体系由道德维度指数、法律维度指数、文史哲维度指数、科学维度指数、审美维度指数和环保维度指数构成，具体体系结构见图 4-1。

可以根据分析评价需要单独建立模型，也可以采用人文发展指标体系中的三个评价模型进行分析，即"整体—分项"模型、"递进—层次"模型和"反馈—决策"模型。在分析时，可以根据需要采用多种组合形式进行分析。从图 4-1 人文素质发展指数体系图可以看到，指数体系大体分为四个部分：第一部分为综合指数，即人文发展指数（HQDI），是对公民人文素质的总体情况作综合评价；第二部分为维度指数，也可称为分项指数，即由主观、客观两个方面的 6 个维度指数组成。通过该部分指数可以就人文素质发展的情况作单项维度分析、单项维度主观分析、单项维度客观分析、客观维度分析和主观分析等，各个维度间的高低不同反映出总体综合指数构成情况和对综合指数的各自

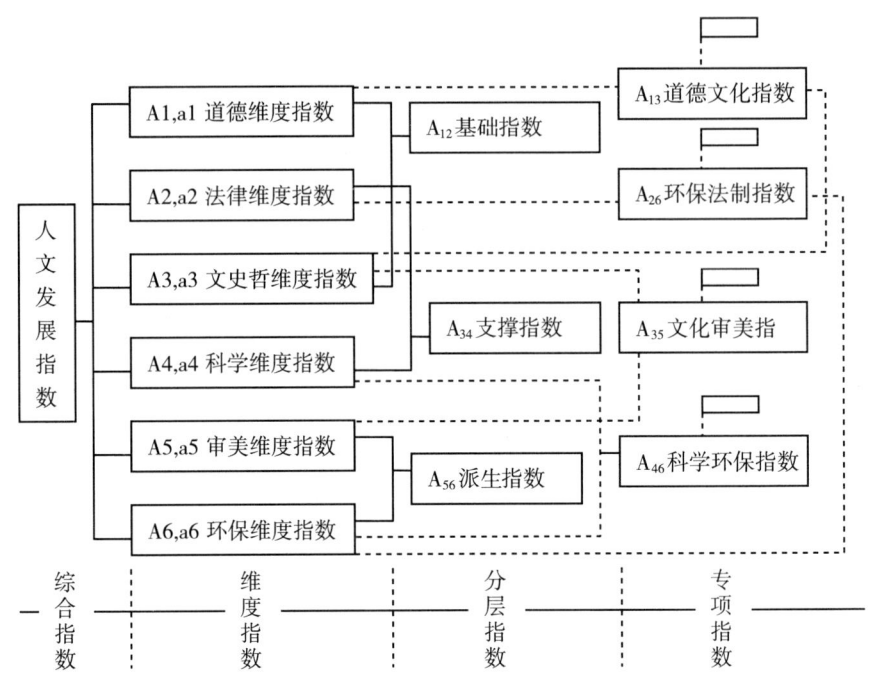

图 4-1 人文素质发展指数体系图

影响程度；第三部分为层级指数，即包括 A_{13} 基础指数、A_{24} 支撑指数、A_{56} 派生指数。所谓层级指数，即反映了在综合指数评价中的不同作用，通过层级指数可以进行"递进—层次"模型的分析和使用；第四部分为专项指数，根据分析评价的需要，有针对性地将不同维度进行合理组合，形成专项分析指数，进行跨维度分析。从图 4-1 上可以看到专项指数包括 A_{13} 道德文化指数、A_{26} 环保法制指数、A_{35} 文化审美指数、A_{46} 科学环保指数。每个专项指数均用虚线连接，表明这些指数一般为特定行业或者特殊领域使用的，日常应用相对较少，另外每个专项指数上方均有一个空白方框，说明每个专项指数在应用时还需要同其他相关指数配合使用。

二、人文素质发展指数体系应用特点

根据图 4-1 人文素质发展指数体系图，可知人文发展指数体系不仅仅在人文素质评价中发挥重要作用，而且还可以扩展到其他领域中使用。总结起来，人文素质发展指数体系的应用具有以下几个特点：

一是应用的广泛性。体现在人文素质发展指数体系是由多维指数、多层次指数构成的，而且多维多层指数又可以根据需要进行合理组合，还可以结合其他领域需要形成专项指数。

二是应用的灵活性。人文素质发展指数体系既可以进行综合评价，又可以进行单项评价；既可以分层评价，又可以组合评价；既可以进行主观评价，也可以进行客观评价。

三是应用的连续性。人文素质发展指数体系是一个静态评价和动态评价相结合的体系，因此为了使评价客观准确，需要在静态分析和横向水平比较的基础上，长期收集相关数据资料，从而为纵向历史分析打下基础，同时也为人文素质发展指数的连续性评价使用提供依据。

四是应用的可调整性。人文素质发展指数是对社会科学领域中的道德、法律、文化、科学、审美、环保等方面的综合性评价，而社会科学的各个方面不是一成不变的，也不可能完全均衡发展，同时收集调查的各种数据也不会像自然科学和经济领域中的数据那样精确客观，或多或少地会受到人为倾向、思维导向和观念趋向的影响，因此，需要根据情况对调查问卷的设计格式、内容、项目进行有效调整，对调查方法和手段进行不断地更新改进，更有针对性地排除不利因素和异常数据，逐步增加调查的信度和效度，使指数计算分析趋于合理规范。

五是应用的可发展性。人文素质发展指数体系的建立是人文社会科学领域的一项开创性工作，人文素质发展指数本身强调人文素质的发展，并以促进人文素质发展作为重要目标。而一个新的指数体系从建立到应用需要一个不断发展完善的过程，指数体系建立之初，主要用于静态的分析评价，同时随着数据的不断完善可以对历史数据进行归纳总结，进而对比分析。此时，指数体系仍属于一种分析型的工具，而且这种工具还存在很多不完善、不客观之处。因此如何在合理有效地使用该指数体系的基础上不断完善和发展人文素质发展指数体系也是一项重要工作。当人文素质发展指数通过长期使用，逐渐完善以后，才由分析型工具转变为控制型甚至预测型工具，即能够对公民人文素质状况进行分析预测，直至建立信息反馈机制，为促进人文素质各个维度的发展提供决策依据和操作空间。

正因为人文素质发展指数具有上述特点，在日常使用时需要结合实际情况，灵活运用。

三、人文素质发展指数应用

表 4-2　各群体人文素质发展指数等级评判分布表

群体数	HQDI≤0.3		0.3＜HQDI≤0.5		0.5＜HQDI≤0.7		0.7＜HQDI≤0.9		HQDI＞0.9	
	群体	指数值	群体	指数值	群体	指数值	群体	指数值	群体	指数值
1	农民工	0.0593	体育工作者	0.4900	国企主管人员	0.6944	研究生	0.8916	中学教师	0.9098
2	务农	0.0389	国企员工	0.4765	行业协会人员	0.6906	公检法公务员	0.8636	高校教师	0.9097
3	无职业者	0.0263	私商员工	0.4747	基金会工作者	0.6877	一般行政公务员	0.8436		
4			演艺工作者	0.4406	宗教团体人员	0.6439	小学教师	0.7868		
5			自由职业者	0.3702	慈善机构人员	0.6211	大学生	0.7761		
6			私企工人	0.3173	私企主管人员	0.6130	科技人员	0.7757		
7			个体商户	0.3024	国商员工	0.5851	中学生	0.7540		
8					中介机构人员	0.5034	医护工作者	0.7379		
9							社团人员	0.7322		
10							传媒工作者	0.7116		
小群体分布数	3		7		8		10		2	
小群体总数	30		30		30		30		30	
占小群体总数（%）	10.00%		23.33%		26.67%		33.33%		6.67%	

第五章

人文素质评价指标体系和发展指数体系综合评价

第一节 不同群体人文素质发展指标和指数的总体评价

按照人文素质发展指数的计算公式 $HQDI = \sum_{i=1}^{t} A_i W_i$ 和分级标准，则不同人群各维度指数值计算如表 5-1。

表 5-1 各群体不同维度指标和指数值一览表

群体	道德维度		法律维度		文史哲维度		科学维度		审美维度		环保维度		加权后	加权后
	指标值	指数值	指标值	指数值	指标值	指数值	指标值	指数值	指标值	指数值	指标值	指数值	指标值	HQDI
务农	63.7588	0.0436	67.6305	0.1248	73.1736	0.0000	68.0225	0.0207	70.5412	0.0000	73.3659	0.0590	69.1407	0.0389
农民工	64.476	0.1136	65.8956	0.0352	73.3299	0.0155	67.759	0.0000	71.7605	0.1369	73.8864	0.0986	69.2046	0.0593
国企工人	67.8037	0.4384	72.5052	0.3764	78.2081	0.4979	73.6833	0.4655	76.4174	0.6595	79.0697	0.4924	74.1868	0.4765
私企工人	66.4285	0.3042	68.8303	0.1867	76.3709	0.3162	71.6133	0.3029	75.1889	0.5216	77.3923	0.3649	72.2047	0.3173
国企企管	69.9014	0.6432	75.7067	0.5417	80.6589	0.7402	77.1456	0.7376	78.258	0.8661	81.6528	0.6886	76.7885	0.6944
私企企管	68.9587	0.5512	74.1963	0.4637	79.6339	0.6389	76.0651	0.6527	77.7084	0.8044	81.2575	0.6586	75.8122	0.6130
国商员工	69.7382	0.6273	73.0449	0.4043	79.1028	0.5864	74.755	0.5497	77.797	0.8144	80.3937	0.5929	75.3799	0.5851
私商员工	68.1903	0.4762	71.3741	0.3180	77.4938	0.4272	74.0091	0.4911	76.1309	0.6274	81.0802	0.6451	74.1484	0.4747
个体商户	66.8082	0.3412	69.6568	0.2294	75.5353	0.2336	70.9499	0.2507	75.411	0.5466	76.9731	0.3331	72.0825	0.3024
一般行政	71.4211	0.7915	79.8456	0.7553	81.904	0.8634	79.2645	0.9041	78.635	0.9084	84.2304	0.8844	78.7419	0.8436
公检法安	71.3351	0.7831	84.5856	1.0000	81.7779	0.8509	78.8731	0.8733	78.812	0.9283	82.8782	0.7817	79.2539	0.8636
高校教师	72.7948	0.9256	77.409	0.6295	83.2856	1.0000	80.3831	0.9920	79.3412	0.9877	84.1855	0.8810	79.2553	0.9097
中学教师	73.5568	1.0000	78.1052	0.6655	82.3468	0.9072	79.3713	0.9125	79.4509	1.0000	85.7517	1.0000	79.3153	0.9098
小学教师	72.7938	0.9255	75.6374	0.5381	81.1013	0.7840	77.7297	0.7835	78.279	0.8685	83.1091	0.7992	77.7806	0.7868
中学生	72.7366	0.9199	74.3122	0.4697	79.4706	0.6227	78.0508	0.8087	79.1388	0.9650	83.8562	0.8560	77.3652	0.7540
大学生	72.1013	0.8579	76.306	0.5726	80.573	0.7317	77.6884	0.7802	79.0835	0.9588	83.5086	0.8296	77.7181	0.7761

续表

群体	道德维度		法律维度		文史哲维度		科学维度		审美维度		环保维度		加权后	HQDI 加权后
	指标值	指数值	指标值	指数值	指标值	指数值	指标值	指数值	指标值	指数值	指标值	指数值	指标值	
研究生	72.5076	0.8976	77.443	0.6313	82.8134	0.9533	80.0882	0.9688	79.2369	0.9760	84.7369	0.9229	79.0787	0.8916
体育工作者	68.9775	0.5530	71.7865	0.3393	77.7858	0.4561	73.4939	0.4506	77.1368	0.7403	78.8849	0.4783	74.2521	0.4900
传媒工作者	70.3811	0.6900	75.6227	0.5373	80.0229	0.6773	77.7784	0.7873	78.9068	0.9389	82.6493	0.7643	76.9938	0.7116
演艺工作者	67.9882	0.4564	73.0408	0.4040	77.2619	0.4043	73.2398	0.4307	75.983	0.6108	77.8182	0.3973	73.8260	0.4406
医护工作者	71.2255	0.7724	76.068	0.5603	79.8225	0.6575	77.9626	0.8018	79.2626	0.9789	83.0127	0.7919	77.3055	0.7379
宗教团体	70.3032	0.6824	74.2114	0.4645	80.0004	0.6751	74.0992	0.4982	78.0823	0.8464	82.8052	0.7762	76.0982	0.6439
慈善机构	69.8578	0.6389	74.5747	0.4832	79.485	0.6241	75.4681	0.6058	77.2649	0.7546	81.4684	0.6746	75.9165	0.6211
中介机构	68.5864	0.5148	75.0503	0.5078	77.6414	0.4418	73.4208	0.4449	76.6569	0.6864	79.5391	0.5280	74.6533	0.5034
基金会	70.0844	0.6610	75.2998	0.5207	80.3731	0.7120	76.6703	0.7002	78.0776	0.8459	82.6162	0.7618	76.7012	0.6877
社团人员	71.245	0.7743	76.8611	0.6013	80.9869	0.7727	77.2349	0.7446	77.352	0.7644	81.7087	0.6929	77.2789	0.7322
行业协会	70.5406	0.7056	76.2808	0.5713	80.438	0.7184	76.8377	0.7134	76.9995	0.7249	81.8499	0.7036	76.8079	0.6906
科技人员	70.7945	0.7304	75.4717	0.5295	81.2977	0.8034	80.4854	1.0000	77.7569	0.8099	83.1856	0.8051	77.7489	0.7757
自由职业者	66.8355	0.3439	72.7031	0.3866	76.35	0.3141	72.2841	0.3556	75.5782	0.5653	77.4009	0.3656	73.0494	0.3702
无职业者	63.3123	0.0000	65.2136	0.0000	73.2307	0.0056	67.987	0.0179	72.4439	0.2136	72.5887	0.0000	68.7822	0.0263
平均	69.5187	0.6058	74.1547	0.4615	79.0478	0.5809	75.4141	0.6015	77.0953	0.7356	80.7662	0.6212	75.5638	0.5911

第二节 不同地区人文素质评价指标和发展指数的总体评价

一、经济区域间人文素质评价指标值和发展指数值的比较

1. 东部、西部、中部地区比较

表 5-2 东、西、中部地区各维度人文素质评价指标和发展指数一览表

地区	道德维度		法律维度		文史哲维度		科学维度		审美维度		环保维度		综合		HQDI
	指数值	指标值	指数值	指标值	指数值	指标值	指数值	指标值	指数值	指标值	指数值	指标值	指数值	指标值	指标值
西	69.2547	0.5668	74.0946	0.5841	77.8924	0.4781	74.5405	0.5704	76.5742	0.6894	80.6382	0.6057	74.9986		0.5645
中	69.5556	0.6143	74.6885	0.6540	80.2176	0.7452	76.4852	0.7895	77.7708	0.8263	81.8619	0.7417	76.3068		0.7167
东	69.7505	0.6450	73.9541	0.5676	79.5182	0.6648	75.6760	0.6983	77.2464	0.7663	80.3551	0.5742	75.7157		0.6512

2. 东、中、西、东北部地区比较

表 5-3 东、中、西、东北地区人文素质评价指标和发展指数一览表

地区	道德维度		法律维度		文史哲维度		科学维度		审美维度		环保维度		综合		HQDI
	指数值	指标值	指数值	指标值	指数值	指标值	指数值	指标值	指数值	指标值	指数值	指标值	指数值	指标值	指标值
西	69.2547	0.5668	74.0946	0.5841	77.8924	0.4781	74.5405	0.5704	76.5742	0.6894	80.6382	0.6057	74.9986		0.5645
中	69.5556	0.6143	74.6885	0.6540	80.2176	0.7452	76.4852	0.7895	77.7708	0.8263	81.8619	0.7417	76.3068		0.7167
东	69.9552	0.6773	73.7607	0.5448	79.6223	0.6768	75.6464	0.6950	77.4679	0.7916	80.9638	0.6419	75.8396		0.6671
东北	69.0681	0.5374	74.5987	0.6435	79.1714	0.6250	75.7745	0.7094	76.5084	0.6818	78.3262	0.3487	75.3027		0.5984

3. 东部、中西部两个地区比较

表5-4 东、中西部地区各维度人文素质评价指标和发展指数一览表

地区	道德维度		法律维度		文史哲维度		科学维度		审美维度		环保维度		综合		HQDI
	指数值	指标值	指数值	指标值	指数值	指标值	指数值	指标值	指数值	指标值	指数值	指标值	指数值	指标值	指标值
东	69.7505	0.6450	73.9541	0.5676	79.5182	0.6648	75.6760	0.6983	77.2464	0.7663	80.3551	0.5742	75.7157	0.6512	
中西	69.3550	0.5827	74.2926	0.6074	78.6674	0.5671	75.1887	0.6435	76.9731	0.7351	81.0461	0.6510	75.4347	0.6152	

二、地理区域间人文素质发展指标值和指数值的比较

表5-5 南北方地区各维度人文素质评价指标和发展指数比较表

地区		道德维度		法律维度		文史哲维度		科学维度		审美维度		环保维度		综合		HQDI
		指数值	指标值	指数值	指标值	指数值	指标值	指数值	指标值	指数值	指标值	指数值	指标值	指数值	指标值	指标值
东北三省	3	69.0681	0.5374	74.5987	0.6435	79.1714	0.6250	75.7745	0.7094	76.5084	0.6818	78.3262	0.3487	75.3027	0.5984	
东南三省	1	70.1986	0.7157	74.1167	0.5867	78.9184	0.5960	75.7805	0.7101	78.0835	0.8621	81.5689	0.7091	75.9212	0.6786	
西北五省	2	69.4368	0.5956	74.2646	0.6041	78.4464	0.5418	75.3748	0.6644	77.5086	0.7963	81.2880	0.6779	75.5030	0.6237	
西南五省	4	68.9072	0.5120	73.6224	0.5285	76.8022	0.3530	73.3202	0.4330	75.4034	0.5554	79.6089	0.4913	74.1488	0.4643	

三、行政区域间人文素质发展指标值和指数值的比较

表 5-6　七大行政区域人文素质评价指标和发展指数一览表

省区	道德维度		法律维度		文史哲维度		科学维度		审美维度		环保维度		加权后综合	
	指标值	指数值	指标值	指数值	指标值	指数值	指标值	指数值	指标值	指数值	指标值	指数值	指标值	指数值
华东地区	69.7545	0.6457	74.0452	0.5783	79.4636	0.6586	75.5168	0.6804	77.2459	0.7663	80.1174	0.5478	75.6669	0.6458
华北地区	70.2091	0.7174	74.3973	0.6197	80.5740	0.7861	76.5145	0.7927	77.7846	0.8279	82.1137	0.7697	76.5287	0.7481
华南地区	70.1986	0.7157	74.1167	0.5867	78.9184	0.5960	75.7805	0.7101	78.0835	0.8621	81.5689	0.7091	75.9212	0.6786
东北地区	69.0681	0.5374	74.5987	0.6435	79.1714	0.6250	75.7745	0.7094	76.5084	0.6818	78.3262	0.3487	75.3027	0.5984
华中地区	68.5374	0.4537	73.9751	0.5700	80.2380	0.7475	75.9817	0.7328	77.3247	0.7753	81.9620	0.7529	75.8580	0.6553
西北地区	69.4368	0.5956	74.2646	0.6041	78.4464	0.5418	75.3748	0.6644	77.5086	0.7963	81.2880	0.6779	75.5030	0.6237
西南地区	69.1628	0.5524	73.8361	0.5537	77.1472	0.3926	73.6713	0.4726	75.6713	0.5861	80.0270	0.5378	74.4539	0.5016

表5-7 七大行政区域人文素质评价指标和发展指数综合排名表

地 区	指标平均值	指数平均值	排名
华北	76.5287	0.7481	1
华南	75.9212	0.6786	2
华中	75.8580	0.6553	3
华东	75.6669	0.6458	4
西北	75.5030	0.6237	5
东北	75.3027	0.5984	6
西南	74.4539	0.5016	7

表5-8 不同地区道德维度人文素质评价指标和发展指数排名表

地 区	指标值	指数值	排名
华北地区	70.2091	0.7174	1
华南地区	70.1986	0.7157	2
华东地区	69.7545	0.6457	3
西北地区	69.4368	0.5956	4
西南地区	69.1628	0.5524	5
东北地区	69.0681	0.5374	6
华中地区	68.5374	0.4537	7

表5-9 不同地区法律维度人文素质评价指标和发展指数排名表

地 区	指标值	指数值	排名
东北地区	74.5987	0.6435	1
华北地区	74.3973	0.6197	2
西北地区	74.2646	0.6041	3
华南地区	74.1167	0.5867	4
华东地区	74.0452	0.5783	5
华中地区	73.9751	0.5700	6
西南地区	73.8361	0.5537	7

表5-10　不同地区文史哲维度人文素质评价指标和发展指数排名表

地　区	指标值	指数值	排名
华北地区	80.5740	0.7861	1
华中地区	80.2380	0.7475	2
华东地区	79.4636	0.6586	3
东北地区	79.1714	0.6250	4
华南地区	78.9184	0.5960	5
西北地区	78.4464	0.5418	6
西南地区	77.1472	0.3926	7

表5-11　不同地区科学维度人文素质评价指标和发展指数排名表

地　区	指标值	指数值	排名
华北地区	76.5145	0.7927	1
华中地区	75.9817	0.7328	2
华南地区	75.7805	0.7101	3
东北地区	75.7745	0.7094	4
华东地区	75.5168	0.6804	5
西北地区	75.3748	0.6644	6
西南地区	73.6713	0.4726	7

表5-12　不同地区审美维度人文素质发展指标和指数排名表

地　区	指标值	指数值	排名
华南地区	78.0835	0.8621	1
华北地区	77.7846	0.8279	2
西北地区	77.5086	0.7963	3
华中地区	77.3247	0.7753	4
华东地区	77.2459	0.7663	5
东北地区	76.5084	0.6818	6
西南地区	75.6713	0.5861	7

表5-13　不同地区环保维度人文素质评价指标和发展指数排名表

地　区	指标值	指数值	排名
华北地区	82.1137	0.7697	1
华中地区	81.9620	0.7529	2
华南地区	81.5689	0.7091	3
西北地区	81.2880	0.6779	4
华东地区	80.1174	0.5478	5
西南地区	80.0270	0.5378	6
东北地区	78.3262	0.3487	7

表5-14　七大行政区域人文素质评价指标和发展指数各维度排名一览表

地　区	综合	道德维度	法律维度	文史哲维度	科学维度	审美维度	环保维度
华北	1	1	2	1	1	2	1
华南	2	2	4	5	3	1	3
华中	3	7	6	2	2	4	2
华东	4	3	5	3	5	5	5
西北	5	4	3	6	6	3	4
东北	6	6	1	4	4	6	7
西南	7	5	7	7	7	7	6

第六章

中国公民人文素质总体分析

基于调查问卷结果而形成的人文素质评价指标计分结果，中国公民人文素质评价指标评价等级表（见表3-12）显示，中国公民人文素质评价指标平均值为75.56，属于人文素质评价B⁻级水平，表明中国公民人文素质的绝对指标处于中等水平。基于人文素质评价指标，中国公民人文素质发展指数评判表（见表4-1）显示，中国公民人文素质发展指数的平均值为0.5911，属于人文素质发展的Ⅲ级水平，表明中国公民人文素质发展已经具备较好基础，但总体发展程度一般。

通过调查样本分层和维度比较可知，中国公民人文素质发展具有以下特征：

一是人文素质评价指标值相对集中，样本分层和维度之间差异不大。

调查结果统计计算可知，中国公民的人文素质评价指标值的平均值相对集中，大多集中在69~80分之间，从调查中对样本按照性别、年龄、工龄、学历、群体和地区分层的比较来看，按照"学历"和"群体"分层的指标值差异较为明显，如从表6-1中可以看到，按照学历分层，研究生学历群体与小学学历群体的人文素质评价指标差值为13.12，中学教师与无职业者的人文素质评价指标差值为10.53，而按照"性别"、"地区"分层的指标值差异很小，如按照性别划分，男性与女性人文素质评价指标的差值仅为0.11。

表 6-1　　人文素质评价指标总体平均值分层比较表

	性别		年龄		（年）工龄		学历		群体		地区	
最大	男	75.62	中老年	75.77	≥30	76.79	研究生	78.76	中学教师	79.32	中部	76.31 发达 76.40
最小	女	75.51	青少年	75.30	≤10	74.89	小学	65.60	无职业者	68.78	西部	75.00 欠发 74.80
差值		0.11		0.47		1.90		13.12		10.53		1.31　　　1.60

表 6-2 对道德、法律、文史哲、科学、审美和环保 6 个维度的指标值得分进行比较可知，维度之间的指标值差距在 10 左右，其中按照"性别"、"工龄"、"年龄"和"地区"分层的维度之间指标值差距最小，而按照"学历"和"群体"分层的维度之间指标值差距相对较大。维度之间比较可知绝大多数的最大值为"环保维度"指标，而绝大多数的最小值为"道德维度"指标。这说明我国公民的环保素质提高速度较快，道德素质的提高速度相对较慢。

表 6-2　　人文素质评价指标总体平均值维度比较表

按性别划分	道德	法律	文史哲	科学	审美	环保	最大	最小	差值
男性	69.18	74.78	79.04	76.14	76.49	80.55	80.55	69.18	11.38
女性	69.89	73.47	79.05	74.62	77.76	81.00	81.00	69.89	11.11
按年龄划分	道德	法律	文史哲	科学	审美	环保	最大	最小	差值
青少年	69.75	73.43	78.54	75.04	76.94	80.80	80.80	69.75	11.05
中老年	69.34	74.73	79.45	75.71	77.22	80.74	80.74	69.34	11.40
按工龄划分	道德	法律	文史哲	科学	审美	环保	最大	最小	差值
≤10 年	69.20	73.07	78.30	74.59	76.59	80.20	80.20	69.20	11.00
11~19 年	70.04	75.22	79.9	76.28	77.78	81.58	81.58	70.04	11.54
20~29 年	69.76	75.99	80.02	76.82	78.05	81.55	81.55	69.76	11.79
≥30 年	70.15	76.21	80.72	76.82	77.42	81.51	81.51	70.15	11.36
按学历划分	道德	法律	文史哲	科学	审美	环保	最大	最小	差值
小学	61.25	63.78	69.49	63.19	66.95	70.50	70.50	61.25	9.25
中学	67.47	70.58	76.60	72.11	75.43	77.93	77.93	67.47	10.46
大学	71.58	77.57	81.44	78.58	79.13	83.59	83.59	71.58	12.01
研究生	72.11	77.68	82.43	80.05	78.57	83.89	83.89	72.11	11.78
按群体划分	道德	法律	文史哲	科学	审美	环保	最大	最小	差值
务农	63.76	67.63	73.17	68.02	70.54	73.37	73.37	63.76	9.61

续表

按群体划分	道德	法律	文史哲	科学	审美	环保	最大	最小	差值
农民工	64.48	65.90	73.33	67.76	71.76	73.89	73.89	64.48	9.41
国企工人	67.80	72.51	78.21	73.68	76.42	79.07	79.07	67.80	11.27
私企工人	66.43	68.83	76.37	71.61	75.19	77.39	77.39	66.43	10.96
国企企管人员	69.90	75.71	80.66	77.15	78.26	81.65	81.65	69.90	11.75
私企企管人员	68.96	74.20	79.63	76.07	77.71	81.26	81.26	68.96	12.30
国商员工	69.74	73.04	79.10	74.76	77.80	80.39	80.39	69.74	10.66
私商员工	68.19	71.37	77.49	74.01	76.13	81.08	81.08	68.19	12.89
个体商户	66.81	69.66	75.54	70.95	75.41	76.97	76.97	66.81	10.16
一般行政公务员	71.42	79.85	81.90	79.26	78.64	84.23	84.23	71.42	12.81
公检法安公务员	71.34	84.59	81.78	78.87	78.81	82.88	84.59	71.34	13.25
高校教师	72.79	77.41	83.29	80.38	79.34	84.19	84.19	72.79	11.39
中学教师	73.56	78.11	82.35	79.37	79.45	85.75	85.75	73.56	12.19
小学教师	72.79	75.64	81.10	77.73	78.28	83.11	83.11	72.79	10.32
中学生	72.74	74.31	79.47	78.05	79.14	83.86	83.86	72.74	11.12
大学生	72.10	76.31	80.57	77.69	79.08	83.51	83.51	72.10	11.41
研究生	72.51	77.44	82.81	80.09	79.24	84.74	84.74	72.51	12.23
体育工作者	68.98	71.79	77.79	73.49	77.14	78.88	78.88	68.98	9.91
传媒工作者	70.38	75.62	80.02	77.78	78.91	82.65	82.65	70.38	12.27
演艺工作者	67.99	73.04	77.26	73.24	75.98	77.82	77.82	67.99	9.83
医护工作者	71.23	76.07	79.82	77.96	79.26	83.01	83.01	71.23	11.79
宗教团体人员	70.30	74.21	80.00	74.10	78.08	82.81	82.81	70.30	12.50
慈善机构人员	69.86	74.57	79.49	75.47	77.26	81.47	81.47	69.86	11.61
中介机构人员	68.59	75.05	77.64	73.42	76.66	79.54	79.54	68.59	10.95
基金会工作者	70.08	75.30	80.37	76.67	78.08	82.62	82.62	70.08	12.53
社团人员	71.25	76.86	80.99	77.23	77.35	81.71	81.71	71.25	10.46
行业协会人员	70.54	76.28	80.44	76.84	77.00	81.85	81.85	70.54	11.31
科技人员	70.79	75.47	81.30	80.49	77.76	83.19	83.19	70.79	12.39
自由职业者	66.84	72.70	76.35	72.28	75.58	77.40	77.40	66.84	10.57
无职业者	63.31	65.21	73.23	67.99	72.44	72.59	73.23	63.31	9.92

续表

按地域划分	道德	法律	文史哲	科学	审美	环保	最大	最小	差值
东	69.96	73.76	79.62	75.65	77.47	80.96	80.96	69.96	11.00
中	69.56	74.69	80.22	76.49	77.77	81.86	81.86	69.56	12.30
西	69.25	74.09	77.89	74.54	76.57	80.64	80.64	69.25	11.39
东北	69.07	74.6	79.17	75.77	76.51	78.33	79.17	69.07	10.10
发达	70.22	75.02	79.77	76.39	78.14	81.72	81.72	70.22	11.50
欠发达	68.88	73.36	78.38	74.52	76.14	79.89	79.89	68.88	11.01

二是人文素质发展指数相对分散，部分样本分层差异明显，维度之间差异不明显。

在人文素质评价指标的基础上计算的人文素质发展指数值相对比较分散，通过表6-3可知，按照学历和群体分层的人文素质发展指数差异十分明显，最大和最小指数差值分别为1.56和0.88，而按照性别分层的人文素质发展指数差别接近于0。通过人文素质发展指数可以比较明显地看出不同群体和不同学历公民人文素质发展的差异程度。

表6-3　　　　　　人文素质发展指数总体平均值分层比较表

	性别		年龄		（年）工龄		学历		群体		地区			
最大	女	0.59	中老年	0.68	30年以上	0.69	研究生	0.79	中学教师	0.91	中部	0.72	发达	0.66
最小	男	0.59	青少年	0.65	10年以下	0.54	小学	-0.77	无职业者	0.03	西部	0.56	欠发达	0.52
差值		0.00		0.03		0.15		1.56		0.88		0.15		0.14

表6-4对6个维度的指数值进行比较可知，维度之间的指数值差值平均值不同，按性别划分的平均值为0.275，按照年龄划分的平均值为0.28，按照工龄划分的平均值为0.26，按照学历划分的平均值为1.195，按照群体划分的平均值为0.306，按照地理区域划分的平均值为0.26，按照经济发达程度划分的平均值为0.275，可见按照"性别"、"年龄"、"工龄"、"地区"分层的维度之间指数值的差距波动较小，而按照"学历"、"群体"分层的维度之间指数值的差距波动相对较大。维度之间比较可知，总体来看，人文素质发展指数越高的群体，维度指数值差值越大，如按照群体划分的研究生群体的人文素质发展指数为0.89（见表4-2），其维度间指数值差值为0.34（见表6-4中按群体划分），务农人员的人文素质发展指数为0.04（见表4-2），其维度之间指数值差值为0.12（见表6-4中按群体划分）。

表 6-4　　人文素质发展指数总体平均值维度比较表

按性别划分	道德	法律	文史哲	科学	审美	环保	最大	最小	差值
男	0.57	0.49	0.58	0.66	0.67	0.61	0.67	0.49	0.17
女	0.64	0.43	0.58	0.54	0.81	0.64	0.81	0.43	0.38
按年龄划分	道德	法律	文史哲	科学	审美	环保	最大	最小	差值
青少年	0.63	0.42	0.53	0.57	0.72	0.62	0.72	0.42	0.30
中老年	0.59	0.49	0.62	0.62	0.75	0.62	0.75	0.49	0.26
按工龄划分	道德	法律	文史哲	科学	审美	环保	最大	最小	差值
≤10 年	0.57	0.41	0.51	0.54	0.68	0.58	0.68	0.41	0.27
11～19 年	0.66	0.52	0.67	0.67	0.81	0.68	0.81	0.52	0.29
20～29 年	0.63	0.56	0.68	0.71	0.84	0.68	0.84	0.56	0.28
≥30 年	0.67	0.57	0.75	0.71	0.77	0.68	0.77	0.57	0.20
按学历划分	道德	法律	文史哲	科学	审美	环保	最大	最小	差值
小学	-2.49	-0.43	-0.04	-0.66	-0.33	0.03	0.03	-2.49	2.52
中学	-0.73	0.04	0.50	0.20	0.57	0.50	0.57	-0.73	1.30
大学	0.44	0.52	0.86	0.82	0.97	0.86	0.97	0.44	0.53
研究生	0.59	0.53	0.94	0.96	0.91	0.88	0.96	0.53	0.43
按群体划分	道德	法律	文史哲	科学	审美	环保	最大	最小	差值
务农	0.04	0.12	0.00	0.02	0.00	0.06	0.12	0.00	0.12
农民工	0.11	0.04	0.02	0.00	0.14	0.10	0.14	0.00	0.14
国企工人	0.44	0.38	0.50	0.47	0.66	0.49	0.66	0.38	0.28
私企工人	0.30	0.19	0.32	0.30	0.52	0.36	0.52	0.19	0.33
国企企管	0.64	0.54	0.74	0.74	0.87	0.69	0.87	0.54	0.32
私企企管	0.55	0.46	0.64	0.65	0.80	0.66	0.80	0.46	0.34
国商员工	0.63	0.40	0.59	0.55	0.81	0.59	0.81	0.40	0.41
私商员工	0.48	0.32	0.43	0.49	0.63	0.65	0.65	0.32	0.33
个体商户	0.34	0.23	0.23	0.25	0.55	0.33	0.55	0.23	0.32
一般行政	0.79	0.76	0.86	0.90	0.91	0.88	0.91	0.76	0.15
公检法安	0.78	1.00	0.85	0.87	0.93	0.78	1.00	0.78	0.22
高校教师	0.93	0.63	1.00	0.99	0.99	0.88	1.00	0.63	0.37
中学教师	1.00	0.67	0.91	0.91	1.00	1.00	1.00	0.67	0.33

续表

按群体划分	道德	法律	文史哲	科学	审美	环保	最大	最小	差值
小学教师	0.93	0.54	0.78	0.78	0.87	0.80	0.93	0.54	0.39
中学生	0.92	0.47	0.62	0.81	0.97	0.86	0.97	0.47	0.50
大学生	0.86	0.57	0.73	0.78	0.96	0.83	0.96	0.57	0.39
研究生	0.90	0.63	0.95	0.97	0.98	0.92	0.98	0.63	0.34
体育工作者	0.55	0.34	0.46	0.45	0.74	0.48	0.74	0.34	0.40
传媒工作者	0.69	0.54	0.68	0.79	0.94	0.76	0.94	0.54	0.40
演艺工作者	0.46	0.40	0.40	0.43	0.61	0.40	0.61	0.40	0.21
医护工作者	0.77	0.56	0.66	0.80	0.98	0.79	0.98	0.56	0.42
宗教团体	0.68	0.46	0.68	0.50	0.85	0.78	0.85	0.46	0.38
慈善机构	0.64	0.48	0.62	0.61	0.75	0.67	0.75	0.48	0.27
中介机构	0.51	0.51	0.44	0.44	0.69	0.53	0.69	0.44	0.24
基金会	0.66	0.52	0.71	0.70	0.85	0.76	0.85	0.52	0.33
社团人员	0.77	0.60	0.77	0.74	0.76	0.69	0.77	0.60	0.17
行业协会	0.71	0.57	0.72	0.71	0.72	0.70	0.72	0.57	0.15
科技人员	0.73	0.53	0.80	1.00	0.81	0.81	1.00	0.53	0.47
自由职业者	0.34	0.39	0.31	0.36	0.57	0.37	0.57	0.31	0.25
无职业者	0.00	0.00	0.01	0.02	0.21	0.00	0.21	0.00	0.21
按地域划分	道德	法律	文史哲	科学	审美	环保	最大	最小	差值
东	0.68	0.54	0.68	0.70	0.79	0.64	0.79	0.54	0.25
中	0.61	0.65	0.75	0.79	0.83	0.74	0.83	0.61	0.22
西	0.57	0.58	0.48	0.57	0.69	0.61	0.69	0.48	0.21
东北	0.54	0.64	0.63	0.71	0.68	0.35	0.71	0.35	0.36
发达	0.67	0.51	0.65	0.68	0.85	0.69	0.85	0.51	0.34
欠发达	0.54	0.42	0.52	0.53	0.63	0.55	0.63	0.42	0.21

三是人文素质评价指标与人文素质发展指数的总体评判趋势相同，但也存在个别差异。

通过表6-1和表6-3比较可知，从调查对象分层来看，人文素质评价指标与人文素质发展指数的结果总体趋向一致，但也存在个别差异，如从"学历"、

"群体"和"地区"三个分层比较来看，评价指标和发展指数的最大最小值是一致的，而"年龄"和"工龄"两个分层则具有一定差异，"性别"分层的结果显示男女的人文素质发展指数几乎没有差异。

从另一个角度反映出我国公民人文素质发展状况的维度不均衡，表现在法律和道德指标值和指数值相对较低，而审美和环保维度指标值和指数值略高。

通过调查样本分层和维度比较，表明中国公民人文素质发展取得了一定成果，表现在以下几个方面：

一是人文素质发展的总体基础较好。从人文素质评价指标值来看，指标值最低也在69分以上，从指标的绝对值来看，中国公民人文素质发展处于中等水平，具有较好发展基础。

二是人文素质发展的总体态势均衡。从性别、地域、工龄和年龄划分的评价指标和发展指数比较结果来看，中国公民人文素质发展的差异不十分明显，说明整体发展态势均衡，只是其中个别群体和低学历者（如：务农人员、无职业者，小学学历等）的评价指标和发展指数均相对较低，而同时一般务农人员和无职业者也相对偏低。

三是人文素质发展具有一定潜力。从人文素质发展的6个维度指标值来看，文史哲、审美、环保3个维度指标值在70以上，说明人文素质发展具有一定发展潜力。

此外，中国公民人文素质发展也存在一些不足之处，表现在以下几个方面：

一是从总体上看，道德维度指标值和指数值均相对不高，这一状况提示我们，在注重经济发展的同时，还更应该注重加强道德素质的培养。

二是法律维度指标值和指数值略低，反映出公民法制观念的整体水平与依法治国方略之间还存在较大的距离。

三是与相对较低的道德和法律维度素质相比，审美和环保维度指标和指数值较高，反映了社会发展中存在不协调的现象。一般来讲，一定环保素质和审美素养应该建立在较高的道德素质和法律素质基础之上。

四是从群体来看，特定行业群体在一定维度指标值和指数值较高，其他方面则较低，说明公民人文素质整体发展不够全面，具有明显的职业相关性。例如，科技人员的科学维度指标值很高，达到80.49，为各群体中最高值；公检法安群体的法律维度指标值在各群体中最高，达到84.59，但是，两类群体总体的指标值并不是最高。

人文素质发展既受到道德、法律、文史哲、科学、审美和环保等6个维度的综合影响，同时也受到来自调查样本主观和客观因素的影响和制约，下面按照调查对象的性别、年龄、工龄、学历、群体和地区等6个方面作总体分析，描述中国公民人文素质发展的总体现状。

第一节 按性别构成所作的人文素质发展总体分析

此次调查样本 32 504 人中男性为 16 987 人，占 52.3%，女性为 15 517 人，占 47.7%，从样本总体构成来看，男、女的性别比例差别不大。

表6–5　　　　　按性别构成的人文素质指标指数一览表

性别	类别	道德	法律	文史哲	科学	审美	环保	总体
男性	指标值	69.1775	74.7823	79.0431	76.1429	76.4872	80.5525	75.6152
	指数值	0.5725	0.4939	0.5804	0.6588	0.6674	0.6050	0.5889
女性	指标值	69.8923	73.4677	79.0529	74.6162	77.7609	81.0000	75.5067
	指数值	0.6423	0.4261	0.5814	0.5388	0.8103	0.6390	0.5934
总体	指标值	69.5187	74.1547	79.0478	75.4141	77.0953	80.7662	75.5634

表6–5表明，男性和女性的人文素质评价指标值均超过75，男性和女性人文素质均处于的B^-水平；男性和女性的人文素质发展指数值均大于0.5，小于0.7，男性和女性的人文素质发展相对程度都处于一般水平，即Ⅲ级水平，与人文素质发展的总体水平一致。男性和女性的人文素质评价指标值和指数值之间的差值均在0.01左右，男性和女性的人文素质发展的总体水平基本一致。从不同维度比较来看，男性和女性相比6个维度的指标值差异不大，如图6–1中男、女指标值两条折线基本重合，而男性和女性6个维度的指数值之间差异较大，除了总体指数值和文史哲维度指数值重合之外，其他5个维度指数值中，女性高于男性的有道德维度、审美维度、环保维度，男性高于女性的有法律维度和科学维度。从各维度之间指数值比较来看，法律维度指数值最低，均在0.5以下，为Ⅳ级水平，而女性的审美维度指数值为0.8103，超过0.7，小于0.9，为Ⅱ级水平，其余均为Ⅲ级水平。从各维度之间指标值比较来看，环保维度指标值均超过80，为B级水平；道德维度指标值低于70，为C级水平；法律维度和女性的科学维度指标值低于75，为C^+级水平；文史哲维度和男性的科学维度指标值在75~80之间，为B^-水平。

通过男、女性别之间6个维度的指标值和指数值比较可知，男性和女性对文史哲知识了解和掌握程度差异不明显，道德和法律意识要比其他维度差，审美和环保维度指标值高于其他维度，男性比女性更加注重法律和科学，而女性更强于道德、审美和环保 3 个维度。

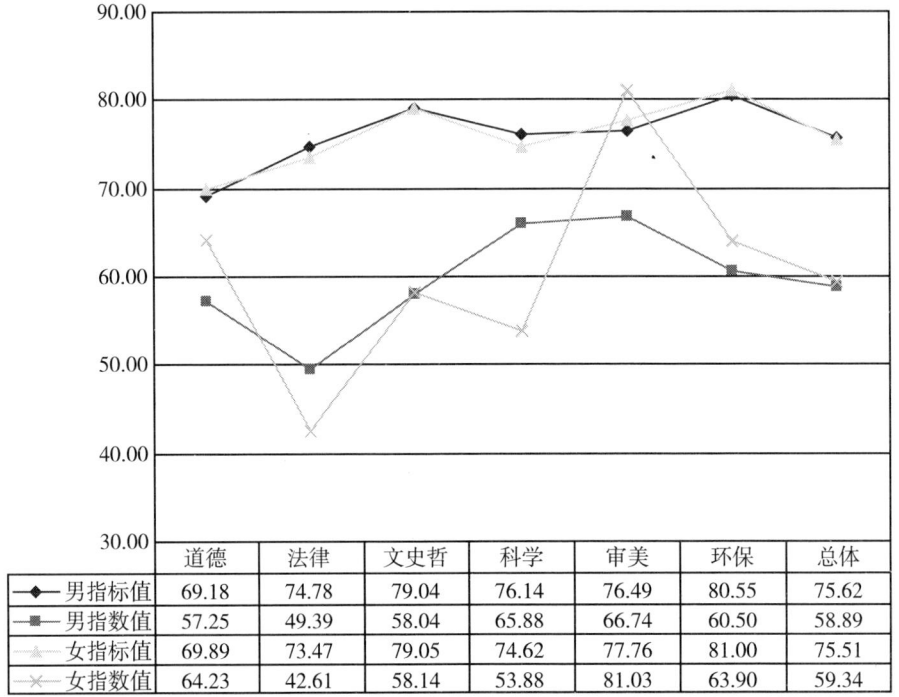

图 6-1 按性别构成的 6 个维度指标值和指数值比较图

注：指数值为放大 100 倍后的指数值，目的是为了方便与指标值进行比较。

第二节 按年龄构成所作的人文素质发展总体分析

此次调查的 32 504 个样本中年龄构成可分为 10 个年龄段，即 7~12 岁、13~15 岁、16~18 岁、19~22 岁、23~29 岁、30~39 岁、40~49 岁、50~59 岁、60~69 岁、70 岁以上。为了对比分析不同年龄段的特征，这里对 10 个年龄段进行进一步归类划分，即具体划分为青少年（7~29 岁）、中老年（30 岁以上），具体见表 6-6。

表6-6　　按年龄构成的人文素质评价指标和发展指数一览表

年龄	道德		法律		文史哲		科学		审美		环保		总体	
	1	2	1	2	1	2	1	2	1	2	1	2	1	2
青少年	69.75	0.63	73.43	0.42	78.54	0.53	75.04	0.57	76.94	0.72	80.80	0.62	75.30	0.57
中老年	69.34	0.59	74.73	0.49	79.45	0.62	75.71	0.62	77.22	0.75	80.74	0.62	75.77	0.61

注：1表示指标值；2表示指数值。

从表6-6中可以看到，通过对青少年和中老年两个差别较大的年龄段的比较，我们可知青少年和中老年总体指标值的差异不大，分别为75.30和75.77之间，人文素质评价指标等级为B⁻，人文素质发展指数分别为0.65和0.68，人文素质发展指数等级为Ⅲ级，中老年年龄段的总体指标值和指数值均高于青少年，说明中老年的人文素质发展程度略高于青少年。

从不同维度之间比较来看，6个维度中，只有道德维度和环保维度的青少年人文素质评价指标和人文素质发展指数值高于中老年，其余4个维度均是中老年指标值和指数值较高。两个年龄段的法律维度指标值高于道德维度指标值，但道德维度指数值均大于法律维度指数值，说明两个年龄段法律维度人文素质评价指标值较高，但在群体内之间的相对发展程度较低；而两个年龄段道德维度人文素质指标值较低，但两个群体之间的相对发展程度较高。同样地，我们可以看到环保维度的指标值高于审美维度指标值，但指数值相对低于审美维度指数值。

第三节　按工龄构成的人文素质发展总体分析

调查对象按照工龄构成可以分为四个层次，见表6-7。

表6-7　　按工龄构成的人文素质评价指标和发展指数一览表

工龄	道德		法律		文史哲		科学		审美		环保		总体	
	1	2	1	2	1	2	1	2	1	2	1	2	1	2
10年以下	69.20	0.57	73.07	0.41	78.30	0.51	74.59	0.54	76.59	0.68	80.20	0.58	74.89	0.54
11~19年	70.04	0.66	75.22	0.52	79.90	0.67	76.28	0.67	77.78	0.81	81.58	0.68	76.36	0.66
20~29年	69.76	0.63	75.99	0.56	80.02	0.68	76.82	0.71	78.02	0.84	81.55	0.68	76.55	0.67
30年以上	70.15	0.67	76.21	0.57	80.72	0.75	76.82	0.71	77.42	0.77	81.51	0.68	76.79	0.69

注：1表示指标值；2表示指数值。

从表6-7可以看到，不同工龄年限的人文素质评价指标具有较小差异，但总体上和各维度都基本服从随着工龄增加人文素质评价指标和人文素质发展指数也随之提高的趋势。工龄在10年以下的群体人文素质评价指标值在75分以下，为C级水平，而人文素质发展指数为0.54，为人文素质发展Ⅲ级水平。从维度之间比较来看，法律维度指标值差异不大但指数值较低，说明按照工龄构成的人文素质发展指数的发展程度相对较低，特别是工龄在10年以下的被调查群体的法律素质相对更低；道德维度指标值较低，但指数值相对较高，说明不同工龄的道德维度人文素质发展水平较低，但人文素质发展程度相对高些。从不同工龄之间比较来看，工龄在10年以下的被调查群体的总体和各维度的指标值和指数值均低于工龄较长的被调查群体。各维度指标值和指数值一般均随着工龄增加而递增。

从各维度之间比较来看，文史哲和环保维度的指标值和指数值均较高，道德维度和法律维度相对低些。道德维度和法律维度相比较，仍存在道德维度评价指标高而发展指数低，而法律维度评价指标低发展指数高的状况。这说明法律维度的人文素质发展的相对程度略低，特别是工龄较短的群体尤其明显。科学维度和审美维度指标值和指数值差别不大。

第四节 按学历构成的人文素质总体分析

调查对象按照学历构成可以分为四个层次，通过SPSS计算出不同学历调查对象各维度指标值和指数值。具体见表6-8。

表6-8　按学历构成的人文素质评价指标和发展指数一览表

学历	道德		法律		文史哲		科学		审美		环保		总体	
	1	2	1	2	1	2	1	2	1	2	1	2	1	2
小学	61.25	-2.49	63.78	-0.43	69.49	-0.04	63.19	-0.66	66.95	-0.33	70.50	0.03	65.60	-0.77
中学	67.47	-0.73	70.58	0.04	76.60	0.50	72.11	0.20	75.43	0.57	77.93	0.50	72.93	0.11
大学	71.58	0.44	77.57	0.52	81.44	0.86	78.58	0.82	79.13	0.97	83.59	0.86	78.17	0.72
研究生	72.11	0.59	77.68	0.53	82.43	0.94	80.05	0.96	78.57	0.91	83.89	0.88	78.76	0.79

注：1表示指标值；2表示指数值。在对个维度计算指数值时，按照最低值为60进行计算，最大值与其他计算取值方法相同。

根据表6-8，总体上来看，不同学历的人文素质评价指标和发展指数差距很大，从小学到研究生，随着学历层次的提高评价指标和发展指数均明显增长，小学学历的指标值均为最低，指数值由于低于按照 30 个小群体划分的最小值而大多为负数。中学以前差异明显，大学和研究生差异不显著，学历水平为大学、研究生学历的人文素质评价指标在 75 以上，指数在 0.72～0.79 之间，因此大学和研究生群体的人文素质评价指标为 B⁻ 级水平，人文素质发展指数为 II 级水平。

从各维度之间比较来看，与前面按照工龄构成的各维度指标值和指数值排列分布大致相同。

第五节　按群体构成所作的人文素质总体分析

调查的 32 504 个样本中按群体构成可分为 11 个大群体和 30 个小群体，从人文素质发展的绝对水平来看，不同群体人文素质评价指标值分布比较集中，占总体 63.3% 的 19 个小群体集中分布在人文素质评价水平的 B⁻ 级水平；占总体 26.67% 的 8 个小群体集中分布在人文素质发展水平的 C⁺ 级水平；占总体 10% 的 3 个小群体集中分布在人文素质发展水平的 C 级水平。从人文素质发展的相对程度来看，人文素质发展指数在 0.9 以上的为中学和高校教师群体，分别为 0.9098 和 0.9097，人文素质发展指数在 0.7 和 0.9 之间的有 10 个小群体，由高到低依次为研究生、公检法安公务员、一般行政公务员、小学教师、大学生、科技人员、中学生、医护工作者、社团人员、传媒工作者，占群体总数的 33.3%，这些处于人文素质发展程度为 II 级的小群体一般均为教、研、科、卫等行政事业单位人员；人文素质发展指数在 0.5 和 0.7 之间的有 8 个小群体，由高到低依次为国企企管人员、行业协会人员、基金会工作者、宗教团体人员、慈善机构人员、私企企管人员、国商员工、中介机构人员，占群体总数的 26.67%，这些处于人文素质发展程度为 III 级的小群体一般均为商企、协会、社团等商业企业、中介机构和社会团体等人员；人文素质发展指数在 0.3 和 0.5 之间的有 7 个小群体，由高到低依次为体育工作者、国企工人、私商员工、演艺工作者、自由职业者、私企工人、个体商户，占群体总数的 23.33%，这些处于人文素质发展程度为 IV 级的小群体一般为工人、文体、个体和自由职业者等职业流动性比较强的人员；人文素质发展指数在 0.3 以下的有 3 个小群体，由高到低依次为农民工、农民和无职业者，占群体总数的 10%，这些处于人文素质发展程度为 V 级的小群体一般均为农业或无业人员。按照职业群体划分可以看出，公民所从事职业与人文素质发展程度高低具有比较紧密的联系,从事高教、科研、公务员、卫生等行业的人员的人文素质比较高。

表6-9　　各群体人文素质评价指标等级评价分布表

指标值 群体数	65＜S≤70		70＜S≤75		75＜S≤80	
	C		C⁺		B⁻	
	群体	指标值	群体	指标值	群体	指标值
1	农民工	69.20	中介机构	74.65	中学教师	79.32
2	务农	69.14	体育工作者	74.25	高校教师	79.26
3	无职业者	68.78	国企工人	74.19	公检法安	79.25
4			私商员工	74.15	研究生	79.08
5			演艺工作者	73.83	一般行政	78.74
6			自由职业者	73.05	小学教师	77.78
7			私企工人	72.20	科技人员	77.75
8			个体商户	72.08	大学生	77.72
9					中学生	77.37
10					医护工作者	77.31
11					社团人员	77.28
12					传媒工作者	76.99
13					行业协会	76.81
14					国企企管	76.79
15					基金会	76.70
16					宗教团体	76.10
17					慈善机构	75.92
18					私企企管	75.81
19					国商员工	75.38
小群体分布数	3		8		19	
小群体总数	30		30		30	
占小群体总数（%）	10.00		26.67		63.33	

第六节 按地区构成所作的人文素质总体分析

按照国家经济发展规划的几大区域划分和被调查对象所处经济发达地区和欠发达地区的比较，根据调查问卷结果计算汇总如表6-10所示：

表6-10　按经济区域和发达程度人文素质评价指标指数一览表

地区	道德维度		法律维度		文史哲维度		科学维度		审美维度		环保维度		总体	
	1	2	1	2	1	2	1	2	1	2	1	2	1	2
东	69.96	0.68	73.76	0.54	79.62	0.68	75.65	0.70	77.47	0.79	80.96	0.64	75.84	0.67
中	69.56	0.61	74.69	0.65	80.22	0.75	76.49	0.79	77.77	0.83	81.86	0.74	76.31	0.72
西	69.25	0.57	74.09	0.58	77.89	0.48	74.54	0.57	76.57	0.69	80.64	0.61	75.00	0.56
东北	69.07	0.54	74.60	0.64	79.17	0.63	75.77	0.71	76.51	0.68	78.33	0.35	75.30	0.60
发达	70.22	0.67	75.02	0.51	79.77	0.65	76.39	0.68	78.14	0.85	81.72	0.69	76.40	0.66
欠发达	68.88	0.54	73.36	0.42	78.38	0.52	74.52	0.53	76.14	0.63	79.89	0.55	74.80	0.52

注：1—表示指标值；2—表示指数值。

从表6-10可知，按照四个区域比较来看，四个区域的人文素质评价指标差异不大，最高和最低的差值仅为1.31，中部地区人文素质评价指标和人文素质发展指数均高于西部、东部和东北，东部、东北和西部三个地区的人文素质评价指标值比较接近。分析中部人文素质评价指标较高的原因，一是中部地区在文史哲维度和环保维度的指标值均较高，中原地区自古以来为中华民族发源地，一直比较注重人文精神的培养；二是中部地区的省份相对较少，仅包括湖南、湖北、山西、河南、江西、安徽六个省，因此平均值要略高些；三是东部地区虽然属于经济比较发达地带，但是由于所包括省份较多，虽然有的地区人文素质发展水平高，比如：北京、上海、天津等，但同时也有的地区人文素质发展水平相对较低，发展不均衡，因此，总体指标并不十分高；四是东北地区虽然包含省份比较少，但是人文素质发展水平由于所在地理位置和历史因素影响，三省总体并不高。按照经济发达程度来看，经济发达地区的人文素质评价指标和人文素质发展指数均高于欠发达地区。说明经济发达程度与人文素质发展水平具有一定联系，经济越发达，应该在人文素质教育和培养方面投入多一些，更积极营造人文氛围，更具有人文关怀。

第七章

中国公民人文素质发展的道德维度分析

第一节 按性别构成的道德维度分析

此次调查的样本 32 504 人中男性为 16 987 人，占 52.3%，女性为 15 517 人，占 47.7%，从样本总体构成来看，男女的性别比例差别不大。本节思路是首先按性别构成对道德维度指标与公民人文素质总体指标进行比较；其次，按性别构成对道德维度指标进行描述性统计分析，了解不同性别的道德素质异同；最后，按性别构成对问卷调查结果中与道德维度有关的问题选择趋向进行统计分析，对不同性别在道德维度中的道德意识、道德常识和道德行为取向进行具体分析。

一、按性别构成的道德维度与总体的比较

为进行维度和总体之间的比较分析，将样本构成、总体和维度的相关指标汇总制成表7-1。从男女道德维度人文素质发展状况来看，两组数据的道德维度平均指标值差别不大，从表7-1可知，男性和女性道德维度的人文素质评价指标分别为69.1775和69.8923，与中国公民人文素质总体评价指标的差值分别为6.4377和5.6144，说明男性和女性道德维度指标比总体指标低。男性和女性道德维度人文素质评价指标差异不大，均处于人文素质评价指标的Ⅲ级水平，说明人文素质发展程度一般。

从每组数据中个体指标的离散程度来看，男性个体道德维度人文素质指标值

的离散程度要大于女性个体道德维度人文素质指标值的离散程度，如从表7-1中可知，男性道德维度标准偏差①为10.7071，全距②为86.66，女性道德维度标准偏差为10.3640，全距为80.67。这说明男女总体指标差异不大，但女性道德维度人文素质评价指标的个体差异比男性道德维度人文素质评价指标要大一些。同时，道德维度下男性和女性的样本数据的标准偏差都大于总体样本的标准偏差，说明其离散程度均大于样本总体指标数据的离散程度。

表7-1　　　　　　　按性别构成的道德维度指标情况

样本构成基本情况			样本总体指标情况		样本道德维度指标情况			
性别	人数	百分比（％）	总体指标值	标准偏差	道德维度指标值	与总体指标差值	道德维度标准偏差	道德维度全距
男性	16 987	52.3	75.6152	9.4658	69.1775	6.4377	10.7071	86.66
女性	15 517	47.7	75.5067	9.0047	69.8923	5.6144	10.3640	80.67
总数	32 504	100.0	75.5634	9.2485	69.5187	6.0447	10.5506	86.66

二、按性别构成的道德维度指标描述统计分析

为进一步比较，采用SPSS11.5版本统计软件运用analyze→descriptive statistics→explore对道德维度按照性别构成进行深入分析，分析输出结论如下：

1. 按性别构成的道德指标观察样本描述

表7-2　　　　　　　按性别构成的道德指标观察样本描述

	性别	Cases					
		Valid 有效值		Missing 缺失值		Total 总计	
		N 个数	Percent	N 个数	Percent	N 个数	Percent
道德指标	男性	16 987	100.0%	0	0.0%	16 987	100.0%
	女性	15 517	100.0%	0	0.0%	15 517	100.0%

表7-2是SPSS软件例行的处理记录缺失值情况的报告，从表中可知对于道德维度指标，男女样本总计32 504均为有效值，有效比率均为100％，没有缺失

---

① 标准偏差，又称标准差（Std. Deviation），对一组数据偏离中心程度的测度量，标准偏差值越大，说明偏离程度越大，数据越分散。

② 全距，又称极差（Range），一组数据中最大值和最小值的差。

值,在此基础上进行描述统计分析。

2. 按性别构成的道德指标描述性统计分析

表7-3　　　　　按性别构成的道德指标描述统计分析

描述项目		男性统计	Std. Error 标准误差	女性统计	Std. Error 标准误差
Mean 平均值		69.1775	0.08215	69.8923	0.08320
95% Confidence Interval for Mean 95%置信区间	Lower Bound 下限	69.0165		69.7292	
	Upper Bound 上限	69.3385		70.0554	
5% Trimmed Mean 去除5%极端值后的均值		69.6293		70.3255	
Median 中值		70.8313		71.1647	
Variance 方差		114.641		107.413	
Std. Deviation 标准偏差		10.70708		10.36404	
Minimum 最小值		12.83		18.83	
Maximum 最大值		99.50		99.50	
Range 全距		86.66		80.67	
Interquartile Range 四分位数间距①		13.5007		12.6667	
Skewness 偏度系数（及标准误差）		-0.691	0.019	-0.695	0.020
Kurtosis 峰度系数（及标准误差）		0.686	0.038	0.721	0.039

表7-3详细列出了描述性统计量,首先,从样本数据的集中趋势来看,男性和女性的平均值、去除5%极端之后的均值、中值均差异不大,说明男性和女性的道德素质平均水平具有一致性趋向;其次,从离散趋势来看,男性和女性的方差、标准偏差、全距和四分位数间距等值的差异较明显,说明男性和女性的道德素质层级内部差距不同,男性的差异大于女性的差异,男性道德素质维度指标高低之间差别为86.66,而女性高低间的差别为80.67,从数据值来看,反映了男性和女性个体差异的绝对值都较大。最后,从样本数据的分布形态来看,男性和女性的偏度系数分别为-0.691和-0.695,均小于0,说明数据均呈左偏分布②,男性和女性的峰度系数分别为0.686和0.721,均大于0,说明数据均呈尖峰

---

① 四分位间距,为第75和第25百分位之差。
② 偏度系数（Skewness）,简记为SK,数据分布不对称性的度量值,即数据偏斜程度的量,当SK=0,数据呈对称分布,当SK<0时呈左偏分布,当SK>0时呈右偏分布。

分布①。这说明男性和女性的道德维度人文素质发展程度总体近似服从正态分布，实际指标数据分布是非对称的，表现为绝对指标的不均衡发展和个体间存在一定差异。

3. 按性别为基础的 M 统计量

表 7-4　　　　　按性别构成的道德指标估计量输出结果

道德指标	性别	Huber's M-Estimator(a)	Tukey's Biweight(b)	Hampel's M-Estimator(c)	Andrews' Wave(d)
道德指标	男性	70.2382	70.7847	70.1924	70.7961
	女性	70.9552	71.3261	70.9069	71.3385

  a The weighting constant is 1.339. Huber 的 M 估计值
  b The weighting constant is 4.685. Tukey 的双权重估计值
  c The weighting constants are 1.700, 3.400, and 8.500 Hampel 重复递减 M 估计值
  d The weighting constant is 1.340 * pi. Andrews 波形估计值

可见，输出的 Huber、Andrew、Hampel 和 Tukey 四种不同权重下的平均值统计量的数值非常接近，且距离计算出的平均数值都不太远，这表明样本数据分布不太偏，平均数可以代表数据的集中趋势。同时，说明男性和女性的道德维度人文素质评价指标差距不大，相对平均。

4. 按性别构成的道德指标百分位数

表 7-5　　　　　按性别构成的道德指标百分位数输出结果

道德指标	性别	Percentiles 百分位数						
		5	10	25	50	75	90	95
Weighted Average	男性	49.0653	54.6657	63.3317	70.8313	76.8323	81.4980	84.4982
	女性	50.3323	55.8327	64.1657	71.1647	76.8323	81.4983	84.8486
Tukey's Hinges	男性			63.3317	70.8313	76.8323		
	女性			64.1657	71.1647	76.8323		

表 7-5 是男性和女性的道德指标的百分点表，给出了 5、10、25、50、75、90、95 七个位置上的百分点，Weighted Average 和 Tukey's Hinges 两种计算百分

---

① 峰度系数（Kurtosis），简记为 K，是数据分布峰态的度量值，一般是数据分布状态与标准正态分布的峰度尖度程度比较的量，当 K<0，数据呈尖峰分布，当 K>0 时，数据呈平峰分布，K=0，为标准正态分布。

点的方法得出的结果基本一致。从表 7-5 可知，在百分位数为 50 以下时，男性的道德维度指标总是略低于女性道德维度指标，而在百分位数为 50 以上时，男性和女性的道德维度指标基本近似相等，这也说明女性道德维度指标总体要高于男性。

5. 按性别构成的道德指标奇异值的比较

表 7-6　　　　　按性别构成的道德指标奇异值比较表

男性	个数	Case Number 第 n 个样本	Value 指标值	女性	个数	Case Number 第 n 个样本	Value 指标值
Highest 最大	1	15 713	99.50	Highest 最大	1	7 975	99.50
	2	1 337	98.83		2	18 946	99.50
	3	4 694	98.83		3	15 407	98.83
	4	6 168	98.83		4	24 776	98.83
	5	14 350	98.83		5	21 803	97.33
Lowest 最小	1	2 423	12.83	Lowest 最小	1	19 761	18.83
	2	9 884	20.00		2	32 288	20.17
	3	4 175	20.00		3	801	22.33
	4	31 562	20.83		4	9 072	23.50
	5	1 185	21.50		5	25 534	24.00

从表 7-6 可以看到，男性和女性道德维度指标中的前 5 个最大值和后 5 个最小值的指标值和具体样本编号，这些极端值可以作为异常嫌疑值进一步分析，或者直接剔除后进行分析，以保证分析结果的客观准确。

6. 按性别构成的道德指标正态性检验

假定两组数据均服从正态分布，则在此假定下作集中趋势的平稳测度（Resistant Measure），测度结果见表 7-7，由表中 sig. 值 $0.000 < \alpha$ 值 0.05，因此，可拒绝正态性的原假设。

表 7-7　　　　　按性别构成的道德指标正态性检验

	性别	Kolmogorov-Smirnov（a）		
		Statistic	df	Sig.
道德指标	男性	0.064	16 987	0.000
	女性	0.065	15 517	0.000

a　Lilliefors Significance Correction

7. 按性别构成的道德指标方差齐性检验

表7-8　　　　按性别构成的道德指标方差齐性检验结果

		Levene Statistic	df1	df2	Sig.
道德指标	Based on Mean 基于均数	15.677	1	32 502	0.000
	Based on Median 基于中位数	14.388	1	32 502	0.000
	Based on Median and with adjusted df 基于调整自由度的中位数	14.388	1	32 454 0.453	0.000
	Based on trimmed mean 基于截两端数据的调整均数	15.711	1	32 502	0.000

通过方差齐次性检验结果可知，4个指标得到的显著性水平 Sig 值均为 0.000，小于 0.05，因此拒绝方差相等的零假设，即男性和女性的方差不相等。

8. 按性别构成的道德指标茎叶图[①]

道德指标 Stem – and – Leaf Plot for 性别 = 男性

Frequency　Stem & Leaf

　　373.00　Extremes 极值（ = <43）
　　　63.00　　4. 33
　　142.00　　4. 4455
　　163.00　　4. 66777
　　239.00　　4. 8889999
　　281.00　　5. 00001111
　　332.00　　5. 2222233333
　　378.00　　5. 4444455555
　　458.00　　5. 6666667777777
　　652.00　　5. 8888888889999999999
　　660.00　　6. 0000000001111111111
　　894.00　　6. 222222222222233333333333333
　1 120.00　　6. 44444444444444455555555555555555
　1 010.00　　6. 6666666666666677777777777777
　1 349.00　　6. 88888888888888888888889999999999999999
　1 642.00　　7. 000000000000000000000011111111111111111111

---

①　茎叶图，将图形分为茎与叶两部分，茎与叶之间被一列标点或 * 号隔开，其左侧的数字表示"茎"，其右侧表示"叶"，两者相加则构成实际的数值。例如：男性中的道德指标值第二行表示有63人的指标值为 4.33 × 10 = 43.3（分）。

1 158.00	7.	2222222222222222223333333333333
1 396.00	7.	44444444444444444444444455555555555555555
1 502.00	7.	66666666666666666666677777777777777777777
735.00	7.	888888888888889999999
961.00	8.	000000000000000001111111111
497.00	8.	222222223333333
358.00	8.	4444444555
428.00	8.	666666677777
61.00	8.	89
49.00	9.	0&
78.00	9.	23
3.00	9.	&
5.00 Extremes 极值（＞＝99）		

Stem width 茎宽：10.00

Each leaf 每个茎叶：35 case（s）

& denotes fractional leaves.

道德指标 Stem–and–Leaf Plot for 性别＝女性

Frequency Stem & Leaf

378.00 Extremes（＝＜45）		
53.00	4.	55
155.00	4.	66777
165.00	4.	88999
215.00	5.	000111
267.00	5.	22223333
361.00	5.	44444555555
408.00	5.	666666777777
537.00	5.	8888888899999999
569.00	6.	00000000111111111
731.00	6.	222222222233333333333333
911.00	6.	44444444444455555555555555
982.00	6.	6666666666666677777777777777
1 216.00	6.	888888888888888888899999999999999999
1 573.00	7.	000000000000000000000111111111111111111111
1 040.00	7.	222222222222222233333333333333
1 381.00	7.	4444444444444444444455555555555555
1 505.00	7.	66666666666666666666677777777777777777777
708.00	7.	88888888888889999999999
941.00	8.	0000000000000000001111111111

```
       483.00         8. 22222223333333
       289.00         8. 444444555
       442.00         8. 66666666677777
        73.00         8. 89
        58.00         9. 0&
        70.00         9. 23
         1.00         9. &
         5.00 Extremes（＞=97）
```

Stem width：10.00

Each leaf：33 case（s）

& denotes fractional leaves.

图 7 - 1　按性别构成的道德指标茎叶图

9. 按性别构成的道德指标的正态概率图

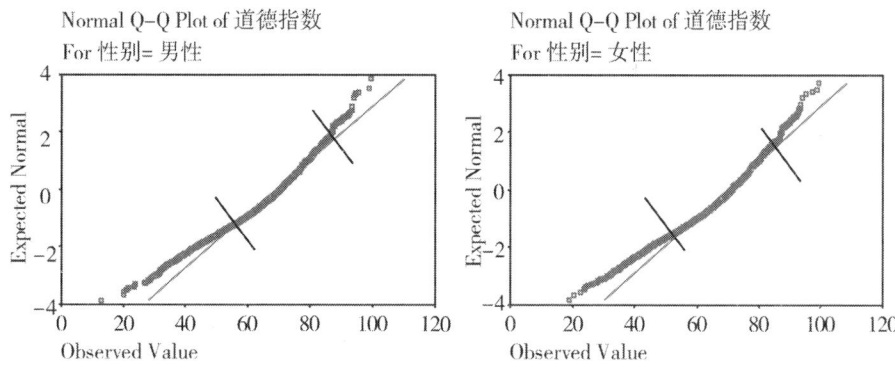

图 7 - 2　按性别构成的道德指标正态概率图

从图 7 - 2 可以看到，中间的虚斜线是正态分布的标准线，散点为样本实际数据值，散点的组成越接近标准线，说明数据分布越接近正态分布，从图中可以看到，男性和女性都是中间部分与标准线接近，两端均呈离散状，越靠近两侧，离散程度越大。

10. 按性别构成的道德指标输出离散正态概率图

从图 7 - 3 可以中看出，这些点落在中间横线两侧范围较大，因此不能认为其服从正态分布，说明数据分布具有正态分布趋向，这与前面得出的数据"近似服从正态分布"结论一致。

11. 按性别构成的道德指标独立样本 T 检验

通过独立样本检验（T-Test）对男性和女性的道德维度指标平均值的异同进行分析比较，下面，通过 spss11.5 菜单下 Analyze→Compare Means→Independent-

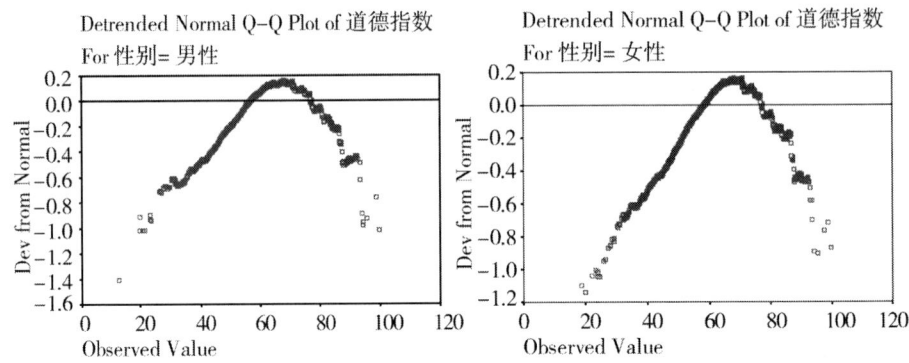

图 7-3　按性别构成的道德指标离散正态概率图

Samples T-Test 对数据进行处理，得到独立样本检验输出表。

表 7-9　按性别构成的道德指标独立样本检验输出表

分组统计量 Group Statistics

	性别	N	Mean	Std. Deviation	Std. Error Mean
道德指标	男性	16 987	69.1775	10.70708	0.08215
	女性	15 517	69.8923	10.36404	0.08320

独立样本检验 Independent Samples Test

法律指标	Levene's Test for Equality of Variances（a）		t-test for Equality of Means							
	F	Sig.	t	df	Sig. (2-tailed)	Mean Difference	Std. Error Difference	95% Confidence Interval of the Difference	
								Lower	Upper
Equal variances assumed（b）	15.677	0.000	-6.105	32 502	0.000	-0.7148	0.11710	-0.94436	-0.48533
Equal variances not assumed（c）			-6.114	32 393.105	0.000	-0.7148	0.11692	-0.94402	-0.48567

　　a　Levene's Test for Equality of Variances：方差齐性检验

　　b　Equal variances assumed：方差齐同条件下的 t 检验结果

　　c　Equal variances not assumed：方差不齐条件下的 t 检验结果

按照表 7-9，其中 $F = 10.70708^2 / 10.36404^2 = 15.677$（较大的方差除以较小的方差），因为 Sig. $= 0.000$ 小于 0.05，否定原假定，认为两方差不相等。因

此，采用"方差不齐条件下的 t 检验（Equal variances not assumed）"第二行相关结论，其中 t = -6.114 是由独立方差计算出来的，由于 Sig. = 0.000 < 0.05，否定原假定，认为男性和女性之间的道德素质是有差异的。前者 16 987 人平均为 69.1775，后者 15 517 人平均为 69.8923，前者略低于后者。

三、按性别构成的道德素质趋向分析

首先，从道德意识角度看，调查问卷在性别划分的基础上，从道德认同、道德影响和道德约束三个角度对男性和女性道德意识进行了测度。问卷 3-1[①] 你最看重人的哪 3 种品质或关系：（问卷 3-2、你觉得现在的人实际上哪 3 种品质或相互关系居多）［1］关爱（帮助），［2］冷漠（隔膜），［3］宽容，［4］不负责任，［5］欺诈，［6］负责任，［7］敌对，［8］诚信，［9］相互利用，［10］沟通（理解）。问卷 3-1 和问卷 3-2 分别对男女道德认同和道德现状进行测度，问卷的选择项目相同，问题不同。从图 7-4 中可以看到，男性和女性对道德认同（折线 1 和折线 2）的折线基本重合，同样折线 3 和折线 4 也基本一致，说明对同一问题男性和女性的道德取向一致，即男性和女性在道德认同和现实道德影响方面具有相同取向。但男性和女性对道德认同和道德现状影响两个问题的选择持极端相反态度，这一点可通过图中折线 1、2 和折线 3、4 的选择比率的极端差别看出来，其中对［1］、［3］、［8］、［9］的差别非常明显。这说明男性和女性虽然都具备积极良好的道德意识，但同时也承认现实中的种种不良道德影响的存在，而且从问卷调查结果显示这种消极影响很大。

问卷 1-1 是对公民道德约束的测度，问题时，你对"自由"的理解是：［1］想干什么就干什么；［2］行为受约束，但精神自由；［3］在一定约束中，有自己的行为和精神自由。该问题中男性和女性选择第［3］选项的比例分别达到了 74.0% 和 74.9%。说明男性和女性对道德约束的总体状况差异不大，女性比男性略高 0.9%。

其次，从道德常识来看，通过问卷 4-1：下面哪 5 项是《公民道德建设实施纲要》中确定的道德准则对公民进行道德常识测度，从调查结果来看，两者比较，每个选项选择比例的差别极小，个别选择的比例相等，如［1］、［5］、［7］。男性对正确选项选择的比例要略低于女性。

---

① 问卷共分四种类型题，即第 1 种类型三选一题为单项选择题，记作 Single Choice，简称 S 型；第 2 种类型五选二题为多项选择题，记作 Multiple Choice1，简称 M1 型；第 3 种类型十选三题为多项选择题，记作 Multiple Choice2，简称 M2 型；第 4 种类型十选五题为多项选择题，记作 Multiple Choice3，简称 M3 型，问卷 3-1 属于十选三类型的问题。

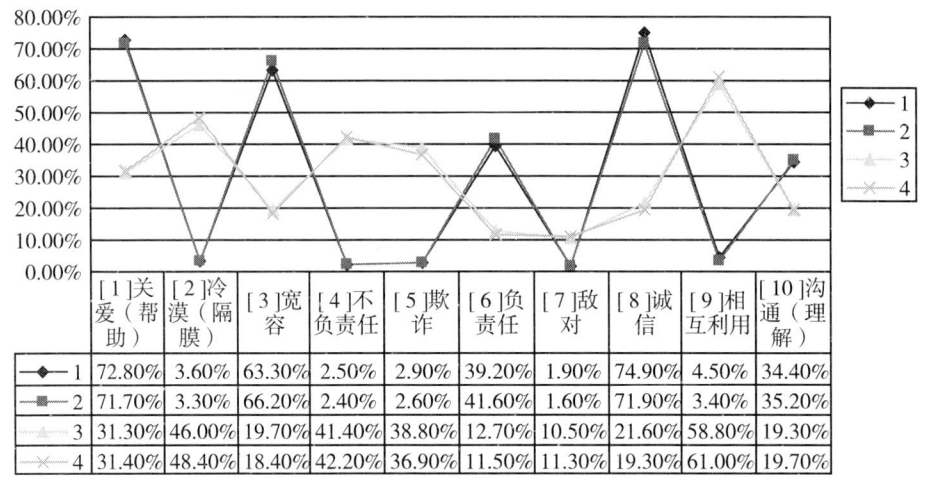

图7-4 按性别构成的道德指标主观认同和客观趋向比较图

注：1—男性道德主观认同；2—女性道德主观认同；3—男性道德客观影响；4—女性道德客观影响。

最后，从道德行为来看，问卷设计时从公共道德行为、职业道德行为和家庭道德行为三个角度进行测度，问卷1-2（你想丢废物，但50米左右远的地方才有垃圾桶，一般你会？）、问卷1-3（乘车遇上老弱病残，你通常是？）和问卷2-1（当拾到别人钱物时，你会采取哪两种行为？）是对公共道德行为的测度，从表7-10的调查结果可知，男性和女性的道德行为趋向总体相同，其中女性道德行为要比男性略高，表现在问卷1-2中，女性选择正确的比例比男性高4.5%，在问卷1-3中，女性选择正确的比例比男性高2.5%，问卷2-1中女性选择最佳选项[1]的比例也比男性高3.6%。

表7-10　　　　按性别构成的公共道德行为调查结果表

问卷	1-2	1-3	2-1		
选择选项	[3]走50米扔垃圾桶	[1]主动让座	[1]设法归还	[3]有奖归还	[5]根据数额大小定
男性	78.8%	73.1%	72.1%	37.7%	52.1%
女性	83.3%	75.7%	75.7%	34.5%	53.7%

从职业道德行为来看，通过问卷可以看出男女的职业道德行为总体趋向基本相同。从表7-11中可以看到，对于问卷1-4中女性对于[1]的选择比男性高出1.2%，对问卷1-5，女性对于[1]的选择比男性高出1.4%，说明女性

能够比男性在工作中能够更积极认真。

表 7-11　　　　按性别构成的职业道德行为调查结果表

问卷 1-4：对于你所做的工作和学习，你一般是	[1] 想办法干得最好	[2] 做到合格为准	[3] 能对付过去就行	问卷 1-5：规定时间内没有完成的工作和学习任务，你一般会	[1] 自己加班加点完成	[2] 按上级要求加班	[3] 拒绝加班
男性	61.3%	33.5%	5.2%	男性	64.9%	31.3%	3.8%
女性	62.5%	32.7%	4.8%	女性	66.3%	30.3%	3.3%

从家庭道德行为来看，通过问卷可以看出男女的家庭道德行为总体趋向基本相同。从表 7-12 可以看出，对于问卷 2-2，女性对于 [2]、[4]、[5] 的选择比男性高 1%、2.1% 和 1.2%，说明女性更加愿意交流沟通，或者逃避和求助他人。而相比较而言，男性对于 [1] 选择比女性高 4.1%，说明男性在家庭中更多地采取体谅忍让方式处理矛盾。对于问卷 2-3，是对调查者受家庭道德行为影响的测度。男性选择 [1] 的比例明显高出女性 4.3%，说明男孩受家庭打骂的情况多于女孩，绝对数量占 1/5。相反，女性选择 [2] 的比例高出男性 3.3%，说明家长对待女孩进行家庭教育时采取说服教育较多，在家庭教育中采取说服教育的仍占绝大多数。

表 7-12　　　　按性别构成的家庭道德行为调查结果表

问卷 2-2：与丈夫（妻子）或其他家人发生矛盾时，你通常采取哪 2 种行为：	[1] 体谅忍让	[2] 沟通交流	[3] 吵闹打斗	[4] 不理睬或逃避	[5] 求助他人
男性	76.2%	79.2%	6.9%	21.2%	16.5%
女性	72.1%	80.2%	6.7%	23.3%	17.7%
问卷 2-3：当你未成年时与他人发生矛盾或吵架打架时，父母对你常采用哪 2 种行为：	[1] 不问情由就打骂	[2] 了解情况说服教育	[3] 一律鼓励反击	[4] 带你与对方讲理	[5] 不怎么管
男性	19.2%	82.4%	7.4%	61.9%	29.1%
女性	14.9%	85.7%	6.9%	62.7%	29.8%

第二节　按年龄构成的道德维度分析

此次调查的 32 504 个样本中年龄构成可分为 10 个年龄段，为了比较青少年和中老年的道德素质差异，我们在 10 个年龄段的基础上，合并划分为青少年

（29岁以下）、中老年（30岁以上）两个群体。本节以青少年和中老年两个群体为基础，对道德维度指标进行描述性统计分析，然后根据问卷调查结果对青少年和中老年的道德趋向做具体分析。

一、按年龄构成的道德维度与总体比较

根据调查结果计算出来的指标值，我们采用SPSS软件进行按照年龄构成的样本基本情况汇总分析，具体结果见表7-13。

表7-13　　　　　　按年龄构成的道德维度指标情况

样本构成基本情况			样本总体指标情况		样本道德维度指标情况			
年龄	人数	百分比（％）	总体指标值	标准偏差	道德维度指标值	与总体指标差值	道德维度标准偏差	道德维度全距
青少年	14 427	44.4	75.30	9.35	69.75	5.55	10.65	79.50
中老年	18 077	55.6	7 577	9.16	69.34	6.43	10.46	86.66
总数	32 504	100.0	75.56	9.25	69.52	6.04	10.55	86.66

根据表7-13内容，对两个不同年龄段道德维度的人文素质指标值、与总体指标差值、标准差和全距进行比较可知，两个年龄阶段道德维度的人文素质评价指标值几乎相等，反映出道德素质受年龄影响的程度不大，两个年龄段的道德维度人文素质指标值分别为69.75和69.34，道德维度的两个年龄段均处于人文素质评价指标的Ⅲ级水平，说明人文素质发展程度一般。与总体人文素质评价指标有较大差距，差距分别为5.55和6.43。从两个年龄段的总体差异来看，标准偏差分别为9.35和9.16，两个年龄段总体比较相差不大，而从两个年龄段的道德维度指标离散程度看，道德维度的标准偏差分别为10.65和10.46，说明道德维度的指标离散程度要大于样本总体的离散程度。从样本中个体极端值的差距来看，统计出的青少年年龄段的全距值为79.50，中老年年龄段的全距值为86.66。

二、按年龄构成的道德维度指标描述统计分析

从前面总体对比分析可知青少年和中老年两个年龄段的道德素质指标差异不大，因此，为进一步分析，我们采用SPSS11.5版本统计软件运用analyze→descriptive statistics→explore对道德维度按照青少年和中老年两个层级进行深入分析，分析输出结论如下：

1. 按年龄划分的样本描述

表7–14　　　　　　　　按年龄划分的样本描述

道德指标	年龄阶段	Cases					
		Valid		Missing		Total	
		N	Percent	N	Percent	N	Percent
	青少年	14 427	100.0%	0	0.0%	14 427	100.0%
	中老年	18 077	100.0%	0	0.0%	18 077	100.0%

表7–14是例行的处理记录缺失值情况的报告,从表中可知对于道德维度指标,按照青少年和中老年两个年龄段划分的样本总计32 504均为有效值,有效比率均为100%,没有缺失值。

2. 按年龄构成的道德指标描述性统计分析

表7–15　　　　按年龄构成的道德指标描述统计分析

描述项目		青少年	Std. Error 标准误差	中老年	Std. Error 标准误差
Mean 平均值		69.7475	0.08870	69.3362	0.07783
95% Confidence Interval for Mean 95%置信区间	Lower Bound 下限				
	Upper Bound 上限				
5% Trimmed Mean 去除5%极端值后的均值		70.2088		69.7681	
Median 中值		71.1647		70.8320	
Variance 方差		113.512		109.493	
Std. Deviation 标准偏差		10.65420		10.46387	
Minimum 最小值		20.00		12.83	
Maximum 最大值		99.50		99.50	
Range 全距		79.50		86.66	
Interquartile Range 四分位数间距		13.1657		13.3330	
Skewness 偏度系数(及标准误差)		-0.723	0.020	-0.674	0.018
Kurtosis 峰度系数(及标准误差)		0.753	0.041	0.674	0.036

表7–15详细列出了描述性统计量,首先,从样本数据的集中趋势来看,青少年、中老年的平均值,去除5%极端值之后的均值,中值均差异不大,说明青少年、中老年两个年龄阶段的道德素质平均水平具有一致性趋向,这与前面总体

分析结果吻合。其次,从离散趋势来看,两个年龄阶段的方差和全距的差异较明显,说明两个年龄段群体的道德素质层级内部存在差异,但从标准偏差、四分位数间距等值来看,每一年龄阶段内的个体差异不是十分明显。中老年年龄阶段的差异较小,青少年年龄阶段的差异略大于中老年年龄段群体。最后,从样本数据的分布形态来看,青少年、中老年的偏度系数分别为 -0.723 和 -0.674,均小于 0,说明数据均呈左偏分布,青少年、中老年的峰度系数分别为 0.753 和 0.674,均大于 0,说明数据均呈尖峰分布。这说明青少年、中老年的道德素质发展程度总体均衡,存在极端值,说明存在一定程度的个体差异性。

3. 按年龄构成的 M 统计量

表 7-16　　按年龄构成的道德指标估计量输出结果 M

	年龄阶段	Huber's M-Estimator(a)	Tukey's Biweight(b)	Hampel's M-Estimator(c)	Andrews' Wave(d)
道德指标	青少年	70.9216	71.3370	70.8791	71.3489
	中老年	70.3189	70.8072	70.2671	70.8189

a　The weighting constant is 1.339
b　The weighting constant is 4.685
c　The weighting constants are 1.700, 3.400 and 8.500
d　The weighting constant is 1.340 * pi

可见,输出的 Huber、Andrew、Hampel 和 Tukey4 种不同权重下的平均值统计量的数值非常接近,且距离计算出的平均数值都不太远,这表明样本数据分布不太偏,平均数可以代表数据的集中趋势。同时,说明青少年、中老年两个年龄阶段的道德指标差距不大,相对平均和平衡。

4. 按年龄构成的道德指标百分位数

表 7-17　　按年龄构成的道德指标百分位数输出结果

道德指标	年龄阶段	Percentiles						
		5	10	25	50	75	90	95
Weighted Average	青少年	49.6657	55.1659	63.8323	71.1647	76.9980	81.6651	84.9980
	中老年	49.6656	55.3323	63.4990	70.8320	76.8320	81.4980	84.3313
Tukey's Hinges	青少年			63.8323	71.1647	76.9980		
	中老年			63.4990	70.8320	76.8320		

从表 7-17 可知,在百分位数为 10 以下时,中老年的道德维度指标总是略

高于青少年和老年道德维度指标，而在百分位数为 25 以上时，青少年的道德维度指标总是略高于中老年道德维度指标，这也说明青少年道德维度指标总体平均要高于中老年。

5. 按年龄构成的道德指标奇异值的比较

表 7-18 　　　　　按年龄构成的道德指标奇异值比较表

青少年	个数	Case Number 第 n 个样本	Value 指标值	中老年	个数	Case Number 第 n 个样本	Value 指标值
Highest 最大	1	15 713	99.50	Highest 最大	1	7 975	99.50
	2	18 946	99.50		2	4 694	98.83
	3	1 337	98.83		3	6 168	98.83
	4	14 350	98.83		4	17 703	95.50
	5	15 407	98.83（a）		5	21 398	94.50
Lowest 最小	1	15 713	99.50	Lowest 最小	1	2 423	12.83
	2	18 946	99.50		2	19 761	18.83
	3	1 337	98.83		3	1 185	21.50
	4	14 350	98.83		4	801	22.33
	5	15 407	98.83（a）		5	25 537	23.33

　　a　Only a partial list of cases with the value 98.83 are shown in the table of upper extremes

从表 7-18 可以看到，两个年龄阶段道德维度指标中的前 5 个最大值和后 5 个最小值的指标值和具体样本编号，这些极端值可以作为异常嫌疑值进一步分析，或者直接剔除后进行分析，以保证分析结果的客观准确。

6. 按年龄构成的道德指标正态性检验

假定两组数据均服从正态分布，则在此假定下做集中趋势的平稳测度（Resistant Measure），测度结果见表 6-19，由表中 sig. 值 0.000 < α 值 0.05，因此，可拒绝正态性的原假设。

表 7-19 　　　　　按年龄构成的道德指标正态性检验

	年龄阶段	Kolmogorov-Smirnov（a）			Shapiro-Wilk		
		Statistic	df	Sig.	Statistic	df	Sig.
道德指标	青少年	0.070	14 427	0.000			
	中老年	0.060	18 077	0.000	0.972	2 968	0.000

　　a　Lilliefors Significance Correction

7. 按年龄构成的道德指标方差齐性检验

表7-20　　　　按年龄构成的道德指标方差齐性检验结果

		Levene Statistic	df1	df2	Sig.
道德指标	Based on Mean 基于均数	2.165	1	32 502	0.141
	Based on Median 基于中位数	1.162	1	32 502	0.281
	Based on Median and with adjusted df 基于调整自由度的中位数	1.162	1	32 480 0.815	0.281
	Based on trimmed mean 基于截两端数据的调整均数	1.609	1	32 502	0.205

通过方差齐次性检验结果可知，4个指标得到的显著性水平Sig值均大于0.05，因此接受方差相等的零假设，即两个年龄阶段的道德指标方差相等。

8. 按年龄构成的道德指标茎叶图

道德指标 Stem-and-Leaf Plot for

青年中老 = 青少年

Frequency　Stem & Leaf

　　335.00　Extremes　(= <44)
　　121.00　　4. 4455
　　125.00　　4. 66777
　　187.00　　4. 888999
　　228.00　　5. 00001111
　　265.00　　5. 222233333
　　325.00　　5. 4444455555
　　371.00　　5. 666666777777
　　506.00　　5. 88888888899999999
　　524.00　　6. 000000000111111111
　　677.00　　6. 2222222222233333333333
　　837.00　　6. 44444444444455555555555555
　　856.00　　6. 6666666666666677777777777777
　1 106.00　　6. 888888888888888888899999999999999
　1 450.00　　7. 00000000000000000001111111111111111111
　1 021.00　　7. 22222222222222222333333333333333
　1 213.00　　7. 4444444444444444444455555555555555
　1 394.00　　7. 6666666666666666666666777777777777777777

636.00	7. 888888888888999999999
875.00	8. 000000000000000001111111111
473.00	8. 2222222223333333
286.00	8. 444444555
416.00	8. 66666666677777
70.00	8. 89
43.00	9. 0&
78.00	9. 223
2.00	9. &
7.00	Extremes (>=97)

Stem width：10.00

Each leaf：30 case（s）

& denotes fractional leaves.

道德指标 Stem-and-Leaf Plot for

青年中老 = 中老年

Frequency Stem & Leaf

371.00	Extremes (=<43)
33.00	4. 3
149.00	4. 4455
193.00	4. 66777
217.00	4. 888999
268.00	5. 0000111
334.00	5. 222233333
414.00	5. 44444555555
495.00	5. 6666667777777
683.00	5. 8888888889999999999
705.00	6. 000000001111111111
948.00	6. 22222222222333333333333
1 194.00	6. 4444444444444445555555555555555
1 136.00	6. 66666666666666677777777777777
1 459.00	6. 8888888888888888888899999999999999
1 765.00	7. 00000000000000000001111111111111111111
1 177.00	7. 2222222222222222333333333333
1 564.00	7. 444444444444444444444455555555555555555
1 613.00	7. 66666666666666666666677777777777777777
807.00	7. 888888888888899999999
1 027.00	8. 00000000000000001111111111
507.00	8. 2222223333333

```
    361.00        8. 4444444555
    454.00        8. 6666666677777
     64.00        8. 89
     64.00        9. 0&
     70.00        9. 23
      2.00        9. &
      3.00 Extremes ( > =99)
```
Stem width：10.00

Each leaf：37 case（s）

& denotes fractional leaves.

图 7－5　按年龄构成的道德指标茎叶图

9. 按年龄构成的道德指标正态概率图

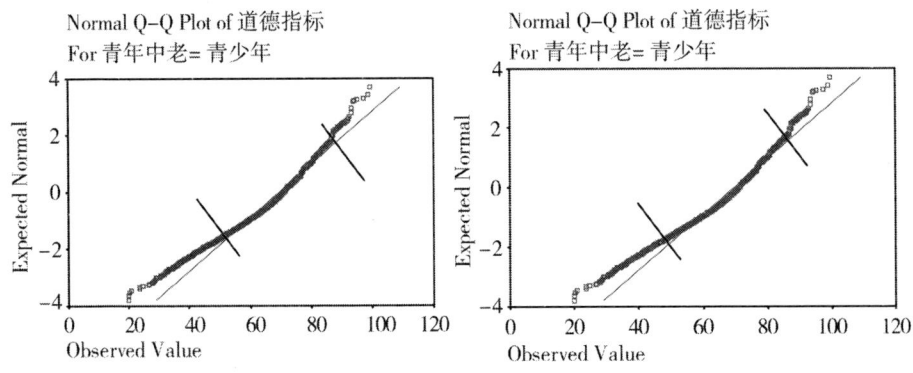

图 7－6　按年龄构成的道德指标正态概率图

从图 7－6 可以看到，两个年龄阶段的指标数据值都是中间部分与标准线接近，中年段和老年年龄段的数据值和中心标准线最接近。两端均呈离散状，越靠近两侧，离散程度越大。这说明两组数据均不呈完全的正态分布。

10. 按年龄构成的道德指标输出离散正态概率图

从图 7－7 可以看出，青少年的数据点落在中间横线两侧范围较大，中老年样本数据点落在中间标准线两侧范围相对较小。从总体来看，两个年龄段的道德维度指标值都近似服从正态分布。

11. 按年龄构成的道德指标独立样本 T 检验

通过独立样本检验（T-Test）对青少年、中老年的道德维度指标平均值的异同进行两两比较，下面，通过 spss11.5 菜单下 Analyze→Compare Means→Independent-Samples T-Test 对数据进行处理，得到独立样本检验输出表（见表 7－21）。

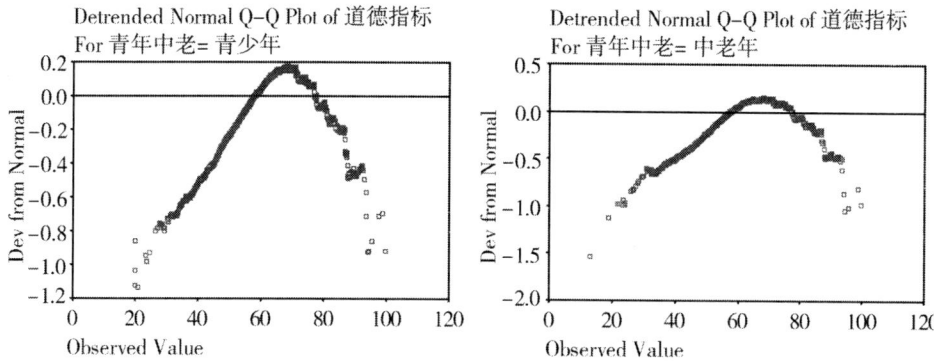

图 7-7 按年龄构成的道德指标离散正态概率图

表 7-21 青少年和中老年的道德指标独立样本检验输出表

(1) 青少年和中年分组统计量 Group Statistics

	年龄阶段	N	Mean	Std. Deviation	Std. Error Mean
道德指标	青少年	14 427	69.7475	10.65420	0.08870
	中老年	18 077	69.3362	10.46387	0.07783

独立样本检验 Independent Samples Test

道德指标	Levene's Test for Equality of Variances (a)		t-test for Equality of Means						
	F	Sig.	t	df	Sig. (2-tailed)	Mean Difference	Std. Error Difference	95% Confidence Interval of the Difference	
								Lower	Upper
Equal variances assumed (b)	2.165	0.141	3.493	32 502	0.000	0.4113	0.11777	0.18052	0.64217
Equal variances not assumed (c)			3.486	30 677.13	0.000	0.4113	0.11800	0.18005	0.64264

a Levene's Test for Equality of Variances：方差齐性检验
b Equal variances assumed：方差齐同条件下的 t 检验结果
c Equal variances not assumed：方差不齐条件下的 t 检验结果

按照表 7-21，其中 F = 2.165（较大的方差除以较小的方差），Sig. = 0.141 > 0.05，接受原假定，两方差相等。综上比较可知，青少年、中老年两个年龄段的道德指标之间差异不显著。

三、按年龄构成的道德素质趋向分析

首先,从道德意识角度看,调查问卷在青少年、中老年划分的基础上,从道德认同、道德影响和道德约束三个角度对不同年龄的道德意识进行了测度。问卷3-1和问卷3-2分别对不同年龄的道德认同和道德现状进行测度,问卷的选择项目相同,问题不同,因此我们按照前面同样的方法进行不同年龄的比较。从图7-8可以看到,青少年和中老年在折线形态上基本与图7-4中按性别构成的折线状态一致。在道德认同方面,两个年龄段的选项集中在[1]、[3]、[8],而在道德影响方面,则相对较分散,选择较多的分别为[9]、[2]、[4]、[5],这说明两个年龄阶段个体虽然都具备积极良好的道德意识,但也都对现实中的道德现状持悲观态度,这与按照性别构成的分析趋向一致。

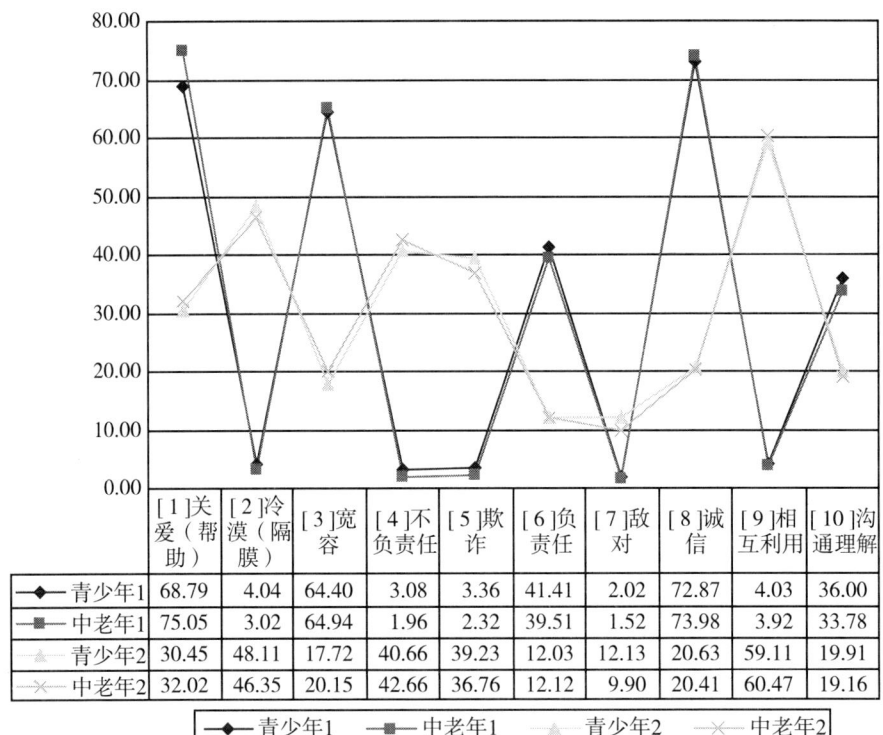

图7-8 按年龄构成的道德指标主观认同和客观趋向比较图

注:1—道德主观认同;2—道德客观影响;数据表中为百分比。

问卷1-1是对公民道德约束的测度,你对"自由"的理解是:[1]想干什么就干什么；[2] 行为受约束，但精神自由；[3] 在一定约束中，有自己的行为和精神自由。该问题中青少年、中老年选择第 [3] 选项的比例分别达到了 75.5% 和 73.5%，而选择 [1] 的比例分别为 12.2% 和 13.8%，说明不同年龄对道德约束的总体状况差异不大，青少年略高。

其次，从道德常识来看，通过问卷 4-1：下面哪 5 项是《公民道德建设实施纲要》中确定的道德准则对公民进行道德常识测度，从调查结果来看，两者比较，每个选项选择比例的差别极小，个别选择的比例相等，如 [1] 85%，具体见表 7-22。

表 7-22　　　　　　按年龄构成的道德常识调查结果表

选项	青少年	中老年
[1] 文明礼貌	85.5%	85.2%
[2] 家庭和睦	45.3%	58.5%
[3] 见义勇为	42.8%	40.9%
[4] 为民服务	33.8%	28.0%
[5] 敬老爱幼	78.2%	81.1%
[6] 助人为乐	62.1%	57.8%
[7] 诚信无欺	51.3%	47.9%
[8] 邻里友善	34.4%	41.9%
[9] 爱岗敬业	51.2%	45.7%
[10] 尊重隐私	15.4%	13.0%

最后，从道德行为来看，问卷设计时从公共道德行为、职业道德行为和家庭道德行为三个角度进行测度，通过表 7-23 可知，从问卷 1-2 和问卷 2-1 的调查结果显示青少年和中老年的道德行为趋向总体相同，在问卷 1-2 中，青少年选择 [3] 的比例达到 81.8%，说明其对维护公共卫生相对更加积极主动；在问卷 1-3 中，青少年和中老年选择 [1] 主动让座的比例基本相等，说明大约 3/4 左右的人会选择主动让座；问卷 2-1 中，中老年选择最佳选项 [1] 的比例达到 74.9%，比青少年高 2.5%，可见老年人的拾金不昧意识要比青少年略高，而青少年选择 [5] 根据数额大小定的比例最高。因此，从道德行为总体来看，青少年在没有个人利益的前提下，能够积极维护公共利益、遵守社会公德，但在利益面前，有极少部分青少年有可能追求个人利益而牺牲

社会公德现象的发生。

表7-23　　　　　按年龄构成的公共道德行为调查结果表

问卷	1-2	1-3		2-1	
选择选项	[3]走50米扔垃圾桶	[1]主动让座	[1]设法归还	[3]有奖归还	[5]根据数额大小定
青少年	81.8%	74.3%	72.4%	32.9%	55.0%
中老年	80.2%	74.4%	74.9%	38.8%	51.1%

从职业道德行为来看，通过表7-24可以看出青少年和中老年的职业道德行为总体趋向基本相同。对于问卷1-4中青少年对于[1]的选择比中老年略高；问卷1-5中，青少年对于[1]的选择比中老年高出1.1%，说明青少年比中老年群体在工作中更积极认真；另一方面，青少年中选择[3]的比例要比中老年也高，说明有部分青少年不赞成采取加班的方式来完成工作，即在青少年中对于工作态度存在两极分化现象，但大多数的工作态度是积极主动的。

表7-24　　　　　按年龄构成的职业道德行为调查结果表

问卷1-4：对于你所做的工作和学习，你一般是	[1]想办法干得最好	[2]做到合格为准	[3]能对付过去就行	问卷1-5：规定时间内没有完成的工作和学习任务，你一般会	[1]自己加班加点完成	[2]按上级要求加班	[3]拒绝加班
青少年	62.4%	32.5%	5.1%	青少年	66.2%	29.7%	4.1%
中老年	61.5%	33.6%	4.9%	中年	65.1%	31.7%	3.2%

从家庭道德行为来看，通过表7-25可以看出，青少年和中老年的家庭道德行为总体趋向基本相同。从问卷2-2可以看出，中老年人选择[1]的比例最高，说明中老年人比青少年人更注重体谅忍让，青少年选择[2]较多，说明青年人更加注重沟通交流。对于问卷2-3，是对调查者受家庭道德行为影响的测度。中老年选择[1]的比例高出青少年2.0%，可能是由于中老年人在以前受父母打骂的情况多于当今的青少年，间接反映出以前家庭教育方式的落后；相反，青少年选择[2]的比例高出中老年2.9%，说明在目前青少年中家长进行家庭教育时采取说服教育较多，说明家庭教育方式逐渐向理性化和人文化方向发展。

表 7-25　　　　　按年龄构成的家庭道德行为调查结果表

问卷 2-2：与丈夫（妻子）或其他家人发生矛盾时，你通常采取哪 2 种行为：	[1] 体谅忍让	[2] 沟通交流	[3] 吵闹打斗	[4] 不理睬或逃避	[5] 求助他人
青少年	72.4%	80.6%	7.0%	22.1%	17.8%
中老年	75.7%	78.9%	6.6%	22.3%	16.5%
问卷 2-3：当你未成年时与他人发生矛盾或吵架打架时，父母对你常采用哪 2 种行为：	[1] 不问情由就打骂	[2] 了解情况说服教育	[3] 一律鼓励反击	[4] 带你与对方讲理	[5] 不怎么管
青少年	16.0%	85.3%	8.1%	62.9%	27.7%
中老年	18.0%	82.8%	6.5%	61.8%	30.9%

第三节　按工龄构成的道德维度分析

此次调查的 32 504 个样本中按工龄构成可分为 4 个工龄段，本节的具体分析思路是：首先，按照以 4 个工龄构成为基础的道德维度指标与总体指标进行比较，分析按工龄构成的道德维度人文素质评价指标与总体人文素质评价指标的差异，同时比较不同工龄阶段之间的差异，分析工龄长短与道德素质高低是否相关；其次，以工龄构成为基础，对不同工龄段下的道德维度指标进行描述性统计分析；最后，根据调查问卷的问题选择倾向对不同工龄段的道德趋向做具体分析。

一、按工龄构成的道德维度与总体比较

根据调查结果计算出来的指标值，我们采用 SPSS 软件进行按照工龄构成的样本基本情况汇总、道德维度分析，制成表 7-26。

表 7-26　　　　　按工龄构成的道德维度指标情况

样本构成基本情况			样本总体指标情况		样本道德维度指标情况			
工龄	人数	百分比（%）	总体指标值	标准偏差	道德维度指标值	与总体指标差值	道德维度标准偏差	道德维度全距
≤10	18 918	58.2	74.8912	9.46178	69.2020	5.6892	10.7988	79.50
11~19	6 455	19.9	76.3553	8.80326	70.0351	6.3202	10.0196	75.50
20~29	4 763	14.7	76.5516	8.70569	69.7615	6.7901	10.2483	64.33
≥30	2 368	7.3	76.7875	9.30014	70.1532	6.6343	10.4633	81.16
Total	32 504	100.0	75.5634	9.24852	69.5187	6.0447	10.5506	86.66

根据表 7-26 内容，首先，从不同工龄段的道德维度指标来看，通过对不同工龄道德维度的人文素质指标比较可知，不同工龄的道德维度指标值在 69.2020 ~ 70.0351 之间，说明不同工龄的道德素质状况基本都在一般水平，总体平均的指标值差异不大。其次，从不同工龄段的道德维度指标值与总体指标的比较来看，不同工龄段的道德素质指标与总体指标都存在一定差距，说明不同工龄段的道德素质状况低于总体的人文素质发展程度。最后，从不同工龄段之间的差异比较来看，不同工龄段的道德维度标准偏差在 10.0196 ~ 10.7988 之间，说明不同工龄段的道德维度指标的离散程度差别不大，从道德维度全距来看，20 ~ 29 年工龄段的全距比较小，30 年以上工龄的全距比较大。

二、按工龄构成的道德素质指标描述性统计分析

从前面总体对比分析可知，按 4 个工龄阶段的道德素质指标差异不大，为进一步分析，我们采用 SPSS11.5 版本统计软件运用 analyze→descriptive statistics→explore 对道德维度按照 6 个工龄层级构成进行深入分析，分析输出结论如下：

1. 按工龄划分的样本描述

根据输出结果，男女样本总计 32 504 均为有效值，有效比率均为 100%，没有缺失值。

2. 按工龄构成的道德指标描述性统计分析

表 7-27　　　　按工龄构成的道德指标描述统计分析

描述项目		≤10 年	11 ~ 19 年	20 ~ 29 年	≥30 年
Mean 平均值		69.20	70.04	69.76	70.15
95% Confidence Interval for Mean 95% 置信区间	Lower Bound 下限	69.05	69.79	69.47	69.73
	Upper Bound 上限	69.36	70.28	70.05	70.57
5% Trimmed Mean 去除 5% 极端值后的均值		69.66	70.43	70.16	70.62
Median 中值		70.83	71.00	70.83	71.33
Variance 方差		116.61	100.39	105.03	109.48
Std. Deviation 标准偏差		10.80	10.02	10.25	10.46
Minimum 最小值		20.00	23.33	29.67	12.83
Maximum 最大值		99.50	98.83	94.00	94.00
Range 全距		79.50	75.50	64.33	81.16

续表

描述项目	≤10 年	11~19 年	20~29 年	≥30 年
Interquartile Range 四分位数间距	13.54	12.50	13.00	13.17
Skewness 偏度系数	-0.71	-0.65	-0.59	-0.78
Kurtosis 峰度系数	0.66	0.74	0.47	1.20

表7-27详细列出了不同工龄段的描述性统计量，首先，从样本数据的集中趋势来看，不同工龄段的道德维度指标平均值、中值均差异不大，特别是去除5%极端值之后的均值更是集中在70.83~71.33之间，表明不同工龄段的道德素质平均水平具有一致性趋向，这与前面总体分析结果吻合；其次，从离散趋势来看，不同工龄段之间的总体差异不是很明显，标准偏差值在10.25~10.80之间。从四分位数间距等值来看，不同工龄段的第25和第75个百分点之间的数据值在12.5~13.54之间，说明中间数据比较集中。最后，从样本数据的分布形态来看，不同工龄段的偏度系数均小于0，说明数据均呈左偏分布，而峰度系数均大于0（工龄在30年以上的峰度系数大于1），均呈尖峰分布。

3. 按工龄构成的 M 统计量

从输出的 Huber、Andrew、Hampel 和 Tukey4 种不同权重下的平均值统计量的数值非常接近（表略），且距离计算出的平均数值都不太远，这表明样本数据分布不太偏，平均数可以代表数据的集中趋势。

4. 按工龄构成的道德指标百分位数

表7-28　　按工龄构成的道德指标百分位数输出结果

道德指标	工龄	Percentiles						
		5	10	25	50	75	90	95
Weighted Average	10 年以下	48.6660	54.3327	63.2901	70.8323	76.8323	81.4980	84.6650
	11~19 年	51.7982	56.8321	64.3323	70.9983	76.8323	81.4980	84.8313
	20~29 年	50.3320	56.3323	63.8323	70.8323	76.8323	81.8313	84.8313
	30 年以上	50.8323	56.1656	64.3318	71.3323	77.4980	81.9980	85.1652
Tukey's Hinges	10 年以下			63.3313	70.8323	76.8323		
	11~19 年			64.3323	70.9983	76.8323		
	20~29 年			63.8323	70.8323	76.8323		
	30 年以上			64.3318	71.3323	77.4980		

从表 7-28 可知，在百分位数为 25 以下时，工龄为 11~19 年的道德维度指标总是略高于其他的道德维度指标，而在百分位数为 50 以上时，工龄在 30 年以上的群体的道德维度指标略高于其他道德维度指标。

5. 按工龄构成的道德指标奇异值的比较

表 7-29　　　　按工龄构成的道德指标奇异值比较表

11~19 年	个数	Case Number 第 n 个样本	Value 指标值	10 年以下	个数	Case Number 第 n 个样本	Value 指标值
Highest 最大	1	4 694	98.83	Highest 最大	1	7 975	99.50
	2	21 398	94.50		2	15 713	99.50
	3	27 313	94.00		3	18 946	99.50
	4	27 753	94.00		4	1 337	98.83
	5	5 883	93.50(b)		5	6 168	98.83(a)
Lowest 最小	1	25 537	23.33	Lowest 最小	1	9 884	20.00
	2	25 534	24.00		2	4 175	20.00
	3	1 679	28.33		3	32 288	20.17
	4	21 668	29.33		4	31 562	20.83
	5	5 185	29.83		5	1 185	21.50
30 年以上	个数	Case Number 第 n 个样本	Value 指标值	20~29 年	个数	Case Number 第 n 个样本	Value 指标值
Highest 最大	1	10 617	94.00	Highest 最大	1	13 408	94.00
	2	28 693	94.00		2	25 387	94.00
	3	12 867	93.50		3	25 388	94.00
	4	13 997	93.50		4	27 500	94.00
	5	21 711	93.50(b)		5	28 541	94.00
Lowest 最小	1	2 423	12.83	Lowest 最小	1	345	29.67
	2	19 761	18.83		2	1 445	31.67
	3	3 200	23.33		3	351	31.83
	4	6 778	26.00		4	5 942	32.33
	5	4 117	29.17		5	3 941	33.00

a　Only a partial list of cases with the value 98.83 are shown in the table of upper extremes

b　Only a partial list of cases with the value 93.50 are shown in the table of upper extremes

从表 7 - 29 可以看到，不同工龄阶段道德维度指标中的前 5 个最大值和后 5 个最小值的指标值和具体样本编号，这些极端值可以作为异常嫌疑值进一步分析，或者直接剔除后进行分析，以保证分析结果的客观准确。

6. 按工龄构成的道德指标正态性检验

假定四组数据均服从正态分布，则在此假定下作集中趋势的平稳测度（Resistant Measure），测度结果见表 7 - 30，由表中 sig. 值 $0.000 < \alpha$ 值 0.05，因此，可拒绝正态性的原假设。

表 7 - 30　　　　　按工龄构成的道德指标正态性检验

	工龄阶段	Kolmogorov-Smirnov（a）			Shapiro-Wilk		
		Statistic	df	Sig.	Statistic	df	Sig.
道德指标	10 年以下	0.070	18918	0.000			
	11 ~ 19 年	0.060	6455	0.000			
	20 ~ 29 年	0.050	4763	0.000	0.979	4763	0.000
	30 年以上	0.065	2368	0.000	0.969	2368	0.000

a　Lilliefors Significance Correction

7. 按工龄构成的道德指标方差齐性检验

表 7 - 31　　　　按工龄构成的道德指标方差齐性检验结果

		Levene Statistic	df1	df2	Sig.
道德指标	Based on Mean 基于均数	16.063	3	32 500	0.000
	Based on Median 基于中位数	12.440	3	32 500	0.000
	Based on Median and with adjusted df 基于调整自由度的中位数	12.440	3	32 284 0.163	0.000
	Based on trimmed mean 基于截两端数据的调整均数	14.920	3	32 500	0.000

通过方差齐次性检验结果可知，4 个指标得到的显著性水平 Sig 值均为 0.000，小于 0.05，因此拒绝方差相等的零假设，即不同工龄阶段的道德指标方差不相等。

8. 按工龄构成的道德指标直方图

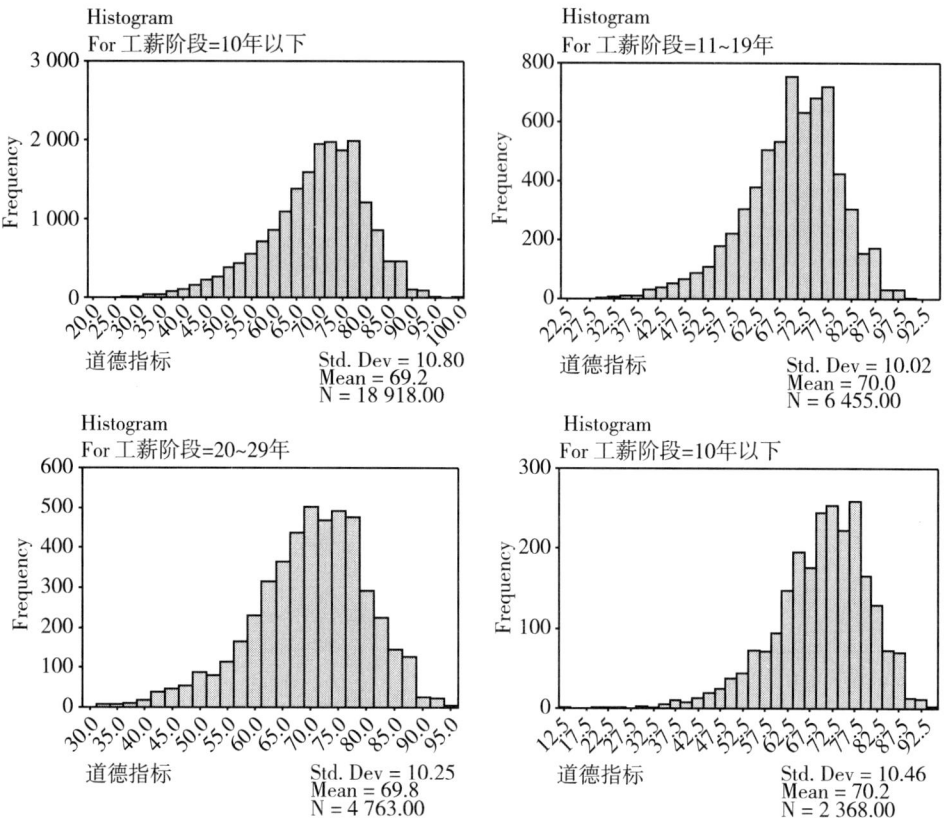

图 7-9　按工龄构成的道德指标直方图

9. 按工龄构成的道德指标的正态概率图和离散正态概率图

从图 7-10 可以看到，不同工龄段的道德维度数据散点中间部分比较接近中间的虚斜线（正态分布的标准线），但两端呈离散状，越靠近两侧，离散程度越大。从图 7-11 可以看到，这些点落在中间横线两侧范围较大，因此只能认为其近似服从正态分布。

三、按工龄构成的道德素质趋向分析

首先，从道德意识角度看，调查问卷在四个工龄段划分的基础上，从道德认同、道德影响和道德约束三个角度对不同工龄人员的道德意识进行了测度。问卷 3-1 和问卷 3-2 分别对不同工龄群体的道德认同和道德现状进行测度。从表 7-32 可以看到，在道德认同方面，不同工龄的选项集中在 [1]、[3]、[8]，而

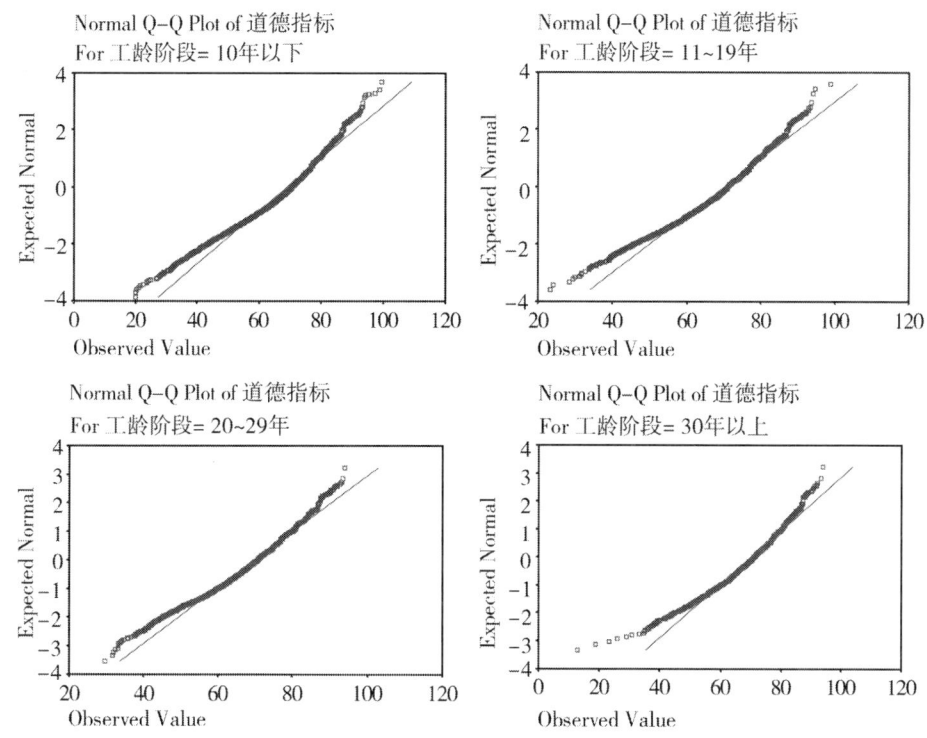

图 7-10 按工龄构成的道德指标正态概率图

在道德影响方面,则相对较分散,选择较多的分别为 [9]、[2]、[4]、[5],这说明不同工龄的个体一方面具备积极向上的道德意识,但也对现实中的道德现状持悲观态度,这与按照性别构成和年龄构成的分析结果一致。

表 7-32　按工龄构成的道德指标主观认同和客观趋向比较表

工龄（年）	10 年以下		11～19 年		20～29 年		30 年以上		总体	
选项	A%	B%	A%	B%	A%	B%	A%	B%	A%	B%
[1] 关爱（帮助）	70.1	28.9	73.2	31.2	77.4	33.7	72.0	33.8	72.3	31.3
[2] 冷漠（隔膜）	4.1	49.1	3.0	48.8	2.9	45.2	3.3	44.0	3.5	47.1
[3] 宽容	63.5	17.7	65.2	18.2	66.3	21.7	65.2	20.4	64.7	19.1
[4] 不负责任	3.2	40.9	2.2	42.1	1.7	44.3	1.9	41.4	2.5	41.8
[5] 欺诈	3.4	40.0	2.3	36.7	1.6	33.4	2.8	37.9	2.8	37.9
[6] 负责任	41.1	12.1	39.2	11.6	37.5	11.5	41.7	12.7	40.4	12.1
[7] 敌对	2.2	12.2	1.8	10.0	1.1	8.0	1.4	11.2	1.7	10.9
[8] 诚信	72.9	20.4	74.6	20.2	75.3	20.9	72.6	20.7	73.5	20.5
[9] 相互利用	4.2	59.5	3.6	61.8	3.1	61.0	4.4	58.2	4.0	59.9
[10] 沟通理解	35.4	19.2	35.0	19.3	33.1	20.2	34.6	19.7	34.8	19.5

注：A—道德主观认同；B—道德客观影响。

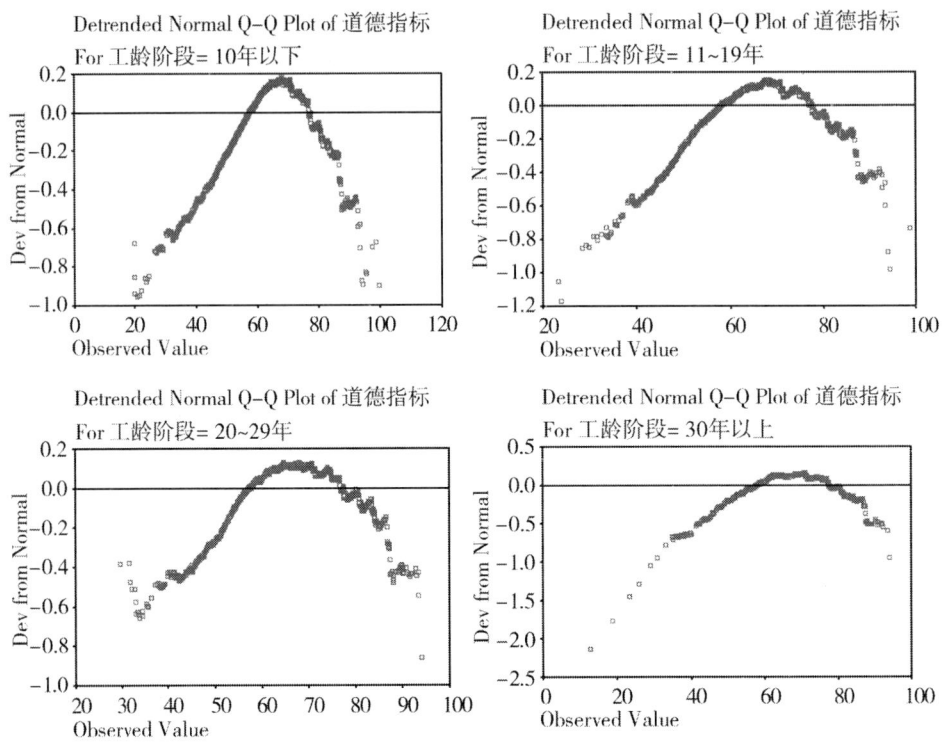

图 7-11　按工龄构成的道德指标离散正态概率图

问卷 1-1 是对公民道德约束的测度，你对"自由"的理解是：[1] 想干什么就干什么；[2] 行为受约束，但精神自由；[3] 在一定约束中，有自己的行为和精神自由。该问题中不同工龄选择第 [3] 选项的比例平均达到 74.4%，不同工龄选择该项的比例分布在 73.5% ~ 76.8% 之间，说明不同工龄对道德约束的总体状况差异不大。

其次，从道德常识来看，通过问卷 4-1 的调查结果可知，不同工龄的相比较，每个选项选择比例的差别极小，此处不做具体分析。

最后，从道德行为来看，问卷设计时从公共道德行为、职业道德行为和家庭道德行为三个角度进行测度，通过问卷 1-2、问卷 1-3 和问卷 2-1 的调查结果可知，工龄不同总体公共道德取向相似，虽不能通过问卷认为工龄长短影响道德行为趋向，但可能存在一定关系。如在问卷 1-2 中，工龄在 11~19 年的选择 [3] 的比例最高，达到 82.6%，而工龄在 30 年以上的选择比例最低，为 78.9%；在问卷 1-3 中，工龄在 20~29 年选择 [1] 主动让座的比例最高，达到 76.7%，而工龄在 30 年以上的选择 [1] 的比例最低，仅为 72.1%；问卷 2-1 中工龄在 20~29 年的选择最佳选项 [1] 的比例达到 78.5%，而工龄在 10

年以下的仅为 70.5%。因此，仅从问卷调查结果看，总体来看公共道德行为中工龄在 20~29 年龄段的公共道德行为水平最高。

表 7-33　　　　　按工龄构成的公共道德行为调查结果表

问卷 选择选项	1-2	1-3	2-1		
	[3] 走 50 米 扔垃圾桶	[1] 主动 让座	[1] 设法 归还	[3] 有奖 归还	[5] 根据数 额大小定
10 年以下	81.5%	74.4%	71.5%	35.2%	53.7%
11~19 年	82.6%	75.5%	75.4%	37.0%	52.2%
20~29 年	80.8%	76.7%	78.5%	38.1%	50.7%
30 年以上	78.9%	72.1%	73.4%	36.0%	53.3%

为探求工龄是否与道德指标存在某种关联，下面结合工龄长短和道德维度指标高低进行相关分析。我们将问卷中工龄范围细化后转换为具体工龄数，转换时按照工龄范围的平均数［即 1~5 年的转换为工龄数为 (1+5)/2=3 年，依此类推］进行定序排列，然后将对应区间的道德维度指标均值和总体均值列入表 7-34 中。运用 SPSS 软件 "analyze→Correlate→Bivariate" 进入 "Bivariate Correations" 对话框，对工龄和道德指标值进行相关分析，输出表 7-35。

表 7-34　　　　　工龄和道德指标相关分析取值表

工龄	总指标	道德指标	标准差
0	74.4576	68.9583	11.5439
3	75.2028	69.5015	10.5295
8	74.9498	69.0712	10.2963
15	76.3553	70.0351	10.0196
25	76.5516	69.7615	10.2483
30	76.7875	70.1532	10.4633

表 7-35　　　　　工龄和道德指标相关分析表

7-35.1　描述统计表：Descriptive Statistics

	Mean	Std. Deviation	N
工龄	13.5000	12.07891	6
道德指标	69.5801	0.49400	6

7–35.2　Pearson 相关矩阵表：Correlations

		工龄	道德指标
工龄	Pearson Correlation	1	0.813(*)
	Sig. (2-tailed)	.	0.049
	N	6	6
道德指标	Pearson Correlation	0.813(*)	1
	Sig. (2-tailed)	0.049	.
	N	6	6

* Correlation is significant at the 0.05 level (2-tailed).

7–35.3　斯皮尔曼相关矩阵表：Correlations

			工龄	道德指标
Spearman's rho	工龄	Correlation Coefficient	1.000	0.886(*)
		Sig. (2-tailed)	0.	0.019
		N	6	6
	道德指标	Correlation Coefficient	0.886(*)	1.000
		Sig. (2-tailed)	0.019	.
		N	6	6

* Correlation is significant at the 0.05 level (2-tailed).

表 7–35.2 中 Pearson 相关系数为 0.813，而斯皮尔曼相关系数为 0.886，差异显著性检验均在 0.05 水平，结果表明，工龄和道德指标具有很强的相关。

从职业道德行为来看，通过问卷可以看出不同工龄的职业道德行为总体趋向基本相同。对于问卷 1–4 中工龄 11~19 年的对于 [1] 的选择最高，而工龄在 30 年以上的则选择 [1] 的比例最低，两者的差为 2.4%，对问卷 1–5，工龄 11~19 年以上的对于 [1] 的选择比例要比其他工龄段的略高，问卷结果显示，工龄 11~19 年的工作和学习的态度相对来讲最积极，敬业精神较强。

表 7–36　按工龄构成的职业道德行为调查结果表

问卷 1–4：对于你所做的工作和学习，你一般是	[1] 想办法干得最好	[2] 做到合格为准	[3] 能对付过去就行	问卷 1–5：规定时间内没有完成的工作和学习任务，你一般会	[1] 自己加班加点完成	[2] 按上级要求加班	[3] 拒绝加班
10 年以下	62.3%	33.3%	4.4%	10 年以下	64.9%	31.7%	3.4%
11~19 年	62.8%	32.8%	4.4%	11~19 年	67.6%	29.8%	2.6%
20~29 年	62.0%	33.8%	4.3%	20~29 年	65.3%	32.0%	2.8%
30 年以上	60.4%	32.6%	7.0%	30 年以上	65.4%	29.6%	5.1%

从家庭道德行为来看，通过表 7-37 统计结果可以看出不同工龄的家庭道德行为总体趋向基本相同。从问卷 2-2 可以看出，工龄在 20~29 年的选择 [1] 的比例最高，而工龄在 10 年以下的选择 [1] 的比例最低；工龄在 10 年以下的选择 [2] 最多，而工龄在 30 年以上的选择 [2] 最少，说明工龄在 10 年以下的更加注重沟通交流，这与按年龄划分的分析结论类似。对于问卷 2-3，是对调查者受家庭道德行为影响的测度。工龄在 20~29 年的选择 [1] 的比例高于其他工龄段，工龄在 10 年以下的选择 [2] 的比例高出其他工龄段，但 4 个工龄段对 [2] 的选择差别不大，说明在目前的家庭教育中采取说服教育较多。

表 7-37　　　　按工龄构成的家庭道德行为调查结果表

问卷 2-2：与丈夫（妻子）或其他家人发生矛盾时，你通常采取哪 2 种行为：	[1] 体谅忍让	[2] 沟通交流	[3] 吵闹打斗	[4] 不理睬或逃避	[5] 求助他人
10 年以下	72.6%	81.2%	7.0%	21.8%	17.4%
11~19 年	74.7%	80.2%	6.3%	22.5%	16.3%
20~29 年	76.6%	78.1%	6.4%	23.0%	15.9%
30 年以上	75.1%	77.7%	7.2%	22.3%	17.8%
问卷 2-3：当你未成年时与他人发生矛盾或吵架打架时，父母对你常采用哪 2 种行为：	[1] 不问情由就打骂	[2] 了解情况说服教育	[3] 一律鼓励反击	[4] 带你与对方讲理	[5] 不怎么管
10 年以下	16.2%	84.6%	8.0%	62.5%	28.7%
11~19 年	16.8%	84.1%	6.4%	62.9%	29.9%
20~29 年	18.8%	83.0%	5.4%	61.6%	31.3%
30 年以上	17.9%	83.5%	7.6%	61.8%	29.2%

第四节　按学历构成的道德维度分析

此次调查的 32 504 个样本中按学历构成可分为 4 个学历段，具体划分见表 7-38。本节的具体分析思路是：首先，按照以 4 个学历构成为基础的道德维度指标与总体指标进行比较，分析按学历构成的道德维度人文素质评价指标与总体人文素质评价指标的差异，同时比较不同学历阶段之间的差异，分析学历高低与道德素质高低是否相关；其次，以学历构成为基础，对不同学历层次的道德维度指标进行描述性统计分析；最后，根据调查问卷的问题选择倾向对不同学历群体的道德趋向做具体分析。

一、按学历构成的道德维度与总体比较

根据调查结果计算出来的指标值,我们采用 SPSS 软件进行按照年龄构成的样本基本情况汇总、道德维度分析,制成表 7-38。

表 7-38　　　　　　按学历构成的道德维度指标情况

样本构成基本情况			样本总体指标情况		样本道德维度指标情况				
学历	人数	百分比（%）	总体指标值	标准偏差	道德维度指标值	与总体指标差值	道德维度标准偏差	道德维度全距	道德指数值
小学	1 219	3.3	65.6047	10.9068	61.2497	4.355	13.1299	71.33	-2.49
中学	13 518	40.4	72.9321	9.5372	67.4724	5.4597	11.2161	86.66	-0.73
大学	15 514	49.1	78.1737	7.7451	71.5756	6.5981	9.2067	79.50	0.44
研究生	2 253	7.2	78.7649	7.6533	72.1075	6.6574	8.73997	64.33	0.59
总体	32 504	100.00	75.5634	9.2485	69.5187	6.0447	10.5506	86.66	0.61

根据表 7-38 内容,首先,从不同学历的道德维度指标来看,通过对不同学历道德维度的人文素质指标比较可知,不同学历的道德维度指标值在 61.2497~72.2328 之间,总体指标值在 65.6047~78.8380 之间,说明不同学历的道德维度和总体平均的指标值差异都很大。而且随着学历层次提高,道德维度人文素质评价指标和总体指标也相应提高。不同学历层次中,研究生学历的道德维度和总体指标达到最高点。其次,从不同学历的道德维度指标值与总体指标的比较来看,不同学历的道德素质指标与总体指标都存在一定差距,说明不同学历的道德素质状况低于总体的人文素质发展程度。再其次,从不同学历之间的差异比较来看,不同学历段的道德维度标准偏差在 8.7303~13.1299 之间,说明不同学历的道德维度指标的离散程度差别较大,其中小学学历离散程度最大,表明小学学历的总体差异比较大。相反,研究生学历的离散程度最小,说明研究生学历群体总体差异比较小。从道德维度全距来看,研究生学历的全距比较小,说明研究生个体间的人文素质评价指标差异最小。中学学历的全距比较大,说明中学学历群体个别个体差异最大。最后,从不同学历道德维度指数值来看,不同学历之间道德维度人文素质发展程度差距很大,与第五章总体分析结果一致。

二、按学历构成的道德素质指标描述性统计分析

从前面总体对比分析可知按四个学历的道德素质指标差异很大,为进一步分析,我们采用 SPSS11.5 版本统计软件运用 analyze→descriptive statistics→explore 对道德维度按照四个学历层级构成进行深入分析,分析输出结论如下:

1. 按学历划分的样本描述

根据输出结果,男女样本总计 32 504 均为有效值,有效比率均为 100%,没有缺失值。

2. 按学历构成的道德指标描述性统计分析

表 7-39   按学历构成的道德指标描述统计分析

描述项目		小学	中学	大学	研究生
Mean 平均值		61.25	67.47	71.58	72.11
95% Confidence Interval for Mean 95% 置信区间	L.B 下限	60.51	67.28	71.43	71.75
	U.B. 上限	61.99	67.66	71.72	72.47
5% Trimmed Mean 去除 5% 极端值后的均值		61.49	67.85	71.91	72.44
Median 中值		62.17	68.83	72.17	72.67
Variance 方差		172.39	125.80	84.76	76.39
Std. Deviation 标准偏差		13.13	11.22	9.21	8.74
Minimum 最小值		20.83	12.83	20.00	31.17
Maximum 最大值		92.16	99.50	99.50	95.50
Range 全距		71.33	86.66	79.50	64.33
Interquartile Range 四分位数间距		18.67	14.83	11.17	10.17
Skewness 偏度系数		-0.27	-0.55	-0.63	-0.65
Kurtosis 峰度系数		-0.42	0.23	0.99	0.96

表 7-39 详细列出了不同学历的描述性统计量,首先,从样本数据的集中趋势来看,不同学历的道德维度指标平均值、中值均差异较大,"去除 5% 极端值之后的均值"的差异也达到 10.95 (72.44-61.49),表明不同学历的道德素质平均水平具有较大差异性,这与前面总体分析结果吻合;其次,从离散趋势来看,不同学历之间的总体差异很明显,学历层次差别越大,离散程度也越大。如

小学学历和研究生学历的方差和标准偏差相比分别高 96 和 4.66。从四分位数间距等值来看，不同学历段的第 25 和第 75 个百分点之间的数据值在 10.17～18.67 之间。第三，从样本数据的分布形态来看，不同学历段的偏度系数均小于 0，说明数据均呈左偏分布，而峰度系数除了小学学历外均大于 0，呈尖峰分布，小学学历的数据呈平峰分布。

3. 按学历构成的 M 统计量

表 7-40　　按学历构成的 M 统计量

道德指标	学历	Huber's M-Estimator（a）	Tukey's Biweight（b）	Hampel's M-Estimator（c）	Andrews' Wave（d）
道德指标	小学	61.9263	62.0931	61.7790	62.0951
	中学	68.5095	68.8175	68.3085	68.8259
	大学	72.2017	72.4696	72.2430	72.4773
	研究生	72.7292	72.9795	72.7480	72.9852

a　The weighting constant is 1.339
b　The weighting constant is 4.685
c　The weighting constants are 1.700, 3.400, and 8.500
d　The weighting constant is 1.340 * pi

从输出的 Huber、Andrew、Hampel 和 Tukey4 种不同权重下的平均值统计量的数值非常接近，且距离计算出的平均数值都不太远，这表明样本数据分布不太偏，平均数可以代表数据的集中趋势。

4. 按学历构成的道德指标百分位数

表 7-41　　按学历构成的道德指标百分位数输出结果

道德指标	学历	Percentiles						
		5	10	25	50	75	90	95
Weighted Average	小学	38.1657	42.9990	52.1650	62.1657	70.8323	78.1650	81.3313
	中学	46.4990	51.9990	60.6657	68.8323	75.4987	80.8313	83.9980
	大学	54.6660	59.6657	66.3323	72.1653	77.4990	82.4983	85.6653
	研究生	56.1157	60.8323	67.3323	72.6657	77.4990	82.4980	85.5482
Tukey's Hinges	小学			52.1652	62.1657	70.8322		
	中学			60.6657	68.8323	75.4987		
	大学			66.3323	72.1653	77.4990		
	研究生			67.3323	72.6657	77.4990		

从表 7-41 可知,在百分位数为 75 以下时,研究生学历的道德维度指标均高于其他学历的道德维度指标,说明研究生学历的道德维度人文素质指标的基础比较高,而在百分位数 90 以上时,大学学历的道德维度指标均高于其他学历的道德维度指标。

5. 按学历构成的道德指标奇异值的比较

表 7-42　　　　　按学历构成的道德指标奇异值比较表

中学	个数	Case Number 第 n 个样本	Value 指标值	小学	个数	Case Number 第 n 个样本	Value 指标值
Highest 最大	1	7 975	99.50	Highest 最大	1	152	92.16
	2	15 713	99.50		2	23 971	91.50
	3	1 337	98.83		3	269	90.33
	4	15 407	98.83		4	23 870	90.17
	5	31 557	95.33		5	1 009	89.50
Lowest 最小	1	2 423	12.83	Lowest 最小	1	31 562	20.83
	2	19 761	18.83		2	801	22.33
	3	4 175	20.00		3	25 537	23.33
	4	32 288	20.17		4	25 724	24.17
	5	1 185	21.50		5	32 420	26.83
研究生	个数	Case Number 第 n 个样本	Value 指标值	大学	个数	Case Number 第 n 个样本	Value 指标值
Highest 最大	1	17 703	95.50	Highest 最大	1	18 946	99.50
	2	27 313	94.00		2	4 694	98.83
	3	12 494	93.50		3	6 168	98.83
	4	12 515	93.50		4	14 350	98.83
	5	12 866	93.50(a)		5	24 776	98.83
Lowest 最小	1	9 900	31.17	Lowest 最小	1	9 884	20.00
	2	27 920	34.67		2	24 969	24.67
	3	5 522	38.00		3	30 286	26.50
	4	27 918	38.17		4	26 015	29.17
	5	18 030	40.67		5	5 185	29.83

a　Only a partial list of cases with the value 93.50 are shown in the table of upper extremes

6. 按学历构成的道德指标正态性检验

假定六组数据均服从正态分布，则在此假定下作集中趋势的平稳测度（Resistant Measure），测度结果见表 7 – 43，由表中 sig. 值 0.000 < α 值 0.05，因此，可拒绝正态性的原假设。

表 7 – 43　　　　按学历构成的道德指标正态性检验

	学历	Kolmogorov-Smirnov（a）			Shapiro-Wilk		
		Statistic	df	Sig.	Statistic	df	Sig.
道德指标	小学	0.038	1 219	0.000	0.990	1 219	0.000
	中学	0.053	13 518	0.000			
	大学	0.056	15 514	0.000			
	研究生	0.072	2 253	0.000	0.977	2 253	0.000

a　Lilliefors Significance Correction

7. 按学历构成的道德指标方差齐性检验

表 7 – 44　　　　按学历构成的道德指标方差齐性检验结果

		Levene Statistic	df1	df2	Sig.
道德指标	Based on Mean 基于均数	306.140	3	32 500	0.000
	Based on Median 基于中位数	283.677	3	32 500	0.000
	Based on Median and with adjusted df 基于调整自由度的中位数	283.677	3	31 362.243	0.000
	Based on trimmed mean 基于截两端数据的调整均数	298.604	3	32 500	0.000

通过方差齐次性检验结果可知，4 个指标得到的显著性水平 Sig 值均为 0.000，小于 0.05，因此拒绝方差相等的零假设，即不同学历的道德指标方差不相等。

8. 按学历构成的道德指标直方图

从图 7 – 12 可以看到小学学历的分布比较平缓，不同学历的分布均接近正态分布，大学和研究生学历的直方图比较接近。

9. 按学历构成的道德指标盒须图

从图 7 – 13 可以看到，盒须图中间的矩形部分称为"盒"，构成"工"字形的三条线中间的线称为"须"。"盒"的下边缘线表示变量的第 25 个百分点，上边缘线表示变量的第 75 个百分点，中间的横线表示第 50 个百分点，即中位数，盒的上下边缘线的差称为盒长，即变量的四分位差。盒包含了 50%

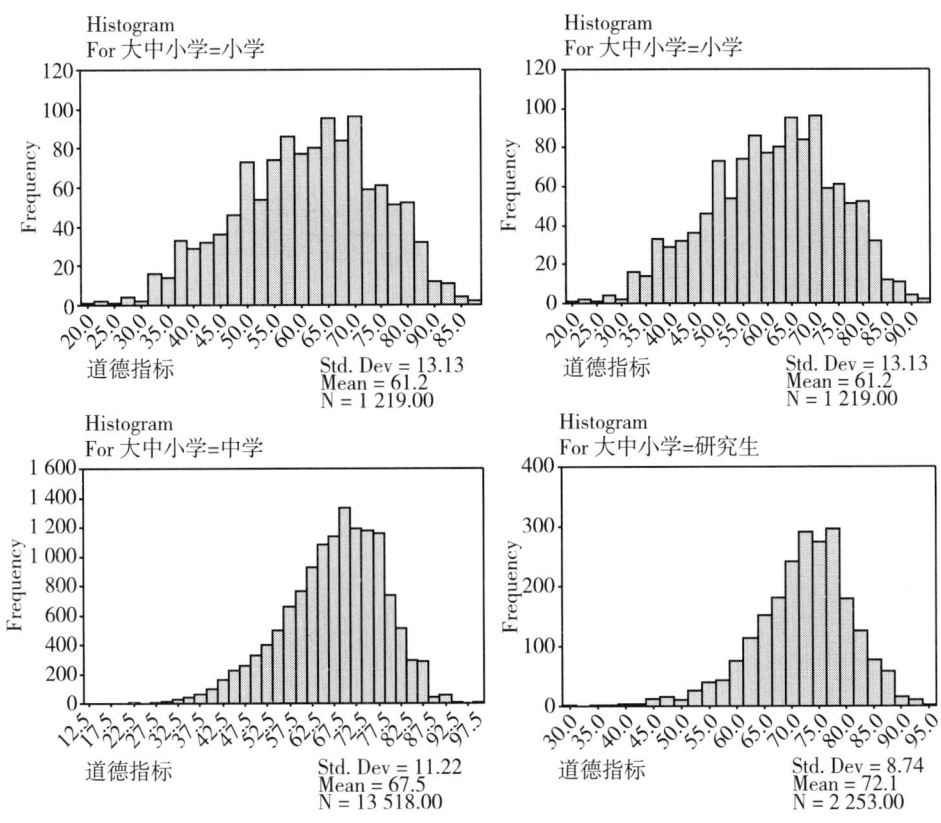

图 7-12 按学历构成的道德指标直方图

的观测量。从不同学历群体构成的盒须图中所示,"0"处数字为异常值,是指从盒的上下边缘算起,对应的变量值大于盒长的 1.5 倍而小于盒长 3 倍的数据值。"*"为极端值,是从盒的上下边缘算起,对应的变量值大于盒长的 3 倍的数据值。首先,从盒长来看,研究生学历的盒长最小,说明研究生学历的道德维度指标数据最集中。其次,从盒上的中位数线来看,不同学历的中位数上下差异明显;第三,通过盒须图可以发现小学学历的数据分布的离散程度大,从图 7-13 可知,小学和中学群体在盒须图中须长最长,而研究生学历的须长相对较短。

三、按学历构成的道德素质趋向分析

首先,从道德意识角度看,调查问卷在四个学历段划分的基础上,从道德认同、道德影响和道德约束三个角度对不同学历人员的道德意识进行了测度。

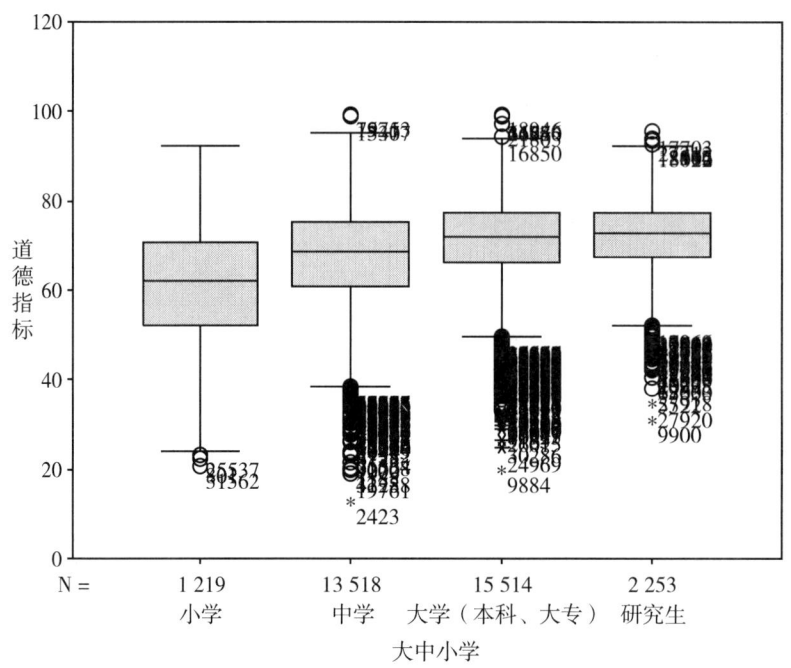

图 7-13　按学历构成的道德指标盒须图

问卷 3-1 和问卷 3-2 分别对不同学历群体的道德认同和道德现状进行测度。从表 7-45 可以看到，在道德认同方面，不同学历的选项集中在 [1]、[3]、[8]，而在道德影响方面，则相对较分散，选择较少的分别为 [9]、[2]、[4]、[5]，这说明不同学历的个体一方面具备积极向上的道德意识，但也对现实中的道德现状持悲观态度，这与按照性别构成和年龄构成的分析结果一致。

具体分析来看，从道德认同角度来看，对于选项 [1] 关爱（帮助），随着学历提高选择该项的比例越低，说明高学历群体对关爱和帮助的认同态度不如低学历者。对于 [5] 负责任和 [8] 诚信，随学历提高选择比例越高，说明高学历群体比低学历者更负有责任感，更注重诚信。从道德影响来看，选项 [2] 冷漠（隔膜）和 [4] 不负责任，随着学历提高选择比例越高，说明高学历群体对于现实中的人情关系和责任感持悲观态度，而对于 [5] 欺诈，随着学历提高选择该项的比例越低，说明高学历对于社会上欺诈行为了解较少，从另一个角度来看，说明高学历者社会经验较少，自我防范意识不如低学历者强。

表 7-45　　　按学历构成的道德指标主观认同和客观趋向比较表

学历	小学		中学		大学		研究生		总体	
选项	A%	B%	A%	B%	A%	B%	A%	B%	A%	B%
[1] 关爱（帮助）	76.5	33.9	74.3	31.8	71.0	31.0	66.4	29.0	72.3	31.3
[2] 冷漠（隔膜）	7.9	36.2	4.1	42.8	2.6	50.4	3.4	56.5	3.5	47.1
[3] 宽容	57.8	27.9	64.2	20.1	66.1	18.1	61.9	15.3	64.7	19.1
[4] 不负责任	6.2	39.0	2.9	40.7	1.9	42.4	2.0	45.8	2.5	41.8
[5] 欺诈	7.9	41.8	3.5	41.8	1.5	34.8	1.5	33.3	2.8	37.9
[6] 负责任	36.5	16.9	37.6	12.3	41.8	11.4	49.0	12.7	40.4	12.1
[7] 敌对	4.1	13.9	2.2	12.9	1.3	8.9	1.2	10.4	1.7	10.9
[8] 诚信	64.9	64.9	71.0	71.0	75.9	75.9	76.6	76.6	73.5	20.5
[9] 相互利用	8.2	8.2	5.1	5.1	2.9	2.9	1.9	1.9	4.0	59.9
[10] 沟通理解	30.1	30.1	35.1	35.1	34.7	34.7	36.1	36.1	34.8	19.5

注：A—道德主观认同；B—道德客观影响。

表 7-46　　　按学历构成的道德约束调查结果表

	小学	中学	大学	研究生
选择 [2]	18.5%	15.5%	10.8%	11.7%
选择 [3]	44.5%	67.0%	81.9%	83.7%

问卷 1-1 是对公民道德约束的测度，你对"自由"的理解是：[1] 想干什么就干什么；[2] 行为受约束，但精神自由；[3] 在一定约束中，有自己的行为和精神自由。据表 7-46 可知，该问卷结果中学历越高选择第 [3] 选项的比例越高，说明不同学历对道德约束的总体状况差异较大，学历低的选择 [1] 的比例占 30%~40%，学历越低选择 [2] 的比例越高，大学和研究生学历选择 [2] 的比例比较接近。

表 7-47　　　按学历构成的道德常识调查结果表

选项	小学	中学	大学	研究生
[1] 文明礼貌	80.9%	84.8%	86.1%	85.1%
[2] 家庭和睦	62.9%	51.7%	53.0%	49.8%
[3] 见义勇为	43.9%	43.7%	40.3%	38.9%
[4] 为民服务	44.5%	36.3%	25.5%	23.8%
[5] 敬老爱幼	77.2%	78.9%	80.8%	80.2%

续表

选项	小学	中学	大学	研究生
[6] 助人为乐	55.9%	60.1%	60.0%	57.9%
[7] 诚信无欺	38.7%	45.9%	51.9%	58.8%
[8] 邻里友善	45.8%	38.3%	38.4%	37.4%
[9] 爱岗敬业	33.3%	45.4%	50.6%	55.6%
[10] 尊重隐私	17.0%	14.8%	13.5%	12.4%

其次,从道德常识来看,通过表7-47中对问卷4-1的调查结果可知,对于选项[1]、[2]、[3]、[5]、[6]、[10]不同学历选择的比例差别不大,对于[4]学历越高选择比例越低,说明高学历群体为人民服务意识不如低学历群体,选择[8]比例学历越高选择比例越低,说明高学历群体对于邻里友善和交流都比低学历群体差。对于[9],随着学历层次提高而选择比例增加,说明高学历群体能够爱岗敬业,工作积极负责。

最后,从道德行为来看,问卷设计时从公共道德行为、职业道德行为和家庭道德行为三个角度进行测度,通过表7-48对问卷1-2、问卷1-3和问卷2-1的调查结果进行汇总,调查结果显示不同学历群体的公共道德取向不同。如在问卷1-2中,研究生学历选择[3]的比例达到89.5%,而小学学历的仅为56.0%;在问卷1-3中,硕士学历选择[1]的比例达到79.5%,而小学学历的仅为56.7%;问卷2-1中大学学历选择最佳选项[1]的比例达到79.1%,而小学学历的仅为56.4%。因此,从问卷调查结果看,总体来看公共道德行为和学历高低有一定联系,学历高的公共道德行为优于学历低的。

表7-48　　　　　　按学历构成的公共道德行为调查结果表

问卷	1-2	1-3	2-1		
选择选项	[3] 走50米扔垃圾桶	[1] 主动让座	[1] 设法归还	[3] 有奖归还	[5] 根据数额大小定
小学	56.0%	56.7%	56.4%	44.7%	42.2%
中学	74.3%	68.2%	68.8%	38.5%	50.9%
大学	87.4%	80.4%	79.1%	33.8%	54.3%
研究生	89.5%	79.5%	76.8%	33.9%	59.8%

从职业道德行为来看,通过问卷可以看出不同学历的职业道德行为具有一定

差异。在表7-48中，问卷1-4中研究生学历对于［1］的选择较高，而小学学历的则选择［1］的比例最低，而对于［3］的选择，低学历高于高学历，说明高学历工作和学习普遍要比低学历者积极认真。对问卷1-5，大学以上学历的对于［1］的选择均超过73%，而小学学历仅为45.6%，问卷结果显示低学历群体的工作和学习的态度不积极，敬业精神也不如高学历群体。

表7-49　　　　按学历构成的职业道德行为调查结果表

问卷1-4：对于你所做的工作和学习，你一般是	［1］想办法干得最好	［2］做到合格为准	［3］能对付过去就行	问卷1-5：规定时间内没有完成的工作和学习任务，你一般会	［1］自己加班加点完成	［2］按上级要求加班	［3］拒绝加班
小学	45.6%	38.4%	16.0%	小学	45.6%	42.9%	11.5%
高中	55.4%	37.8%	6.8%	高中	56.9%	38.7%	4.4%
大学	67.8%	29.4%	2.8%	大学	73.3%	24.3%	2.3%
研究生	68.5%	28.1%	3.3%	硕士	75.5%	22.0%	2.6%

从家庭道德行为来看，通过表7-49统计结果可以看出不同学历的家庭道德行为也有所不同。从问卷2-2可以看出，学历越高选择［1］和［2］的比例越高，而学历越低选择［3］和［5］的比例最高；说明高学历的更加注重沟通交流，并能够体谅忍让，而低学历群体则容易采用暴力手段解决家庭矛盾。对于问卷2-3，是对调查者受家庭道德行为影响的测度。高学历群体选择［1］的比例相对较低而选择［2］的比例相对较高，说明高学历群体的家庭比较注重教育方法。相反，在低学历群体中有近半数家庭的教育方式存在问题。

表7-50　　　　按学历构成的家庭道德行为调查结果表

问卷2-2：与丈夫（妻子）或其他家人发生矛盾时，你通常采取哪2种行为：	［1］体谅忍让	［2］沟通交流	［3］吵闹打斗	［4］不理睬或逃避	［5］求助他人
小学	63.2%	63.7%	15.4%	27.2%	30.4%
中学	72.2%	75.5%	8.4%	23.2%	20.6%
大学	76.4%	84.0%	5.0%	21.2%	13.3%
研究生	77.7%	83.1%	4.7%	20.3%	14.2%
问卷2-3：当你未成年时与他人发生矛盾或吵架打架时，父母对你常采用哪2种行为：	［1］不问情由就打骂	［2］了解情况说服教育	［3］一律鼓励反击	［4］带你与对方讲理	［5］不怎么管
小学	26.7%	68.3%	13.0%	57.3%	34.6%
中学	19.5%	81.5%	8.0%	61.9%	29.0%
大学	14.7%	86.9%	6.1%	63.4%	28.9%
研究生	15.0%	86.5%	6.7%	59.1%	32.8%

第五节 按群体构成的道德维度分析

前面章节在做人文素质评价指标体系和人文素质发展指数体系时已经对群体的总体情况进行了总体评价，本节结合前面章节内容，按群体构成进行不同群体的道德维度分析。具体分析思路是：首先，按11个群体构成的道德维度指标与总体指标进行比较，分析按大群体构成的道德素质总体分布与总体人文素质发展情况的差异，同时比较不同群体之间的差异；其次，按群体构成，对不同群体的道德维度指标进行描述性统计分析；最后，根据不同群体对调查问卷反馈结果分析不同群体的道德趋向。

一、按群体构成的道德维度与总体比较

根据调查结果计算出来的指标值，我们采用SPSS软件进行按照群体构成的样本基本情况汇总并制成表7-51。

表7-51　　　　　　按群体构成的道德维度指标情况

样本构成基本情况			样本总体指标情况		样本道德维度指标情况			
大群体	人数	%	总体指标值	标准偏差	道德维度指标值	与总体指标差值	道德维度标准偏差	道德维度全距
农民	2 192	6.7	69.1724	10.6075	64.1187	5.0537	12.3739	77.33
工人	2 179	6.7	73.1894	9.3709	67.1120	6.0774	10.9529	78.16
企管人员	2 182	6.7	76.3008	8.4963	69.4309	6.8699	9.8813	69.00
商业人员	3 276	10.1	73.8814	9.2501	68.2553	5.6261	10.7151	76.00
公务员	2 190	6.7	78.9989	7.8759	71.3778	7.6211	9.5931	74.00
教师	3 307	10.2	78.7867	7.2311	73.0502	5.7365	8.6645	61.33
学生	3 268	10.1	78.0446	7.6653	72.4496	5.5950	9.3330	67.83
文化卫生从业人员	4 361	13.4	75.6004	8.5891	69.6473	5.9531	9.8772	80.67
第三部门从业人员	6 329	19.5	76.2230	9.0325	70.0911	6.1319	10.1940	75.50
科技人员	1 080	3.3	77.7484	8.4751	70.7945	6.9539	9.5893	66.33
其他	2 140	6.6	70.9353	10.6438	65.0903	5.8450	12.0662	75.16
总体	32 504	100	75.5634	9.2485	69.5187	6.0447	10.5506	86.66

根据表 7-51 内容，首先，从不同群体的道德维度指标来看，通过对不同群体道德维度的人文素质指标值比较可知，不同群体的道德维度指标值在 64.1187～73.0502 之间，说明不同群体的道德素质状况基本都在Ⅲ级水平，同时不同群体的道德维度指标差异相对明显。其次，从不同群体的道德维度指标值与总体指标的比较来看，不同群体的道德素质指标与总体指标都存在一定差距，其中差距最大的为公务员群体，相差 7.6211，差距最小的为农民群体，相差 5.0537，这说明不同群体的道德素质状况低于总体的人文素质发展程度。再其次，从每个大群体之内样本差异来看，不同群体样本的离散程度差异较大，标准偏差在 8.66～12.37 之间，说明不同群体样本的道德素质高低差异较大，从道德维度全距来看，教师群体的全距比较小，文化卫生从业人员的全距比较大。为进一步比较，将不同群体的抽取样本数量、每个群体的人文素质总体指标、道德指标和道德指标的标准差进行排序，见表 7-52。

表 7-52　　　　按群体构成的道德维度相关指标排序表

样本排序	%	总体指标排序	%	道德指标排序	%	道德标准差排序	%
第三部门从业人员	19.5	公务员	79.00	教师	73.05	教师	8.66
文化卫生从业人员	13.4	教师	78.79	学生	72.45	学生	9.33
教师	10.2	学生	78.04	公务员	71.38	科技人员	9.59
商业人员	10.1	科技人员	77.75	科技人员	70.79	公务员	9.59
学生	10.1	企管人员	76.30	第三部门从业人员	70.09	文化卫生从业人员	9.88
农民	6.7	第三部门从业人员	76.22	文化卫生从业人员	69.65	企管人员	9.88
工人	6.7	文化卫生从业人员	75.60	企管人员	69.43	第三部门从业人员	10.19
企管人员	6.7	商业人员	73.88	商业人员	68.26	商业人员	10.72
公务员	6.7	工人	73.19	工人	67.11	工人	10.95
其他	6.6	其他	70.94	其他	65.09	其他	12.07
科技人员	3.3	农民	69.17	农民	64.12	农民	12.37

从表 7-52 中可以发现，从第三部门从业人员中抽取样本最多，科技人员抽取样本最少；不同群体中，人文素质发展总体指标和道德维度指标比较来看，公务员、教师、学生和科技人员处于前四位，而农民、其他人员、工人和商业人员处于后四位；在道德标准差排序中，我们采用升序排列，因为标准差越大说明群体内抽取样本的指标值离散程度越大，在这一列中，教师、学生、科技人员和公务员仍旧排在前四位。可见，从大群体的道德维度发展程度来

看,这四个群体无论从指标的绝对值还是从对比的相对数都是属于领先的,同时,从数据的离散程度和集中趋势,教师、学生、公务员和科技人员也是相对较好的。图7-14直观地列出了不同群体的各种相关指标排序,顺序号越高,排名越靠后。

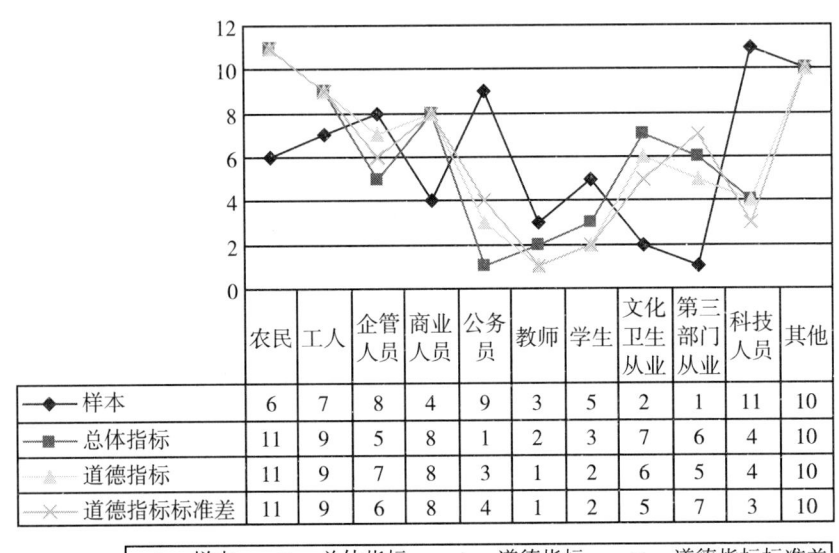

图 7-14 群体道德维度指标排序图

注:排序图中数字代表在11个群体中的位置,1代表排名第一,11代表排名第十一。

二、按群体构成的道德维度指标描述统计分析

从前面总体对比分析可知基于11个群体的道德维度指标存在一定差异,为进一步分析,我们采用SPSS11.5版本统计软件运用"analyze→descriptive statistics→explore"对道德维度按照11个群体构成进行深入分析,分析输出结论如下:

1. 按群体划分的样本描述

根据输出结果,男女样本总计32 504均为有效值,有效比率均为100%,没有缺失值。

2. 按群体构成的道德指标描述性统计分析

表 7-53   按群体构成的道德指标描述统计分析

描述项目		农民	工人	企管	商业	公务员	教师
Mean 平均值		64.12	69.50	69.43	68.26	71.38	73.05
95% Confidence Interval for Mean 95%置信区间	Lower Bound 下限	63.60	66.65	69.02	67.89	70.98	72.75
	Upper Bound 上限	64.64	67.57	69.85	68.62	71.78	73.35
5% Trimmed Mean 去除5%极端值后的均值		64.48	67.55	69.79	68.69	71.76	73.33
Median 中值		65.67	68.33	70.33	69.83	71.83	73.67
Variance 方差		153.11	119.97	97.64	114.81	92.03	75.07
Std. Deviation 标准偏差		12.37	10.95	9.88	10.72	9.59	8.66
Minimum 最小值		21.50	12.83	29.83	23.50	20.00	37.50
Maximum 最大值		98.83	91.00	98.83	99.50	94.00	98.83
Range 全距		77.33	78.16	69.00	76.00	74.00	61.33
Interquartile Range 四分位数间距		17.67	14.67	13.00	13.67	11.37	10.17
Skewness 偏度系数		-0.44	-0.65	-0.58	-0.66	-0.69	-0.51
Kurtosis 峰度系数		-0.23	0.47	0.65	0.47	1.32	0.88
描述项目		学生	文卫	三部门	科技	其他	总体
Mean 平均值		72.45	69.65	70.09	70.79	65.09	75.56
95% Confidence Interval for Mean 95%置信区间	Lower Bound 下限	72.13	69.35	69.84	70.22	64.58	75.46
	Upper Bound 上限	72.77	69.94	70.34	71.37	65.60	75.66
5% Trimmed Mean 去除5%极端值后的均值		72.81	70.00	70.50	71.25	65.48	76.10
Median 中值		73.33	70.83	71.17	71.50	66.17	77.15
Variance 方差		87.11	97.56	103.92	91.95	145.59	85.54
Std. Deviation 标准偏差		9.33	9.88	10.19	9.59	12.07	9.25
Minimum 最小值		31.67	18.83	23.33	26.50	20.17	18.50
Maximum 最大值		99.50	99.50	98.83	92.83	95.33	98.08
Range 全距		67.83	80.67	75.50	66.33	75.16	79.58
Interquartile Range 四分位数间距		11.00	12.83	12.83	11.33	16.00	11.41
Skewness 偏度系数		-0.62	-0.58	-0.67	-0.79	-0.50	-0.90
Kurtosis 峰度系数		0.81	0.54	0.72	0.94	0.04	0.81

表 7-53 详细列出了不同群体的描述性统计量,除了均值、标准差、全距,

我们在前面已经做了比较之外,我们再对去除 5% 极端值之后的均值进行不同群体样本数据的集中趋势比较,我们从表 7-53 看到去除 5% 极端值后的均值仍旧差别较大,最大值 73.33 为教师群体,最小值 64.48 为农民群体,表明不同群体的道德素质平均水平具有一定差异,这种差异通过指标绝对值的差别表现得比较明显;其次,从离散趋势来看,不同群体之间的总体差异也比较明显,除了标准差、方差值之间差距较大之外,从 11 个群体四分位数间距值来看,只有教师、公务员、科技人员和学生四个群体的四分位数间距值小于总体平均值 11.41,其余 7 个群体均大于总体的四分位数间距,这说明大部分群体的第 25 和第 75 个百分点之间的数据值相对分散。第三,从样本数据的分布形态来看,11 个群体的偏度系数均小于 0,说明数据均呈左偏分布,而除了农民群体之外的峰度系数均大于 0(公务员群体大于 1),呈尖峰分布;农民群体的峰度系数小于 0,呈平峰分布。

3. 按群体构成的 M 统计量

表 7-54　　　　　　　　按群体构成的 M 统计量

	大群体	Huber's M-Estimator (a)	Tukey's Biweight (b)	Hampel's M-Estimator (c)	Andrews' Wave (d)
道德指数	农民	65.1349	65.4483	64.8995	65.4535
	工人	68.1680	68.4809	68.0636	68.4906
	企管人员	70.1678	70.4168	70.1331	70.4232
	商业人员	69.3453	69.8552	69.2519	69.8687
	公务员	71.9764	72.3781	72.0337	72.3895
	教师	73.5224	73.7234	73.5364	73.7291
	学生	73.2014	73.4880	73.2037	73.4982
	文化卫生从业人员	70.5324	70.8395	70.4819	70.8487
	第三部门从业人员	71.0193	71.3521	70.9856	71.3617
	科技人员	71.7060	72.2889	71.7527	72.3008
	其他	66.0906	66.3486	65.9727	66.3553

a　The weighting constant is 1.339
b　The weighting constant is 4.685
c　The weighting constants are 1.700, 3.400, and 8.500
d　The weighting constant is 1.340 * pi

从输出的 Huber、Andrew、Hampel 和 Tukey4 种不同权重下的平均值统计量的数值比较接近，距离计算出的平均数值 69.5187 不算太远，但和前面按照性别、年龄、工龄等相比差距要相对大些，这表明样本数据分布略偏，但去除极端值后的平均数基本也可以代表数据的集中趋势。

4. 按群体构成的道德指标百分位数

表 7－55　　按群体构成的道德指标百分位数输出结果

道德指标	工龄	Percentiles						
		5	10	25	50	75	90	95
Weighted Average	农民	41.4990	46.6654	55.9987	65.6653	73.6656	78.8313	81.4980
	工人	46.6660	52.1657	60.3323	68.3323	74.9990	80.1653	82.8323
	企管人员	51.6657	56.6658	63.6657	70.3323	76.6654	80.8320	84.1647
	商业人员	47.4990	53.4986	62.1657	69.8323	75.8313	80.8313	83.4990
	公务员	54.0907	59.3323	66.1235	71.8320	77.4983	82.8323	86.2400
	教师	58.1655	62.4990	68.1657	73.6657	78.3313	83.4983	86.8313
	学生	55.4992	60.1657	67.3323	73.3323	78.3323	83.4983	86.6653
	文化卫生人员	51.4990	56.1660	63.9982	70.8323	76.8323	81.3313	84.1650
	第三部门人员	51.1650	56.3323	64.1657	71.1657	76.9980	81.8313	84.9980
	科技人员	52.3314	57.0490	65.6657	71.4990	76.9983	81.4980	84.3230
	其他	43.1740	48.3324	57.8315	66.1657	73.8326	79.6656	82.4980
Tukey's Hinges	农民			55.9987	65.6653	73.6655		
	工人			60.3323	68.3323	74.9990		
	企管人员			63.6657	70.3323	76.6653		
	商业人员			62.1657	69.8323	75.8313		
	公务员			66.1650	71.8320	77.4983		
	教师			68.1657	73.6657	78.3313		
	学生			67.3323	73.3323	78.3322		
	文化卫生人员			63.9983	70.8323	76.8323		
	第三部门人员			64.1657	71.1657	76.9980		
	科技人员			65.6657	71.4990	76.9983		
	其他			57.8317	66.1657	73.8325		

从表 7－55 可知，在百分位数为 5、10、25 和 50 时，教师群体的道德维度指标总是略高于其他的道德维度指标，而在百分位数为 75、90、95 时，学生群体的道德维度指标略高于其他道德维度指标，农民群体在各位分位数的道德维度

指标总是最低。

5. 按群体构成的道德指标奇异值的比较

表7-56　　按群体构成的道德指标奇异值比较表

农民	个数	Case Number 第n个样本	Value 指标值	工人	个数	Case Number 第n个样本	Value 指标值	企管	个数	Case Number 第n个样本	Value 指标值
	1	1 337	98.83		1	3 066	91.00		1	4 694	98.83
	2	200	92.83		2	3 121	90.17		2	6 168	98.83
Highest 最大	3	1 164	92.83	Highest 最大	3	3 849	89.83	Highest 最大	3	5 883	93.50
	4	854	92.33		4	4 351	89.66		4	6 047	93.50
	5	1 378	92.33		5	2 605	89.50		5	5 253	92.83
	1	1 185	21.50		1	2 423	12.83		1	5 185	29.83
	2	801	22.33		2	4 175	20.00		2	5 366	31.17
Lowest 最小	3	9	27.50	Lowest 最小	3	3 200	23.33	Lowest 最小	3	5 942	32.33
	4	1 679	28.33		4	4 117	29.17		4	6 367	33.67
	5	1 376	28.83(a)		5	4 092	30.67		5	5 924	33.67
商业	个数	Case Number 第n个样本	Value 指标值	公务员	个数	Case Number 第n个样本	Value 指标值	教师	个数	Case Number 第n个样本	Value 指标值
	1	7 975	99.50		1	10 617	94.00		1	14 350	98.83
	2	6 952	94.00		2	10 098	93.50		2	13 408	94.00
Highest 最大	3	7 408	93.00	Highest 最大	3	10 099	93.50	Highest 最大	3	12 494	93.50
	4	8 074	92.83		4	10 103	93.50		4	12 515	93.50
	5	8 991	92.83(b)		5	10 104	93.50(c)		5	12 866	93.50(c)
	1	9 072	23.50		1	9 884	20.00		1	13 168	37.50
	2	6 778	26.00		2	10 725	30.83		2	14 600	39.33
Lowest 最小	3	8 764	29.33	Lowest 最小	3	9 900	31.17	Lowest 最小	3	14 568	39.50
	4	8 663	30.33		4	11 544	33.67		4	15 109	39.83
	5	8 053	30.67		5	10 986	34.00		5	14 569	40.00
学生	个数	Case Number 第n个样本	Value 指标值	文卫	个数	Case Number 第n个样本	Value 指标值	三部门	个数	Case Number 第n个样本	Value 指标值
	1	15 713	99.50		1	18 946	99.50		1	24 776	98.83
	2	15 407	98.83		2	21 803	97.33		2	25 387	94.00
Highest 最大	3	17 703	95.50	Highest 最大	3	21 398	94.50	Highest 最大	3	25 388	94.00
	4	16 850	94.33		4	18 942	93.50		4	27 313	94.00
	5	15 873	94.00		5	18 999	93.50(c)		5	27 500	94.00(d)
	1	16 657	31.67		1	19 761	18.83		1	25 537	23.33
	2	17 107	32.67		2	19 149	29.00		2	25 534	24.00
Lowest 最小	3	16 618	32.67	Lowest 最小	3	21 668	29.33	Lowest 最小	3	25 724	24.17
	4	16 653	36.50		4	20 832	31.33		4	24 969	24.67
	5	17 250	37.00		5	19 570	31.83		5	25 214	28.17

续表

科技	个数	Case Number 第n个样本	Value 指标值	其他	个数	Case Number 第n个样本	Value 指标值	总体	个数	Case Number 第n个样本	Value 指标值
Highest 最大	1	29 381	92.83	Highest 最大	1	31 557	95.33	Highest 最大	1	4 694	98.08
	2	29 640	92.83		2	30 560	94.00		2	9 968	96.15
	3	29 805	92.83		3	31 990	94.00		3	7 379	95.74
	4	29 814	91.33		4	32 327	93.33		4	9 967	95.52
	5	29 530	90.66		5	30 449	91.33		5	27 513	95.48
Lowest 最小	1	30 286	26.50	Lowest 最小	1	32 288	20.17	Lowest 最小	1	19 761	18.50
	2	30 332	34.67		2	31 562	20.83		2	6 778	30.40
	3	30 336	36.00		3	31 568	23.67		3	801	31.39
	4	29 671	39.50		4	31 382	26.50		4	31 562	31.81
	5	30 335	40.33		5	32 420	26.83		5	8 764	31.93

a Only a partial list of cases with the value 28.83 are shown in the table of lower extremes
b Only a partial list of cases with the value 92.83 are shown in the table of upper extremes
c Only a partial list of cases with the value 93.50 are shown in the table of upper extremes
d Only a partial list of cases with the value 94.00 are shown in the table of upper extremes

从表 7-56 可以看到，不同群体道德维度指标中的前 5 个最大值和后 5 个最小值的指标值和具体样本编号，这些极端值可以作为异常嫌疑值进一步分析，或者直接剔除后进行分析，以保证分析结果的客观准确。

6. 按群体构成的道德指标正态性检验

假定 11 组数据均服从正态分布，则在此假定下作集中趋势的平稳测度（Resistant Measure），测度结果见表 7-57，由表中 sig. 值 $0.000 < \alpha$ 值 0.05，因此，可拒绝正态性的原假设。

表 7-57　　　　按群体构成的道德指标正态性检验

	工龄	Kolmogorov-Smirnov（a）			Shapiro-Wilk		
		Statistic	df	Sig.	Statistic	df	Sig.
道德指标	农民	0.055	2 192	0.000	0.983	2 192	0.000
	工人	0.060	2 179	0.000	0.975	2 179	0.000
	企管人员	0.045	2 182	0.000	0.981	2 182	0.000
	商业人员	0.068	3 276	0.000	0.973	3 276	0.000
	公务员	0.061	2 190	0.000	0.973	2 190	0.000
	教师	0.048	3 307	0.000	0.983	3 307	0.000
	学生	0.062	3 268	0.000	0.978	3 268	0.000

续表

	工龄	Kolmogorov-Smirnov（a）			Shapiro-Wilk		
		Statistic	df	Sig.	Statistic	df	Sig.
道德指标	文化卫生从业人员	0.054	4 361	0.000	0.981	4 361	0.000
	第三部门从业人员	0.063	6 329	0.000			
	科技人员	0.073	1 080	0.000	0.965	1 080	0.000
	其他	0.049	2 140	0.000	0.983	2 140	0.000

a Lilliefors Significance Correction

7. 按群体构成的道德指标方差齐性检验

表 7-58　　　按群体构成的道德指标方差齐性检验结果

		Levene Statistic	df1	df2	Sig.
道德指标	Based on Mean 基于均数	65.305	10	32 493	0.000
	Based on Median 基于中位数	60.082	10	32 493	0.000
	Based on Median and with adjusted df 基于调整自由度的中位数	60.082	10	31 675 0.418	0.000
	Based on trimmed mean 基于截两端数据的调整均数	63.509	10	32 493	0.000

通过方差齐次性检验结果可知，4 个指标得到的显著性水平 Sig 值均为 0.000，小于 0.05，因此拒绝方差相等的零假设，即不同群体的道德指标方差不相等。

8. 按群体构成的道德指标直方图

由图 7-15 可以看出，11 个大群体的分布均接近正态分布，图形均呈右偏。

9. 按群体构成的道德指标盒须图

从图 7-16 可以看到，盒须图中间的矩形部分称为"盒"，构成"工"字形的三条线中间的线称为"须"。"盒"的下边缘线表示变量的第 25 个百分点，上边缘线表示变量的第 75 个百分点，中间的横线表示第 50 个百分点，即中位数，盒的上下边缘线的差称为盒长，即变量的四分位差。盒包含了 50% 的观测量。从 11 个群体构成的盒须图中所示，"0"处数字为异常值，是指从盒的上下边缘算起，对应的变量值大于盒长的 1.5 倍而小于盒长 3 倍的数据值。"*"为极端值，是从盒的上下边缘算起，对应的变量值大于盒长的 3 倍的数据值。首先，

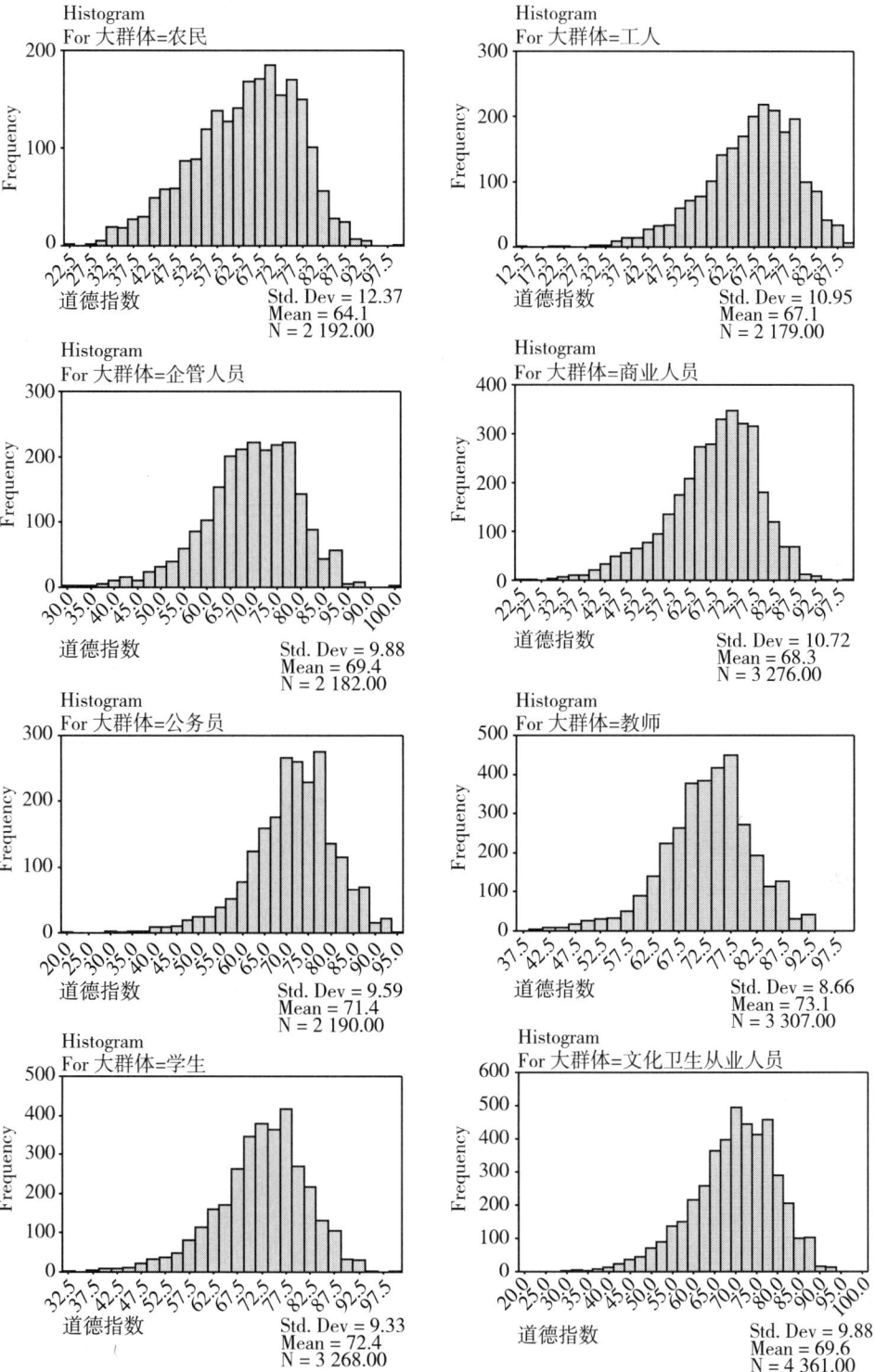

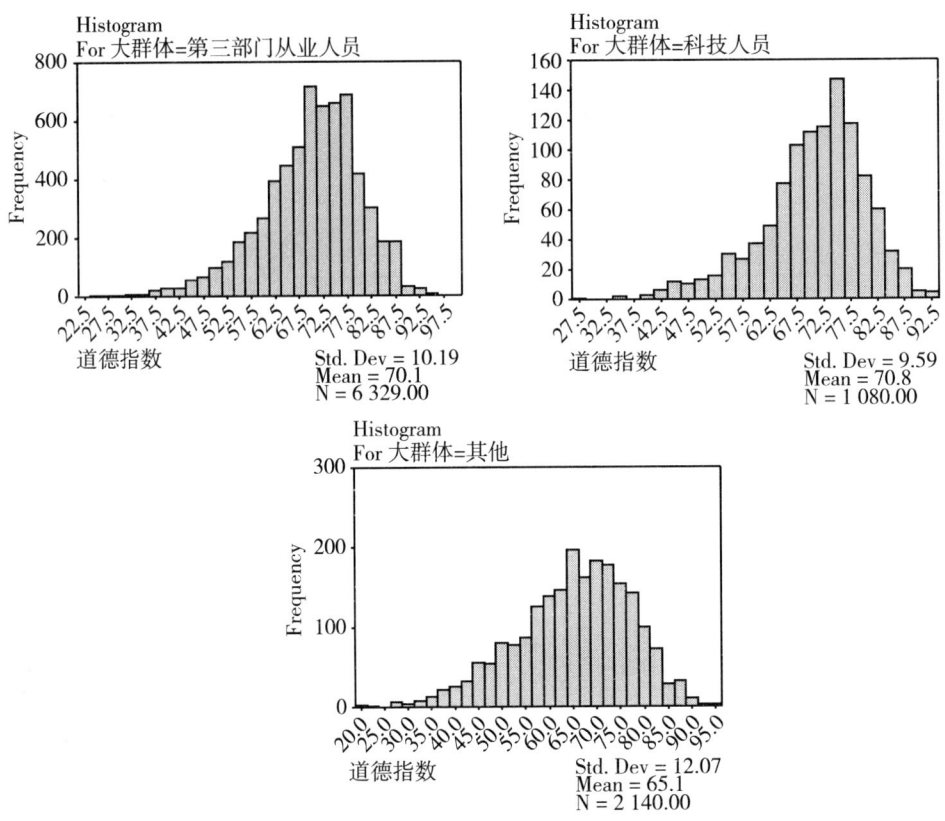

图 7-15 按群体构成的道德指标直方图

从盒长来看,教师群体的盒长最小,说明教师群体的道德维度指标数据最集中。其次,从盒上的中位数线来看,11个群体的中位数基本都位于中间,说明数据分布总体上呈对称分布;第三,通过盒须图可以查找不同群体中的异常值和极端值。同时,可以通过须长了解数据分布的离散程度,从图 7-16 可知,农民和其他两个群体在盒须图中须长最长,而教师学生和公务员的须长相对较短。

三、按群体构成的道德素质趋向分析

首先,从道德意识角度看,调查问卷在 11 个群体划分的基础上,从道德认同、道德影响和道德约束三个角度对不同群体的道德意识进行了测度。问卷 3-1 和问卷 3-2 分别对不同群体的道德认同和道德现状进行测度。从表 7-59 可以看到,在道德认同方面,不同群体的选项集中在 [1]、[3]、[8](见图 7-18),而在现实道德影响方面,则相对较分散(见图 7-19),选择较多的分

别为 [9]、[2]、[4]、[5]，这说明不同群体都存在主观道德认同的积极性和客观现实道德影响的消极性的矛盾，这与前面分析结果一致。

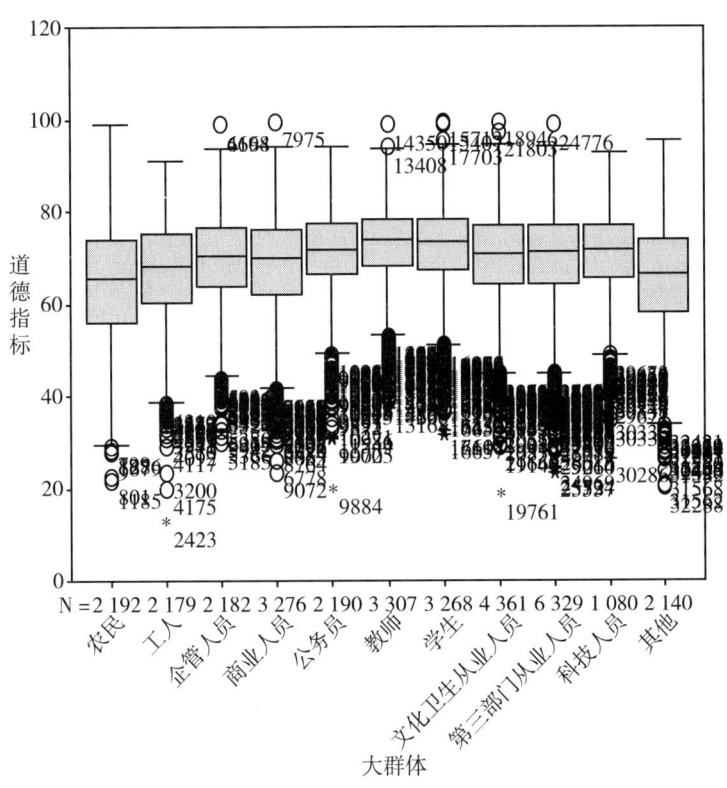

图 7-16 按群体构成的道德指标盒须图

表 7-59 按群体构成的道德指标主观认同和客观趋向比较表

	农民1	农民2	工人1	工人2	企管1	企管2	商业1	商业2	公务员1	公务员2	教师1	教师2	学生1	学生2	文卫1	文卫2	第三部门1	第三部门2	科技1	科技2	其他1	其他2
[1]	79	34	72	31	70	29	72	31	73	32	71	35	65	31	73	30	75	31	72	32	70	29
[2]	6	36	4	46	4	49	3	43	4	50	2	50	3	51	3	47	3	49	3	49	5	47
[3]	59	23	64	18	67	18	65	19	67	20	66	20	66	18	67	19	64	20	62	18	60	18
[4]	4	39	3	42	3	44	2	41	2	43	2	2	2	2	3	2	2	42	3	43	3	42
[5]	5	44	3	40	1	37	3	39	2	33	2	30	2	36	3	39	3	38	2	34	5	45
[6]	37	15	37	11	38	10	40	11	40	12	44	14	45	12	38	12	39	13	44	14	44	12
[7]	2	12	2	12	2	11	2	12	1	8	1	8	1	11	2	11	2	11	3	9	2	13
[8]	67	24	73	21	76	21	73	22	76	20	75	21	75	18	75	20	74	20	75	20	69	19
[9]	8	53	5	61	4	62	4	62	4	62	2	60	3	60	4	62	3	59	3	59	6	57
[10]	34	19	37	19	35	19	37	19	33	20	34	22	38	21	33	20	34	18	33	21	36	17

注：1——道德主观认同；2——道德客观影响；[1] 关爱（帮助）；[2] 冷漠（隔膜）；[3] 宽容；[4] 不负责任；[5] 欺诈；[6] 负责任；[7] 敌对；[8] 诚信；[9] 相互利用；[10] 沟通理解；表中数字均为百分比。

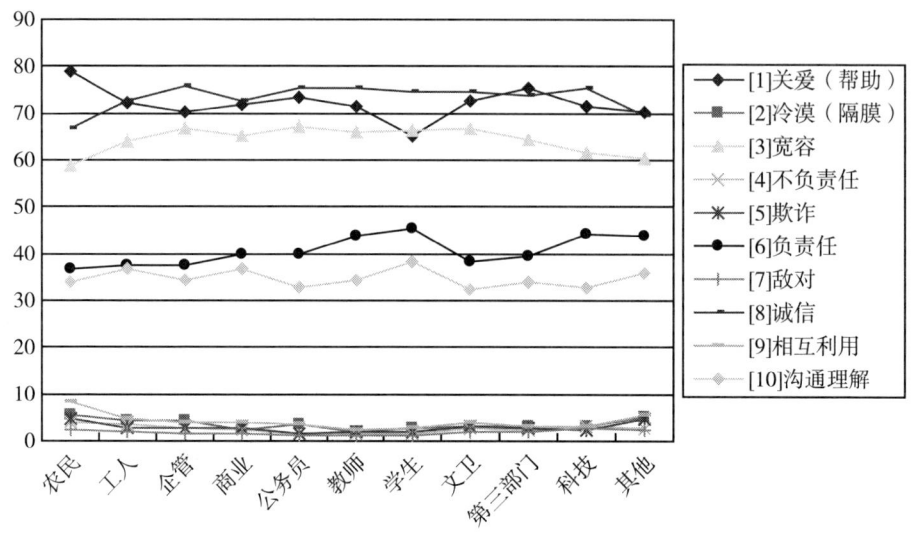

图 7-17　按群体构成的道德主观认同调查结果趋向图

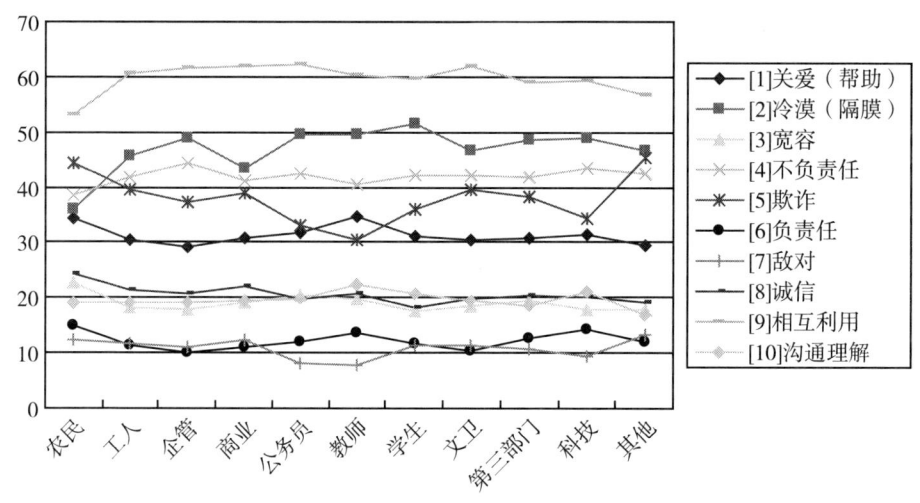

图 7-18　按群体构成的现实道德影响调查结果趋向图

问卷 1-1 是对公民道德约束的测度，你对"自由"的理解是：[1] 想干什么就干什么；[2] 行为受约束，但精神自由；[3] 在一定约束中，有自己的行为和精神自由。该问题中不同群体选择第 [3] 选项的比例见图 7-19，不同工龄选择该项的比例分布在 52%～85% 之间，说明不同群体间对自由理解差异较大，从图中可以发现农民群体道德约束状况相对较低，教师和学生则相对较高。

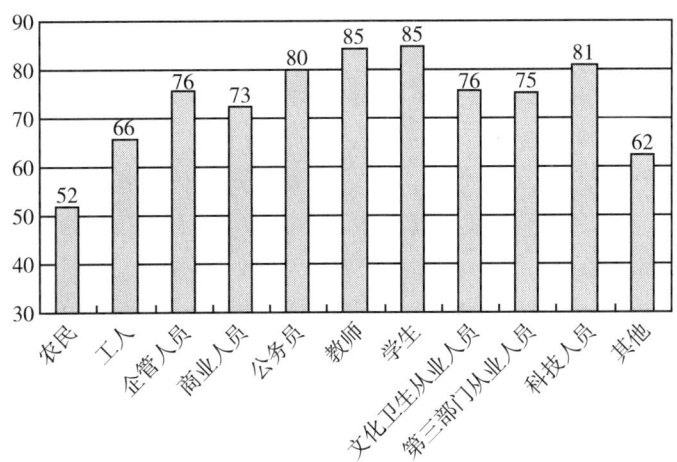

图 7-19 不同群体对自由理解调查结果比较图

其次，从道德常识来看，通过问卷 4-1 的调查结果可知，不同群体相比较，每个选项选择比例的差别很小，具体见表 7-60。

表 7-60　　　　　　按群体构成的道德常识调查结果表

选项	农民	工人	企管	商业	公务员	教师	学生	文卫	第三部门	科技	其他
[1] 文明礼貌	83	86	86	87	87	84	87	85	85	83	85
[2] 家庭和睦	59	55	57	50	57	51	39	51	54	60	57
[3] 见义勇为	43	46	43	49	40	36	37	44	40	41	42
[4] 为民服务	39	35	25	34	23	25	30	31	31	24	34
[5] 敬老爱幼	80	78	80	80	82	80	77	80	81	81	78
[6] 助人为乐	61	59	59	63	59	56	61	60	59	63	56
[7] 诚信无欺	37	44	51	46	51	58	62	48	47	46	46
[8] 邻里友善	44	37	39	34	41	38	32	38	41	42	43
[9] 爱岗敬业	39	43	47	43	50	55	61	47	48	48	44
[10] 尊重隐私	15	16	14	14	10	17	14	15	13	11	15

最后，从道德行为来看，问卷设计时从公共道德行为、职业道德行为和家庭

道德行为三个角度进行测度，表 7-61 对问卷 1-2、问卷 1-3 和问卷 2-1 的调查结果进行汇总，汇总数据显示不同群体的公共道德取向差异较大。如在问卷 1-2 中，教师群体的选择［3］的比例达到 90.3%，而农民群体仅为 65.2%；在问卷 1-3 中，教师、公务员和科技人员选择［1］主动让座的比例都较高，而"其他"类群体仅为 61.5%；问卷 2-1 中教师群体选择最佳选项［1］的比例达到 82.3%，而"其他"类群体和农民群体仅为 61.4% 和 61.8%。因此，从问卷调查结果看，总体来看公共道德行为和从事职业有一定联系，从事教育科技的群体的公共道德行为优于农民和"其他"类群体。

表 7-61　　按群体构成的公共道德行为调查结果表

问卷	1-2	1-3	2-1		
选择选项	［3］走50米扔垃圾桶	［1］主动让座	［1］设法归还	［3］有奖归还	［5］根据数额大小定
农民	65.2%	64.2%	61.8%	45.2%	44.6%
工人	74.0%	71.7%	67.1%	38.8%	50.9%
企管人员	81.2%	74.9%	73.7%	39.4%	52.4%
商业人员	78.1%	73.2%	70.9%	36.4%	51.2%
公务员	86.3%	80.0%	81.5%	34.2%	53.0%
教师	90.3%	81.4%	82.3%	33.0%	53.9%
学生	87.7%	75.7%	76.5%	29.8%	59.3%
文卫人员	82.0%	75.0%	73.8%	36.2%	52.5%
第三部门	83.2%	75.9%	76.7%	35.5%	53.7%
科技人员	85.2%	80.1%	78.0%	36.4%	53.1%
其他	67.0%	61.5%	61.4%	39.4%	52.4%

从职业道德行为来看，通过问卷可以看出不同群体的职业道德行为趋向不同。对于问卷 1-4 中教师和科技人员群体对于［1］的选择最高，而"其他"类群体和农民群体则选择［1］的比例最低，最高和最低的差为 21.8%，对问卷 1-5，教师、公务员和学生群体对于［1］的选择比农民和"其他"群体高出许多。

表7-62　　　按群体构成的职业道德行为调查结果表

问卷1-4：对于你所做的工作和学习，你一般是	[1]想办法干得最好	[2]做到合格为准	[3]能对付过去就行	问卷1-5：规定时间内没有完成的工作和学习任务，你一般会	[1]自己加班加点完成	[2]按上级要求加班	[3]拒绝加班
农民	52.0%	37.8%	10.20%	农民	51.6%	41.6%	6.80%
工人	54.0%	40.2%	5.80%	工人	53.3%	43.4%	3.30%
企管人员	64.5%	31.0%	4.50%	企管人员	66.9%	30.4%	2.70%
商业人员	58.8%	35.4%	5.80%	商业人员	61.7%	34.0%	4.30%
公务员	65.8%	30.5%	3.70%	公务员	74.8%	23.4%	1.80%
教师	70.2%	27.5%	2.30%	教师	75.8%	22.5%	1.70%
学生	64.4%	31.0%	4.60%	学生	74.0%	22.4%	3.60%
文卫人员	63.3%	33.3%	3.40%	文卫人员	67.1%	29.7%	3.20%
第三部门	63.7%	32.4%	3.90%	第三部门	65.4%	31.8%	2.80%
科技人员	70.3%	26.9%	2.80%	科技人员	71.3%	26.3%	2.40%
其他	48.4%	39.0%	12.60%	其他	53.6%	37.6%	8.80%

从家庭道德行为来看，通过表7-63统计结果可以看出不同群体的家庭道德行为总体趋向基本相同。从问卷2-2可以看出，公务员、教师群体选择［1］的比例最高，而"其他"群体选择［1］的比例最低；科技人员、教师、公务员等群体选择［2］最多，而农民群体选择［2］最少。对于问卷2-3，是对调查者受家庭道德行为影响的测度。农民和"其他"群体选择［1］的比例高于其他群体，学生、教师、文化卫生等群体选择［2］的比例高出其他群体。

表7-63　　　按群体构成的家庭道德行为调查结果表

问卷2-2：与丈夫（妻子）或其他家人发生矛盾时，你通常采取哪2种行为：	[1]体谅忍让	[2]沟通交流	[3]吵闹打斗	[4]不理睬或逃避	[5]求助他人
农民	73.0%	69.3%	6.8%	21.9%	24.4%
工人	71.9%	77.6%	7.2%	25.0%	18.1%
企管人员	75.9%	81.3%	6.3%	21.7%	16.3%
商业人员	72.8%	78.1%	6.8%	23.5%	18.5%
公务员	79.5%	83.2%	7.2%	21.7%	10.2%
教师	78.5%	83.3%	6.3%	20.6%	13.3%
学生	75.4%	80.9%	6.8%	22.2%	16.2%
文卫人员	73.3%	80.7%	7.2%	22.8%	16.4%
第三部门	74.2%	81.1%	6.4%	20.3%	17.8%

续表

问卷2-2：与丈夫（妻子）或其他家人发生矛盾时，你通常采取哪2种行为：	[1]体谅忍让	[2]沟通交流	[3]吵闹打斗	[4]不理睬或逃避	[5]求助他人
科技人员	74.6%	85.1%	5.6%	20.7%	13.8%
其他	66.6%	72.5%	7.8%	26.8%	21.9%
问卷2-3：当你未成年时与他人发生矛盾或吵架打架时，父母对你常采用哪2种行为：	[1]不问情由就打骂	[2]了解情况说服教育	[3]一律鼓励反击	[4]带你与对方讲理	[5]不怎么管
农民	20.9%	78.8%	7.9%	65.1%	25.9%
工人	19.1%	80.9%	8.2%	63.2%	29.5%
企管人员	16.8%	83.8%	6.4%	64.3%	27.9%
商业人员	17.7%	82.0%	7.9%	62.2%	30.1%
公务员	14.7%	87.8%	8.2%	63.1%	28.5%
教师	16.4%	86.3%	6.4%	61.9%	29.9%
学生	13.6%	89.2%	7.9%	62.7%	26.8%
文卫人员	16.6%	85.1%	8.2%	61.9%	29.7%
第三部门	17.3%	84.0%	5.4%	62.9%	29.0%
科技人员	13.9%	87.9%	6.2%	60.7%	30.3%
其他	22.1%	75.5%	8.2%	55.4%	38.4%

第六节 按区域构成的道德维度分析

按照前面所述，从区域划分来看可从三个角度进行划分：一是经济区域划分为东部、中部、西部和东北部四个地区；二是按照地理区域划分为南方和北方；三是按照传统的行政区划分为华东、华北、华南、华中、东北、西北、西南七大区域。从问卷调查来看，按照调查对象所属地区经济发达程度，又分为发达地区和欠发达地区。本节从总体经济区域和经济发展程度两个方面进行比较，经济区域比较是对国家发展规划的经济发展区域进行道德维度人文素质发展的横向比较，发达地区和欠发达地区比较是为了研究经济发达程度与道德维度人文素质发展水平高低的关系。首先，按照经济区域和经济发达程度构成的道德维度人文素质与总体人文素质进行比较，分析按照不同经济区域和发达程度的道德维度人文素质与总体人文素质发展情况的差异。其次，对不同经济区域和不同经济发达程度调查对象进行统计比较分析；最后，根据不同经济区域和不同经济发达程度调查对象的调查问卷反馈结果分析其道德取向。

一、按区域构成的道德维度与总体比较

按照国家经济发展战略规划划分的四个经济区域①和调查中抽取样本所属地区经济发达程度,根据调查结果计算出来的指标值,通过 SPSS 软件进行按照地域构成和经济发达程度的样本基本情况汇总并制成表 7-64。

表 7-64 按经济区域和发达程度构成的道德维度指标情况

样本构成基本情况			样本总体指标情况		样本道德维度指标情况			
地区	人数	%	总体指标值	标准偏差	道德维度指标值	与总体指标差值	道德维度标准偏差	道德维度全距
东部	10 517	32.36	75.7862	9.18604	69.9386	5.8476	10.7284	86.66
中部	6 371	19.60	76.2831	8.66647	69.5625	6.7206	10.0998	69.83
西部	12 401	38.15	74.9974	9.59083	69.2559	5.7415	10.6302	79.50
东北	3 215	9.89	75.2741	9.20012	69.0726	6.2015	10.4853	69.83
总体	32 504	100	75.5634	9.25906	69.5187	6.0133	10.5506	86.66
发达	15 541	47.81	76.4017	8.80937	70.2163	6.1854	10.1424	80.00
欠发达	16 963	52.19	74.7954	9.56932	68.8797	5.9157	10.8723	86.66
总体	32 504	100	75.5634	9.24852	69.5187	6.0447	10.5506	86.66

从表 7-64 可以看到按照东中西东北四区划分的样本构成情况是东部和西部样本数量占 70% 以上,因为东部和西部包括了 22 个省(直辖市)、自治区,从经济发达程度来看,取自发达地区样本数略少于取自欠发达地区的样本数。从样本道德维度指标情况看,按照四区划分的道德维度指标值由高到低排序为:东部、中部、西部、东北,道德维度指标值差异不明显;按照发达和欠发达地区划分的道德维度指标值比较来看,发达地区高于欠发达地区,差异较明显。从四个地区道德维度指标值的离散程度看,东部和西部样本道德维度指标值的离散程度

---

① 西部:根据《国务院关于实施西部大开发的若干政策措施》,西部为以下 12 个省份:西南五省区(四川、云南、贵州、西藏、重庆)、西北五省区(陕西、甘肃、青海、新疆、宁夏)和内蒙古、广西;中部:根据《中共中央、国务院关于促进中部地区崛起的若干意见》,中部为以下 6 个省份:湖北、湖南、河南、安徽、江西、山西;东北部:根据振兴东北的战略部署,东北地区包括:辽宁、吉林和黑龙江;东部其余 10 个省区均为东部。

大于中部和东北样本离散程度，说明东部和西部样本间的差异相对较大，而中部和东北样本间的差异相对较小。从道德维度人文素质指标与总体指标对比来看，道德维度指标值与总体均有一定差距，说明道德维度指标值比总体指标值总体偏低。从四个地区样本总体指标排序情况与按照道德维度排列顺序不一致，总体指标排序为：中部、东部、东北和西部。从发达欠发达地区比较来看，总体指标与道德维度指标均是发达地区高于欠发达地区。

二、按区域构成的道德维度指标描述统计分析

从前面总体对比分析可知基于4个区域和发达、欠发达地区的道德维度指标存在一定差异，为进一步分析，我们采用SPSS11.5版本统计软件运用"analyze→descriptive statistics→explore"对道德维度按照区域构成进行深入分析，分析输出结论如下：

1. 按区域划分的样本描述

根据输出结果，样本总计32 504均为有效值，有效比率均为100%，没有缺失值。

2. 按群体构成的道德指标描述性统计分析

表7-65　　按区域构成的道德指标描述统计分析

描述项目		东部	中部	西部	东北	发达	欠发达
Mean 平均值		69.94	69.56	69.26	69.07	70.22	68.88
95% Confidence Interval for Mean 95%置信区间	Lower Bound 下限	69.73	69.31	69.07	68.71	70.06	68.72
	Upper Bound 上限	70.14	69.81	69.44	69.44	70.38	69.04
5% Trimmed Mean 去除5%极端值后的均值		70.40	69.97	69.71	69.53	70.67	69.30
Median 中值		71.33	70.83	70.83	70.33	71.33	70.33
Variance 方差		115.10	102.01	113.00	109.94	102.87	118.21
Std. Deviation 标准偏差		10.73	10.10	10.63	10.49	10.14	10.87
Minimum 最小值		12.83	29.67	20.00	24.17	18.83	12.83
Maximum 最大值		99.50	99.50	99.50	94.00	98.83	99.50
Range 全距		86.66	69.83	79.50	69.83	80.00	86.66
Interquartile Range 四分位数间距		13.33	12.67	13.50	13.33	12.17	14.00
Skewness 偏度系数		-0.72	-0.66	-0.70	-0.68	-0.75	-0.64
Kurtosis 峰度系数		0.78	0.65	0.71	0.50	0.88	0.56

表7-65详细列出了不同群体的描述性统计量,除了均值、标准差、全距我们在前面已经作了比较之外,我们再对"去除5%极端值之后的均值"进行不同区域样本数据的集中趋势比较,我们从表6-65看到"去除5%极端值后的均值"仍旧差别不大,四个区域之间的最大值为东部地区70.40,最小值为东北地区64.48,表明四个区域的道德素质平均水平差异较小,同样地发达地区和欠发达地区的道德维度人文素质平均水平差异也较小;其次,从离散趋势来看,四个区域之间的总体差异不是很明显,除了标准差、方差值之间差距较小之外,从4个区域的"四分位数间距值"来看,四个区域的四分位数间距值集中在13左右,发达和欠发达区域之间的四分位数间距有些差别,这说明四个区域之间和发达欠发达地区之间的第25和第75个百分点之间的数据值差别不大。第三,从样本数据的分布形态来看,按照四个区域和按照发达欠发达地域两个方面比较后的偏度系数均小于0,说明数据均呈左偏分布,而峰度系数均大于0,呈尖峰分布。

3. 按4个区域和发达程度构成的M统计量

表7-66　　　　　　按4个区域构成的M统计量

	四区划分	Huber's M-Estimator (a)	Tukey's Biweight (b)	Hampel's M-Estimator (c)	Andrews' Wave (d)
道德指标	东部	71.1051	71.5327	71.0639	71.5462
	中部	70.5830	70.9725	70.5596	70.9838
	西部	70.2865	70.8024	70.2429	70.8132
	东北	70.1547	70.5439	70.1076	70.5569
	发达	71.2230	71.6015	71.2079	71.6118
	欠发达	69.9987	70.3814	69.8391	70.3939

a　The weighting constant is 1.339
b　The weighting constant is 4.685
c　The weighting constants are 1.700, 3.400, and 8.500
d　The weighting constant is 1.340*pi

4. 按地域构成的道德指标正态性检验

假定四组数据均服从正态分布,则在此假定下作集中趋势的平稳测度(Resistant Measure),测度结果见表7-67,由表中 sig. 值 $0.000 < \alpha$ 值 0.05,因此,可拒绝正态性的原假设。

表 7-67　　按 4 个区域构成的道德指标正态性检验

	四区划分	Kolmogorov-Smirnov（a）			Shapiro-Wilk		
		Statistic	df	Sig.	Statistic	df	Sig.
道德指数	东部	0.074	10 517	0.000			
	中部	0.066	6 371	0.000			
	西部	0.061	12 401	0.000			
	东北	0.067	3 215	0.000	0.973	3215	0.000

a　Lilliefors Significance Correction

同样地，发达地区和欠发达地区的正态性检验结果同上。

表 7-68　　按发达程度构成的道德指标正态性检验

	地区	Kolmogorov-Smirnov（a）		
		Statistic	df	Sig.
道德指数	发达	0.066	15 541	0.000
	欠发达	0.062	16 963	0.000

a　Lilliefors Significance Correction

5. 按地域构成的道德指标方差齐性检验

表 7-69　　按地域构成的道德指标方差齐性检验结果

		Levene Statistic	df1	df2	Sig.
道德指标	Based on Mean	9.755	3	32 500	0.000
	Based on Median	8.356	3	32 500	0.000
	Based on Median and with adjusted df	8.356	3	32 440.062	0.000
	Based on trimmed mean	9.135	3	32 500	0.000

表 7-70　　按发达程度构成的道德指标方差齐性检验结果

		Levene Statistic	df1	df2	Sig.
道德指标	Based on Mean	82.515	1	32 502	0.000
	Based on Median	76.840	1	32 502	0.000
	Based on Median and with adjusted df	76.840	1	32 392.459	0.000
	Based on trimmed mean	83.262	1	32 502	0.000

6. 按区域和发达程度构成的道德指标直方图

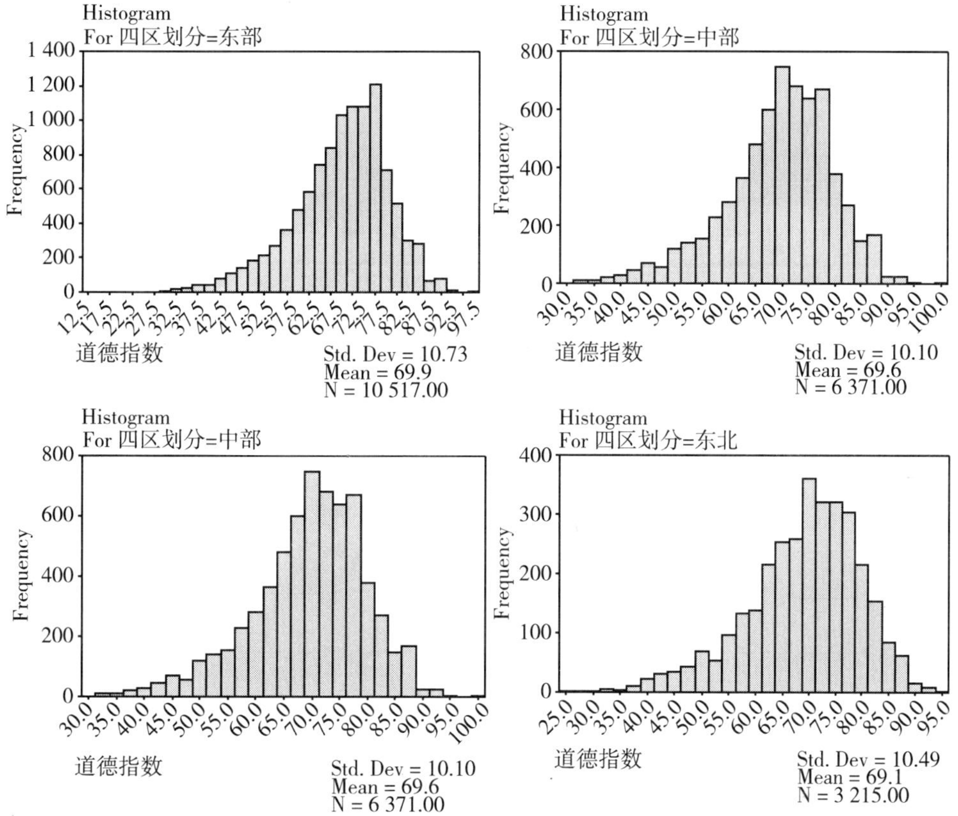

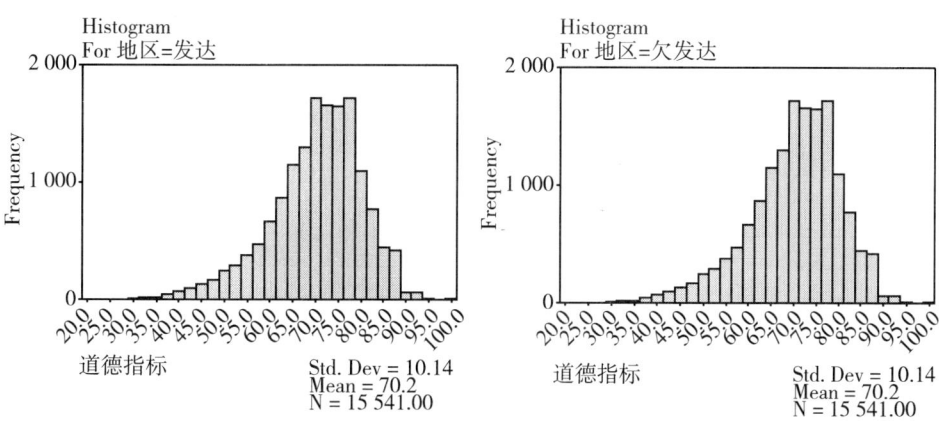

图 7-20　按 4 个区域构成的道德指标直方图

图 7-21　按发达程度构成的道德指标直方图

7. 按区域和发达程度构成的道德指标的离散正态概率图

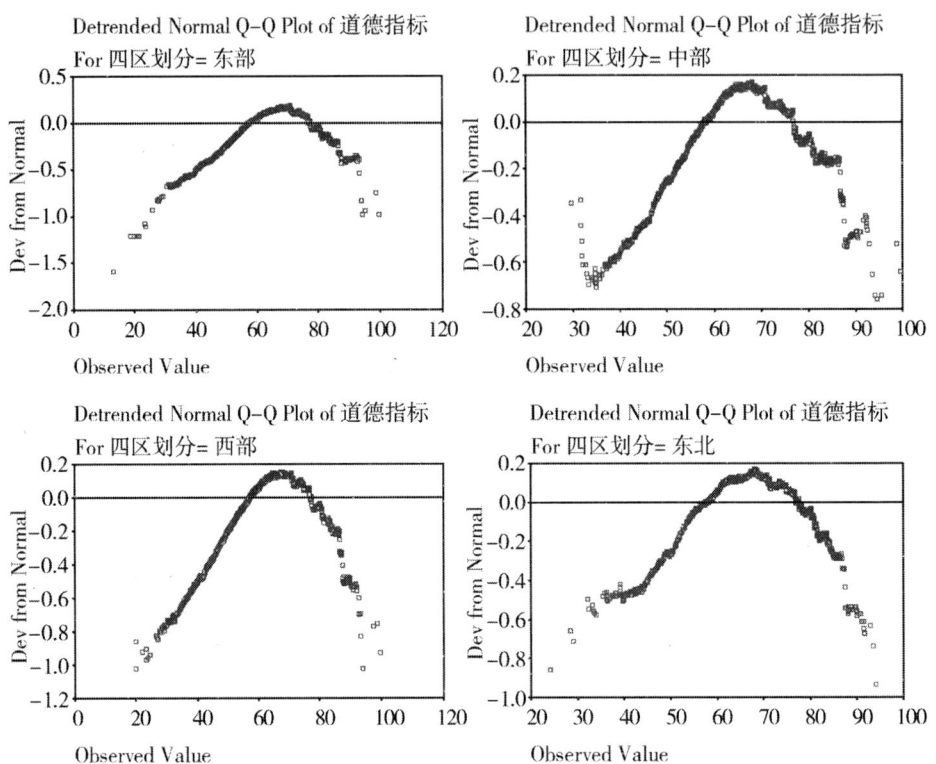

图 7-22　按 4 个区域构成的道德指标离散正态概率图

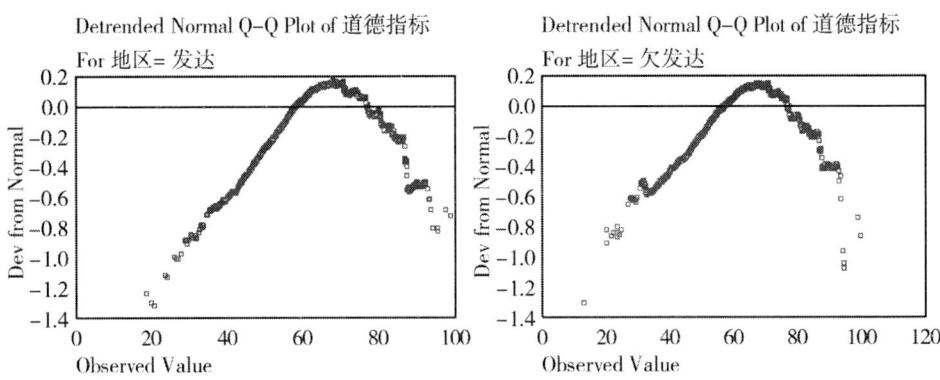

图 7-23　按发达程度构成的道德指标离散正态概率图

从不同区域和发达程度的道德指标离散正态概率图（见图 7-22 和图 7-23）可以看出，这些点落在中间横线两侧范围较大，因此不能认为其服从正态分布。从图 7-22 可以看到，东部地区的比其他三个区域的样本数据分布相比，更加趋向于正态分布，其他三个区域的样本数据分布离散程度较大。从图 7-23 可以看到，发达和欠发达地区的道德维度指标值的分布差异比较小，从离散正态概率图的图形可以看出，存在较大离散的数据点，即个别数据点偏离中心标准线较远。

三、按区域构成的道德素质趋向分析

首先，从道德意识角度看，调查问卷在四个区域和发达程度划分的基础上，从道德认同、道德影响和道德约束三个角度对不同区域和经济发达程度的道德意识进行了测度。问卷 3-1 和问卷 3-2 分别对不同区域的道德认同和道德现状进行测度。从表 7-71 可以看到，在道德认同方面，不同群体的选项集中在 [1]、[3]、[8]，而在现实道德影响方面，则相对较分散，选择较多的分别为 [9]、[2]、[4]、[5]，这说明不同区域和不同发达程度的调查对象都存在主观道德认同的积极性和客观现实道德影响的消极性的矛盾，这与前面分析结果一致。

表 7-71　　按区域构成的道德指标主观认同和客观趋向比较表

	东部1%	东部2%	中部1%	中部2%	西部1%	西部2%	东北1%	东北2%	发达1%	发达2%	欠发达1%	欠发达2%
[1] 关爱（帮助）	71	32	73	29	73	32	73	30	70	32	74	31
[2] 冷漠（隔膜）	3	49	3	48	4	46	3	45	3	48	4	46
[3] 宽容	65	19	65	17	64	20	67	20	65	18	64	20
[4] 不负责任	2	40	2	45	3	42	2	41	2	42	3	42
[5] 欺诈	2	35	2	41	3	38	4	41	2	36	3	39
[6] 负责任	44	13	40	10	39	13	36	12	42	11	39	13
[7] 敌对	1	11	2	10	2	11	2	11	2	10	2	12
[8] 诚信	73	20	76	19	72	21	73	23	75	19	72	21
[9] 相互利用	3	60	3	62	5	59	4	59	3	62	5	58
[10] 沟通理解	36	21	35	18	34	19	34	19	35	20	35	19

注：1—道德主观认同；2—道德客观影响；表中数字均为百分比。

问卷 1-1 是对公民道德约束的测度，你对"自由"的理解是：[1] 想干什么就干什么；[2] 行为受约束，但精神自由；[3] 在一定约束中，有自己的行为和精神自由。该问题不同区域选择该项的比例分别为东部73.7%，中部76.7%，西部74.3%，东北72.6%，发达地区76.9%，欠发达地区72.1%，说明不同区域和不同发达程度的被调查对象对自由的理解有一定差异，但差异不是很大，从选择比例上看，东北地区道德约束相对较低，中部地区则相对较高；发达地区道德约束相对较低，欠发达地区道德约束相对较高。

其次，从道德常识来看，通过问卷4-1的调查结果可知，不同经济区域和经济发达程度的群体相比较，选择比例的差别很小，说明不同经济区域和经济发达程度对于道德常识的了解和掌握程度差别不大，具有总体相似性，具体见表7-72。

最后，从道德行为来看，问卷设计时从公共道德行为、职业道德行为和家庭道德行为三个角度进行测度，表7-76对问卷1-2、问卷1-3和问卷2-1的调查结果进行汇总，汇总数据显示不同区域的公共道德取向差异较小，发达地区和欠发达地区之间的公共道德取向差异较大。如在问卷1-2中，发达地区选择[3]的比例达到84.3%，而欠发达地区为77.86%；在问卷1-3中，发达地区选择[1]主动让座的比例为78.23%，而欠发达地区为70.85%；问卷2-1中发达地区选择最佳选项[1]的比例达到76.09%，而欠发达地区为71.7%。因此，从问卷调查结果看，总体来看公共道德行为和经济发达程度有一定联系。

表7-72　　　　　　按群体构成的道德常识调查结果表

选项	东部	中部	西部	东北	发达	欠发达
[1] 文明礼貌	85.3%	86.1%	84.9%	85.2%	85.61%	85.01%
[2] 家庭和睦	54.8%	54.8%	50.2%	50.9%	52.26%	53.02%
[3] 见义勇为	40.4%	41.8%	41.7%	46.2%	42.84%	40.75%
[4] 为民服务	28.6%	27.8%	33.6%	30.8%	26.83%	33.97%
[5] 敬老爱幼	80.1%	80.7%	79.3%	79.0%	80.27%	79.42%
[6] 助人为乐	59.8%	60.2%	59.8%	58.3%	60.07%	59.41%
[7] 诚信无欺	48.0%	51.4%	49.4%	50.4%	51.03%	47.93%
[8] 邻里友善	41.8%	37.8%	36.1%	39.3%	37.67%	39.38%
[9] 爱岗敬业	48.0%	46.8%	49.6%	45.6%	48.72%	47.60%
[10] 尊重隐私	13.2%	12.6%	15.5%	14.4%	14.72%	13.50%

表 7-73　　按区域构成的公共道德行为调查结果表

问卷	1-2	1-3	2-1		
选择选项	[3] 走 50 米扔垃圾桶	[1] 主动让座	[1] 设法归还	[3] 有奖归还	[5] 根据数额大小定
发达	84.30%	78.23%	76.09%	34.46%	53.77%
欠发达	77.86%	70.85%	71.70%	37.75%	52.00%
东部	81.72%	74.12%	76.03%	35.77%	54.83%
中部	81.37%	75.62%	76.39%	32.84%	56.93%
西部	80.29%	73.62%	70.75%	37.01%	50.92%
东北	80.03%	75.71%	73.13%	40.93%	45.72%

从职业道德行为来看，通过问卷可以看出不同经济区域的职业道德行为趋向总体差异不大，从问卷1-4问题的反馈结果看（见表7-74），东部和西部选择［1］的比例分别为63.5%和60.6%，东部和西部选择［2］的比例分别为31.4%和34.1%，说明东部地区对于工作和学习更加积极主动，而西部地区在工作和学习中则更趋向于做到合格，相对比较保守。从问卷1-5中可以看到不同地区的工作和学习态度，东中西部三个区域的工作学习态度差异不大，而东北地区则相对工作积极主动性不强，按部就班的传统思想还占据一定影响，例如在问卷1-5中选择［1］的比例远低于其他三个区域，而选择［2］的比例远高于其他三个区域。从经济发达地区和欠发达地区的被调查对象的比较来看，发达地区的工作和学习意识和态度都高于欠发达地区。如：问卷1-4中，欠发达地区选择［1］的比例比发达地区低3.9%，问卷1-5中欠发达地区选择［1］的比例要比发达地区低5%，这也表明经济越发达，人们自觉学习、积极工作的意识和态度越强。

表 7-74　　按经济区域和发达程度构成的职业道德行为调查结果表

问卷 1-4：对于你所做的工作和学习，你一般是	[1] 想办法干得最好	[2] 做到合格为准	[3] 能对付过去就行	问卷1-5：规定时间内没有完成的工作和学习任务，你一般会	[1] 自己加班加点完成	[2] 按上级要求加班	[3] 拒绝加班
东部	63.5%	31.4%	5.10%	东部	66.2%	30.5%	3.30%
中部	61.6%	33.7%	4.70%	中部	66.1%	31.2%	2.70%
西部	60.6%	34.1%	5.30%	西部	65.9%	29.9%	4.20%
东北	62.0%	33.4%	4.60%	东北	61.3%	34.7%	4.00%
发达	63.9%	32.0%	4.10%	发达	68.2%	28.6%	3.20%
欠发达	60.0%	34.2%	5.80%	欠发达	63.2%	32.9%	3.90%

从家庭道德行为来看,通过表7-75的统计结果可以看出不同区域的家庭道德行为总体趋向基本相同。从问卷2-2可以看出,东部和中部选择[1]的比例相对较高,而西部和东北选择[1]的比例相对低;发达地区选择[1]的比例相对较高,而欠发达地区选择[1]的比例相对低;对于问卷2-3,是对调查者受家庭道德行为影响的测度。西部地区选择[1]的比例高于其他区域,说明西部地区和欠发达地区在家庭教育中方法要落后于其他区域和欠发达地区。

表7-75 按经济区域和发达程度构成的家庭道德行为调查结果表

问卷2-2:与丈夫(妻子)或其他家人发生矛盾时,你通常采取哪2种行为:	[1]体谅忍让	[2]沟通交流	[3]吵闹打斗	[4]不理睬或逃避	[5]求助他人
东部	74.7%	80.9%	6.8%	21.3%	16.5%
中部	74.9%	79.7%	7.2%	22.5%	16.4%
西部	73.8%	78.6%	6.3%	22.8%	17.7%
东北	73.2%	79.4%	6.8%	22.6%	17.8%
发达	74.7%	81.2%	5.2%	22.1%	15.5%
欠发达	73.8%	78.2%	6.3%	22.4%	18.5%
问卷2-3:当你未成年时与他人发生矛盾或吵闹打架时,父母对你常采用哪2种行为:	[1]不问情由就打骂	[2]了解情况说服教育	[3]一律鼓励反击	[4]带你与对方讲理	[5]不怎么管
东部	15.1%	84.7%	7.9%	62.1%	31.6%
中部	16.5%	84.8%	8.2%	65.7%	26.8%
西部	19.4%	82.7%	6.4%	61.6%	28.3%
东北	16.5%	84.8%	7.9%	58.7%	32.2%
发达	16.6%	85.0%	8.2%	61.4%	30.4%
欠发达	17.7%	82.9%	6.4%	63.1%	28.6%

第七节 中国公民道德素质水平概括分析

调查表明,中国公民道德素质指标为69.5187,低于中国公民人文素质总体指标75.5634(B$^-$级),说明中国公民道德素质发展水平处于一般水平的中级阶段(C级)。在我们所调查的中国公民的六类素质中,道德素质的指标值最低(排在第六位)。

研究表明,不同因素对公民道德素质发展水平的影响有所不同。职业对公民道德素质发展水平的影响较大,如图7-24所示。

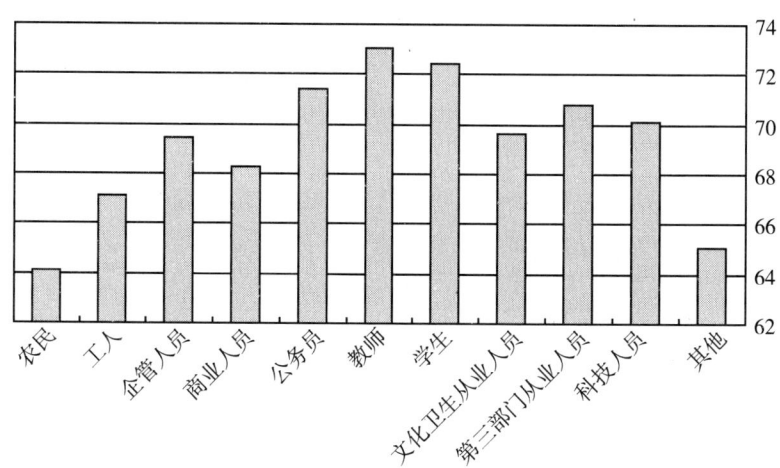

图 7-24 不同职业群体道德素质指标值

由图 7-24 可以看出,教师的道德素质指标最高,为 73.0502,其发展水平处于一般水平的高级阶段(C^+级),农民的道德素质指标最低,为 64.1187,其发展水平处于一般水平的低级阶段(C^-级),二者相差 8.9315。在 30 个小群体的分类中,道德素质指标最高的群体是中学教师,为 73.56,道德素质指标最低的群体是无职业者,为 63.31,二者相差 10.25。

除此之外,不同学历群体的道德素质指标值差异也较大。学历对公民道德素质发展水平的影响如图 7-25 所示。

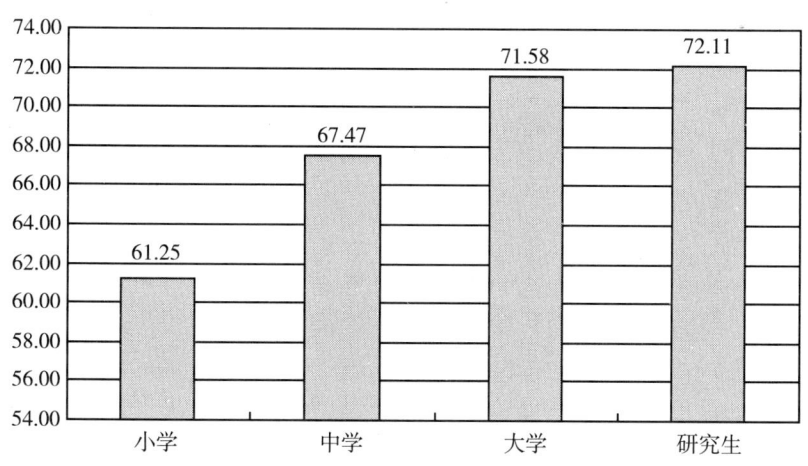

图 7-25 不同学历群体的道德素质指标值

由图 7-25 可以看出,具有研究生学历群体的道德素质指标最高,为 72.11,其发展水平处于一般水平的高级阶段(C^+级),具有小学文化程度群体的道德素质指标最低，为61.25，其发展水平处于一般水平的低级阶段（C⁻级），二者相差10.86。

其他因素对公民道德素质发展水平影响都不大。如性别因素决定的道德素质指标值的差距仅为0.7148（男性群体的道德素质指标为69.1775，女性群体的道德素质指标为69.8923），青少年和中老年年龄因素决定的道德素质指标值的差距仅为0.41（青少年年龄群体的道德素质指标为69.75，中老年年龄群体的道德素质最低，为69.34），工龄因素决定的道德素质指标值的最大差距仅为0.95（工龄30年以上的群体的道德素质指标最高，为70.15，工龄在10年以下群体的道德素质指标最低，为69.20），地区因素决定的道德素质指标值的最大差距仅为0.8660（东部地区公民的道德素质指标最高，为69.9386；东北地区公民的道德素质指标最低，为69.0726）。

综上所述，职业和学历两个因素对中国公民道德素质发展水平的影响较大，年龄和工龄两个因素稍有影响，而性别和地区两个因素几乎没有影响。

第八章

中国公民人文素质发展的法律维度分析

第一节 按性别构成的法律维度分析

一、按性别构成的法律维度与总体的比较

根据前面内容可知,样本男女构成比例总体差别不大,为了对法律维度人文素质发展状况同总体状况进行比较,现将法律维度和总体的指标值和指数值汇总制表8-1。

表8-1 按性别构成的法律维度指标和指数情况

性别	总体指标值	标准偏差	总体指数值	法律维度指标值	与总体指标差值	法律维度标准偏差	法律维度指数值
男性	75.6152	9.4658	0.5889	74.7823	0.8329	18.8994	0.4939
女性	75.5067	9.0047	0.5934	73.4677	2.0390	18.6663	0.4261
总体	75.5634	9.2485	0.5911	74.1547	1.4087	18.7997	0.4615

通过表8-1可以从总体上比较男性和女性法律维度状况与总体状况,男性和女性的法律维度人文素质评价指标值均低于75,表明其法律素质处于C级水平;人文素质发展指数值均低于0.5,说明男性和女性的法律维度人文素质发展程度处于相对Ⅳ级水平。男性和女性法律维度指标值和指数值均低于男性和女性的总体指标值和指数值,说明男性和女性的法律素质和人文素质总体水平有一定

差距。男性和女性两个群体相比,女性的法律维度指标值和指数值均低于男性群体,说明女性的法律素质要低于男性的法律素质。从指标值与平均值偏离程度看,男性和女性群体的法律维度标准偏差均较大,几乎是总体指标值标准偏差的2倍,说明男性和女性的法律维度人文素质发展水平差异性较大。

二、按性别构成的法律维度指标描述统计分析

在按性别构成进行法律维度指标与总体指标比较分析的基础上,为进一步了解数据分布特征,我们采用 SPSS 软件做进一步探索性分析。

1. 按性别构成的法律指标描述性统计分析

表8-2　　　　　　按性别构成的法律指标描述统计分析

描述项目		男性统计	Std. Error 标准误差	女性统计	Std. Error 标准误差
Mean 平均值		74.7823	0.14501	73.4677	0.14985
95% Confidence Interval for Mean 95%置信区间	Lower Bound 下限	74.4981		73.1739	
	Upper Bound 上限	75.0665		73.7614	
5% Trimmed Mean 去除5%极端值后的均值		75.7155		74.1902	
Median 中值		77.4960		73.3320	
Variance 方差		357.187		348.432	
Std. Deviation 标准偏差		18.8994		18.6663	
Minimum 最小值		0.00		3.00	
Maximum 最大值		100.00		100.00	
Range 全距		100.00		97.00	
Interquartile Range 四分位数间距		26.6640		26.6640	
Skewness 偏度系数(及标准误差)		-0.564	0.019	-0.441	0.020
Kurtosis 峰度系数(及标准误差)		-0.300	0.038	-0.513	0.039

从表8-2可知,男性和女性法律维度人文素质指标平均值的差异为1.3146,"去除5%极端值后的均值"则差异为1.5253,中值的差异更大,说明男性和女性法律维度人文素质指标差异明显。通过方差和标准偏差及全距的比较,男性和女性法律维度指标的离散程度差别不大。从数据分布来看,偏度系数均小于0,说明数据分布向左偏;峰度系数均小于0,说明数据呈平峰分布。

2. 按性别构成的法律指标百分位数

表 8-3　　　　　　按性别构成的法律指标百分位数输出结果

道德指标	性别	Percentiles 百分位数						
		5	10	25	50	75	90	95
Weighted	男性	42.0000	45.0000	60.0000	77.4960	86.6640	99.9960	99.9960
Average	女性	42.0000	45.0000	60.0000	73.3320	86.6640	99.9960	99.9960
Tukey's	男性			60.0000	77.4960	86.6640		
Hinges	女性			60.0000	73.3320	86.6640		

表 8-3 是男性和女性的法律指标的百分点表，给出了 5，10，25，50，75，90，95 七个位置上的百分点，Weighted Average 和 Tukey's Hinges 两种计算百分点的方法得出的结果基本一致。从表 8-3 可知，在百分位数为 25 以下时，男性的法律维度指标与女性法律维度指标分布一致，而在百分位数为 50 时，男性大于女性的法律维度指标，百分位数为 75~95 时，男性和女性法律维度指标分布又趋于一致。

3. 按性别构成的法律指标奇异值的比较

表 8-4　　　　　　按性别构成的法律指标奇异值比较表

男性	个数	Case Number 第 n 个样本	Value 指标值	女性	个数	Case Number 第 n 个样本	Value 指标值
Highest 最大	1	51	100.00	Highest 最大	1	52	100.00
	2	53	100.00		2	113	100.00
	3	54	100.00		3	149	100.00
	4	135	100.00		4	150	100.00
	5	139	100.00 (a)		5	262	100.00 (a)
Lowest 最小	1	31 297	0.00	Lowest 最小	1	19 761	3.00
	2	32 319	6.00		2	10 978	3.00
	3	31 944	6.00		3	30 281	6.00
	4	28 283	6.00		4	27 174	6.00
	5	27 185	6.00 (b)		5	9 882	6.00 (b)

a　Only a partial list of cases with the value 100.00 are shown in the table of upper extremes

b　Only a partial list of cases with the value 6.00 are shown in the table of lower extremes

从表 8-4 可以看到,男性和女性法律维度指标中的 5 个最大值均为 100,男性 5 个最小值的指标值为 0 或 6,女性 5 个最小值为 3 或 6,最大值为 100 和最小值为 0 的情况属于异常情况,在具体分析中可以根据问卷问题进行进一步核对,或在分析时予以剔除,以保证分析结果的客观准确。

4. 按性别构成的法律指标正态性检验

假定两组数据均服从正态分布,则在此假定下做集中趋势的平稳测度(Resistant Measure),测度结果见表 8-5,由表中 sig. 值 $0.000 < \alpha$ 值 0.05,因此,可拒绝正态性的原假设。

表 8-5　　　　按性别构成的法律指标正态性检验

	性别	Kolmogorov-Smirnov (a)		
		Statistic	df	Sig.
法律指标	男性	0.133	16 987	0.000
	女性	0.129	15 517	0.000

a　Lilliefors Significance Correction

5. 按性别构成的道德指标方差齐性检验

表 8-6　　　　按性别构成的法律指标方差齐性检验结果

		Levene Statistic	df1	df2	Sig.
法律指标	Based on Mean 基于均数	2.664	1	32 502	0.103
	Based on Median 基于中位数	2.070	1	32 502	0.150
	Based on Median and with adjusted df 基于调整自由度的中位数	2.070	1	32 428．378	0.150
	Based on trimmed mean 基于截两端数据的调整均数	1.466	1	32 502	0.226

通过方差齐次性检验结果可知,4 个指标得到的显著性水平 Sig 值均大于 0.05,因此接受方差相等的零假设,即男性和女性的方差相等。

6. 按性别构成的法律指标直方图

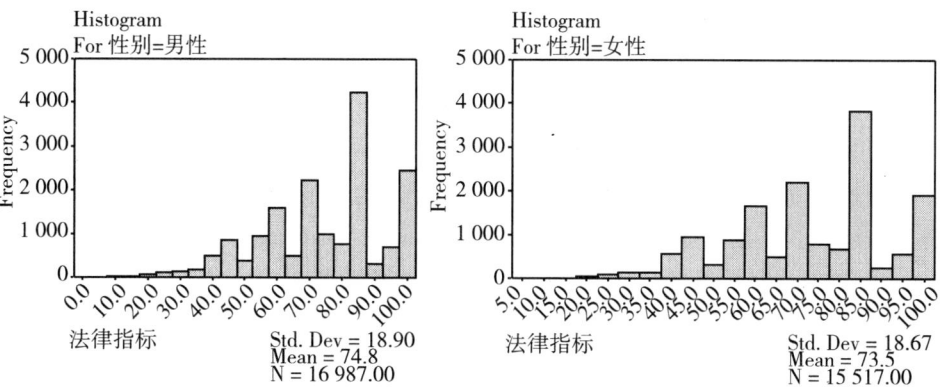

图 8-1　按性别构成的法律指标直方图

从图 8-1 可以看到，男性和女性法律维度指标值分布参差不齐，在指标值为 90 分左右样本分布最多。

7. 按性别构成的法律指标的正态概率图和离散正态概率图

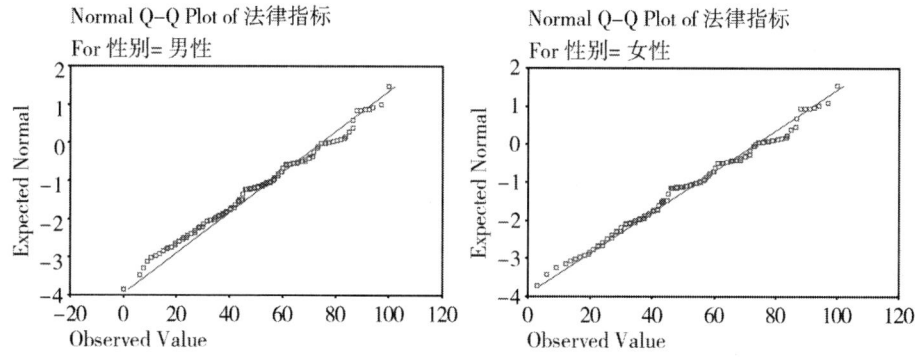

图 8-2　按性别构成的法律指标正态概率图

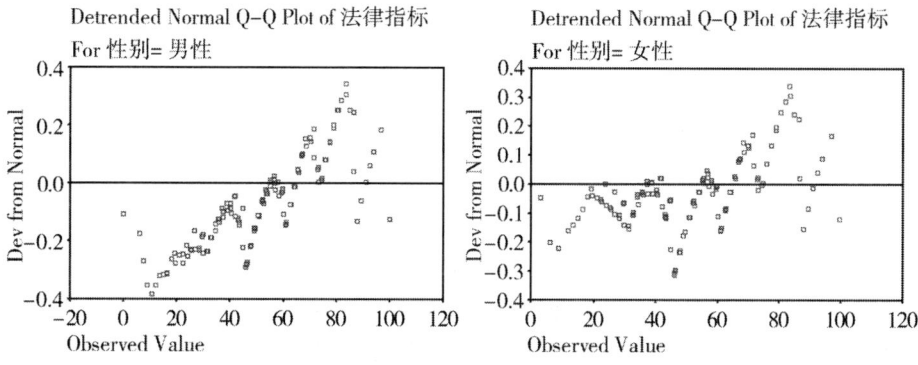

图 8-3　按性别构成的法律指标离散正态概率图

从图 8-2 中可以看到，男性和女性法律维度指标值与标准线比较接近，近似服从正态分布。从图 8-3 男性和女性法律指标离散正态概率图中看出，这些点落在中间横线两侧范围较大，比较分散。因此，说明数据分布具有正态分布趋向，近似服从正态分布。

8. 按性别构成的法律指标独立样本 T 检验

通过独立样本检验（T-Test）对男性和女性的道德维度指标平均值的异同进行分析比较。下面，通过 spss11.5 菜单下 Analyze→Compare Means→Independent-Samples T-Test 对数据进行处理，得到独立样本检验输出表。

表 8-7　　按性别构成的法律指标独立样本检验输出表

分组统计量 Group Statistics

	性别	N	Mean	Std. Deviation	Std. Error Mean
法律指标	男性	16 987	74.7823	18.89940	0.14501
	女性	15 517	73.4677	18.66632	0.14985

独立样本检验 Independent Samples Test

法律指标	Levene's Test for Equality of Variances (a)		t-test for Equality of Means						
	F	Sig.	t	df	Sig. (2-tailed)	Mean Difference	Std. Error Difference	95% Confidence Interval of the Difference	
								Lower	Upper
Equal variances assumed (b)	2.664	0.103	6.301	32 502	0.000	1.3146	0.20864	0.90570	1.72358
Equal variances not assumed (c)			6.305	32 304.736	0.000	1.3146	0.20852	0.90593	1.72335

a　Levene's Test for Equality of Variances：方差齐性检验
b　Equal variances assumed：方差齐同条件下的 t 检验结果
c　Equal variances not assumed：方差不齐条件下的 t 检验结果

按照表 8-7，其中 $F = 18.8994^2/18.66632^2 = 2.664$（较大的方差除以较小的方差），因为 Sig. =0.000 小于 0.05，否定原假定，认为两方差不相等。因此，采用"方差不齐条件下的 t 检验（Equal variances not assumed）"第二行相关结论，其中 t = -6.035 是由独立方差计算出来的，由于 Sig. =0.000<0.05，否定原假定，认为男性和女性之间的法律素质是有差异的。前者 16 987 人平均为 74.7823，后者 15 517 人平均为 73.4677，男性略高于女性。

三、按性别构成的法律素质趋向分析

首先，从法律意识角度看，调查问卷在性别划分的基础上，对男性和女性在社会生活中诉求法律途径解决矛盾进行测度。表 8-8 对问卷 1-6 结果进行汇总，通过表 8-8 调查结果可以看出，男性在社会生活中诉求法律途径解决矛盾的比例要略高于女性，女性更加愿意寻求单位或者领导帮助解决矛盾。

表 8-8　　　　　按性别构成的法律诉求调查结果表

问卷 1-6：如果与他人有了激烈矛盾纠纷，你首先会想到的解决方法是	[1] 遵循法律和政策规定解决	[2] 找单位和领导帮助解决	[3] 通过恐吓、武力或其他施压方式解决
男性	60.3%	34.9%	4.8%
女性	57.7%	39.0%	3.3%

其次，从法律常识来看，通过问卷 1-7 对不同性别法律性质的认识情况进行测度的结果见表 8-9，大约 86% 的男性或女性均选择 [2]，其他选项也比较接近，说明男性和女性在法律性质的认识上基本相同，均能明确司法行为。此外，通过问卷 4-2 对男性和女性的法律常识认知情况进行测度，问卷问题是：下面哪 5 项已经是中华人民共和国颁布的法律，通过表 8-10 可知，男性和女性 90% 以上对于法律和非法律能够准确识别，男性和女性在法律认知上没有明显差异。

表 8-9　　　　　按性别构成的法律性质认识情况调查结果表

问卷 1-7：以下哪一条说的是法律	[1] 依靠党员模范带头作用而实施的行为规范	[2] 依靠国家的警察（公安机关）、法院等为后盾保障实施的行为规范	[3] 依靠社会舆论维持的行为规范
男性	7.82%	86.11%	6.06%
女性	7.57%	85.88%	6.55%

最后，从法律行为来看，问卷设计时通过问卷 3-3 对男性和女性的法律行为倾向进行测度。问卷问题是：当你遇到法律问题时，通常会采取或采取过哪三种行为：[1] 总是遵守法律；[2] 对法律条文提出过建议；[3] 权利被

侵害时打过官司；[4] 有时遵守法律；[5] 指出过别人的违法行为；[6] 权利被侵害时找侵害者索赔过；[7] 很少遵守法律；[8] 权利被侵害但怕麻烦没有打官司；[9] 参加过法律宣传活动；[10] 以上行为都没有（选此项的只选一项）。

表 8 – 10　　　　按性别构成的法律认知情况调查结果表

性别	[1] 宪法	[2] 技法	[3] 合同法	[4] 民事诉讼法	[5] 继承法	[6] 研究法	[7] 教学法	[8] 工作法	[9] 婚姻法	[10] 优选法
男性	93.78%	9.80%	90.20%	89.24%	86.00%	7.58%	15.01%	12.04%	91.26%	5.09%
女性	94.07%	9.21%	90.06%	89.55%	86.29%	7.39%	15.18%	11.55%	92.05%	4.65%

通过表 8 – 11 可以看出男性和女性的法律行为总体趋向基本相同。接近 60% 的男性和女性在遇到法律问题时会选择遵守法律，有 1/3 参加过法律活动，43% 左右指出过别人的违法行为。但问卷显示，在权利受侵害时，有 20% 左右选择打官司，24% 左右因为怕麻烦而没有打官司。其中男性选择权利受侵害时打官司和提出法律建议的比例略高于女性，女性选择 [10] 的比例要高于男性。因此综合来看，男性在法律行为方面要比女性更加积极主动，但无论男性还是女性在遵守法律和使用法律武器上还略显不够。

表 8 – 11　　　　按性别构成的法律行为调查结果表

性别	[1]	[2]	[3]	[4]	[5]	[6]	[7]	[8]	[9]	[10]
男性	59.99%	18.96%	23.77%	17.26%	43.80%	24.42%	3.96%	24.02%	36.83%	16.29%
女性	58.83%	15.19%	20.38%	15.39%	42.42%	23.01%	3.63%	24.20%	37.84%	20.39%

第二节　按年龄构成的法律维度分析

一、按年龄构成的法律维度与总体的比较

为了对法律维度人文素质发展状况同总体状况进行比较，现将法律维度和总体的指标值和指数值汇总制表 8 – 12。

表 8 – 12　　　　　按年龄构成的法律维度指标和指数情况

年龄	总体指标值	标准偏差	总体指数值	法律维度指标值	与总体指标差值	法律维度标准偏差	法律维度指数值
青少年	75.30	9.3540	0.57	73.43	1.87	19.1224	0.42
中老年	75.77	9.1583	0.61	74.73	1.04	18.5183	0.49
总体	75.56	9.2485	0.59	74.15	1.41	18.7997	0.46

通过表 8 – 12 可以从总体上比较青少年和中老年两个年龄段法律维度人文素质发展状况与总体状况，两个年龄段之间的法律维度指标值总体差异不大，两个年龄段的法律维度指标值均低于 75，为 C^+ 级水平，且两个年龄段群体法律维度人文素质发展指数值低于 0.5，属于人文素质发展相对程度的Ⅳ级水平。两个年龄段中法律维度指标值和指数值均略低于总体指标值和指数值，但总体差异不显著。从指标值与平均值偏离程度看，两个年龄段的法律维度标准偏差均较大，几乎是总体指标值标准偏差的两倍。说明两个年龄段的法律维度人文素质发展水平差异性都较大。

二、按年龄构成的法律维度指标描述统计分析

在按年龄构成进行法律维度指标与总体指标比较分析的基础上，为进一步了解数据分布特征，我们采用 SPSS 软件作进一步探索性分析。

1. 按年龄构成的法律指标描述性统计分析

表 8 – 13　　　　　按年龄构成的法律指标描述统计分析

描述项目（岁）		青少年		中老年	
		Statistic	Std. Error	Statistic	Std. Error
平均值		73.4318	0.15920	74.7316	0.13773
95% 置信区间	上限	73.1197		74.4617	
	下限	73.7439		75.0016	
去除 5% 极端值均值		74.2661		75.5629	
中值		73.3320		76.1640	
方差		365.669		342.928	
标准偏差		19.12248		18.51830	

续表

描述项目（岁）	青少年		中老年	
	Statistic	Std. Error	Statistic	Std. Error
最小值	0.00		3.00	
最大值	100.00		100.00	
全距	100.00		97.00	
四分位数间距	26.6640		26.6640	
偏度系数	-0.476	0.020	-0.524	0.018
峰度系数	-0.428	0.041	-0.395	0.036

从表8-13可知，青少年和中老年的法律维度人文素质指标平均值差异为1.3，从指标值差异程度看，不同年龄法律维度人文素质总体差异不十分明显。从不同年龄段指标值的离散趋势看，通过方差和标准偏差及全距的比较，两个年龄段中中老年年龄段的指标值离散程度相对小于青少年年龄段指标值的离散程度，而且两者法律维度指标的离散程度差别不大。从数据分布来看，偏度系数和峰度均小于0，说明数据分布向左偏，且呈平峰分布，而且两个年龄段的偏度系数值差异不大。

2. 按年龄构成的法律指标正态性检验

假定两组数据均服从正态分布，则在此假定下作集中趋势的平稳测度（Resistant Measure），测度结果见表8-14，表中除了7~12岁年龄段之外的9个年龄段 sig. 值 $0.000 < \alpha$ 值 0.05，因此，可拒绝正态性的原假设。而7~12岁年龄段的 sig. 值 $0.096 > \alpha$，因此，可接受正态性的原假设。

表8-14　　　　　按年龄构成的法律指标正态性检验

	年龄	Kolmogorov-Smirnov（a）		
		Statistic	df	Sig.
法律指标	青少年	0.124	14 427	0.000
	中老年	0.137	18 077	0.000

a Lilliefors Significance Correction

3. 按年龄构成的道德指标方差齐性检验

表 8-15　　　　按年龄构成的法律指标方差齐性检验结果

		Levene Statistic	df1	df2	Sig.
法律指标	Based on Mean 基于均数	18.686	1	32 502	0.000
	Based on Median 基于中位数	18.481	1	32 502	0.000
	Based on Median and with adjusted df 基于调整自由度的中位数	18.481	1	32485 0.693	0.000
	Based on trimmed mean 基于截两端数据的调整均数	20.851	1	32 502	0.000

通过方差齐次性检验结果可知，4 个指标得到的显著性水平 Sig 值均小于 0.05，因此拒绝方差相等的零假设，即 10 个年龄段的方差不相等。

4. 按年龄构成的法律指标盒须图

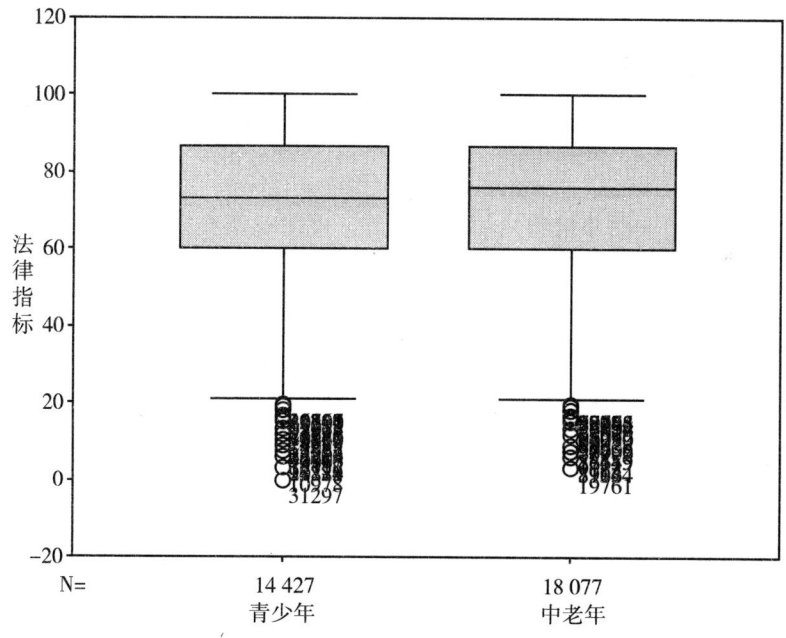

图 8-4　按年龄构成的法律指标盒须图

从图 8-4 可以看出，青少年和中老年两个年龄段的法律维度指标数据最集中，从盒上的中位数线来看，两个年龄段层次的中位数上下差异不明显。

三、按年龄构成的法律素质趋向分析

表8-16　　　　　按年龄构成的法律诉求调查结果表

问题 选项	问卷1-6：如果与他人有了激烈矛盾纠纷，你首先会想到的解决方法是	
	青少年	中老年
[1] 遵循法律和政策规定解决	60.6%	57.9%
[2] 找单位和领导帮助解决	34.5%	38.8%
[3] 通过恐吓、武力或其他施压方式解决	4.9%	3.4%

首先，从法律意识角度看，调查问卷在年龄划分的基础上，对不同年龄段在社会生活中诉求法律途径解决矛盾进行测度。表8-16对问卷1-6结果进行汇总，通过调查结果可以看出，青少年年龄段中有60.6%选择[1]，中老年年龄段选择[1]的比例为57.9%，这说明不同年龄对于诉求法律解决矛盾的比例占一半多，还有1/3左右更愿意选择行政方式解决矛盾；此外，中老年年龄段群体选择[2]的比例要比青少年群体高；而青少年中选择[3]的比例相对高于中老年群体。

表8-17　　　　　按年龄构成的法律性质认识情况调查结果表

问题 选项	问卷1-7：以下哪一条说的是法律	
	青少年	中老年
[1] 依靠党员模范带头作用而实施的行为规范	7.1%	8.2%
[2] 依靠国家的警察（公安机关）、法院等为后盾保障实施的行为规范	86.1%	86.0%
[3] 依靠社会舆论维持的行为规范	6.9%	5.8%

其次，从法律常识来看，通过问卷1-7对青少年和中老年的法律性质的认识情况进行测度的结果见表8-17，两个在年龄上截然对立的群体对正确选项[2]的选择比例总体差异很小，中老年群体选择[1]的比例要高于青少年，说明中老年群体对于发挥党员模范作用的认识比较牢固，但是依靠党员模范作用而实施的行为规范不能替代法律作用。青少年群体选择[3]的比例要高于中老年群体，说明青少年对于舆论监督的地位作用的认识较高，但是同样社会舆论也不能替代法律发挥作用。此外，通过问卷4-2对不同年龄段的法律常识认知情况

进行测度，问卷问题是：下面哪 5 项已经是中华人民共和国颁布的法律，通过表 8-18 可知，青少年和中老年两个年龄段群体 80% 以上对于法律和非法律能够准确识别，从两个年龄段比较来看，中老年群体对法律认知水平要高于青少年群体；从对 [1]、[3]、[4]、[5]、[9] 五部法律了解程度看，对 [1] 宪法的选择比例最高，对 [5] 继承法的选择比例最低。

表 8-18　　　　　按年龄构成的法律认知情况调查结果表

年龄	[1]宪法	[2]技法	[3]合同法	[4]民事诉讼法	[5]继承法	[6]研究法	[7]教学法	[8]工作法	[9]婚姻法	[10]优选法
青少年	92.6%	10.3%	88.7%	88.6%	83.6%	8.5%	17.6%	13.1%	91.1%	6.0%
中老年	95.0%	8.9%	91.2%	90.1%	88.2%	6.7%	13.1%	10.8%	92.1%	4.0%

最后，从法律行为来看，问卷设计时通过问卷 3-3 对男性和女性的法律行为倾向进行测度。问卷问题是：当你遇到法律问题时，通常会采取或采取过哪三种行为：[1] 总是遵守法律；[2] 对法律条文提出过建议；[3] 权利被侵害时打过官司；[4] 有时遵守法律；[5] 指出过别人的违法行为；[6] 权利被侵害时找侵害者索赔过；[7] 很少遵守法律；[8] 权利被侵害但怕麻烦没有打官司；[9] 参加过法律宣传活动；[10] 以上行为都没有（选此项的只选一项）。

表 8-19　　　　　按年龄构成的法律行为调查结果表

年龄	[1]总是遵守法律	[2]对法律条文提出过建议	[3]权利被侵害时打过官司	[4]有时遵守法律	[5]指出过别人的违法行为	[6]权利被侵害时找侵害者索赔过	[7]很少遵守法律	[8]权利被侵害但怕麻烦没有打官司	[9]参加过法律宣传活动	[10]以上行为都没有
青少年	55.8%	18.2%	20.8%	17.6%	43.0%	24.1%	4.3%	21.8%	37.2%	19.8%
中老年	62.3%	16.4%	23.3%	15.4%	43.3%	23.5%	3.4%	26.0%	37.4%	17.0%

通过表 8-19 可以看出青少年和中老年两个年龄段的法律行为总体趋向基本相同。中老年群体在遇到法律问题时选择遵守法律（即选择 [1]）的比例要高于青少年 6.5%，两个年龄段群体均有 1/3 以上参加过法律宣传活动（即选择 [9]）。但问卷显示，在权利受侵害时，随着年龄越大则选择打官司和因为怕麻烦而没有打官司的比例相对越高。因此综合来看，中老年群体在法律行为方面要比青少年群体更加积极主动。

第三节 按工龄构成的法律维度分析

一、按工龄构成的法律维度与总体的比较

根据调查中工龄划分，对不同工龄下法律维度人文素质发展状况同总体状况进行比较，现将六个工龄段的法律维度人文素质评价指标和指数值和总体指标值和指数值汇总制表8－20。

表8－20　　　　按工龄构成的法律维度指标和指数情况

工龄	总体指标值	标准偏差	总体指数值	法律维度指标值	与总体指标差值	法律维度标准偏差	法律维度指数值
10年	74.8912	9.4618	0.63	73.0722	1.819	19.1119	0.45
11~19年	76.3553	8.8033	0.72	75.2189	1.1364	18.3198	0.55
20~29年	76.5516	8.7057	0.73	75.9878	0.5638	18.0485	0.59
≥30年	76.7875	9.3001	0.75	76.2149	0.5726	18.4405	0.60
总体	75.5634	9.2485	0.67	74.1547	1.4087	18.7997	0.50

通过表8－20可以从总体上比较不同工龄群体法律维度人文素质发展状况与总体状况，从不同工龄法律维度人文素质评价指标和指数来看，工龄在11~19年、20~29年和30年以上的群体法律维度指标值超过75，为B级水平，法律维度人文素质发展指数值大于0.5，小于0.7，为人文素质发展程度Ⅲ级水平。工龄在10年以下的法律维度人文素质评价指标值均低于75，表明其法律素质处于C级水平，法律维度人文素质发展指数值小于0.5，为人文素质发展程度Ⅳ级水平。从法律维度与总体比较来看，不同工龄下的法律维度人文素质指标和指数均低于总体指标值和指数值，差别随着工龄年限的增长而逐渐缩小；无论是法律维度指标还是总体指标，指标值和指数值都随着工龄增长而逐渐提高，客观说明工龄长短对法律意识和法律行为的提高具有一定影响。同时，不同工龄下的法律维度指标离散程度约为总体离散程度的两倍。

二、按工龄构成的法律维度指标描述统计分析

在按工龄构成进行法律维度指标与总体指标比较分析的基础上,为进一步了解数据分布特征,我们采用 SPSS 软件做进一步探索性分析。

1. 按工龄构成的法律指标描述性统计分析

表 8-21　　　　　按工龄构成的法律指标描述统计分析

描述项目（年）		0~10	11~19	20~29	≥30
平均值		73.07	75.22	75.99	76.21
95%置信区间	上限	72.80	74.77	75.48	75.47
	下限	73.34	75.67	76.50	76.96
去除5%极端值均值		73.86	76.07	76.86	77.25
中值		73.33	77.50	80.66	82.00
方差		365.27	335.62	325.75	340.05
标准偏差		19.11	18.32	18.05	18.44
最小值		0.00	6.00	6.00	3.00
最大值		100.00	100.00	100.00	100.00
全距		100.00	94.00	94.00	97.00
四分位数间距		26.66	26.66	25.50	22.50
偏度系数		-0.45	-0.54	-0.58	-0.68
峰度系数		-0.49	-0.34	-0.28	-0.01

从表 8-21 可知,从不同工龄段的法律维度人文素质指标值的集中趋势来看,平均值随着工龄增长而增加,"去除 5% 极端值后的均值"的差异为 3.49 (77.25-73.86)。从离散程度来看,通过方差和标准偏差及全距的比较,4 个工龄段中指标值离散程度差异不大,但从四分位数间距值来看,随着工龄增加四分位数间距值变小,说明工龄越长其法律维度指标值相对越集中。从数据分布来看,偏度系数和峰度均小于 0,说明数据分布向左偏,且呈平峰分布。4 个工龄段的偏度系数值差异不大,峰度系数中工龄在 30 年以上的值为 -0.01,说明该工龄段的分布比较接近标准正态分布。

2. 按工龄构成的法律指标正态性检验

假定六组数据均服从正态分布，则在此假定下作集中趋势的平稳测度（Resistant Measure），测度结果见表 8 – 22，表中 6 个工龄段 sig. 值 0.000 < α 值 0.05，因此，可拒绝正态性的原假设。

表 8 – 22　　　　按工龄构成的法律指标正态性检验

	工龄	Kolmogorov-Smirnov（a）			Shapiro-Wilk		
		Statistic	df	Sig.	Statistic	df	Sig.
法律指标	10 年以下	0.122	18 918	0.000			
	11 ~ 19 年	0.139	6 455	0.000			
	20 ~ 29 年	0.149	4 763	0.000	0.937	4 763	0.000
	30 年以上	0.144	2 368	0.000	0.934	2 368	0.000

a　Lilliefors Significance Correction

3. 按工龄构成的法律指标方差齐性检验

表 8 – 23　　　　按工龄构成的法律指标方差齐性检验结果

		Levene Statistic	df1	df2	Sig.
法律指标	Based on Mean 基于均数	12.885	3	32 500	0.000
	Based on Median 基于中位数	15.511	3	32 500	0.000
	Based on Median and with adjusted df 基于调整自由度的中位数	15.511	3	32 255.362	0.000
	Based on trimmed mean 基于截两端数据的调整均数	14.716	3	32 500	0.000

通过方差齐次性检验结果可知，4 个指标得到的显著性水平 Sig 值均小于 0.05，因此拒绝方差相等的零假设，即 6 个工龄段的方差不相等。

4. 按工龄构成的法律指标盒须图

首先，从盒长来看，工龄在 30 年以上的盒长最小，说明该工龄段的法律维度指标数据最集中；其次，从盒上的中位数线来看，不同工龄的中位数上下差异明显，工龄越长中位数线越靠上；最后，通过图 8 – 5 中的须长可知，无工龄的须长最长，而工龄越长，须长相对越短。

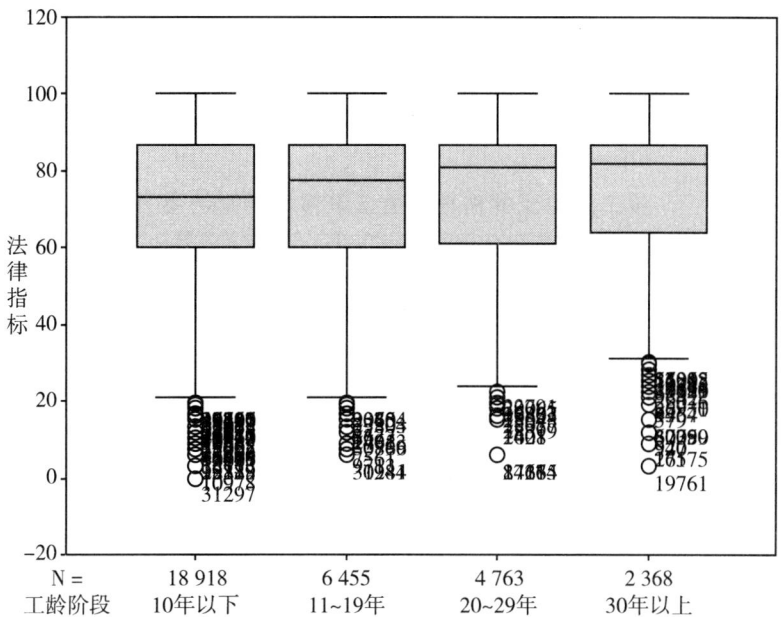

图 8-5　按工龄构成的法律指标盒须图

三、按工龄构成的法律素质趋向分析

表 8-24　　　　按工龄构成的法律诉求调查结果表

选项 \ 问题	问卷 1-6：与他人有了激烈矛盾纠纷，你首先会想到的解决方法是：			
	≤10 年	11~19 年	20~29 年	≥30 年
[1] 遵循法律和政策规定解决	60.2%	59.5%	57.4%	57.9%
[2] 找单位和领导帮助解决	35.3%	37.3%	40.1%	37.1%
[3] 通过恐吓、武力或其他施压方式解决	4.5%	3.2%	2.5%	5.0%

首先，从法律意识角度看，调查问卷在工龄划分的基础上，对不同工龄段在社会生活中诉求法律途径解决矛盾进行测度。表 8-24 对问卷 1-6 结果进行汇总，通过调查结果可以看出，不同工龄段中均有 57% 以上选择 [1]，选择 [1] 比例最低的为工龄在 20~29 年之间的，最高为工龄在 10 年以下的，这说明工龄长反而诉求法律解决矛盾的比例相对越低，总体来看不同工龄对于诉求法律解决

矛盾的比例仅占一半多一些，还有相当比例更愿意选择行政方式解决矛盾。此外，随着工龄增长，选择［2］的比例逐步提高，说明随着工龄增加，更倾向于寻求行政手段解决矛盾；工龄在10年以下的选择［3］的比例相对高些，工龄段在20~29年的选择［3］的比例最低。

表8-25　　按工龄构成的法律性质认识情况调查结果表

问题 选项	问卷1-7：以下哪一条说的是法律			
	≤10年	11~19年	20~29年	≥30年
［1］依靠党员模范带头作用而实施的行为规范	7.6%	6.2%	7.9%	8.9%
［2］依靠国家的警察（公安机关）、法院等为后盾保障实施的行为规范	85.9%	88.2%	86.3%	84.3%
［3］依靠社会舆论维持的行为规范	6.5%	5.6%	5.8%	6.8%

其次，从法律常识来看，通过问卷1-7对不同工龄法律性质的认识情况进行测度的结果见表8-25，四个工龄段中选择正确选项［2］的比例差异不大，选择的比例随着工龄增长先增长，到工龄为11~19年达到最高值88.2%，随后递减，说明法律认识不完全随着工龄增长而提高。此外，通过问卷4-2对不同工龄段的法律常识认知情况进行测度，问卷问题是：下面哪5项已经是中华人民共和国颁布的法律，通过表8-26可知，不同工龄段大多能对法律和非法律能够准确识别，从不同工龄段比较来看，随着工龄增长法律认知水平越高；从对［1］、［3］、［4］、［5］、［9］五部法律了解程度看，对［1］宪法的选择比例最多，对［5］继承法的选择比例最低。

表8-26　　按工龄构成的法律认知情况调查结果表

工龄	［1］宪法	［2］技法	［3］合同法	［4］民事诉讼法	［5］继承法	［6］研究法	［7］教学法	［8］工作法	［9］婚姻法	［10］优选法
≤10年	92.6%	89.2%	89.3%	88.4%	84.3%	8.4%	16.5%	13.4%	90.7%	5.6%
11~19年	95.5%	91.9%	91.9%	91.1%	88.9%	6.3%	11.6%	9.9%	92.8%	4.0%
20~29年	96.0%	92.4%	92.6%	91.5%	90.1%	5.4%	11.2%	9.3%	93.1%	3.1%
≥30年	93.5%	90.4%	88.7%	88.3%	84.7%	8.1%	17.9%	12.3%	91.4%	5.5%

最后，从法律行为来看，问卷设计时通过问卷3-3对不同工龄段的法律行为倾向进行测度。问卷问题是：当你遇到法律问题时，通常会采取或采取过

哪三种行为：[1]总是遵守法律；[2]对法律条文提出过建议；[3]权利被侵害时打过官司；[4]有时遵守法律；[5]指出过别人的违法行为；[6]权利被侵害时找侵害者索赔过；[7]很少遵守法律；[8]权利被侵害但怕麻烦没有打官司；[9]参加过法律宣传活动；[10]以上行为都没有（选此项的只选一项）。

表8-27　　　　　按工龄构成的法律行为调查结果表

工龄	[1]总是遵守法律	[2]对法律条文提出过建议	[3]权利被侵害时打过官司	[4]有时遵守法律	[5]指出过别人的违法行为	[6]权利被侵害时找侵害者索赔过	[7]很少遵守法律	[8]权利被侵害但怕麻烦没有打官司	[9]参加过法律宣传活动	[10]以上行为都没有
≤10年	56.6%	17.1%	22.9%	17.6%	42.6%	25.3%	4.4%	23.6%	35.8%	18.7%
11~19年	61.4%	16.2%	22.7%	15.4%	43.7%	24.3%	3.2%	27.0%	38.0%	16.5%
20~29年	66.4%	15.9%	22.4%	14.1%	43.6%	21.6%	3.3%	25.0%	41.6%	16.1%
≥30年	58.3%	18.7%	20.4%	16.5%	43.3%	22.2%	3.7%	22.1%	36.7%	20.1%

通过表8-27可以看出不同工龄段的法律行为总体趋向基本相同。随着工龄增加选择遵守法律的比例逐步增加，平均60%左右在遇到法律问题时会选择遵守法律（即选择[1]）；有1/3以上参加过法律宣传活动（即选择[9]）。但问卷显示，在权利受侵害时，工龄在10年以下的选择打官司的比例相对较高，工龄在11~19年的选择[8]权利被侵害但怕麻烦没有打官司的比例最高。综合来看，工龄较长的在遵守法律方面要比工龄短的更加积极主动，而工龄在10年以下的法律行为更加积极。

第四节　按学历构成的法律维度分析

一、按学历构成的法律维度与总体的比较

根据调查过程中学历层次划分标准，为了对不同学历法律维度人文素质发展状况同总体状况进行比较，现按不同学历将法律维度人文素质评价指标和指数值

与总体的指标值和指数值汇总制表 8-28。

表 8-28　　　　按学历构成的法律维度指标和指数情况

学历	总体指标值	标准偏差	总体指数值	法律维度指标值	与总体指标差值	法律维度标准偏差	法律维度指数值
小学	65.6047	10.9068	-0.77	63.7762	1.8285	20.1760	-0.43
中学	72.9321	9.5372	0.11	70.5800	2.3521	19.3164	0.04
大学	78.1737	7.7451	0.72	77.5732	0.6005	17.4776	0.52
研究生	78.7649	7.6533	0.79	77.6790	1.1501	17.5809	0.53
总体	75.5634	9.2485	0.59	74.1547	1.4087	18.7997	0.46

通过表 8-28 可以从总体上比较不同学历群体法律维度人文素质发展状况与总体状况，从不同学历法律维度人文素质评价指标和指数来看，学历在大学以上的群体法律维度指标值超过 75，为 B⁻ 级水平，法律维度人文素质发展指数值大于 0.7，小于 0.9，为人文素质发展程度 Ⅱ 级水平，同时，从表可知大学、研究生学历群体的指标值和指数值差异不大。小学和中学学历的法律维度人文素质评价指标值均低于 75，其法律维度人文素质评价指标处于 C 级水平，法律维度人文素质发展指数值小于 0.3，为人文素质发展程度 Ⅴ 级水平。从法律维度与总体比较来看，不同学历下的法律维度人文素质指标和指数均低于总体指标值和指数值，差别随着学历年限的增长而逐渐缩小；无论是法律维度还是总体，指标值和指数值都随着学历增长而逐渐提高，研究生学历达到最大值，客观说明学历高低对法律意识和法律行为的提高具有一定影响。同时，不同学历下的法律维度指标离散程度约为总体离散程度的两倍。

二、按学历构成的法律维度指标描述统计分析

在按学历构成进行法律维度指标与总体指标比较分析的基础上，为进一步了解数据分布特征，我们采用 SPSS 软件作进一步探索性分析。

1. 按学历构成的法律指标描述性统计分析

表 8-29　　　　按学历构成的法律指标描述统计分析

描述项目（年）		小学	中学	大学	研究生
平均值		63.78	70.58	77.57	77.68
95% 置信区间	上限	62.64	70.25	77.30	76.95
	下限	64.91	70.91	77.85	78.41
去除 5% 极端值均值		64.17	71.22	78.46	78.54
中值		64.33	71.66	83.66	83.66
方差		407.07	373.12	305.47	309.09
标准偏差		20.18	19.32	17.48	17.58
最小值		6.00	0.00	6.00	9.00
最大值		100.00	100.00	100.00	100.00
全距		94.00	100.00	94.00	91.00
四分位数间距		30.00	29.66	21.00	26.66
偏度系数		-0.25	-0.37	-0.59	-0.55
峰度系数		-0.59	-0.52	-0.33	-0.45

从表 8-29 可知，从不同学历的法律维度人文素质指标值的集中趋势来看，平均值随着学历增长而增加，研究生学历达到最大值。从离散程度来看，通过方差和标准偏差及全距的比较，四个学历段中指标值离散程度有一定差异，学历越高离散程度越小。如：从四分位数间距值来看，随着学历增加四分位数间距值变小。从数据分布来看，偏度系数和峰度均小于 0，说明数据分布向左偏，且呈平峰分布。

2. 按学历构成的法律指标正态性检验

假定六组数据均服从正态分布，则在此假定下作集中趋势的平稳测度（Resistant Measure），测度结果见表 8-30，表中六个学历段 sig. 值 0.000 < α 值 0.05，因此，可拒绝正态性的原假设。

表 8-30 按学历构成的法律指标正态性检验

	学历	Kolmogorov-Smirnov（a）			Shapiro-Wilk		
		Statistic	df	Sig.	Statistic	df	Sig.
法律指标	小学	0.064	1 219	0.000	0.982	1 219	0.000
	中学	0.098	13 518	0.000			
	大学	0.157	15 514	0.000			
	研究生	0.159	2 253	0.000	0.925	2 253	0.000

a Lilliefors Significance Correction

3. 按学历构成的法律指标方差齐性检验

表 8-31 按学历构成的法律指标方差齐性检验结果

		Levene Statistic	df1	df2	Sig.
法律指标	Based on Mean 基于均数	43.809	3	32 500	0.000
	Based on Median 基于中位数	56.080	3	32 500	0.000
	Based on Median and with adjusted df 基于调整自由度的中位数	56.080	3	32 395 0.601	0.000
	Based on trimmed mean 基于截两端数据的调整均数	45.505	3	32 500	0.000

通过方差齐次性检验结果可知，4 个指标得到的显著性水平 Sig 值均小于 0.05，因此拒绝方差相等的零假设，即 4 个学历段的方差不相等。

4. 按学历构成的法律指标盒须图

首先，从盒长来看，大学（含大专）学历的盒长最短，说明该学历段的法律维度指标数据最集中。其次，从盒上的中位数线来看，不同学历的中位数上下差异明显，学历越高中位数线越靠上，从图 8-6 中可以看出大学学历和研究生学历的中位线差别不大；此外，通过图中的须长可知，小学学历的须长最长，而学历越高，须长相对越短。图中除了小学学历之外，中学、大学和研究生调查结果中均有"奇异值"出现。

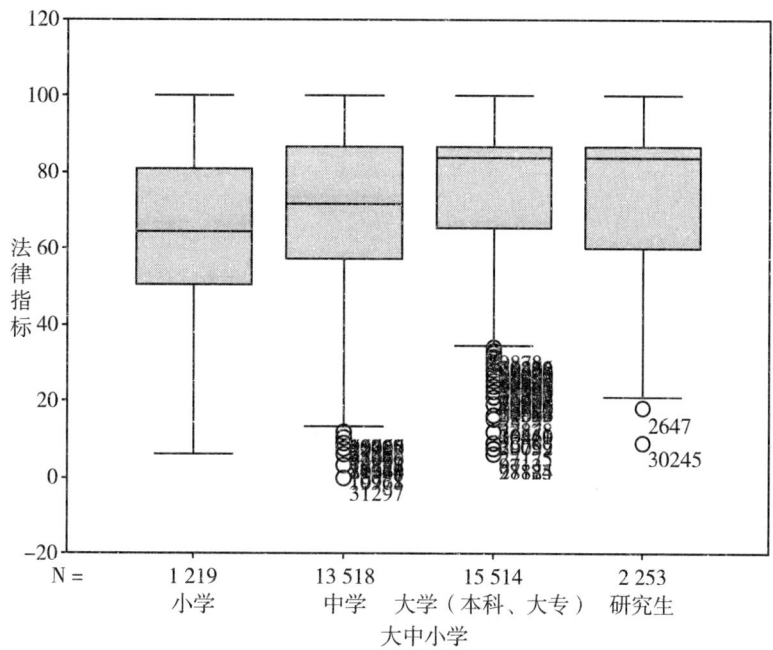

图 8-6　按学历构成的法律指标盒须图

三、按学历构成的法律素质趋向分析

表 8-32　　　　按学历构成的法律诉求调查结果表

选项	问题	问卷 1-6：与他人有了激烈矛盾纠纷，你首先会想到的解决方法是			
		小学	中学	大学	研究生
[1] 遵循法律和政策规定解决		44.6%	51.6%	65.2%	69.5%
[2] 找单位和领导帮助解决		44.5%	43.1%	32.2%	27.7%
[3] 通过恐吓、武力或其他施压方式解决		10.9%	5.3%	2.6%	2.8%

首先，从法律意识角度看，调查问卷在学历划分的基础上，对不同学历段在社会生活中诉求法律途径解决矛盾进行测度。通过表 8-32 可以看出，对不同学历在遇到矛盾诉求法律解决的倾向测度中得出这样结论，即学历越高，选择 [1] 的比例越高，研究生学历达到最高，为 69.5%，小学学历选择比例最低，为 44.6%，同样，学历越低选择 [2] 和 [3] 比例越高，说明学历越低，越倾

向于寻求行政手段或其他方式解决矛盾。

表 8-33　按学历构成的法律性质认识情况调查结果表

问题 选项	问卷 1-7：以下哪一条说的是法律			
	小学	中学	大学	研究生
[1] 依靠党员模范带头作用而实施的行为规范	19.4%	9.4%	5.8%	4.3%
[2] 依靠国家的警察（公安机关）、法院等为后盾保障实施的行为规范	67.5%	82.5%	89.6%	91.9%
[3] 依靠社会舆论维持的行为规范	13.1%	8.1%	4.6%	3.7%

其次，从法律常识来看，通过问卷 1-7 对不同学历法律性质的认识情况进行测度的结果见表 8-33，四个不同学历段中选择正确选项 [2] 的比例差异很大，选择的比例随着学历层次提高而比例增长，小学学历选择 [2] 的比例为 67.5%，研究生学历选择 [2] 的比例为 91.9%，说明对法律认识水平随着学历增长而提高。此外，通过问卷 4-2 对不同学历段的法律常识认知情况进行测度，问卷问题是：下面哪 5 项已经是中华人民共和国颁布的法律，通过表 8-34 可知，大学以上学历 90% 以上对法律和非法律能够准确识别，从不同学历比较来看，随着学历增长法律认知水平越高；从对 [1]、[3]、[4]、[5]、[9] 五部法律了解程度看，对 [1] 宪法的选择比例最多，对 [5] 继承法的选择比例最低。

表 8-34　按学历构成的法律认知情况调查结果表

学历	[1] 宪法	[2] 技法	[3] 合同法	[4] 民事诉讼法	[5] 继承法	[6] 研究法	[7] 教学法	[8] 工作法	[9] 婚姻法	[10] 优选法
小学	80.9%	24.9%	77.0%	71.0%	74.4%	19.9%	31.4%	29.6%	77.2%	13.8%
中学	91.8%	13.1%	86.1%	85.3%	81.9%	9.9%	21.2%	15.8%	88.9%	6.2%
大学	96.5%	5.9%	93.9%	93.7%	90.0%	4.8%	9.5%	7.6%	94.8%	3.2%
研究生	96.4%	4.6%	95.2%	94.3%	91.3%	4.8%	8.2%	7.2%	94.1%	4.0%

最后，从法律行为来看，问卷设计时通过问卷 3-3 对不同学历群体的法律行为倾向进行测度。问卷问题是：当你遇到法律问题时，通常会采取或采取过哪三种行为：[1] 总是遵守法律；[2] 对法律条文提出过建议；[3] 权利被侵害时打过官司；[4] 有时遵守法律；[5] 指出过别人的违法行为；[6] 权利被侵害时找侵害者索赔过；[7] 很少遵守法律；[8] 权利被侵害但怕麻烦没有打官司；[9] 参加过法律宣传活动；[10] 以上行为都没有（选此项的只选一项）。

表 8-35　　　　　按学历构成的法律行为调查结果表

学历	[1]总是遵守法律	[2]对法律条文提出过建议	[3]权利被侵害时打过官司	[4]有时遵守法律	[5]指出过别人的违法行为	[6]权利被侵害时找侵害者索赔过	[7]很少遵守法律	[8]权利被侵害但怕麻烦没有打官司	[9]参加过法律宣传活动	[10]以上行为都没有
小学	53.4%	17.2%	26.3%	23.7%	36.5%	26.3%	8.4%	25.8%	22.1%	20.9%
中学	55.9%	16.5%	23.4%	19.0%	41.0%	23.9%	4.8%	23.2%	32.3%	20.8%
大学	63.1%	17.1%	21.1%	13.9%	45.6%	23.3%	2.7%	24.5%	42.4%	16.0%
研究生	58.5%	21.5%	20.0%	14.0%	42.5%	24.5%	2.7%	25.9%	40.6%	17.2%

通过表 8-35 可以看出不同学历的法律行为总体趋向基本相同。随着学历增加选择遵守法律的比例逐步增加，大学学历在遇到法律问题时会选择遵守法律（即选择 [1]）的比例占 63.1%，小学学历在遇到法律问题时会选择遵守法律（即选择 [1]）的比例占 53.4%；有 1/3 以上参加过法律宣传活动（即选择 [9]）。但问卷显示，在权利受侵害时，小学学历和研究生学历的选择打官司的比例相对较高。综合来看，学历较高的在遵守法律方面要比学历低的更加积极主动。

第五节　按群体构成的法律维度分析

本节在对群体总体评价的基础上，对不同群体的法律维度人文素质指标和指数与总体指标和指数进行分析比较，分析按大群体构成的法律素质总体分布与总体人文素质发展情况的差异，同时比较不同群体之间的差异；对不同群体的法律维度指标进行描述性统计分析；根据不同群体对调查问卷反馈结果分析不同群体的法律行为趋向。

一、按群体构成的法律维度与总体比较

根据调查结果计算出来的指标值，我们采用 SPSS 软件进行按照群体构成的样本基本情况汇总并制成表 8-36。

表 8-36　　　　　　　按群体构成的法律维度指标情况

大群体	总体指标值	标准偏差	总体指数值	法律维度指标值	与总体指标差值	法律维度标准偏差	法律维度指数值
农民	69.1724	10.6075	0.05	66.7599	2.4125	19.8963	0.08
工人	73.1894	9.3709	0.40	70.6568	2.5326	18.8684	0.28
企管人员	76.3008	8.4963	0.65	74.9529	1.3479	17.9571	0.50
商业人员	73.8814	9.2501	0.46	71.3700	2.5114	18.8138	0.32
公务员	78.9989	7.8759	0.85	82.2286	-3.2297	16.2188	0.88
教师	78.7867	7.2311	0.87	77.0561	1.7306	16.7619	0.61
学生	78.0446	7.6653	0.81	76.0042	2.0404	18.0935	0.56
文化卫生从业人员	75.6004	8.5891	0.60	74.1380	1.4624	18.6178	0.46
第三部门从业人员	76.2230	9.0325	0.64	75.3536	0.8694	18.6655	0.52
科技人员	77.7484	8.4751	0.78	75.4717	2.2767	18.5664	0.53
其他	70.9353	10.6437	0.20	68.9933	1.942	20.4789	0.20
总体	75.5634	9.2485	0.59	74.1547	1.4087	18.7997	0.46

根据表 8-36 内容，首先从不同群体的法律维度指标和指数来看，不同群体的法律维度指标值最高为公务员群体 82.2286，最低为农民群体 66.7599，其中指标值在 75~90 之间有 5 个群体，为 B 级水平，其余群体均为 C 级水平；不同群体的法律维度指数值在 0.7~0.9 之间的为公务员群体 0.88，人文素质发展程度为 II 级，指数值在 0.5~0.7 之间的有四个群体，人文素质发展程度为 III 级，指数值在 0.3~0.5 之间的有三个群体，人文素质发展程度为 IV 级，指数值小于 0.3 的有三个群体，人文素质发展程度为 V 级。可见，不同群体的人文素质发展具有明显差异。其次，从不同群体的法律维度指标值与总体指标的比较来看，不同群体的法律素质指标与总体指标都存在一定差距，其中差距最大的为公务员群体比总体指标高 3.2297，差距最小的为第三部门从业人员比总体指标低 0.8694，这说明除了公务员群体之外的其他群体法律素质状况总体低于总体的人文素质发展程度。从每个大群体之内样本差异来看，不同群体样本的离散程度差异较小，标准偏差在 16.2188.66~20.4789 之间，说明不同群体内样本个体的法律素质差异较小。为进一步比较，将不同群体人文素质总体指标、法律指标和法律指标的标准差进行排序，见表 8-37。

表 8-37　　　　按群体构成的法律维度相关指标排序表

总体指标排序		法律指标排序		法律标准差排序	
公务员	78.9989	公务员	82.2286	公务员	16.2188
教师	78.7867	教师	77.0561	教师	16.7619
学生	78.0446	学生	76.0042	企管人员	17.9571
科技人员	77.7484	科技人员	75.4717	学生	18.0935
企管人员	76.3008	第三部门从业人员	75.3536	科技人员	18.5664
第三部门从业人员	76.223	企管人员	74.9529	文化卫生从业人员	18.6178
文化卫生从业人员	75.6004	文化卫生从业人员	74.138	第三部门从业人员	18.6655
商业人员	73.8814	商业人员	71.37	商业人员	18.8138
工人	73.1894	工人	70.6568	工人	18.8684
其他	70.9353	其他	68.9933	农民	19.8963
农民	69.1724	农民	66.7599	其他	20.4789

从表 8-37 中可以发现，不同群体中，人文素质发展总体指标和法律维度指标比较来看，公务员、教师、学生和科技人员处于前四位，而农民、其他人员、工人和商业人员处于后四位；在法律标准差排序中，我们采用升序排列，因为标准差越大说明群体内抽取样本的指标值离散程度越大，在这一列中，公务员、教师、企管人员、学生排在前四位，说明企业管理人员法律维度指标值比科技人员指标值相对集中。可见，从大群体的法律维度发展程度来看，公务员、教师、学生和科技人员四个群体无论从指标的绝对值还是从对比的相对数都是属于领先的，这与道德维度人文素质指标排列顺序基本一致。

二、按群体构成的法律维度指标描述统计分析

从前面总体对比分析可知基于 11 个群体的法律维度指标存在一定差异，为进一步分析，我们采用 SPSS11.5 版本统计软件运用 "analyze→descriptive statistics→explore" 对法律维度按照 11 个群体构成进行深入分析，分析输出结论如下：

1. 按群体构成的法律指标描述性统计分析

表8-38　　按群体构成的法律指标描述统计分析

描述项目		农民	工人	企管	商业	公务员	教师
Mean 平均值		66.76	70.66	74.95	71.37	82.23	77.06
95% Confidence Interval for Mean 95%置信区间	Lower Bound 下限	65.93	69.86	74.20	70.73	81.55	76.48
	Upper Bound 上限	67.59	71.45	75.71	72.01	82.91	77.63
5% Trimmed Mean 去除5%极端值后的均值		67.28	71.21	75.68	72.00	83.51	77.82
Median 中值		68.66	71.66	73.33	71.66	86.66	83.50
Variance 方差		396	356	322	354	263	281
Std. Deviation 标准偏差		19.9	18.9	18.0	18.8	16.2	16.8
Minimum 最小值		6.00	9.00	18.00	6.00	3.00	6.00
Maximum 最大值		100	100	100	100	100	100
Range 全距		94	91	82	94	97	94
Interquartile Range 四分位数间距		30.00	28.33	26.66	28.33	28.33	20.83
Skewness 偏度系数		-0.31	-0.36	-0.43	-0.39	-0.92	-0.52
Kurtosis 峰度系数		-0.53	-0.58	-0.57	-0.47	0.63	-0.36
描述项目		学生	文卫	三部门	科技	其他	总体
Mean 平均值		76.00	74.14	75.35	75.47	68.99	75.56
95% Confidence Interval for Mean 95%置信区间	Lower Bound 下限	75.38	73.59	74.89	74.36	68.13	75.46
	Upper Bound 上限	76.62	74.69	75.81	76.58	69.86	75.66
5% Trimmed Mean 去除5%极端值后的均值		76.81	74.92	76.24	76.30	69.70	76.10
Median 中值		79.91	76.00	79.16	80.66	71.66	77.15
Variance 方差		327	347	348	345	419	85.54
Std. Deviation 标准偏差		18.1	18.6	18.7	18.6	20.5	9.25
Minimum 最小值		9.00	3.00	6.00	6.00	0.00	18.50
Maximum 最大值		100	100	100	100	100	98.08
Range 全距		91	97	94	94	100	79.58
Interquartile Range 四分位数间距		26.66	26.66	26.66	26.66	31.33	11.41
Skewness 偏度系数		-0.49	-0.50	-0.55	-0.54	-0.31	-0.90
Kurtosis 峰度系数		-0.47	-0.50	-0.39	-0.40	-0.56	0.81

表 8-38 详细列出了不同群体的描述性统计结果，除了均值、标准差、全距我们在前面已经做了比较之外，我们再对去除 5% 极端值之后的均值进行不同群体样本数据的集中趋势比较，我们从表 8-38 看到去除 5% 极端值后的均值仍旧差别较大，最大值 83.51 为公务员群体，最小值 67.28 为农民群体，表明不同群体的法律素质平均水平具有一定差异，这种差异通过指标绝对值的差别表现得比较明显；其次，从离散趋势来看，不同群体之间的总体差异也比较明显，除了标准差、方差值之间差异明显之外，从 11 个群体四分位数间距值来看，11 个群体的四分位数间距值均大于总体平均值 11.41，这说明各群体的第 25 和第 75 个百分点之间的法律维度人文素质指标数据值相对分散。最后，从样本数据的分布形态来看，11 个群体的偏度系数均小于 0，说明数据均呈左偏分布，而除了公务员群体之外的峰度系数均小于 0（公务员群体大于 0），呈平峰分布；公务员群体的峰度系数小于 0，呈尖峰分布。

2. 按群体构成的法律指标正态性检验

假定 11 组数据均服从正态分布，则在此假定下做集中趋势的平稳测度（Resistant Measure），测度结果见表 8-39，由表中 sig. 值 $0.000 < \alpha$ 值 0.05，因此，可拒绝正态性的原假设。

表 8-39　　　　　　按群体构成的法律指标正态性检验

	大群体	Kolmogorov-Smirnov (a)			Shapiro-Wilk		
		Statistic	df	Sig.	Statistic	df	Sig.
法律指标	农民	0.069	2 192	0.000	0.977	2 192	0.000
	工人	0.108	2 179	0.000	0.961	2 179	0.000
	企管人员	0.135	2 182	0.000	0.946	2 182	0.000
	商业人员	0.110	3 276	0.000	0.961	3 276	0.000
	公务员	0.171	2 190	0.000	0.892	2 190	0.000
	教师	0.153	3 307	0.000	0.938	3 307	0.000
	学生	0.139	3 268	0.000	0.939	3 268	0.000
	文化卫生从业人员	0.139	4 361	0.000	0.945	4361	0.000
	第三部门从业人员	0.141	6 329	0.000			
	科技人员	0.155	1 080	0.000	0.933	1 080	0.000
	其他	0.093	2 140	0.000	0.965	2 140	0.000

a　Lilliefors Significance Correction

3. 按群体构成的法律指标方差齐性检验

表 8-40　　　按群体构成的法律指标方差齐性检验结果

		Levene Statistic	df1	df2	Sig.
法律指标	Based on Mean 基于均数	26.247	10	32 493	0.000
	Based on Median 基于中位数	29.246	10	32 493	0.000
	Based on Median and with adjusted df 基于调整自由度的中位数	29.246	10	32 234.887	0.000
	Based on trimmed mean 基于截两端数据的调整均数	28.749	10	32 493	0.000

通过方差齐次性检验结果可知，4个指标得到的显著性水平 Sig 值均为 0.000，小于 0.05，因此拒绝方差相等的零假设，即不同群体的法律指标方差不相等。

4. 按群体构成的法律指标盒须图

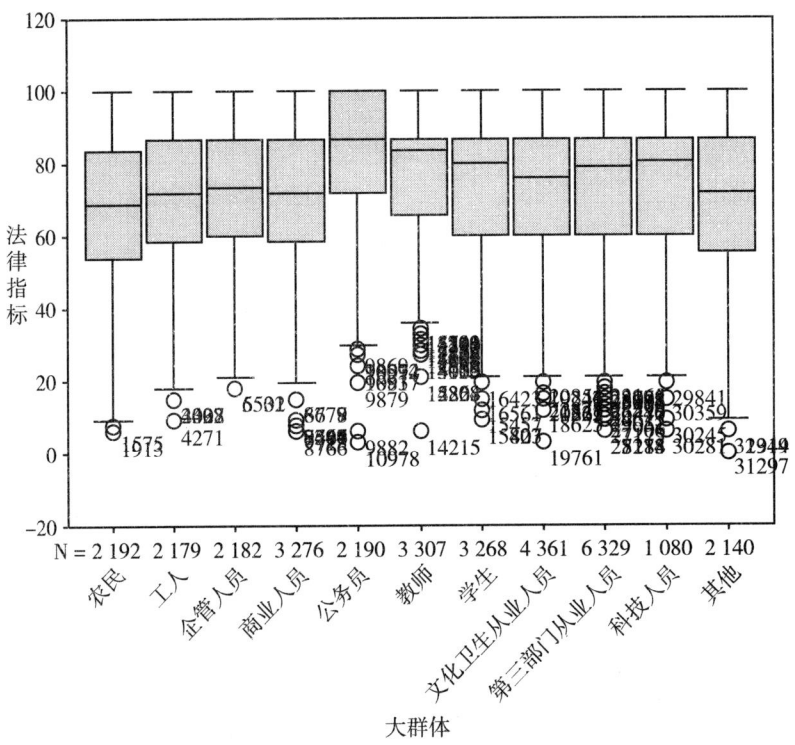

图 8-7　按群体构成的法律指标盒须图

从图 8-7 可以看到,第一,从盒长来看,教师群体的盒长最小,说明教师群体的法律维度指标数据最集中;第二,从盒上的中位数线来看,11 个群体中公务员群体的中位数线明显偏高,其他群体中位线上下差别也较明显;第三,通过盒须图可知,农民和其他两个群体在盒须图中须长最长,而教师的须长最短;第四,图中各群体的指标都没有最大极端值。

三、按群体构成的法律素质趋向分析

表 8-41　　　　按群体构成的法律诉求调查结果表

大群体	[1] 遵循法律和政策规定解决	[2] 找单位和领导帮助解决	[3] 通过恐吓、武力或其他施压方式解决
农民	46.85%	44.80%	8.35%
工人	48.37%	47.82%	3.81%
企管人员	59.30%	37.21%	3.48%
商业人员	55.49%	40.17%	4.33%
公务员	69.00%	29.04%	1.96%
教师	63.14%	35.02%	1.84%
学生	64.08%	32.22%	3.70%
文化卫生从业人员	57.65%	37.97%	4.38%
第三部门从业人员	61.56%	35.00%	3.44%
科技人员	63.70%	32.78%	3.52%
其他	56.59%	35.70%	7.71%

首先,从法律意识角度看,调查问卷在群体划分的基础上,对不同群体段在社会生活中诉求法律途径解决矛盾进行测度。通过表 8-41 中对问卷 1-6(与他人有了激烈矛盾纠纷,你首先会想到的解决方法是)的选择结果可以看出,对不同群体在遇到矛盾诉求法律解决的倾向测度中得出这样结论,即公务员、学生、教师和科技人员群体选择 [1] 的比例超过 60%,农民群体选择 [1] 比例最低,为 46.85%。

表 8-42　　按群体构成的法律性质认识情况调查结果表

大群体	[1] 依靠党员模范带头作用而实施的行为规范	[2] 依靠国家的警察（公安机关）、法院等为后盾保障实施的行为规范	[3] 依靠社会舆论维持的行为规范
农民	14.37%	73.54%	12.09%
工人	9.45%	83.71%	6.84%
企管人员	7.56%	87.81%	4.63%
商业人员	8.36%	84.43%	7.20%
公务员	6.39%	89.41%	4.20%
教师	5.20%	89.84%	4.96%
学生	4.96%	90.09%	4.96%
文化卫生从业人员	6.81%	87.50%	5.69%
第三部门从业人员	7.99%	85.91%	6.10%
科技人员	6.48%	89.35%	4.17%
其他	9.21%	81.54%	9.25%

其次，从法律常识来看，通过问卷 1-7 对不同群体法律性质的认识情况进行测度的结果见表 8-42，学生群体中选择正确选项 [2] 的比例最高，为 90.09%，农民群体选择 [2] 的比例最低，为 73.54%，说明不同群体对法律认识水平具有一定差异。此外，通过问卷 4-2 对不同群体的法律常识认知情况进行测度，问卷问题是：下面哪 5 项已经是中华人民共和国颁布的法律，通过表 8-43 可知，除了农民和其他群体之外的 9 个群体 85% 以上对法律和非法律能够准确识别，从不同群体比较来看，对 [1]、[3]、[4]、[5]、[9] 五部法律了解程度看，对 [1] 宪法的选择比例最高，对 [5] 继承法的选择比例最低。

表 8-43　　按群体构成的法律认知情况调查结果表

大群体	[1] 宪法	[2] 技法	[3] 合同法	[4] 民事诉讼法	[5] 继承法	[6] 研究法	[7] 教学法	[8] 工作法	[9] 婚姻法	[10] 优选法
农民	84.85%	17.97%	82.12%	76.23%	76.14%	14.10%	31.34%	24.22%	83.03%	9.99%
工人	93.85%	11.84%	89.22%	86.23%	84.21%	7.85%	17.85%	12.02%	91.51%	5.42%
企管人员	96.20%	6.97%	92.85%	90.47%	90.93%	5.09%	11.04%	9.35%	93.58%	3.53%
商业人员	93.01%	11.17%	89.56%	86.57%	83.52%	8.30%	17.89%	13.83%	91.15%	5.01%

续表

大群体	[1] 宪法	[2] 技法	[3] 合同法	[4] 民事诉讼法	[5] 继承法	[6] 研究法	[7] 教学法	[8] 工作法	[9] 婚姻法	[10] 优选法
公务员	96.76%	5.11%	95.66%	95.71%	91.42%	4.11%	7.35%	5.07%	95.30%	3.52%
教师	95.92%	5.17%	92.89%	94.25%	90.17%	4.66%	10.83%	7.83%	95.07%	3.21%
学生	95.75%	5.69%	91.83%	92.41%	86.90%	5.78%	13.68%	8.87%	94.28%	4.80%
文卫人员	94.06%	9.95%	89.52%	89.27%	85.19%	8.00%	15.75%	12.34%	91.49%	4.43%
第三部门	94.49%	9.32%	90.44%	90.95%	86.55%	7.33%	13.08%	11.91%	91.04%	4.88%
科技人员	95.56%	8.24%	93.06%	92.87%	89.44%	6.94%	9.54%	8.43%	93.33%	2.59%
其他	90.75%	15.98%	83.69%	84.58%	83.74%	11.68%	19.53%	16.07%	87.48%	6.50%

最后，从法律行为来看，问卷设计时通过问卷对男性和女性的法律行为倾向进行测度。问卷问题是：当你遇到法律问题时，通常会采取或采取过哪三种行为：[1] 总是遵守法律；[2] 对法律条文提出过建议；[3] 权利被侵害时打过官司；[4] 有时遵守法律；[5] 指出过别人的违法行为；[6] 权利被侵害时找侵害者索赔过；[7] 很少遵守法律；[8] 权利被侵害但怕麻烦没有打官司；[9] 参加过法律宣传活动；[10] 以上行为都没有（选此项的只选一项）。

表 8-44 按群体构成的法律行为调查结果表

大群体	[1]	[2]	[3]	[4]	[5]	[6]	[7]	[8]	[9]	[10]
农民	54.74%	17.79%	22.67%	22.72%	39.05%	23.72%	6.84%	25.59%	29.29%	19.71%
工人	56.82%	16.34%	21.29%	18.22%	40.80%	24.05%	4.59%	26.30%	32.45%	20.42%
企管人员	57.84%	17.00%	23.88%	17.46%	44.00%	25.25%	3.67%	25.85%	36.71%	16.45%
商业人员	55.62%	15.11%	24.24%	17.52%	40.14%	26.59%	4.06%	23.53%	30.59%	21.70%
公务员	71.46%	19.91%	19.77%	12.05%	51.32%	20.91%	2.79%	21.55%	55.34%	8.81%
教师	63.53%	17.48%	20.14%	13.15%	44.00%	23.44%	2.78%	28.33%	41.97%	15.54%
学生	56.06%	21.30%	17.32%	15.45%	45.90%	22.43%	3.03%	21.08%	41.16%	19.25%
文卫人员	60.63%	16.19%	22.01%	18.05%	43.64%	23.21%	3.49%	23.55%	37.74%	17.89%
第三部门	61.86%	16.78%	24.38%	14.58%	43.80%	23.53%	3.32%	23.59%	37.30%	17.74%
科技人员	60.00%	13.80%	21.20%	13.33%	43.61%	21.20%	4.44%	26.02%	38.61%	20.00%
其他	51.07%	15.84%	24.58%	19.25%	36.40%	26.07%	5.19%	21.87%	28.36%	24.72%

通过表 8-44 可以看出公务员和教师群体的法律选择 [1] 的比例较高。平均 60% 左右会在遇到法律问题时会选择遵守法律（即选择 [1]）；有 1/3 以上参加过法律宣传活动（即选择 [9]），其中公务员群体选择 [9] 的比例最高，达到

55.34%。但问卷显示,在权利受侵害时,各群体选择打官司的比例相对较低。

第六节 按区域构成的法律维度分析

按照前面所述,本节从总体经济区域和经济发展程度两个方面进行比较,经济区域比较是对国家发展规划的经济发展区域进行法律维度人文素质发展的横向比较,发达地区和欠发达地区比较是为了研究经济发达程度与法律维度人文素质发展水平高低的关系。

一、按区域构成的法律维度与总体比较

按照国家经济发展战略规划划分的四个经济区域[①]和调查中抽取样本所属地区经济发达程度,根据调查结果计算出来的指标值,通过 SPSS 软件进行按照地域构成和经济发达程度的样本基本情况汇总并制成表 8-45。

表 8-45　　按经济区域和发达程度构成的法律维度指标情况

地区	总体指标值	标准偏差	总体指数值	法律维度指标值	法律维度标准偏差	法律维度指数值	与总体指标差值	与总体指数差值
东部	75.8208	9.17236	0.6651	73.7314	18.8813	0.5413	2.0894	0.1238
中部	76.3161	8.65543	0.7183	74.6974	18.4630	0.6551	1.6187	0.0632
西部	75.0252	9.58128	0.5687	74.1200	18.8852	0.5871	0.9052	-0.0184
东北	75.3057	9.19527	0.5994	74.5978	18.8347	0.6434	0.7079	-0.044
总体	75.5634	9.24852	0.6322	74.1547	18.7997	0.5912	1.4087	0.041
发达	76.4017	8.8094	0.7351	75.0202	18.4083	0.6931	1.3815	0.042
欠发达	74.7954	9.5693	0.5380	73.3618	19.1174	0.4978	1.4336	0.0402
总体	75.5634	9.2485	0.6322	74.1547	18.7997	0.5912	1.4087	0.041

---

① 西部:根据《国务院关于实施西部大开发的若干政策措施》,西部以下 12 个省份:西南五省区(四川、云南、贵州、西藏、重庆)、西北五省区(陕西、甘肃、青海、新疆、宁夏)和内蒙古、广西;中部:根据《中共中央、国务院关于促进中部地区崛起的若干意见》,中部为以下 6 个省份:湖北、湖南、河南、安徽、江西、山西;东北部:根据振兴东北的战略部署,东北地区包括:辽宁、吉林和黑龙江;东部其余 10 个省区均为东部。

根据表 8 - 45，从样本法律维度指标情况看，按照四区划分的法律维度指标值由高到低排序为：中部、东北、中部、东部。法律维度指标值差异不明显；按照发达和欠发达地区划分的法律维度指标值比较来看，发达地区高于欠发达地区。从四个地区法律维度指标值的离散程度看，四区法律维度指标值的离散程度差异不大。从法律维度人文素质指标与总体指标对比来看，法律维度指标值与总体均有一定差距，说明法律维度指标值比总体指标值总体偏低。从四个地区样本总体指标排序情况与按照法律维度排列顺序不一致，总体指标排序为：中部、东部、东北和西部。从发达欠发达地区比较来看，总体指标与法律维度指标均是发达地区高于欠发达地区。从法律维度人文素质指数与总体指数的比较来看，除了西部和东北法律维度指数高于总体指数外，其余均低于总体指数。

二、按区域构成的法律维度指标描述统计分析

从前面总体对比分析可知基于4个区域和发达欠发达地区的法律维度指标存在一定差异，为进一步分析，我们采用SPSS11.5版本统计软件运用"analyze→descriptive statistics→explore"对法律维度按照区域构成进行深入分析，分析输出结论如下：

1. 按区域构成的法律指标描述性统计分析

表 8 - 46　　　　　按区域构成的法律指标描述统计分析

描述项目		东部	中部	西部	东北	发达	欠发达
Mean 平均值		73.73	74.70	74.12	74.60	75.02	73.36
95% Confidence Interval for Mean 95%置信区间	Lower Bound 下限	73.37	74.24	73.79	73.95	74.73	73.07
	Upper Bound 上限	74.09	75.15	74.45	75.25	75.31	73.65
5% Trimmed Mean 去除5%极端值后的均值		74.52	75.49	74.99	75.49	75.87	74.17
Median 中值		73.33	73.33	73.33	77.66	76.16	73.33
Variance 方差		356.50	340.88	356.65	354.75	338.87	365.47
Std. Deviation 标准偏差		18.88	18.46	18.89	18.83	18.41	19.12
Minimum 最小值		3.00	10.50	0.00	6.00	3.00	0.00
Maximum 最大值		100.00	100.00	100.00	100.00	100.00	100.00
Range 全距		97.00	89.50	100.00	94.00	97.00	100.00
Interquartile Range 四分位数间距		26.66	26.66	26.66	26.66	26.66	26.66
Skewness 偏度系数		-0.47	-0.47	-0.53	-0.56	-0.53	-0.47
Kurtosis 峰度系数		-0.47	-0.47	-0.35	-0.32	-0.32	-0.48

表 8-46 详细列出了不同群体的描述性统计量，除了均值、标准差、全距我们在前面已经做了比较之外，"去除 5% 极端值之后的均值"仍旧差别不大，表明四个区域的法律素质平均水平差异较小，同样地，发达地区和欠发达地区的法律维度人文素质平均水平差异也较小；其次，从离散趋势来看，四个区域之间的总体差异不是很明显，除了标准差、方差值之间差距较小之外，从 4 个区域和发达欠发达地区的"四分位数间距值"相等。再次，从样本数据的分布形态来看，按照四个区域和按照发达欠发达地域两个方面比较后的偏度系数均小于 0，说明数据均呈左偏分布，而峰度系数均小于 0，呈平峰分布。

2. 按区域和发达程度构成的法律指标直方图分布比较接近，这里省略

3. 按区域和发达程度构成的盒须图

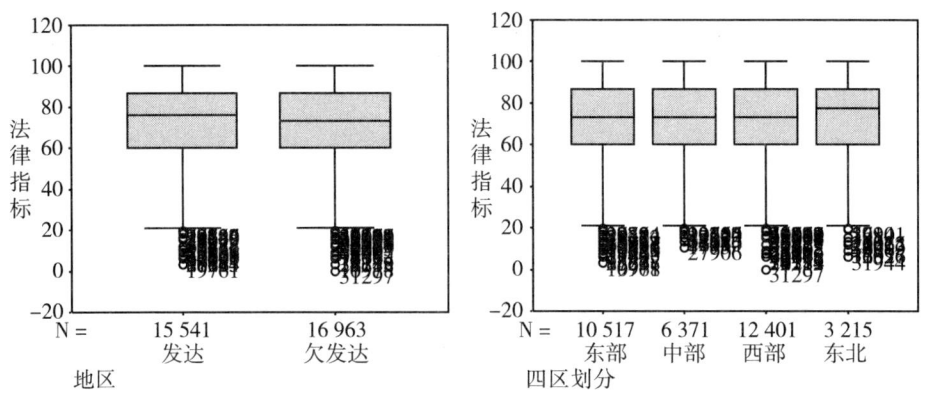

图 8-8　按区域和发达程度构成的盒须图

三、按区域构成的法律素质趋向分析

表 8-47　　　　　按区域构成的法律诉求调查结果表

选项 \ 问题	问卷 1-6：与他人有了激烈矛盾纠纷，你首先会想到的解决方法是					
	东	中	西	东北	发达	欠发达
[1] 遵循法律和政策规定解决	59.84	58.33	58.49	60.12	61.42	56.89
[2] 找单位和领导帮助解决	36.74	38.19	36.75	35.27	34.97	38.63
[3] 通过恐吓、武力或其他施压方式解决	3.42	3.48	4.77	4.60	3.61	4.48

首先，从法律意识角度看，调查问卷在区域划分的基础上，对不同区域段在社会生活中诉求法律途径解决矛盾进行测度。通过表 8-47 可以看出，对不同区

域在遇到矛盾诉求法律解决的倾向测度中得出这样结论，即四区比较而言，东北和东部地区选择［1］的比例略高；发达和欠发达地区比较，发达地区选择［1］的比例高于欠发达地区。总体来看，经济越发达，遵守法律和诉求法律的比例越高。

表 8-48 按区域构成的法律性质认识情况调查结果表

问题 选项	问卷1-7：以下哪一条说的是法律					
	东	中	西	东北	发达	欠发达
［1］依靠党员模范带头作用而实施的行为规范	7.28	7.22	8.11	8.46	6.77	8.56
［2］依靠国家的警察（公安机关）、法院等为后盾保障实施的行为规范	87.13	86.30	84.67	86.87	87.70	84.44
［3］依靠社会舆论维持的行为规范	5.59	6.48	7.22	4.67	5.53	7.00

其次，从法律常识来看，通过问卷1-7对不同区域法律性质的认识情况进行测度的结果见表8-48，不同区域中选择正确选项［2］的比例差异不大，均在84.44%以上，其中发达和欠发达地区差异比较明显，说明对法律认识水平与经济发展程度有一定联系。此外，通过问卷4-2对不同区域的法律常识认知情况进行测度。问卷问题是：下面哪5项已经是中华人民共和国颁布的法律，通过表8-49可知，按照四个区域划分来看，四区对法律和非法律识别的差异不大，但按照发达和欠发达来划分，则具有一定差异；从对［1］、［3］、［4］、［5］、［9］五部法律了解程度看，对［1］宪法的选择比例最多，对［5］继承法的选择比例最低。

表 8-49 按区域构成的法律认知情况调查结果表

地区	［1］ 宪法	［2］ 技法	［3］ 合同法	［4］ 民事诉讼法	［5］ 继承法	［6］ 研究法	［7］ 教学法	［8］ 工作法	［9］ 婚姻法	［10］ 优选法
东	94.81%	8.61%	91.39%	89.32%	87.48%	6.55%	13.61%	11.70%	92.42%	4.10%
中	94.91%	7.19%	90.75%	91.41%	87.80%	6.07%	13.84%	10.22%	93.88%	3.91%
西	92.86%	11.17%	88.79%	88.67%	84.19%	8.98%	17.01%	12.39%	89.90%	6.03%
东北	93.13%	10.73%	89.92%	88.37%	85.97%	7.59%	15.02%	13.00%	91.32%	4.95%
发达	94.98%	7.40%	92.39%	91.37%	87.43%	6.41%	12.68%	9.83%	93.44%	4.07%
欠发达	92.94%	11.46%	88.06%	87.57%	84.96%	8.48%	17.30%	13.61%	89.99%	5.63%

最后，从法律行为来看，问卷设计时通过问卷3-3对男性和女性的法律行为倾向进行测度。问卷问题是：当你遇到法律问题时，通常会采取或采取过哪三种行为：[1] 总是遵守法律；[2] 对法律条文提出过建议；[3] 权利被侵害时打过官司；[4] 有时遵守法律；[5] 指出过别人的违法行为；[6] 权利被侵害时找侵害者索赔过；[7] 很少遵守法律；[8] 权利被侵害但怕麻烦没有打官司；[9] 参加过法律宣传活动；[10] 以上行为都没有（选此项的只选一项）。

表8-50　　　　　　按区域构成的法律行为调查结果表

地区	[1]	[2]	[3]	[4]	[5]	[6]	[7]	[8]	[9]	[10]
东	58.59%	16.58%	18.88%	15.14%	42.64%	23.02%	2.92%	25.33%	35.76%	20.90%
中	60.41%	16.56%	21.05%	17.19%	44.00%	22.76%	3.00%	25.77%	39.66%	17.33%
西	59.14%	17.84%	24.83%	16.75%	43.39%	24.89%	5.01%	22.75%	37.97%	16.43%
东北	61.43%	17.64%	24.67%	17.29%	42.18%	23.73%	3.64%	22.05%	35.18%	18.41%
发达	60.14%	17.08%	20.40%	15.56%	43.16%	23.83%	3.27%	25.38%	38.47%	18.33%
欠发达	58.80%	17.23%	23.75%	17.11%	43.14%	23.68%	4.29%	22.94%	36.26%	18.17%

通过表8-50可以看出不同区域的法律行为总体趋向基本相同。平均60%左右在遇到法律问题时会选择遵守法律（即选择[1]）；有1/3以上参加过法律宣传活动（即选择[9]）。但问卷显示，在权利受侵害时，选择打官司的比例不高。综合来看，积极发达的区域在遵守法律方面要比欠发达的区域更加积极主动。

第七节　中国公民法律素质水平概括分析

调查表明，中国公民的法律素质指标为74.1547，稍低于中国公民人文素质总体指标75.5634（B^-级），说明中国公民法律素质发展水平处于一般水平的高级阶段（C^+级）。在我们所调查的中国公民的六类素质中，法律素质的指标值排在倒数第二位（第五位）。

研究表明，不同因素对公民法律素质发展水平的影响有所不同。职业对公民法律素质发展水平的影响较大，如图8-9所示。

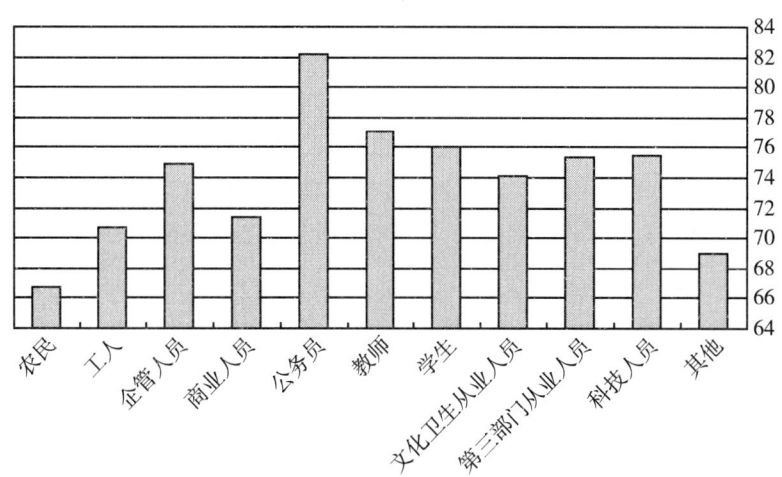

图 8-9　不同职业群体的法律素质指标值

由图 8-9 可以看出，公务员的法律素质指标最高，为 82.2286，其发展水平处于较高水平的中级阶段（B级），农民的法律素质指标最低，为 66.7599，其发展水平处于一般水平的中级阶段（C级），二者相差 15.4687。在 30 个小群体的分类中，法律素质指标最高的群体是公检法安公务员，为 84.59，法律素质指标最低的群体是无职业者，为 65.21，二者相差高达 19.38。

除此之外，不同学历群体的法律素质指标值差异也较大。学历对公民法律素质发展水平的影响如图 8-10 所示。

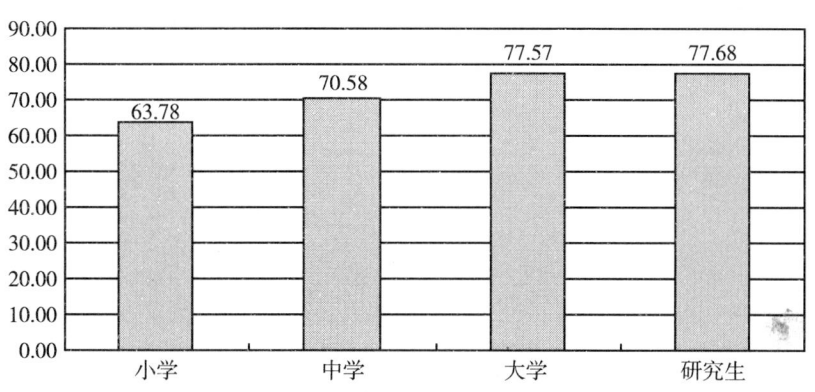

图 8-10　不同学历群体的法律素质指标值

由图 8-10 可以看出，具有研究生学历群体的法律素质指标最高，为 77.68，其发展水平处于较高水平的低级阶段（B⁻级），具有小学学历群体的法律素质指标最低，为 63.78，其发展水平处于一般水平的低级阶段（C⁻级），二者相差 13.90。

其他因素对公民法律素质发展水平影响都不大。如性别因素决定的法律素质指标值的差距仅为 0.1.3146（男性群体的法律素质指标为 74.7823，女性群体的法律素质指标为 73.4677），青少年和中老年两个年龄段的法律素质指标值差距很小，仅为 1.3（青少年群体的法律素质指标值为 73.43，中老年群体的法律素质指标值为 74.73），工龄因素决定的法律素质指标值的最大差距为 3.14（工龄在 30 年以上的群体的法律素质指标最高，为 76.21，工龄在 10 年以下的群体的法律素质指标最低，为 73.07），地区因素决定的法律素质指标值的最大差距仅为 0.9660（中部地区公民的法律素质指标最高，为 74.6974，东部地区公民的法律素质指标最低，为 73.7314）。

综上所述，职业和学历两个因素对中国公民道德素质发展水平的影响较大，工龄因素稍有影响，而性别、年龄和地区三个因素几乎没有影响。

第九章

中国公民人文素质发展的文史哲维度分析

第一节 按性别构成的文史哲维度分析

一、按性别构成的文史哲维度与总体的比较

根据前面内容可知,样本男女构成比例总体差别不大,为了对文史哲维度人文素质发展状况同总体状况进行比较,现将文史哲维度和总体的指标值和指数值汇总制表9-1。

表9-1　　　　按性别构成的文史哲维度指标和指数情况

性别	总体指标值	标准偏差	总体指数值	文史哲维度指标值	与总体指标差值	文史哲维度标准偏差	文史哲维度指数值
男性	75.6152	9.4658	0.5889	79.0431	3.4279	10.1167	0.5804
女性	75.5067	9.0047	0.5934	79.0529	3.5462	9.7454	0.5814
总体	75.5634	9.2485	0.5911	79.0478	3.4844	9.9411	0.5809

通过表9-1可以从总体上比较男性女性文史哲维度状况与总体状况,男性和女性的文史哲维度人文素质评价指标值均高于75,文史哲维度人文素质发展处于B级水平;人文素质发展指数值均高于0.5,说明男性和女性的文史哲维度人文素质发展程度处于相对Ⅲ级水平。男性和女性文史哲维度指标值高于男性和女性的总体指标值和指数值,说明男性和女性的文史哲素质相对于人文素质总体

水平略高,但男性和女性的文史哲维度人文素质发展指数值低于总体指数值,说明男性和女性的文史哲维度人文素质发展程度在群体比较中的相对位置居于中等。男性和女性两个群体相比,男性的文史哲维度指标值和指数值均低于女性群体,说明女性的文史哲素质要高于男性的文史哲素质。从指标值与平均值偏离程度看,男性和女性群体的文史哲维度标准偏差不是很大,说明男性和女性的文史哲维度人文素质评价指标的数据波动不是很大。

二、按性别构成的文史哲维度指标描述统计分析

在按性别构成进行文史哲维度指标与总体指标比较分析的基础上,为进一步了解数据分布特征,我们采用 SPSS 软件作进一步探索性分析。

1. 按性别构成的文史哲指标描述性统计分析

表 9-2　　按性别构成的文史哲指标描述性统计分析

描述项目		男性统计	Std. Error 标准误差	女性统计	Std. Error 标准误差
Mean 平均值		79.0431	0.07762	79.0529	0.07823
95% Confidence Interval for Mean 95% 置信区间	Lower Bound 下限	78.8909		78.8995	
	Upper Bound 上限	79.1952		79.2062	
5% Trimmed Mean 去除 5% 极端值后的均值		79.6398		79.6407	
Median 中值		80.8318		80.6652	
Variance 方差		102.348		94.973	
Std. Deviation 标准偏差		10.11672		9.74542	
Minimum 最小值		23.50		22.00	
Maximum 最大值		99.50		99.67	
Range 全距		76.00		77.67	
Interquartile Range 四分位数间距		12.6667		12.1662	
Skewness 偏度系数(及标准误差)		-0.927	0.019	-0.956	0.020
Kurtosis 峰度系数(及标准误差)		0.942	0.038	1.123	0.039

从表 9-2 可知,男性和女性文史哲维度人文素质指标平均值、中值和"去除 5% 极端值后的均值"的差异都极小,说明男性和女性文史哲维度人文素质水平差异也很小。通过方差和标准偏差及全距的比较,男性和女性文史哲维度指标的离散程度具有一定差别。从数据分布来看,偏度系数均小于 0,说明数据分布向左偏,峰度系数均大于 0,说明数据呈尖峰分布。

2. 按性别构成的 M 统计量

表 9 – 3　　　　　按性别构成的文史哲指标 M-统计量

	性别	Huber's M-Estimator（a）	Tukey's Biweight（b）	Hampel's M-Estimator（c）	Andrews' Wave（d）
文史指标	男性	80.4994	80.9536	80.3285	80.9649
	女性	80.3918	80.8194	80.3249	80.8296

a　The weighting constant is 1.339
b　The weighting constant is 4.685
c　The weighting constants are 1.700, 3.400, and 8.500
d　The weighting constant is 1.340 * pi.

可见，表 9 – 3 中的 4 种 M 统计量的数值非常接近，且离计算出的平均数值都不太远。这部分说明数据的分布不太偏，平均数是可以代表数据的集中趋势的。

3. 按性别构成的文史哲指标正态性检验

假定两组数据均服从正态分布，则在此假定下作集中趋势的平稳测度（Resistant Measure），测度结果见表 9 – 4，由表中 Sig. 值 $0.000 < \alpha$ 值 0.05，因此，可拒绝正态性的原假设。

表 9 – 4　　　　　按性别构成的文史哲指标正态性检验

	性别	Kolmogorov-Smirnov（a）		
		Statistic	df	Sig.
文史哲指标	男性	0.078	16 987	0.000
	女性	0.076	15 517	0.000

a　Lilliefors Significance Correction

4. 按性别构成的道德指标方差齐性检验

表 9 – 5　　　　　按性别构成的文史哲指标方差齐性检验结果

		Levene Statistic	df1	df2	Sig.
文史哲指标	Based on Mean 基于均数	25.574	1	32 502	0.000
	Based on Median 基于中位数	20.267	1	32 502	0.000
	Based on Median and with adjusted df 基于调整自由度的中位数	20.267	1	32 465 0.398	0.000
	Based on trimmed mean 基于截两端数据的调整均数	23.889	1	32 502	0.000

通过方差齐次性检验结果可知，4个指标得到的显著性水平 Sig. 值均小于 0.05，因此拒绝接受方差相等的零假设，即男性和女性的方差不等。

5. 按性别构成的文史哲指标直方图

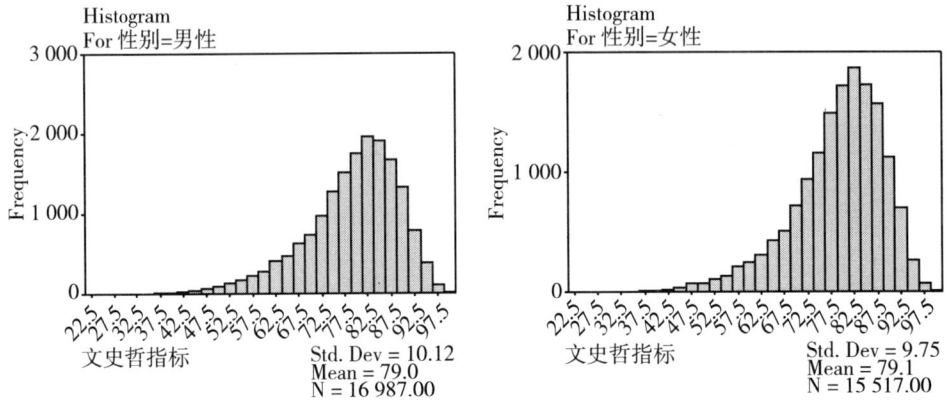

图 9-1　按性别构成的文史哲指标直方图

6. 按性别构成的文史哲指标盒须图

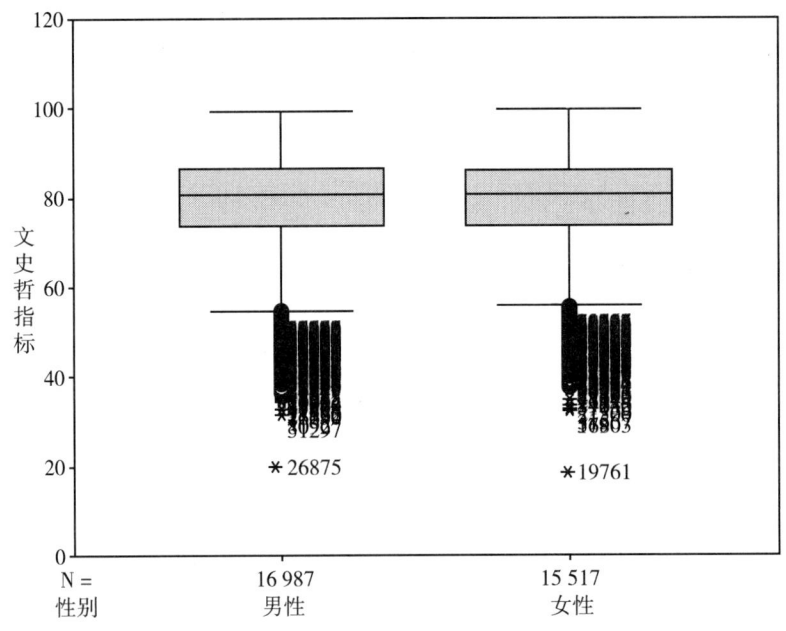

图 9-2　按性别构成的文史哲指标盒须图

通过图 9-1 和图 9-2 可知，男性和女性的文史哲维度人文素质的平均水平差别不十分明显。

三、按性别构成的文史哲素质趋向分析

首先，从民族意识角度看，调查问卷在性别划分的基础上，对男性和女性的爱国意识和人权意识进行测度。一是通过问卷 1-8、问卷 1-9 和问卷 1-10 了解不同性别的爱国意识、民族自豪感和民族自尊心（具体调查结果见表 9-6）。二是通过问卷 3-4："请选择 3 个我国的公民权利"对不同性别的人权意识进行调查，结果见表 9-7。

表 9-6　　　　按性别构成的爱国民族意识调查结果表

问卷 1-8：在同等价格和同等质量条件下，你会选择购买的商品：	男性	女性
[1] 肯定是中国货	41.72%	35.41%
[2] 肯定是外国货	13.60%	12.55%
[3] 不一定	44.68%	52.03%
问卷 1-9：看到我国在某些方面落后于其他国家，你的心情总会是：	男性	女性
[1] 立志为国争光	54.72%	53.23%
[2] 对民风不满	35.02%	35.60%
[3] 无所谓	10.26%	11.17%
问卷 1-10：当被误认是日本或韩国人时，你会：	男性	女性
[1] 沉默	7.82%	7.55%
[2] 声明是中国人	89.00%	89.79%
[3] 干脆回答是	3.18%	2.66%

通过表 9-6 调查结果可以看出，男性在购买商品中选择 [1] 肯定买中国货和选择 [2] 肯定买外国货的比例高于女性，女性选择 [3] 的比例高于男性，对于问卷 1-9 的调查显示，男性和女性的爱国意识差别不大，有半数以上能够选择 [1] 立志为国争光；对于被误认为日本或韩国人时，接近 90% 能够声明自己是中国人，男性选择 [1] 沉默和选择 [3] 干脆回答是的比例略高于女性。因此，从爱国意识和民族意识来看，男性和女性差别不大，但总体情况不是十分理想。

表9-7　　　　　　　按性别构成的人权意识状况调查结果表

性别	[1]参政权	[2]审批权	[3]生命权	[4]行政权	[5]劳动权	[6]处罚权	[7]选举权	[8]进出口权	[9]财产权	[10]外交权
男性	25.79%	5.44%	64.89%	9.27%	60.09%	3.11%	74.70%	2.78%	52.02%	1.91%
女性	22.62%	5.00%	64.30%	9.58%	61.05%	3.44%	76.25%	2.74%	53.03%	1.99%

通过表9-7可知，男性和女性在对人权意识倾向上总体差别不十分明显。其中对10项权利选择[7]选举权、[3]生命权、[5]劳动权、[9]财产权的比例超过半数，其中选择[7]的比例最高，说明参政的意识比较高。

其次，从文史哲常识来看，分别从文学、历史和哲学三个方面对不同性别的认知情况进行测度。一是通过问卷4-7对各类人群中外文学名著的认知情况进行调查；二是通过问卷4-4和问卷4-5对各类人群对中外历史名人和中外历史事件的认知情况进行评价；三是通过问卷4-6对各类人群哲学常识的认知情况进行调查，具体调查结果见表9-8。

表9-8　　　　　　按性别构成的文史哲认知情况调查结果表

4-7	[1]还珠格格	[2]三国演义	[3]拯救大兵瑞恩	[4]红楼梦	[5]安娜·卡列尼娜	[6]三重门	[7]水浒传	[8]红与黑	[9]巴黎圣母院	[10]红高粱
男	7.5%	93.7%	12.0%	89.2%	61.6%	8.1%	87.0%	69.1%	61.4%	10.3%
女	7.4%	92.5%	11.3%	89.3%	63.3%	7.8%	85.8%	70.0%	62.8%	9.7%
4-4	[1]贝克汉姆	[2]林肯	[3]毛泽东	[4]哈克·波里	[5]戴高乐	[6]雷锋	[7]孔子	[8]爱迪生	[9]韩红	[10]贾宝玉
男	14.0%	86.4%	93.3%	9.6%	64.4%	44.3%	87.6%	86.4%	5.4%	8.8%
女	15.0%	85.0%	93.4%	10.3%	57.0%	47.3%	87.9%	88.0%	5.7%	10.4%
4-5	[1]虹桥垮塌事件	[2]9·18事变	[3]第一次工业革命	[4]中华人民共和国成立	[5]汽车召回事件	[6]第二次世界大战	[7]文化大革命	[8]十月革命	[9]抗洪救灾	[10]世界小姐选美
男	9.9%	84.7%	62.1%	85.6%	9.4%	84.7%	62.9%	80.6%	15.3%	4.8%
女	9.5%	84.7%	63.6%	84.8%	8.3%	85.1%	63.3%	80.4%	15.1%	5.1%
4-6	[1]思想	[2]矛盾	[3]平等	[4]公正	[5]否定之否定	[6]继承	[7]发展	[8]本质与现象	[9]意识流	[10]普遍联系
男	41.1%	84.3%	25.2%	25.2%	69.8%	12.1%	64.7%	84.0%	32.9%	60.5%
女	39.2%	83.1%	26.2%	24.1%	68.8%	12.5%	67.0%	84.6%	34.2%	60.4%

通过表9-8可知，男性和女性对文学、历史和哲学的认知上总体差别不十分明显。在文学认知方面，男性和女性对中国文学名著选择比例明显高于对外国名著的选择，在历史人物和历史事件的认知方面，也是对中国部分了解相对多一

些。男性和女性对哲学的了解认知水平不如文学和历史方面。

最后，从文化生活价值来看，分别从文化价值、理想信念、生活消费和婚姻爱情四方面对不同性别群体进行测度。一是通过问卷3-5（你最感兴趣的3种文化是）、问卷2-4（对你来说学习外文最重要的意义是哪2项）、问卷1-11（你认为中国举办北京奥运会的意义是）、问卷4-8（你上网进行得较多的是哪5项活动）对不同性别群体的一般文化取向、网络文化倾向、学习意义、价值观念等进行调查，具体调查结果见表9-9；二是通过问卷1-12（社会进步到今天特别强调"以人为本"，你认为其最主要的意思是）、问卷1-13（如果说理想是对未来的美好想象和向往，那么你？）、问卷1-14（信念是对某种理念的坚定相信。你认为自己的行为）、问卷1-15（你认为共产主义是）、问卷1-18（你对自己为什么活着的认识和态度）对不同性别群体的人生观和世界观的测度，具体调查结果见表9-10；三是通过问卷1-16（你对钱的看法是）、问卷1-17（如果意外得到一笔数目较大的钱，你会首先选择）、问卷2-7（你觉得自己目前的生活接近以下哪2种状态）、问卷3-6（闲暇时你更愿意做下面哪3件事）对不同性别群体的自我生活状态、闲暇生活观、金钱价值观和消费观的测度，具体调查结果见表9-11；四是通过问卷2-5（对于爱情与婚姻你更赞成哪2种说法）对公民爱情婚姻观、情感观和性别观趋向的测度，具体调查结果见表9-12。

表9-9　　　　按性别构成的文化取向调查结果表

3-5	[1]古代文化	[2]现代文化	[3]后现代文化	[4]中国民间民族文化	[5]传统经典文化	[6]通俗流行文化	[7]异国文化	[8]全球共同文化	[9]宗教文化	[10]前卫(超前)文化
男	47.79%	51.15%	9.34%	48.24%	46.84%	29.23%	20.80%	21.59%	14.58%	10.45%
女	40.21%	51.87%	8.87%	49.51%	46.86%	33.47%	24.59%	20.13%	13.84%	10.65%
2-4	[1]对外交往或出国		[2]获取更多信息		[3]应付考试		[4]提高自身素质		[5]没有什么意义	
男	27.33%		64.85%		25.70%		66.67%		15.44%	
女	27.87%		63.36%		26.13%		69.69%		12.94%	
1-11	[1]促进经济文化多方面发展,意义重大				[2]中国能够赚钱就好			[3]消耗国资国力,意义不大			
男	81.75%				11.86%			6.39%			
女	84.37%				10.90%			4.74%			
4-8	[1]不上网或极少上网	[2]学习	[3]商务	[4]看稀奇	[5]交友谈恋爱	[6]	[7]论坛或创作	[8]随便聊天,打发时间	[9]娱乐	[10]信息利用
男	38.34%	49.10%	25.53%	26.81%	42.40%	7.88%	31.41%	30.21%	51.63%	48.45%
女	40.41%	47.61%	21.31%	24.79%	43.07%	6.44%	29.57%	31.86%	50.90%	47.15%

通过表 9-9 可以看出男性和女性在文化取向上总体相同。对于文化的选择，50%左右倾向于古代、现代和中国民间民族文化、传统经典文化，对于通俗、异国、前卫文化接受程度相对低些。对于学习外语，60%以上的被调查者都能正确认识。对于在我国举办奥运，80%以上均认为会促进经济文化多方面发展。对于上网的认识，男性和女性对于［3］、［5］、［9］和［10］的选择比例达到或接近50%，还有40%左右不上网，或者很少上网。

表 9-10　　　　　　按性别构成的价值观取向调查结果表

1-12	[1] 更看重人的自然本能需要	[2] 以人的现实需要为本	[3] 以发展和提升人的素质为本
男	13.08%	18.48%	68.43%
女	12.60%	17.00%	70.40%
1-13	[1] 有理想并为实现理想而努力	[2] 有理想，但觉得要实现很困难	[3] 无所谓理想，每天能过得去就行
男	58.47%	33.56%	7.97%
女	57.08%	34.68%	8.24%
1-14	[1] 总是有信念支持	[2] 有时有信念支持	[3] 不清楚
男	46.35%	44.80%	8.84%
女	42.92%	48.15%	8.93%
1-15	[1] 最美好的社会制度	[2] 是一个虚幻的口号	[3] 不清楚什么是共产主义
男	57.40%	32.46%	10.14%
女	58.48%	30.87%	10.65%
1-18	[1] 有思考，清醒明白	[2] 有思考，但茫然	[3] 没想过，听任命运安排
男	50.60%	38.98%	10.43%
女	46.32%	42.52%	11.16%

通过表 9-10 对不同性别群体的价值观趋向作了总体统计，总体看男女价值观差别不大，70%左右能够认识到"以人为本"的真正含义，近60%在理想信念方面具有积极倾向，对共产主义能够坚定信念，体现在问卷 1-13、问卷 1-14 和问卷 1-15 的选择比例上，50%左右对于自己为什么活着的认识和态度比较模糊，说明在一定程度上精神空虚。

表9-11　　　　　　按性别构成的生活观取向调查结果表

1-16	[1]金钱万能	[2]钱不是万能	[3]钱多反而坏事	1-17	[1]精神消费,如艺术、购书、学习、思想情感交流等	[2]物质消费,如购家用电器、生活用品、购房购车	[3]投资或存起来
男	15.48%	74.53%	9.98%	男	24.78%	36.49%	38.74%
女	13.58%	76.17%	10.25%	女	23.97%	37.46%	38.56%
2-7	[1]丰富多彩		[2]平平常常		[3]空虚无聊	[4]衣食无忧	[5]衣食困难
男	32.01%		72.60%		16.57%	68.64%	10.18%
女	29.11%		74.75%		15.81%	71.68%	8.64%
3-6	[1]健身、运动	[2]阅读	[3]旅游	[4]喝酒行令	[5]看电视	[6]卡拉OK、泡吧	[7]赌钱(含麻将打牌)	[8]麻将打牌棋类(不赌钱)	[9]艺术欣赏	[10]继续工作或挣钱
男	56.96%	50.61%	46.51%	9.65%	58.86%	12.99%	6.61%	18.05%	23.97%	15.79%
女	52.40%	53.86%	56.13%	3.49%	61.72%	13.75%	4.64%	14.89%	25.08%	14.04%

通过表9-11对不同性别群体的生活观趋向作了总体统计,从调查结果看男女在生活消费观取向上差别也不是很大,女性在生活消费方面更积极乐观、男性相对悲观,从客观说明男性在社会中生存压力比女性大。

表9-12　　　　　　按性别构成的爱情观取向调查结果表

2-5	[1]婚姻与爱情是两回事	[2]婚外情破坏婚姻	[3]婚外情巩固婚姻	[4]爱情与婚姻可以永远统一	[5]爱情与婚姻的统一有阶段性
男	50.16%	56.21%	8.17%	36.15%	49.32%
女	48.85%	58.23%	7.07%	35.43%	50.42%

通过表9-12对男女的爱情婚姻观倾向的调查结果可知,从5个选项来看,男女之间总体差别不大,但通过微小的差别可以反映出男性对于婚姻和爱情相对比较乐观、积极,如:男性选择[4]的比例高于女性,而女性相对来讲比较消极悲观,如:女性选择[5]的比例高于男性。

第二节　按年龄构成的文史哲维度分析

一、按年龄构成的文史哲维度与总体的比较

为了对文史哲维度人文素质发展状况同总体状况进行比较，现将文史哲维度与总体指标值和指数值汇总制表 9-13。

表 9-13　　按年龄构成的文史哲维度指标和指数情况

年龄	总体指标值	标准偏差	总体指数值	文史哲维度指标值	与总体指标差值	文史哲维度标准偏差	文史哲维度指数值
青少年	75.3012	9.35404	0.57	77.3321	-2.2506	10.03715	0.53
中老年	75.7727	9.15831	0.61	79.4504	-1.8062	9.84543	0.62
总体	75.5634	9.2485	0.59	79.0478	-3.4844	9.94105	0.58

通过表 9-13 可以比较青少年和中老年两个年龄段文史哲维度人文素质发展状况与总体状况，两个年龄段之间的文史哲维度指标值均高于总体指标值，其中中老年年龄段的文史哲维度指标值高于青少年，且均超过 75，为 B⁻ 水平。同时两个年龄段群体的文史哲维度人文素质发展指数值分别为 0.53 和 0.62，人文素质发展程度为Ⅲ级水平。总体上，中老年群体的文史哲维度人文素质评价指标和指数均略高于青少年群体，这与中老年群体具有较多学识、阅历、经验是相关的。从指标值与平均值偏离程度看，两个年龄段的文史哲维度标准偏差略高于总体的标准偏差，说明这两个年龄段的被调查者文史哲维度人文素质发展水平离散程度要大于总体离散程度。

二、按年龄构成的文史哲维度指标描述统计分析

在按年龄构成进行文史哲维度指标与总体指标比较分析的基础上，为进一步了解数据分布特征，我们采用 SPSS 软件作进一步探索性分析。

1. 按年龄构成的文史哲指标描述性统计分析

表9-14　　　　按年龄构成的文史哲指标描述性统计分析

描述项目（岁）		青少年	中老年
平均值		78.5433	79.4504
95%置信区间	上限	78.3795	79.3069
	下限	78.7071	79.5939
去除5%极端值均值		79.1561	80.0252
中值		80.3318	81.1652
方差		100.744	96.932
标准偏差		10.03715	9.84543
最小值		31.50	22.00
最大值		99.00	99.67
全距		67.50	77.67
四分位数间距		12.3328	12.3333
偏度系数		-0.970	-0.916
峰度系数		1.060	0.986

从表9-14可知，青少年和中老年两个年龄段的文史哲维度人文素质指标平均值差异为0.9071，说明不同年龄段文史哲维度人文素质总体差异很小。从两个年龄段指标值的离散趋势看，通过方差和标准偏差及全距的比较，两个年龄段中中老年年龄段的指标值离散程度相对较小，青少年年龄段文史哲维度指标的离散程度相对大些。从数据分布来看，两个年龄段的偏度系数都小于0，说明两个年龄段群体的数据分布均向左偏，两个年龄段的峰度系数大于0，呈尖峰分布。

2. 按年龄构成的文史哲指标正态性检验

假定两组数据均服从正态分布，则在此假定下作集中趋势的平稳测度（Resistant Measure），测度结果见表9-15，表中除了两个年龄段Sig.值0.000<α值0.05，因此，可拒绝正态性的原假设。

表 9-15　　按年龄构成的文史哲指标正态性检验

	年龄	Kolmogorov-Smirnov（a）		
		Statistic	df	Sig.
文史哲指标	青少年	0.080	14 427	0.000
	中老年	0.074	18 077	0.000

a　Lilliefors Significance Correction

3. 按年龄构成的道德指标方差齐性检验

表 9-16　　按年龄构成的文史哲指标方差齐性检验结果

		Levene Statistic	df1	df2	Sig.
文史哲指标	Based on Mean 基于均数	2.375	1	32502	0.123
	Based on Median 基于中位数	1.246	1	32 502	0.264
	Based on Median and with adjusted df 基于调整自由度的中位数	1.246	1	32 468 0.993	0.264
	Based on trimmed mean 基于截两端数据的调整均数	1.839	1	32 502	0.175

通过方差齐次性检验结果可知，4 个指标得到的显著性水平 Sig. 值均大于 0.05，因此接受方差相等的零假设，即两个年龄段的方差相等。

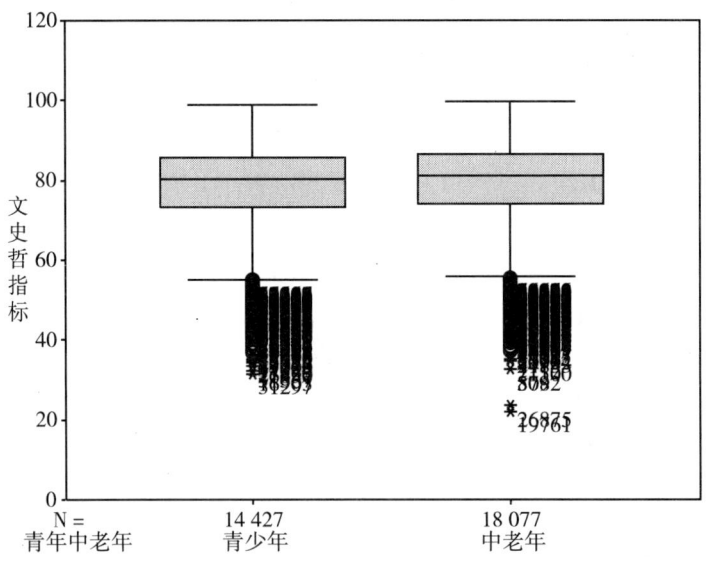

图 9-3　按年龄构成的文史哲指标盒须图

4. 按年龄构成的文史哲指标盒须图

首先,从盒长来看,青少年和中老年两个年龄段的文史哲维度盒长、中位数线的差别很小。通过盒须图可以发现中老年年龄段存在极端异常值。

三、按年龄构成的文史哲素质趋向分析

首先,从民族意识角度看,调查问卷在年龄划分的基础上,对不同年龄段群体的爱国意识和人权意识进行测度。一是通过问卷1-8(在同等价格和同等质量条件下,你会选择购买的商品)、问卷1-9(看到我国在某些方面落后于其他国家,你的心情总会是)和问卷1-10(当被误认是日本或韩国人时,你会)了解不同年龄群体的爱国意识、民族自豪感和民族自尊心。具体调查结果见表9-17。二是通过问卷3-4(请选择3个我国的公民权利)对不同性别的人权意识进行调查,结果见表9-18。

表9-17　　按年龄构成的爱国民族意识调查结果表

问卷1-8	青少年	中老年
[1] 肯定是中国货	32.8%	43.4%
[2] 肯定是外国货	14.5%	12.0%
[3] 不一定	52.7%	44.6%
问卷1-9	青少年	中老年
[1] 立志为国争光	56.1%	52.4%
[2] 对民风不满	32.7%	37.4%
[3] 无所谓	11.3%	10.2%
问卷1-10	青少年	中老年
[1] 沉默	7.3%	8.0%
[2] 声明是中国人	89.5%	89.3%
[3] 干脆回答是	3.2%	2.8%

通过表9-17调查结果可以看出,问卷1-8调查结果显示购买商品时中老年群体选择[1]肯定买中国货的比例远远高于青少年群体,高出10.6%,问卷1-9的调查显示,青少年群体选择[1]立志为国争光的比例相对高于中老年群体;问卷1-10调查结果显示,对于被误认为日本或韩国人时,接近90%能够声明自己是中国人,青少年和中老年两个群体在选择比例上差别不大。

表 9-18　　　　　　　按年龄构成的人权意识状况调查结果表

年龄	[1]参政权	[2]审批权	[3]生命权	[4]行政权	[5]劳动权	[6]处罚权	[7]选举权	[8]进出口权	[9]财产权	[10]外交权
青少年	22.6%	5.7%	63.5%	10.5%	59.5%	3.5%	74.1%	3.3%	54.7%	2.6%
中老年	25.6%	4.9%	65.5%	8.6%	61.4%	3.1%	76.5%	2.3%	50.7%	1.4%

通过表 9-18 可知，不同年龄段群体在对人权意识倾向上总体差别不十分明显。其中对 10 项权利选择 [7] 选举权、[3] 生命权、[5] 劳动权、[9] 财产权的比例超过半数，其中选择 [7] 的比例最高，达到 70% 以上，说明民主参与的意识比较高。

其次，从文史哲常识来看，分别从文学、历史和哲学三个方面对青少年和中老年两个年龄的认知情况进行测度。一是通过问卷 4-7 对青少年和中老年两个年龄段群体中外文学名著的认知情况进行调查；二是通过问卷 4-4 和问卷 4-5 对青少年和中老年两个年龄段群体对中外历史名人和中外历史事件的认知情况进行评价；三是通过问卷 4-6 对青少年和中老年两个年龄段群体哲学常识的认知情况进行调查，具体调查结果见表 9-19。

表 9-19　　　　　　　按年龄构成的文史哲认知情况调查结果表

4-7	[1]还珠格格	[2]三国演义	[3]拯救大兵瑞恩	[4]红楼梦	[5]安娜·卡列尼娜	[6]三重门	[7]水浒传	[8]红与黑	[9]巴黎圣母院	[10]红高粱
青少年	7.2%	92.2%	13.6%	87.5%	61.1%	9.5%	84.7%	69.1%	65.2%	9.8%
中老年	7.7%	93.9%	10.1%	90.6%	63.5%	6.8%	87.8%	69.8%	59.6%	10.2%
4-4	[1]贝克汉姆	[2]林肯	[3]毛泽东	[4]哈克·波里	[5]戴高乐	[6]雷锋	[7]孔子	[8]爱迪生	[9]韩红	[10]贾宝玉
青少年	16.2%	86.2%	92.2%	10.9%	57.2%	47.3%	86.7%	87.6%	6.2%	9.6%
中老年	13.1%	85.4%	94.3%	9.1%	63.8%	44.5%	88.6%	86.8%	5.0%	9.5%
4-5	[1]虹桥垮塌事件	[2]9·18事变	[3]第一次工业革命	[4]中华人民共和国成立	[5]汽车召回事件	[6]第二次世界大战	[7]文化大革命	[8]十月革命	[9]抗洪救灾	[10]世界小姐选美
青少年	9.7%	82.5%	67.6%	84.9%	9.7%	85.0%	60.5%	78.6%	15.4%	6.1%
中老年	9.8%	86.5%	59.1%	85.5%	8.3%	84.8%	65.1%	82.0%	15.0%	4.1%
4-6	[1]思想	[2]矛盾	[3]平等	[4]公正	[5]否定之否定	[6]继承	[7]发展	[8]本质与现象	[9]意识流	[10]普遍联系
青少年	39.1%	81.0%	27.3%	25.3%	65.5%	12.2%	68.6%	85.6%	34.8%	60.7%
中老年	41.1%	85.9%	24.4%	24.2%	72.4%	12.4%	63.6%	83.3%	32.5%	60.2%

通过表9-19可知，青少年和中老年两个年龄段对文学、历史和哲学的认知差别不大。在文学认知方面，青少年和中老年两个年龄段群体对中国文学名著选择比例明显高于对外国名著的选择，同时中老年年龄段对中国文学名著选择比例也略高于青少年选择比例。在历史人物和历史事件的认知方面，也是对中国部分了解相对多一些，如在问卷4-4中青少年和中老年两个年龄段对外国历史人物[5]戴高乐的选择比例较低。问卷4-6的调查结果显示，不同年龄对于哲学的基本知识了解程度不够，问卷选项比较分散，说明对哲学的了解认知水平不如文学和历史方面，对哲学认识了解程度随着年龄增长而提高。

最后，从文化生活价值来看，分别从文化价值、理想信念、生活消费和婚姻爱情四方面对不同性别群体进行测度。一是通过问卷3-5（你最感兴趣的3种文化是）、问卷2-4（对你来说学习外文最重要的意义是哪2项）、问卷1-11（你认为中国举办北京奥运会的意义是）、问卷4-8（你上网进行得较多的是哪5项活动）对青少年和中老年两个群体的一般文化取向、网络文化倾向、学习意义、价值观念等进行调查，具体调查结果见表9-20；二是通过问卷1-12（社会进步到今天特别强调"以人为本"，你认为其最主要的意思是）、问卷1-13（如果说理想是对未来的美好想象和向往，那么你）、问卷1-14（信念是对某种理念的坚定相信。你认为自己的行为）、问卷1-15（你认为共产主义是）、问卷1-18（你对自己为什么活着的认识和态度）对不同性别群体的人生观和世界观的测度，具体调查结果见表9-21；三是通过问卷1-16（你对钱的看法是）、问卷1-17（如果意外得到一笔数目较大的钱，你会首先选择）、问卷2-7（你觉得自己目前的生活接近以下哪2种状态）、问卷3-6（闲暇时你更愿意做下面哪3件事）对青少年和中老年两个群体的自我生活状态、闲暇生活观、金钱价值观和消费观的测度，具体调查结果见表9-22；四是通过问卷2-5（对于爱情与婚姻你更赞成哪2种说法）对公民爱情婚姻观、情感观和性别观趋向的测度，具体调查结果见表9-23。

表9-20   按年龄构成的文化取向调查结果表

3-5	[1]古代文化	[2]现代文化	[3]后现代文化	[4]中国民间民族文化	[5]传统经典文化	[6]通俗流行文化	[7]异国文化	[8]全球共同文化	[9]宗教文化	[10]前卫（超前）文化
青少年	42.7%	48.7%	10.8%	41.8%	43.8%	32.5%	27.8%	23.5%	12.7%	15.6%
中老年	45.3%	53.7%	7.8%	54.4%	49.3%	30.3%	18.5%	18.8%	15.4%	6.5%
2-4	[1]对外交往或出国		[2]获取更多信息		[3]应付考试		[4]提高自身素质		[5]没有什么意义	
青少年	31.1%		63.0%		26.3%		67.8%		11.9%	
中老年	24.8%		65.1%		25.6%		68.4%		16.1%	

续表

1-11	[1]促进经济文化多方面发展,意义重大	[2]中国能够赚钱就好	[3]消耗国资国力,意义不大
青少年	84.1%	10.7%	5.2%
中老年	82.1%	12.0%	5.9%

4-8	[1]不上网或极少上网	[2]学习	[3]商务	[4]看稀奇	[5]交友	[6]谈恋爱	[7]论坛或创作	[8]随便聊天,打发时间	[9]娱乐	[10]信息利用
青少年	27.6%	55.7%	23.4%	29.1%	54.5%	10.1%	37.2%	39.7%	62.0%	55.6%
中老年	48.7%	42.6%	23.6%	23.3%	33.4%	4.9%	25.2%	24.1%	42.7%	41.6%

通过表9-20可以看出青少年和中老年两个年龄段的群体在文化取向上具有一定差异。在对文化选择方面,问卷3-5中,中老年群体选择[4]、[5]、[9]比例高于青少年群体,而选择[3]、[6]、[7]、[8]、[10]的比例低于青少年群体。对于问卷2-4,学习外语,选择[2]和[4]的比例在60%以上,说明青少年和中老年两个年龄段对于学习外语能够正确认识。对于在我国举办奥运,80%以上均认为会促进经济文化多方面发展,且青少年群体对于该选项选择的比例略高。对于上网意义的认识,青少年和中老年两个年龄段的年龄差异很大,对于上网者,[2]、[3]、[4]、[5]、[9]、[10]等选项的选择比例随着年龄增长而降低,总体来看青少年群体利用网络进行工作学习等各方面都要多于中老年群体。

表9-21 按年龄构成的价值观取向调查结果表

问卷	选项(年龄段)	青少年	中老年
1-12	[1]更看重人的自然本能需要	11.1%	14.3%
	[2]以人的现实需要为本	16.5%	18.8%
	[3]以发展提升人的素质为本	72.4%	66.9%
1-13	[1]有理想并为实现理想努力	62.3%	54.2%
	[2]有理想但觉得要实现困难	31.4%	36.2%
	[3]无所谓理想能过得去就行	6.3%	9.6%
1-14	[1]总是有信念支持	42.6%	46.4%
	[2]有时有信念支持	49.0%	44.3%
	[3]不清楚	8.3%	9.3%
1-15	[1]最美好的社会制度	56.9%	58.7%
	[2]是一个虚幻的口号	31.7%	31.7%

续表

问卷	选项（年龄段）	青少年	中老年
	[3] 不清楚什么是共产主义	11.4%	9.6%
1-18	[1] 有思考，清醒明白	46.3%	50.3%
	[2] 有思考，但茫然	45.1%	37.1%
	[3] 没想过，听任命运安排	8.5%	12.6%

通过表9-21对不同年龄群体的价值观趋向作了总体统计，总体看不同年龄的群体价值观有一定差别，对于"以人为本"真正含义的理解和对理想的态度（问卷1-12和问卷1-13），青少年年龄段群体较中老年年龄段群体积极；对于共产主义制度（问卷1-15），中老年年龄段群体选择［1］的比例较高，青少年群体选择［1］的比例较低；问卷1-18中，仅有50%左右对于自己为什么活着的认识和态度有思考，清醒明白，说明两个年龄段均有相当数量个体在一定程度上精神空虚。

表9-22　　　　按年龄构成的生活观取向调查结果表

1-16	[1]金钱万能	[2]钱不是万能	[3]钱多反而坏事	1-17	[1]精神消费，如艺术、购书、学习、思想情感交流等	[2]物质消费，如购家用电器、生活用品、购房购车	[3]投资或存起来
青少年	14.9%	75.6%	9.4%	青少年	26.1%	35.2%	38.8%
中老年	14.3%	75.1%	10.6%	中老年	23.1%	38.4%	38.6%
2-7	[1]丰富多彩	[2]平平常常		[3]空虚无聊		[4]衣食无忧	[5]衣食困难
青少年	32.8%	71.4%		20.6%		65.1%	10.1%
中老年	28.9%	75.4%		12.7%		74.1%	8.9%
3-6	[1]健身、运动	[2]阅读	[3]旅游	[4]喝酒行令	[5]看电视	[6]卡拉OK、泡吧	[7]赌钱（含麻将打牌）	[8]麻将打牌棋类（不赌钱）	[9]艺术欣赏	[10]继续工作或挣钱
青少年	56.0%	50.8%	55.0%	6.0%	55.7%	18.8%	5.1%	13.3%	25.9%	13.5%
中老年	53.8%	53.2%	48.0%	7.3%	63.8%	9.0%	6.2%	19.1%	23.4%	16.2%

通过表9-22对青少年群体和中老年群体的生活观趋向作了总体统计，问卷1-16从调查结果看青少年和中老年两个年龄段均有75%以上认为钱不是万能的；问卷1-17在生活消费观取向上，青少年和中老年群体有近39%认

为如果意外得到一笔数目较大的钱,首先选择投资或存起来;问卷2-7从对生活状态自我评价来看,71%以上选择[2]平平常常,其中中老年群体选择[4]衣食无忧的比例要比青少年高出9%,青少年群体选择[3]空虚无聊的比例要比中老年高出7.9%,说明无论是青少年群体还是中老年群体,大多数能够满足现状,但在青少年群体精神空虚问题比较严重;从问卷3-6在闲暇时间所做的活动方面,两个年龄段对[1]健身运动、[2]阅读、[5]看电视的选择比例较高,青少年群体选择运动旅游、卡拉OK、泡吧和艺术欣赏等方面的比例高于中老年,中老年群体在选择阅读、看电视、打麻将等方面要高于青少年。

表9-23 按年龄构成的爱情观取向调查结果表

2-5	[1] 婚姻与爱情是两回事	[2] 婚外情破坏婚姻	[3] 婚外情巩固婚姻	[4] 爱情与婚姻可以永远统一	[5] 爱情与婚姻的统一有阶段性
青少年	49.8%	56.7%	8.3%	32.7%	52.5%
中老年	49.3%	57.5%	7.1%	38.3%	47.8%

通过表9-23对青少年和中老年两个年龄阶段的爱情婚姻观倾向的调查结果可知,从前三个选项来看,两个年龄段之间总体差别不大,但对[4]的选择,中老年高于青少年群体5.6%,说明中老年比青少年对于爱情和婚姻的统一性认同程度要高,青少年选择[5]的比例要高于中老年,说明青少年群体的婚姻观念与中老年群体有一定差别,新一代青少年群体的婚姻稳定性不如中老年群体。

第三节 按工龄构成的文史哲维度分析

一、按工龄构成的文史哲维度与总体的比较

根据调查中工龄划分,对不同工龄下文史哲维度人文素质发展状况同总体状况进行比较,现将四个工龄段的文史哲维度人文素质评价指标值和指数值与总体指标值和指数值汇总制表9-24。

表 9-24　　　按工龄构成的文史哲维度指标和指数情况

工龄	总体指标值	标准偏差	总体指数值	文史哲维度指标值	与总体指标差值	文史哲维度标准偏差	文史哲维度指数值
≤10 年	74.8912	9.4618	0.54	78.3035	-3.4123	10.0477	0.51
11~19 年	76.3553	8.8033	0.66	79.9002	-3.5449	9.6726	0.67
20~29 年	76.5516	8.7057	0.67	80.0158	-3.4642	9.5730	0.68
≥30 年	76.7875	9.3001	0.69	80.7229	-3.9354	9.9804	0.75
总体	75.5634	9.2485	0.59	79.0478	-3.4844	9.94105	0.58

通过表 9-24 可以从总体上比较不同工龄群体文史哲维度人文素质发展状况与总体状况，从不同工龄文史哲维度人文素质评价指标和指数来看，工龄在 19 年以下的文史哲维度指标值在 75~80 之间，人文素质评价指标处于 B⁻ 级水平；工龄在 20 年以上的文史哲维度指标值在 80~85 之间，人文素质评价指标处于 B 级水平；工龄在 29 年以下的文史哲维度人文素质发展指数值在 0.5~0.7 之间，人文素质发展程度为 Ⅲ 级水平；工龄在 30 年以上的人文素质发展程度为 Ⅱ 级水平。从文史哲维度与总体比较来看，不同工龄下的文史哲维度人文素质指标值均高于总体指标值，差别随着工龄年限的增长而略有增加；无论是文史哲维度人文素质还是总体人文素质，指标值和指数值都随着工龄增长而逐渐提高，客观说明工龄长短对文史哲意识和文史哲行为的提高具有一定影响。同时，不同工龄下的文史哲维度指标离散程度与总体离散程度差别不大。

二、按工龄构成的文史哲维度指标描述统计分析

在按工龄构成进行文史哲维度指标与总体指标比较分析的基础上，为进一步了解数据分布特征，采用 SPSS 软件作进一步探索性分析。

1. 按工龄构成的文史哲指标描述性统计分析

表 9-25　　　按工龄构成的文史哲指标描述性统计分析

描述项目（年）		≤10	11~19	20~29	≥30
平均值		78.30	79.90	80.02	80.72
95% 置信区间	上限	78.16	79.66	79.74	80.32
	下限	78.45	80.14	80.29	81.13

续表

描述项目（年）	≤10	11~19	20~29	≥30
去除5%极端值均值	78.89	80.49	80.61	81.37
中值	80.00	81.50	81.67	82.50
方差	100.96	93.56	91.64	99.61
标准偏差	10.05	9.67	9.57	9.98
最小值	31.50	23.50	34.83	22.00
最大值	99.00	99.50	99.67	98.67
全距	67.50	76.00	64.83	76.67
四分位数间距	12.50	11.83	11.67	12.83
偏度系数	-0.92	-0.96	-0.98	-1.05
峰度系数	0.92	1.10	1.24	1.46

从表9-25可知，从不同工龄段的文史哲维度人文素质指标值的集中趋势来看，平均值随着工龄增长而增加，"去除5%极端值后的均值"的差异为2.48（81.37-78.89）。从离散程度来看，通过方差和标准偏差及全距的比较，四个工龄段中指标值离散程度差异不大。从数据分布来看，偏度系数均小于0，说明数据分布向左偏，峰度系数大于0，呈尖峰分布。

2. 按工龄构成的文史哲指标正态性检验

假定四组数据均服从正态分布，则在此假定下作集中趋势的平稳测度（Resistant Measure），测度结果见表9-26，表中六个工龄段 Sig. 值 0.000 < α 值 0.05，因此，可拒绝正态性的原假设。

表9-26　　　　按工龄构成的文史哲指标正态性检验

工龄		Kolmogorov-Smirnov（a）			Shapiro-Wilk		
		Statistic	df	Sig.	Statistic	df	Sig.
文史哲指标	10年以下	0.077	18 918	0.000			
	11~19年	0.078	6 455	0.000			
	20~29年	0.076	4 763	0.000	0.947	4 763	0.000
	30年以上	0.083	2 368	0.000	0.940	2 368	0.000

a Lilliefors Significance Correction

3. 按工龄构成的文史哲指标方差齐性检验

表9-27　　　按工龄构成的文史哲指标方差齐性检验结果

		Levene Statistic	df1	df2	Sig.
文史哲指标	Based on Mean 基于均数	9.126	3	32 500	0.000
	Based on Median 基于中位数	7.602	3	32 500	0.000
	Based on Median and with adjusted df 基于调整自由度的中位数	7.602	3	32 466 0.181	0.000
	Based on trimmed mean 基于截两端数据的调整均数	8.588	3	32 500	0.000

通过方差齐次性检验结果可知，4个指标得到的显著性水平Sig.值均小于0.05，因此拒绝方差相等的零假设，即四个工龄段的方差不相等。

4. 按工龄构成的文史哲指标盒须图

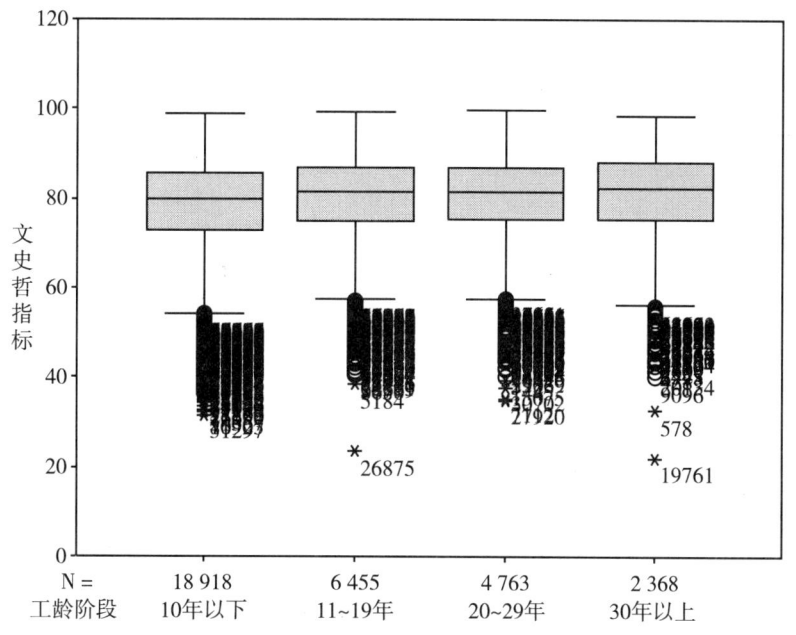

图9-4　按工龄构成的文史哲指标盒须图

首先，从盒长来看，工龄在20~29年的盒长最小，说明该工龄段的文史哲维度指标数据最集中。其次，从盒上的中位数线来看，不同工龄的中位数上下差异不很明显，工龄越长中位数线越靠上。最后，通过图中的须长可知，工龄为10年以下的须长最长，而工龄越长，须长相对越短。

三、按工龄构成的文史哲素质趋向分析

首先,从民族意识角度看,调查问卷在工龄划分的基础上,对不同工龄群体的爱国意识和人权意识进行测度。一是通过问卷1-8(在同等价格和同等质量条件下,你会选择购买的商品)、问卷1-9(看到我国在某些方面落后于其他国家,你的心情总会是)和问卷1-10(当被误认是日本或韩国人时,你会)了解不同年龄群体的爱国意识、民族自豪感和民族自尊心。具体调查结果见表9-28。二是通过问卷3-4(请选择3个我国的公民权利)对不同性别的人权意识进行调查,结果见表9-29。

表9-28　　按工龄构成的爱国民族意识调查结果表

问卷1-8(年龄)	10年以下	11~19年	20~29年	30年以上
[1] 肯定是中国货	36.5%	40.1%	44.6%	37.7%
[2] 肯定是外国货	14.5%	12.5%	11.4%	12.4%
[3] 不一定	49.0%	47.4%	44.0%	49.9%
问卷1-9(年龄)	10年以下	11~19年	20~29年	30年以上
[1] 立志为国争光	54.2%	52.0%	53.4%	55.7%
[2] 对民风不满	34.4%	37.9%	37.4%	33.4%
[3] 无所谓	11.4%	10.1%	9.2%	10.9%
问卷1-10(年龄)	10年以下	11~19年	20~29年	30年以上
[1] 沉默	7.9%	7.8%	6.7%	7.8%
[2] 声明是中国人	88.9%	89.9%	90.5%	89.0%
[3] 干脆回答是	3.1%	2.3%	2.8%	3.2%

通过表9-28调查结果可以看出,问卷1-8调查结果显示购买商品中随着工龄增长选择[1]肯定买中国货的比例提高,工龄在20~29年达到最高,工龄在30年以上略有下降;问卷1-9的调查显示,工龄较长的群体选择[1]立志为国争光的比例相对高于工龄较短的群体,而工龄在11~19年的选择[1]的比例最低;问卷1-10调查结果显示,对于被误认为日本或韩国人时,90%能够声明自己是中国人,不同工龄长短群体选择倾向变化差异很小。

表9-29　　　　　按工龄构成的人权意识状况调查结果表

工龄	[1]参政权	[2]审批权	[3]生命权	[4]行政权	[5]劳动权	[6]处罚权	[7]选举权	[8]进出口权	[9]财产权	[10]外交权
≤10	23.8%	6.1%	64.1%	10.9%	59.7%	3.5%	73.6%	3.3%	52.8%	2.2%
11~19	24.8%	4.3%	66.5%	8.2%	61.3%	2.8%	76.8%	2.7%	51.0%	1.5%
20~29	25.2%	5.0%	66.8%	7.6%	60.0%	2.9%	78.3%	1.9%	51.1%	1.3%
≥30	24.0%	4.8%	62.6%	9.1%	61.6%	3.6%	75.6%	2.4%	54.1%	2.3%

通过表9-29可知，不同工龄群体在对人权意识倾向上总体差别不十分明显。其中对10项权利选择[7]选举权、[3]生命权、[5]劳动权、[9]财产权的比例相对较高，选择[7]的比例最高，达到73%以上。

其次，从文史哲常识来看，分别从文学、历史和哲学三个方面对不同性别的认知情况进行测度。一是通过问卷4-7对不同工龄段群体中外文学名著的认知情况进行调查；二是通过问卷4-4和问卷4-5对不同工龄段群体对中外历史名人和中外历史事件的认知情况进行评价；三是通过问卷4-6对不同工龄段群体哲学常识的认知情况进行调查，具体调查结果见表9-30。

表9-30　　　　　按工龄构成的文史哲认知情况调查结果表

4-7	[1]还珠格格	[2]三国演义	[3]拯救大兵瑞恩	[4]红楼梦	[5]安娜·卡列妮娜	[6]三重门	[7]水浒传	[8]红与黑	[9]巴黎圣母院	[10]红高粱
≤10	7.4%	92.7%	12.8%	87.6%	62.4%	9.1%	85.2%	70.3%	62.4%	10.1%
11~19	5.5%	93.4%	9.4%	90.2%	66.2%	6.4%	87.6%	73.6%	59.4%	8.3%
20~29	5.8%	94.5%	9.3%	92.0%	64.6%	5.6%	87.6%	71.1%	60.1%	9.4%
≥30	10.2%	92.8%	13.0%	89.4%	58.4%	8.8%	86.7%	64.3%	64.7%	11.6%
4-4	[1]贝克汉姆	[2]林肯	[3]毛泽东	[4]哈克·波里	[5]戴高乐	[6]雷锋	[7]孔子	[8]爱迪生	[9]韩红	[10]贾宝玉
≤10	15.1%	86.0%	92.9%	10.6%	59.2%	47.9%	86.7%	86.5%	5.9%	9.4%
11~19	12.3%	88.4%	94.0%	8.6%	65.2%	42.7%	88.1%	88.8%	4.4%	7.4%
20~29	12.9%	85.9%	94.9%	8.4%	65.4%	39.8%	90.8%	88.1%	4.1%	9.6%
≥30	16.1%	83.1%	92.7%	10.8%	57.3%	48.3%	87.2%	86.2%	6.6%	11.5%
4-5	[1]虹桥垮塌事件	[2]9·18事变	[3]第一次工业革命	[4]中华人民共和国成立	[5]汽车召回事件	[6]第二次世界大战	[7]文化大革命	[8]十月革命	[9]抗洪救灾	[10]世界小姐选美
≤10	10.2%	83.3%	65.3%	85.0%	10.3%	84.5%	62.8%	78.0%	15.2%	5.5%
11~19	8.9%	87.0%	62.5%	85.0%	8.1%	86.1%	62.4%	82.1%	13.2%	3.9%

续表

4-5	[1]虹桥垮塌事件	[2]9·18事变	[3]第一次工业革命	[4]中华人民共和国成立	[5]汽车召回事件	[6]第二次世界大战	[7]文化大革命	[8]十月革命	[9]抗洪救灾	[10]世界小姐选美
20~29	9.3%	89.0%	58.6%	85.2%	7.6%	85.3%	63.9%	84.5%	13.0%	3.7%
≥30	9.9%	82.8%	61.8%	85.1%	8.0%	84.3%	63.6%	80.8%	18.0%	5.7%

4-6	[1]思想	[2]矛盾	[3]平等	[4]公正	[5]否定之否定	[6]继承	[7]发展	[8]本质与现象	[9]意识流	[10]普遍联系
≤10	38.2%	82.5%	26.6%	24.8%	69.4%	12.5%	67.3%	85.1%	34.1%	59.6%
11~19	36.4%	86.9%	20.4%	20.5%	75.2%	10.8%	65.6%	86.2%	33.1%	64.9%
20~29	42.8%	87.9%	23.1%	22.9%	73.3%	11.3%	60.9%	84.5%	32.1%	61.1%
≥30	44.8%	80.8%	29.6%	28.7%	62.5%	13.7%	66.6%	81.5%	33.9%	57.9%

通过表9-30可知，不同工龄对文学、历史和哲学的认知影响不大，与年龄选择趋向类似，这里不详细说明。

最后，从文化生活价值来看，分别从文化价值、理想信念、生活消费和婚姻爱情四方面对不同工龄群体进行测度。一是通过问卷3-5（你最感兴趣的3种文化是）、问卷2-4（对你来说学习外文最重要的意义是哪2项）、问卷1-11（你认为中国举办北京奥运会的意义是）、问卷4-8（你上网进行得较多的是哪5项活动）对不同工龄群体的一般文化取向、网络文化倾向、学习意义、价值观念等进行调查，具体调查结果见表9-31；二是通过问卷1-12（社会进步到今天特别强调"以人为本"，你认为其最主要的意思是）、问卷1-13（如果说理想是对未来的美好想象和向往，那么你）、问卷1-14（信念是对某种理念的坚定相信。你认为自己的行为）、问卷1-15（你认为共产主义是）、问卷1-18（你对自己为什么活着的认识和态度）对不同工龄群体的人生观和世界观的测度，具体调查结果见表9-32；三是通过问卷1-16（你对钱的看法是）、问卷1-17（如果意外得到一笔数目较大的钱，你会首先选择）、问卷2-7（你觉得自己目前的生活接近以下哪2种状态）、问卷3-6（闲暇时你更愿意做下面哪3件事）对不同工龄群体的自我生活状态、闲暇生活观、金钱价值观和消费观的测度，具体调查结果见表9-33；四是通过问卷2-5（对于爱情与婚姻你更赞成哪2种说法）对公民爱情婚姻观、情感观和性别观趋向的测度，具体调查结果见表9-34。

表 9-31　　按工龄构成的文化取向调查结果表

3-5	[1]古代文化	[2]现代文化	[3]后现代文化	[4]中国民间民族文化	[5]传统经典文化	[6]通俗流行文化	[7]异国文化	[8]全球共同文化	[9]宗教文化	[10]前卫(超前)文化
≤10	43.0%	50.3%	10.3%	44.6%	45.1%	32.1%	25.6%	22.3%	13.4%	13.3%
11~19	44.3%	52.0%	8.1%	52.1%	50.7%	30.8%	20.8%	19.4%	14.6%	7.2%
20~29	44.7%	55.6%	6.4%	56.6%	50.3%	31.2%	16.9%	18.3%	14.1%	5.8%
≥30	45.6%	50.6%	9.6%	48.5%	44.6%	30.3%	22.7%	21.3%	15.2%	11.6%

2-4	[1]对外交往或出国	[2]获取更多信息	[3]应付考试	[4]提高自身素质	[5]没有什么意义
≤10	28.4%	65.8%	25.2%	68.0%	12.5%
11~19	24.4%	64.9%	26.8%	69.7%	14.1%
20~29	23.6%	64.3%	26.8%	68.8%	16.4%
≥30	31.0%	60.8%	25.7%	66.7%	15.7%

1-11	[1]促进经济文化多方面发展,意义重大	[2]中国能够赚钱就好	[3]消耗国资国力,意义不大
≤10	82.5%	11.9%	5.6%
11~19	83.1%	11.1%	5.8%
20~29	83.7%	11.0%	5.3%
≥30	83.3%	11.1%	5.6%

4-8	[1]不上网或极少上网	[2]学习	[3]商务	[4]看稀奇	[5]交友	[6]谈恋爱	[7]论坛或创作	[8]随便聊天,打发时间	[9]娱乐	[10]信息利用
≤10	31.3%	52.9%	27.2%	27.5%	50.4%	9.0%	35.1%	35.2%	57.8%	52.7%
11~19	42.3%	47.9%	25.3%	25.0%	37.6%	4.9%	28.2%	26.4%	49.0%	48.2%
20~29	50.3%	42.6%	22.0%	24.4%	31.1%	4.4%	23.9%	24.6%	41.5%	40.9%
≥30	43.1%	45.2%	17.4%	24.7%	41.4%	7.7%	29.0%	31.8%	48.6%	43.9%

通过表 9-31 可以看出不同工龄的群体在文化趋向上具有一定差异。在对文化选择方面,问卷 3-5 随着工龄增长选择比例明显增加的有[4]、[5]、[9],随着工龄增长选择比例明显降低的有[6]、[7]、[10],其中都是在工龄 20~29 年达到最大值。对于学习外语,问卷 2-4 选择[2]和[4]的比例在 60%以上,说明不同工龄群体对于学习外语能够正确认识。问卷 1-11 中,对于在我国举办奥运,82%以上均认为会促进经济文化多方面发展,不同

群体的选择倾向差别不大。问卷4-8，对于上网的认识，工龄越长上网比例越小，上网者，[2]、[5]、[9]、[10] 等选项的选择比例随着工龄增长而降低，总体来看利用网络进行工作学习等各方面工龄群体随着工龄增长使用减少。

表9-32　　　　　按工龄构成的价值观取向调查结果表

问卷	选项（年龄段）	10年以下	11~19年	20~29年	30年以上
1-12	[1] 更看重人的自然本能需要	12.6%	12.6%	15.4%	11.9%
	[2] 以人的现实需要为本	17.8%	18.2%	17.5%	17.5%
	[3] 以发展提升人的素质为本	69.5%	69.2%	67.1%	70.6%
1-13	[1] 有理想并为实现理想努力	59.1%	54.7%	54.5%	60.1%
	[2] 有理想但觉得要实现困难	34.1%	37.4%	35.5%	30.8%
	[3] 无所谓理想能过得去就行	6.9%	7.9%	10.0%	9.1%
1-14	[1] 总是有信念支持	44.0%	44.3%	47.2%	44.7%
	[2] 有时有信念支持	48.0%	47.3%	43.5%	44.9%
	[3] 不清楚	8.0%	8.4%	9.2%	10.3%
1-15	[1] 最美好的社会制度	56.2%	57.3%	61.1%	59.3%
	[2] 是一个虚幻的口号	32.9%	33.2%	30.0%	29.6%
	[3] 不清楚什么是共产主义	10.9%	9.5%	8.9%	11.1%
1-18	[1] 有思考，清醒明白	46.3%	49.6%	52.8%	48.7%
	[2] 有思考，但茫然	44.8%	39.9%	33.3%	39.0%
	[3] 没想过，听任命运安排	8.8%	10.4%	13.9%	12.3%

通过表9-32对不同工龄群体的价值观趋向作了总体统计，总体看不同工龄的价值观有一定差别，问卷1-12、问卷1-13和问卷1-14对于"以人为本"真正含义的理解和对理想的态度，工龄越短越积极，工龄越长越消极；对于共产主义制度，在问卷1-15中，工龄越长选择[1] 的比例较高；通过问卷1-18调查显示，对于自己为什么活着的认识和态度有思考的仅有46%~53%，随着工龄年限增加选择[2] 的比例下降，说明不同工龄段均有个别群体在一定程度上精神空虚，其中工龄在10年以下的群体表现最明显。

表9-33　　　　　按工龄构成的生活观取向调查结果表

1-16	[1]金钱万能	[2]钱不是万能	[3]钱多反而坏事	1-17	[1]精神消费,如艺术、购书、学习、思想情感交流等	[2]物质消费,如购家用电器、生活用品、购房购车	[3]投资或存起来
≤10	14.6%	75.9%	9.5%	≤10	24.5%	37.5%	37.9%
11~19	13.5%	76.4%	10.1%	11~19	22.8%	38.0%	39.2%
20~29	14.9%	75.4%	9.7%	20~29	22.8%	38.9%	38.4%
≥30	15.2%	73.5%	11.3%	≥30	26.4%	34.2%	39.5%

2-7	[1]丰富多彩	[2]平平常常	[3]空虚无聊	[4]衣食无忧	[5]衣食困难
≤10	32.6%	71.6%	18.5%	67.3%	10.0%
11~19	27.6%	76.3%	13.1%	75.2%	7.8%
20~29	27.2%	77.8%	11.3%	75.3%	8.4%
≥30	31.9%	72.3%	17.9%	67.5%	10.4%

3-6	[1]健身、运动	[2]阅读	[3]旅游	[4]喝酒行令	[5]看电视	[6]卡拉OK、泡吧	[7]赌钱(含麻将打牌)	[8]麻将打牌棋类(不赌钱)	[9]艺术欣赏	[10]继续工作或挣钱
≤10	55.1%	51.2%	54.1%	6.9%	54.9%	17.8%	5.9%	15.4%	23.9%	14.9%
11~19	53.0%	54.7%	52.2%	6.9%	62.3%	10.1%	6.1%	17.7%	23.1%	13.9%
20~29	54.7%	52.5%	48.0%	6.5%	67.1%	7.1%	5.6%	19.6%	23.8%	15.1%
≥30	55.8%	51.5%	47.3%	6.4%	62.9%	12.5%	5.1%	15.7%	27.0%	15.8%

通过表9-32对不同工龄群体的生活观趋向作了总体统计，工龄长短的生活趋向差异不大。从问卷1-16调查结果看不同工龄有73%以上认为钱不是万能的；从问卷1-17调查结果来看，在生活消费观取向上，有近39%认为如果意外得到一笔数目较大的钱，首先选择投资或存起来；从问卷2-7调查结果来看，在对生活状态自我评价方面，71%以上选择[2]平平常常，67%以上选择[4]衣食无忧，其中工龄在11~19年和20~29年两个工龄段群体选择[2]和[4]的比例要超过工龄10年以下和30年以上的，这说明工龄长短对生活观有一定影响；工龄在10年以下的选择[3]空虚无聊的比例最高；从问卷3-6调查结果来看，在闲暇时间所做的活动方面，不同工龄段对[1]健身运动、[2]阅读、[5]看电视的选择比例较高。

表 9-34　　　　按工龄构成的爱情观取向调查结果表

2-5	[1] 婚姻与爱情是两回事	[2] 婚外情破坏婚姻	[3] 婚外情巩固婚姻	[4] 爱情与婚姻可以永远统一	[5] 爱情与婚姻的统一有阶段性
10 年以下	49.2%	57.6%	8.4%	33.5%	51.2%
11~19 年	49.6%	59.0%	6.9%	34.9%	49.5%
20~29 年	49.3%	56.3%	7.2%	39.8%	47.5%
30 年以上	50.1%	55.5%	7.3%	37.7%	49.3%

通过表 9-34 对不同工龄的爱情婚姻观倾向的调查结果可知，从前 3 个选项来看，不同工龄群体之间总体差别不大，但对 [4] 的选择，工龄在 20~29 年的选择比例最高，而对 [5] 的选择随着工龄增长选择比例下降，这与按照年龄分析结论一致。

第四节　按学历构成的文史哲维度分析

一、按学历构成的文史哲维度与总体的比较

根据调查过程中学历层次划分标准，为了对不同学历文史哲维度人文素质发展状况同总体状况进行比较，现按不同学历将文史哲维度人文素质评价指标和指数值与总体的指标值和指数值汇总制表 9-35。

表 9-35　　　　按学历构成的文史哲维度指标和指数情况

学历	总体指标值	标准偏差	总体指数值	文史哲维度指标值	与总体指标差值	文史哲维度标准偏差	文史哲维度指数值
小学	65.6047	10.90678	-0.77	69.4903	-3.8856	11.5730	-0.04
中学	72.9321	9.53720	0.11	76.6041	-3.672	10.2310	0.50
大学	78.1737	7.74512	0.72	81.4372	-3.2635	8.68295	0.86
研究生	78.7649	7.65332	0.79	82.4269	-3.662	8.37959	0.94
总体	75.5634	9.24852	0.59	79.0478	-3.4844	9.94105	0.58

通过表9-35可以看出，不同学历层次的文史哲维度人文素质评价指标差异很明显，无论从指标绝对值来看，还是从指数相对值来看，小学学历最低，研究生学历最高，从不同学历文史哲维度人文素质评价指标和指数来看，小学学历群体文史哲维度指标值为69.4903，为C级水平，人文素质发展指数为-0.04，为Ⅴ级；中学学历群体文史哲维度指标值为76.6041，为B⁻级水平，人文素质发展指数为0.50，为Ⅳ级；大学学历群体文史哲维度指标值为81.4372，为B级水平，人文素质发展指数为0.86，为Ⅱ级；研究生学历群体文史哲维度指标值为82.4372，人文素质发展指数为0.96，为Ⅰ级。从文史哲维度与总体比较来看，不同学历下的文史哲维度人文素质指标和指数均低于总体指标值和指数值，差别随着学历年限的增长而逐渐缩小；无论是文史哲维度还是总体指标值和指数值都随着学历增长而逐渐提高，研究生学历达到最大值，客观说明学历高低对文史哲意识和文史哲行为的提高呈正相关。同时，不同学历下的文史哲维度指标离散程度与总体离散程度接近。

二、按学历构成的文史哲维度指标描述统计分析

在按学历构成进行文史哲维度指标与总体指标比较分析的基础上，为进一步了解数据分布特征，我们采用SPSS软件作进一步探索性分析。

1. 按学历构成的文史哲指标描述性统计分析

表9-36　　　按学历构成的文史哲指标描述性统计分析

描述项目（年）		小学	中学	大学	研究生
平均值		68.84	76.43	81.44	82.43
95%置信区间	上限	70.14	76.78	81.30	82.08
	下限	69.76	77.11	81.57	82.77
去除5%极端值均值		70.00	78.17	81.99	83.01
中值		133.93	104.67	82.67	83.83
方差		11.57	10.23	75.39	70.22
标准偏差		32.67	22.00	8.68	8.38
最小值		96.33	99.67	32.33	34.83
最大值		63.67	77.67	99.50	99.00
全距		16.83	13.33	67.17	64.17
四分位数间距		-0.29	-0.76	10.50	9.50
偏度系数		-0.26	0.51	-1.06	-1.27
峰度系数		76.60	0.09	1.85	2.99

从表 9-36 可知，从不同学历的文史哲维度人文素质指标值的集中趋势来看，平均值随着学历增长而增加，研究生学历达到最大值。从离散程度来看，通过方差和标准偏差及全距的比较，四个学历段中指标值离散程度有一定差异，学历越高离散程度越小。从数据分布来看，偏度系数均小于0，说明数据分布向左偏，峰度系数除了小学学历外均大于0，且呈尖峰分布，小学学历的数据呈平峰分布。

2. 按学历构成的文史哲指标正态性检验

假定四组数据均服从正态分布，则在此假定下作集中趋势的平稳测度（Resistant Measure），测度结果见表 9-37，表中四个学历段 Sig. 值 $0.000 < \alpha$ 值 0.05，因此，可拒绝正态性的原假设。

表 9-37　　　　　按学历构成的文史哲指标正态性检验

	学历	Kolmogorov-Smirnov（a）			Shapiro-Wilk		
		Statistic	df	Sig.	Statistic	df	Sig.
文史哲指标	小学	0.030	1 219	0.012	0.991	1 219	0.000
	中学	0.066	13 518	0.000			
	大学	0.070	15 514	0.000			
	研究生	0.078	2 253	0.000	0.928	2 253	0.000

a Lilliefors Significance Correction

3. 按学历构成的文史哲指标方差齐性检验

表 9-38　　　　　按学历构成的文史哲指标方差齐性检验结果

		Levene Statistic	df1	df2	Sig.
文史哲指标	Based on Mean 基于均数	222.153	3	32 500	0.000
	Based on Median 基于中位数	204.427	3	32 500	0.000
	Based on Median and with adjusted df 基于调整自由度的中位数	204.427	3	32 022 0.112	0.000
	Based on trimmed mean 基于截两端数据的调整均数	218.933	3	32 500	0.000

通过方差齐次性检验结果可知，4 个指标得到的显著性水平 Sig. 值均小于 0.05，因此拒绝方差相等的零假设，即四个学历段的方差不相等。

4. 按学历构成的文史哲指标盒须图

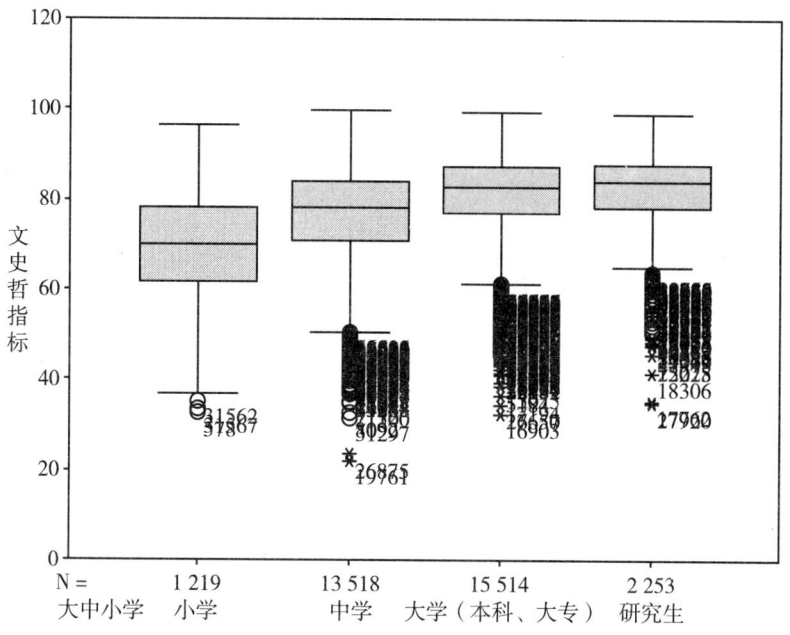

图 9-5 按学历构成的文史哲指标盒须图

首先，从盒长来看，研究生学历的盒长最小，说明该学历段的文史哲维度指标数据最集中。其次，从盒上的中位数线来看，不同学历的中位数上下差异明显，学历越高中位数线越靠上；此外，通过图中的须长可知，小学学历的须长最长，而学历越高，须长则越短。

三、按学历构成的文史哲素质趋向分析

首先，从民族意识角度看，调查问卷在学历划分的基础上，对不同学历群体的爱国意识和人权意识进行测度。一是通过问卷1-8（在同等价格和同等质量条件下，你会选择购买的商品）、问卷1-9（看到我国在某些方面落后于其他国家，你的心情总会是）和问卷1-10（当被误认是日本或韩国人时，你会）了解不同学历群体的爱国意识、民族自豪感和民族自尊心。具体调查结果见表9-39。二是通过问卷3-4（请选择3个我国的公民权利）对不同学历群体的人权意识进行调查，结果见表9-40。

表9-39　　按学历构成的爱国民族意识调查结果表

问卷1-8	小学	中学	大学	研究生
[1] 肯定是中国货	47.7%	39.0%	37.9%	37.3%
[2] 肯定是外国货	16.1%	13.6%	12.5%	12.6%
[3] 不一定	36.2%	47.3%	49.6%	50.1%
问卷1-9	小学	中学	大学	研究生
[1] 立志为国争光	49.1%	53.1%	54.9%	55.5%
[2] 对民风不满	33.2%	35.2%	35.7%	34.4%
[3] 无所谓	17.6%	11.7%	9.4%	10.1%
问卷1-10	小学	中学	大学	研究生
[1] 沉默	16.6%	9.3%	5.9%	5.3%
[2] 声明是中国人	74.9%	87.0%	92.1%	92.5%
[3] 干脆回答是	8.5%	3.6%	2.0%	2.1%

通过表9-39调查结果可以看出，问卷1-8调查结果显示购买商品中随着学历增长选择[1]肯定买中国货的比例越低，而选择[3]的比例越来越高；问卷1-9的调查显示，学历越高的群体选择[1]立志为国争光的比例相对高些；问卷1-10调查结果显示，对于被误认为日本或韩国人时，学历越高选择[2]的比例最高，客观显示高学历者的爱国意识相对高于低学历者。

表9-40　　按学历构成的人权意识状况调查结果表

学历	[1] 参政权	[2] 审批权	[3] 生命权	[4] 行政权	[5] 劳动权	[6] 处罚权	[7] 选举权	[8] 进出口权	[9] 财产权	[10] 外交权
小学	31.4%	12.8%	52.8%	17.0%	62.3%	7.0%	60.0%	7.9%	44.5%	4.4%
中学	24.2%	6.9%	61.4%	11.7%	62.4%	4.5%	72.2%	3.6%	50.6%	2.5%
大学	24.3%	3.5%	67.6%	7.3%	59.2%	2.1%	78.9%	1.8%	53.9%	1.3%
研究生	20.9%	3.0%	69.3%	6.6%	57.6%	1.8%	79.3%	1.7%	58.5%	1.3%

通过表9-40可知，不同学历群体在对人权意识倾向上总体差别不十分明显。其中对10项权利选择[7]选举权、[3]生命权、[5]劳动权、[9]财产权的比例相对较高，随着学历提高，对生命权、选举权、财产权选择比例越高。

其次，从文史哲常识来看，分别从文学、历史和哲学三个方面对不同学历群体的认知情况进行测度。一是通过问卷4-7对不同学历群体中外文学名著的认知情况进行调查;二是通过问卷4-4和问卷4-5对不同学历群体对中外历史名人和中外历史事件的认知情况进行评价;三是通过问卷4-6对不同学历群体哲学常识的认知情况进行调查,具体调查结果见表9-41。

表9-41 按学历构成的文史哲认知情况调查结果表

4-7	[1]还珠格格	[2]三国演义	[3]拯救大兵瑞恩	[4]红楼梦	[5]安娜·卡列妮娜	[6]三重门	[7]水浒传	[8]红与黑	[9]巴黎圣母院	[10]红高粱
小学	34.1%	88.4%	22.1%	86.3%	37.6%	18.9%	84.7%	48.3%	49.7%	29.8%
中学	11.1%	92.9%	16.1%	89.1%	55.1%	10.8%	88.1%	60.4%	62.3%	14.0%
大学	2.9%	93.8%	7.8%	89.6%	68.7%	5.3%	85.7%	77.4%	63.0%	5.8%
研究生	2.6%	92.8%	6.0%	88.7%	77.0%	3.4%	82.2%	81.4%	61.2%	4.6%

4-4	[1]贝克汉姆	[2]林肯	[3]毛泽东	[4]哈克·波里	[5]戴高乐	[6]雷锋	[7]孔子	[8]爱迪生	[9]韩红	[10]贾宝玉
小学	26.2%	63.8%	88.5%	18.3%	39.7%	66.7%	78.4%	71.9%	17.9%	28.2%
中学	18.0%	79.9%	91.9%	13.1%	51.2%	53.9%	86.3%	85.3%	6.9%	13.4%
大学	11.5%	91.2%	94.8%	7.1%	68.4%	39.1%	89.4%	89.6%	3.6%	5.4%
研究生	8.1%	94.7%	94.9%	5.8%	77.5%	30.9%	89.7%	89.6%	3.6%	5.2%

4-5	[1]虹桥垮塌事件	[2]9·18事变	[3]第一次工业革命	[4]中华人民共和国成立	[5]汽车召回事件	[6]第二次世界大战	[7]文化大革命	[8]十月革命	[9]抗洪救灾	[10]世界小姐选美
小学	18.9%	74.6%	47.6%	80.5%	18.5%	69.3%	73.3%	68.0%	37.5%	11.8%
中学	12.4%	82.8%	58.1%	83.8%	10.6%	82.1%	66.9%	77.2%	19.7%	6.3%
大学	7.1%	87.1%	67.2%	86.2%	6.9%	87.9%	59.7%	83.6%	10.7%	3.5%
研究生	6.5%	85.5%	69.9%	89.1%	6.8%	89.0%	57.4%	85.1%	7.6%	3.2%

4-6	[1]思想	[2]矛盾	[3]平等	[4]公正	[5]否定之否定	[6]继承	[7]发展	[8]本质与现象	[9]意识流	[10]普遍联系
小学	61.3%	69.2%	48.8%	53.2%	47.2%	32.2%	60.8%	59.3%	34.0%	33.9%
中学	53.4%	76.3%	37.9%	36.6%	56.8%	17.6%	61.8%	77.0%	37.5%	45.1%
大学	30.1%	90.9%	15.6%	14.3%	79.4%	7.2%	68.0%	91.1%	31.8%	72.4%
研究生	18.7%	92.9%	9.3%	8.9%	87.1%	4.9%	77.9%	94.5%	21.7%	84.1%

通过表9-41可知,不同学历对文学、历史和哲学的认知影响较大,从文学名著认知方面来看(问卷4-7),不同学历对[2]、[4]、[7],即中国文学名著的选择比例差异不大,但对外国文学名著[5]、[8]、[9]选择的比例随着学历层次提高而提高,反映出低学历者对外国文学名著了解相对较少。在历史人物和历史事

件认知方面（问卷4-4和问卷4-5），也存在不同学历群体对中国国内名人和历史事件了解差异不大，但对国外历史名人和事件了解掌握随着学历层次提高而提高。在对哲学问题认知方面（问卷4-6），随着学历提高对哲学了解更多，体现在问卷中选择正确选项 [2]、[5]、[7]、[8]、[10] 的比例随着学历提高而提高。

最后，从文化生活价值来看，分别从文化价值、理想信念、生活消费和婚姻爱情四方面对不同学历群体进行测度。一是通过问卷3-5（你最感兴趣的3种文化是）、问卷2-4（对你来说学习外文最重要的意义是哪2项）、问卷1-11（你认为中国举办北京奥运会的意义是）、问卷4-8（你上网进行得较多的是哪5项活动）对不同学历群体的一般文化取向、网络文化倾向、学习意义、价值观念等进行调查，具体调查结果见表9-42；二是通过问卷1-12（社会进步到今天特别强调"以人为本"，你认为其最主要的意思是）、问卷1-13（如果说理想是对未来的美好想象和向往，那么你）、问卷1-14（信念是对某种理念的坚定相信。你认为自己的行为）、问卷1-15（你认为共产主义是）、问卷1-18（你对自己为什么活着的认识和态度）对不同学历群体的人生观和世界观的测度，具体调查结果见表9-43；三是通过问卷1-16（你对钱的看法是）、问卷1-17（如果意外得到一笔数目较大的钱，你会首先选择）、问卷2-7（你觉得自己目前的生活接近以下哪2种状态）、问卷3-6（闲暇时你更愿意做下面哪3件事）对不同学历群体的自我生活状态、闲暇生活观、金钱价值观和消费观的测度，具体调查结果见表9-44；四是通过问卷2-5（对于爱情与婚姻你更赞成哪2种说法）对不同学历群体的爱情婚姻观、情感观和性别观趋向的测度，具体调查结果见表9-45。

表9-42　　　　　　按学历构成的文化取向调查结果表

3-5	[1]古代文化	[2]现代文化	[3]后现代文化	[4]中国民间民族文化	[5]传统经典文化	[6]通俗流行文化	[7]异国文化	[8]全球共同文化	[9]宗教文化	[10]前卫（超前）文化
小学	49.1%	50.4%	11.9%	54.9%	40.6%	28.3%	16.0%	15.8%	26.7%	6.3%
中学	43.7%	53.7%	9.6%	50.8%	43.6%	33.0%	20.3%	19.4%	14.8%	11.1%
大学	44.2%	50.5%	8.1%	48.0%	49.4%	30.4%	24.7%	21.7%	12.8%	10.3%
研究生	44.1%	45.5%	11.7%	39.5%	52.3%	28.3%	25.7%	27.6%	14.2%	11.1%
2-4	[1]对外交往或出国		[2]获取更多信息		[3]应付考试		[4]提高自身素质		[5]没有什么意义	
小学	29.7%		54.4%		28.0%		53.6%		34.4%	
中学	28.5%		62.0%		24.7%		66.9%		17.8%	
大学	25.6%		66.1%		26.7%		71.2%		10.4%	
研究生	34.8%		68.3%		26.7%		62.1%		8.3%	

续表

1-11	[1]促进经济文化多方面发展,意义重大	[2]中国能够赚钱就好	[3]消耗国资国力,意义不大
小学	62.3%	24.2%	13.5%
中学	80.6%	13.5%	5.9%
大学	86.2%	9.1%	4.7%
研究生	86.4%	8.2%	5.4%

4-8	[1]不上网或极少上网	[2]学习	[3]商务	[4]看稀奇	[5]交友	[6]谈恋爱	[7]论坛或创作	[8]随便聊天,打发时间	[9]娱乐	[10]信息利用
小学	73.8%	18.7%	11.8%	15.9%	18.8%	10.2%	11.4%	16.7%	18.5%	14.1%
中学	50.8%	36.2%	18.9%	24.3%	37.0%	8.9%	21.1%	30.0%	40.9%	33.5%
大学	30.2%	57.7%	27.5%	28.0%	47.4%	5.6%	36.4%	32.5%	60.0%	59.1%
研究生	14.6%	73.2%	30.3%	26.1%	58.1%	6.4%	57.0%	34.0%	71.8%	74.5%

通过表9-42可以看出不同学历群体在文化取向上具有一定差异。在对文化选择方面（问卷3-5），随着学历增长选择比例明显增加的有[5]、[9]，随着学历增长选择比例明显降低的有[7]、[10]，说明学历越高对传统经典文化了解越多，对宗教文化越感兴趣，而低学历者则对异国文化和前卫文化更感兴趣。对于学习外语（问卷2-4），选择[2]和[4]的比例随着学历层次提高而比例增加，说明学历越高对于学习外语更能够正确认识。对于在我国举办奥运（问卷1-11），学历越高选择[1]的比例越高。对于上网的认识（问卷4-8），学历高和学历低的上网比例较小，上网者中，[2]、[5]、[9]、[10]等选项的选择比例相对较高，总体来看大学和研究生学历利用网络进行工作学习的比例最高。

表9-43　　　　按学历构成的价值观取向调查结果表

问卷	选项（年龄段）	小学	中学	大学	研究生
1-12	[1] 更看重人的自然本能需要	20.7%	14.1%	11.6%	9.4%
	[2] 以人的现实需要为本	28.6%	20.4%	15.2%	14.2%
	[3] 以发展提升人的素质为本	50.7%	65.5%	73.2%	76.4%
1-13	[1] 有理想并为实现理想努力	42.7%	53.1%	61.9%	66.5%
	[2] 有理想但觉得要实现困难	33.1%	36.2%	33.0%	29.3%
	[3] 无所谓理想能过得去就行	24.2%	10.7%	5.1%	4.2%

续表

问卷	选项（年龄段）	小学	中学	大学	研究生
1-14	[1] 总是有信念支持	40.2%	42.8%	46.7%	45.4%
	[2] 有时有信念支持	35.8%	45.9%	47.4%	48.7%
	[3] 不清楚	24.0%	11.4%	6.0%	5.9%
1-15	[1] 最美好的社会制度	50.0%	58.3%	58.9%	53.0%
	[2] 是一个虚幻的口号	29.6%	30.4%	32.2%	37.0%
	[3] 不清楚什么是共产主义	20.3%	11.2%	8.9%	10.1%
1-18	[1] 有思考，清醒明白	36.1%	44.1%	52.6%	54.2%
	[2] 有思考，但茫然	35.5%	41.6%	40.1%	41.7%
	[3] 没想过，听任命运安排	28.4%	14.3%	7.3%	4.1%

通过表9-43对不同学历群体的价值观趋向作了总体统计，总体看不同学历的价值观有明显差别，问卷1-12、问卷1-13和问卷1-14中可知，对于"以人为本"真正含义的理解和对理想的态度，学历越高选择"以发展提升人的素质为本"、"有理想并为实现理想努力"和"总有信念支持"等积极正确选项的比例越高，学历越低则选择正确和积极选项的比例越低；对于共产主义制度，在问卷1-15中，低学历和高学历的选择［1］的比例较低；通过问卷1-18调查显示，对于自己为什么活着的认识和态度有思考的比例随着学历提高选择［1］的选择比例也相应提高，但学历越低，40%左右对自身生活状态认识模糊，不同学历段均有个别群体在一定程度上精神空虚，其中低学历群体选择［3］的比例最高，达到28.4%。

表9-44　　　按学历构成的生活观取向调查结果表

1-16	[1]金钱万能	[2]钱不是万能	[3]钱多反而坏事	1-17	[1]精神消费，如艺术、购书、学习、思想情感交流等	[2]物质消费，如购家用电器、生活用品、购房购车	[3]投资或存起来
小学	28.1%	54.2%	17.6%	小学	19.3%	43.6%	37.2%
中学	16.8%	71.6%	11.6%	中学	21.9%	38.5%	39.5%
大学	12.1%	79.5%	8.4%	大学	25.7%	35.9%	38.4%
研究生	10.5%	80.6%	8.9%	研究生	33.2%	31.3%	35.5%

续表

2-7	[1]丰富多彩	[2]平平常常	[3]空虚无聊	[4]衣食无忧	[5]衣食困难
小学	27.5%	74.4%	18.5%	55.5%	24.1%
中学	29.3%	74.9%	19.0%	65.3%	11.5%
大学	31.0%	73.5%	14.2%	74.7%	6.6%
研究生	37.6%	66.4%	11.7%	75.6%	8.7%

3-6	[1]健身、运动	[2]阅读	[3]旅游	[4]喝酒行令	[5]看电视	[6]卡拉OK、泡吧	[7]赌钱（含麻将打牌）	[8]麻将打牌棋类（不赌钱）	[9]艺术欣赏	[10]继续工作或挣钱
小学	49.0%	38.9%	30.3%	15.9%	65.5%	10.6%	12.2%	29.2%	20.5%	28.0%
中学	51.6%	47.1%	44.2%	8.3%	65.5%	14.5%	7.6%	20.1%	23.3%	17.9%
大学	57.2%	56.2%	57.6%	5.0%	57.3%	12.6%	3.8%	13.2%	25.6%	11.5%
研究生	60.5%	62.4%	59.1%	3.9%	45.8%	13.2%	3.2%	11.5%	26.6%	13.9%

通过表9-44对不同学历群体的生活观趋向作了总体统计，从调查结果看学历越高选择"认为钱不是万能的"的比例越高；在生活消费观取向上，如果意外得到一笔数目较大的钱，学历越高选择精神消费的比例越高；从对生活状态自我评价来看，大学以下学历群体选择[2]平平常常的比例较高，随着学历层次提高，选择[4]衣食无忧的比例也增加，这说明学历长短对生活观影响不十分明显；学历越低选择[3]空虚无聊和[5]衣食困难的比例越高，在闲暇时间所做的活动方面，对[1]健身运动、[2]阅读、[5]看电视的选择比例较高。

表9-45　　　　按学历构成的爱情观取向调查结果表

2-5	[1]婚姻与爱情是两回事	[2]婚外情破坏婚姻	[3]婚外情巩固婚姻	[4]爱情与婚姻可以永远统一	[5]爱情与婚姻的统一有阶段性
小学	50.4%	55.5%	15.5%	43.5%	35.2%
中学	49.9%	56.2%	8.6%	39.0%	46.3%
大学	49.1%	57.9%	6.3%	33.4%	53.2%
研究生	49.8%	58.7%	6.3%	29.1%	56.2%

通过表9-45对不同学历的爱情婚姻观倾向的调查结果可知，从前2个选项来看，不同学历之间总体差别不大，但对[3]和[4]的选择随着学历提高选

择比例下降，对于［5］"爱情与婚姻可以永远统一"选择比例随着学历提高而最高，这客观反映了高学历群体的爱情观与低学历者具有明显差异。

第五节 按群体构成的文史哲维度分析

本节在对群体总体评价的基础上，对不同群体的文史哲维度人文素质指标和指数与总体指标和指数进行分析比较，分析按大群体构成的文史哲素质总体分布与总体人文素质发展情况的差异，同时比较不同群体之间的差异；对不同群体的文史哲维度指标进行描述性统计分析；根据不同群体对调查问卷反馈结果分析不同群体的文史哲行为趋向。

一、按群体构成的文史哲维度与总体比较

根据调查结果计算出来的指标值，我们采用 SPSS 软件进行按照群体构成的样本基本情况汇总并制成表 9-46。

表 9-46　　　　　按群体构成的文史哲维度指标情况

大群体	总体指标值	标准偏差	总体指数值	文史哲维度指标值	与总体指标差值	文史哲维度标准偏差	文史哲指数
农民	69.1724	10.6075	0.05	73.2520	-4.0796	10.8630	0.01
工人	73.1894	9.3709	0.40	77.2840	-4.0946	9.8491	0.41
企管人员	76.3008	8.4963	0.65	80.1473	-3.8465	9.5352	0.69
商业人员	73.8814	9.2501	0.46	77.3894	-3.508	10.2264	0.42
公务员	78.9989	7.8759	0.85	81.8406	-2.8417	8.7316	0.86
教师	78.7867	7.2311	0.87	82.2472	-3.4605	8.3010	0.90
学生	78.0446	7.6653	0.81	80.9348	-2.8902	8.4147	0.77
文化卫生从业人员	75.6004	8.5891	0.60	78.7281	-3.1277	9.5088	0.55
第三部门从业人员	76.2230	9.0325	0.64	79.8000	-3.577	9.9196	0.66
科技人员	77.7484	8.4751	0.78	81.2977	-3.5493	9.1601	0.80
其他	70.9353	10.6438	0.20	74.8050	-3.8697	11.1386	0.16
总体	75.5634	9.24852	0.59	79.0478	-3.4844	9.9410	0.58

根据表 9-46 的内容，首先从不同群体的文史哲维度指标和指数来看，不同群体的文史哲维度指标值最高为公务员群体 82.2472，最低为农民群体 73.2520，其中指标值在 75~80 之间有 4 个群体，为人文素质发展 B⁻ 级水平，在 80~85 之间有 5 个群体，为 B 级水平，其余农民和其他 2 个群体均为 C 级水平；不同群体的文史哲维度指数值在 0.9 以上的为教师群体，文史哲维度的人文素质发展程度为 Ⅰ 级，0.7~0.9 之间的为公务员、学生和科技人员群体，人文素质发展程度为 Ⅱ 级，指数值在 0.5~0.7 之间有三个群体，人文素质发展程度为 Ⅲ 级，指数值在 0.3~0.5 之间的有两个群体，人文素质发展程度为 Ⅳ 级，指数值小于 0.3 的有两个群体，人文素质发展程度为 Ⅴ 级，可见不同群体的人文素质发展具有明显差异。其次，从不同群体的文史哲维度指标值与总体指标的比较来看，不同群体的文史哲素质指标均高于总体指标，这说明各群体文史哲素质状况总体高于总体人文素质平均发展程度。再次，从各群体文史哲维度样本数据的离散趋势来看，教师群体的文史哲维度标准偏差最小，为 8.301，"其他"群体文史哲维度标准偏差最大，为 11.1386，说明不同群体的文史哲维度人文素质指标值的差异不大。

二、按群体构成的文史哲维度指标描述统计分析

从前面总体对比分析可知基于 11 个群体的文史哲维度指标存在一定差异，为进一步分析，采用 SPSS11.5 版本统计软件运用 "analyze→descriptive statistics→explore" 对文史哲维度按照 11 个群体构成进行深入分析，分析输出结论如下：

1. 按群体构成的文史哲指标描述性统计分析

表 9-47　　按群体构成的文史哲指标描述性统计分析

描述项目		农民	工人	企管	商业	公务员	教师
Mean 平均值		73.25	77.28	80.15	77.39	81.84	82.25
95% Confidence Interval for Mean 95%置信区间	Lower Bound 下限	72.80	76.87	79.75	77.04	81.47	81.96
	Upper Bound 上限	73.71	77.70	80.55	77.74	82.21	82.53
5% Trimmed Mean 去除5%极端值后的均值		73.63	77.71	80.78	77.94	82.31	82.82
Median 中值		74.67	78.67	81.67	79.17	83.00	83.33
Variance 方差		118.0	97.00	90.92	104.6	76.24	68.91
Std. Deviation 标准偏差		10.86	9.85	9.54	10.23	8.73	8.30
Minimum 最小值		32.67	37.00	38.33	32.50	47.33	39.17

续表

描述项目	农民	工人	企管	商业	公务员	教师
Maximum 最大值	99.00	97.00	98.50	98.00	99.00	99.00
Range 全距	66.33	60.00	60.17	65.50	51.67	59.83
Interquartile Range 四分位数间距	15.17	13.17	11.67	13.00	11.17	10.00
Skewness 偏度系数	-0.52	-0.65	-1.03	-0.82	-0.81	-1.21
Kurtosis 峰度系数	-0.08	0.27	1.26	0.62	0.78	2.60

描述项目		学生	文卫	三部门	科技	其他	总体
Mean 平均值		80.93	78.73	79.80	81.30	74.80	75.56
95% Confidence Interval for Mean 95%置信区间	Lower Bound 下限	80.65	78.45	79.56	80.75	75.46	85.46
	Upper Bound 上限	81.22	79.01	80.04	81.84	75.66	85.66
5% Trimmed Mean 去除5%极端值后的均值		81.46	79.25	80.47	81.94	75.25	76.10
Median 中值		82.33	80.00	81.67	82.83	76.50	77.15
Variance 方差		70.81	90.42	98.40	83.91	124.1	85.54
Std. Deviation 标准偏差		8.41	9.51	9.92	9.16	11.14	9.25
Minimum 最小值		32.33	22.00	23.50	40.00	31.50	18.50
Maximum 最大值		98.50	99.00	99.67	99.00	98.00	98.08
Range 全距		66.17	77.00	76.17	59.00	66.50	79.58
Interquartile Range 四分位数间距		10.13	11.83	12.00	10.79	15.33	11.41
Skewness 偏度系数		-1.13	-0.90	-1.08	-1.17	-0.61	-0.90
Kurtosis 峰度系数		2.34	1.32	1.46	1.91	0.06	0.81

表9-47详细列出了不同群体的描述性统计结果，对各群体人文素质指标值的集中趋势和离散趋势前面已经做了比较，这里又列举出表示集中趋势的去除5%极端值之后的均值，中值和表示离散趋势的全距、四分位数间距。从表9-47可以看出，数据的集中和离散趋势分析与前面分析结果一致。从样本数据的分布形态来看，11个群体的偏度系数均小于0，说明数据均呈左偏分布，而除了农民群体之外的峰度系数均大于0，呈尖峰分布；农民群体的峰度系数小于0，呈平峰分布。

2. 按群体构成的文史哲指标正态性检验

假定11组数据均服从正态分布，则在此假定下作集中趋势的平稳测度（Resistant Measure），测度结果见表9-48，由表中Sig.值$0.000 < \alpha$值0.05，因此，可拒绝正态性的原假设。

表9-48　　按群体构成的文史哲指标正态性检验

大群体		Kolmogorov-Smirnov（a）			Shapiro-Wilk		
		Statistic	df	Sig.	Statistic	df	Sig.
文史哲指标	农民	0.057	2 192	0.000	0.979	2 192	0.000
	工人	0.060	2 179	0.000	0.973	2 179	0.000
	企管人员	0.088	2 182	0.000	0.941	2 182	0.000
	商业人员	0.077	3 276	0.000	0.958	3 276	0.000
	公务员	0.056	2 190	0.000	0.962	2 190	0.000
	教师	0.071	3 307	0.000	0.933	3 307	0.000
	学生	0.077	3 268	0.000	0.941	3 268	0.000
	文化卫生从业人员	0.063	4 361	0.000	0.958	4 361	0.000
	第三部门从业人员	0.087	6 329	0.000			
	科技人员	0.097	1 080	0.000	0.930	1 080	0.000
	其他	0.066	2 140	0.000	0.972	2 140	0.000

a　Lilliefors Significance Correction

3. 按群体构成的文史哲指标方差齐性检验

表9-49　　按群体构成的文史哲指标方差齐性检验结果

		Levene Statistic	df1	df2	Sig.
文史哲指标	Based on Mean 基于均数	54.721	10	32 493	0.000
	Based on Median 基于中位数	48.889	10	32 493	0.000
	Based on Median and with adjusted df 基于调整自由度的中位数	48.889	10	31 847 0.659	0.000
	Based on trimmed mean 基于截两端数据的调整均数	53.365	10	32 493	0.000

通过方差齐次性检验结果可知，4个指标得到的显著性水平 Sig. 值均为 0.000，小于0.05，因此拒绝方差相等的零假设，即不同群体的文史哲指标方差不相等。

4. 按群体构成的文史哲指标盒须图

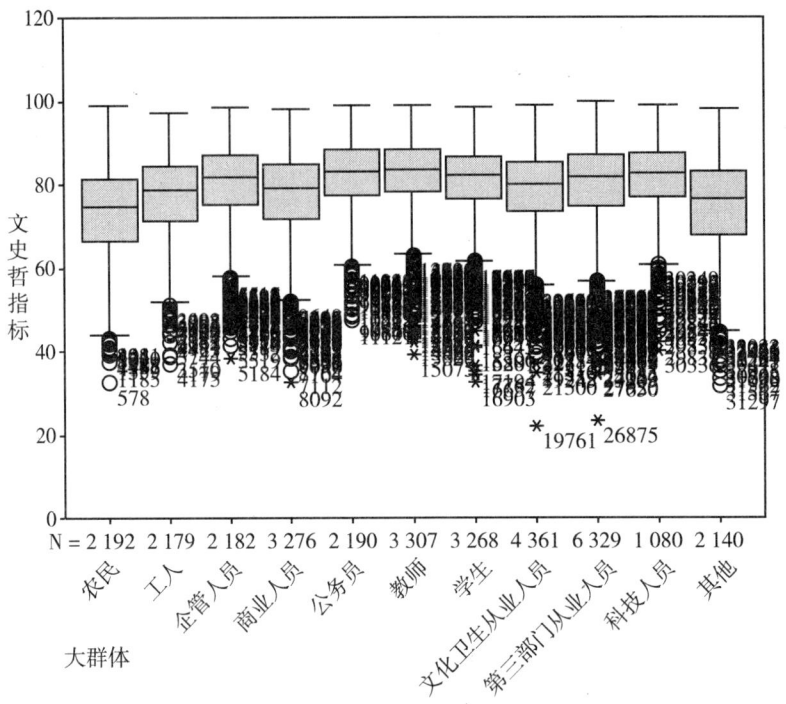

图 9-6 按群体构成的文史哲指标盒须图

从图 9-6 可以看到，第一，从盒长来看，教师群体的盒长最小，说明教师群体的文史哲维度指标数据最集中。第二，从盒上的中位数线来看，11 个群体中教师和公务员群体的中位数线偏高，其他群体中位线上下差别也较明显。第三，通过盒须图可知，农民和"其他"群体在盒须图中须长最长，而教师的须长最短。第四，图中各群体的指标都没有最大极端值。

三、按群体构成的文史哲素质趋向分析

首先，从民族意识角度看，调查问卷在年龄划分的基础上，对不同年龄段群体的爱国意识和人权意识进行测度。一是通过问卷 1-8（在同等价格和同等质量条件下，你会选择购买的商品）、问卷 1-9（看到我国在某些方面落后于其他国家，你的心情总会是）和问卷 1-10（当被误认是日本或韩国人时，你会）了解不同年龄群体的爱国意识、民族自豪感和民族自尊心。具体调查结果见表 9-50。二是通过问卷 3-4（请选择 3 个我国的公民权利）对不同性别的人权意识进行调查，结果见表 9-51。

表9-50　　按群体构成的爱国民族意识调查结果表

问卷1-8(年龄)	农民	工人	企管	商业	公务员	教师	学生	文卫	第三部门	科技	其他
[1]肯定是中国货	45.5%	41.2%	41.5%	38.3%	41.9%	37.0%	30.4%	34.2%	42.3%	39.5%	37.1%
[2]肯定是外国货	13.3%	12.3%	12.8%	13.0%	13.1%	10.9%	12.8%	15.7%	12.3%	12.6%	15.4%
[3]不一定	41.2%	46.5%	45.6%	48.7%	45.0%	52.0%	56.9%	50.1%	45.4%	47.9%	47.5%
问卷1-9(年龄)	农民	工人	企管	商业	公务员	教师	学生	文卫	第三部门	科技	其他
[1]立志为国争光	55.8%	51.2%	53.3%	50.0%	60.8%	55.7%	58.9%	52.7%	54.7%	57.2%	43.9%
[2]对民风不满	31.0%	38.1%	37.0%	38.2%	31.3%	36.5%	31.7%	36.3%	34.5%	34.9%	38.8%
[3]无所谓	13.2%	10.7%	9.7%	11.8%	7.9%	7.8%	9.4%	11.0%	10.8%	7.9%	17.3%
问卷1-10(年龄)	农民	工人	企管	商业	公务员	教师	学生	文卫	第三部门	科技	其他
[1]沉默%	14.7%	8.3%	7.2%	8.6%	5.6%	6.4%	4.9%	7.3%	7.2%	5.1%	10.8%
[2]声明是中国人	79.7%	88.9%	90.7%	88.0%	92.3%	91.7%	92.9%	90.7%	89.4%	93.2%	84.8%
[3]干脆回答是	5.7%	2.8%	2.1%	3.4%	2.1%	1.9%	2.1%	2.5%	3.3%	1.7%	4.4%

通过表9-50调查结果可以看出，问卷1-8调查结果显示不同群体购买商品中选择[1]肯定买中国货的比例具有一定差异，而选择[3]不一定的比例差异不是很大，总体占约45%左右，说明在购买商品时，约有半数人会根据商品的实际情况来购买，仅有1/3左右会坚决选择中国货；农民、工人、企管、公务员和第三部门群体选择肯定购买中国货的比例较高，达到41%以上；问卷1-9的调查显示，公务员群体选择[1]立志为国争光的比例最高，"其他"群体选择[1]的比例最低；问卷1-10调查结果显示，对于被误认为日本或韩国人时，除了农民和"其他"群体之外，其他群体均有88%以上能够声明自己是中国人，说明各群体的绝大部分是具有民族自豪感和民族自尊心的。

表9-51　　按群体构成的人权意识状况调查结果表

大群体	[1]参政权	[2]审批权	[3]生命权	[4]行政权	[5]劳动权	[6]处罚权	[7]选举权	[8]进出口权	[9]财产权	[10]外交权
农民	24.09%	9.53%	52.65%	13.18%	66.93%	5.43%	70.21%	5.29%	49.64%	3.06%
工人	25.01%	6.33%	61.31%	10.78%	64.25%	3.81%	74.53%	2.39%	49.38%	2.20%
企管人员	24.75%	4.22%	62.56%	7.88%	62.88%	2.93%	79.33%	2.89%	50.73%	1.83%
商业人员	25.06%	5.77%	61.57%	11.11%	62.30%	3.69%	72.99%	2.90%	52.59%	2.01%
公务员	23.38%	3.70%	69.59%	6.85%	58.08%	2.83%	79.32%	1.74%	53.42%	1.10%
教师	24.10%	3.90%	67.34%	5.99%	59.48%	1.60%	80.53%	2.15%	53.37%	1.54%
学生	18.60%	3.12%	67.66%	8.26%	59.33%	2.08%	78.86%	1.93%	57.83%	2.33%
文卫人员	25.04%	5.07%	66.57%	9.70%	58.40%	3.94%	74.34%	2.80%	52.17%	1.97%
第三部门	24.84%	5.42%	66.22%	9.97%	59.47%	3.03%	74.20%	2.72%	52.24%	1.90%
科技人员	25.65%	4.54%	67.50%	7.96%	59.54%	3.33%	78.15%	1.48%	51.02%	0.83%
其他	27.99%	6.87%	62.80%	11.31%	59.25%	4.30%	69.02%	4.21%	52.10%	2.15%

通过表9-51可知，不同群体在对人权意识倾向上总体差别不十分明显。其中对10项权利选择［7］选举权、［3］生命权、［5］劳动权、［9］财产权的比例较高，其中选择［7］的比例最高，达到70%以上。

其次，从文史哲常识来看，分别从文学、历史和哲学三个方面对不同群体的认知情况进行测度。一是通过问卷4-7对不同群体中外文学名著的认知情况进行调查；二是通过问卷4-4和问卷4-5对不同群体对中外历史名人和中外历史事件的认知情况进行评价；三是通过问卷4-6对不同群体哲学常识的认知情况进行调查，具体调查结果见表9-52。

表9-52　　　按群体构成的文史哲认知情况调查结果表

4-7	[1]还珠格格	[2]三国演义	[3]拯救大兵瑞恩	[4]红楼梦	[5]安娜·卡列妮娜	[6]三重门	[7]水浒传	[8]红与黑	[9]巴黎圣母院	[10]红高粱
农民	26.64%	93.16%	21.99%	88.59%	39.74%	15.37%	88.73%	44.21%	56.39%	25.18%
工人	8.58%	95.18%	12.35%	91.05%	55.48%	9.36%	88.02%	64.11%	61.31%	14.55%
企管人员	5.36%	93.86%	10.59%	89.60%	64.48%	6.92%	85.61%	74.93%	61.82%	6.83%
商业人员	9.31%	93.32%	13.06%	89.84%	57.75%	9.62%	88.52%	64.62%	62.85%	11.11%
公务员	3.52%	94.02%	7.99%	91.14%	68.17%	5.21%	87.53%	76.03%	60.55%	5.84%
教师	3.18%	92.50%	6.92%	89.63%	72.85%	4.66%	83.46%	76.60%	65.07%	5.14%
学生	3.64%	91.40%	9.88%	87.00%	66.86%	7.47%	82.89%	73.01%	71.91%	5.94%
文卫人员	6.01%	92.69%	12.91%	88.31%	64.11%	7.68%	86.06%	71.59%	61.96%	8.69%
第三部门	5.88%	93.59%	11.30%	89.26%	63.52%	7.06%	87.36%	72.08%	60.23%	9.73%
科技人员	2.22%	95.00%	5.74%	88.06%	72.50%	6.48%	86.30%	76.48%	60.00%	7.22%
其他	13.36%	91.40%	14.63%	89.81%	57.57%	10.37%	86.92%	64.67%	56.54%	14.72%
4-4	[1]贝克汉姆	[2]林肯	[3]毛泽东	[4]哈克·波里	[5]戴高乐	[6]雷锋	[7]孔子	[8]爱迪生	[9]韩红	[10]贾宝玉
农民	23.49%	65.15%	90.05%	15.19%	37.73%	66.33%	83.35%	80.16%	14.32%	24.22%
工人	16.02%	82.56%	92.70%	12.94%	55.25%	47.64%	89.54%	86.28%	5.55%	11.52%
企管人员	12.51%	87.21%	94.27%	8.52%	69.75%	40.28%	88.27%	89.05%	4.03%	6.10%
商业人员	18.47%	82.14%	92.52%	12.30%	52.96%	51.65%	86.66%	86.60%	6.04%	10.65%
公务员	10.50%	92.15%	96.30%	6.53%	69.27%	37.99%	88.86%	89.68%	3.52%	5.21%
教师	13.15%	91.35%	94.86%	7.26%	66.65%	37.92%	89.96%	89.96%	3.69%	5.20%
学生	13.34%	92.96%	93.76%	8.54%	61.29%	41.92%	87.39%	90.33%	4.56%	5.91%
文卫人员	14.38%	85.99%	93.37%	9.54%	60.88%	46.02%	87.55%	87.98%	5.04%	9.24%
第三部门	12.09%	86.38%	93.35%	9.54%	63.42%	46.18%	88.39%	85.78%	5.12%	9.75%
科技人员	6.85%	92.87%	94.63%	6.76%	76.20%	35.19%	89.17%	91.11%	2.87%	4.35%
其他	18.64%	81.64%	90.98%	12.34%	59.39%	48.55%	85.23%	82.29%	6.96%	13.97%

续表

4-5	[1]虹桥垮塌事件	[2]9·18事变	[3]第一次工业革命	[4]中华人民共和国成立	[5]汽车召回事件	[6]第二次世界大战	[7]文化大革命	[8]十月革命	[9]抗洪救灾	[10]世界小姐选美
农民	16.74%	79.15%	48.68%	80.89%	12.82%	78.56%	71.99%	72.86%	30.75%	7.57%
工人	12.57%	84.90%	59.94%	83.85%	9.91%	81.41%	66.31%	78.43%	17.71%	4.96%
企管人员	8.39%	85.93%	63.47%	85.43%	7.97%	85.33%	63.93%	83.04%	12.33%	4.17%
商业人员	10.68%	85.16%	59.55%	84.13%	9.92%	83.88%	67.31%	76.65%	17.37%	5.34%
公务员	7.67%	89.13%	62.28%	87.17%	6.39%	88.49%	60.09%	85.53%	10.27%	2.97%
教师	8.38%	85.76%	69.40%	85.85%	6.65%	86.39%	58.00%	83.82%	12.00%	3.75%
学生	6.40%	83.02%	73.38%	87.09%	5.72%	88.89%	54.35%	84.64%	10.99%	5.54%
文卫人员	9.15%	84.66%	65.12%	84.64%	9.13%	86.43%	61.11%	80.37%	14.24%	5.16%
第三部门	8.90%	85.07%	61.40%	86.17%	9.50%	84.37%	65.18%	80.42%	14.66%	4.33%
科技人员	7.41%	87.13%	68.15%	85.65%	8.98%	89.91%	60.00%	81.76%	8.33%	2.69%
其他	13.64%	82.52%	56.26%	84.67%	11.78%	79.58%	66.73%	76.68%	19.95%	8.18%

4-6	[1]思想	[2]矛盾	[3]平等	[4]公正	[5]否定之否定	[6]继承	[7]发展	[8]本质与现象	[9]意识流	[10]普遍联系
农民	60.77%	68.43%	51.19%	51.28%	45.12%	28.33%	63.73%	64.92%	32.34%	33.90%
工人	52.41%	79.12%	34.65%	31.85%	61.50%	17.67%	58.42%	78.16%	38.14%	48.10%
企管人员	41.75%	87.63%	22.96%	22.23%	72.73%	9.72%	63.47%	86.30%	33.73%	59.49%
商业人员	51.62%	78.21%	35.26%	32.57%	60.47%	15.35%	61.75%	80.13%	38.25%	46.40%
公务员	29.18%	92.24%	13.11%	13.33%	83.01%	6.30%	68.13%	90.82%	28.77%	75.11%
教师	25.04%	91.20%	13.67%	11.55%	82.10%	7.20%	69.82%	92.65%	30.27%	76.50%
学生	30.48%	85.56%	18.57%	16.16%	66.03%	6.58%	76.16%	92.38%	33.17%	74.91%
文卫人员	39.23%	83.31%	25.25%	24.19%	70.01%	11.08%	64.78%	86.36%	33.82%	61.98%
第三部门	39.12%	84.83%	23.02%	23.70%	73.17%	11.39%	64.72%	84.74%	34.11%	61.19%
科技人员	33.80%	91.20%	16.57%	14.91%	82.78%	8.15%	64.35%	90.28%	28.43%	69.54%
其他	45.65%	79.58%	33.93%	34.44%	63.79%	18.46%	65.89%	74.44%	33.41%	50.42%

通过表9-52可知，不同群体对文学、历史和哲学的认知上有一定差别。在文学认知方面，不同群体对中国文学名著选择比例明显高于对外国名著的选择，农民、工人和"其他"群体对外国文学名著选择比例较低，说明这些群体对外国名著了解较少。在历史人物和历史事件的认知方面，各群体也是对中国部分了解相对多一些，如在问卷4-4中农民、工人和商业群体对外国历史人物[5]戴高乐的选择比例相对较低。问卷4-6的调查结果显示，不同群体对于哲学的基本知识了解程度不同，总体上不同群体对哲学的了解认知水平不如文学和历史方面。

最后，从文化生活价值来看，分别从文化价值、理想信念、生活消费和婚姻爱情四方面对不同性别群体进行测度。一是通过问卷3-5（你最感兴趣的3种文化是）、问卷2-4（对你来说学习外文最重要的意义是哪2项）、问卷1-11（你认为中国举办北京奥运会的意义是）、问卷4-8（你上网进行得较多的是哪5项活动）对不同性别群体的一般文化取向、网络文化倾向、学习意义、价值观念等进行调查，具体调查结果见表9-53；二是通过问卷1-12（社会进步到今天特别强调"以人为本"，你认为其最主要的意思是）、问卷1-13（如果说理想是对未来的美好想象和向往，那么你）、问卷1-14（信念是对某种理念的坚定相信。你认为自己的行为）、问卷1-15（你认为共产主义是）、问卷1-18（你对自己为什么活着的认识和态度）对不同性别群体的人生观和世界观的测度，具体调查结果见表9-54；三是通过问卷1-16（你对钱的看法是）、问卷1-17（如果意外得到一笔数目较大的钱，你会首先选择）、问卷2-7（你觉得自己目前的生活接近以下哪2种状态）、问卷3-6（闲暇时你更愿意做下面哪3件事）对不同性别群体的自我生活状态、闲暇生活观、金钱价值观和消费观的测度，具体调查结果见表9-55；四是通过问卷2-5（对于爱情与婚姻你更赞成哪2种说法）对公民爱情婚姻观、情感观和性别观趋向的测度，具体调查结果见表9-56。

表9-53　　　　　按群体构成的文化取向调查结果表

3-5	[1]古代文化	[2]现代文化	[3]后现代文化	[4]中国民间民族文化	[5]传统经典文化	[6]通俗流行文化	[7]异国文化	[8]全球共同文化	[9]宗教文化	[10]前卫（超前）文化
农民	46.30%	59.90%	10.08%	54.11%	38.91%	34.85%	15.33%	15.88%	17.06%	7.57%
工人	43.97%	54.20%	8.40%	55.30%	44.06%	32.77%	20.38%	18.77%	12.02%	10.14%
企管人员	42.99%	54.12%	7.79%	52.75%	47.53%	30.61%	22.41%	20.62%	12.60%	8.57%
商业人员	43.47%	55.65%	9.22%	51.25%	42.25%	33.82%	22.07%	19.05%	11.60%	11.63%
公务员	49.54%	51.87%	7.63%	49.77%	49.59%	31.05%	21.05%	19.27%	12.15%	8.08%
教师	46.36%	48.05%	8.41%	48.29%	53.16%	29.00%	24.01%	22.04%	11.97%	8.71%
学生	45.38%	42.32%	10.86%	36.81%	47.83%	30.29%	31.64%	26.90%	12.30%	15.67%
文卫人员	42.22%	51.64%	10.34%	48.77%	45.22%	32.31%	23.46%	21.42%	11.40%	13.23%
第三部门	42.83%	51.26%	8.06%	49.39%	48.92%	28.57%	21.01%	20.32%	20.84%	8.80%
科技人员	43.15%	50.00%	8.06%	48.89%	52.31%	28.98%	24.44%	25.09%	11.11%	7.96%
其他	42.20%	51.21%	11.12%	46.03%	44.58%	34.86%	21.12%	20.51%	15.51%	12.85%

续表

2-4	[1]对外交往或出国	[2]获取更多信息	[3]应付考试	[4]提高自身素质	[5]没有什么意义
农民	28.33%	59.63%	24.09%	63.59%	12.32%
工人	24.23%	64.43%	23.13%	72.10%	4.77%
企管人员	25.57%	67.78%	23.46%	71.36%	5.18%
商业人员	27.23%	63.98%	22.86%	70.05%	7.08%
公务员	20.41%	67.44%	28.17%	71.64%	0.18%
教师	22.95%	67.77%	28.15%	70.03%	1.81%
学生	37.15%	60.53%	28.06%	65.76%	6.18%
文卫人员	28.89%	61.82%	29.17%	67.67%	3.16%
第三部门	28.03%	65.93%	22.99%	68.70%	8.31%
科技人员	26.85%	69.35%	25.74%	68.52%	5.74%
其他	29.21%	58.32%	30.75%	58.41%	10.84%

1-11	[1]促进经济文化发展,意义重大	[2]中国能够赚钱就好	[3]消耗国资国力,意义不大
农民	73.68%	18.07%	8.26%
工人	78.25%	14.96%	6.79%
企管人员	84.10%	9.49%	6.42%
商业人员	81.44%	12.88%	5.68%
公务员	85.02%	9.63%	5.34%
教师	88.33%	7.38%	4.29%
学生	88.59%	7.25%	4.16%
文卫人员	83.21%	12.06%	4.72%
第三部门	84.28%	10.59%	5.14%
科技人员	83.98%	9.72%	6.30%
其他	75.09%	16.87%	8.04%

4-8	[1]不上网或极少上网	[2]学习	[3]商务	[4]看稀奇	[5]交友	[6]谈恋爱	[7]论坛或创作	[8]随便聊天,打发时间	[9]娱乐	[10]信息利用
农民	67.43%	24.59%	13.18%	16.79%	25.82%	10.22%	13.78%	20.99%	24.32%	18.11%
工人	46.72%	39.65%	22.03%	27.49%	38.55%	8.58%	19.78%	31.34%	44.93%	37.91%
企管人员	36.25%	50.78%	36.34%	25.85%	41.93%	4.49%	28.00%	28.92%	52.38%	52.98%
商业人员	44.51%	40.81%	27.93%	24.91%	39.56%	8.64%	22.74%	30.28%	45.57%	41.18%
公务员	34.29%	56.03%	25.71%	27.76%	42.60%	4.43%	35.70%	30.50%	56.89%	56.35%
教师	29.88%	62.96%	19.84%	26.31%	46.96%	4.02%	43.48%	30.03%	60.24%	61.14%
学生	21.21%	64.69%	17.17%	29.16%	59.27%	7.56%	45.78%	41.43%	68.94%	64.99%
文卫人员	33.89%	51.62%	24.38%	29.19%	47.01%	9.33%	32.54%	36.94%	57.35%	50.26%
第三部门	44.43%	44.13%	24.32%	23.29%	38.76%	5.75%	27.46%	27.21%	46.66%	44.32%
科技人员	26.39%	59.72%	33.15%	31.94%	47.31%	6.48%	43.52%	28.80%	61.02%	63.15%
其他	48.22%	35.93%	19.91%	24.77%	38.88%	10.70%	23.74%	30.37%	42.80%	35.51%

通过表9-53可以看出不同群体在文化取向上具有一定差异。在对文化选择方面，各群体对中国古代文化选择比例差别很小，其中学生群体对中国民间民族文化选择比例相对较低，而对异国文化、全球文化和前卫文化选择比例较高，说明目前学生群体中缺乏民族传统文化教育，而更多接受外国文化渗透，受外国文化和前卫流行文化影响较多。对于学习外语，各群体选择［2］和［4］的比例较高，说明对于学习外语能够正确认识。对于在我国举办奥运，除了农民、工人和"其他"三个群体选择［1］的比例低于80%以外，其他群体在80%以上均认为会促进经济文化多方面发展。对于上网的认识，不同群体的差异很大，农民和"其他"群体上网较少，学生和科技人员上网最多，对于上网者，［2］、［9］两个选项的选择比例较高，总体来看教师、学生、科技人员群体利用网络进行工作学习较多，企业管理人员则利用网络进行商务活动的较多。

表9-54　　　　　　按群体构成的价值观取向调查结果表

问卷	选项(年龄段)	农民	工人	企管	商业	公务员	教师	学生	文卫	第三部门	科技	其他
1-12	[1]更看重人的自然本能需要	14.8%	14.1%	14.1%	13.3%	12.4%	9.3%	7.3%	13.8%	13.7%	14.7%	16.6%
	[2]以人的现实需要为本	23.7%	18.5%	15.9%	19.4%	15.8%	13.2%	12.3%	19.1%	18.8%	16.5%	22.9%
	[3]以发展提升人的素质为本	61.5%	67.3%	70.0%	67.3%	71.8%	77.5%	80.4%	67.2%	67.5%	68.8%	60.5%
1-13	[1]有理想并为实现理想努力	51.0%	52.5%	57.9%	55.3%	60.4%	63.4%	68.6%	57.1%	58.1%	57.4%	46.8%
	[2]有理想但觉得要实现困难	32.2%	37.8%	35.3%	34.7%	34.3%	31.4%	28.2%	35.6%	34.2%	38.1%	37.5%
	[3]无所谓理想能过得去就行	16.8%	9.7%	6.7%	10.0%	5.3%	5.2%	3.2%	7.3%	7.7%	4.4%	15.7%
1-14	[1]总是有信念支持	42.1%	41.0%	47.8%	43.5%	49.6%	46.6%	41.6%	42.6%	49.3%	47.7%	36.1%
	[2]有时有信念支持	39.4%	47.4%	44.0%	46.0%	44.2%	48.1%	52.1%	49.2%	43.7%	46.7%	48.9%
	[3]不清楚	18.5%	11.6%	8.2%	10.5%	5.4%	6.4%	8.2%	7.0%	5.6%	15.0%	
1-15	[1]最美好的社会制度	59.6%	55.3%	59.5%	58.1%	65.6%	62.7%	58.4%	55.4%	58.6%	57.0%	44.5%
	[2]是一个虚幻的口号	25.3%	34.7%	31.9%	31.7%	27.5%	28.4%	32.0%	34.0%	31.1%	33.7%	40.0%
	[3]不清楚什么是共产主义	15.1%	10.0%	8.6%	10.2%	6.9%	8.9%	9.6%	10.6%	10.3%	9.3%	15.5%
1-18	[1]有思考,清醒明白	41.8%	42.6%	50.6%	45.1%	57.4%	55.3%	48.7%	47.3%	51.0%	53.4%	37.7%
	[2]有思考,但茫然	34.9%	42.5%	39.5%	41.0%	33.5%	38.7%	46.8%	43.2%	39.2%	39.6%	46.2%
	[3]没想过,听任命运安排	23.3%	14.9%	9.9%	13.9%	9.2%	6.0%	4.5%	9.6%	9.7%	6.9%	16.1%

通过表9-54可以看出不同群体价值观有一定差别，对于"以人为本"真正含义的理解和对理想信念的态度，公务员、教师和学生群体的认识程度较高；对于共产主义制度，有1/3选择[2]，对共产主义制度产生怀疑；仅有50%左右对于自己为什么活着的认识和态度有思考，清醒明白，说明不同群体均有半数左右在一定程度上精神空虚。

表9-55　　　　　　按群体构成的生活观取向调查结果表

1-16	[1]金钱万能	[2]钱不是万能	[3]钱多反而坏事	1-17	[1]精神消费,如艺术、购书、学习、思想情感交流等	[2]物质消费,如购家用电器、生活用品、购房购车	[3]投资或存起来
农民	22.22%	63.37%	14.42%	农民	18.84%	39.60%	41.56%
工人	18.77%	69.80%	11.43%	工人	19.32%	40.02%	40.66%
企管人员	14.39%	76.17%	9.44%	企管人员	23.56%	35.70%	40.74%
商业人员	17.03%	73.69%	9.28%	商业人员	19.14%	37.06%	43.80%
公务员	12.65%	79.32%	8.04%	公务员	23.61%	39.13%	37.26%
教师	8.89%	81.98%	9.13%	教师	29.33%	33.63%	37.04%
学生	11.08%	80.32%	8.60%	学生	35.53%	29.25%	35.22%
文卫人员	15.11%	75.44%	9.45%	文卫人员	22.98%	40.04%	36.99%
第三部门	11.88%	76.38%	11.74%	第三部门	25.96%	34.97%	39.07%
科技人员	12.87%	79.81%	7.31%	科技人员	24.17%	41.85%	33.98%
其他	22.71%	67.06%	10.23%	其他	18.69%	44.02%	37.29%
2-7	[1]丰富多彩	[2]平平常常	[3]空虚无聊	[4]衣食无忧	[5]衣食困难		
农民	26.28%	78.01%	25.23%	56.66%	18.11%		
工人	25.20%	79.12%	23.22%	64.57%	12.21%		
企管人员	32.40%	71.72%	17.74%	73.69%	8.57%		
商业人员	27.84%	76.19%	24.24%	65.38%	10.38%		
公务员	29.82%	74.75%	16.99%	77.12%	5.89%		
教师	31.15%	74.87%	16.48%	77.02%	6.50%		
学生	36.78%	68.15%	24.30%	66.34%	9.36%		
文卫人员	31.64%	72.74%	21.16%	71.43%	7.41%		
第三部门	32.00%	72.40%	17.48%	74.42%	8.11%		
科技人员	29.72%	72.78%	15.74%	77.50%	6.76%		
其他	27.99%	72.71%	23.36%	61.59%	15.05%		

续表

3-6	[1]健身、运动	[2]阅读	[3]旅游	[4]喝酒行令	[5]看电视	[6]卡拉OK、泡吧	[7]赌钱(含麻将打牌)	[8]麻将打牌棋类(不赌钱)	[9]艺术欣赏	[10]继续工作或挣钱
农民	47.86%	40.33%	31.11%	11.95%	68.66%	12.77%	9.95%	25.46%	21.76%	30.16%
工人	49.24%	44.29%	49.47%	8.99%	65.35%	16.02%	7.43%	20.28%	20.33%	18.59%
企管人员	55.87%	52.11%	55.55%	6.19%	58.52%	12.05%	6.42%	14.07%	24.98%	14.25%
商业人员	50.73%	46.43%	48.66%	8.94%	64.93%	16.03%	7.51%	18.71%	19.81%	18.25%
公务员	60.27%	55.57%	56.80%	6.35%	57.85%	11.19%	4.61%	13.38%	23.88%	10.09%
教师	57.97%	59.18%	54.82%	4.14%	57.94%	9.65%	2.69%	13.37%	27.43%	12.82%
学生	57.34%	58.11%	57.99%	3.24%	54.50%	14.29%	2.36%	9.15%	31.09%	11.93%
文卫人员	57.03%	49.60%	52.12%	6.49%	59.69%	15.59%	5.96%	15.62%	26.60%	11.30%
第三部门	56.09%	57.23%	51.37%	5.53%	58.68%	11.47%	4.36%	17.68%	24.81%	12.78%
科技人员	58.43%	57.78%	58.52%	4.17%	59.17%	10.09%	3.80%	13.15%	22.41%	12.50%
其他	47.85%	45.09%	43.69%	11.03%	61.82%	17.57%	10.89%	22.52%	20.14%	19.39%

通过表9-55对不同群体的生活观趋向作了总体统计，从调查结果看不同群体总体平均有70%以上认为钱不是万能的，其中教师群体选择[2]比例最高，农民群体选择[2]比例最低；在生活消费观取向上不同群体差别不大；从对生活状态自我评价来看，60%以上选择[2]平平常常和[4]衣食无忧，说明大多数对现状比较满足；在闲暇时间所做的活动方面，对[1]健身运动、[2]阅读、[3]旅游、[5]看电视的选择比例总体较高。

表9-56　按群体构成的爱情观取向调查结果表

2-5	[1]婚姻与爱情是两回事	[2]婚外情破坏婚姻	[3]婚外情巩固婚姻	[4]爱情与婚姻可以永远统一	[5]爱情与婚姻的统一有阶段性
农民	50.14%	52.01%	13.46%	44.39%	42.15%
工人	50.25%	55.94%	13.08%	40.11%	46.81%
企管人员	49.36%	56.51%	13.20%	35.98%	50.82%
商业人员	50.95%	56.75%	16.76%	35.20%	48.05%
公务员	51.87%	56.12%	15.21%	32.69%	52.10%

续表

2-5	[1] 婚姻与爱情是两回事	[2] 婚外情破坏婚姻	[3] 婚外情巩固婚姻	[4] 爱情与婚姻可以永远统一	[5] 爱情与婚姻的统一有阶段性
教师	47.11%	58.00%	10.58%	34.96%	54.46%
学生	50.37%	57.56%	14.26%	28.86%	56.88%
文卫人员	50.08%	55.77%	13.94%	35.59%	50.47%
第三部门	48.54%	59.50%	14.85%	37.38%	47.76%
科技人员	44.17%	60.19%	12.04%	37.13%	50.83%
其他	50.79%	58.74%	19.63%	33.60%	46.78%

通过表9-56对不同群体的爱情婚姻观倾向的调查结果可知，不同群体之间的婚姻爱情观差别不大，50%左右选择［1］和［2］，但对婚姻和爱情的统一是永远还是具有阶段性，不同群体的倾向不一致，其中教师和学生群体更多选择［5］认为对爱情和婚姻的统一具有阶段性，而农民和工人群体则更倾向于选择［4］爱情与婚姻可以永远统一。

第六节 按区域构成的文史哲维度分析

按照前面所述，本节从总体经济区域和经济发展程度两个方面进行比较，经济区域比较是对国家发展规划的经济发展区域进行文史哲维度人文素质发展的横向比较，发达地区和欠发达地区比较是为了研究经济发达程度与文史哲维度人文素质发展水平高低的关系。

一、按区域构成的文史哲维度与总体比较

按照国家经济发展战略规划划分的四个经济区域和调查中抽取样本所属地区经济发达程度，根据调查结果计算出来的指标值，通过SPSS软件进行按照地域构成和经济发达程度的样本基本情况汇总并制成表9-57。

表 9-57　按经济区域和发达程度构成的文史哲维度指标情况

地区	总体指标值	标准偏差	总体指数值	文史哲维度指标值	文史哲维度标准偏差	文史哲维度指数值	与总体指标差值	与总体指数差值
东部	75.8208	9.17236	0.6651	79.6114	9.63288	0.6755	3.7906	0.0104
中部	76.3161	8.65543	0.7183	80.2282	9.34045	0.7464	3.9121	0.0281
西部	75.0252	9.58128	0.5687	77.9302	10.31100	0.4825	2.905	-0.0862
东北	75.3057	9.19527	0.5994	79.1752	10.20108	0.6254	3.8695	0.026
总体	75.5634	9.24852	0.6322	79.0478	9.94105	0.6108	3.4844	-0.0214
发达	76.4017	8.80937	0.7351	79.7749	9.54986	0.6943	3.3732	-0.0408
欠发达	74.7954	9.56932	0.5380	78.3816	10.24146	0.5343	3.5862	-0.0037
总体	75.5634	9.24852	0.6322	79.0478	9.94105	0.6108	3.4844	-0.0214

根据表 9-57，从不同地区文史哲维度指标情况看，按照四区划分的文史哲维度指标值由高到低排序为：中部、东部、东北、西部，文史哲维度指标值差异不明显；按照发达和欠发达地区划分的文史哲维度指标值比较来看，发达地区高于欠发达地区。从四个地区文史哲维度指标值的离散程度看，四区文史哲维度指标值的离散程度差异不大。从文史哲维度人文素质指标与总体指标对比来看，文史哲维度指标值均大于总体指标值，说明文史哲维度指标值比总体指标值总体偏高。从 4 个地区样本总体指标排序情况与按照文史哲维度排列顺序不一致，总体指标排序为：从不同地区文史哲维度人文素质指数来看，中部地区文史哲维度人文素质指数值大于 0.7，为人文素质发展 II 级水平，东部和东北在 0.5~0.7 之间，为 III 级水平，西部低于 0.5，为 IV 级水平。从文史哲维度人文素质指数与总体指数的比较来看，东部、中部、东北的文史哲维度指数高于总体指数，西部以及发达和欠发达地区低于总体指数。

二、按区域构成的文史哲维度指标描述统计分析

从前面总体对比分析可知基于 4 个区域和发达欠发达地区的文史哲维度指标存在一定差异，为进一步分析，我们采用 SPSS11.5 版本统计软件运用"analyze→descriptive statistics→explore"对文史哲维度按照区域构成进行深入分析，分析输出结论如下：

1. 按区域构成的文史哲指标描述性统计分析

表 9–58　　　按区域构成的文史哲指标描述性统计分析

描述项目		东部	中部	西部	东北	发达	欠发达
Mean 平均值		79.61	80.23	77.93	79.18	79.77	78.38
95% Confidence Interval for Mean 95% 置信区间	Lower Bound 下限	79.43	80.00	77.75	78.82	79.62	78.23
	Upper Bound 上限	79.80	80.46	78.11	79.53	79.93	78.54
5% Trimmed Mean 去除5%极端值后的均值		80.17	80.83	78.51	79.81	80.38	78.95
Median 中值		81.17	81.83	79.67	81.00	81.33	80.17
Variance 方差		92.79	87.24	106.3	104.1	91.20	104.9
Std. Deviation 标准偏差		9.63	9.34	10.31	10.20	9.55	10.24
Minimum 最小值		22.00	23.50	31.50	32.67	22.00	31.50
Maximum 最大值		99.50	99.67	99.00	99.00	99.50	99.67
Range 全距		77.50	76.17	67.50	66.33	77.50	68.17
Interquartile Range 四分位数间距		12.00	11.50	13.00	12.33	11.50	13.17
Skewness 偏度系数		-0.93	-1.05	-0.87	-0.99	-1.03	-0.85
Kurtosis 峰度系数		1.14	1.62	0.68	1.10	1.46	0.71

表 9–58 详细列出了不同群体的描述性统计量，从表中可知，按照四区划分和按照发达欠发达地区划分的不同地区之间的文史哲维度人文素质评价指标值的集中趋势和离散趋势整体差异不大；从数据的分布形态来看，按照四个区域和按照发达欠发达地域两个方面比较后的偏度系数均小于 0，说明数据均呈左偏分布，而峰度系数均大于 0，呈尖峰分布。

2. 按四个经济区域和发达程度进行文史哲指标正态性检验和文史哲指标方差齐性检验结果为数据分布非正态和方差非齐次。

3. 按区域和发达程度构成的盒须图

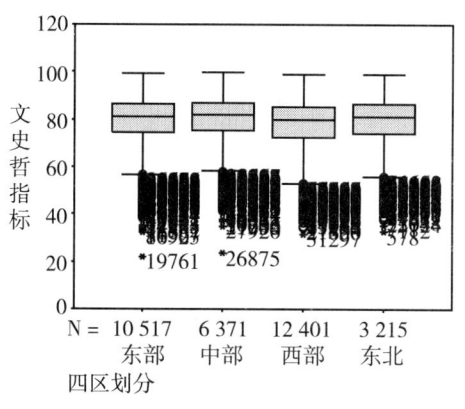
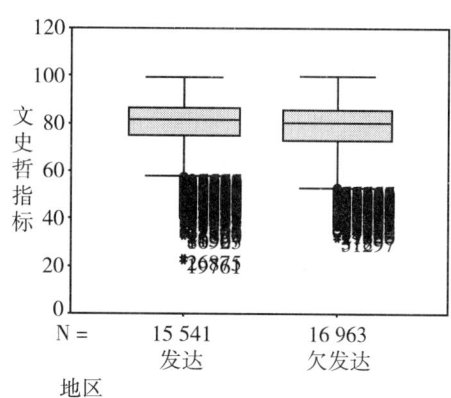

图 9–7　按区域和发达程度构成的盒须图

三、按区域构成的文史哲素质趋向分析

首先，从民族意识角度看，调查问卷对不同区域群体的爱国意识和人权意识进行测度。一是通过问卷1-8（在同等价格和同等质量条件下，你会选择购买的商品）、问卷1-9（看到我国在某些方面落后于其他国家，你的心情总会是）和问卷1-10（当被误认是日本或韩国人时，你会）了解不同区域群体的爱国意识、民族自豪感和民族自尊心。具体调查结果见表9-59。二是通过问卷3-4（请选择3个我国的公民权利）对不同区域的人权意识进行调查，结果见表9-60。

表9-59　　　　按区域构成的爱国民族意识调查结果表

问卷1-8（年龄）	东部	中部	西部	东北	发达	欠发达
[1] 肯定是中国货	38.70%	37.29%	42.19%	37.33%	35.76%	41.41%
[2] 肯定是外国货	12.82%	13.51%	11.68%	15.30%	13.56%	12.68%
[3] 不一定	48.48%	49.21%	46.13%	47.37%	50.67%	45.91%
问卷1-9（年龄）	东部	中部	西部	东北	发达	欠发达
[1] 立志为国争光	53.68%	52.26%	57.31%	55.33%	52.85%	55.08%
[2] 对民风不满	33.80%	37.13%	33.95%	35.74%	36.62%	34.08%
[3] 无所谓	12.52%	10.60%	8.74%	8.93%	10.53%	10.84%
问卷1-10（年龄）	东部	中部	西部	东北	发达	欠发达
[1] 沉默	7.61%	8.30%	6.29%	8.37%	6.94%	8.38%
[2] 声明是中国人	90.15%	87.92%	91.57%	88.15%	90.58%	88.28%
[3] 干脆回答是	2.24%	3.78%	2.13%	3.48%	2.48%	3.34%

通过表9-59调查结果可以看出，问卷1-8调查结果显示购买商品时，西部地区选择[1]的比例最高，中部越低；欠发达选择[1]的比例高于发达地区，可见，经济越发展的地区肯定购买中国货的比例反而比较低；问卷1-9的调查显示，西部地区选择[1]立志为国争光的比例相对高些，而中部地区相对低些，同样欠发达地区选择[1]的比例高于发达地区；问卷1-10调查结果显示，对于被误认为日本或韩国人时，西部地区选择[2]的比例最高，中部地区选择[2]的比例最低，发达地区选择[2]的比例高于欠发达地区。

表 9-60　　按区域构成的人权意识状况调查结果表

地区	[1] 参政权	[2] 审批权	[3] 生命权	[4] 行政权	[5] 劳动权	[6] 处罚权	[7] 选举权	[8] 进出口权	[9] 财产权	[10] 外交权
东部	24.80%	4.41%	66.66%	7.89%	60.41%	2.80%	75.72%	1.98%	53.87%	1.46%
中部	24.48%	6.29%	61.48%	10.63%	59.63%	4.06%	74.39%	3.78%	52.57%	2.69%
西部	23.69%	3.69%	67.23%	8.43%	62.85%	2.09%	77.19%	2.21%	51.28%	1.35%
东北	22.95%	6.87%	64.79%	11.66%	59.97%	4.04%	75.12%	2.49%	50.23%	1.87%
发达	24.23%	4.21%	66.09%	7.68%	60.14%	2.78%	77.03%	2.34%	53.72%	1.78%
欠发达	24.32%	6.16%	63.26%	11.01%	60.92%	3.71%	73.98%	3.15%	51.39%	2.10%

通过表 9-60 可知，不同区域群体在对人权意识倾向上总体差别不十分明显。其中对 10 权利选择 [7] 选举权、[3] 生命权、[5] 劳动权、[9] 财产权的比例相对较高。

其次，从文史哲常识来看，分别从文学、历史和哲学三个方面对不同区域群体的认知情况进行测度。一是通过问卷 4-7 对不同区域群体中外文学名著的认知情况进行调查；二是通过问卷 4-4 和问卷 4-5 对不同区域群体对中外历史名人和中外历史事件的认知情况进行评价；三是通过问卷 4-6 对不同区域群体哲学常识的认知情况进行调查，具体调查结果见表 9-61。

表 9-61　　按区域构成的文史哲认知情况调查结果表

4-7	[1]还珠格格	[2]三国演义	[3]拯救大兵瑞恩	[4]红楼梦	[5]安娜·卡列妮娜	[6]三重门	[7]水浒传	[8]红与黑	[9]巴黎圣母院	[10]红高粱
东部	6.89%	93.95%	9.90%	89.70%	64.49%	7.01%	86.58%	70.21%	61.05%	10.21%
中部	8.67%	92.35%	13.57%	88.32%	59.03%	9.16%	86.56%	68.58%	62.93%	10.84%
西部	7.39%	93.60%	10.67%	90.52%	61.43%	7.22%	87.19%	70.99%	61.51%	9.46%
东北	5.19%	92.60%	12.01%	88.52%	70.95%	8.09%	83.86%	67.96%	63.33%	7.50%
发达	5.43%	93.25%	10.44%	89.35%	65.91%	6.76%	85.57%	72.72%	62.82%	7.75%
欠发达	9.40%	93.03%	12.77%	89.10%	59.27%	9.09%	87.21%	66.59%	61.41%	12.13%
4-4	[1]贝克汉姆	[2]林肯	[3]毛泽东	[4]哈克·波里	[5]戴高乐	[6]雷锋	[7]孔子	[8]爱迪生	[9]韩红	[10]贾宝玉
东部	13.64%	86.53%	94.30%	8.08%	62.51%	45.99%	87.78%	86.40%	4.95%	9.81%
中部	15.80%	84.53%	92.47%	11.70%	56.46%	48.02%	87.28%	87.50%	6.56%	9.68%
西部	13.26%	86.11%	94.11%	8.66%	63.71%	44.17%	88.79%	87.65%	4.91%	8.62%
东北	14.62%	86.97%	92.07%	11.51%	66.56%	39.25%	87.31%	87.00%	4.51%	10.20%
发达	12.44%	88.53%	93.78%	8.72%	63.93%	42.24%	89.31%	89.02%	4.50%	7.53%
欠发达	16.36%	83.16%	92.94%	11.01%	58.00%	48.95%	86.31%	85.39%	6.45%	11.43%

续表

4-5	[1]虹桥垮塌事件	[2]9·18事变	[3]第一次工业革命	[4]中华人民共和国成立	[5]汽车召回事件	[6]第二次世界大战	[7]文化大革命	[8]十月革命	[9]抗洪救灾	[10]世界小姐选美
东部	7.69%	85.11%	62.86%	86.71%	7.62%	85.43%	65.07%	79.46%	15.25%	4.80%
中部	11.89%	83.15%	62.64%	83.19%	10.82%	83.61%	61.71%	81.02%	16.20%	5.76%
西部	8.65%	86.23%	62.13%	87.55%	7.00%	85.64%	63.49%	80.46%	14.93%	3.92%
东北	10.17%	86.38%	65.16%	83.42%	9.39%	86.47%	60.90%	81.77%	11.85%	4.48%
发达	8.23%	85.59%	64.29%	85.96%	7.88%	86.29%	61.98%	82.03%	13.04%	4.71%
欠发达	11.10%	83.90%	61.55%	84.52%	9.83%	83.58%	64.06%	79.06%	17.20%	5.19%
4-6	[1]思想	[2]矛盾	[3]平等	[4]公正	[5]否定之否定	[6]继承	[7]发展	[8]本质与现象	[9]意识流	[10]普遍联系
东部	38.70%	84.31%	25.37%	24.80%	69.13%	11.68%	67.69%	84.33%	32.58%	61.42%
中部	40.77%	82.44%	26.79%	25.55%	68.16%	13.58%	64.70%	83.89%	34.63%	59.50%
西部	40.34%	85.04%	24.53%	23.29%	70.08%	10.49%	65.39%	85.76%	33.57%	61.50%
东北	42.67%	84.32%	24.54%	23.79%	72.91%	13.03%	64.88%	82.95%	32.38%	58.51%
发达	38.55%	85.92%	22.25%	20.53%	72.86%	9.92%	64.65%	87.23%	34.65%	63.43%
欠发达	41.72%	81.75%	28.79%	28.50%	66.07%	14.48%	66.89%	81.62%	32.51%	57.65%

通过表9-61可知，不同区域对文学、历史和哲学的认知影响较大，从文学名著认知方面来看，不同区域对[2]、[4]、[7]，即中国文学名著的选择比例差异不大，但对外国文学名著[5]、[8]、[9]选择的比例东部和东北地区略高。在历史人物和历史事件认知方面，也存在不同区域群体对中国国内名人和历史事件了解差异不大，但对国外历史名人和事件了解方面东北区域略高。在对哲学问题认知方面，各区域对正确选项[2]、[5]、[7]、[8]、[10]选择的比例差异不大。

最后，从文化生活价值来看，分别从文化价值、理想信念、生活消费和婚姻爱情四方面对不同区域群体进行测度。一是通过问卷3-5（你最感兴趣的3种文化是）、问卷2-4（对你来说学习外语最重要的意义是哪2项）、问卷1-11（你认为中国举办北京奥运会的意义是）、问卷4-8（你上网进行得较多的是哪5项活动）对不同区域群体的一般文化取向、网络文化倾向、学习意义、价值观念等进行调查，具体调查结果见表9-62；二是通过问卷1-12（社会进步到今天特别强调"以人为本"，你认为其最主要的意思是）、问卷1-13（如果说理想是对未来的美好想象和向往，那么你）、问卷1-14（信念是对某种理念的坚定相信。你认为自己的行为）、问卷1-15（你认为共产主义是）、问卷1-18

(你对自己为什么活着的认识和态度)对不同区域群体的人生观和世界观的测度,具体调查结果见表9-63;三是通过问卷1-16(你对钱的看法是)、问卷1-17(如果意外得到一笔数目较大的钱,你会首先选择)、问卷2-7(你觉得自己目前的生活接近以下哪2种状态)、问卷3-6(闲暇时你更愿意做下面哪3件事)对不同区域群体的自我生活状态、闲暇生活观、金钱价值观和消费观的测度,具体调查结果见表9-64;四是通过问卷2-5(对于爱情与婚姻你更赞成哪2种说法)对不同区域爱情婚姻观、情感观和性别观趋向的测度,具体调查结果见表9-65。

表9-62　　　　　按区域构成的文化取向调查结果表

3-5	[1]古代文化	[2]现代文化	[3]后现代文化	[4]中国民间民族文化	[5]传统经典文化	[6]通俗流行文化	[7]异国文化	[8]全球共同文化	[9]宗教文化	[10]前卫(超前)文化
东部	42.10%	52.41%	8.53%	48.29%	47.70%	32.51%	23.58%	20.66%	13.21%	11.00%
中部	45.53%	50.59%	9.53%	49.41%	45.55%	29.00%	22.39%	22.22%	15.40%	10.39%
西部	44.17%	51.58%	8.16%	50.86%	49.85%	33.53%	20.56%	18.90%	12.67%	9.73%
东北	45.69%	51.82%	11.29%	44.51%	43.11%	31.35%	24.39%	20.50%	16.08%	11.26%
发达	44.95%	49.27%	8.52%	47.73%	47.41%	29.58%	24.63%	22.03%	15.08%	10.81%
欠发达	43.46%	53.53%	9.66%	49.87%	46.34%	32.79%	20.77%	19.85%	13.44%	10.30%

2-4	[1]对外交往或出国	[2]获取更多信息	[3]应付考试	[4]提高自身素质	[5]没有什么意义
东部	28.82%	64.10%	25.70%	67.60%	13.79%
中部	27.46%	63.69%	26.87%	66.46%	15.52%
西部	25.47%	64.46%	25.62%	70.96%	13.48%
东北	28.27%	65.38%	23.45%	70.54%	12.35%
发达	27.67%	64.09%	26.83%	69.23%	12.18%
欠发达	27.52%	64.19%	25.06%	67.09%	16.14%

1-11	[1]促进经济文化多方面发展意义重大	[2]中国能够赚钱就好	[3]消耗国资国力,意义不大
东部	83.70%	11.08%	5.22%
中部	81.45%	12.00%	6.56%
西部	84.26%	11.29%	4.46%
东北	84.20%	10.36%	5.44%
发达	83.88%	10.76%	5.36%
欠发达	82.19%	11.98%	5.82%

续表

4-8	[1]不上网或极少上网	[2]学习	[3]商务	[4]看稀奇	[5]交友	[6]谈恋爱	[7]论坛或创作	[8]随便聊天,打发时间	[9]娱乐	[10]信息利用
东部	37.01%	49.76%	24.54%	28.21%	42.28%	6.40%	31.25%	32.32%	53.93%	50.38%
中部	40.42%	47.42%	23.44%	25.00%	42.88%	8.10%	31.17%	29.64%	49.42%	46.13%
西部	39.26%	49.30%	21.79%	24.45%	44.04%	6.64%	28.74%	32.66%	52.47%	49.14%
东北	42.89%	45.85%	23.86%	24.11%	40.93%	7.40%	29.27%	28.58%	47.40%	43.48%
发达	35.09%	52.28%	25.04%	27.42%	44.70%	6.89%	33.27%	32.67%	55.81%	52.63%
欠发达	43.22%	44.83%	22.12%	24.40%	40.91%	7.48%	28.03%	29.46%	47.13%	43.43%

通过表9-62可以看出，不同区域群体在文化取向上差异不十分明显，这里略述。

表9-63　　按区域构成的价值观取向调查结果表

问卷	选项（区域）	东部	中部	西部	东北	发达	欠发达
1-12	[1]更看重人的自然本能需要	12.77%	13.57%	10.44%	15.12%	12.29%	13.36%
	[2]以人的现实需要为本	18.03%	18.24%	17.52%	15.68%	17.50%	18.03%
	[3]以发展提升人的素质为本	69.20%	68.19%	72.05%	69.21%	70.21%	68.61%
1-13	[1]有理想并为实现理想努力	58.29%	56.55%	57.57%	61.52%	59.32%	56.42%
	[2]有理想但觉得要实现困难	33.26%	35.38%	34.88%	30.30%	33.21%	34.91%
	[3]无所谓理想能过得去就行	8.45%	8.06%	7.55%	8.18%	7.47%	8.68%
1-14	[1]总是有信念支持	43.98%	44.05%	44.97%	49.18%	44.22%	45.16%
	[2]有时有信念支持	46.73%	46.63%	46.85%	43.51%	47.69%	45.22%
	[3]不清楚	9.29%	9.31%	8.18%	7.31%	8.09%	9.62%
1-15	[1]最美好的社会制度	56.54%	57.30%	59.66%	61.31%	56.81%	58.92%
	[2]是一个虚幻的口号	33.39%	31.77%	30.04%	29.18%	33.02%	30.49%
	[3]不清楚什么是共产主义	10.07%	10.93%	10.30%	9.52%	10.17%	10.59%
1-18	[1]有思考,清醒明白	48.44%	47.63%	50.37%	48.93%	49.60%	47.60%
	[2]有思考,但茫然	41.41%	41.11%	39.22%	39.41%	40.92%	40.44%
	[3]没想过,听任命运安排	10.15%	11.27%	10.41%	11.66%	9.48%	11.97%

通过表 9-63 对不同区域群体的价值观趋向作了总体统计，总体看不同区域的价值观差别不明显，这里略述。

表 9-64　　　　按区域构成的生活观取向调查结果表

1-16	[1]金钱万能	[2]钱不是万能	[3]钱多反而坏事	1-17	[1]精神消费,如艺术、购书、学习、思想情感交流等	[2]物质消费,如购家用电器、生活用品、购房购车	[3]投资或存起来
东部	13.58%	77.91%	8.51%	东部	22.35%	37.55%	40.10%
中部	15.89%	73.30%	10.81%	中部	25.63%	37.12%	37.26%
西部	12.40%	76.64%	10.96%	西部	24.72%	35.39%	39.88%
东北	17.08%	71.94%	10.98%	东北	25.66%	37.45%	36.89%
发达	13.98%	76.73%	9.29%	发达	24.08%	36.63%	39.29%
欠发达	15.12%	74.01%	10.86%	欠发达	24.68%	37.25%	38.07%

2-7	[1]丰富多彩	[2]平平常常	[3]空虚无聊	[4]衣食无忧	[5]衣食困难
东部	30.34%	72.88%	14.77%	74.61%	7.40%
中部	30.52%	74.49%	18.64%	64.58%	11.77%
西部	27.97%	76.24%	14.61%	73.14%	8.04%
东北	37.20%	67.53%	14.74%	70.51%	10.02%
发达	30.40%	73.93%	16.04%	71.01%	8.62%
欠发达	30.83%	73.35%	16.37%	69.25%	10.21%

3-6	[1]健身、运动	[2]阅读	[3]旅游	[4]喝酒行令	[5]看电视	[6]卡拉OK、泡吧	[7]赌钱(含麻将打牌)	[8]麻将打牌棋类(不赌钱)	[9]艺术欣赏	[10]继续工作或挣钱
东部	54.34%	53.48%	51.43%	5.64%	61.23%	13.84%	4.55%	17.89%	23.41%	14.19%
中部	55.42%	51.90%	52.04%	7.59%	57.75%	13.89%	5.91%	14.67%	25.63%	15.20%
西部	54.80%	49.71%	49.73%	6.37%	62.47%	11.66%	7.13%	17.36%	24.55%	16.23%
东北	53.72%	53.72%	49.08%	7.53%	62.02%	13.00%	5.54%	17.76%	23.61%	14.03%
发达	55.54%	53.49%	54.48%	5.66%	58.69%	13.68%	5.23%	15.26%	24.73%	13.23%
欠发达	54.08%	50.94%	48.00%	7.68%	61.63%	13.05%	6.07%	17.72%	24.28%	16.54%

通过表 9-64 对不同区域群体的生活观趋向作了总体统计，从调查结果看不同区域差别不大。

表 9-65　　　　按区域构成的爱情观取向调查结果表

2-5	[1] 婚姻与爱情是两回事	[2] 婚外情破坏婚姻	[3] 婚外情巩固婚姻	[4] 爱情与婚姻可以永远统一	[5] 爱情与婚姻的统一有阶段性
东部	48.59%	59.65%	6.05%	35.82%	49.90%
中部	50.79%	54.04%	9.56%	35.84%	49.78%
西部	49.14%	59.44%	6.50%	34.61%	50.31%
东北	48.55%	56.70%	7.74%	37.98%	49.02%
发达	50.09%	57.15%	6.81%	33.91%	52.04%
欠发达	49.02%	57.20%	8.40%	37.54%	47.83%

通过表 9-65 可知不同区域的爱情婚姻观倾向没有明显差异。

第七节　中国公民文史哲素质水平概括分析

调查表明，中国公民的文史哲素质指标为 79.0478，高于中国公民人文素质总体指标 75.5634（B⁻级），说明中国公民文史哲素质发展水平处于较高水平的低级阶段（B⁻级）。在我们所调查的中国公民的六类素质中，文史哲素质的指标值排在较为靠前（第二位）。

研究表明，不同因素对公民文史哲素质发展水平的影响有所不同。职业对公民文史哲素质发展水平的影响较大，如图 9-8 所示。

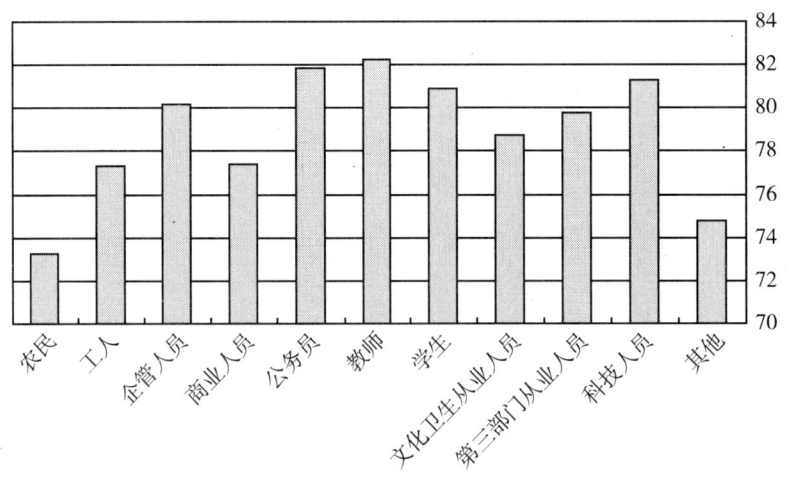

图 9-8　不同职业群体的文史哲素质指标值

由图 9-8 可以看出，教师的文史哲素质指标最高，为 82.2472，其发展水平处于较高水平的中级阶段（B 级），农民的文史哲素质指标最低，为 73.2520，其发展水平处于一般水平的高级阶段（C^+ 级），二者相差 8.9952。在 30 个小群体的分类中，文史哲素质指标最高的群体是高校教师，为 83.29，文史哲素质指标最低的群体是务农者，为 73.17，二者相差 10.12。

除此之外，不同学历群体的文史哲素质指标值差异也较大。学历对公民文史哲素质发展水平的影响如图 9-9 所示。

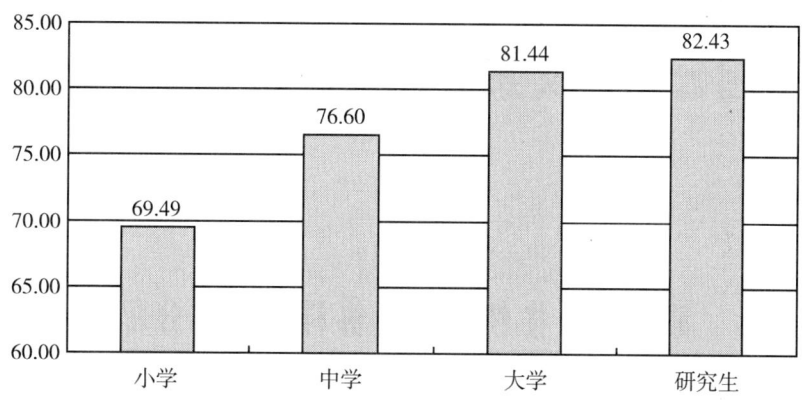

图 9-9　不同学历群体的文史哲素质指标值

由图 9-9 可以看出，具有研究生学历群体的文史哲素质指标最高，为 82.43，其发展水平处于较高水平的中级阶段（B 级），具有小学文化程度群体的文史哲素质指标最低，为 69.49，其发展水平处于一般水平的中级阶段（C 级），二者相差 12.94。

其他因素对公民文史哲素质发展水平影响都不大。如性别因素决定的文史哲素质指标值的差距仅为 0.0098（男性群体的文史哲素质指标为 79.0431，女性群体的文史哲素质指标为 79.0529），年龄因素决定的文史哲素质指标值的差距为 0.91（青少年群体的文史哲素质指标为 78.54，中老年群体的文史哲素质指标为 79.45），工龄因素决定的文史哲素质指标值的最大差距仅为 2.42（工龄在 30 年以上的群体的文史哲素质指标最高，为 80.72，工龄在 10 年以下的群体的文史哲素质指标最低，为 78.30），地区因素决定的文史哲素质指标值的最大差距仅为 2.2980（中部地区公民的文史哲素质指标最高，为 80.2282，西部地区公民的文史哲素质指标最低，为 77.9302）。

综上所述，职业和学历两个因素对中国公民文史哲素质发展水平的影响较大，工龄因素也有一定影响，年龄和地区两个因素稍有影响，而性别因素几乎没有影响。

第十章

中国公民人文素质发展的科学维度分析

第一节 按性别构成的科学维度分析

一、按性别构成的科学维度与总体的比较

根据前面内容可知,样本男女构成比例总体差别不大,为了对科学维度人文素质发展状况同总体状况进行比较,现将科学维度和总体的指标值和指数值汇总制表10-1。

表10-1 按性别构成的科学维度指标和指数情况

性别	总体指标值	标准偏差	总体指数值	科学维度指标值	与总体指标差值	科学维度标准偏差	科学维度指数值
男性	75.6152	9.4658	0.5889	76.1429	0.5277	12.5585	0.6588
女性	75.5067	9.0047	0.5934	74.6162	-0.8905	12.1442	0.5388
总体	75.5634	9.2485	0.5911	75.4141	-0.1493	12.3858	0.6015

通过表10-1可以从总体上比较男性、女性科学维度状况与总体状况,男性科学维度人文素质评价指标值高于75,科学维度人文素质发展处于B级水平,女性科学维度人文素质评价指标值低于75,科学维度人文素质发展处于C级水平;人文素质发展指数值均高于0.5,说明男性和女性的科学维度人文素质发展

程度处于相对Ⅲ级水平。男性科学维度指标值高于男性总体指标值和指数值，说明男性的科学素质相对于人文素质总体水平略高，而女性科学维度指标值低于女性的总体指标值和指数值，说明女性的科学素质相对于人文素质总体水平略低；男性和女性相比，男性的科学维度指标值和指数值均高于女性群体，说明男性的科学素质要高于女性的科学素质。从指标值离散程度看，男性和女性群体的科学维度标准偏差高于总体的标准偏差，说明男性和女性的科学维度人文素质评价指标的数据离散程度要比总体离散程度略大。

二、按性别构成的科学维度指标描述统计分析

在按性别构成进行科学维度指标与总体指标比较分析的基础上，为进一步了解数据分布特征，我们采用 SPSS 软件作进一步探索性分析。

1. 按性别构成的科学指标描述性统计分析

表 10 – 2　　　　　按性别构成的科学指标描述性统计分析

描述项目		男性统计	Std. Error 标准误差	女性统计	Std. Error 标准误差
Mean 平均值		76.1429	0.09636	74.6162	0.09749
95% Confidence Interval for Mean 95% 置信区间	Lower Bound 下限	75.9541		74.4251	
	Upper Bound 上限	76.3318		74.8073	
5% Trimmed Mean 去除5%极端值后的均值		76.7382		75.1260	
Median 中值		78.3280		76.3280	
Variance 方差		157.715		147.482	
Std. Deviation 标准偏差		12.55847		12.14424	
Minimum 最小值		17.67		20.67	
Maximum 最大值		99.99		99.99	
Range 全距		82.33		79.33	
Interquartile Range 四分位数间距		16.6660		16.3320	
Skewness 偏度系数（及标准误差）		-0.723	0.019	-0.634	0.020
Kurtosis 峰度系数（及标准误差）		0.324	0.038	0.245	0.039

从表 10-2 可知，男性和女性科学维度人文素质指标的集中和离散趋势在前面已经做了分析，这里通过对"去除 5% 极端值后的均值"、中值以及全距、四分位数间距的比较，可以更加详细了解男性和女性科学维度指标的分布情况。此外，从数据分布来看，偏度系数均小于 0，说明数据分布向左偏，峰度系数均大于 0，说明数据呈尖峰分布。

2. 按性别构成的 M 统计量

表 10-3　　　　　按性别构成的科学指标 M-统计量

	性别	Huber's M-Estimator（a）	Tukey's Biweight（b）	Hampel's M-Estimator（c）	Andrews' Wave（d）
文史指标	男性	77.6099	78.2517	77.4603	78.2644
	女性	75.8080	76.2896	75.6571	76.3002

a　The weighting constant is 1.339
b　The weighting constant is 4.685
c　The weighting constants are 1.700, 3.400, and 8.500
d　The weighting constant is 1.340 * pi

可见，表 9-3 中的 4 种 M 统计量的数值非常接近，且离计算出的平均数值都不太远。这部分说明数据的分布不太偏，平均数是可以代表数据的集中趋势的。

3. 按性别构成的科学指标正态性检验

假定两组数据均服从正态分布，则在此假定下作集中趋势的平稳测度（Resistant Measure），测度结果见表 10-4，由表中 Sig. 值 $0.000 < \alpha$ 值 0.05，因此，可拒绝正态性的原假设。

表 10-4　　　　　按性别构成的科学指标正态性检验

	性别	Kolmogorov-Smirnov（a）		
		Statistic	df	Sig.
科学指标	男性	0.072	16 987	0.000
	女性	0.061	15 517	0.000

a　Lilliefors Significance Correction

4. 按性别构成的道德指标方差齐性检验

表 10 – 5　　　　按性别构成的科学指标方差齐性检验结果

		Levene Statistic	df1	df2	Sig.
科学指标	Based on Mean 基于均数	15.749	1	32 502	0.000
	Based on Median 基于中位数	10.496	1	32 502	0.001
	Based on Median and with adjusted df 基于调整自由度的中位数	10.496	1	32 411 0.546	0.001
	Based on trimmed mean 基于截两端数据的调整均数	13.580	1	32 502	0.000

通过方差齐次性检验结果可知，4 个指标得到的显著性水平 Sig. 值均小于 0.05，因此拒绝接受方差相等的零假设，即男性和女性的方差不等。

5. 按性别构成的科学指标直方图

图 10 – 1 给出了男性和女性科学维度指标值分布的直方图。

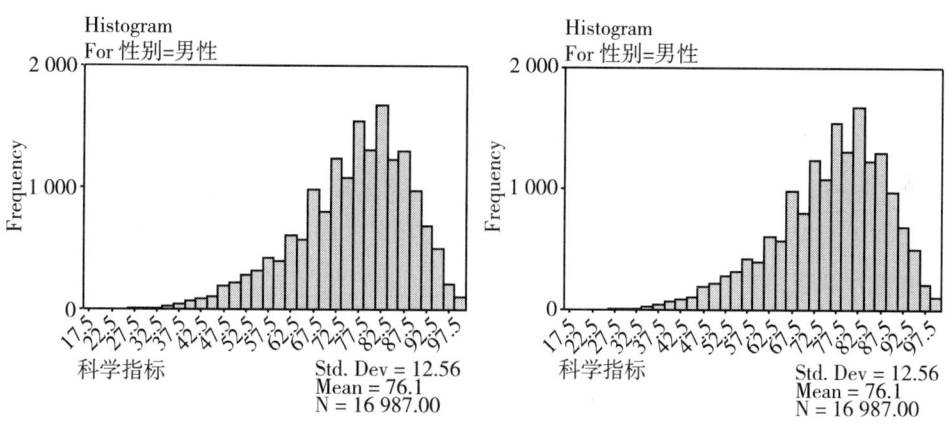

图 10 – 1　按性别构成的科学指标直方图

6. 按性别构成的科学指标的盒须图

通过图 10 – 1 和图 10 – 2 可知，男性和女性的科学维度人文素质的平均水平差别不很明显。

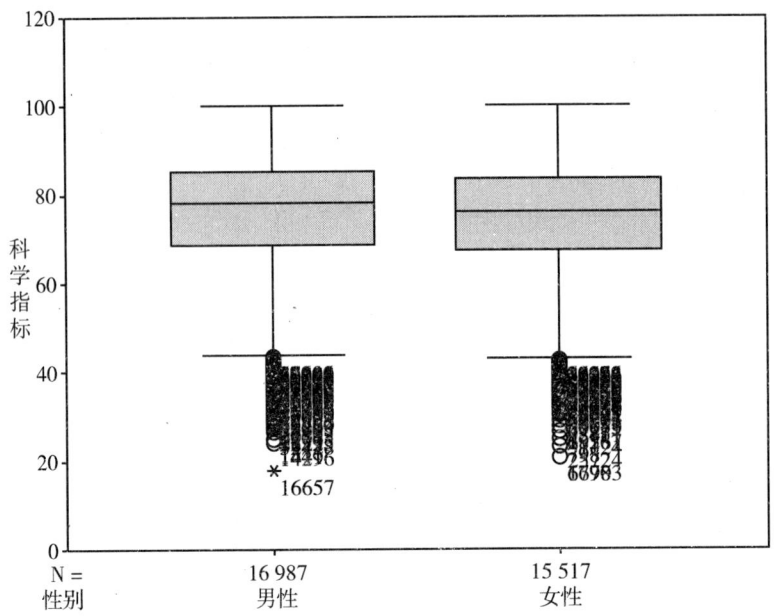

图 10-2　按性别构成的科学指标盒须图

三、按性别构成的科学素质趋向分析

首先,从科学价值角度看,调查问卷在性别划分的基础上,对男性和女性的科学作用、科学意识和科学发展进行测度。一是通过问卷 3-7 对不同性别对科学作用的了解进行调查;二是通过问卷 1-20 对不同性别群体在工作和学习中的科学意识情况进行测度;三是通过问卷 1-21 对不同性别对"科学发展观"的理解进行调查,具体调查结果见表 10-6。

表 10-6　　　　按性别构成的科学价值调查结果表

3-7	从下面选3项科学所产生的作用:									
选项	[1]改变生活方式	[2]改革社会制度	[3]促进教育发展	[4]开展组织活动	[5]解决人类和自然危机	[6]倾诉情感	[7]影响个人兴趣爱好	[8]创造新知识与文化	[9]与大众对话	[10]不知道
男性	64.3%	37.5%	45.3%	10.4%	52.9%	5.6%	16.2%	57.7%	7.4%	2.7%
女性	62.1%	34.4%	51.9%	10.8%	49.2%	7.4%	16.3%	58.8%	6.6%	2.5%
1-20	工作或学习中你通常首先考虑:									
选项	[1]按他人意志办事			[2]据自己兴趣办事			[3]按客观规律办事			

续表

男性	9.2%	36.9%	53.8%
女性	8.9%	39.1%	52.0%
1-21	你是否知道"科学发展观"的含义：		
选项	[1]明确知道	[2]知道一些,不太明确	[3]不知道
男性	30.5%	58.3%	11.2%
女性	23.6%	64.7%	11.7%

通过表10-6调查结果可以看出，在问卷3-7中，男性和女性对[1]、[3]、[5]、[8]选择比例较高，男性和女性对于科学产生作用的认识差别不大；在问卷1-20中，男性和女性在工作或学习中通常说先考虑[3]按客观规律办事的为50%多一些，说明在工作和学习中还有很多人在一定程度上并没有采用科学客观方法，而是从个人兴趣出发，或者根据别人安排来做；在问卷1-21中，男性对于"科学发展观"含义能够明确理解的比例要高于女性，但是明确知道的比例均偏低，不到1/3，大多数对此知道一些，不太明确。

其次，从科学常识来看，分别从生活科学知识、自然科学常识和科学技术动态等三个方面对不同性别的认知情况进行测度。一是通过问卷3-8（从下面选3项对人体健康有利的生活习惯）对不同性别群体日常生活中科学知识的认知情况进行测度；二是通过问卷3-9（从以下选出3项正确的知识）对不同性别群体自然科学常识的认知情况进行测度；三是通过问卷3-10对不同性别群体当前科学技术动态认知情况进行测度，具体见表10-7。

表10-7 按性别构成的科学常识认知情况调查结果表

3-8	[1]长时间看电视	[2]多吃盐	[3]适量运动	[4]悲伤	[5]心情愉快	[6]多吃肉	[7]不吸烟	[8]生活有规律	[9]多吃蔬菜	[10]多吃补药
男	3.41%	5.62%	68.40%	2.50%	72.50%	4.08%	30.23%	75.25%	35.19%	2.83%
女	2.98%	5.09%	69.84%	2.08%	76.63%	3.28%	23.59%	75.35%	38.72%	2.45%
3-9	[1]抗生素能杀死病毒	[2]地球围绕太阳转1圈需要1年	[3]开水的温度是摄氏90度	[4]燃烧是化学反应	[5]栽树对保持水土作用不大	[6]父亲的基因决定孩子的性别	[7]月亮自己可以发光	[8]光速比声速快	[9]电子比原子大	[10]月亮对地球的引力是大海产生潮汐的原因
男	25.96%	53.35%	9.85%	54.15%	5.05%	29.92%	5.93%	71.43%	7.38%	36.98%
女	26.55%	50.46%	10.02%	54.12%	4.99%	37.87%	6.85%	68.49%	7.20%	33.45%

续表

3-10	[1]克隆技术	[2]空间技术	[3]植物嫁接	[4]经济膨胀	[5]九章算术	[6]光纤技术	[7]基因(DNA)技术	[8]水力发电	[9]多媒体技术	[10]蒸汽机
男	81.88%	42.74%	11.44%	5.69%	3.50%	33.16%	66.13%	9.45%	42.99%	3.02%
女	81.80%	34.83%	14.49%	5.48%	3.32%	33.46%	66.32%	9.78%	47.55%	2.96%

通过表 10-7 可知，男性对科学常识的认知水平总体略高于女性。

最后，从科学行为来看，分别从科学实践和科学行为取向两方面对不同性别群体进行测度。一是通过问卷 2-8（在工作、生活、学习中你总是）对不同性别发现、思考和解决问题的情况进行测度；二是通过问卷 3-11（面对科学与技术，你常常会抱有哪 3 种态度和行为）对不同性别群体在追求和捍卫科学真理方面进行测度，具体见表 10-8。

表 10-8 　　　　按性别构成的科学行为取向调查结果表

2-4	[1]经常遇到问题	[2]很少遇到问题	[3]善于发现问题的原因	[4]善于提出解决问题的办法	[5]善于解决问题
男	52.24%	24.75%	37.59%	40.69%	44.73%
女	51.81%	27.23%	40.10%	38.74%	42.12%

4-8	[1]欣赏它	[2]对它兴趣不大	[3]反感它	[4]设法弄懂它	[5]有机会才学它	[6]对它缺乏学习和认识	[7]坚决维护和宣传它	[8]有时宣传它	[9]总是担心它的负面影响	[10]不清楚
男	71.80%	18.94%	3.43%	51.09%	45.06%	22.91%	36.13%	30.31%	13.20%	7.12%
女	68.40%	23.09%	3.37%	41.86%	50.69%	28.40%	31.69%	30.57%	13.51%	8.41%

通过表 10-8 可以看出男性和女性在科学行为取向上总体相同。问卷 2-4 调查结果显示，男性和女性在发现、思考和解决问题方面差异不大，女性遇到问题的比例小于男性，女性更善于发现问题的原因，而男性更善于提出解决问题的办法。问卷 4-8 调查显示，男性和女性在面对科学和技术时，女性对科学技术的兴趣低于男性，因此也相对缺乏学习和认识，男性则要比女性对新科学技术更感兴趣，更愿意积极主动设法弄懂它，并愿意进行维护和宣传。

第二节 按年龄构成的科学维度分析

一、按年龄构成的科学维度与总体的比较

为了对科学维度人文素质发展状况同总体状况进行比较，现将科学维度和总体指标值和指数值汇总制表 10-9。

表 10-9　　　　按年龄构成的科学维度指标和指数情况

年龄	总体指标值	标准偏差	总体指数值	科学维度指标值	与总体指标差值	科学维度标准偏差	科学维度指数值
青少年	75.3012	9.3540	0.57	75.0412	0.2600	12.1558	0.57
中老年	74.6187	9.1652	0.61	75.7117	-1.093	12.5586	0.62
总体	75.5634	9.2485	0.59	75.4141	0.1493	12.3858	0.60

通过表 10-9 可以比较两个年龄段科学维度人文素质发展状况与总体状况，青少年年龄段之间的科学维度指标值低于总体指标值，而中老年年龄段群体的科学维度指标值高于总体指标值，青少年和中老年群体科学维度人文素质评价指标均大于 75，为 B⁻ 级水平，人文素质发展指数分别为 0.57 和 0.62，人文素质发展指数为 Ⅲ 级水平；总体上，中老年群体要比青少年群体的科学维度人文素质评价指标和指数略高。从指标值与平均值偏离程度看，两个年龄段的科学维度标准偏差相对不大，说明两个年龄段的被调查者科学维度人文素质评价指标值离散程度都较小。

二、按年龄构成的科学维度指标描述统计分析

在按年龄构成进行科学维度指标与总体指标比较分析的基础上，为进一步了解数据分布特征，我们采用 SPSS 软件作进一步探索性分析。

1. 按年龄构成的科学指标描述性统计分析

表 10 – 10　　按年龄构成的科学指标描述性统计分析

描述项目（岁）		青少年	中老年
平均值		75.04	75.71
95%置信区间	上限	74.84	75.53
	下限	75.24	75.89
去除5%极端值均值		75.57	76.28
中值		76.66	77.66
方差		147.76	157.72
标准偏差		12.16	12.56
最小值		17.67	20.67
最大值		99.99	99.99
全距		82.33	79.33
四分位数间距		15.67	16.67
偏度系数		-0.66	-0.68
峰度系数		0.28	0.26

从表 10 – 10 可知，青少年和中老年两个年龄段的科学维度人文素质指标值分别为 75.24 和 75.89，差异仅为 0.65，说明青少年和中老年两个年龄段科学素质差异不大，中老年科学素质略高于青少年。从两个年龄段指标值的离散趋势看，通过方差和标准偏差及全距的比较，两个年龄段的指标值离散程度差异不大。从数据分布来看，各年龄段偏度系数都小于 0，说明数据均向左偏，而峰度系数都大于零，呈尖峰分布。

2. 按年龄构成的科学指标正态性检验

假定两组数据均服从正态分布，则在此假定下作集中趋势的平稳测度（Resistant Measure），测度结果见表 10 – 11，表中除了 7~12 岁年龄段之外的 9 个年龄段 Sig. 值 $0.000 < \alpha$ 值 0.05，因此，可拒绝正态性的原假设。而 7~12 岁年龄段的 Sig. 值 $0.200 > \alpha$，因此，可接受正态性的原假设。

表 10 – 11　　按年龄构成的科学指标正态性检验

	年龄	Kolmogorov-Smirnov（a）		
		Statistic	df	Sig.
科学指标	青少年	0.067	14 427	0.000
	中老年	0.068	18 077	0.000

a　Lilliefors Significance Correction

3. 按年龄构成的科学指标方差齐性检验

表 10 - 12   按年龄构成的科学指标方差齐性检验结果

		Levene Statistic	df1	df2	Sig.
科学指标	Based on Mean 基于均数	17.303	1	32 502	0.000
	Based on Median 基于中位数	14.726	1	32 502	0.000
	Based on Median and with adjusted df 基于调整自由度的中位数	14.726	1	32 457.206	0.000
	Based on trimmed mean 基于截两端数据的调整均数	16.008	1	32 502	0.000

通过方差齐次性检验结果可知，4 个指标得到的显著性水平 Sig. 值均小于 0.05，因此拒绝方差相等的零假设，即 10 个年龄段的方差不相等。

4. 按年龄构成的科学指标盒须图

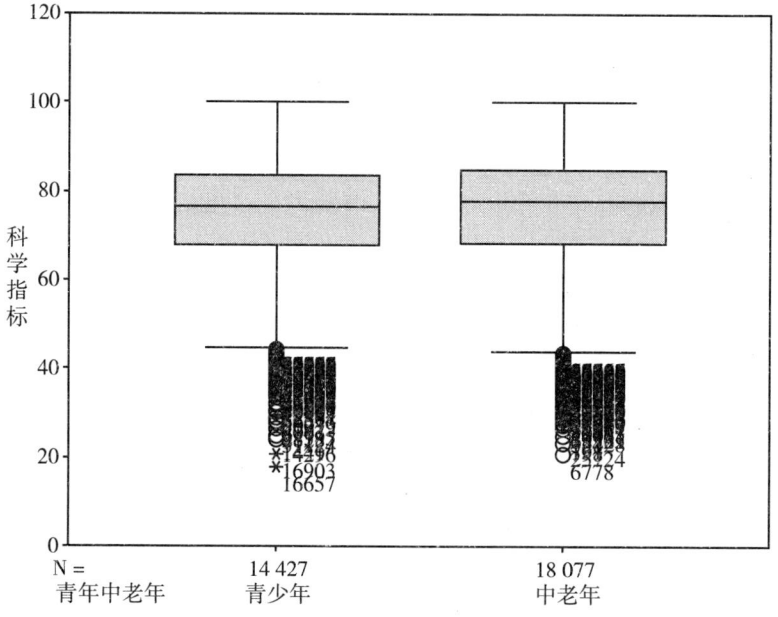

图 10 - 3 按年龄构成的科学指标盒须图

从盒长和中位数线来看，青少年和中老年两个群体的盒长差异不大，同时从盒长和须长来看，这两个年龄段的科学维度指标数据比较集中。

三、按年龄构成的科学素质趋向分析

首先，从科学价值和作用的角度看，调查问卷在年龄划分的基础上，对青少年和中老年两个年龄段的科学作用、科学意识和科学发展进行测度。一是通过问卷 3－7 对青少年和中老年两个年龄群体对科学作用的了解进行调查；二是通过问卷 1－20 对青少年和中老年两个年龄群体在工作和学习中的科学意识情况进行测度；三是通过问卷 1－21 对青少年和中老年两个年龄群体对"科学发展观"的理解进行调查，具体调查结果见表 10－13。

表 10－13　　　　　　按年龄构成的科学价值调查结果表

3－7	从下面选 3 项科学所产生的作用：									
选项	[1]改变生活方式	[2]改革社会制度	[3]促进教育发展	[4]开展组织活动	[5]解决人类和自然危机	[6]倾诉情感	[7]影响个人兴趣爱好	[8]创造新知识与文化	[9]与大众对话	[10]不知道
青少年	61.89%	33.65%	48.05%	10.38%	49.66%	6.63%	17.73%	62.15%	7.35%	2.51%
中老年	64.39%	37.95%	48.76%	10.80%	52.28%	6.32%	15.01%	55.13%	6.73%	2.64%
1－20	工作或学习中你通常首先考虑：									
选项	[1]按他人意志办事			[2]根据自己兴趣办事			[3]按客观规律办事			
青少年	8.30%			43.9%			47.8%			
中老年	9.60%			33.3%			57.1%			
1－21	你是否知道"科学发展观"的含义：									
选项	[1]明确知道			[2]知道一些，不太明确			[3]不知道			
青少年	26.8%			62.0%			11.20%			
中老年	27.5%			60.8%			11.70%			

通过表 10－13 调查结果可以看出，在问卷 3－7 中，青少年和中老年两个年龄群体对[1]、[3]、[5]、[8]选择比例较高，两个年龄群体对于科学产生作用的认识差别不大，随着年龄增长选择前五项的比例都有所提高；在问卷 1－20 中，不同年龄群体在工作或学习中考虑[3]按客观规律办事的比例随着年龄增长而增加，说明在工作和学习中中老年人更注重采用科学方法，而青少年则更多从个人兴趣出发，或者根据别人安排来做；在问卷 1－21 中，中老年群体对于"科学发展观"含义能够明确理解的比例要略高于青少年群体，两个群体对于该项

内容了解不太明确。

其次,从科学常识来看,分别从生活科学知识、自然科学常识和科学技术动态等三个方面对不同年龄群体的认知情况进行测度。一是通过问卷3-8(从下面选3项对人体健康有利的生活习惯)对不同年龄群体日常生活中科学知识的认知情况进行测度;二是通过问卷3-9(从以下选出3项正确的知识)对不同年龄群体自然科学常识的认知情况进行测度;三是通过问卷3-10对不同年龄群体当前科学技术动态认知情况进行测度,具体见表10-14。

表10-14　　按年龄构成的科学常识认知情况调查结果表

3-8	[1]长时间看电视	[2]多吃盐	[3]适量运动	[4]悲伤	[5]心情愉快	[6]多吃肉	[7]不吸烟	[8]生活有规律	[9]多吃蔬菜	[10]多吃补药
青少年	3.4%	5.7%	69.7%	2.6%	73.7%	3.6%	27.5%	74.2%	36.8%	2.7%
中老年	3.0%	5.1%	68.6%	2.0%	75.1%	3.8%	26.7%	76.2%	36.9%	2.6%
3-9	[1]抗生素能杀死病毒	[2]地球围绕太阳转1圈需要1年	[3]开水的温度是摄氏90度	[4]燃烧是化学反应	[5]栽树对保持水土作用不大	[6]父亲的基因决定孩子的性别	[7]月亮自己可以发光	[8]光速比声速快	[9]电子比原子大	[10]月亮对地球的引力是大海产生潮汐的原因
青少年	24.5%	49.7%	9.1%	57.8%	5.2%	31.8%	5.7%	71.9%	7.8%	36.5%
中老年	27.6%	53.8%	10.6%	51.2%	4.9%	35.2%	6.9%	68.5%	6.9%	34.3%
3-10	[1]克隆技术	[2]空间技术	[3]植物嫁接	[4]经济膨胀	[5]九章算术	[6]光纤技术	[7]基因(DNA)技术	[8]水力发电	[9]多媒体技术	[10]蒸汽机
青少年	81.5%	38.1%	11.4%	6.1%	3.9%	34.6%	67.8%	8.9%	44.5%	3.1%
中老年	82.1%	39.6%	14.1%	5.2%	3.0%	32.2%	64.9%	10.2%	45.7%	2.9%

最后,从科学行为来看,分别从科学实践和科学行为取向两方面对不同年龄群体进行测度。一是通过问卷2-8(在工作、生活、学习中你总是)对不同年龄发现、思考和解决问题的情况进行测度;二是通过问卷3-11(面对科学与技术,你常常会抱有哪3种态度和行为)对不同年龄群体在追求和捍卫科学真理方面进行测度,具体见表10-15。

表 10 – 15　　按年龄构成的科学行为取向调查结果表

2 – 8	[1]经常遇到问题	[2]很少遇到问题	[3]善于发现问题的原因	[4]善于提出解决问题的办法	[5]善于解决问题
青少年					
中老年					

3 – 11	[1]欣赏它	[2]对它兴趣不大	[3]反感它	[4]设法弄懂它	[5]有机会才学它	[6]对它缺乏学习和认识	[7]坚决维护和宣传它	[8]有时宣传它	[9]总是担心它的负面影响	[10]不清楚
青少年	70.3%	20.6%	3.8%	48.7%	45.2%	25.7%	33.8%	30.9%	13.6%	7.4%
中老年	70.1%	21.2%	3.1%	45.1%	49.8%	25.4%	34.2%	30.0%	13.1%	8.0%

通过表 10 – 15 可以看出不同年龄群体在科学行为取向上总体相同。问卷 2 – 4 调查结果显示，年龄越小遇到问题的情况越多，选择［1］的比例相对较高，中青年群体善于发现问题的原因，中老年人更善于解决问题。问卷 4 – 8 调查显示，不同年龄群体在面对科学技术时，年龄较大者对科学技术的兴趣低于中青年，因此也相对缺乏学习的积极主动性，中青年群体对新科学技术更感兴趣，年龄越小越愿意积极主动设法弄懂它，并愿意进行维护和宣传。

第三节　按工龄构成的科学维度分析

一、按工龄构成的科学维度与总体的比较

根据调查中工龄划分，对不同工龄下科学维度人文素质发展状况同总体状况进行比较，现将六个工龄段的科学维度人文素质评价指标值和指数值与总体指标值和指数值汇总制表 10 – 16。

表 10 – 16　　按工龄构成的科学维度指标和指数情况

工龄	总体指标值	标准偏差	总体指数值	科学维度指标值	与总体指标差值	科学维度标准偏差	科学维度指数值
≤10 年	74.8912	9.4618	0.54	74.5892	0.3020	12.3594	0.54
11～19 年	76.3553	8.8033	0.66	76.2822	-0.0731	12.1865	0.67
20～29 年	76.5516	8.7057	0.67	76.8157	0.2641	12.2197	0.71
≥30 年	76.7875	9.3001	0.69	76.8184	0.0309	12.9218	0.71
总体	75.5634	9.2485	0.59	75.4141	-0.1493	12.3858	0.60

通过表10-16可以从总体上比较不同工龄群体科学维度人文素质发展状况与总体状况，从不同工龄科学维度人文素质评价指标和指数来看，工龄在11年以上的科学维度指标值均在75~80之间，为B^-级水平，工龄在10年以下的科学维度指标值低于75大于70，为C^+级水平；工龄在10年以下和在11~19年之间的科学维度人文素质发展指数值分别为0.54和0.67，人文素质发展程度为Ⅲ级，工龄在20年以上的科学维度人文素质发展指数值均为0.71，在0.7~0.9之间，因此为人文素质发展程度的Ⅱ级。从科学维度与总体比较来看，工龄在19年以下的科学维度人文素质指标值均低于总体指标值；无论是科学维度人文素质还是总体人文素质，指标值和指数值都随着工龄增长而逐渐提高，客观说明工龄长短和科学意识以及科学行为的提高具有一定正相关作用。同时，不同工龄的科学维度指标离散程度和总体离散程度都不大。

二、按工龄构成的科学维度指标描述统计分析

在按工龄构成进行科学维度指标与总体指标比较分析的基础上，为进一步了解数据分布特征，我们采用SPSS软件作进一步探索性分析。

1. 按工龄构成的科学指标描述性统计分析

表10-17　　　　按工龄构成的科学指标描述性统计分析

描述项目（年）		≤10	11~19	20~29	≥30
平均值		74.59	76.28	76.82	76.82
95%置信区间	上限	74.41	75.98	76.47	76.30
	下限	74.77	76.58	77.16	77.34
去除5%极端值均值		75.12	76.84	77.38	77.50
中值		76.33	77.99	78.66	79.33
方差		152.75	148.51	149.32	166.97
标准偏差		12.36	12.19	12.22	12.92
最小值		17.67	27.67	29.33	20.67
最大值		99.99	99.99	99.99	99.99
全距		82.33	72.33	70.66	79.33
四分位数间距		16.67	16.33	16.67	17.33
偏度系数		-0.66	-0.68	-0.68	-0.81
峰度系数		0.27	0.26	0.27	0.43

从表 10-17 可知,从不同工龄段的科学维度人文素质指标值的集中趋势来看,平均值随着工龄增长而增加。从离散程度来看,通过方差和标准偏差及全距的比较,四个工龄段中指标值离散程度差异不大。从数据分布来看,偏度系数均小于 0,说明数据分布向左偏,峰度系数大于 0,呈尖峰分布。

2. 按工龄构成的科学指标正态性检验

假定六组数据均服从正态分布,则在此假定下作集中趋势的平稳测度(Resistant Measure),测度结果见表 10-18,表中四个工龄段 Sig. 值 $0.000 < \alpha$ 值 0.05,因此,可拒绝正态性的原假设。

表 10-18　　　　按工龄构成的科学指标正态性检验

	工龄	Kolmogorov-Smirnov(a)			Shapiro-Wilk		
		Statistic	df	Sig.	Statistic	df	Sig.
科学指标	10 年以下	0.065	18 918	0.000			
	11~19 年	0.064	6 455	0.000			
	20~29 年	0.070	4 763	0.000	0.969	4 763	0.000
	30 年以上	0.085	2 368	0.000	0.955	2 368	0.000

a Lilliefors Significance Correction

3. 按工龄构成的科学指标方差齐性检验

表 10-19　　　　按工龄构成的科学指标方差齐性检验结果

		Levene Statistic	df1	df2	Sig.
科学指标	Based on Mean 基于均数	3.744	3	32 500	0.011
	Based on Median 基于中位数	2.393	3	32 500	0.066
	Based on Median and with adjusted df 基于调整自由度的中位数	2.393	3	32 422.368	0.066
	Based on trimmed mean 基于截两端数据的调整均数	3.238	3	32 500	0.021

通过方差齐次性检验结果可知,3 个指标得到的显著性水平 Sig. 值均大于 0.05,因此接受方差相等的零假设,即四个工龄段的方差近似相等。

4. 按工龄构成的科学指标盒须图

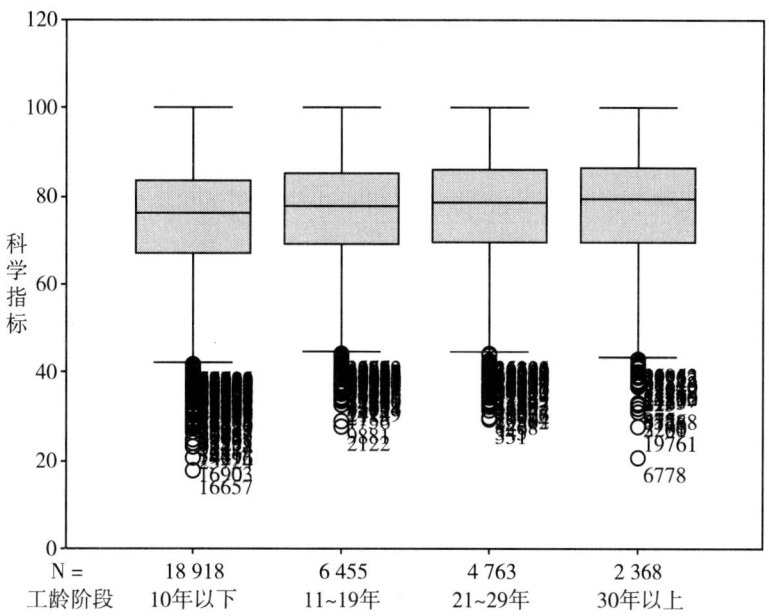

图 10-4　按工龄构成的科学指标盒须图

首先，从盒长来看，四个工龄段的盒长差异很小，说明该工龄段的科学维度指标数据最集中。其次，从盒上的中位数线来看，不同工龄的中位数上下差异不很明显，工龄越长中位数线越靠上。最后通过图中的须长可知，工龄在10年以下的须长最长，而工龄越长，须长相对越短。

三、按工龄构成的科学素质趋向分析

首先，从科学价值和作用的角度看，调查问卷在工龄划分的基础上，对不同工龄的科学作用、科学意识和科学发展进行测度。一是通过问卷 3-7 对不同工龄群体对科学作用的了解进行调查；二是通过问卷 1-20 对不同工龄群体在工作和学习中的科学意识情况进行测度；三是通过问卷 1-21 对不同工龄群体对"科学发展观"的理解进行调查，具体调查结果见表 10-20。

表10-20　　　　　　　按工龄构成的科学价值调查结果表

3-7	从下面选3项科学所产生的作用：									
选项	[1]改变生活方式	[2]改革社会制度	[3]促进教育发展	[4]开展组织活动	[5]解决人类和自然危机	[6]倾诉情感	[7]影响个人兴趣爱好	[8]创造新知识与文化	[9]与大众对话	[10]不知道
≤10	61.99%	35.05%	47.85%	10.66%	50.14%	6.55%	17.47%	60.10%	7.40%	2.79%
11~19	65.64%	35.69%	47.54%	9.65%	53.69%	6.20%	15.06%	57.85%	6.75%	1.92%
20~29	64.69%	37.60%	50.58%	11.15%	51.59%	6.84%	14.32%	54.63%	5.96%	2.65%
≥30	64.32%	41.77%	51.31%	11.82%	50.89%	5.62%	13.18%	51.82%	6.67%	2.62%

1-20	工作或学习中你通常首先考虑：		
选项	[1]按他人意志办事	[2]根据自己兴趣办事	[3]按客观规律办事
≤10	9.10%	43.0%	47.9%
11~19	9.40%	34.2%	56.4%
20~29	8.90%	29.6%	61.5%
≥30	8.20%	24.8%	67.0%

1-21	你是否知道"科学发展观"的含义：		
选项	[1]明确知道	[2]知道一些,不太明确	[3]不知道
≤10	26.3%	61.5%	12.20%
11~19	27.6%	62.2%	10.20%
20~29	28.9%	60.4%	10.70%
≥30	30.0%	59.5%	10.50%

通过表10-20调查结果可以看出，在问卷3-7中，不同工龄群体对[1]、[3]、[5]、[8]选择比例较高，随着工龄增长选择[2]的比例明显提高；在问卷1-20中，不同工龄群体在工作或学习中考虑[3]按客观规律办事的比例随着工龄增长而明显增加，说明在工作和学习中工龄长的群体更具有实践经验，能够注重采用科学方法，而工龄短则更多从个人兴趣出发，或者根据别人的安排来做；在问卷1-21中，工龄长的群体对于"科学发展观"的含义能够较工龄短的群体理解更加明确。

其次，从科学常识来看，分别从生活科学知识、自然科学常识和科学技术动态等三个方面对不同工龄的认知情况进行测度。一是通过问卷3-8（从下面选3项对人体健康有利的生活习惯）对不同工龄群体日常生活中科学知识的认知情况进行测度；二是通过问卷 3-9（从以下选出 3 项正确的知识）对不同工龄群体自然科学常识的认知情况进行测度；三是通过问卷 3-10 对不同工龄群体当前科学技术动态认知情况进行测度，具体见表 10-21。

表 10-21　　按工龄构成的科学常识认知情况调查结果表

3-8	[1]长时间看电视	[2]多吃盐	[3]适量运动	[4]悲伤	[5]心情愉快	[6]多吃肉	[7]不吸烟	[8]生活有规律	[9]多吃蔬菜	[10]多吃补药
≤10	3.4%	5.8%	68.9%	2.5%	73.6%	4.0%	27.7%	73.8%	37.3%	2.9%
11~19	3.0%	4.9%	69.0%	2.0%	75.8%	3.4%	27.1%	78.1%	34.4%	2.3%
20~29	3.0%	4.3%	69.1%	2.0%	75.4%	2.9%	25.5%	77.9%	37.9%	2.0%
≥30	2.8%	5.0%	70.6%	1.9%	75.8%	3.5%	24.5%	74.8%	38.2%	2.8%
3-9	[1]抗生素能杀死病毒	[2]地球围绕太阳转1圈需要1年	[3]开水的温度是摄氏90度	[4]燃烧是化学反应	[5]栽树对保持水土作用不大	[6]父亲的基因决定孩子的性别	[7]月亮自己可以发光	[8]光速比声速快	[9]电子比原子大	[10]月亮对地球的引力是大海产生潮汐的原因
≤10	25.8%	50.1%	9.4%	56.9%	5.4%	32.4%	6.4%	70.6%	7.7%	35.3%
11~19	26.1%	53.4%	9.2%	51.5%	4.4%	36.2%	5.7%	69.9%	6.7%	36.9%
20~29	26.7%	55.0%	11.4%	50.5%	4.8%	36.8%	6.3%	68.1%	6.8%	33.5%
≥30	29.3%	56.5%	13.1%	46.4%	4.6%	31.6%	7.8%	69.7%	6.3%	34.6%
3-10	[1]克隆技术	[2]空间技术	[3]植物嫁接	[4]经济膨胀	[5]九章算术	[6]光纤技术	[7]基因(DNA)技术	[8]水力发电	[9]多媒体技术	[10]蒸汽机
≤10	80.6%	38.9%	13.0%	6.3%	3.9%	33.7%	66.0%	10.0%	44.3%	3.2%
11~19	83.9%	37.2%	11.0%	4.8%	2.7%	34.5%	67.9%	7.9%	47.6%	2.6%
20~29	84.1%	39.1%	13.9%	4.3%	2.4%	30.9%	66.5%	9.2%	47.0%	2.5%
≥30	81.9%	44.3%	15.2%	4.7%	3.0%	31.5%	62.8%	11.6%	41.7%	3.2%

最后，从科学行为来看，分别从科学实践和科学行为取向两方面对不同性别群体进行测度。一是通过问卷 2-8（在工作、生活、学习中你总是）对不同工龄群体发现、思考和解决问题的情况进行测度；二是通过问卷 3-11（面对科学与技术，你常常会抱有哪 3 种态度和行为）对不同工龄群体在追求和捍卫科学真理方面进行测度，具体见表 10-22。

表10-22　　　　按工龄构成的科学行为取向调查结果表

2-8	[1]经常遇到问题	[2]很少遇到问题	[3]善于发现问题的原因	[4]善于提出解决问题的办法	[5]善于解决问题
≤10	52.1%	27.5%	39.9%	39.4%	41.1%
11~19	50.7%	26.0%	39.1%	39.3%	44.9%
20~29	49.0%	25.8%	35.1%	40.8%	49.4%
≥30	54.8%	23.5%	39.0%	40.1%	42.7%

3-11	[1]欣赏它	[2]对它兴趣不大	[3]反感它	[4]设法弄懂它	[5]有机会才学它	[6]对它缺乏学习和认识	[7]坚决维护和宣传它	[8]有时宣传它	[9]总是担心它的负面影响	[10]不清楚
6~10	69.0%	21.5%	3.8%	47.3%	46.0%	26.2%	33.3%	31.2%	13.7%	8.0%
11~19	70.1%	21.1%	2.8%	45.8%	51.0%	25.4%	33.7%	30.3%	13.3%	6.5%
20~29	73.0%	19.7%	2.8%	45.5%	50.6%	23.5%	36.3%	28.5%	12.4%	7.9%
≥30	74.2%	18.0%	3.0%	46.7%	47.3%	25.2%	36.1%	28.2%	12.7%	8.5%

通过表10-22可以看出不同工龄在科学行为取向总体相同。问卷2-8调查结果显示，工龄在10年以下和30年以上的群体在工作学习和生活中遇到问题的情况越多，选择[1]的比例相对较高，工龄在10年以下的选择[3]的比例最高，说明该群体最善于发现问题的原因，工龄在11~19年之间的选择[5]的比例最高，说明该群体最善于解决问题。问卷3-11调查显示，不同工龄群体在面对科学技术时，工龄长短与科学技术的兴趣高低关系不十分密切，总体来说，工龄长的群体在新技术学习中没有工龄短的群体更积极主动。

第四节　按学历构成的科学维度分析

一、按学历构成的科学维度与总体的比较

根据调查过程中学历层次划分标准，为了对不同学历科学维度人文素质发展状况同总体状况进行比较，现按不同学历将科学维度人文素质评价指标和指数值与总体的指标值和指数值汇总制表10-23。

表 10-23　　　　按学历构成的科学维度指标和指数情况

学历	总体指标值	标准偏差	总体指数值	科学维度指标值	与总体指标差值	科学维度标准偏差	科学维度指数值
小学	65.6047	10.9068	-0.77	63.19	2.4147	13.7783	-0.66
中学	72.9321	9.5372	0.11	72.11	0.8221	12.5529	0.20
大学	78.1737	7.7451	0.72	78.58	-0.4063	10.8621	0.82
研究生	78.7649	7.6533	0.79	80.05	-1.2851	10.7545	0.96
总体	75.5634	9.24852	0.59	75.41	0.1534	12.38576	0.60

通过表 10-23 可以看出，不同学历层次的科学维度人文素质评价指标差异很明显，无论从指标绝对值来看，还是从指数相对值来看，小学学历最低，研究生学历最高。从总体上比较不同学历群体科学维度人文素质发展状况与总体状况，从不同学历科学维度人文素质评价指标来看，小学学历的科学维度的人文素质评价指标值为 63.19，为 C⁻ 级水平，人文素质发展指数值为 -0.66，为 V 级水平；中学学历科学维度的人文素质评价指标值为 72.11，为 C⁺ 级水平，人文素质发展指数值为 0.20，为 V 级水平；大学学历科学维度的人文素质评价指标值为 78.58，为 B⁻ 级水平，人文素质发展指数值为 0.82，为 II 级水平；研究生学历科学维度的人文素质评价指标值为 80.05，为 B 级水平，人文素质发展指数值为 0.96，为 I 级水平。

从科学维度与总体比较来看，中学以下学历群体的科学维度人文素质指标和指数均低于总体指标值和指数值，大学以上则高于总体指标值；无论是科学维度还是总体指标值和指数值都随着学历增长而逐渐提高，研究生学历达到最大值，客观说明学历高低对科学意识和科学行为的提高具有正相关作用。同时，不同学历下的科学维度指标离散程度均高于不同学历的总体离散程度。

二、按学历构成的科学维度指标描述统计分析

在按学历构成进行科学维度指标与总体指标比较分析的基础上，为进一步了解数据分布特征，我们采用 SPSS 软件作进一步探索性分析。

1. 按学历构成的科学指标描述性统计分析

表 10 – 24　　　　按学历构成的科学指标描述性统计分析

描述项目（年）		小学	中学	大学	研究生
平均值		63.19	72.11	78.58	80.05
95% 置信区间	上限	62.41	71.90	78.41	79.61
	下限	63.96	72.32	78.75	80.50
去除5%极端值均值		63.30	72.52	79.10	80.69
中值		63.66	73.33	80.00	81.99
方差		189.84	157.58	117.98	115.66
标准偏差		13.78	12.55	10.86	10.75
最小值		23.33	20.67	17.67	32.00
最大值		96.66	99.99	99.99	99.99
全距		73.33	79.33	82.33	68.00
四分位数间距		20.33	17.33	14.33	13.00
偏度系数		-0.12	-0.48	-0.75	-0.95
峰度系数		-0.55	-0.07	0.77	1.15

从表 10 – 24 可知，从不同学历的科学维度人文素质指标值的集中趋势来看，平均值随着学历增长而增加，研究生学历达到最大值。从离散程度来看，通过方差和标准偏差及全距的比较，四个学历层次中指标值离散程度有一定差异，学历越高离散程度越小。从数据分布来看，偏度系数均小于 0，说明数据分布向左偏，大学和研究生学历的峰度系数均大于 0，且呈尖峰分布，小学和中学学历的峰度系数小于 0，呈平峰分布。

2. 按学历构成的科学指标正态性检验

假定四组数据均服从正态分布，则在此假定下作集中趋势的平稳测度（Resistant Measure），测度结果见表 10 – 25，表中六个学历段 Sig. 值 $0.000 < \alpha$ 值 0.05，因此，可拒绝正态性的原假设。

表 10 – 25　　　　按学历构成的科学指标正态性检验

	学历	Kolmogorov-Smirnov (a)			Shapiro-Wilk		
		Statistic	df	Sig.	Statistic	df	Sig.
科学指标	小学	0.035	1 219	0.001	0.993	1 219	0.000
	中学	0.052	13 518	0.000			
	大学	0.064	15 514	0.000			
	研究生	0.084	2 253	0.000	0.950	2 253	0.000

a　Lilliefors Significance Correction

3. 按学历构成的科学指标方差齐性检验

表 10-26　　　按学历构成的科学指标方差齐性检验结果

		Levene Statistic	df1	df2	Sig.
科学指标	Based on Mean 基于均数	170.939	3	32 500	0.000
	Based on Median 基于中位数	165.983	3	32 500	0.000
	Based on Median and with adjusted df 基于调整自由度的中位数	165.983	3	32 243 0.664	0.000
	Based on trimmed mean 基于截两端数据的调整均数	171.534	3	32 500	0.000

通过方差齐次性检验结果可知，4个指标得到的显著性水平 Sig. 值均小于 0.05，因此拒绝方差相等的零假设，即四个学历段的方差不相等。

4. 按学历构成的科学指标盒须图

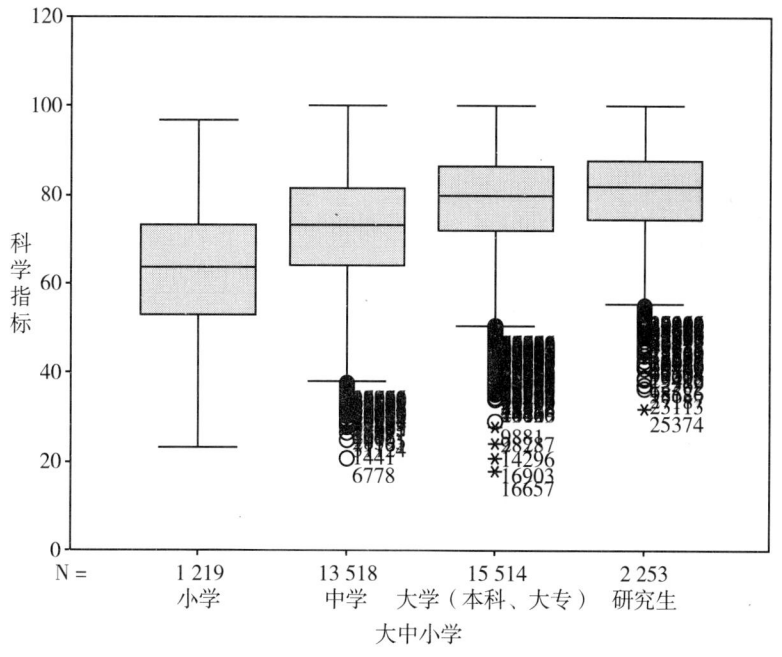

图 10-5　按学历构成的科学指标盒须图

首先，从盒长来看，研究生学历的盒长最短，说明该学历段的科学维度指标数据最集中。其次，从盒上的中位数线来看，不同学历的中位数上下差异明显，学历越高中位数线越靠上；此外，通过图中的须长可知，小学学历的须长最长，而学历越高，须长相对越短。

三、按学历构成的科学素质趋向分析

首先，从科学价值和作用的角度看，调查问卷在年龄划分的基础上，对不同年龄段的科学作用、科学意识和科学发展进行测度。一是通过问卷3-7对不同年龄群体对科学作用的了解进行调查；二是通过问卷1-20对不同年龄群体在工作和学习中的科学意识情况进行测度；三是通过问卷1-21对不同年龄群体对"科学发展观"的理解进行调查，具体调查结果见表10-27。

表10-27　　　　按学历构成的科学价值调查结果表

3-7	从下面选3项科学所产生的作用：									
选项	[1]改变生活方式	[2]改革社会制度	[3]促进教育发展	[4]开展组织活动	[5]解决人类和自然危机	[6]倾诉情感	[7]影响个人兴趣爱好	[8]创造新知识与文化	[9]与大众对话	[10]不知道
小学	55.5%	42.7%	46.4%	20.2%	39.7%	8.4%	21.3%	43.0%	13.7%	9.2%
中学	58.6%	36.9%	49.9%	13.3%	48.6%	8.1%	16.7%	55.3%	9.1%	3.6%
大学	66.9%	34.7%	48.4%	8.1%	53.4%	5.2%	15.4%	61.4%	5.0%	1.4%
研究生	70.7%	36.2%	41.4%	6.5%	56.4%	3.9%	16.2%	62.9%	4.7%	1.2%

1-20	工作或学习中你通常首先考虑：		
选项	[1]按他人意志办事	[2]据自己兴趣办事	[3]按客观规律办事
小学	18.9%	46.4%	34.6%
中学	10.5%	41.6%	47.9%
大学	7.3%	33.8%	58.9%
研究生	7.0%	40.5%	52.6%

1-21	你是否知道"科学发展观"的含义：		
选项	[1]明确知道	[2]知道一些,不太明确	[3]不知道
小学	17.2%	49.4%	33.4%
中学	19.3%	64.8%	16.0%
大学	32.5%	60.9%	6.7%
研究生	43.9%	50.6%	5.5%

通过表 10-27 调查结果可以看出，在问卷 3-7 中，不同学历群体对 [1]、[3]、[5]、[8] 选择比例较高，随着学历提高对这四个选项选择比例也随之提高；在问卷 1-20 中，不同学历群体在工作或学习中考虑 [3] 按客观规律办事的比例随着学历提高而提高，说明在工作和学习中高学历者更注重采用科学方法，而低学历者则更多从个人兴趣出发，或者根据别人的安排来做；在问卷 1-21 中，高学历群体对于"科学发展观"的含义能够明确理解的比例明显高于低学历群体。

其次，从科学常识来看，分别从生活科学知识、自然科学常识和科学技术动态等三个方面对不同学历的认知情况进行测度。一是通过问卷 3-8（从下面选 3 项对人体健康有利的生活习惯）对不同学历群体日常生活中科学知识的认知情况进行测度；二是通过问卷 3-9（从以下选出 3 项正确的知识）对不同学历群体自然科学常识的认知情况进行测度；三是通过问卷 3-10 对不同学历群体当前科学技术动态认知情况进行测度，具体见表 10-28。

表 10-28　　按学历构成的科学常识认知情况调查结果表

3-8	[1]长时间看电视	[2]多吃盐	[3]适量运动	[4]悲伤	[5]心情愉快	[6]多吃肉	[7]不吸烟	[8]生活有规律	[9]多吃蔬菜	[10]多吃补药
小学	9.7%	13.0%	52.4%	5.5%	64.4%	12.6%	37.0%	54.6%	41.4%	9.5%
中学	3.9%	6.8%	65.5%	2.6%	73.3%	4.6%	29.1%	70.6%	40.0%	3.5%
大学	2.3%	3.7%	72.7%	1.9%	76.0%	2.4%	25.1%	80.0%	34.4%	1.5%
研究生	2.0%	3.9%	74.8%	1.8%	75.9%	2.3%	22.7%	82.5%	32.5%	1.5%
3-9	[1]抗生素能杀死病毒	[2]地球围绕太阳转1圈需要1年	[3]开水的温度是摄氏90度	[4]燃烧是化学反应	[5]栽树对保持水土作用不大	[6]父亲的基因决定孩子的性别	[7]月亮自己可以发光	[8]光速比声速快	[9]电子比原子大	[10]月亮对地球的引力是大海产生潮汐的原因
小学	42.7%	48.2%	22.1%	41.6%	15.1%	30.3%	20.9%	48.5%	12.0%	18.6%
中学	32.9%	52.4%	13.4%	50.9%	6.6%	32.1%	8.6%	65.6%	8.8%	28.7%
大学	20.9%	51.6%	6.9%	56.6%	3.3%	34.8%	3.9%	74.8%	6.1%	41.0%
研究生	13.9%	54.1%	3.6%	63.2%	2.4%	37.2%	2.3%	75.1%	3.9%	44.2%

续表

3-10	[1]克隆技术	[2]空间技术	[3]植物嫁接	[4]经济膨胀	[5]九章算术	[6]光纤技术	[7]基因(DNA)技术	[8]水力发电	[9]多媒体技术	[10]蒸汽机
小学	63.5%	39.3%	31.2%	14.3%	11.5%	22.1%	44.5%	29.5%	33.1%	11.0%
中学	77.7%	40.0%	17.1%	7.4%	4.7%	31.1%	61.5%	14.1%	42.8%	3.7%
大学	86.3%	37.4%	8.7%	3.6%	1.9%	35.4%	70.9%	5.0%	48.9%	1.9%
研究生	86.0%	43.6%	6.6%	4.0%	2.0%	38.5%	74.2%	3.6%	40.0%	1.6%

最后，从科学行为来看，分别从科学实践和科学行为取向两方面对不同学历群体进行测度。一是通过问卷2-8（在工作、生活、学习中你总是）对不同学历群体发现、思考和解决问题的情况进行测度；二是通过问卷3-11（面对科学与技术，你常常会抱有哪3种态度和行为）对不同学历群体在追求和捍卫科学真理方面进行测度，具体见表10-29。

表10-29　　　　按学历构成的科学行为取向调查结果表

2-8	[1]经常遇到问题	[2]很少遇到问题	[3]善于发现问题的原因	[4]善于提出解决问题的办法	[5]善于解决问题
小学	48.7%	34.7%	31.7%	36.6%	48.3%
中学	51.8%	28.8%	36.4%	37.7%	45.3%
大学	52.1%	23.4%	41.2%	41.4%	42.0%
研究生	54.9%	21.7%	40.5%	42.9%	40.0%

3-11	[1]欣赏它	[2]对它兴趣不大	[3]反感它	[4]设法弄懂它	[5]有机会才学它	[6]对它缺乏学习和认识	[7]坚决维护和宣传它	[8]有时宣传它	[9]总是担心它的负面影响	[10]不清楚
小学	52.8%	35.8%	8.3%	34.5%	44.7%	33.0%	27.8%	27.1%	17.1%	18.9%
中学	64.8%	26.0%	4.4%	42.2%	48.4%	30.5%	31.6%	28.4%	13.9%	10.0%
大学	75.3%	16.2%	2.4%	50.1%	48.2%	22.2%	36.1%	31.8%	12.5%	5.4%
研究生	76.9%	15.4%	2.3%	56.5%	42.8%	14.7%	37.8%	35.1%	14.4%	4.2%

通过表10-29可以看出不同年龄群体在科学行为取向上总体相同。问卷2-4调查结果显示，学历越高，选择[1]和[2]的比例相对较高，即经常遇到问题和很少遇到问题的比例都较高，而选择[5]善于解决问题的比例随着学

历提高而下降。问卷 3-11 调查显示,不同学历群体在面对科学技术时,学历越高对科学技术的兴趣越浓厚,因此学习的积极主动性也更高,更愿意设法弄懂它,并愿意进行维护和宣传。

第五节 按群体构成的科学维度分析

本节在对群体总体评价的基础上,对不同群体的科学维度人文素质指标和指数与总体指标和指数进行分析比较,分析按大群体构成的科学素质总体分布与总体人文素质发展情况的差异,同时比较不同群体之间的差异;对不同群体的科学维度指标进行描述性统计分析;根据不同群体对调查问卷反馈结果分析不同群体的科学行为趋向。

一、按群体构成的科学维度与总体比较

根据调查结果计算出来的指标值,我们采用 SPSS 软件进行按照群体构成的样本基本情况汇总并制成表 10-30。

表 10-30 按群体构成的科学维度指标情况

大群体	总体指标值	标准偏差	总体指数值	科学维度指标值	与总体指标差值	科学维度标准偏差	科学指数
农民	69.1724	10.6075	0.05	67.8903	-1.2821	13.82977	0.01
工人	73.1894	9.3709	0.40	72.6421	-0.5473	12.58963	0.38
企管人员	76.3008	8.4963	0.65	76.6063	0.3055	11.75955	0.70
商业人员	73.8814	9.2501	0.46	73.2522	-0.6292	12.45261	0.43
公务员	78.9989	7.8759	0.85	79.0677	0.0688	11.35556	0.89
教师	78.7867	7.2311	0.87	79.1649	0.3782	10.73866	0.90
学生	78.0446	7.6653	0.81	78.5983	0.5537	10.37415	0.85
文化卫生从业人员	75.6004	8.5891	0.60	75.6283	0.0279	11.58499	0.62
第三部门从业人员	76.2230	9.0325	0.64	75.579	-0.644	12.25021	0.61
科技人员	77.7484	8.4751	0.78	80.4854	2.737	11.09064	1.00
其他	70.9353	10.6438	0.20	70.1557	-0.7796	13.22988	0.19
总体	75.5634	9.24852	0.59	75.4141	-0.1493	12.38576	0.60

根据表 10-30 内容，首先，从不同群体的科学维度指标和指数来看，不同群体的科学维度指标值最高为公务员群体 79.1649，最低为农民群体 67.8903，其中指标值在 75~80 之间有五个群体，为人文素质发展 B⁻ 级水平，在 80~85 之间有 1 个群体，为 B 级水平，其余均为 C 级以下水平；不同群体的科学维度指数值在 0.9 以上的为教师、科技人员群体，科学维度的人文素质发展程度为 I 级，0.7~0.9 之间的为公务员、学生和企管人员群体，人文素质发展程度为 II 级，指数值在 0.5~0.7 之间有两个群体，人文素质发展程度为 III 级，指数值在 0.3~0.5 之间的有两个群体，人文素质发展程度为 IV 级，指数值小于 0.3 的有两个群体，人文素质发展程度为 V 级，可见不同群体的科学维度的人文素质发展程度具有明显差异。其次，从不同群体的科学维度指标值与总体指标的比较来看，科技人员、公务员、教师、学生、文化卫生从业人员和企管人员等六个群体的科学素质指标高于总体指标，而其他群体的科学维度指标值和指数值均低于总体指标值。再次，从各群体科学维度样本数据的离散趋势来看，学生群体的科学维度标准偏差最小，为 10.3742，农民群体科学维度标准偏差最大，为 13.8298，说明每个群体的科学维度人文素质指标值的数据分布比较稳定。

二、按群体构成的科学维度指标描述统计分析

从前面总体对比分析可知基于 11 个群体的科学维度指标存在一定差异，为进一步分析，我们采用 SPSS11.5 版本统计软件运用 "analyze→descriptive statistics→explore" 对科学维度按照 11 个群体构成进行深入分析，分析输出结论如下：

1. 按群体构成的科学指标描述性统计分析

表 10-31　　按群体构成的科学指标描述性统计分析

描述项目		农民	工人	企管	商业	公务员	教师
Mean 平均值		67.89	72.64	76.61	73.25	79.07	79.16
95% Confidence Interval for Mean 95%置信区间	Lower Bound 下限	67.31	72.11	76.11	72.83	78.59	78.80
	Upper Bound 上限	68.47	73.17	77.10	73.68	79.54	79.53
5% Trimmed Mean 去除5%极端值后的均值		68.19	73.09	77.12	73.69	79.69	79.74
Median 中值		69.00	74.66	78.33	74.66	80.66	80.33
Variance 方差		191.3	158.5	138.3	155.1	128.9	115.3
Std. Deviation 标准偏差		13.83	12.59	11.76	12.45	11.36	10.74

续表

描述项目	农民	工人	企管	商业	公务员	教师
Minimum 最小值	24.67	29.00	34.33	20.67	27.67	24.00
Maximum 最大值	99.99	99.99	99.99	99.99	99.99	99.99
Range 全距	75.33	71.00	65.66	79.33	72.33	76.00
Interquartile Range 四分位数间距	19.67	17.33	15.33	17.00	14.33	13.67
Skewness 偏度系数	-0.33	-0.55	-0.66	-0.52	-0.87	-0.82
Kurtosis 峰度系数	-0.34	-0.08	0.31	0.04	1.10	0.94

描述项目		学生	文卫	三部门	科技	其他	总体
Mean 平均值		78.60	75.63	75.58	80.49	70.16	75.56
95% Confidence Interval for Mean 95%置信区间	Lower Bound 下限	78.24	75.28	75.28	79.82	69.59	85.46
	Upper Bound 上限	78.95	75.97	75.88	81.15	70.72	85.66
5% Trimmed Mean 去除5%极端值后的均值		79.08	76.07	76.15	81.13	70.46	76.10
Median 中值		79.99	77.00	77.33	82.66	71.66	77.15
Variance 方差		107.6	134.2	150.1	123.0	175.0	85.54
Std. Deviation 标准偏差		10.37	11.58	12.25	11.09	13.23	9.25
Minimum 最小值		17.67	27.67	23.33	34.33	26.33	18.50
Maximum 最大值		99.99	99.99	99.99	99.99	99.99	98.08
Range 全距		82.33	72.33	76.66	65.66	73.66	79.58
Interquartile Range 四分位数间距		13.67	15.67	16.00	13.67	19.00	11.41
Skewness 偏度系数		-0.77	-0.59	-0.69	-0.92	-0.34	-0.90
Kurtosis 峰度系数		1.17	0.15	0.29	0.85	-0.33	0.81

表10-31详细列出了不同群体的描述性统计结果，对各群体人文素质指标值的集中趋势和离散趋势前面已经做了比较，这里列举出表示集中趋势的去除5%极端值之后的均值、中值和表示离散趋势的全距、四分位数间距。从表中可以看出，数据的集中和离散趋势分析与前面分析结果一致。从样本数据的分布形态来看，11个群体的偏度系数均小于0，说明数据均呈左偏分布，而除了农民、工人和"其他"群体之外的峰度系数均大于0，呈尖峰分布；农民、工人和"其他"群体的峰度系数小于0，呈平峰分布。

2. 按群体构成的科学指标正态性检验

假定11组数据均服从正态分布，则在此假定下作集中趋势的平稳测度（Resistant Measure），测度结果见表9-32，由表中 Sig. 值 $0.000 < \alpha$ 值 0.05，因此，

可拒绝正态性的原假设。

表10-32　　　　　按群体构成的科学指标正态性检验

	学历	Kolmogorov-Smirnov（a）			Shapiro-Wilk		
		Statistic	df	Sig.	Statistic	df	Sig.
科学指标	农民	0.047	2 192	0.000	0.989	2 192	0.000
	工人	0.071	2 179	0.000	0.976	2 179	0.000
	企管人员	0.066	2 182	0.000	0.972	2 182	0.000
	商业人员	0.055	3 276	0.000	0.981	3 276	0.000
	公务员	0.067	2 190	0.000	0.959	2 190	0.000
	教师	0.064	3 307	0.000	0.963	3 307	0.000
	学生	0.073	3 268	0.000	0.969	3 268	0.000
	文化卫生从业人员	0.059	4 361	0.000	0.977	4 361	0.000
	第三部门从业人员	0.067	6 329	0.000			
	科技人员	0.098	1 080	0.000	0.948	1 080	0.000
	其他	0.046	2 140	0.000	0.988	2 140	0.000

a　Lilliefors Significance Correction

3. 按群体构成的科学指标方差齐性检验

表10-33　　　　　按群体构成的科学指标方差齐性检验结果

		Levene Statistic	df1	df2	Sig.
科学指标	Based on Mean 基于均数	48.576	10	32 493	0.000
	Based on Median 基于中位数	45.993	10	32 493	0.000
	Based on Median and with adjusted df 基于调整自由度的中位数	45.993	10	32 119 0.655	0.000
	Based on trimmed mean 基于截两端数据的调整均数	48.478	10	32 493	0.000

通过方差齐次性检验结果可知，4个指标得到的显著性水平Sig.值均为0.000，小于0.05，因此拒绝方差相等的零假设，即不同群体的科学指标方差不相等。

4. 按群体构成的科学指标盒须图

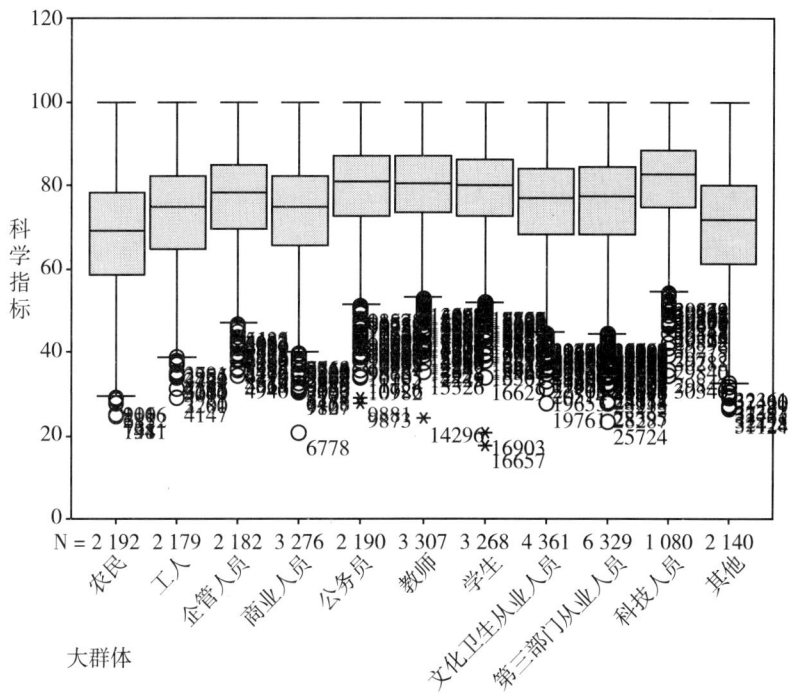

图 10-6　按群体构成的科学指标盒须图

从图 10-6 可以看到，首先，从盒长来看，教师群体的盒长最小，说明教师群体的科学维度指标数据最集中。其次，从盒上的中位数线来看，11 个群体中教师和公务员群体的中位数线偏高，其他群体中位线上下差别也较明显。最后，通过盒须图可知，农民群体在盒须图中须长最长，而教师的须长最短。

三、按群体构成的科学素质趋向分析

首先，从科学价值和作用的角度看，调查问卷在群体划分的基础上，对不同群体的科学作用、科学意识和科学发展进行测度。一是通过问卷 3-7 对不同群体对科学作用的了解进行调查；二是通过问卷 1-20 对不同群体在工作和学习中的科学意识情况进行测度；三是通过问卷 1-21 对不同群体对"科学发展观"的理解进行调查，具体调查结果见表 10-34。

表10-34　　　　　按群体构成的科学价值调查结果表

3-7	从下面选3项科学所产生的作用:									
选项	[1]改变生活方式	[2]改革社会制度	[3]促进教育发展	[4]开展组织活动	[5]解决人类和自然危机	[6]倾诉情感	[7]影响个人兴趣爱好	[8]创造新知识与文化	[9]与大众对话	[10]不知道
农民	56.20%	38.82%	50.23%	16.42%	42.20%	8.76%	16.51%	49.32%	13.59%	7.94%
工人	58.93%	37.26%	48.51%	13.40%	50.94%	7.80%	15.88%	55.62%	8.21%	3.44%
企管	64.21%	34.46%	47.71%	9.49%	54.81%	5.82%	16.50%	59.99%	5.55%	1.47%
商业	61.20%	34.40%	50.98%	10.53%	50.92%	8.18%	16.24%	56.56%	7.60%	3.39%
公务	67.58%	34.66%	49.41%	10.23%	52.51%	5.71%	13.61%	59.18%	5.39%	1.74%
教师	68.31%	33.14%	50.35%	8.10%	50.80%	4.99%	17.18%	60.51%	5.26%	1.36%
学生	65.58%	31.27%	47.09%	7.13%	50.83%	5.32%	18.33%	67.29%	5.88%	1.29%
文卫	61.98%	35.20%	49.44%	11.03%	51.36%	6.31%	15.94%	60.38%	6.26%	2.11%
第三部门	63.23%	38.98%	48.11%	10.57%	52.13%	5.99%	15.17%	57.01%	6.75%	2.07%
科技	68.43%	37.41%	40.93%	8.24%	59.26%	4.54%	13.15%	62.78%	4.44%	0.83%
其他	61.68%	41.54%	44.30%	13.18%	48.83%	8.13%	19.11%	49.67%	9.30%	4.25%

1-20	工作或学习中你通常首先考虑:		
选项	[1]按他人意志办事	[2]据自己兴趣办事	[3]按客观规律办事
农民	12.91%	43.07%	44.02%
工人	11.15%	36.81%	52.04%
企管	10.72%	32.17%	57.10%
商业	8.39%	38.95%	52.66%
公务	9.27%	28.63%	62.10%
教师	7.26%	34.62%	58.12%
学生	5.94%	47.34%	46.73%
文卫	7.82%	39.62%	52.56%
第三部门	9.50%	34.76%	55.74%
科技	8.15%	31.02%	60.83%
其他	11.07%	48.69%	40.23%

续表

1-21	你是否知道"科学发展观"的含义：		
选项	[1]明确知道	[2]知道一些,不太明确	[3]不知道
农民	17.56%	57.98%	24.45%
工人	18.59%	67.69%	13.72%
企管	28.87%	61.87%	9.26%
商业	19.63%	64.71%	15.66%
公务	37.99%	56.44%	5.57%
教师	33.63%	60.60%	5.78%
学生	32.71%	60.47%	6.82%
文卫	24.54%	65.17%	10.30%
第三部门	28.41%	60.88%	10.71%
科技	38.89%	55.09%	6.02%
其他	22.34%	56.87%	20.79%

通过表10-34调查结果可以看出，在问卷3-7中，不同群体对科学在改变生活方式、促进教育发展、解决人类和自然危机和创造新知识与文化等方面选择比例较高，不同群体对于科学产生作用的认识差别不大；在问卷1-20中，公务员群体在工作或学习中考虑[3]按客观规律办事的比例最高，而"其他"群体和农民群体选择[3]的比例最低；在问卷1-21中，农民和"其他"群体不知道"科学发展观"含义的比例最高，而公务员和教师群体对此明确知道的比例要高于其他群体。

其次，从科学常识来看，分别从生活科学知识、自然科学常识和科学技术动态等三个方面对不同群体的认知情况进行测度。一是通过问卷3-8（从下面选3项对人体健康有利的生活习惯）对不同群体日常生活中科学知识的认知情况进行测度。二是通过问卷3-9（从以下选出3项正确的知识）对不同群体自然科学常识的认知情况进行测度；三是通过问卷3-10对不同群体当前科学技术动态认知情况进行测度，具体见表10-35。

表10-35　　按年龄构成的科学常识认知情况调查结果表

3-8	[1]长时间看电视	[2]多吃盐	[3]适量运动	[4]悲伤	[5]心情愉快	[6]多吃肉	[7]不吸烟	[8]生活有规律	[9]多吃蔬菜	[10]多吃补药
农民	6.84%	10.95%	59.67%	2.42%	68.20%	10.13%	32.34%	60.49%	42.52%	6.43%
工人	3.40%	5.28%	66.50%	2.20%	73.20%	3.53%	29.92%	74.44%	36.85%	4.68%
企管	3.35%	3.94%	70.44%	2.15%	75.39%	3.35%	27.68%	77.31%	34.42%	1.97%

续表

3-8	[1] 长时间 看电视	[2] 多吃盐	[3] 适量 运动	[4] 悲伤	[5] 心情 愉快	[6] 多吃肉	[7] 不吸烟	[8] 生活 有规律	[9] 多吃 蔬菜	[10] 多吃 补药
商业	3.48%	5.28%	68.93%	2.29%	73.23%	3.94%	28.39%	71.98%	39.50%	2.99%
公务	2.15%	4.06%	74.75%	1.78%	74.75%	2.47%	24.38%	80.78%	33.06%	1.83%
教师	2.63%	3.78%	72.39%	1.81%	78.95%	2.30%	22.89%	80.07%	33.96%	1.21%
学生	2.17%	3.03%	74.36%	1.96%	77.72%	2.29%	25.55%	77.54%	34.00%	1.38%
文卫	3.23%	5.21%	69.20%	2.91%	74.71%	3.51%	25.15%	76.40%	37.45%	2.22%
第三部门	2.65%	6.10%	67.59%	2.13%	74.44%	3.11%	28.03%	76.66%	37.02%	2.26%
科技	1.85%	4.63%	72.13%	2.31%	75.19%	2.50%	24.54%	81.39%	33.61%	1.85%
其他	4.53%	7.20%	63.93%	3.41%	70.23%	5.56%	29.86%	68.60%	42.43%	4.25%

3-9	[1]抗生 素能杀 死病毒	[2]地 球围绕 太阳转 1圈需 要1年	[3]开水 的温度 是摄氏 90度	[4] 燃烧是 化学 反应	[5]栽树 对保持 水土作 用不大	[6]父 亲的基 因决定 孩子的 性别	[7]月 亮自己 可以 发光	[8] 光速比 声速快	[9] 电子比 原子大	[10]月亮 对地球的 引力是大 海产生潮 汐的原因
农民	42.38%	50.68%	20.03%	44.43%	9.49%	28.97%	16.24%	57.53%	11.45%	18.80%
工人	32.54%	49.11%	12.30%	50.80%	5.83%	32.72%	9.13%	67.32%	9.91%	30.34%
企管	28.87%	52.02%	9.95%	52.75%	4.40%	31.76%	6.05%	71.40%	7.24%	35.56%
商业	31.26%	51.92%	12.91%	52.99%	5.86%	32.02%	7.05%	68.59%	7.51%	29.88%
公务	23.29%	53.79%	8.81%	49.00%	3.24%	35.71%	3.65%	74.98%	6.12%	41.42%
教师	18.51%	51.32%	5.75%	60.45%	2.72%	36.01%	3.21%	76.35%	4.66%	41.03%
学生	15.42%	50.80%	3.76%	63.74%	2.45%	31.49%	2.33%	80.75%	4.13%	45.13%
文卫	24.60%	51.89%	9.26%	52.24%	4.82%	37.17%	6.12%	69.53%	8.44%	35.93%
第三部门	25.94%	53.78%	9.57%	53.89%	4.63%	33.75%	6.18%	67.94%	7.58%	36.72%
科技	17.31%	50.56%	6.94%	60.74%	5.19%	41.11%	4.07%	72.31%	3.52%	38.24%
其他	33.18%	52.66%	13.60%	52.71%	9.77%	31.07%	8.83%	61.17%	8.93%	28.08%

3-10	[1] 克隆 技术	[2] 空间 技术	[3] 植物 嫁接	[4] 经济 膨胀	[5] 九章 算术	[6] 光纤 技术	[7]基因 (DNA) 技术	[8] 水力 发电	[9] 多媒体 技术	[10] 蒸汽机
农民	66.97%	37.77%	29.01%	9.63%	7.12%	26.05%	49.45%	29.11%	37.14%	7.76%
工人	80.50%	39.33%	16.89%	7.21%	4.45%	30.66%	61.68%	11.34%	44.97%	2.98%
企管	84.97%	37.53%	12.01%	5.59%	3.21%	34.05%	67.09%	8.43%	45.19%	1.92%
商业	80.77%	37.67%	14.93%	6.50%	3.82%	32.05%	62.79%	12.52%	46.25%	2.72%
公务	85.16%	35.11%	8.49%	3.33%	1.60%	35.57%	72.56%	5.66%	50.37%	2.15%
教师	86.36%	36.89%	7.89%	3.84%	2.09%	35.50%	71.88%	4.57%	48.96%	2.03%
学生	85.40%	41.16%	6.43%	3.27%	1.96%	39.96%	72.64%	3.70%	43.54%	1.93%
文卫	84.06%	36.02%	11.53%	5.41%	3.21%	32.01%	67.78%	7.91%	48.98%	3.07%
第三部门	81.51%	41.78%	12.32%	5.45%	3.32%	33.09%	67.06%	9.16%	43.17%	3.14%
科技	84.44%	44.17%	9.72%	2.59%	1.85%	35.93%	71.85%	3.33%	44.63%	1.48%
其他	76.21%	42.10%	18.32%	9.25%	5.75%	30.65%	58.88%	13.41%	41.64%	3.79%

最后，从科学行为来看，分别从科学实践和科学行为取向两方面对不同性别群体进行测度。一是通过问卷2-8（在工作、生活、学习中你总是）对不同性别发现、思考和解决问题的情况进行测度；二是通过问卷3-11（面对科学与技术，你常常会抱有哪3种态度和行为）对不同性别群体在追求和捍卫科学真理方面进行测度，具体见表10-36。

表10-36　　　　按群体构成的科学行为取向调查结果表

2-4	[1]经常遇到问题	[2]很少遇到问题	[3]善于发现问题的原因	[4]善于提出解决问题的办法	[5]善于解决问题
农民	28.33%	59.63%	24.09%	63.59%	24.36%
工人	24.23%	64.43%	23.13%	72.10%	16.11%
企管	25.57%	67.78%	23.46%	71.36%	11.82%
商业	27.23%	63.98%	22.86%	70.05%	15.87%
公务	20.41%	67.44%	28.17%	71.64%	12.33%
教师	22.95%	67.77%	28.15%	70.03%	11.10%
学生	37.15%	60.53%	28.06%	65.76%	8.51%
文卫	28.89%	61.82%	29.17%	67.67%	12.45%
第三部门	28.03%	65.93%	22.99%	68.70%	14.35%
科技	26.85%	69.35%	25.74%	68.52%	9.54%
其他	29.21%	58.32%	30.75%	58.41%	23.32%

3-11	[1]欣赏它	[2]对它兴趣不大	[3]反感它	[4]设法弄懂它	[5]有机会才学它	[6]对它缺乏学习和认识	[7]坚决维护和宣传它	[8]有时宣传它	[9]总是担心它的负面影响	[10]不清楚
农民	58.85%	28.74%	5.75%	41.42%	46.62%	32.12%	31.52%	27.69%	13.73%	13.55%
工人	67.51%	24.00%	3.85%	42.59%	49.15%	29.60%	32.95%	26.80%	15.01%	8.54%
企管	70.99%	18.61%	2.38%	48.03%	50.82%	25.34%	33.82%	30.89%	13.02%	6.10%
商业	67.28%	24.08%	3.79%	42.43%	48.08%	33.21%	30.13%	27.96%	12.97%	10.07%
公务	77.76%	15.21%	2.65%	50.78%	48.54%	21.74%	36.80%	29.82%	11.55%	5.16%
教师	75.96%	15.60%	2.12%	49.44%	49.50%	21.02%	35.83%	33.32%	13.00%	4.20%
学生	76.81%	16.13%	2.08%	55.14%	43.21%	18.27%	35.95%	32.80%	14.50%	5.11%
文卫	70.42%	20.61%	3.21%	45.56%	48.75%	25.15%	33.78%	31.80%	13.32%	7.38%
第三部门	69.47%	21.82%	3.89%	44.73%	48.06%	26.59%	33.53%	31.46%	13.18%	7.27%
科技	77.59%	12.69%	2.59%	65.37%	38.24%	11.30%	49.91%	26.48%	10.83%	5.00%
其他	59.16%	30.79%	5.14%	38.69%	49.07%	29.86%	29.07%	28.93%	14.63%	14.67%
农民	58.85%	28.74%	5.75%	41.42%	46.62%	32.12%	31.52%	27.69%	13.73%	13.55%

通过表10-36可以看出不同群体在科学行为取向上总体相同。问卷2-4调查结果显示，学生群体经常遇到问题的情况越多，选择［1］的比例最高，其他选项选择结果差异不明显。问卷4-8调查显示，不同群体在面对科学技术时，科技人员和公务人员对科学技术的兴趣高于其他群体，这两个群体具有学习新科学技术的积极主动性。

第六节 按区域构成的科学维度分析

按照前面所述，本节从总体经济区域和经济发展程度两个方面进行比较，经济区域比较是对国家发展规划的经济发展区域进行科学维度人文素质发展的横向比较，发达地区和欠发达地区比较是为了研究经济发达程度与科学维度人文素质发展水平高低的关系。

一、按区域构成的科学维度与总体比较

按照国家经济发展战略规划划分的四个经济区域和调查中抽取样本所属地区经济发达程度，根据调查结果计算出来的指标值，通过SPSS软件进行按照地域构成和经济发达程度的样本基本情况汇总并制成表10-37。

表10-37 按经济区域和发达程度构成的科学维度指标情况

地区	总体指标值	标准偏差	总体指数值	科学维度指标值	科学维度标准偏差	科学维度指数值	与总体指标差值	与总体指数差值
东部	75.8208	9.17236	0.6651	75.6262	12.3423	0.6927	-0.1946	0.0276
中部	76.3161	8.65543	0.7183	76.4918	11.9036	0.7902	0.1757	0.0719
西部	75.0252	9.58128	0.5687	74.5863	12.7024	0.5756	-0.4389	0.0069
东北	75.3057	9.19527	0.5994	75.7779	12.0168	0.7098	0.4722	0.1104
总体	75.5634	9.24852	0.6322	75.4141	12.3858	0.6688	-0.1493	0.0366
发达	76.4017	8.80937	0.7351	76.3851	11.9191	0.7782	-0.0166	0.0431
欠发达	74.7954	9.56932	0.5380	74.5245	12.7339	0.5686	-0.2709	0.0306
总体	75.5634	9.24852	0.6322	75.4141	12.3858	0.6688	-0.1493	0.0366

根据表 10-37，从不同地区科学维度指标情况看，按照四区划分的科学维度指标值由高到低排序为：中部、东部、东北、西部，科学维度指标值差异不明显；按照发达和欠发达地区划分的科学维度指标值比较来看，发达地区高于欠发达地区。从四个地区科学维度指标值的离散程度看，四区科学维度指标值的离散程度差异不大。从科学维度人文素质指标与总体指标对比来看，中部和东北的科学维度指标值大于总体指标值，东部、西部、发达和欠发达地区的科学维度指标值小于总体指标值。从不同地区科学维度人文素质指数来看，中部和东北地区科学维度人文素质指数值大于 0.7，为人文素质发展 II 级水平，西部和东部在 0.5~0.7 之间，为 III 级水平。

二、按区域构成的科学维度指标描述统计分析

从前面总体对比分析可知基于 4 个区域和发达欠发达地区的科学维度指标存在一定差异，为进一步分析，我们采用 SPSS11.5 版本统计软件运用 "analyze→descriptive statistics→explore" 对科学维度按照区域构成进行深入分析，分析输出结论如下：

1. 按区域构成的科学指标描述性统计分析

表 10-38　　按区域构成的科学指标描述性统计分析

描述项目		东部	中部	西部	东北	发达	欠发达
Mean 平均值		75.63	76.49	74.59	75.78	76.39	74.52
95% Confidence Interval for Mean 95%置信区间	Lower Bound 下限	75.39	76.20	74.36	75.36	76.20	74.33
	Upper Bound 上限	75.86	76.78	74.81	76.19	76.57	74.72
5% Trimmed Mean 去除5%极端值后的均值		76.19	77.03	75.12	76.35	76.93	75.06
Median 中值		77.00	78.33	76.66	77.66	78.00	76.33
Variance 方差		152.3	141.7	161.4	144.4	142.1	162.2
Std. Deviation 标准偏差		12.34	11.90	12.70	12.02	11.92	12.73
Minimum 最小值		17.67	24.67	24.67	23.33	17.67	24.00
Maximum 最大值		99.99	99.99	99.99	99.99	99.99	99.99
Range 全距		82.33	75.33	75.33	76.66	82.33	76.00
Interquartile Range 四分位数间距		16.33	15.67	16.67	15.67	15.67	16.67
Skewness 偏度系数		-0.68	-0.69	-0.63	-0.72	-0.69	-0.64
Kurtosis 峰度系数		0.40	0.36	0.11	0.28	0.38	0.16

表 10-38 详细列出了不同群体的描述性统计量，从表中可知，按照四区划分和按照发达欠发达地区划分的不同地区之间的科学维度人文素质评价指标值的集中趋势和离散趋势整体差异不大；从数据的分布形态来看，按照四个区域和发

达程度划分的数据分布偏度系数均小于0,说明数据均呈左偏分布,而峰度系数均大于0,呈尖峰分布。

2. 按四个经济区域和发达程度进行科学指标正态性检验和科学指标方差齐性检验结果为数据分布非正态和方差非齐次。

3. 按区域和发达程度构成的盒须图

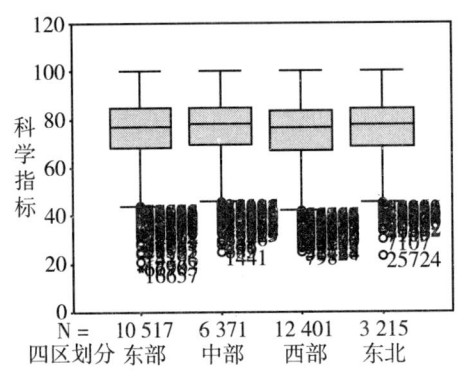 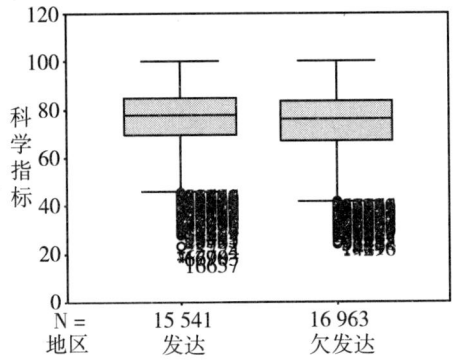

图 10-7　按区域和发达程度构成的盒须图

三、按区域构成的科学素质趋向分析

首先,从科学价值和作用的角度看,调查问卷在区域划分的基础上,对不同区域的科学作用、科学意识和科学发展进行测度。一是通过问卷3-7对不同区域群体对科学作用的了解进行调查;二是通过问卷1-20对不同区域群体在工作和学习中的科学意识情况进行测度;三是通过问卷1-21对不同区域群体对"科学发展观"的理解进行调查,具体调查结果见表10-39。

表10-39　　按区域构成的科学价值调查结果表

3-7	从下面选3项科学所产生的作用:									
选项	[1]改变生活方式	[2]改革社会制度	[3]促进教育发展	[4]开展组织活动	[5]解决人类和自然危机	[6]倾诉情感	[7]影响个人兴趣爱好	[8]创造新知识与文化	[9]与大众对话	[10]不知道
东部	65.58%	36.80%	47.97%	9.53%	51.23%	6.04%	15.47%	58.24%	6.33%	2.81%
中部	64.79%	37.03%	47.59%	9.79%	53.57%	6.04%	15.04%	57.31%	6.62%	2.21%
西部	61.20%	34.37%	49.64%	11.85%	50.19%	7.00%	16.86%	58.66%	7.60%	2.63%

续表

3-7	从下面选3项科学所产生的作用:									
选项	[1]改变生活方式	[2]改革社会制度	[3]促进教育发展	[4]开展组织活动	[5]解决人类和自然危机	[6]倾诉情感	[7]影响个人兴趣爱好	[8]创造新知识与文化	[9]与大众对话	[10]不知道
东北	60.78%	38.04%	47.06%	11.01%	49.42%	6.53%	18.51%	58.57%	7.68%	2.40%
发达	65.34%	34.63%	48.39%	9.12%	52.29%	5.95%	15.57%	60.43%	6.06%	2.22%
欠发达	61.39%	37.33%	48.49%	11.98%	50.04%	6.92%	16.81%	56.25%	7.88%	2.92%

1-20	工作或学习中你通常首先考虑:		
选项	[1]按他人意志办事	[2]据自己兴趣办事	[3]按客观规律办事
东部	8.68%	38.47%	52.85%
中部	7.57%	36.38%	56.05%
西部	10.02%	37.72%	52.26%
东北	9.39%	40.62%	49.98%
发达	8.52%	36.85%	54.63%
欠发达	9.52%	39.03%	51.45%

1-21	你是否知道"科学发展观"的含义:		
选项	[1]明确知道	[2]知道一些,不太明确	[3]不知道
东部	26.73%	60.94%	12.33%
中部	29.37%	60.57%	10.06%
西部	26.68%	62.29%	11.03%
东北	26.50%	60.53%	12.97%
发达	27.63%	61.76%	10.61%
欠发达	26.81%	60.96%	12.23%

通过表10-39调查结果可以看出,对问卷3-7、问卷1-20和问卷1-21,按照四个地区划分和按照经济发达程度划分差异性不大,这里不作具体分析。

其次,从科学常识来看,分别从生活科学知识、自然科学常识和科学技术动态等三个方面对不同区域的认知情况进行测度。一是通过问卷3-8(从下面选3项对人体健康有利的生活习惯)对不同区域群体日常生活中科学知识的认知情况进行测度;二是通过问卷3-9(从以下选出3项正确的知识)对不同区域群体自然科学常识的认知情况进行测度;三是通过问卷3-10对不同区域群体当前科学技术动态认知情况进行测度，具体见表10-40。

表10-40　　　　按区域构成的科学常识认知情况调查结果表

3-8	[1]长时间看电视	[2]多吃盐	[3]适量运动	[4]悲伤	[5]心情愉快	[6]多吃肉	[7]不吸烟	[8]生活有规律	[9]多吃蔬菜	[10]多吃补药
东部	2.03%	5.01%	70.73%	1.75%	75.48%	3.12%	25.56%	76.94%	37.23%	2.15%
中部	2.65%	3.52%	71.50%	1.74%	75.48%	3.05%	25.32%	77.84%	36.98%	1.93%
西部	4.53%	6.52%	67.32%	3.10%	72.94%	4.69%	27.26%	73.16%	37.03%	3.45%
东北	3.02%	5.72%	65.75%	2.05%	75.09%	3.05%	34.68%	73.16%	34.90%	2.58%
发达	2.89%	4.77%	71.15%	2.12%	75.17%	3.08%	25.97%	77.44%	35.59%	1.82%
欠发达	3.50%	5.91%	67.19%	2.46%	73.83%	4.27%	28.06%	73.34%	38.05%	3.40%

3-9	[1]抗生素能杀死病毒	[2]地球围绕太阳转1圈需要1年	[3]开水的温度是摄氏90度	[4]燃烧是化学反应	[5]栽树对保持水土作用不大	[6]父亲的基因决定孩子的性别	[7]月亮自己可以发光	[8]光速比声速快	[9]电子比原子大	[10]月亮对地球的引力是大海产生潮汐的原因
东部	25.23%	53.31%	8.41%	54.62%	4.15%	32.71%	5.38%	71.02%	6.91%	38.26%
中部	27.25%	53.54%	9.15%	55.30%	4.27%	33.64%	6.31%	71.23%	7.05%	32.27%
西部	26.65%	49.10%	12.34%	53.28%	6.12%	34.23%	7.51%	68.91%	8.17%	33.69%
东北	26.00%	55.52%	7.19%	53.56%	5.13%	35.15%	5.35%	68.68%	5.66%	37.76%
发达	23.92%	51.62%	9.10%	54.15%	4.24%	34.33%	5.20%	72.71%	6.87%	37.86%
欠发达	28.37%	52.29%	10.70%	54.12%	5.74%	33.14%	7.45%	67.56%	7.68%	32.94%

3-10	[1]克隆技术	[2]空间技术	[3]植物嫁接	[4]经济膨胀	[5]九章算术	[6]光纤技术	[7]基因(DNA)技术	[8]水力发电	[9]多媒体技术	[10]蒸汽机
东部	83.35%	40.10%	12.78%	4.56%	2.62%	34.34%	67.61%	8.33%	44.18%	2.12%
中部	82.17%	40.64%	12.12%	4.80%	3.00%	31.24%	67.63%	10.05%	45.77%	2.59%
西部	79.94%	37.70%	12.79%	6.51%	4.27%	32.54%	65.00%	10.84%	46.28%	4.14%
东北	83.61%	36.83%	15.24%	6.97%	3.51%	36.95%	63.58%	8.18%	42.92%	2.21%
发达	84.23%	37.76%	11.86%	4.50%	2.89%	34.52%	68.34%	7.46%	46.19%	2.25%
欠发达	79.66%	40.07%	13.85%	6.58%	3.89%	32.19%	64.28%	11.57%	44.23%	3.68%

最后，从科学行为来看，分别从科学实践和科学行为取向两方面对不同区域群体进行测度。一是通过问卷 2-8（在工作、生活、学习中你总是）对不同区域群体发现、思考和解决问题的情况进行测度；二是通过问卷 3-11（面对科学与技术，你常常会抱有哪 3 种态度和行为）对不同区域群体在追求和捍卫科学真理方面进行测度，具体见表 10-41。

表 10-41　　按区域构成的科学行为取向调查结果表

2-4	[1]经常遇到问题	[2]很少遇到问题	[3]善于发现问题的原因	[4]善于提出解决问题的办法	[5]善于解决问题
东部	28.82%	64.10%	25.70%	67.60%	13.79%
中部	27.46%	63.69%	26.87%	66.46%	15.52%
西部	25.47%	64.46%	25.62%	70.96%	13.48%
东北	28.27%	65.38%	23.45%	70.54%	12.35%
发达	27.67%	64.09%	26.83%	69.23%	12.18%
欠发达	27.52%	64.19%	25.06%	67.09%	16.14%

3-11	[1]欣赏它	[2]对它兴趣不大	[3]反感它	[4]设法弄懂它	[5]有机会才学它	[6]对它缺乏学习和认识	[7]坚决维护和宣传它	[8]有时宣传它	[9]总是担心它的负面影响	[10]不清楚
东部	69.80%	23.01%	3.16%	45.35%	48.83%	24.98%	31.07%	31.83%	13.05%	8.93%
中部	72.26%	19.64%	2.51%	45.64%	49.44%	25.32%	35.49%	30.73%	12.05%	6.91%
西部	69.17%	19.68%	4.03%	47.88%	45.56%	26.60%	35.25%	29.18%	15.12%	7.53%
东北	71.17%	21.43%	3.55%	48.52%	49.30%	23.64%	35.96%	30.08%	10.08%	6.28%
发达	72.34%	19.36%	2.88%	47.64%	47.91%	25.06%	33.30%	30.22%	13.71%	7.59%
欠发达	68.20%	22.35%	3.88%	45.81%	47.60%	25.96%	34.67%	30.63%	13.02%	7.87%

通过表 10-41 可以看出不同区域群体在科学行为取向上总体相同。

第七节　中国公民科学素质水平概括分析

调查表明，中国公民的科学素质指标为 75.4141，略低于中国公民人文素质总体指标 75.5634（B$^-$级），说明中国公民科学素质发展水平处于较高水平的低级阶段（B$^-$级）。在我们所调查的中国公民的六类素质中，科学素质的指标值排位较为靠后（第四位）。

研究表明，不同因素对公民科学素质发展水平的影响有所不同。职业对公民科学素质发展水平的影响较大，如图 10-8 所示。

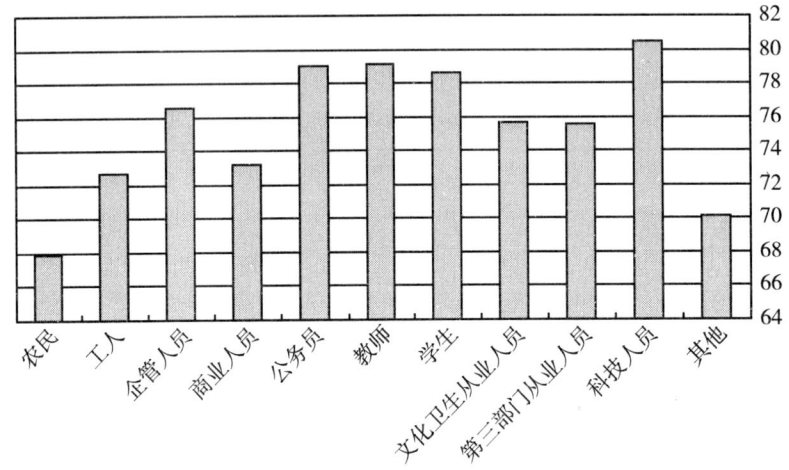

图 10-8　不同职业群体的科学素质指标值

由图 10-8 可以看出，科技人员的科学素质指标最高，为 80.4854，其发展水平处于较高水平的中级阶段（B 级），农民的科学素质指标最低，为 67.8903，其发展水平处于一般水平的中级阶段（C 级），二者相差 12.5951。在 30 个小群体的分类中，科学素质指标最高的群体仍是科技人员，为 80.49，科学素质指标最低的群体是农民工，为 67.76，二者相差 12.73。

除此之外，不同学历群体的科学素质指标值差异也较大。学历对公民科学素质发展水平的影响如图 10-9 所示。

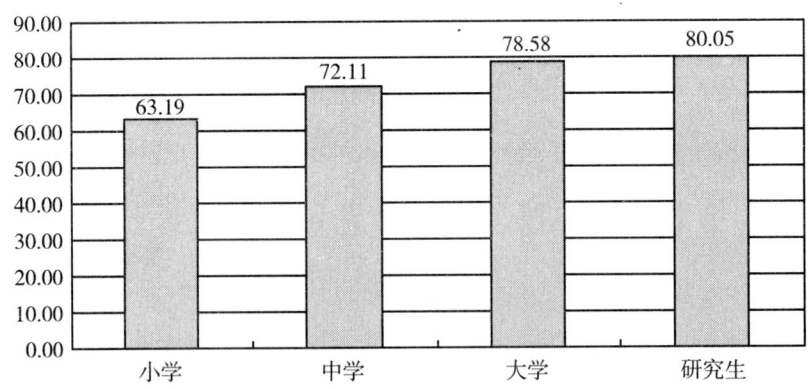

图 10-9　不同学历群体的科学素质指标值

由图 10-9 可以看出，具有研究生学历群体的科学素质指标最高，为 80.05，其发展水平处于较高水平的中级阶段（B级），具有小学文化程度群体的科学素质指标最低，为 63.19，其发展水平处于一般水平的低级阶段（C⁻级），二者相差高达 16.86。

其他因素对公民科学素质发展水平影响都不大。如性别因素决定的科学素质指标值的差距仅为 1.5267（男性群体的科学素质指标为 76.1429，女性群体的科学素质指标为 74.6162），年龄因素决定的科学素质指标值的最大差距为 0.67（中老年群体的科学素质指标为 75.71，青少年群体的科学素质指标为 75.04），工龄因素决定的科学素质指标值的最大差距仅为 2.23（工龄在 30 年以上的群体的科学素质指标为 76.82，工龄在 10 年以下的群体科学素质指标为 74.59），地区因素决定的科学素质指标值的最大差距仅为 1.9055（中部地区公民的科学素质指标最高，为 76.4918，西部地区公民的科学素质指标最低，为 74.5863）。

综上所述，职业和学历两个因素对中国公民科学素质发展水平的影响较大，工龄因素略有影响，而性别、年龄和地区三个因素的影响不大。

第十一章

中国公民人文素质发展的审美维度分析

第一节 按性别构成的审美维度分析

一、按性别构成的审美维度与总体的比较

根据前面内容可知,样本男女构成比例总体差别不大,为了对审美维度人文素质发展状况同总体状况进行比较,现将审美维度和总体的指标值和指数值汇总制表11-1。

表11-1 按性别构成的审美维度指标和指数情况

性别	总体指标值	标准偏差	总体指数值	审美维度指标值	与总体指标差值	审美维度标准偏差	审美维度指数值
男性	75.6152	9.4658	0.5889	76.4872	0.872	12.9910	0.6674
女性	75.5067	9.0047	0.5934	77.7609	2.2542	12.6483	0.8103
总体	75.5634	9.2485	0.5911	77.0953	1.5319	12.8441	0.7356

通过表11-1可以从总体上比较男性女性审美维度状况与总体状况,男性和女性的审美维度人文素质评价指标值高于75,审美维度人文素质发展处于B级水平;男性人文素质发展指数值在0.5~0.7之间,审美维度人文素质发展程度处于Ⅲ级水平,女性人文素质发展指数值在0.7~0.9之间,审美维度人文素质发展程度处于Ⅱ级水平。男性和女性审美维度指标值高于总体指标值和指数值,

说明按照性别划分的审美素质相对于人文素质总体水平略高；男性和女性相比，女性的审美维度指标值和指数值均高于男性群体，说明女性的审美素质要高于男性的审美素质。从指标值离散程度看，男性和女性群体的审美维度标准偏差高于总体的标准偏差，说明男性和女性的审美维度人文素质评价指标的数据离散程度要比总体离散程度略大。

二、按性别构成的审美维度指标描述统计分析

在按性别构成进行审美维度指标与总体指标比较分析的基础上，为进一步了解数据分布特征，我们采用 SPSS 软件作进一步探索性分析。

1. 按性别构成的审美指标描述性统计分析

表 11-2　　　　按性别构成的审美指标描述性统计分析

描述项目		男性统计	Std. Error 标准误差	女性统计	Std. Error 标准误差
Mean 平均值		76.49	0.10	77.76	0.10
95% Confidence Interval for Mean 95%置信区间	Lower Bound 下限	76.29		77.56	
	Upper Bound 上限	76.68		77.96	
5% Trimmed Mean 去除5%极端值后的均值		77.21		78.52	
Median 中值		79.00		79.50	
Variance 方差		168.77		159.98	
Std. Deviation 标准偏差		12.99		12.65	
Minimum 最小值		12.00		16.50	
Maximum 最大值		100.00		100.00	
Range 全距		88.00		83.50	
Interquartile Range 四分位数间距		15.50		15.50	
Skewness 偏度系数（及标准误差）		-0.89	0.02	-0.95	0.02
Kurtosis 峰度系数（及标准误差）		1.10	0.04	1.19	0.04

从表 11-2 可知,男性和女性审美维度人文素质指标的集中和离散趋势差别不大,这里通过对"去除 5% 极端值后的均值"、中值以及全距、四分位数间距的比较,可以更加详细了解男性和女性审美维度指标的分布情况。此外,从数据分布来看,偏度系数均小于 0,说明数据分布向左偏,峰度系数均大于 0,说明数据呈尖峰分布。

2. 按性别构成的 M 统计量

表 11-3　　　　　按性别构成的审美指标 M-统计量

	性别	Huber's M-Estimator（a）	Tukey's Biweight（b）	Hampel's M-Estimator（c）	Andrews' Wave（d）
文史指标	男性	78.0197	78.7968	77.9578	78.8125
	女性	79.3325	80.0777	79.3482	80.0944

a　The weighting constant is 1.339
b　The weighting constant is 4.685
c　The weighting constants are 1.700, 3.400, and 8.500
d　The weighting constant is 1.340 * pi

可见,表 11-3 中的 4 种 M 统计量的数值非常接近,且离计算出的平均数值都不太远。这部分说明数据的分布不太偏,平均数是可以代表数据的集中趋势的。

3. 按性别构成的审美指标正态性检验

假定两组数据均服从正态分布,则在此假定下作集中趋势的平稳测度（Resistant Measure）,测度结果见表 11-4,由表中 Sig. 值 0.000 < α 值 0.05,因此,可拒绝正态性的原假设。

表 11-4　　　　　按性别构成的审美指标正态性检验

	性别	Kolmogorov-Smirnov（a）		
		Statistic	df	Sig.
科学指标	男性	0.088	16 987	0.000
	女性	0.106	15 517	0.000

a　Lilliefors Significance Correction

4. 按性别构成的道德指标方差齐性检验

表 11-5　　　　按性别构成的审美指标方差齐性检验结果

<table>
<tr><th colspan="2"></th><th>Levene Statistic</th><th>df1</th><th>df2</th><th>Sig.</th></tr>
<tr><td rowspan="4">审美指标</td><td>Based on Mean 基于均数</td><td>11.202</td><td>1</td><td>32 502</td><td>0.001</td></tr>
<tr><td>Based on Median 基于中位数</td><td>17.405</td><td>1</td><td>32 502</td><td>0.000</td></tr>
<tr><td>Based on Median and with adjusted df 基于调整自由度的中位数</td><td>17.405</td><td>1</td><td>32 475 0.235</td><td>0.000</td></tr>
<tr><td>Based on trimmed mean 基于截两端数据的调整均数</td><td>12.535</td><td>1</td><td>32 502</td><td>0.000</td></tr>
</table>

通过方差齐次性检验结果可知，4 个指标得到的显著性水平 Sig. 值均小于 0.05，因此拒绝接受方差相等的零假设，即男性和女性的方差不等。

5. 按性别构成的审美指标的盒须图

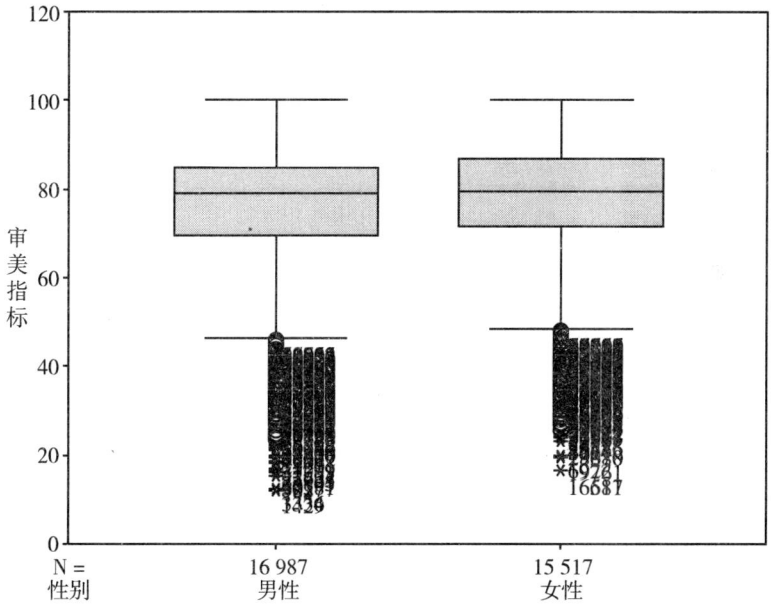

图 11-1　按性别构成的审美指标盒须图

通过图 11-1 可知，男性和女性的审美维度人文素质的平均水平差别不很明显，女性略高于男性。

三、按性别构成的审美素质趋向分析

首先,从审美意识角度看,调查问卷在性别划分的基础上,对男性和女性的审美态度和审美标准进行测度。一是通过问卷1-22对不同性别的审美态度进行测度;二是通过问卷1-23对不同性别的判断事物美丑标准进行调查,结果见表11-6。

表11-6　　　　　　按性别构成的审美意识调查结果表

问卷1-22,你做事或购物时是否考虑美不美的问题:	男性	女性
[1] 不太考虑	14.68%	9.09%
[2] 有时考虑	56.81%	53.01%
[3] 总是考虑	28.51%	37.90%
问卷1-23,你经常根据什么标准判定事物美丑	男性	女性
[1] 自己当前的兴趣和喜好	43.01%	44.16%
[2] 大众舆论和流行时尚	24.55%	26.58%
[3] 理想化的标准或境界	32.44%	29.26%

通过表11-6调查结果可以看出,对于问卷1-22,女性在做事或者购买商品时选择[3]总是考虑美与不美的比例明显高于男性,说明女性要比男性更加注重日常的审美细节;对于问卷1-23的调查显示,女性在判定事物美丑的标准上更倾向于自己当前的兴趣喜好、大众舆论和流行时尚,而男性则偏重于理想化的标准或境界。

其次,从审美常识来看,分别从美学认知和美育认知两个方面对不同性别的审美常识了解程度进行测度。一是通过问卷1-24(你认为"美学"指的是哪种意思)对不同性别对美学了解情况进行调查;二是通过问卷2-10(你认为"美育"是指哪两种意思)对不同性别对于美育的理解情况进行测度,具体调查结果见表11-7。

表 11-7　　　　按性别构成的审美常识情况调查结果表

2-10	[1]美容、美发教育	[2]与美国交往的教育	[3]艺术欣赏教育	[4]培养审美能力的教育	[5]使人和谐发展的教育
男	8.24%	6.25%	46.14%	79.53%	59.85%
女	7.69%	5.65%	46.05%	80.92%	59.70%
1-24	[1]关于美国的学问		[2]关于美容的学问		[3]关于美和审美的学问
男	4.01%		6.62%		89.37%
女	3.47%		7.11%		89.42%

通过表 11-7、问卷 2-10 可知，男性和女性都能较好地理解美育，选项集中在[3]、[4]、[5]，其中选择[4]培养审美能力的教育的比例最高，说明绝大多数人能够理解美育对能力的培养更重要，男女差异不大。从问卷 1-24 可知，89%以上都能正确理解美学，男女基本没有差异。

最后，从审美行为来看，通过问卷 2-11（你通常进行以下哪 2 项欣赏美的活动）对公民审美活动倾向进行测度。具体调查结果见表 11-8。

表 11-8　　　　按性别构成的文化取向调查结果表

2-11	[1]自然美	[2]社会美	[3]艺术美	[4]科学美	[5]不明确
男	80.84%	35.04%	50.92%	25.14%	8.05%
女	81.83%	34.54%	56.53%	19.59%	7.51%

通过表 11-8 对不同性别的审美行为倾向的调查结果可知，从 5 个选项来看，男女之间总体差别不大，但通过微小的差别可以反映出男性对于婚姻和爱情相对比较乐观、积极，如：男性选择[4]的比例高于女性，而女性相对来讲比较消极悲观，如：女性选择[5]的比例高于男性。

第二节　按年龄构成的审美维度分析

一、按年龄构成的审美维度与总体的比较

为了对审美维度人文素质发展状况同总体状况进行比较，现将审美维度和总体指标值和指数值汇总制表 11-9。

表 11-9　　按年龄构成的审美维度指标和指数情况

年龄	总体指标值	标准偏差	总体指数值	审美维度指标值	与总体指标差值	审美维度标准偏差	审美维度指数值
青少年	75.3012	9.35404	0.57	76.9391	-1.6379	12.88576	0.72
中老年	75.7727	9.15831	0.61	77.2199	-1.4472	12.80977	0.75
总体	75.5634	9.2485	0.59	77.0953	-1.5319	12.84411	0.74

通过表 11-9 可以比较青少年和中老年两个年龄段审美维度人文素质发展状况与总体状况，两个年龄段所有审美维度指标值均高于总体指标值，而且审美维度指标值均在 75～80 之间，为 B⁻ 水平，其审美维度指数值在 0.7～0.9 之间，为 Ⅱ 级水平。总体上，中老年群体的审美维度人文素质评价指标和指数均略高于青少年，这应该与老年人的学识较高和阅历丰富具有直接关系。从指标值与平均值偏离程度看，两个年龄段的审美维度标准偏差相对差异不大。

二、按年龄构成的审美维度指标描述统计分析

在按年龄构成进行审美维度指标与总体指标比较分析的基础上，为进一步了解数据分布特征，我们采用 SPSS 软件作进一步探索性分析。

1. 按年龄构成的审美指标描述性统计分析

表 11-10　　按年龄构成的审美指标描述性统计分析

描述项目（岁）		青少年	中老年
平均值		76.94	77.22
95%置信区间	上限	76.73	77.03
	下限	77.15	77.41
去除5%极端值均值		77.69	77.95
中值		79.50	79.50
方差		166.04	164.09
标准偏差		12.89	12.81
最小值		12.00	12.50
最大值		100.00	100.00
全距		88.00	87.50
四分位数间距		17.50	16.50
偏度系数		-0.93	-0.91
峰度系数		1.11	1.16

从表11-10可知，青少年和中老年年龄段的审美维度人文素质指标平均值差异不大。从两个年龄段指标值的离散趋势看，通过方差和标准偏差及全距的比较，两个年龄段中的指标值离散程度差异不大。从数据分布来看，各年龄段的偏度系数都小于0，均向左偏，峰度系数大于0，呈尖峰分布。

2. 按年龄构成的审美指标正态性检验

假定两组数据均服从正态分布，则在此假定下作集中趋势的平稳测度（Resistant Measure），测度结果见表11-11，表中两个年龄段Sig.值0.000 < α值0.05，因此，可拒绝正态性的原假设。

表11-11　　　　按年龄构成的审美指标正态性检验

	青年中老	Kolmogorov-Smirnov（a）		
		Statistic	df	Sig.
审美指标	青少年	0.105	14 427	0.000
	中老年	0.090	18 077	0.000

a　Lilliefors Significance Correction

3. 按年龄构成的道德指标方差齐性检验

表11-12　　　　按年龄构成的审美指标方差齐性检验结果

		Levene Statistic	df1	df2	Sig.
审美指标	Based on Mean 基于均数	1.254	1	32 502	0.263
	Based on Median 基于中位数	0.120	1	32 502	0.729
	Based on Median and with adjusted df 基于调整自由度的中位数	0.120	1	32 492 0.252	0.729
	Based on trimmed mean 基于截两端数据的调整均数	0.724	1	32 502	0.395

通过方差齐次性检验结果可知，4个指标得到的显著性水平Sig.值均大于0.05，因此接受方差相等的零假设，即青少年和中老年两个年龄段的方差相等。

4. 按年龄构成的审美指标盒须图

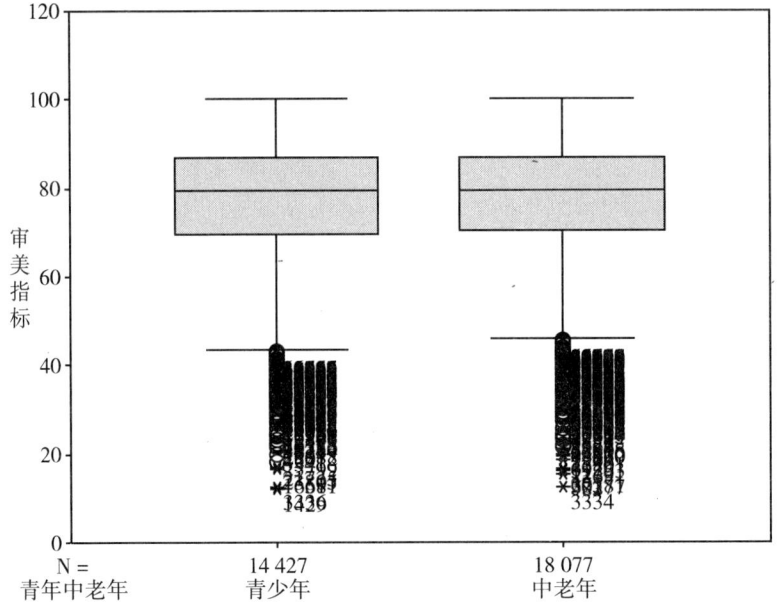

图 11-2　按年龄构成的审美指标盒须图

从盒须图可以看出，青少年和中老年年龄段的审美维度指标差异很小。

三、按年龄构成的审美素质趋向分析

首先，从审美意识角度看，调查问卷在年龄划分的基础上，对青少年和中老年两个年龄段群体的审美态度和审美标准进行测度。一是通过问卷 1-22 对两个年龄段的审美态度进行测度；二是通过问卷 1-23 对两个年龄段的判断事物美丑标准进行调查，结果见表 11-13。

表 11-13　　　　　按年龄构成的审美意识调查结果表

问卷 1-22，你做事或购物时是否考虑美不美的问题：	青少年	中老年
[1] 不太考虑	10.4%	13.3%
[2] 有时考虑	54.5%	55.4%
[3] 总是考虑	35.1%	31.3%
问卷 1-23，你经常根据什么标准判定事物美丑	青少年	中老年
[1] 自己当前的兴趣和喜好	45.3%	42.2%
[2] 大众舆论和流行时尚	24.8%	26.1%
[3] 理想化的标准或境界	30.0%	31.7%

通过表 11-13 调查结果可以看出，对于问卷 1-22，青少年年龄段在做事或者购买商品时选择 [3] 总是考虑美与不美的比例高于中老年年龄段，说明青少年要比中老年更加注重日常的审美细节；对于问卷 1-23 的调查显示，青少年选择 [1] 的比例要高于中老年，说明青少年群体在判定事物美丑的标准上更倾向于自己当前的兴趣喜好、大众舆论和流行时尚。

其次，从审美常识来看，分别从美学认知和美育认知两个方面对不同年龄的审美常识了解程度进行测度。一是通过问卷 1-24（你认为"美学"指的是哪种意思）对两个不同年龄的美学了解情况进行调查；二是通过问卷 2-10（你认为"美育"是指哪2种意思）对两个不同年龄段群体对于美育的理解情况进行测度，具体调查结果见表 11-14。

表 11-14　　　按年龄构成的审美常识情况调查结果表

2-10	[1]美容、美发教育	[2]与美国交往的教育	[3]艺术欣赏教育	[4]培养审美能力的教育	[5]使人和谐发展的教育
青少年	7.8%	6.8%	46.4%	80.0%	59.1%
中老年	8.1%	5.3%	45.9%	80.3%	60.3%
1-24	[1]关于美国的学问		[2]关于美容的学问		[3]关于美和审美的学问
青少年	4.1%		6.8%		89.1%
中老年	3.4%		6.9%		89.7%

通过表 11-14 可知，对于"美学"的认识，中青年选择正确的比例高于老年群体；对于"美育"的认识，在问卷 2-10 中，不同年龄段群体对选项 [4] 和 [5] 的选择比例差异很小，说明青少年和中老年群体对审美能力教育的理解和美学的认识差别不大。

最后，从审美行为来看，通过问卷 2-11（你通常进行以下哪2项欣赏美的活动）对公民审美活动倾向进行测度。具体调查结果见表 11-15。

表 11-15　　　按年龄构成的文化取向调查结果表

2-11	[1] 自然美	[2] 社会美	[3] 艺术美	[4] 科学美	[5] 不明确
青少年	79.7%	33.3%	55.9%	23.0%	8.2%
中老年	82.6%	36.0%	51.7%	22.1%	7.5%

通过表 11-15 对不同年龄的审美行为倾向的调查结果可知，从 5 个选项来看，青少年和中老年两个年龄段群体对选项 [4]、[5] 选择比例总体差别不大，

中老年选择［1］和［2］的比例高于青少年群体,青少年群体选择［3］的比例高于中老年群体。

第三节　按工龄构成的审美维度分析

一、按工龄构成的审美维度与总体的比较

根据调查中工龄划分,对不同工龄下审美维度人文素质发展状况同总体状况进行比较,现将四个工龄段的审美维度人文素质评价指标值和指数值、总体指标值和指数值汇总制表11-16。

表11-16　　　按工龄构成的审美维度指标和指数情况

工龄	总体指标值	标准偏差	总体指数值	审美维度指标值	与总体指标差值	审美维度标准偏差	审美维度指数值
≤10年	74.8912	9.4618	0.54	76.5898	1.6986	13.09185	0.68
11~19年	76.3553	8.8033	0.66	77.7758	1.4205	12.27638	0.81
20~29年	76.5516	8.7057	0.67	78.0175	1.4659	12.47027	0.84
≥30年	76.7875	9.3001	0.69	77.4231	0.6356	12.90864	0.77
总体	75.5634	9.2485	0.59	77.0953	1.5319	12.84411	0.74

通过表11-16可以从总体上比较不同工龄群体审美维度人文素质发展状况与总体状况,从不同工龄审美维度人文素质评价指标和指数来看,不同工龄的审美维度指标值分布在75~80之间,为B级水平,工龄在10年以下的审美维度人文素质发展指数值为0.68,为人文素质发展程度的Ⅲ级水平,其他工龄段群体的审美维度人文素质发展指数值在0.7~0.9之间,为人文素质发展程度的Ⅱ级水平。从审美维度与总体比较来看,不同工龄群体的审美维度人文素质指标值均高于总体指标值,差别随着工龄年限的增长而略有减少;无论是审美维度人文素质还是总体人文素质,指标值和指数值都随着工龄增长而逐渐提高。同时,不同工龄群体审美维度指标离散程度比总体离散程度略大。

二、按工龄构成的审美维度指标描述统计分析

在按工龄构成进行审美维度指标与总体指标比较分析的基础上，为进一步了解数据分布特征，我们采用 SPSS 软件作进一步探索性分析。

1. 按工龄构成的审美指标描述性统计分析

表 11-17　　　　按工龄构成的审美指标描述性统计分析

描述项目（年）		≤10	11~19	20~29	≥30
平均值		76.59	77.78	78.02	77.42
95%置信区间	上限	76.40	77.48	77.66	76.90
	下限	76.78	78.08	78.37	77.94
去除5%极端值均值		77.34	78.45	78.77	78.19
中值		79.50	79.50	79.50	79.50
方差		171.40	150.71	155.51	166.63
标准偏差		13.09	12.28	12.47	12.91
最小值		12.00	15.50	16.00	19.50
最大值		100.00	100.00	100.00	100.00
全距		88.00	84.50	84.00	80.50
四分位数间距		17.50	15.00	15.00	15.50
偏度系数		-0.91	-0.86	-0.99	-0.95
峰度系数		1.00	1.03	1.68	1.38

从表 11-17 可知，从不同工龄段的审美维度人文素质指标值的集中趋势来看，平均值随着工龄增长而增加，"去除 5% 极端值后的均值"的差异不大。从离散程度来看，通过方差和标准偏差及全距的比较，四个工龄段中指标值离散程度差异不大。从数据分布来看，偏度系数均小于 0，说明数据分布向左偏，峰度系数大于 0，呈尖峰分布。

2. 按工龄构成的审美指标正态性检验

假定四组数据均服从正态分布，则在此假定下作集中趋势的平稳测度（Resistant Measure），测度结果见表 11-18，表中六个工龄段 Sig. 值 0.000 < α 值 0.05，因此，可拒绝正态性的原假设。

表 11-18　　　按工龄构成的审美指标正态性检验

	工龄	Kolmogorov-Smirnov（a）			Shapiro-Wilk		
		Statistic	df	Sig.	Statistic	df	Sig.
审美指标	10 年以下	0.099	18 918	0.000			
	11~19 年	0.094	6 455	0.000			
	20~29 年	0.095	4 763	0.000	0.948	4 763	0.000
	30 年以上	0.083	2 368	0.000	0.950	2 368	0.000

a Lilliefors Significance Correction

3. 按工龄构成的审美指标方差齐性检验

表 11-19　　　按工龄构成的审美指标方差齐性检验结果

		Levene Statistic	df1	df2	Sig.
审美指标	Based on Mean 基于均数	14.968	3	32 500	0.000
	Based on Median 基于中位数	12.072	3	32 500	0.000
	Based on Median and with adjusted df 基于调整自由度的中位数	12.072	3	32 309 0.292	0.000
	Based on trimmed mean 基于截两端数据的调整均数	13.841	3	32 500	0.000

通过方差齐次性检验结果可知，4 个指标得到的显著性水平 Sig. 值均小于 0.05，因此拒绝方差相等的零假设，即 4 个工龄段的方差不相等。

4. 按工龄构成的审美指标盒须图

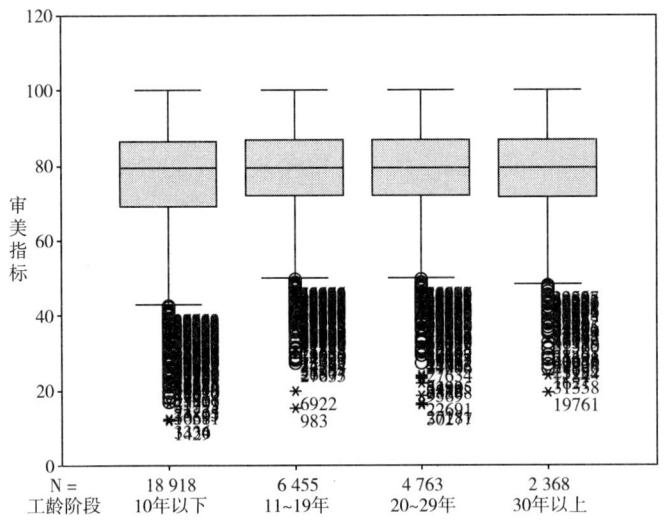

图 11-3　按工龄构成的审美指标盒须图

三、按工龄构成的审美素质趋向分析

首先,从审美意识角度看,调查问卷在工龄划分的基础上,对不同工龄群体的审美态度和审美标准进行测度。一是通过问卷 1-22 对不同工龄群体的审美态度进行测度;二是通过问卷 1-23 对不同工龄群体的判断事物美丑标准进行调查,结果见表 11-20。

表 11-20　　　　按工龄构成的审美意识调查结果表

问卷 1-22,你做事或购物时是否考虑美不美的问题:	10 年以下	11~19 年	20~29 年	30 年以上
[1] 不太考虑	11.1%	12.1%	12.4%	13.2%
[2] 有时考虑	55.2%	54.5%	55.9%	54.6%
[3] 总是考虑	33.8%	33.4%	31.7%	32.3%
问卷 1-23,你经常根据什么标准判定事物美丑	10 年以下	11~19 年	20~29 年	30 年以上
[1] 自己当前的兴趣和喜好	42.8%	44.0%	42.3%	45.0%
[2] 大众舆论和流行时尚	26.9%	25.0%	25.7%	23.7%
[3] 理想化的标准或境界	30.3%	30.9%	32.0%	31.3%

通过表 11-20 调查结果可以看出,对于问卷 1-22,工龄在 10 年以下的群体在做事或者购买商品时选择 [3] 总是考虑美与不美的比例高于其他工龄段群体;对于问卷 1-23 的调查显示,工龄在 11~19 年和 30 年以上的,选择 [1] 的比例略高于工龄在 10 年以下和 20~29 年的,在判定事物美丑的标准上更倾向于自己当前的兴趣喜好、大众舆论和流行时尚。

其次,从审美常识来看,分别从美学认知和美育认知两个方面对不同工龄的审美常识了解程度进行测度。一是通过问卷 1-24(你认为"美学"指的是哪种意思?)对不同工龄的美学了解情况进行调查;二是通过问卷 2-10(你认为"美育"是指哪 2 种意思?)对不同工龄段群体对于美育的理解情况进行测度,具体调查结果见表 11-21。

表 11-21　　按工龄构成的审美常识情况调查结果表

2-10	[1]美容、美发教育	[2]与美国交往的教育	[3]艺术欣赏教育	[4]培养审美能力的教育	[5]使人和谐发展的教育
10 年以下	8.1%	7.0%	45.8%	79.3%	59.8%
11~19 年	6.4%	4.5%	47.8%	81.9%	59.4%
20~29 年	7.4%	4.2%	45.6%	81.6%	61.3%
30 年以上	9.4%	6.5%	45.6%	79.4%	59.1%

1-24	[1]关于美国的学问	[2]关于美容的学问	[3]关于美和审美的学问
10 年以下	4.0%	7.5%	88.5%
11~19 年	2.8%	5.7%	91.5%
20~29 年	3.0%	5.8%	91.2%
30 年以上	4.5%	7.4%	88.1%

通过表 11-21 可知，对于"美学"的认识，在问卷 1-24 中，工龄长短选择［3］的比例差别不大，其中工龄在 11~29 年之间的选择比例最高，对美学的认知和理解越准确；对于"美育"的认识，在问卷 2-10 中，不同工龄段群体对选项［4］和［5］选择比例随着工龄提高而逐渐提高，工龄在 20~29 年达到最高值，工龄在 30 年以上的与工龄在 11~19 年之间的持平。

最后，从审美行为来看，通过问卷 2-11（你通常进行以下哪 2 项欣赏美的活动）对不同工龄群体审美活动倾向进行测度。具体调查结果见表 11-22。

表 11-22　　按工龄构成的文化取向调查结果表

2-11	[1]自然美	[2]社会美	[3]艺术美	[4]科学美	[5]不明确
10 年以下	78.5%	36.0%	54.8%	22.5%	8.2%
11~19 年	82.9%	33.2%	54.5%	22.1%	7.4%
20~29 年	85.1%	34.1%	52.8%	21.5%	6.8%
30 年以上	82.3%	34.6%	51.7%	23.4%	8.0%

通过表 11-22 对不同工龄的审美行为倾向的调查结果可知，从 5 个选项来看，不同工龄段群体对选项［1］、［3］、［4］选择比例总体差别不大，随着工龄增长选择［2］的比例增加。

第四节 按学历构成的审美维度分析

一、按学历构成的审美维度与总体的比较

根据调查过程中学历层次划分标准,为了对不同学历审美维度人文素质发展状况同总体状况进行比较,现按不同学历将审美维度人文素质评价指标和指数值与总体的指标值和指数值汇总制表11-23。

表11-23　　按学历构成的审美维度指标和指数情况

学历	总体指标值	标准偏差	总体指数值	审美维度指标值	与总体指标差值	审美维度标准偏差	审美维度指数值
小学	65.6047	10.90678	-0.77	66.9459	1.3412	15.93994	-0.33
中学	72.9321	9.53720	0.11	75.4293	2.4972	13.51029	0.57
大学	78.1737	7.74512	0.72	79.1298	0.9561	11.54830	0.97
研究生	78.7649	7.65332	0.79	78.5728	-0.1921	11.23521	0.91
总体	75.5634	9.24852	0.59	77.0953	1.5319	12.84411	0.74

通过表11-23可以看出,不同学历层次的审美维度人文素质评价指标差异很明显,无论从指标绝对值来看,还是从指数相对值来看,小学学历最低,研究生学历最高,从总体上比较不同学历群体审美维度人文素质发展状况与总体状况,从不同学历审美维度人文素质评价指标来看,学历在中学以上的群体审美维度指标值超过75,小于80,为B⁻级水平,小学学历的审美维度人文素质评价指标值为66.95,表明其审美素质处于C级水平;从不同学历审美维度人文素质发展指数来看,不同学历的指数值差异很大,最高为研究生学历,最低为小学学历;从审美维度与总体比较来看,除了研究生学历之外的其他学历群体的审美维度人文素质指标和指数均高于总体指标值和指数值,差别随着学历年限的增长而逐渐缩小;此外,无论是审美维度还是总体指标值和指数值都随着学历增长而逐渐提高,研究生学历达到最大值,客观说明学历高低对审美意识和审美行为的提高具有一定影响。

二、按学历构成的审美维度指标描述统计分析

在按学历构成进行审美维度指标与总体指标比较分析的基础上,为进一步了解数据分布特征,我们采用 SPSS 软件作进一步探索性分析。

1. 按学历构成的审美指标描述性统计分析

表 11-24　　　　按学历构成的审美指标描述性统计分析

描述项目（年）		小学	中学	大学	研究生
平均值		66.95	75.43	79.13	78.57
95% 置信区间	上限	66.05	75.20	78.95	78.11
	下限	67.84	75.66	79.31	79.04
去除 5% 极端值均值		67.28	76.14	79.79	79.12
中值		68.50	77.50	80.50	79.50
方差		254.08	182.53	133.36	126.23
标准偏差		15.94	13.51	11.55	11.24
最小值		15.50	12.00	16.00	28.00
最大值		100.00	100.00	100.00	100.00
全距		84.50	88.00	84.00	72.00
四分位数间距		23.50	16.50	14.00	15.00
偏度系数		-0.33	-0.82	-0.95	-0.82
峰度系数		-0.36	0.72	1.64	1.23

从表 11-24 可知,从不同学历的审美维度人文素质指标值的集中趋势来看,平均值随着学历增长而增加,研究生学历达到最大值。从离散程度来看,通过方差和标准偏差及全距的比较,四个学历段中指标值离散程度有一定差异,学历越高离散程度越小。从数据分布来看,偏度系数均小于 0,说明数据分布向左偏,峰度系数除了小学学历外均大于 0,且呈尖峰分布,小学学历的数据呈平峰分布。

2. 按学历构成的审美指标正态性检验

假定六组数据均服从正态分布,则在此假定下作集中趋势的平稳测度（Resistant Measure）,测度结果见表 11-25,表中六个学历段 Sig. 值 0.000 < α 值 0.05,因此,可拒绝正态性的原假设。

表11-25　　　　按学历构成的审美指标正态性检验

	学历	Kolmogorov-Smirnov（a）			Shapiro-Wilk		
		Statistic	df	Sig.	Statistic	df	Sig.
审美指标	小学	0.064	1 219	0.000	0.986	1 219	0.000
	中学	0.087	13 518	0.000			
	大学	0.103	15 514	0.000			
	研究生	0.090	2 253	0.000	0.962	2 253	0.000

a　Lilliefors Significance Correction

3. 按学历构成的审美指标方差齐性检验

表11-26　　　按学历构成的审美指标方差齐性检验结果

		Levene Statistic	df1	df2	Sig.
审美指标	Based on Mean 基于均数	208.311	3	32 500	0.000
	Based on Median 基于中位数	187.043	3	32 500	0.000
	Based on Median and with adjusted df 基于调整自由度的中位数	187.043	3	31 770 0.448	0.000
	Based on trimmed mean 基于截两端数据的调整均数	201.945	3	32 500	0.000

通过方差齐次性检验结果可知，4个指标得到的显著性水平Sig.值均小于0.05，因此拒绝方差相等的零假设，即4个学历段的方差不相等。

4. 按学历构成的审美指标盒须图

首先，从盒长来看，研究生学历的盒长最小，说明这两个学历段的审美维度指标数据最集中。其次，从盒上的中位数线来看，不同学历的中位数上下差异明显，学历越高中位数线越靠上；此外，通过图中的须长可知，小学学历的须长最长，而学历越高，须长相对越短，数据的离散程度也越低。

三、按学历构成的审美素质趋向分析

首先，从审美意识角度看，调查问卷在学历划分的基础上，对不同学历群体的审美态度和审美标准进行测度。一是通过问卷1-22对不同学历群体的审美态度进行测度；二是通过问卷1-23对不同学历群体的判断事物美丑标准进行调查，结果见表11-27。

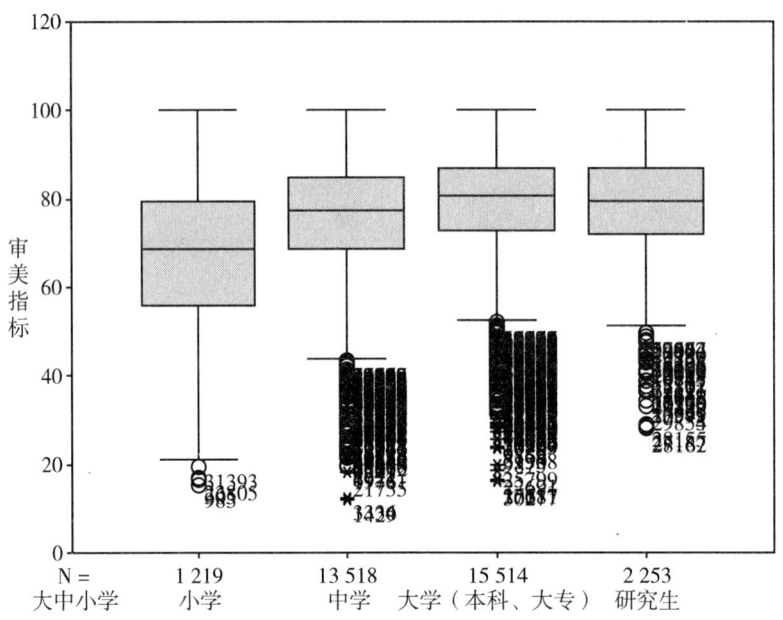

图11-4 按学历构成的审美指标盒须图

表11-27　　　　按学历构成的审美意识调查结果表

问卷1-22，你做事或购物时是否考虑美不美的问题：	小学	中学	大学	研究生
[1] 不太考虑	25.8%	13.9%	9.5%	10.6%
[2] 有时考虑	50.8%	55.9%	54.5%	55.6%
[3] 总是考虑	23.4%	30.3%	36.0%	33.8%
问卷1-23，你经常根据什么标准判定事物美丑	小学	中学	大学	研究生
[1] 自己当前的兴趣和喜好	44.2%	41.5%	44.4%	49.8%
[2] 大众舆论和流行时尚	32.4%	28.8%	23.2%	18.1%
[3] 理想化的标准或境界	23.4%	29.7%	32.4%	32.1%

通过表11-27调查结果可以看出，对于问卷1-22，大学学历群体在做事或者购买商品时选择[3]总是考虑美与不美的比例高于其他学历段群体，而小学学历群体选择[3]的比例最低；对于问卷1-23的调查显示，研究生学历选择[1]的比例最高，在判定事物美丑的标准上更倾向于自己当前的兴趣喜好、大众舆论和流行时尚。

其次，从审美常识来看，分别从美学认知和美育认知两个方面对不同学历群体的审美常识了解程度进行测度。一是通过问卷1-24（你认为"美学"指的是哪种意思？）对不同学历群体的美学了解情况进行调查；二是通过问卷2-10（你认为"美育"是指哪2种意思？）对不同学历段群体对于美育的理解情况进行测度，具体调查结果见表11-28。

表11-28　　　　　按学历构成的审美常识情况调查结果表

2-10	[1]美容、美发教育	[2]与美国交往的教育	[3]艺术欣赏教育	[4]培养审美能力的教育	[5]使人和谐发展的教育
小学	27.6%	20.2%	38.0%	60.5%	13.7%
中学	11.1%	8.1%	46.2%	75.6%	5.1%
大学	4.3%	3.4%	46.8%	84.9%	2.1%
研究生	3.9%	3.0%	44.5%	85.8%	1.7%
1-24	[1]关于美国的学问		[2]关于美容的学问		[3]关于美和审美的学问
小学	13.7%		25.2%		61.1%
中学	5.1%		9.2%		85.7%
大学	2.1%		3.9%		94.0%
研究生	1.7%		3.2%		95.0%

通过表11-28可知，对于"美学"的认识，在问卷1-24中，学历越高选择[3]的比例越高，对美学的认知和理解越准确；对于"美育"的认识，在问卷2-10中，不同学历群体对选项[3]和[4]选择比例随着学历提高而逐渐提高，对[1]、[2]和[5]的选择比例随着学历提高而逐渐降低。

最后，从审美行为来看，通过问卷2-11（你通常进行以下哪2项欣赏美的活动）对不同学历群体的审美活动倾向进行测度。具体调查结果见表11-29。

表11-29　　　　　按学历构成的文化取向调查结果表

2-11	[1]自然美	[2]社会美	[3]艺术美	[4]科学美	[5]不明确
小学	72.8%	45.9%	35.1%	29.5%	16.7%
中学	80.4%	38.4%	49.6%	22.2%	9.5%
大学	83.3%	31.4%	58.0%	21.3%	6.0%
研究生	77.6%	31.1%	57.4%	28.6%	5.2%

通过表 11-29 对不同学历的审美行为倾向的调查结果可知,从 5 个选项来看,随着学历层次提高选择 [3] 的比例明显增加,大学生和研究生群体选择 [3] 的比例很接近,同时,随着学历增长选择 [2]、[5] 的比例下降,不同学历对于 [1] 自然美的选择比例都较高,差别不大,说明不同学历对于自然美的追求占主导。

第五节 按群体构成的审美维度分析

本节在对群体总体评价的基础上,对不同群体的审美维度人文素质指标和指数与总体指标和指数进行分析比较,分析按大群体构成的审美素质总体分布与总体人文素质发展情况的差异,同时比较不同群体之间的差异;对不同群体的审美维度指标进行描述性统计分析;根据不同群体对调查问卷反馈结果分析不同群体的审美行为趋向。

一、按群体构成的审美维度与总体比较

根据调查结果计算出来的指标值,我们采用 SPSS 软件进行按照群体构成的样本基本情况汇总并制成表 11-30。

表 11-30　　　　按群体构成的审美维度指标情况

大群体	总体指标值	标准偏差	总体指数值	审美维度指标值	与总体指标差值	审美维度标准偏差	审美指数
农民	69.1724	10.6075	0.05	71.1531	1.9807	15.40412	0.07
工人	73.1894	9.3709	0.40	75.7994	2.61	13.59580	0.59
企管人员	76.3008	8.4963	0.65	77.9837	1.6829	12.05266	0.84
商业人员	73.8814	9.2501	0.46	76.4538	2.5724	13.00540	0.66
公务员	78.9989	7.8759	0.85	78.7240	-0.2749	12.21477	0.92
教师	78.7867	7.2311	0.87	79.0263	0.2396	11.25357	0.95
学生	78.0446	7.6653	0.81	79.1525	1.1079	11.20222	0.97
文化卫生从业人员	75.6004	8.5891	0.60	77.8269	2.2265	12.19833	0.82
第三部门从业人员	76.2230	9.0325	0.64	77.4112	1.1882	12.67169	0.77
科技人员	77.7484	8.4751	0.78	77.7569	0.0085	12.70482	0.81
其他	70.9353	10.6438	0.20	74.0257	3.0904	14.25777	0.39
总体	75.5634	9.24852	0.59	77.0953	1.5319	12.84411	0.74

根据表 11-30 内容，首先从不同群体的审美维度指标和指数来看，不同群体的审美维度指标值最高为学生群体 79.1525，最低为农民群体 71.1531，除了农民和"其他"群体之外的 9 个群体的指标值均在 75~80 之间，为人文素质发展 B⁻ 级水平，农民和其他两个群体均为 C 级水平；不同群体的审美维度指数值在 0.9 以上的为学生、教师和公务员群体，审美维度的人文素质发展程度为 Ⅰ 级，0.7~0.9 之间的为企管人员、文卫人员、第三部门和科技人员群体，人文素质发展程度为 Ⅱ 级，指数值在 0.5~0.7 之间为工人和商业人员两个群体，人文素质发展程度为 Ⅲ 级，指数值在 0.3~0.5 之间的为"其他"群体，人文素质发展程度为 Ⅳ 级，指数值小于 0.3 的为农民群体，人文素质发展程度为 Ⅴ 级，可见不同群体的人文素质发展具有明显差异。其次，从不同群体的审美维度指标值与总体指标的比较来看，不同群体的审美素质指标均高于总体指标，这说明各群体审美素质状况总体高于总体人文素质平均发展程度。再次，从各群体审美维度样本数据的离散趋势来看，学生群体的审美维度标准偏差最小，为 11.2022，农民群体审美维度标准偏差最大，为 15.4041，说明不同群体的审美维度人文素质指标值具有一定差异。

二、按群体构成的审美维度指标描述统计分析

从前面总体对比分析可知基于 11 个群体的审美维度指标存在一定差异，为进一步分析，我们采用 SPSS11.5 版本统计软件运用 "analyze→descriptive statistics→explore" 对审美维度按照 11 个群体构成进行深入分析，分析输出结论如下：

1. 按群体构成的审美指标描述性统计分析

表 11-31　　按群体构成的审美指标描述性统计分析

描述项目		农民	工人	企管	商业	公务员	教师
Mean 平均值		71.15	75.80	77.98	76.45	78.72	79.03
95% Confidence Interval for Mean 95% 置信区间	Lower Bound 下限	70.51	75.23	77.48	76.01	78.21	78.64
	Upper Bound 上限	71.80	76.37	78.49	76.90	79.24	79.41
5% Trimmed Mean 去除 5% 极端值后的均值		71.71	76.54	78.61	77.13	79.42	79.67
Median 中值		73.50	77.50	79.50	79.00	80.50	80.50
Variance 方差		237.3	184.9	145.3	169.1	149.2	126.6
Std. Deviation 标准偏差		15.40	13.60	12.05	13.01	12.21	11.25

续表

描述项目	农民	工人	企管	商业	公务员	教师
Minimum 最小值	12.00	12.50	24.00	20.00	23.50	28.00
Maximum 最大值	100.0	100.0	100.0	100.0	100.0	100.0
Range 全距	88.00	87.50	76.00	80.00	76.50	72.00
Interquartile Range 四分位数间距	22.00	16.00	15.00	16.00	15.00	14.00
Skewness 偏度系数	-0.55	-0.87	-0.83	-0.84	-0.90	-0.94
Kurtosis 峰度系数	-0.12	0.93	1.01	0.94	1.22	1.50

描述项目		学生	文卫	第三部门	科技	其他	总体
Mean 平均值		79.15	77.83	77.41	77.76	74.03	75.56
95% Confidence Interval for Mean 95%置信区间	Lower Bound 下限	78.77	77.46	77.10	77.00	73.42	85.46
	Upper Bound 上限	79.54	78.19	77.72	78.52	74.63	85.66
5% Trimmed Mean 去除5%极端值后的均值		79.78	78.53	78.13	78.59	74.75	76.10
Median 中值		80.50	79.50	79.50	79.50	76.50	77.15
Variance 方差		1255	148.8	160.6	161.4	203.3	85.54
Std. Deviation 标准偏差		11.20	12.20	12.67	12.70	14.26	9.25
Minimum 最小值		16.50	18.00	16.50	16.00	19.50	18.50
Maximum 最大值		100.0	100.0	100.0	100.0	100.0	98.08
Range 全距		83.50	82.00	83.50	84.00	80.50	79.58
Interquartile Range 四分位数间距		14.00	15.50	16.00	16.38	19.00	11.41
Skewness 偏度系数		-0.98	-0.92	-0.92	-1.04	-0.78	-0.90
Kurtosis 峰度系数		1.81	1.32	1.28	1.49	0.39	0.81

表11-31详细列出了不同群体的描述性统计结果，对各群体人文素质指标值的集中趋势和离散趋势前面已经做了比较，这里又列举出表示集中趋势的去除5%极端值之后的均值，中值和表示离散趋势的全距、四分位数间距。从表11-31可以看出，数据的集中和离散趋势分析与前面分析结果一致。从样本数据的分布形态来看，11个群体的偏度系数均小于0，说明数据均呈左偏分布，而除了农民群体之外的峰度系数均大于0，呈尖峰分布；农民群体的峰度系数小于0，呈平峰分布。

2. 按群体构成的审美指标正态性检验

假定11组数据均服从正态分布，则在此假定下作集中趋势的平稳测度（Resistant Measure），测度结果见表 11 – 32，由表中 Sig. 值 0.000 < α 值 0.05，因此，可拒绝正态性的原假设。

表 11 – 32　　　　按群体构成的审美指标正态性检验

	大群体	Kolmogorov-Smirnov（a）			Shapiro-Wilk		
		Statistic	df	Sig.	Statistic	df	Sig.
审美指标	农民	0.087	2 192	0.000	0.973	2 192	0.000
	工人	0.085	2 179	0.000	0.956	2 179	0.000
	企管人员	0.090	2 182	0.000	0.960	2 182	0.000
	商业人员	0.092	3 276	0.000	0.959	3 276	0.000
	公务员	0.114	2 190	0.000	0.954	2 190	0.000
	教师	0.101	3 307	0.000	0.952	3 307	0.000
	学生	0.102	3 268	0.000	0.951	3 268	0.000
	文化卫生从业人员	0.097	4 361	0.000	0.954	4 361	0.000
	第三部门从业人员	0.092	6 329	0.000			
	科技人员	0.107	1 080	0.000	0.941	1 080	0.000
	其他	0.092	2 140	0.000	0.958	2 140	0.000

a　Lilliefors Significance Correction

3. 按群体构成的审美指标方差齐性检验

表 11 – 33　　　　按群体构成的审美指标方差齐性检验结果

		Levene Statistic	df1	df2	Sig.
审美指标	Based on Mean 基于均数	53.157	10	32 493	0.000
	Based on Median 基于中位数	46.484	10	32 493	0.000
	Based on Median and with adjusted df 基于调整自由度的中位数	46.484	10	31 845 0.190	0.000
	Based on trimmed mean 基于截两端数据的调整均数	51.722	10	32 493	0.000

通过方差齐次性检验结果可知，4 个指标得到的显著性水平 Sig. 值均为 0.000，小于 0.05，因此拒绝方差相等的零假设，即不同群体的审美指标方差不相等。

4. 按群体构成的审美指标盒须图

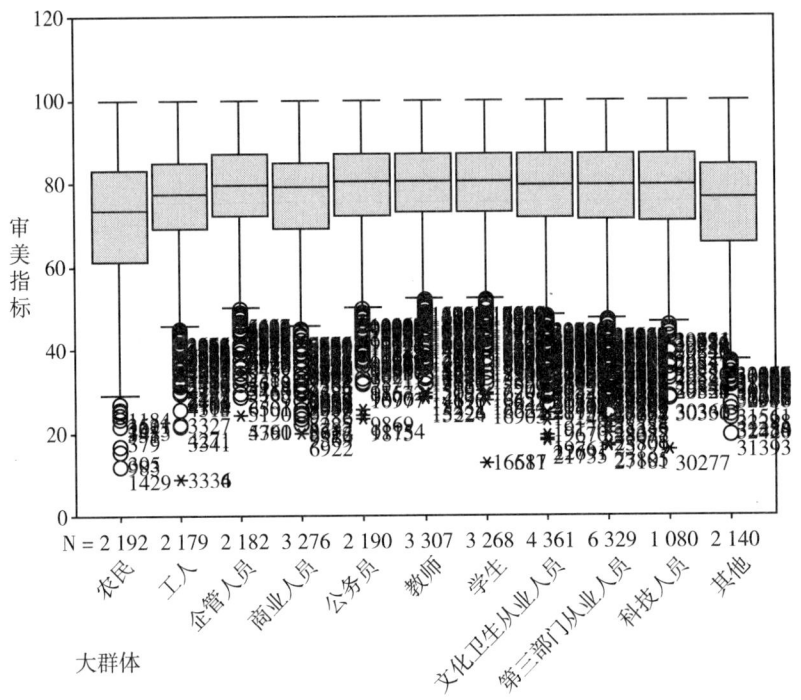

图 11-5　按群体构成的审美指标盒须图

从图 11-5 可以看到，首先，从盒长来看，教师和学生群体的盒长最小，说明教师群体的审美维度指标数据最集中；其次，从盒上的中位数线来看，11 个群体中教师和学生群体的中位数线偏高，其他群体中位线上下差别也较明显；最后，通过盒须图可知，农民和"其他"群体在盒须图中须长最长，而学生群体的须长最短。

三、按群体构成的审美素质趋向分析

首先，从审美意识角度看，调查问卷在群体划分的基础上，对不同群体的审美态度和审美标准进行测度。一是通过问卷 1-22 对不同群体的审美态度进行测度；二是通过问卷 1-23 对不同群体的判断事物美丑标准进行调查，结果见表 11-34。

表 11-34　　　　　　　按群体构成的审美意识调查结果表

问卷1-22，你做事或购物时是否考虑美不美的问题：（%）	农民	工人	企管	商业	公务员	教师	学生	文卫	第三部门	科技	其他
[1] 不太考虑	19	13	11	12	11	10	9	9	13	9	17
[2] 有时考虑	53	55	58	56	54	56	55	55	55	56	53
[3] 总是考虑	29	31	31	33	35	35	36	35	32	36	30
问卷1-23，你经常根据什么标准判定事物美丑（%）	农民	工人	企管	商业	公务员	教师	学生	文卫	第三部门	科技	其他
[1] 自己当前的兴趣和喜好	43	40	41	43	44	47	49	43	42	44	44
[2] 大众舆论和流行时尚	31	31	27	29	24	22	17	26	24	24	29
[3] 理想化的标准或境界	26	29	32	28	32	31	33	31	34	32	27

通过表 11-34 调查结果可以看出，对于问卷 1-22，学生、教师、公务员、科技和文卫人员群体在做事或者购买商品时选择 [3] 总是考虑美与不美的比例略高；对于问卷 1-23 的调查显示，每个群体大约 40% 左右在判定事物美丑的标准上更倾向于自己当前的兴趣喜好、大众舆论和流行时尚。

其次，从审美常识来看，分别从美学认知和美育认知两个方面对不同群体的审美常识了解程度进行测度。一是通过问卷 1-24（你认为"美学"指的是哪种意思？）对不同群体美学了解情况进行调查；二是通过问卷 2-10（你认为"美育"是指哪 2 种意思？）对不同群体对于美育的理解情况进行测度，具体调查结果见表 11-35。

表 11-35　　　　　　　按群体构成的审美常识情况调查结果表

2-10	[1]美容、美发教育	[2]与美国交往的教育	[3]艺术欣赏教育	[4]培养审美能力的教育	[5]使人和谐发展的教育
农民	21.90%	13.73%	43.11%	64.92%	56.34%
工人	8.40%	8.03%	44.52%	76.18%	62.87%
企管	6.55%	4.67%	45.65%	80.93%	62.19%
商业	11.14%	6.99%	46.49%	79.15%	56.23%
公务员	6.26%	3.20%	46.12%	84.43%	60.00%
教师	3.66%	2.48%	45.06%	86.33%	62.47%
学生	4.35%	3.67%	47.74%	84.85%	59.39%
文卫	6.79%	5.64%	47.47%	80.67%	59.44%
第三部门	6.45%	5.74%	46.71%	80.74%	60.37%

续表

2-10	[1]美容、美发教育	[2]与美国交往的教育	[3]艺术欣赏教育	[4]培养审美能力的教育	[5]使人和谐发展的教育
科技	4.63%	5.56%	43.98%	83.52%	62.31%
其他	12.52%	8.83%	46.21%	75.51%	56.92%

1-24	[1]关于美国的学问	[2]关于美容的学问	[3]关于美和审美的学问
农民	10.17%	18.25%	71.58%
工人	4.08%	9.41%	86.51%
企管	2.98%	5.36%	91.66%
商业	4.67%	8.21%	87.12%
公务员	1.92%	5.02%	93.06%
教师	1.97%	3.36%	94.68%
学生	2.11%	2.75%	95.13%
文卫	2.89%	5.92%	91.19%
第三部门	3.56%	6.10%	90.35%
科技	3.43%	4.44%	92.13%
其他	5.84%	10.93%	83.22%

通过表11-35可知，对于"美学"的认识，农民和"其他"群体选择[3]的比例略低，其余大部分均超过90%，说明各群体大部分都能对美学有一定了解；对于"美育"的认识，在问卷2-10中，农民、工人、商业和"其他"群体选择正确的比例低于80%，其余的7个群体均高于80%。

最后，从审美行为来看，通过问卷2-11（你通常进行以下哪2项欣赏美的活动）对公民审美活动倾向进行测度。具体调查结果见表11-36。

表11-36　　　　按群体构成的文化取向调查结果表

2-11	[1]自然美	[2]社会美	[3]艺术美	[4]科学美	[5]不明确
农民	77.83%	44.48%	39.05%	25.50%	13.14%
工人	81.09%	37.91%	49.70%	22.67%	8.63%
企管	83.41%	36.16%	53.80%	20.67%	5.96%
商业	84.13%	36.60%	51.25%	18.56%	9.46%
公务员	83.24%	34.11%	55.34%	20.55%	6.76%
教师	82.64%	29.88%	57.94%	24.31%	5.23%
学生	80.75%	27.57%	59.76%	26.29%	5.63%
文卫	80.99%	34.14%	58.20%	19.88%	6.79%
第三部门	80.49%	36.07%	54.04%	21.60%	7.81%
科技	79.81%	29.72%	52.59%	32.22%	5.65%
其他	79.35%	37.15%	47.80%	23.55%	12.15%

通过表 11-36 对不同群体的审美行为倾向的调查结果可知,从 5 个选项来看,不同群体中,除了农民、"其他"群体选择比例与其余 9 个群体有一定差异之外,9 个群体之间差异不十分明显。

第六节 按区域构成的审美维度分析

按照前面所述,本节从总体经济区域和经济发展程度两个方面进行比较,经济区域比较是对国家发展规划的经济发展区域进行审美维度人文素质发展的横向比较,发达地区和欠发达地区比较是为了研究经济发达程度与审美维度人文素质发展水平高低的关系。

一、按区域构成的审美维度与总体比较

按照国家经济发展战略规划划分的四个经济区域和调查中抽取样本所属地区经济发达程度,根据调查结果计算出来的指标值,通过 SPSS 软件进行按照地域构成和经济发达程度的样本基本情况汇总并制成表 11-37。

表 11-37　　按经济区域和发达程度构成的审美维度指标情况

地区	总体指标值	标准偏差	总体指数值	审美维度指标值	审美维度标准偏差	审美维度指数值	与总体指标差值	与总体指数差值
东部	75.8208	9.17236	0.6651	77.4470	12.29102	0.7893	1.6262	0.1242
中部	76.3161	8.65543	0.7183	77.7784	12.17101	0.8272	1.4623	0.1089
西部	75.0252	9.58128	0.5687	76.5973	13.55232	0.6920	1.5721	0.1233
东北	75.3057	9.19527	0.5994	76.5114	13.00893	0.6822	1.2057	0.0828
总体	75.5634	9.24852	0.6322	77.0953	12.84411	0.7490	1.5319	0.1168
发达	76.4017	8.80937	0.7351	78.1414	12.41112	0.8687	1.7397	0.1336
欠发达	74.7954	9.56932	0.5380	76.1368	13.15591	0.6393	1.3414	0.1013
总体	75.5634	9.24852	0.6322	77.0953	12.84411	0.7490	1.5319	0.1168

根据表 11-37,从不同地区审美维度指标情况看,按照四区划分的审美维度指标值由高到低排序为:中部、东部、西部、东北,审美维度指标值差异不明显;

按照发达和欠发达地区划分的审美维度指标值比较来看，发达地区高于欠发达地区。从四个地区审美维度指标值的离散程度看，四区审美维度指标值的离散程度差异不大。从审美维度人文素质指标与总体指标对比来看，审美维度指标值均大于总体指标值，说明审美维度指标值比总体指标值总体偏高。从不同地区审美维度人文素质指数来看，中部和东部地区审美维度人文素质指数值大于0.7，为人文素质发展Ⅱ级水平，西部和东北在0.5~0.7之间，为Ⅲ级水平。

二、按区域构成的审美维度指标描述统计分析

从前面总体对比分析可知基于4个区域和发达欠发达地区的审美维度指标存在一定差异，为进一步分析，我们采用SPSS11.5版本统计软件运用"analyze→descriptive statistics→explore"对审美维度按照区域构成进行深入分析，分析输出结论如下：

1. 按区域构成的审美指标描述性统计分析

表11-38　　　　　按区域构成的审美指标描述性统计分析

描述项目		东部	中部	西部	东北	发达	欠发达
Mean 平均值		77.45	77.78	76.60	76.51	78.14	76.14
95% Confidence Interval for Mean 95%置信区间	Lower Bound 下限	77.21	77.48	76.36	76.06	77.95	75.94
	Upper Bound 上限	77.68	78.08	76.84	76.96	78.34	76.33
5% Trimmed Mean 去除5%极端值后的均值		78.14	78.47	77.42	77.12	78.90	76.85
Median 中值		79.50	79.50	79.50	78.00	79.50	78.00
Variance 方差		151.1	148.1	183.7	169.2	154.0	173.1
Std. Deviation 标准偏差		12.29	12.17	13.55	13.01	12.41	13.16
Minimum 最小值		12.50	12.00	15.50	24.50	16.00	12.00
Maximum 最大值		100.0	100.0	100.0	100.0	100.0	100.0
Range 全距		87.50	88.00	84.50	75.50	84.00	88.00
Interquartile Range 四分位数间距		15.50	15.00	17.50	16.00	15.00	16.00
Skewness 偏度系数		-0.93	-0.91	-0.94	-0.69	-1.01	-0.84
Kurtosis 峰度系数		1.35	1.27	1.02	0.46	1.55	0.84

表11-38详细列出了不同群体的描述性统计量，从表中可知，按照四区划分和按照发达欠发达地区划分的不同地区之间的审美维度人文素质评价指标值的集中趋势和离散趋势整体差异不大；从数据的分布形态来看，按照四个区域和按照发达欠发达地域两个方面比较后的偏度系数均小于0，说明数据均呈左偏分

布，而峰度系数均大于0，呈尖峰分布。

2. 按四个经济区域和发达程度进行审美指标正态性检验和审美指标方差齐性检验结果为数据分布非正态和方差非齐次。

3. 按区域和发达程度构成的盒须图

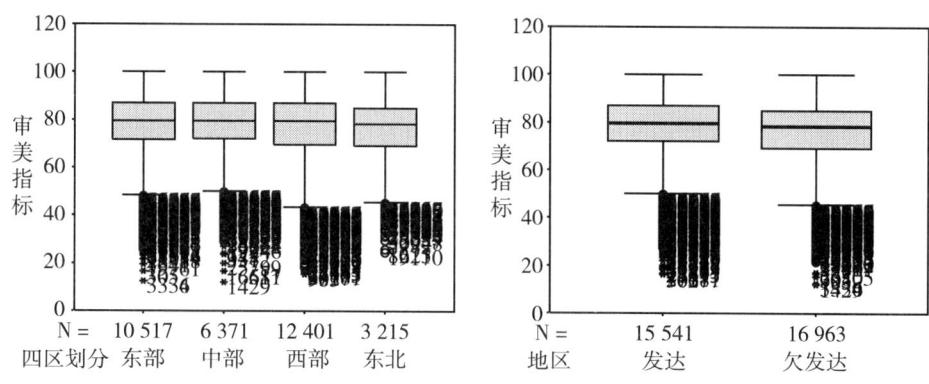

图11－6　按区域和发达程度构成的盒须图

三、按区域构成的审美素质趋向分析

首先，从审美意识角度看，调查问卷在区域划分的基础上，对不同区域群体的审美态度和审美标准进行测度。一是通过问卷1－22对不同区域群体的审美态度进行测度；二是通过问卷1－23对不同区域群体的判断事物美丑标准进行调查，结果见表11－39。

表11－39　　　　按区域构成的审美意识调查结果表

问卷1－22，你做事或购物时是否考虑美不美的问题：	东部	中部	西部	东北	发达	欠发达
[1] 不太考虑	11.75%	12.14%	11.58%	13.19%	10.78%	13.14%
[2] 有时考虑	55.71%	54.71%	55.64%	52.50%	54.73%	55.24%
[3] 总是考虑	32.54%	33.15%	32.77%	34.31%	34.49%	31.62%
问卷1－23，你经常根据什么标准判定事物美丑	东部	中部	西部	东北	发达	欠发达
[1] 自己当前的兴趣和喜好	46.24%	42.34%	45.90%	34.87%	44.67%	42.55%
[2] 大众舆论和流行时尚	25.23%	24.91%	24.03%	31.79%	23.84%	27.06%
[3] 理想化的标准或境界	28.53%	32.75%	30.07%	33.34%	31.49%	30.40%

通过表 11-39 调查结果可以看出，按照四区划分比较不十分明显，但是按照经济发达程度来比较可知，对于问卷 1-22，发达地区群体在做事或者购买商品时选择［3］总是考虑美与不美的比例高于欠发达地区；对于问卷 1-23 的调查显示，发达地区选择［1］的比例高于欠发达地区，在判定事物美丑的标准上发达地区群体更倾向于自己当前的兴趣喜好、大众舆论和流行时尚。

其次，从审美常识来看，分别从美学认知和美育认知两个方面对不同区域群体的审美常识了解程度进行测度。一是通过问卷 1-24（你认为"美学"指的是哪种意思？）对不同年龄的美学了解情况进行调查；二是通过问卷 2-10（你认为"美育"是指哪 2 种意思？）对不同区域段群体对于美育的理解情况进行测度，具体调查结果见表 11-40。

表 11-40　　　　按区域构成的审美常识情况调查结果表

2-10	[1]美容、美发教育	[2]与美国交往的教育	[3]艺术欣赏教育	[4]培养审美能力的教育	[5]使人和谐发展的教育
东部	6.95%	4.57%	46.83%	81.53%	60.11%
中部	9.43%	7.65%	44.09%	78.99%	59.84%
西部	6.70%	4.96%	48.91%	81.90%	57.53%
东北	8.27%	5.94%	45.88%	77.05%	62.86%
发达	6.24%	4.73%	46.47%	82.56%	60.00%
欠发达	9.57%	7.09%	45.76%	78.02%	59.57%
1-24	[1]关于美国的学问		[2]关于美容的学问		[3]关于美和审美的学问
东部	2.88%		5.99%		91.13%
中部	4.90%		7.85%		87.24%
西部	3.20%		6.22%		90.58%
东北	3.23%		7.09%		89.67%
发达	3.01%		5.47%		91.52%
欠发达	4.43%		8.12%		87.45%

通过表 11-40 可知，对于"美学"的认识，在问卷 1-24 中，四个区域中东部区域和按照发达程度划分的发达地区选择［3］的比例略高，对美学的认知和理解程度较高；对于"美育"的认识，在问卷 2-10 中，不同区域群体的选择比例差异不大。

最后，从审美行为来看，通过问卷 2 - 11（你通常进行以下哪 2 项欣赏美的活动）对公民审美活动倾向进行测度。具体调查结果见表 11 - 41。

表 11 - 41　　　　　按区域构成的文化取向调查结果表

2 - 11	[1] 自然美	[2] 社会美	[3] 艺术美	[4] 科学美	[5] 不明确
东部	81.06%	36.00%	55.20%	20.40%	7.35%
中部	80.36%	35.29%	52.02%	23.76%	8.57%
西部	84.60%	30.89%	55.44%	21.99%	7.08%
东北	79.32%	36.80%	50.82%	25.44%	7.62%
发达	83.17%	31.74%	56.86%	20.82%	7.40%
欠发达	79.61%	37.61%	50.61%	24.02%	8.15%

通过表 11 - 41 对不同区域的审美行为倾向的调查结果可知，不同区域群体对各个选项的选择比例总体差别不大。

第七节　中国公民审美素质水平概括分析

调查表明，中国公民的审美素质指标为 77.0953，略高于中国公民人文素质总体指标 75.5634（B⁻级），说明中国公民审美素质发展水平处于较高水平的低级阶段（B⁻级）。在我们所调查的中国公民的六类素质中，审美素质的指标值排位较为靠前（第三位）。

研究表明，不同因素对公民审美素质发展水平的影响有所不同。职业对公民审美素质发展水平的影响较大，如图 11 - 7 所示。

由图 11 - 7 可以看出，学生的审美素质指标最高，为 79.1525，其发展水平处于较高水平的低级阶段（B⁻级），农民的审美素质指标最低，为 71.1531，其发展水平处于一般水平的高级阶段（C⁺级），二者相差 7.9994。在 30 个小群体的分类中，审美素质指标最高的群体是中学教师，为 79.45，审美素质指标最低的群体是农民工，为 71.76，二者相差 7.69。

除此之外，不同学历群体的审美素质指标值差异也较大。学历对公民审美素质发展水平的影响如图 11 - 8 所示。

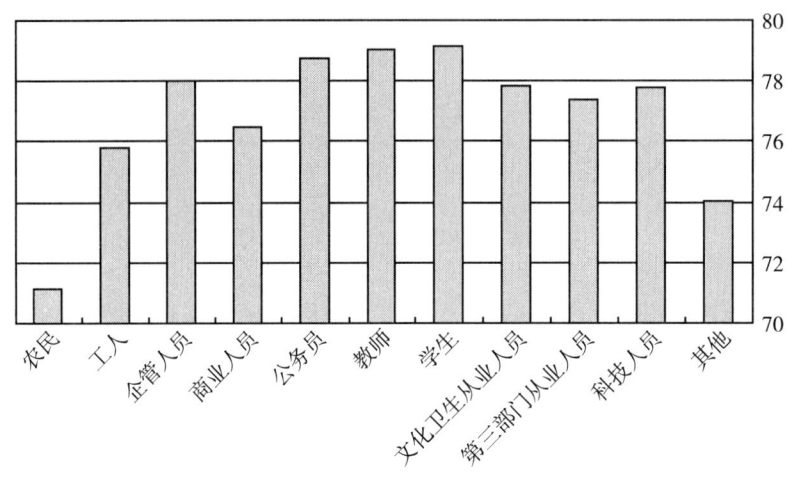

图 11-7　不同职业群体的审美素质指标值

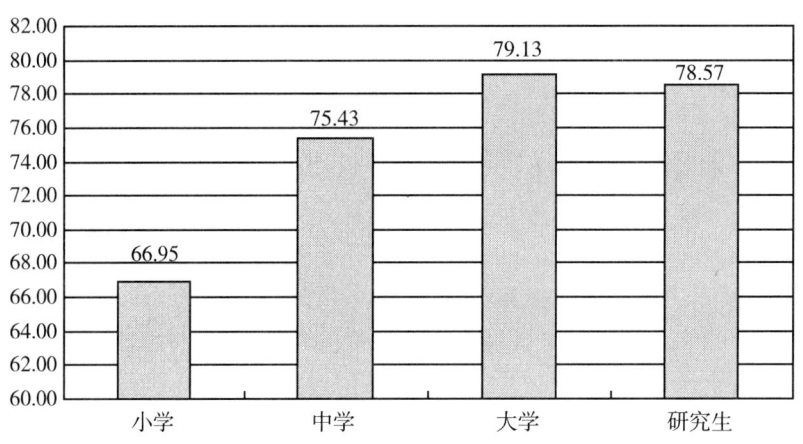

图 11-8　不同学历群体的审美素质指标值

由图 11-8 可以看出，具有大学学历的群体的审美素质指标最高，为 79.13，其发展水平处于较高水平的低级阶段（B⁻级），具有小学文化程度群体的审美素质指标最低，为 66.95，其发展水平处于一般水平的中级阶段（C 级），二者相差高达 12.1839。

其他因素对公民审美素质发展水平影响都不大。如性别因素决定的审美素质指标值的差距仅为 1.2737（男性群体的审美素质指标为 76.4872，女性群体的审美素质指标为 77.7609），年龄因素决定的审美素质指标值的最大差距为 0.28（中老年群体的审美素质指标为 77.22，青少年群体的审美素质指标为 76.94），工龄因素决定的审美素质指标值的最大差距仅为 1.41（工龄在 19~29 年之间的群体的审美素质指标为 78.02，工龄在 10 年以下的群体的审美素质指标为 76.59），地区因素决定的审美素质指标值的最大差距仅为 1.2670（中部地区公民的审美素质指标最高，为 77.7784，东北地区公民的审美素质指标最低，为 76.5114）。

综上所述，学历因素对中国公民审美素质发展水平的影响最大，职业因素的影响次之，工龄因素也有一定影响，而性别、年龄和地区三个因素的影响不大。

第十二章

中国公民人文素质发展的环保维度分析

第一节 按性别构成的环保维度分析

一、按性别构成的环保维度与总体的比较

根据前面内容可知，样本男女构成比例总体差别不大，为了对环保维度人文素质发展状况同总体状况进行比较，现将环保维度和总体的指标值和指数值汇总制表 12-1。

表 12-1　　按性别构成的环保维度指标和指数情况

性别	总体指标值	标准偏差	总体指数值	环保维度指标值	与总体指标差值	环保维度标准偏差	环保维度指数值
男性	75.6152	9.4658	0.5889	80.5525	4.9373	15.6489	0.6050
女性	75.5067	9.0047	0.5934	81.0000	5.4933	15.2959	0.6390
总体	75.5634	9.2485	0.5911	80.7662	5.2028	15.4828	0.6212

通过表 12-1 可以从总体上比较男性女性环保维度状况与总体状况，男性和女性环保维度人文素质评价指标值均高于 80，环保维度人文素质发展处于 B 级水平；人文素质发展指数值均在 0.5~0.7 之间，说明男性和女性的环保维度人文素质发展程度处于相对Ⅲ级水平；男性和女性相比，男性的环保维度指标值和指数值均低于女性群体，说明男性的环保素质要略低于女性的环保素质。从指标值离散程度看，男性和女性群体的环保维度标准偏差高于总体的标准偏差，说明

性和女性的环保维度人文素质评价指标的数据离散程度较大。

二、按性别构成的环保维度指标描述统计分析

在按性别构成进行环保维度指标与总体指标比较分析的基础上，为进一步了解数据分布特征，我们采用 SPSS 软件作进一步探索性分析。

1. 按性别构成的环保指标描述性统计分析

表 12-2　　　　按性别构成的环保指标描述性统计分析

描述项目		男性统计	Std. Error 标准误差	女性统计	Std. Error 标准误差
Mean 平均值		80.5525	0.12007	81.0000	0.12279
95% Confidence Interval for Mean 95%置信区间	Lower Bound 下限	80.3172		80.7593	
	Upper Bound 上限	80.7879		81.2407	
5% Trimmed Mean 去除5%极端值后的均值		81.6614		82.0651	
Median 中值		79.9985		79.9985	
Variance 方差		244.888		233.964	
Std. Deviation 标准偏差		15.64889		15.29589	
Minimum 最小值		11.00		6.00	
Maximum 最大值		100.00		100.00	
Range 全距		89.00		94.00	
Interquartile Range 四分位数间距		21.5000		21.5000	
Skewness 偏度系数（及标准误差）		-0.748	0.019	-0.724	0.020
Kurtosis 峰度系数（及标准误差）		0.536	0.038	0.546	0.039

从表 12-2 可知，男性和女性环保维度人文素质指标的集中和离散趋势在前面已经做了分析，这里通过对"去除 5% 极端值后的均值"、中值以及全距、四分位数间距的比较，可以更加详细了解男性和女性环保维度指标的分布情况。此外，从数据分布来看，偏度系数均小于 0，说明数据分布向左偏，峰度系数均大于 0，说明数据呈尖峰分布。

2. 按性别构成的环保指标正态性检验

假定两组数据均服从正态分布，则在此假定下作集中趋势的平稳测度（Resistant Measure），测度结果见表 9-4，由表中 Sig. 值 $0.000 < \alpha$ 值 0.05，因此，可拒绝正态性的原假设。

表 12 - 3   按性别构成的环保指标正态性检验

	性别	Kolmogorov - Smirnov (a)		
		Statistic	df	Sig.
环保指标	男性	0.113	16 987	0.000
	女性	0.118	15 517	0.000

a Lilliefors Significance Correction

3. 按性别构成的环保指标方差齐性检验

表 12 - 4   按性别构成的环保指标方差齐性检验结果

		Levene Statistic	df1	df2	Sig.
环保指标	Based on Mean 基于均数	0.509	1	32 502	0.475
	Based on Median 基于中位数	1.526	1	32 502	0.217
	Based on Median and with adjusted df 基于调整自由度的中位数	1.526	1	32 459 0.591	0.217
	Based on trimmed mean 基于截两端数据的调整均数	0.862	1	32 502	0.353

通过方差齐次性检验结果可知,4 个指标得到的显著性水平 Sig. 值均大于 0.05,因此接受方差相等的零假设,即男性和女性的方差相等。

4. 按性别构成的环保指标盒须图

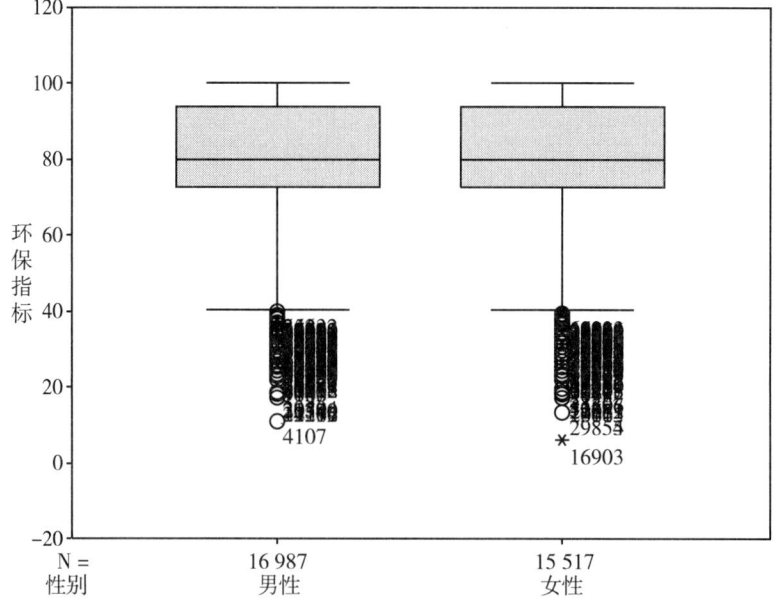

图 12 - 1   按性别构成的环保指标盒须图

通过图 12-1 可知，男性和女性的环保维度人文素质的平均水平差别不很明显。

三、按性别构成的环保素质趋向分析

首先，从环保意义角度看，对不同性别的环保意义理解程度进行测度，通过问卷 4-9（请从以下选出 5 项环境保护的好处）的调查结果见表 12-5。

表 12-5　　按性别构成的环保意识状况调查结果表

4-9	[1]有利身心健康	[2]有利子孙后代	[3]提高收入	[4]保持水土,防止污染	[5]没有噪声干扰	[6]提高工作兴趣	[7]享受社会福利	[8]人与自然的和谐	[9]可持续发展	[10]不知道环保的好处
男性	88.21%	84.98%	13.84%	83.16%	36.12%	19.23%	16.69%	82.25%	70.97%	4.54%
女性	89.44%	82.89%	12.46%	84.75%	39.65%	20.20%	16.32%	83.91%	66.35%	4.03%

通过表 12-5 调查结果可以看出，不同性别群体在环保意义理解方面差异不大，选项集中在[1]、[2]、[4]、[8]、[9]五个方面。

其次，从环保常识来看，通过问卷 2-12（你认为以下哪 2 个说法正确）和问卷 3-13（请从以下选出 3 项环境保护的方法）分别对不同性别群体的环保概念规定和环保方法认知情况进行测度。具体调查结果见表 12-6。

表 12-6　　按性别构成的环保认知情况调查结果表

2-12	[1]"环境保护"指防止社会文化污染,树立社会新风尚的工作	[2]"环境保护"指防止自然生态恶化,保持自然与社会和谐发展	[3]建设规划与环境规划同时进行	[4]先建设再实施环境保护	[5]建设与环境保护难以兼顾
男	22.64%	87.05%	71.18%	7.20%	11.92%
女	24.53%	87.07%	70.93%	7.19%	10.29%

3-13	[1]不乱扔垃圾	[2]制定配套的环保政策法规	[3]不向江河排放废物	[4]不穿脏衣服	[5]植树造林,退耕还林	[6]打击破坏环境者	[7]不游泳	[8]不吃脏东西	[9]遵守交通规则	[10]工程与环境保护设计施工使用
男	38.06%	61.94%	43.72%	55.68%	5.10%	63.90%	25.25%	2.28%	5.44%	5.37%
女	34.86%	65.14%	40.73%	58.12%	5.10%	64.61%	24.42%	2.36%	5.00%	5.95%

通过表 12-6 可知，男性和女性对环境保护的认知上总体差别不十分明显。问卷 2-12 中选择［2］和［3］的比例差别不大；问卷 3-13 中，男性和女性对采用的环保方法选择较多的有［2］、［4］、［6］、［1］、［3］等项，总体上男性和女性对环保的了解认知水平差别不大。

最后，从环保行为来看，通过问卷 1-25（你愿意参加环境保护活动吗？）对不同性别群体的环保行为进行测度。具体调查结果见表 12-7。

表 12-7　　　　　　按性别构成的环保取向调查结果表

1-25	［1］自愿主动参加	［2］组织安排了就参加	［3］不愿参加
男	45.31%	48.65%	6.04%
女	46.32%	48.62%	5.06%

通过表 12-7 对男女的环保行为倾向的调查结果可知，从 3 个选项来看，不同性别群体之间差别不大，选择［1］主动参加的比例在 45% 左右，48% 左右能够按照组织安排参加，选择［3］不愿意参加的比例很低。

第二节　按年龄构成的环保维度分析

一、按年龄构成的环保维度与总体的比较

为了对环保维度人文素质发展状况同总体状况进行比较，现将环保维度与总体指标值和指数值汇总制表 12-8。

表 12-8　　　　　按年龄构成的环保维度指标和指数情况

年龄	总体指标值	标准偏差	总体指数值	环保维度指标值	与总体指标差值	环保维度标准偏差	环保维度指数值
青少年	75.3012	9.35404	0.57	80.8005	5.4993	15.73191	0.62
中老年	75.7727	9.15831	0.61	80.7387	4.9660	15.28137	0.62
总体	75.5634	9.2485	0.59	80.7662	5.2028	15.48275	0.62

通过表 12-8 可以比较青少年和中老年两个年龄段环保维度人文素质发展状况与总体状况，两个年龄段之间的环保维度指标值均高于总体指标值，均为 B

级水平。同时两个年龄段群体的环保维度人文素质发展指数值在 0.5~0.7 之间，属于人文素质发展相对程度的Ⅲ级水平。总体上，随着年龄的增长，环保维度人文素质评价指标和指数略有增长。从指标值与平均值偏离程度看，两个年龄段的环保维度标准偏差较大，说明样本数据值有些分散。

二、按年龄构成的环保维度指标描述性统计分析

在按年龄构成进行环保维度指标与总体指标比较分析的基础上，为进一步了解数据分布特征，我们采用 SPSS 软件作进一步探索性分析。

1. 按年龄构成的环保指标描述性统计分析

表 12-9　　　　按年龄构成的环保指标描述性统计分析

描述项目（岁）		青少年	中老年
平均值		80.80	80.74
95% 置信区间	上限	80.54	80.52
	下限	81.06	80.96
去除 5% 极端值均值		81.93	81.80
中值		80.00	80.00
方差		247.49	233.52
标准偏差		15.73	15.28
最小值		6.00	13.50
最大值		100.00	100.00
全距		94.00	86.50
四分位数间距		21.50	21.50
偏度系数		-0.76	-0.72
峰度系数		0.52	0.56

从表 12-9 可知，两个年龄段的环保维度人文素质指标平均值基本相等。从不同年龄段指标值的离散趋势看，通过方差和标准偏差及全距的比较，标准偏差均超过 15，两个年龄段指标值离散程度较大。从数据分布来看，偏度系数都小于 0，说明均向左偏，峰度系数大于 0，为尖峰分布。

2. 按年龄构成的环保指标正态性检验

假定两组数据均服从正态分布，则在此假定下作集中趋势的平稳测度（Resistant Measure），测度结果见表 11-10，10 个年龄段 Sig. 值 0.000 < α 值 0.05，因此，可拒绝正态性的原假设。

表 12-10　　　　按年龄构成的环保指标正态性检验

	年龄	Kolmogorov-Smirnov（a）		
		Statistic	df	Sig.
环保指标	青少年	0.122	14 427	0.000
	中老年	0.110	18 077	0.000

a　Lilliefors Significance Correction

3. 按年龄构成的道德指标方差齐性检验

表 12-11　　　　按年龄构成的环保指标方差齐性检验结果

		Levene Statistic	df1	df2	Sig.
环保指标	Based on Mean 基于均数	26.225	1	32 502	0.000
	Based on Median 基于中位数	28.252	1	32 502	0.000
	Based on Median and with adjusted df 基于调整自由度的中位数	28.252	1	32 501 0.998	0.000
	Based on trimmed mean 基于截两端数据的调整均数	23.059	1	32 502	0.000

通过方差齐次性检验结果可知，4 个指标得到的显著性水平 Sig. 值均小于 0.05，因此拒绝方差相等的零假设，即两个年龄段的方差不相等。

4. 按年龄构成的环保指标盒须图

首先，从盒长来看，两个年龄段的盒长基本相等，说明两个年龄段的环保维度指标数据比较集中；其次，从盒上的中位数线来看，两个年龄段的中位数差异很小；最后，通过图中的须长可知，须长向下距离较长，须长向上距离较短。

三、按年龄构成的环保素质趋向分析

首先，从环保意义角度看，对青少年和中老年两个不同年龄段的环保意义理解程度进行测度，通过问卷 4-9（请从以下选出 5 项环境保护的好处）的调查结果见表 12-12。

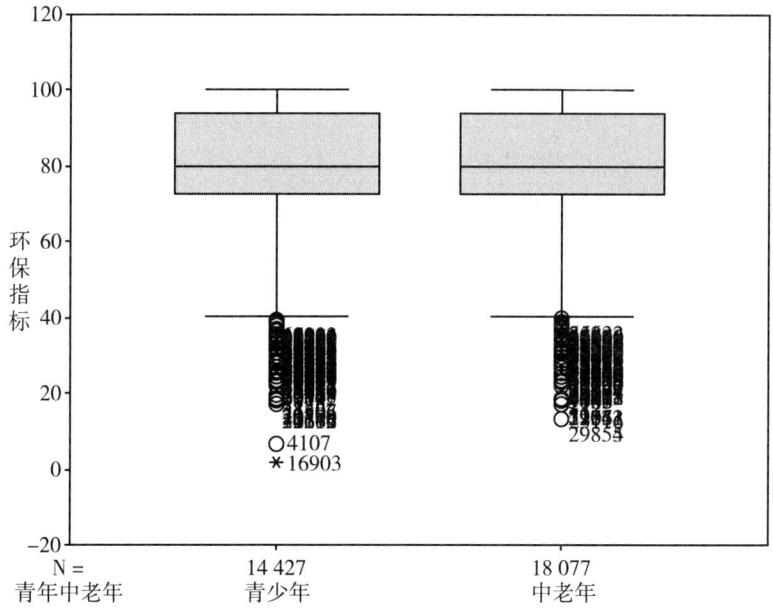

图 12-2 按年龄构成的环保指标盒须图

表 12-12　　　　按年龄构成的环保意识状况调查结果表

4-9	[1] 有利身 心健康	[2] 有利子 孙后代	[3] 提高 收入	[4]保持 水土、防 止污染	[5] 没有噪 声干扰	[6] 提高工 作兴趣	[7] 享受社 会福利	[8]人 与自然 的和谐	[9] 可持 续发展	[10]不 知道环保 的好处
青少年	87.5%	80.3%	12.6%	83.4%	36.6%	21.2%	17.1%	84.3%	72.3%	4.8%
中老年	89.8%	87.0%	13.7%	84.3%	38.7%	18.5%	16.1%	82.0%	66.0%	3.9%

通过表 11-12 调查结果可以看出，不同年龄群体在环保意义理解方面差异不大，选项集中在[1]、[2]、[4]、[8]、[9]五个方面。

其次，从环保常识来看，通过问卷 2-12（你认为以下哪 2 个说法正确）和问卷 3-13（请从以下选出 3 项环境保护的方法）分别对不同年龄群体的环保概念规定和环保方法认知情况进行测度。具体调查结果见表 12-13。

表 12-13　　按年龄构成的环保认知情况调查结果表

2-12	[1]"环境保护"指防止社会文化污染,树立社会新风尚的工作	[2]"环境保护"指防止自然生态恶化,保持自然与社会和谐发展	[3]建设规划与环境规划同时进行	[4]先建设再实施环境保护	[5]建设与环境保护难以兼顾
青少年	25.3%	86.1%	69.1%	8.0%	11.5%
中老年	22.1%	87.8%	72.6%	6.6%	10.9%

3-13	[1]不乱扔垃圾	[2]制定配套的环保政策法规	[3]不向江河排放废物	[4]不穿脏衣服	[5]植树造林,退耕还林	[6]打击破坏环境者	[7]不游泳	[8]不吃脏东西	[9]遵守交通规则	[10]工程与环境保护设计施工使用
青少年	63.0%	39.9%	57.9%	5.1%	64.9%	26.1%	2.5%	4.9%	5.7%	30.1%
中老年	63.8%	44.2%	56.0%	5.1%	63.7%	23.9%	2.1%	5.5%	5.6%	30.0%

通过表 12-13 可知,青少年和中老年群体对环境保护的认知总体差别不十分明显。问卷 2-12 中选择 [2] 和 [3] 的比例差别不大;问卷 3-13 中,青少年对采用的环保方法选择较多的有 [2]、[4]、[6]、[1]、[3] 等项,总体上青少年和中老年群体对环保的了解认知水平差别不大。

最后,从环保行为来看,通过问卷 1-25 (你愿意参加环境保护活动吗?) 对不同年龄群体的环保行为进行测度。具体调查结果见表 12-14。

表 12-14　　按年龄构成的环保取向调查结果表

1-25	[1]自愿主动参加	[2]组织安排了就参加	[3]不愿参加
青少年	47.7%	46.7%	5.6%
中老年	44.3%	50.2%	5.5%

通过表 12-14 对男女的环保行为倾向的调查结果可知,从 3 个选项来看,不同年龄群体选择 [3] 的比例差别不大,青少年选择 [1] 主动参加的比例要高于中老年,中老年选择 [2] 的比例要高于青少年,说明青少年在环保行为方面的积极主动性要略高于中老年。

第三节 按工龄构成的环保维度分析

一、按工龄构成的环保维度与总体的比较

根据调查中工龄划分,对不同工龄下环保维度人文素质发展状况同总体状况进行比较,现将四个工龄段的环保维度人文素质评价指标值和指数值与总体指标值和指数值汇总制表12-15。

表12-15　　　　按工龄构成的环保维度指标和指数情况

工龄	总体指标值	标准偏差	总体指数值	环保维度指标值	与总体指标差值	环保维度标准偏差	环保维度指数值
≤10年	74.8912	9.4618	0.54	80.1973	5.3061	15.96964	0.58
11~19年	76.3553	8.8033	0.66	81.5799	5.2246	14.85069	0.68
20~29年	76.5516	8.7057	0.67	81.5534	5.0018	14.47604	0.68
≥30年	76.7875	9.3001	0.69	81.5087	4.7212	14.97985	0.68
总体	75.5634	9.2485	0.59	80.7662	5.2028	15.48275	0.62

通过表12-15可以从总体上比较不同工龄群体环保维度人文素质发展状况与总体状况,从不同工龄环保维度人文素质评价指标和指数来看,四个工龄段的环保维度指标值均在80~85之间,为B级水平,同时其环保维度人文素质发展指数值均在0.5~0.7之间,为人文素质发展程度Ⅲ级。从环保维度与总体比较来看,不同工龄下的环保维度人文素质指标值均高于总体指标值,总体趋势是随着工龄年限的增长而略有增加;同时,不同工龄的环保维度指标离散程度与总体离散程度有一定差别。

二、按工龄构成的环保维度指标描述统计分析

在按工龄构成进行环保维度指标与总体指标比较分析的基础上,为进一步了解数据分布特征,我们采用SPSS软件作进一步探索性分析。

1. 按工龄构成的环保指标描述性统计分析

表 12-16　　按工龄构成的环保指标描述性统计分析

描述项目（年）		≤10	11~19	20~29	≥30
平均值		80.20	81.58	81.55	81.51
95%置信区间	上限	79.97	81.22	81.14	80.91
	下限	80.42	81.94	81.96	82.11
去除5%极端值均值		81.32	82.64	82.49	82.58
中值		80.00	80.00	80.00	80.00
方差		255.03	220.54	209.56	224.40
标准偏差		15.97	14.85	14.48	14.98
最小值		6.00	13.50	18.00	18.00
最大值		100.00	100.00	100.00	100.00
全距		94.00	86.50	82.00	82.00
四分位数间距		21.50	21.50	21.50	20.00
偏度系数		-0.74	-0.73	-0.64	-0.76
峰度系数		0.43	0.76	0.50	0.63

从表 12-16 可知，从不同工龄段的环保维度人文素质指标值的集中趋势来看，不同长短工龄的平均值差别不大，"去除5%极端值后的均值"的差异仅为 1.32（82.64-81.32）。从离散程度来看，通过方差和标准偏差及全距的比较，四个工龄段中指标值离散程度差异不大。从数据分布来看，偏度系数均小于 0，说明数据分布向左偏，峰度系数大于 0，呈尖峰分布。

2. 按工龄构成的环保指标正态性检验

假定六组数据均服从正态分布，则在此假定下作集中趋势的平稳测度（Resistant Measure），测度结果见表 12-17，表中四个工龄段 Sig. 值 0.000 < α 值 0.05，因此，可拒绝正态性的原假设。

表 12-17　　按工龄构成的环保指标正态性检验

	工龄	Kolmogorov-Smirnov（a）			Shapiro-Wilk		
		Statistic	df	Sig.	Statistic	df	Sig.
环保指标	10 年以下	0.117	18 918	0.000			
	11~19 年	0.123	6 455	0.000			
	20~29 年	0.119	4 763	0.000	0.925	4 763	0.000
	30 年以上	0.129	2 368	0.000	0.920	2 368	0.000

a　Lilliefors Significance Correction

3. 按工龄构成的环保指标方差齐性检验

表 12-18　　按工龄构成的环保指标方差齐性检验结果

		Levene Statistic	df1	df2	Sig.
环保指标	Based on Mean 基于均数	21.921	3	32 500	0.000
	Based on Median 基于中位数	33.471	3	32 500	0.000
	Based on Median and with adjusted df 基于调整自由度的中位数	33.471	3	32 407.660	0.000
	Based on trimmed mean 基于截两端数据的调整均数	21.633	3	32 500	0.000

通过方差齐次性检验结果可知，4 个指标得到的显著性水平 Sig. 值均小于 0.05，因此拒绝方差相等的零假设，即四个工龄段的方差不相等。

4. 按工龄构成的环保指标盒须图

首先，从盒长来看，工龄在 30 年以上的盒长最小，说明该工龄段的环保维度指标数据最集中；其次，从盒上的中位数线来看，不同工龄的中位数线位置基本一致；最后，通过图中不同工龄群体的须长可知，工龄为 10 年以下的须长最长，而工龄越长，须长相对越短。

三、按工龄构成的环保素质趋向分析

首先，从环保意义角度看，对不同工龄的环保意义理解程度进行测度，通过问卷 4-9（请从以下选出 5 项环境保护的好处）的调查结果见表 12-19。

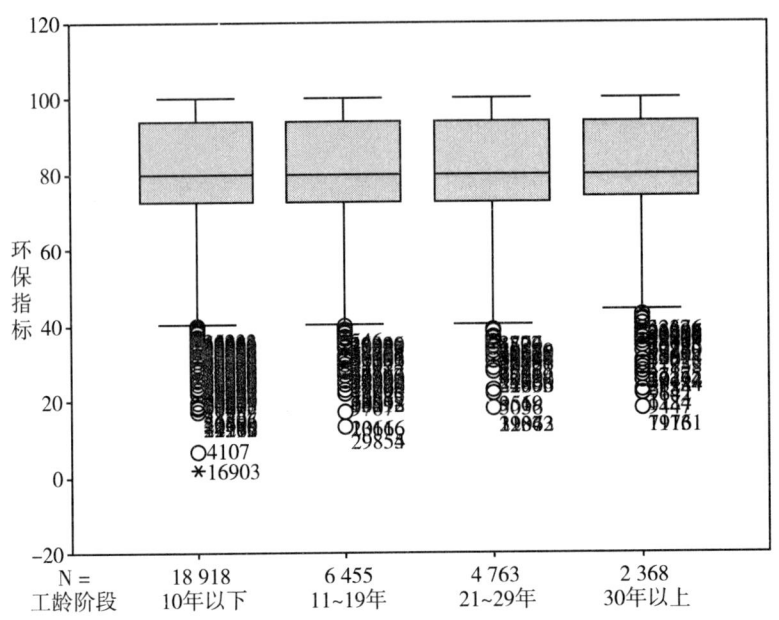

图 12-3 按工龄构成的环保指标盒须图

表 12-19　　　按工龄构成的环保意识状况调查结果表

4-9	[1]有利身心健康	[2]有利子孙后代	[3]提高收入	[4]保持水土,防止污染	[5]没有噪声干扰	[6]提高工作兴趣	[7]享受社会福利	[8]人与自然的和谐	[9]可持续发展	[10]不知道环保的好处
10年以下	87.8%	82.4%	13.7%	83.2%	37.5%	21.7%	17.6%	82.3%	69.3%	4.5%
11~19年	90.3%	87.5%	11.3%	85.4%	37.7%	17.0%	14.5%	84.4%	68.3%	3.6%
20~29年	90.6%	87.7%	12.3%	85.3%	38.5%	17.4%	14.6%	83.6%	66.5%	3.6%
30年以上	88.1%	81.7%	14.4%	83.1%	38.0%	20.0%	17.4%	82.8%	69.6%	4.9%

通过表 12-19 调查结果可以看出,不同工龄群体在环保意义理解方面差异不大,选项集中在[1]、[2]、[4]、[8]、[9]五个方面。

其次,从环保常识来看,通过问卷 2-12(你认为以下哪 2 个说法正确)和问卷 3-13(请从以下选出 3 项环境保护的方法)分别对不同工龄群体的环保概念规定和环保方法认知情况进行测度。具体调查结果见表 12-20。

表 12 - 20   按工龄构成的环保认知情况调查结果表

2-12	[1]"环境保护"指防止社会文化污染,树立社会新风尚的工作	[2]"环境保护"指防止自然生态恶化,保持自然与社会和谐发展	[3]建设规划与环境规划同时进行	[4]先建设再实施环境保护	[5]建设与环境保护难以兼顾
10 年以下	24.5%	86.2%	69.4%	8.1%	11.8%
11～19 年	20.5%	89.5%	73.5%	6.0%	10.5%
20～29 年	21.4%	88.6%	74.4%	5.8%	9.9%
30 年以上	25.6%	85.7%	69.8%	7.5%	11.4%

3-13	[1]不乱扔垃圾	[2]制定配套的环保政策法规	[3]不向江河排放废物	[4]不穿脏衣服	[5]植树造林,退耕还林	[6]打击破坏环境者	[7]不游泳	[8]不吃脏东西	[9]遵守交通规则	[10]工程与环境保护设计施工使用
10 年以下	63.1%	41.8%	58.1%	5.2%	63.3%	26.1%	2.8%	4.9%	5.4%	29.3%
11～19 年	61.3%	44.2%	56.2%	4.1%	66.4%	23.7%	2.2%	4.9%	4.8%	32.1%
20～29 年	65.1%	44.9%	55.7%	4.5%	64.5%	21.8%	1.8%	5.2%	6.1%	30.4%
30 年以上	64.8%	40.1%	56.1%	6.1%	64.0%	25.5%	2.0%	5.9%	6.3%	29.3%

通过表 12 - 20 可知,不同工龄群体对环境保护的认知上总体差别不十分明显。问卷 2 - 12 中选择 [2] 和 [3] 的比例随着工龄增加而提高;问卷 3 - 13 中,不同工龄群体对采用的环保方法选择较多的有[1]、[2]、[3]、[4]、[6]等项,总体上不同工龄对环保的了解认知水平差别不大。

最后,从环保行为来看,通过问卷 1 - 25 (你愿意参加环境保护活动吗?)对不同工龄群体的环保行为进行测度。具体调查结果见表 12 - 21。

表 12 - 21   按工龄构成的文化取向调查结果表

1-25	[1]自愿主动参加	[2]组织安排了就参加	[3]不愿参加
10 年以下	46.3%	47.8%	5.9%
11～19 年	44.1%	51.5%	4.4%
20～29 年	44.7%	51.0%	4.3%
30 年以上	46.9%	46.3%	6.8%

通过表12-21对不同工龄群体环保行为倾向的调查结果可知，从3个选项来看，不同工龄群体之间差别不大，选择［1］主动参加的比例在45%左右，工龄越长选择［2］的比例相对越高，工龄在30年以上的选择［2］的比例和工龄在20~29年之间的相比略有下降。

第四节 按学历构成的环保维度分析

一、按学历构成的环保维度与总体的比较

根据调查过程中学历层次划分标准，为了对不同学历环保维度人文素质发展状况同总体状况进行比较，现按学历构成将环保维度人文素质评价指标和指数值与总体指标值和指数值汇总制表12-22。

表12-22　　　　按学历构成的环保维度指标和指数情况

学历	总体指标值	标准偏差	总体指数值	环保维度指标值	与总体指标差值	环保维度标准偏差	环保维度指数值
小学	65.6047	10.90678	-0.77	70.4975	4.8928	18.89998	0.03
中学	72.9321	9.53720	0.11	77.9342	5.0021	15.91918	0.50
大学	78.1737	7.74512	0.72	83.5874	5.4137	14.06986	0.86
研究生	78.7649	7.65332	0.79	83.8869	5.122	14.56243	0.88
总体	75.5634	9.24852	0.59	80.7662	5.2028	15.48275	0.62

通过表12-22可以看出，不同学历层次的环保维度人文素质评价指标差异很明显，无论从指标绝对值来看，还是从指数相对值来看，小学学历最低，研究生学历最高。从不同学历环保维度人文素质评价指标来看，小学学历的环保维度人文素质评价指标值低于75，为C级水平，中学学历的环保维度指标值在75~80之间，为B⁻级水平，大学、研究生学历群体的指标值在80~85之间，为B级水平。从不同学历环保维度人文素质发展指数来看，不同学历的差别较大，学历越高环保维度人文素质发展指数值也越高。其中小学学历的环保维度人文素质发展指数值为0.03，为人文素质发展程度Ⅴ级；中学学历的环保维度人文素质发展指数值为0.50，为人文素质发展程度Ⅳ级，大学和研究生学历的环保维度

人文素质发展指数值分别为 0.86 和 0.88，为人文素质发展程度 Ⅱ 级。无论是环保维度还是总体指标值和指数值都随着学历增长而逐渐提高，研究生学历达到最大值，这与其他维度得出的结论一致。此外，不同学历下的环保维度指标离散程度约为总体离散程度的两倍。

二、按学历构成的环保维度指标描述统计分析

在按学历构成进行环保维度指标与总体指标比较分析的基础上，为进一步了解数据分布特征，我们采用 SPSS 软件作进一步探索性分析。

1. 按学历构成的环保指标描述性统计分析

表 12 – 23　　按学历构成的环保指标描述性统计分析

描述项目（年）		小学	中学	大学	研究生
平均值		70.50	77.93	83.59	83.89
95% 置信区间	上限	69.44	77.67	83.37	83.29
	下限	71.56	78.20	83.81	84.49
去除 5% 极端值均值		71.11	78.87	84.62	85.06
中值		72.50	80.00	80.00	80.00
方差		357.21	253.42	197.96	212.06
标准偏差		18.90	15.92	14.07	14.56
最小值		17.00	11.00	6.00	13.50
最大值		100.00	100.00	100.00	100.00
全距		83.00	89.00	94.00	86.50
四分位数间距		29.50	24.50	26.00	26.00
偏度系数		-0.43	-0.61	-0.75	-0.91
峰度系数		-0.53	0.30	0.70	1.09

从表 12 – 23 可知，从不同学历的环保维度人文素质指标值的集中趋势来看，平均值随着学历提高而增加，研究生学历达到最大值。从离散程度来看，通过方差和标准偏差及全距的比较，四个学历段中指标值离散程度有一定差异，学历越高离散程度越小。从数据分布来看，偏度系数均小于 0，说明数据分布向左偏，

峰度系数除了小学学历外均大于 0，且呈尖峰分布，小学学历的数据呈平峰分布。

2. 按学历构成的环保指标正态性检验

假定六组数据均服从正态分布，则在此假定下作集中趋势的平稳测度（Resistant Measure），测度结果见表 12 – 24，表中四个学历段 Sig. 值 $0.000 < \alpha$ 值 0.05，因此，可拒绝正态性的原假设。

表 12 – 24　　　　　按学历构成的环保指标正态性检验

	学历	Kolmogorov-Smirnov（a）			Shapiro-Wilk		
		Statistic	df	Sig.	Statistic	df	Sig.
环保指标	小学	0.091	1 219	0.000	0.967	1 219	0.000
	中学	0.093	13 518	0.000			
	大学	0.138	15 514	0.000			
	研究生	0.148	2 253	0.000	0.893	2 253	0.000

a　Lilliefors Significance Correction

3. 按学历构成的环保指标方差齐性检验

表 12 – 25　　　　　按学历构成的环保指标方差齐性检验结果

		Levene Statistic	df1	df2	Sig.
环保指标	Based on Mean 基于均数	86.876	3	32 500	0.000
	Based on Median 基于中位数	80.528	3	32 500	0.000
	Based on Median and with adjusted df 基于调整自由度的中位数	80.528	3	31 945 0.450	0.000
	Based on trimmed mean 基于截两端数据的调整均数	75.225	3	32 500	0.000

通过方差齐次性检验结果可知，4 个指标得到的显著性水平 Sig. 值均小于 0.05，因此拒绝方差相等的零假设，即四个学历段的方差不相等。

4. 按学历构成的环保指标盒须图

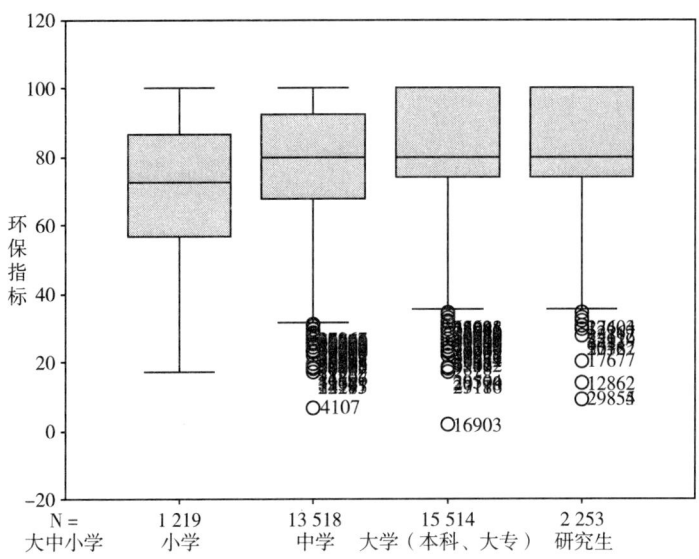

图 12 - 4　按学历构成的环保指标盒须图

首先，从盒长来看，中学学历的盒长最小，说明该学历段的环保维度指标数据最集中。其次，从盒上的中位数线来看，不同学历的中位数上下差异明显，学历越高中位数线越靠上，而且大学和研究生学历的盒体的上限已经接近100；此外，通过图中的须长可知，小学学历的须长最长，而学历越高，须长相对越短。

三、按学历构成的环保素质趋向分析

首先，从环保意义角度看，对不同学历的环保意义理解程度进行测度，通过问卷4-9（请从以下选出5项环境保护的好处）的调查结果见表12-26。

表12-26　　　　按学历构成的环保意识状况调查结果表

4-9	[1]有利身心健康	[2]有利子孙后代	[3]提高收入	[4]保持水土、防止污染	[5]没有噪声干扰	[6]提高工作兴趣	[7]享受社会福利	[8]人与自然的和谐	[9]可持续发展	[10]不知道环保的好处
小学	82.4%	76.9%	35.2%	73.9%	46.9%	31.8%	30.8%	61.8%	48.8%	11.4%
中学	88.3%	80.6%	17.4%	82.3%	43.0%	24.6%	19.5%	78.9%	60.2%	5.2%
大学	90.2%	87.0%	8.4%	86.0%	33.9%	15.2%	12.9%	87.6%	75.5%	3.1%
研究生	85.6%	87.0%	8.9%	84.6%	28.8%	14.6%	15.4%	87.6%	84.6%	3.0%

通过表 12-26 调查结果可以看出，不同学历群体在环保意义理解方面差异不大，选项集中在[1]、[2]、[4]、[8]、[9]五个方面，学历越高选择"[8] 人与自然的和谐"和"[9] 可持续发展"的比例越高。

其次，从环保常识来看，通过问卷 2-12（你认为以下哪 2 个说法正确）和问卷 3-13（请从以下选出 3 项环境保护的方法）分别对不同学历群体的环保概念规定和环保方法认知情况进行测度。具体调查结果见表 12-27。

表 12-27　　　　　按学历构成的环保认知情况调查结果表

2-12	[1]"环境保护"指防止社会文化污染,树立社会新风尚的工作	[2]"环境保护"指防止自然生态恶化,保持自然与社会和谐发展	[3]建设规划与环境规划同时进行	[4]先建设再实施环境保护	[5]建设与环境保护难以兼顾
小学	40.0%	73.9%	51.9%	17.4%	16.8%
中学	28.4%	83.3%	66.1%	9.4%	12.7%
大学	19.4%	90.6%	75.9%	4.8%	9.3%
研究生	13.7%	92.2%	77.8%	4.7%	11.6%

3-13	[1]不乱扔垃圾	[2]制定配套的环保政策法规	[3]不向江河排放废物	[4]不穿脏衣服	[5]植树造林,退耕还林	[6]打击破坏环境者	[7]不游泳	[8]不吃脏东西	[9]遵守交通规则	[10]工程与环境保护设计施工使用
小学	72.8%	28.9%	54.3%	16.7%	49.8%	25.8%	5.8%	16.5%	10.4%	19.0%
中学	69.2%	37.9%	56.5%	6.9%	60.4%	26.0%	3.0%	6.9%	7.2%	25.8%
大学	59.5%	46.0%	57.2%	2.8%	68.1%	23.9%	1.5%	3.2%	4.2%	33.5%
研究生	51.3%	50.3%	57.9%	3.4%	68.1%	24.4%	1.8%	2.6%	3.3%	37.0%

通过表 12-27 可知，不同学历群体在环境保护认知方面存在一定差别。问卷 2-12 中选择[2] 和[3] 的比例随着学历层次提高，选择比例也明显提高；问卷 3-13 中，不同学历群体对采用的环保方法选择较多的有[2]、[4]、[6]、[1]、[3]等项，其中高学历者选择"[2] 制定配套的环保政策法规"的比例要比低学历者高。

最后，从环保行为来看，通过问卷 1-25（你愿意参加环境保护活动吗？）对不同学历群体的环保行为进行测度。具体调查结果见表 12-28。

表12-28　　　　　按学历构成的文化取向调查结果表

1-25	[1] 自愿主动参加	[2] 组织安排了就参加	[3] 不愿参加
小学	41.3%	42.7%	15.9%
中学	41.7%	51.2%	7.0%
大学	48.9%	47.6%	3.5%
研究生	51.3%	43.4%	5.3%

通过表12-28对不同学历的环保行为倾向的调查结果可知，从3个选项来看，不同学历群体之间差别不大，研究生学历选择[1]主动参加的比例最高，中学学历选择[2]的比例最高，小学学历选择[3]的比例最高。

第五节　按群体构成的环保维度分析

本节在对群体总体评价的基础上，对不同群体的环保维度人文素质指标和指数与总体指标和指数进行分析比较，分析按大群体构成的环保素质总体分布与总体人文素质发展情况的差异，同时比较不同群体之间的差异；对不同群体的环保维度指标进行描述性统计分析；根据不同群体对调查问卷反馈结果分析不同群体的环保行为趋向。

一、按群体构成的环保维度与总体比较

根据调查结果计算出来的指标值，我们采用SPSS软件进行按照群体构成的样本基本情况汇总并制成表12-29。

表12-29　　　　　按群体构成的环保维度指标情况

大群体	总体指标值	标准偏差	总体指数值	环保维度指标值	与总体指标差值	环保维度标准偏差	环保指数
农民	69.1724	10.6075	0.05	73.6271	4.4547	17.72395	0.08
工人	73.1894	9.3709	0.40	78.2260	5.0366	15.66588	0.43
企管人员	76.3008	8.4963	0.65	81.4555	5.1547	14.92102	0.67

续表

大群体	总体指标值	标准偏差	总体指数值	环保维度指标值	与总体指标差值	环保维度标准偏差	环保指数
商业人员	73.8814	9.2501	0.46	79.4968	5.6154	15.38572	0.52
公务员	78.9989	7.8759	0.85	83.5506	4.5517	13.47967	0.83
教师	78.7867	7.2311	0.87	84.3548	5.5681	13.77526	0.89
学生	78.0446	7.6653	0.81	84.0292	5.9846	14.20571	0.87
文化卫生从业人员	75.6004	8.5891	0.60	80.6002	4.9998	14.82983	0.61
第三部门从业人员	76.2230	9.0325	0.64	81.6545	5.4315	15.13018	0.69
科技人员	77.7484	8.4751	0.78	83.1856	5.4372	14.61138	0.81
其他	70.9353	10.6438	0.20	75.0173	4.0820	17.79066	0.18
总体	75.5634	9.24852	0.59	80.7662	5.2028	15.48275	0.62

根据表12-29内容，首先，从不同群体的环保维度指标和指数来看，不同群体的环保维度指标值最高为教师群体84.3548，最低为农民群体73.6271，其中指标值在70~75之间的有1个群体，在75~80之间的有3个群体，为人文素质发展B⁻级水平，在80~85之间的有7个群体，为B级水平；不同群体之间的环保维度指数值差异较大。其次，从不同群体的环保维度指标值与总体指标的比较来看，不同群体的环保素质指标均高于总体指标，这说明各群体环保素质状况总体高于总体人文素质平均发展程度。再其次，从各群体环保维度样本数据的离散趋势来看，教师群体的环保维度标准偏差最小，"其他"群体环保维度标准偏差最大，环保维度人文素质指标值的离散程度要比总体指标值的离散程度大。

二、按群体构成的环保维度指标描述统计分析

从前面总体对比分析可知基于11个群体的环保维度指标存在一定差异，为进一步分析，我们采用SPSS11.5版本统计软件运用"analyze→descriptive statistics→explore"对环保维度按照11个群体构成进行深入分析，分析输出结论如下：

1. 按群体构成的环保指标描述性统计分析

表 12 – 30　　按群体构成的环保指标描述性统计分析

描述项目		农民	工人	企管	商业	公务员	教师
Mean 平均值		73.63	78.23	81.46	79.50	83.55	84.35
95% Confidence Interval for Mean 95% 置信区间	Lower Bound 下限	72.88	77.57	80.83	78.97	82.99	83.89
	Upper Bound 上限	74.37	78.88	82.08	80.02	84.12	84.82
5% Trimmed Mean 去除5%极端值后的均值		74.46	79.15	82.50	80.47	84.46	85.38
Median 中值		74.00	80.00	80.00	80.00	80.00	81.50
Variance 方差		314.1	245.4	222.6	236.7	181.7	189.8
Std. Deviation 标准偏差		17.72	15.67	14.92	15.39	13.48	13.78
Minimum 最小值		17.00	11.00	22.00	18.00	22.00	18.00
Maximum 最大值		100.0	100.0	100.0	100.0	100.0	100.0
Range 全距		83.00	89.00	78.00	82.00	78.00	82.00
Interquartile Range 四分位数间距		24.50	22.50	21.50	20.00	22.25	26.00
Skewness 偏度系数		-0.54	-0.60	-0.72	-0.65	-0.63	-0.77
Kurtosis 峰度系数		-0.13	0.34	0.64	0.40	0.57	0.66
描述项目		学生	文卫	第三部门	科技	其他	总体
Mean 平均值		84.03	80.60	81.65	83.19	75.02	75.56
95% Confidence Interval for Mean 95% 置信区间	Lower Bound 下限	83.54	80.16	81.28	82.31	74.26	85.46
	Upper Bound 上限	84.52	81.04	82.03	84.06	75.77	85.66
5% Trimmed Mean 去除5%极端值后的均值		85.08	81.52	82.77	84.35	75.85	76.10
Median 中值		81.50	80.00	80.00	80.00	75.50	77.15
Variance 方差		201.8	219.9	228.9	213.5	316.5	85.54
Std. Deviation 标准偏差		14.21	14.83	15.13	14.61	17.79	9.25
Minimum 最小值		6.00	18.00	17.00	13.50	17.00	18.50
Maximum 最大值		100.0	100.0	100.0	100.0	100.0	98.08
Range 全距		94.00	82.00	83.00	86.50	83.00	79.58
Interquartile Range 四分位数间距		26.00	21.50	21.50	26.00	25.00	11.41
Skewness 偏度系数		-0.82	-0.61	-0.79	-0.95	-0.48	-0.90
Kurtosis 峰度系数		0.79	0.45	0.72	1.66	-0.30	0.81

表 12 – 30 详细列出了不同群体的描述性统计结果，对各群体人文素质指标值的集中趋势和离散趋势前面已经做了比较，这里又列举出表示集中趋势的去除 5% 极端值之后的均值、中值和表示离散趋势的全距、四分位数间距。从表 11 – 30 可以看出，数据的集中和离散趋势分析与前面分析结果一致。从样本数据的分布形态来看，11 个群体的偏度系数均小于 0，说明数据均呈左偏分布，而除了农民群体之外的峰度系数均大于 0，呈尖峰分布；农民群体的峰度系数小于

0，呈平峰分布。

2. 按群体构成的环保指标正态性检验

假定 11 组数据均服从正态分布，则在此假定下作集中趋势的平稳测度（Resistant Measure），测度结果见表 12-31，由表中 Sig. 值 0.000 < α 值 0.05，因此，可拒绝正态性的原假设。

表 12-31　　　　按群体构成的环保指标正态性检验

	群体	Kolmogorov-Smirnov（a）			Shapiro-Wilk		
		Statistic	df	Sig.	Statistic	df	Sig.
环保指标	农民	0.086	2 192	0.000	0.963	2 192	0.000
	工人	0.102	2 179	0.000	0.944	2 179	0.000
	企管人员	0.114	2 182	0.000	0.919	2 182	0.000
	商业人员	0.110	3 276	0.000	0.937	3 276	0.000
	公务员	0.155	2 190	0.000	0.906	2 190	0.000
	教师	0.146	3 307	0.000	0.901	3 307	0.000
	学生	0.150	3 268	0.000	0.901	3 268	0.000
	文化卫生从业人员	0.113	4 361	0.000	0.932	4 361	0.000
	第三部门从业人员	0.125	6 329	0.000			
	科技人员	0.130	1 080	0.000	0.892	1 080	0.000
	其他	0.098	2 140	0.000	0.956	2 140	0.000

a Lilliefors Significance Correction

3. 按群体构成的环保指标方差齐性检验

表 12-32　　　　按群体构成的环保指标方差齐性检验结果

		Levene Statistic	df1	df2	Sig.
环保指标	Based on Mean 基于均数	29.453	10	32 493	0.000
	Based on Median 基于中位数	31.161	10	32 493	0.000
	Based on Median and with adjusted df 基于调整自由度的中位数	31.161	10	31 671 0.816	0.000
	Based on trimmed mean 基于截两端数据的调整均数	27.483	10	32 493	0.000

通过方差齐次性检验结果可知，4 个指标得到的显著性水平 Sig. 值均为 0.000，小于 0.05，因此拒绝方差相等的零假设，即不同群体的环保指标方差不相等。

4. 按群体构成的环保指标盒须图

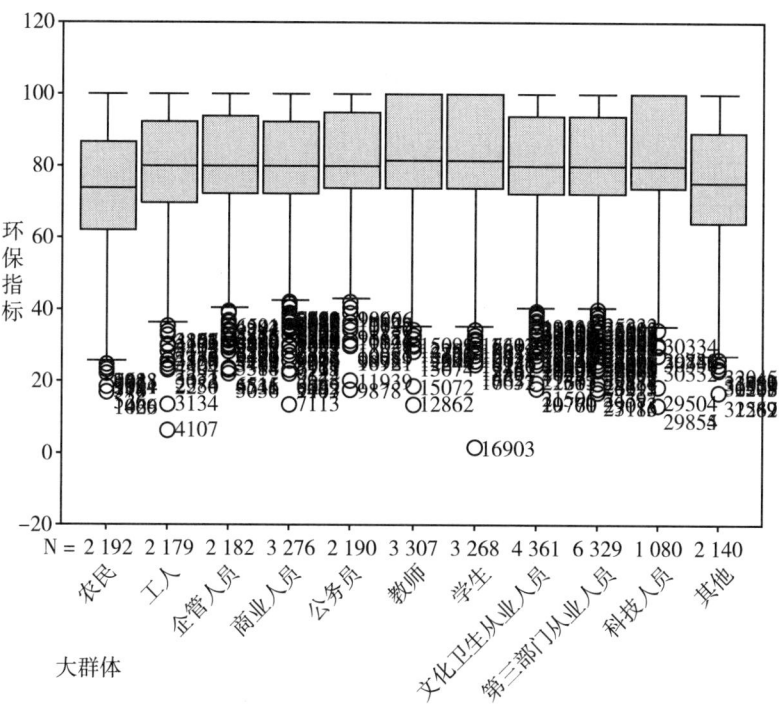

图 12-5　按群体构成的环保指标盒须图

三、按群体构成的环保素质趋向分析

首先，从环保意义角度看，对不同群体的环保意义理解程度进行测度，通过问卷 4-9（请从以下选出 5 项环境保护的好处）的调查结果见表 12-33。

表 12-33　　　　按群体构成的环保意识状况调查结果表

4-9	[1]有利身心健康	[2]有利子孙后代	[3]提高收入	[4]保持水土，防止污染	[5]没有噪声干扰	[6]提高工作兴趣	[7]享受社会福利	[8]人与自然的和谐	[9]可持续发展	[10]不知道环保的好处
农民	86.31%	80.70%	29.06%	79.52%	40.05%	29.43%	23.31%	69.07%	52.46%	10.08%
工人	88.48%	84.12%	15.74%	83.39%	44.70%	23.36%	18.36%	81.14%	55.99%	4.73%
企管	89.32%	87.63%	11.92%	84.88%	34.78%	18.52%	16.04%	84.33%	69.07%	3.53%
商业	89.56%	82.23%	14.26%	83.88%	43.07%	22.25%	17.19%	81.99%	61.29%	4.27%

续表

4-9	[1]有利身心健康	[2]有利子孙后代	[3]提高收入	[4]保持水土,防止污染	[5]没有噪声干扰	[6]提高工作兴趣	[7]享受社会福利	[8]人与自然的和谐	[9]可持续发展	[10]不知道环保的好处
公务	90.46%	89.32%	7.58%	85.80%	33.38%	15.02%	10.55%	88.13%	77.03%	2.74%
教师	89.99%	85.46%	7.71%	85.18%	33.23%	15.18%	12.37%	88.18%	79.29%	3.42%
学生	87.06%	80.81%	8.20%	84.88%	29.90%	17.14%	13.31%	89.35%	85.99%	3.37%
文卫	89.27%	83.58%	11.90%	83.95%	39.26%	19.24%	16.92%	84.48%	67.32%	4.08%
第三部门	89.08%	84.58%	12.23%	84.47%	39.18%	18.90%	17.16%	82.54%	68.13%	3.73%
科技	86.76%	86.39%	10.46%	85.56%	31.39%	17.50%	15.46%	85.83%	77.50%	3.15%
其他	88.32%	81.12%	22.57%	80.19%	43.36%	23.32%	22.34%	74.02%	58.93%	5.84%

通过表 12-33 调查结果可以看出,不同群体在环保意义理解方面差异不大,选项集中在[1]、[2]、[4]、[8]、[9]五个方面。

其次,从环保常识来看,通过问卷 2-12(你认为以下哪 2 个说法正确)和问卷 3-13(请从以下选出 3 项环境保护的方法)分别对不同群体的环保概念规定和环保方法认知情况进行测度。具体调查结果见表 12-34。

表 12-34　　按群体构成的环保认知情况调查结果表

2-12	[1]"环境保护"指防止社会文化污染,树立社会新风尚的工作	[2]"环境保护"指防止自然生态恶化,保持自然与社会和谐发展	[3]建设规划与环境规划同时进行	[4]先建设再实施环境保护	[5]建设与环境保护难以兼顾
农民	37.68%	73.22%	57.94%	15.24%	15.92%
工人	25.20%	84.35%	68.15%	9.96%	12.35%
企管	21.17%	89.00%	73.69%	5.50%	10.63%
商业	24.60%	85.74%	70.18%	8.91%	10.56%
公务	19.00%	91.14%	75.16%	4.79%	9.91%
教师	20.99%	90.72%	74.63%	5.05%	8.62%
学生	22.55%	88.92%	73.99%	4.56%	9.98%
文卫	24.33%	87.69%	70.24%	6.79%	10.96%
第三部门	21.77%	87.83%	73.16%	6.43%	10.81%
科技	11.85%	94.26%	78.70%	3.61%	11.57%
其他	27.80%	84.16%	63.60%	9.95%	14.49%

续表

3-13	[1]不乱扔垃圾	[2]制定配套的环保政策法规	[3]不向江河排放废物	[4]不穿脏衣服	[5]植树造林,退耕还林	[6]打击破坏环境者	[7]不游泳	[8]不吃脏东西	[9]遵守交通规则	[10]工程与环境保护设计施工使用
农民	73.77%	29.70%	52.60%	13.23%	54.52%	27.74%	4.01%	13.69%	9.99%	20.76%
工人	64.62%	38.78%	56.45%	6.33%	61.27%	24.05%	2.16%	6.98%	7.57%	31.80%
企管	62.10%	45.46%	54.77%	4.86%	64.34%	23.10%	2.34%	4.31%	4.90%	33.82%
商业	67.16%	40.93%	56.44%	5.16%	60.62%	27.63%	2.56%	5.77%	6.04%	27.69%
公务	59.86%	47.67%	54.70%	2.74%	67.40%	23.70%	1.78%	2.92%	3.42%	35.80%
教师	57.18%	45.36%	56.37%	2.87%	70.37%	24.77%	1.48%	3.18%	4.96%	33.47%
学生	58.17%	42.56%	57.96%	2.60%	72.18%	24.33%	1.41%	2.33%	4.56%	33.90%
文卫	63.75%	41.53%	58.36%	5.16%	64.41%	24.35%	2.48%	4.95%	5.80%	29.21%
第三部门	64.69%	44.30%	57.89%	4.49%	63.37%	24.47%	2.51%	4.80%	5.29%	28.17%
科技	55.09%	49.81%	55.93%	4.07%	64.17%	21.76%	1.20%	3.61%	4.26%	40.09%
其他	68.97%	38.74%	59.86%	7.57%	60.05%	26.12%	3.22%	7.52%	5.84%	22.10%

通过表12-34可知,不同群体对环境保护的认知上总体差别不十分明显。问卷2-12中选择[2]和[3]的比例差别不大;问卷3-13中,不同群体对采用的环保方法选择较多的有[2]、[4]、[6]、[1]、[3]等项,总体上不同群体对环保的了解认知水平差别不大。

最后,从环保行为来看,通过问卷1-25(你愿意参加环境保护活动吗?)对不同群体的环保行为进行测度。具体调查结果见表12-35。

表12-35　　　　　按群体构成的环保取向调查结果表

1-25	[1]自愿主动参加	[2]组织安排了就参加	[3]不愿参加
农民	42.38%	46.99%	10.63%
工人	39.93%	53.51%	6.56%
企管	45.33%	49.73%	4.95%
商业	42.67%	50.95%	6.38%
公务	46.76%	50.37%	2.88%
教师	52.80%	43.91%	3.30%
学生	53.18%	43.02%	3.79%
文卫	43.32%	52.40%	4.29%
第三部门	47.35%	48.08%	4.57%
科技	46.76%	49.81%	3.43%
其他	37.38%	48.18%	14.44%

通过表 12-35 对不同群体的环保行为倾向的调查结果可知，从 3 个选项来看，不同群体之间差别不大，选择 [3] 不愿意参加的比例很低，农民和"其他"群体的环保取向不如其他群体。

第六节 按区域构成的环保维度分析

按照前面所述，本节从总体经济区域和经济发展程度两个方面进行比较，经济区域比较是对国家发展规划的经济发展区域进行环保维度人文素质发展的横向比较，发达地区和欠发达地区比较是为了研究经济发达程度与环保维度人文素质发展水平高低的关系。

一、按区域构成的环保维度与总体比较

按照国家经济发展战略规划划分的四个经济区域和调查中抽取样本所属地区经济发达程度，根据调查结果计算出来的指标值，通过 SPSS 软件进行按照地域构成和经济发达程度的样本基本情况汇总并制成表 12-36。

表 12-36　　按经济区域和发达程度构成的环保维度指标情况

地区	总体指标值	标准偏差	总体指数值	环保维度指标值	环保维度标准偏差	环保维度指数值	与总体指标差值	与总体指数差值
东部	75.8208	9.17236	0.6651	80.9448	15.09630	0.6398	5.124	-0.0253
中部	76.3161	8.65543	0.7183	81.88362	14.96702	0.7441	5.56752	0.0258
西部	75.0252	9.58128	0.5687	80.67145	15.93776	0.6094	5.64625	0.0407
东北	75.3057	9.19527	0.5994	78.33266	15.68547	0.3494	3.02696	-0.25
总体	75.5634	9.24852	0.6322	80.76616	15.48275	0.6199	5.20276	-0.0123
发达	76.4017	8.80937	0.7351	81.72353	14.92438	0.7263	5.32183	-0.0088
欠发达	74.7954	9.56932	0.5380	79.88904	15.92720	0.5224	5.09364	-0.0156
总体	75.5634	9.24852	0.6322	80.76616	15.48275	0.6199	5.20276	-0.0123

根据表 11-36，从不同地区环保维度指标情况看，按照四区划分的环保维度指标值由高到低排序为：中部、东部、西部、东北，环保维度指标值差异不明显；按照发达和欠发达地区划分的环保维度指标值比较来看，发达地区高

于欠发达地区。从四个地区环保维度指标值的离散程度看,四区环保维度指标值的离散程度差异不大。从环保维度人文素质指标与总体指标对比来看,环保维度指标值均大于总体指标值。从不同地区环保维度人文素质指数来看,中部地区环保维度人文素质指数值大于 0.7,为人文素质发展 II 级水平,东部、西部和东北在 0.5～0.7 之间,为 III 级水平。从环保维度人文素质指数与总体指数的比较来看,西部、中部的环保维度指数高于总体指数,东部、东北以及发达和欠发达地区低于总体指数。

二、按区域构成的环保维度指标描述统计分析

从前面总体对比分析可知基于 4 个区域和发达欠发达地区的环保维度指标存在一定差异,为进一步分析,我们采用 SPSS11.5 版本统计软件运用"analyze→descriptive statistics→explore"对环保维度按照区域构成进行深入分析,分析输出结论如下:

1. 按区域构成的环保指标描述性统计分析

表 12-37 　　　　按区域构成的环保指标描述性统计分析

描述项目		东部	中部	西部	东北	发达	欠发达
Mean 平均值		80.94	81.88	80.67	78.33	81.72	79.89
95% Confidence Interval for Mean 95%置信区间	Lower Bound 下限	80.66	81.52	80.39	77.79	81.49	79.65
	Upper Bound 上限	81.23	82.25	80.95	78.88	81.96	80.13
5% Trimmed Mean 去除5%极端值后的均值		81.94	83.00	81.84	79.29	82.78	80.99
Median 中值		80.00	80.00	80.00	80.00	80.00	80.00
Variance 方差		227.9	224.0	254.0	246.0	222.7	253.7
Std. Deviation 标准偏差		15.10	14.97	15.94	15.69	14.92	15.93
Minimum 最小值		6.00	17.00	11.00	13.50	6.00	11.00
Maximum 最大值		100.0	100.0	100.0	100.0	100.0	100.0
Range 全距		94.00	83.00	89.00	86.50	94.00	89.00
Interquartile Range 四分位数间距		21.50	20.00	21.50	22.00	21.50	21.50
Skewness 偏度系数		-0.66	-0.79	-0.79	-0.65	-0.74	-0.72
Kurtosis 峰度系数		0.43	0.82	0.51	0.50	0.64	0.43

表 12-37 详细列出了不同区域的描述性统计量,从表中可知,按照四区划分和按照发达欠发达地区划分的不同地区之间的环保维度人文素质评价指标值的集中趋势和离散趋势整体差异不大;从数据的分布形态来看,按照四个区域和按

照发达欠发达地域两个方面比较后的偏度系数均小于0,说明数据均呈左偏分布,而峰度系数均大于0,呈尖峰分布。

2. 按四个经济区域和发达程度进行环保指标正态性检验和环保指标方差齐性检验结果为数据分布非正态和方差非齐次。

3. 按区域和发达程度构成的盒须图

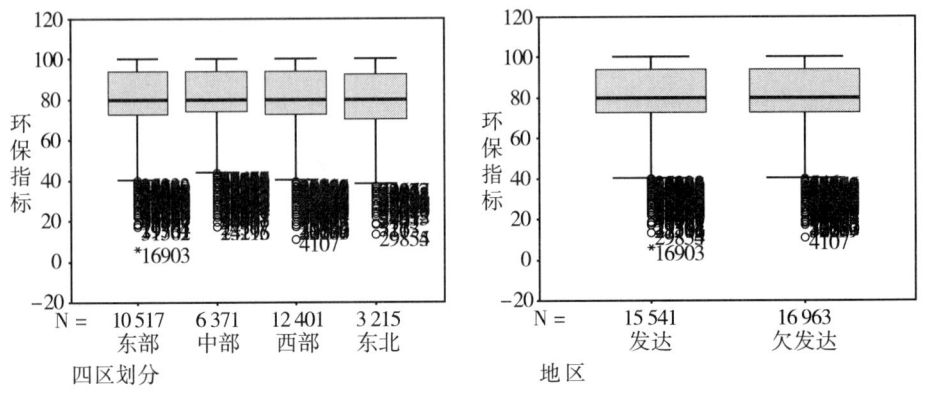

图 12-6　按区域和发达程度构成的盒须图

三、按区域构成的环保素质趋向分析

首先,从环保意义角度看,对不同区域的环保意义理解程度进行测度,通过问卷4-9(请从以下选出5项环境保护的好处)的调查结果见表12-38。

表 12-38　　　　按区域构成的环保意识状况调查结果表

4-9	[1]有利身心健康	[2]有利子孙后代	[3]提高收入	[4]保持水土,防止污染	[5]没有噪声干扰	[6]提高工作兴趣	[7]享受社会福利	[8]人与自然的和谐	[9]可持续发展	[10]不知道环保的好处
东部	88.44%	84.56%	12.60%	83.92%	39.64%	17.91%	16.95%	82.71%	69.42%	3.84%
中部	88.27%	82.32%	13.60%	84.32%	36.31%	21.22%	16.97%	83.44%	68.56%	4.98%
西部	90.77%	86.19%	12.51%	84.24%	35.14%	17.96%	14.75%	84.92%	70.04%	3.48%
东北	88.12%	84.14%	14.81%	81.71%	42.83%	23.05%	16.80%	78.91%	64.85%	4.79%
发达	89.11%	84.83%	10.48%	85.52%	36.99%	17.98%	14.75%	86.13%	70.32%	3.89%
欠发达	88.52%	83.21%	15.66%	82.45%	38.55%	21.26%	18.13%	80.22%	67.33%	4.67%

通过表 12-38 调查结果可以看出，不同区域群体在环保意义理解方面差异不大，选项集中在[1]、[2]、[4]、[8]、[9]五个方面。

其次，从环保常识来看，通过问卷 2-12（你认为以下哪 2 个说法正确）和问卷 3-13（请从以下选出 3 项环境保护的方法）分别对不同区域群体的环保概念规定和环保方法认知情况进行测度。具体调查结果见表 12-39。

表 12-39　　　　　按区域构成的环保认知情况调查结果表

2-12	[1]"环境保护"指防止社会文化污染,树立社会新风尚的工作	[2]"环境保护"指防止自然生态恶化,保持自然与社会和谐发展	[3]建设规划与环境规划同时进行	[4]先建设再实施环境保护	[5]建设与环境保护难以兼顾
东部	21.27%	89.12%	72.44%	5.63%	11.54%
中部	25.58%	85.44%	68.69%	8.92%	11.37%
西部	20.48%	87.88%	74.40%	6.66%	10.58%
东北	29.18%	84.91%	69.11%	6.75%	10.05%
发达	21.23%	89.09%	73.07%	6.25%	10.36%
欠发	25.66%	85.20%	69.22%	8.06%	11.86%

3-13	[1]不乱扔垃圾	[2]制定配套的环保政策法规	[3]不向江河排放废物	[4]不穿脏衣服	[5]植树造林,退耕还林	[6]打击破坏环境者	[7]不游泳	[8]不吃脏东西	[9]遵守交通规则	[10]工程与环境保护设计施工使用
东部	64.55%	42.99%	60.83%	4.32%	63.15%	24.44%	1.87%	3.83%	4.79%	29.23%
中部	61.77%	41.48%	53.83%	5.67%	65.50%	25.81%	2.85%	6.10%	6.52%	30.47%
西部	64.86%	42.05%	57.51%	4.91%	63.52%	23.47%	2.02%	5.32%	5.67%	30.67%
东北	63.67%	43.61%	54.15%	5.85%	64.32%	25.29%	2.30%	6.25%	5.04%	29.52%
发达	61.41%	43.86%	57.98%	4.11%	65.14%	24.17%	2.03%	4.36%	5.15%	31.79%
欠发	65.35%	40.85%	55.80%	6.01%	63.41%	25.48%	2.58%	6.02%	6.10%	28.39%

通过表 12-39 可知，不同区域对环境保护的认知上总体差别不十分明显。问卷 2-12 中选择［2］和［3］的比例较高；问卷 3-13 中，不同区域对采用的环保方法选择较多的有[1]、[2]、[3]、[4]、[6]等项，总体上不同区域对环保的了解认知水平差别不大。

最后，从环保行为来看，通过问卷 1-25（你愿意参加环境保护活动吗？）对不同区域群体的环保行为进行测度。具体调查结果见表 11-40。

表 12-40　　　　　按区域构成的环保取向调查结果表

1-25	[1] 自愿主动参加	[2] 组织安排了就参加	[3] 不愿参加
东部	43.51%	51.22%	5.27%
中部	48.71%	45.47%	5.82%
西部	47.15%	48.36%	4.49%
东北	39.35%	52.91%	7.74%
发达	45.62%	49.62%	4.76%
欠发达	45.95%	47.73%	6.31%

通过表 12-40 对区域的环保行为倾向的调查结果可知，从 3 个选项来看，不同区域群体之间差别不大。

第七节　中国公民环保素质水平概括分析

调查表明，中国公民的环保素质指标为 80.7662，高于中国公民人文素质总体指标 75.5634（B⁻级），说明中国公民环保素质发展水平处于较高水平的中级阶段（B级）。在我们所调查的中国公民的六类素质中，环保素质的指标值排在最前（第一位）。

研究表明，不同因素对公民环保素质发展水平的影响有所不同。职业对公民环保素质发展水平的影响较大，如图 12-7 所示。

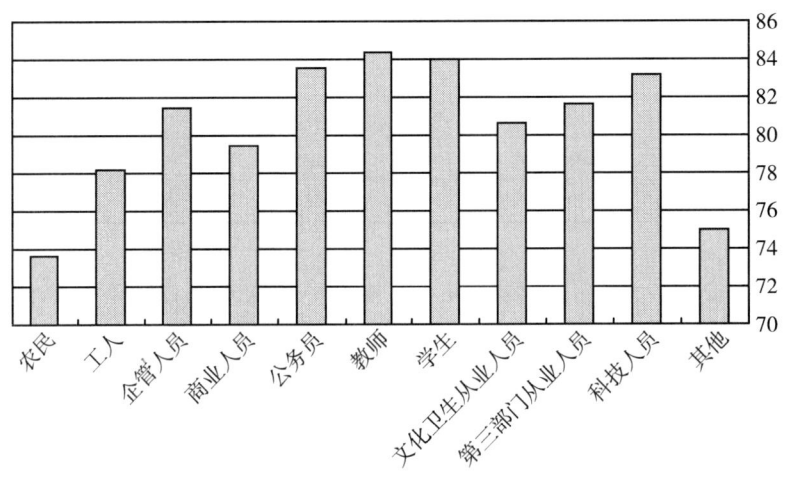

图 12-7　不同职业群体的环保素质指标值

由图 12-7 可以看出，教师的环保素质指标最高，为 84.3548，其发展水平处于较高水平的中级阶段（B 级），农民的环保素质指标最低，为 73.6271，其发展水平处于一般水平的高级阶段（C⁺级），二者相差 10.7277。在 30 个小群体的分类中，环保素质指标最高的群体是中学教师，为 85.75，环保素质指标最低的群体是无职业者，为 72.59，二者相差 13.16。

除此之外，不同学历群体的环保素质指标值差异也较大。学历对公民环保素质发展水平的影响如图 12-8 所示。

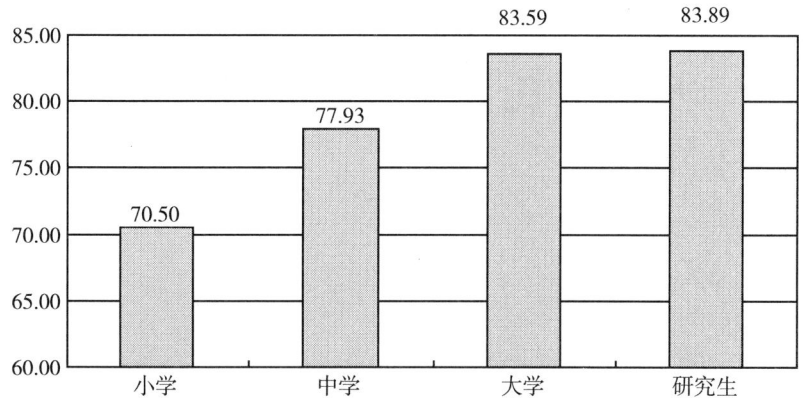

图 12-8　不同学历群体的环保素质指标值

由图 12-8 可以看出，具有研究生学历的群体的环保素质指标最高，为 83.89，其发展水平处于较高水平的中级阶段（B 级），具有小学文化程度群体的环保素质指标最低，为 70.50，其发展水平处于一般水平的高级阶段（C⁺级），二者相差高达 13.39。

其他因素对公民环保素质发展水平影响都不大。如性别因素决定的环保素质指标值的差距仅为 0.4475（男性群体的环保素质指标为 80.5525，女性群体的环保素质指标为 81.0000），年龄因素决定的审美素质指标值的最大差距为 0.06（中老年群体的审美素质指标为 80.74，青少年群体的审美素质指标为 80.80），工龄因素决定的审美素质指标值的最大差距仅为 1.38（工龄在 11~19 年之间的群体的审美素质指标为 81.58，工龄在 10 年以下的群体的审美素质指标为 80.20），地区因素决定的环保素质指标值的最大差距为 3.5510（中部地区公民的环保素质指标最高，为 81.8836，东北地区公民的环保素质指标最低，为 78.3326）。

综上所述，学历和职业两个因素对中国公民环保素质发展水平的影响较大，工龄和地区两个因素也有一定影响，而年龄和性别两个因素几乎没有影响。

第十三章

中国公民人文素质成因分析

根据人文素质调查结果所编制的《我国公民群体人文指标和人文指数差异状况》（见表13-1）及相关统计分析，我国公民人文素质的总体状况可以概括为：在不断推进社会主义现代化建设进程中，随着经济、政治、教育、文化、社会的发展，公民人文素质发展水平有显著提高，各群体之间的水平差异不大，但公民人文素质的整体发展程度不够理想。在11大类、30个小类的被调查职业群体中，有27个群体的人文素质指标值处在"属于人文素质评价B⁻级水平"（指标值区间为79.3153~72.0825），有三个职业群体的人文素质指标值处在"属于人文素质评价C⁺级水平"（指标值区间为69.2046~68.7822），各群体均处于B级以下水平；不同年龄段、不同性别、不同工龄、不同地区的公民群体，其人文素质指标值和指数值的差异并不显著（指标值差在2.5以下，指数值差在0.2以下），体现的是自然差异。但从发展趋势和差异性来看，我国公民的人文素质呈分化态势，职业因素（职业群体指标值差为10.54，指数值差为0.8835）、学历因素（学历群体指标值差为13.24，指数值差为0.55）、省区地域因素（省区群体指标值差为6.89，指数值差为0.8447），正在成为我国公民人文素质进一步分化的主要动因。

公民的人文素质由道德、文史哲、法律、科学、审美、环保六个维度构成，这六个维度又分为三个层次：第一层次为道德维度和文史哲维度，是核心和基础；第二层次为法律维度和科学维度，是主干和支撑；第三层次为审美维度和环保维度，是延伸和派生。公民人文素质的"常态结构"应是，第一层次（道德维度和文史哲维度）的数值与人文素质的加权平均值最为接近；第二层次（法律维度和科学维度）的数值与人文素质加权平均值的偏差较小；第三层次（审美维度和环保维度）的数值与人文素质加权平均值可以存在一定的偏差率。可是，从我国公民人文素质的六个维度的统计数据来观察（见表13-2：我国公民人文素质各维度差异状况），公民的人文素质构成中，道德指标值最低（平均值为69.52），法律指数值最低（平均值为0.46）；环保指标值最高（平均值为80.77），审美指数值最高（平均值为0.74）。我国公民人文素质结构表现出第一层次的道德维度、第二层次的法律维度指标偏低，而第三层次的审美维度、环保维度指标较高，这与人文素质常态水平有着一定的背离。

表 13-1　　　　　我国公民群体人文指标和人文指数差异状况

群体类别		指标平均值	指标最大值差	指数平均值	指数最大值差	总体差异状况	差异成因	备注
加权均值		75.56	—	0.59	—			
性别	男	75.62	0.11	0.5889	0.0045	差异极不明显	性别造成的自然差异	
	女	75.51		0.5934				
年龄	青少年	75.30	0.47	0.57	0.04	差异不明显	年龄所造成人文素质的差异	
	中老年	75.77		0.61				
工龄	≤10	74.89	1.90	0.54	0.15	差异不明显	工作经验所造成人文素质差异	
	11~19	76.36		0.66				
	20~29	76.55		0.67				
	≥30	76.79		0.69				
学历	小学	65.60	13.16	-0.77	1.56	差异极其显著	学历引起其他社会差异，导致人文素质差异极其显著	
	中学	72.93		0.11				
	大学	78.17		0.72				
	研究生	78.76		0.79				
职业群体	无职业者	68.78	10.54	0.0263	0.8835	差异极其显著	职业是造成人文素质差异的最大的直接原因	根据表5-1在11大类、30小类中选取了最高、最低两类的四个样本
	务农	69.14		0.0389				
	高校教师	79.25		0.9097				
	中学教师	79.32		0.9098				
地区与省区	发达	76.40	1.6	0.66	0.14	差异较为显著	经济与地域造成的人文素质差异	按经济发达程度选择了两个样本
	欠发达	74.80		0.52				
	青海	70.85	6.89	0.0553	0.8447	差异极其显著	经济、地域及文化传统等造成的差异	青海为最低值样本，福建为发达地区样本

表13-2 我国公民人文素质各维度差异状况

维度权重		道德维度 0.2222		法律维度 0.1582		文史哲维度 0.2525		科学维度 0.1578		审美维度 0.1033		环保维度 0.1060		加权平均	
数值	极值①	指标值	指数值	指标值	指数值	指标值	指数值	指标值	指数值	指标值	指数值	指标值	指数值	指标值	指数值
	平均值	69.52	0.61	74.15	0.46	79.05	0.58	75.41	0.60	77.1	0.74	80.77	0.62	75.56	0.59
年龄	青少年	69.75	0.63	73.43	0.42	78.54	0.53	75.04	0.57	76.94	0.72	80.8	0.62	75.3	0.57
	中老年	69.34	0.59	74.73	0.49	79.45	0.62	75.71	0.62	77.22	0.75	80.74	0.62	75.77	0.61
工龄	≤10	69.20	0.57	73.07	0.41	78.3	0.51	74.59	0.54	76.59	0.68	80.2	0.58	74.89	0.54
	≥30	70.15	0.67	76.21	0.57	80.72	0.75	76.82	0.71	77.42	0.77	81.58	0.68	76.79	0.69
学历	小学	61.25	-2.49	63.78	-0.43	69.49	-0.04	63.19	-0.66	66.95	-0.33	70.5	0.03	65.6	-0.77
	研究生	72.11	0.59	77.68	0.53	82.43	0.94	80.05	0.96	78.57	0.91	83.89	0.88	78.76	0.79
群体	无职业者	63.31	0.00	65.21	0.00	73.23	0.01	67.99	0.02	72.44	0.21	72.59	0.00	68.78	0.03
	中学教师	73.56	1.00	78.11	0.67	82.35	0.91	79.37	0.91	79.45	1.00	85.75	1.00	79.32	0.91
地区	青海	65.66	0.00	69.14	0.00	73.73	0.00	70.37	0.10	73.69	0.36	75.39	0.02	70.85	0.06
	陕西	71.09	0.86	76.91	0.92	80.53	0.78	78.12	0.97	79.29	1.00	84.16	1.00	77.74	0.90
	新疆	72.00	1.00	77.63	1.00	80.21	0.74	76.82	0.83	79.24	0.99	83.45	0.92	77.69	0.90

本章以我国公民人文素质总体发展状况，以及职业群体差异、省区差异这两个较为显著的差异方面进行成因分析。在分析的过程中，把公民人文素质中的两个重要维度——道德维度和法律维度，同时也是我国公民背离常态的两项重要指标作为"成因要素"进行重点探讨。

此外，在人文素质调查过程中，调查数据的采集基本采取了按照群体类别均衡抽样的方法，样本数量并不代表各群体的实际个体数量。但在实际社会生活中，每个群体的个体数量和群体流动情况对其他群体人文素质水平和公民人文素质总体水平都会产生影响。因此，在分析我国公民人文素质总体状况成因的时候，本章把一些主要群体的个体数量和流动情况考虑进来，以便更为客观地阐释我国公民人文素质现状的成因。

第一节 我国公民人文素质总体状况的成因分析

中国政府无论是在处理内政问题还是在处理对外交往的问题上，始终把我国定位为"发展中国家"，这种定位是由我国经济、政治、社会文化的发展水平所决定的。目前，公民人文素质的总体状况——"公民人文素质水平得到显著提高，各群体之间差异不大，但总体发展程度不够理想"，也是与我国各项事业的发展水平相适应的。

一、我国公民人文素质水平显著提高的成因

（一）改革开放以来国民经济持续高速的增长

中国经济经过二十几年的持续高速增长，国家的经济实力实现了巨大增长，公民收入水平普遍地得到大幅度的提高。经济统计数据显示，我国 2004 年的 GDP 达到 159 878 亿元人民币，是 1978 年经济总量的 5 倍；公民人均 GDP 达到 1 100 美元，已脱离低收入水平。我国经济的持续发展成为提升公民人文素质的原动力，这主要表现在四个方面。

其一，现代经济增长的过程是知识和技术的积累、创新和运用的过程，经济结构调整、产业升级、技术更新、生产和生活方式多元化、物质和精神生活质量提升，极大地促进了公民人文知识和科学技术知识的更新，促进了公民人文素养和科学素养的充实。

其二，随着经济发展和公民收入水平的提高，人们的文化消费、教育投资相应得到大幅度提高，投资的经济效应直接或者间接转化为公民人文素质的教育效应。

其三，经济发展促使公民个人生活也越来越社会化，个人的享受不再是自己吃好穿好，而是需要借助知识力量和道德规范，在群体活动中获得高层次的实现和体验，这就促进公民从生活和生命的意义上而不是单纯从生存和生息的意义上去理解人文关怀对于自身、他人和社会的价值，去接受人文素质对自己的魅力传播。

其四，农民群体人文素质的提高，对我国公民人文素质总体水平的提高发挥了决定性作用。我们从不同群体的社会地位可以看到，经济正在与知识紧密结合，而知识又是人文素质的基础。经济收入水平比较高的职业群体，其人文素质发展指标也比较高；而收入水平较低的群体，其人文素质发展指标相对较低。在中国经济持续发展的过程中，在各类职业群体中，农民群体是人数最多的一个社会群体（至2004年，我国仍有6亿多农民），也是收入较低、分享经济发展利益较少的一个群体，他们的人文素质发展指标值也是相对较低的群体。但是，我国的改革开放是从农村开始的，因此农村所经历的改革时间最长，农民群体的人文素质在乡村经济文化的发展过程中变化比较大。从经济统计数据可以看到，从1978~2004年，农民人均收入保持年均4%以上的增长，1978年农民年均收入133.6元，至2004年达到2 936.4元，增长指数为588.1（以1978年为100），虽然与城镇居民收入仍有较大差距，但在增长比率上极为相近；同期，城镇居民收入增长指数是554.2。从消费结构上来看，2004年农民家庭的恩格尔系数为47.2%，比1978年下降了20.5%；同期，城镇居民家庭恩格尔系数下降了19.8%。再看家庭文教娱乐支出状况，农村家庭的支出比率是11.3%，比城镇家庭支出比率14.4%，相差不多。加之，我国广播、电视的人口覆盖率在1999年以后都超过了90%，农村和城镇在基本文化生活方面的差异不大。我国推行的九年义务教育，即是以农村为重点，近年来各地政府还特别注重改善进城务工农民子弟的教育。正是因为农民收入的增长、我国农村政策的不断跟进，促使农民群体的人文素质得到不断的提升，农民群体的人文素质指标值达到C^+级水平，该群体的人文素质指标值与公民总体平均指标值的偏差率低于10%。从人数来看，农民群体占我国公民群体的近一半，该群体人文素质的提高当然对我国公民总体素质水平的提高起到重要作用。

（二）新型教育体系的完善和教育投入不断提高

我国公民人文素质显著提高的第二个主要原因是，经济持续的高速发展，为我国教育事业的发展提供了强有力的经济支持，教育体系的完善和教育投入的不断提高，使我国教育事业实现了历史性的跨越式发展，直接促进了公民人文素质的普遍提高。

从1978年改革开放到1985年，农村学龄儿童入学率仅为78.8%，而辍学率达30%～40%，小学的毕业合格率仅为40%。为发展国民教育事业，中共中央在1985年作出了《关于教育体制改革的决定》，逐步建起由基础教育（包括学前教育、普通初等教育、普通中等教育）、中等职业技术教育、普通高等教育和成人教育四部分构成的相互衔接、互相配套的教育体系。1986年7月1日，《中华人民共和国义务教育法》正式实施，该法促进了九年义务教育的普及，对提升我国公民素质起到了积极作用。1993年颁行的《中国教育改革和发展纲要》，提出了对我国教育体系改革和发展的长期规划。1999年颁行的《中共中央、国务院关于深化教育改革全面推进素质教育的决定》，对教育发展的投入做出了具体规定，该决定指出："努力采取有效措施，切实加大教育投入，逐步实现国家财政性教育经费支出占国民生产总值4%的目标。"

但是，在20世纪90年代中期以前，国家在教育方面投入资金所占的比例一直在GDP总值的2%～3%之间徘徊。据1991年，联合国教科文组织的《世界人文发展报告》，我国人均教育经费为71.2美元，居世界倒数第二位。自20世纪90年代中后期，我国教育投入开始大幅度增长，特别是《2003～2007年教育振兴行动计划》的实施，对教育发展经费的投入起到了直接促进作用。2004年全国教育经费投入7 242.60亿元，比2003年增长16.66%，预算内支出教育经费4 244.42亿元，比2003年增长17.28%，① 已达到占GDP 4%的目标要求，接近世界发展中国家的平均水平。

在新型教育体系的确立和完善过程中，一方面，教育经费投入的持续增长，使我国教育事业得到了快速发展。我国青壮年文盲率从1978年的18.5%下降到2005年的4%；同时，我国基础教育的普及率不断得到提高，至2004年底，就是人文素质调查开展期间，我国九年义务教育普及率达到90%，超过了发展中国家的平均水平。其中小学学龄儿童入学率达到了98.95%，小学辍学率降低到0.59%；初中阶段毛入学率94.1%，初中阶段辍学率2.49%；高中阶段毛入学率48.1%。高等教育的发展更为迅速，2004年我国高等学校毛入学率达到19%，各类高等教育机构在校生总规模达到了2 000万人，已超过了美国，成为高等教育规模世界第一。另一方面，教育教学改革不断深入，20世纪90年代中期以来，基础教育导入素质教育的理念和措施，高等教育更是把人文素质教育列

---

① 《2004年全国教育经费执行情况统计公报》，载于《中国教育报》2005年12月31日。

为重点组成，人文素质教育自"文革"以后第一次成为教育思想、过程、模式的主流，并在学校和社会产生了极大的辐射作用，促进了公民人文素质的提高。

（三）各项社会文化事业的深入开展

随着社会主义各项文化事业的深入开展，公民的人文素质在丰富的文化生活中得到不断提高。

其一，公共文化设施、文化机构的发展，为培育公民人文素质提供了良好的条件。至 2004 年全国文化信息资源共享工程已设省级分中心 32 个，基层中心 3 000 个，终端用户 5 万个。全国表演艺术团体 2 599 个，文化馆 2 858 个，公共图书馆 2 710 个，博物馆 1 509 个。广播电台 282 个，广播综合人口覆盖率达到 94.1%；电视台 314 个，教育台 60 个，电视综合人口覆盖率 95.3%，有线电视用户 1.15 亿，有 30 个城市已开通有线数字电视业务。出版全国性及省级报纸 257.7 亿份，期刊 26.9 亿册，图书 64.4 亿册，初步形成了比较完善的公共文化服务体系。

其二，全面思想道德教育的推行，初步形成了全民德育体系，为优化公民的人文素质奠定了思想教育的社会基础。为加强和改进未成年人思想道德建设和大学生思想政治教育，中共中央、国务院先后下发了《关于进一步加强和改进未成年人思想道德建设的若干意见》、《关于改进和加强高等学校思想政治工作的决定》、《关于进一步加强和改进学校德育工作的若干意见》、《关于进一步加强和改进大学生思想政治教育的意见》，净化社会文化环境，整治网吧、电子游戏厅，查封色情网站，推广学校、社区、家庭三位一体的未成年思想道德教育网络，加强大学生思想政治教育，形成了全民全社会关心青少年健康成长的良好局面。为树立社会主义道德观念，中共中央和国家有关部门先后印发《中小学开展弘扬和培育民族精神教育实施纲要》、《公民道德建设实施纲要》、《关于加强和改进爱国主义教育基地工作的意见》等规范性文件，同时开展了宣传学习孔繁森、牛玉儒、许振超、任长霞、陈昌峰、王顺友、张云泉、洪战辉、丁晓兵、陈刚毅等先进事迹，使得思想道德教育和思想政治工作扎实推进，民族精神和时代精神得到广泛弘扬。2004 年随着《全国文明城市测评体系（试行）》的公布，全国开展了群众性精神文明创建活动，推进科教、文体、法律、卫生进社区。以社区为基本单位，进而扩展到城市，文明的社区环境正在逐步形成。

其三，法制与环保宣传初见成效。1982 年《中华人民共和国宪法》颁布以来，法制建设全面展开，社会主义法制体系不断完善，公民社会生活的诸多方面皆有法律的规范或保障。自 1986 年开始，在全国人民代表大会和司法部的推动下进行了四个五年的普法宣传，"一五"普法侧重于"十法一条例"的法律常识的普及,"二五"普法以宪法为核心以专业为重点,"三五"普法重点宣传市场经济法律知识,"四五"普法以"两个转变、两个提高"为主题。在1982年以前,我国公民还不了解依法治国的法律体系是什么,在经历了四个五年的普法之后,我国公民的法律意识、法律常识得到普遍提高,公民自觉遵守法律正逐步成为社会主流。为了实现可持续发展,提高环境质量,我国进行了从乡村到城市的全面的环保宣传,从公民人文素质调查中,可以看到我国公民的环保素质指数达到了80.77,是各维度中的最高值。

二、我国各职业群体人文素质水平差异不大的成因分析

根据人文素质指标值和指数值,我国公民人文素质可以分为两个层级(见表13-3：各群体人文素质发展指标概览表),第一个层级包括中学教师、高校教师、研究生、公检法安、一般行政公务员、小学教师、大学生、科技人员、中学生、医护工作者、社团人员、传媒工作者、国企企管、行业协会、基金会、宗教团体、慈善机构、私企企管、国商员工、中介机构、体育工作者、演艺工作者、国企工人、私商员工、私企工人、自由职业者、个体商户27个群体,是人文素质发展水平较高的群体；第二个层级包括农民工、务农农民、无职业者三个群体,是人文素质发展水平一般的群体。

目前,我国公民的人文素质没有处于A级水平的群体,也没有处于D级水平的群体,我国公民绝大多数群体集中在B级水平,少数群体处在C^+级水平。每个层级内部各群体之间的人文素质差别不大,各层级之间的级差也不大,人文素质发展水平最高的群体与最低的群体之间的差别也不是很大。

我国公民各群体人文素质总体差距不大的一个根本原因,在于我国人口结构和群体流动模式。从以下的表13-4：我国就业人数和产业结构变化中,可以看到我国自1952年以来就业人口结构的变化：1952~1978年,中国农村劳动力占我国就业人口的70%以上,1978年以后农村经济人口呈大幅度缩减的趋势,1978~2004年的25年间,从事第一产业的人数减少了23.6%,农业就业人口数平均每年约降低1个百分点,农业就业人口流向了第二产业和第三产业。从这种就业人口流动趋势表明,主要是农村为城镇提供了新增就业人口,我国的农村和城镇之间人口流动十分活跃。在频繁的农村与城镇的人口流动过程中,流动的驱动力是城镇经济的迅速发展,流动的方式主要是两种——就业流动和教育流动。两种向城镇的人口流动方式实质上可以归结为一种,农村流出的就业人口无论是就业流出还是教育流出(升学),都变为城市就业人口。因为通过教育离开农村的学生,最后绝大多数留在了城镇就业。

表 13-3　　各群体人文素质发展指标概览表①

人文素质指标的分值区间	群体						群体人口数量
S>90，人文素质发展水平高（A级）	无						无
70<S≤90 人文素质发展水平较高（B级）	中学教师 79.3153	高校教师 79.2553	公检法安 79.2539	研究生 79.0787	一般行政 78.7419	小学教师 77.7806	27个群体（1）中学教师（2）
	科技人员 77.7489	大学生 77.7181	中学生 77.3652	医护工作者 77.3055	社团人员 77.2789	传媒工作者 76.9938	
	行业协会人员 76.8079	国企企管人员 76.7885	基金会工作者 76.7012	宗教团体人员 76.0982	慈善机构人员 75.9165	私企企管人员 75.8122	
	国商员工 75.3799	中介机构人员 74.6533	体育工作者 74.2521	国企工人 74.1868	私商员工 74.1484	演艺工作者 73.8260	
	自由职业者 73.0494	私企工人 72.2947	个体商户 72.0825				
50<S≤70 人文素质发展水平一般（C级）	农民工 69.2046	务农 69.1407	无职业者 68.7822				3个群体
30<S≤50 人文素质发展水平较低（D级）	无						无
S≤30 人文素质发展水平低（E级）	无						无
平均值及发展水平	75.5638 处在70<S≤90区间的下部，人文素质发展水平较高（Ⅱ级）						13亿

① 根据《各类群体人文素质发展指标计分表》制成。

农村向城镇的持续的、大量的就业人口流动造成了全国公民人口人文素质的"混同现象",那就是城镇人文素质受到农村新来人口的影响,从事第一、第二产业的从业人员人文素质并不像发达国家那样高;而农村同样受到返乡城镇人口的影响,第一产业从业人员的人文素质不像较为落后的发展中国家那样低。就业人口的"混同现象",使得我国农村和城镇人口的人文素质总体水平上比较接近,只是在某些地区和某些职业群体中存在较大的人文素质差异。

表 13-4　　　　　　　　我国就业人数和结构变化①

年份	就业总人数（万人）	第一产业		第二产业		第三产业	
		就业人数（万人）	占就业总人数比例	就业人数（万人）	占就业总人数比例	就业人数（万人）	占就业总人数比例
1952	20 729	17 317	83.5%	1 531	7.4%	1 881	9.1%
1978	40 152	28 318	70.5%	6 945	17.3%	4 890	12.2%
1985	49 873	31 130	62.4%	10 384	20.8%	8 359	16.8%
1990	64 749	38 914	60.1%	13 856	21.4%	11 979	18.5%
1995	68 065	35 530	52.2%	15 655	23.0%	16 880	24.8%
2000	72 085	36 043	50.0%	16 219	22.5%	19 823	27.5%
2004	75 200	35 269	46.9%	16 920	22.5%	23 011	30.6%

三、我国公民素质总体发展程度不够理想的社会成因

从发展的程度来看,我国公民人文素质总体发展程度不够理想,这一现状是由于经济、政治、各项社会文化事业相对落后和发展不均衡造成的。

第一,在经济发展水平的制约下,造成教育的相对落后,进而导致人文素质结构的低水平。2004 年我国人均 GDP 超过 1 100 美元,2005 年人均 GDP 达到 1 700 美元,我国经济增长的速度十分惊人。但由于经济起点低、人口基数大,中国人均社会财富总量也较低。如果以 2005 年的数据来比较,我国人均 GDP 相当于美国的 1/25,日本的 1/21,在世界人均 GDP 排在第 110 名。经济发展水平的相对落后制约了教育事业的发展。

在 1985 年,世界各国教育投入占 GDP 比重的平均水平已达到 5.2%,发达国家平均水平是 5.5%,发展中国家平均水平是 4.5%,我国在当时的教育投入,占 GDP 的比重在 2% 左右。直到 2004 年我国的教育投入才占到 GDP 的 3% 强,距离 20 年前发展中国家的平均水平还有差距。中国 2004 年公共教育经费 1 400

---

① 资料来源:《中国统计年鉴·2005 卷》,表《按三次产业就业人员数(年底数)》。

亿元（中央政府预算内教育经费），约折合 170 亿美元，仅占世界各国公共教育经费总数（11 500 亿美元）的 1.5%，而中国现有学龄人口数量为 2.14 亿人，占全世界教育总人口的 22%。也就是说，中国用占世界 1.5% 的教育经费来负担世界上 22% 的受教育人口。①

中国经济的发展水平，一方面导致了实现全民基础教育的困难。九年义务教育虽然普及率已经达到 98% 以上，但是因为城乡差距的存在，农村的基础教育质量不高，教育经费持续投入的压力很大。在九年义务教育阶段，有 1.54 亿小学生、初中生在农村，其中有 2 900 万名特困生、5 600 万人属于低收入家庭，主要分布在中西部的农村。在《中国农村九年义务教育的困境与出路》这份调查报告中，专家们指出："中国农村九年义务教育不容乐观"，农村的辍学率令人担忧，有的地方辍学率竟然高达 10%。特别是在贫困地区，九年义务教育仍然得不到地方财政的保障。另一方面，经济总体水平较低的社会发展阶段，生存和发展的压力造成教育功能的失衡和公民人文素质结构的不均衡。我国目前的教育在很大程度上服务于就业，公民个体的第一愿望是通过学校教育获得更好的工作机会，因而可以看到，我国公民人文素质的六个维度之中，文史哲维度和科学维度的指标值较高，这些指标和公民的就业、谋生关系最为密切。而道德维度和法律维度的指标值偏低，这从一个侧面反映了在就业竞争的压力之下，公民对自身利益外围的群体秩序关注不够。而道德维度是公民人文素质的核心与基础之维，法律维度在人文素质体系中是主干和支撑，这两个维度在人文素质结构中占有较高权重（道德维度权重为 0.2222，法律维度权重为 0.1582，两者总权重 0.3804）；同时，道德与法律维度指标值的低下，必然结构性制约其他维度的发展。因而，在经济发展水平较低的条件下，公民人文素质的部分基础和主干指标首先会直接受到影响，这些指标又会进一步制约人文素质结构的均衡发展和总体水平的提高。我国现阶段公民人文素质总体发展程度不够理想在根本上即受到经济发展水平的影响，这种影响在一定程度上通过教育传导到道德、法律维度，道德、法律维度又把经济力量的影响扩散到其他维度，进而影响到人文素质的总体程度。

第二，我国处在社会转型时期，政府、市场对各个公民群体的影响不均衡，各个群体受到不同力量的影响，造成提高公民总体人文素质的困难。

自改革开放以来，我国进行了政治、经济、文化、社会全方位的改革。在改革过程中，一个最显著的变化就是，由原来政府主导型的社会，转向由政府和市场两种力量共同发挥作用的体制。在社会转型的过程中，由于尚未形成一个极其

---

① 资料来源：《都市时讯》，2006 年 3 月 13 日。

精确完备的社会主义市场经济体制和与之相适应的社会体系，政府和市场这两个主导力量对不同公民群体、对同一公民群体人文素质的不同维度所产生的影响具有不均衡的特点。一般而言，公民的道德素质、法律素质、文史哲素质、科学素质、审美素质以及环保素质的提高，很大程度上取决于政府的引导力量，以及相关信息的传播形式和公民的接受程度。同时，市场创造了丰富的物质财富、优越的生活环境，从而对公民群体带来了极大的利益诱惑和现实示范作用，使公民受到实用价值的强烈吸引，在追逐利益的同时不可避免地与政府提倡的人文素质取向发生冲突。例如，政府对公务员、教师、学生等群体的影响力较强；市场对私企、个体工商户等群体的影响力较强；政府对医护群体的法律维度影响较强，近年来，医护群体在医疗事故方面受到政府的严格限制；市场对医护群体的道德维度有着较强的影响，多年以来医患关系始终是一个较为普遍的问题。

正是由于在很长的一段历史时期，我国社会体系不尽完善，政府与市场的协调机制不健全，提升公民人文素质的力量最终是由政府与市场的合力所决定的，而这个合力有时是不稳定的，因此我国公民人文素质的提升较为困难，在经济发展的一段历史时期内，体现出公民人文素质总体发展程度不够理想。

第三，任何一个国家的公民素质都受到传统文化和地域分布的影响，对于我们这样一个拥有悠久历史传统和地域广阔的国家而言，这种时空的影响尤其强烈，我国公民人文素质总体程度的提高，要比一个历史传统不长、幅员不广阔的小国困难得多。应该看到，在中华民族优良传统文化中，具有许许多多卓雅的人文精粹，然而，这些精粹在公民人文素质的传承中，出现了"文革"的中断，在那时被当作"四旧"和封建糟粕与真正没落的东西一起统统遭遇否定和尘封，使这些精粹在精神价值上受到贬损，在行为效应上受到阻隔。改革开放以后，百废待兴的事业似乎遗忘了这个角落，经济发展的速度和效益引导了人们激情的走向，创业愉悦的生发吸纳了人们的智慧，高考升学率把基础教育的制度安排纳入了由文理分科导致的外在数字竞争的轨道，使优良传统文化中的卓雅人文精粹缺乏系统化、连续性进入青少年身心成长符合规律的过程的机会，造成公民人文素质基础的薄弱。

第二节　我国公民职业群体人文素质差异的成因

我国社会的政治、经济、文化正处在发展转型的时期，在此时期政府的职能正在重新定位，社会主义市场经济体系正在发育形成过程中，文化价值观念正在与政治、经济的调整中趋于定型。在这样的历史时期，社会物质文明、政治文明、精神文明的发展对不同公民职业群体素质的影响极为复杂，影响的途径和程度也极不均衡。职业性质和教育背景、接受政府引导作用的程度、接受市场经济影响的程度，从而造成不同公民职业群体人文素质形成了较大的差异。从动态的角度来看，我国公民人文素质的差异有进一步扩大的趋势，这主要反映在不同层次的职业群体人文素质指数方面。

我国公民各职业类型人文素质从高到低的变化，有共同的原因，那就是各个群体都受到文化资源（知识）、组织资源（权力）、经济资源（财富）的影响。文化资源，包括受教育的程度、所受到的教育与职业的关系（专业性、收入的稳定性、职业社会声望）；组织资源，主要指在科层体系中所处的地位，是管理者还是被管理者，以及相应的经济收入和社会地位；经济资源，是指是否能够在市场经济运作中直接分享市场利益，特别指拥有独立资产的社会成员[①]。

依据我国公民人文素质发展程度及其社会资源获得方式，可以把我国公民分为四种类型：政治群体、文化群体、经济群体和三少群体（在政治资源、文化资源、经济资源方面与其他群体相比都没有优势）。

第一类文化群体，从事文教、卫生、科技、体育，以及与文化传播相关的工作，或接受全日制的教育，包括中学教师、高校教师、研究生、小学教师、大学生、科技人员、中学生、医护工作者、社团人员、传媒工作者、行业协会、基金会、宗教团体、慈善机构、中介机构、体育工作者、演艺工作者17个小群体，人文素质发展指数在0.7~0.9之间，是人文素质发展程度最高的群体之一。

第二类政治群体，即国家机关执行某种公共职务的公务员，包括公检法安和一般行政公务员两个小群体，人文素质发展指数在0.8~0.9之间，也是人文素质发展程度最高的群体之一。

第三类经济群体，从事生产或经营管理等经济活动的人员，包括国企企管、私企企管、国商员工、私商员工、国企工人、私企工人、自由职业者、个体商户八个小群体，人文素质发展指数在0.8~0.5之间，是人文素质发展程度一般的群体。

第四个层级包括农民工、务农农民、无职业者3个小群体，人文素质发展指数在0.1以下，是人文素质发展程度较低的群体。

以下对各群体人文素质的成因加以具体分析：

[①] 以文化资源、组织资源和经济资源作为公民群体划分的标准，参见《十大社会阶层划分标准》，中国网2004年10月8日。作者在此基础上进一步展开研究。

表13-5 各群体人文素质发展程度分化状况①

分享社会资源状况	群体					群体人口数量
第一类，文化职业群体	中学教师 0.9098	高校教师 0.9097	研究生 0.8916	小学教师 0.7868	大学生 0.7761	17个群体：(1) 中学教师469.12万人；(2) 高校教师85.84万人；(3) 研究生81.99万人；(4) 小学教师562.89万人；(5) 在校大学生1 743.30万人；(6) 科技人员约3 300万人；②(7) 中学生8 747.88万人；(8) 医护工作人员439.0万人③；(9) 社团、传媒、行业协会、基金会、宗教团体、慈善机构、中介机构约2 000万从业者
	科技人员 0.7757	医护工作者 0.7379	社团人员 0.7322	传媒工作者 0.7116	行业协会 0.6906	
	基金会 0.6877	宗教团体 0.6439	慈善机构 0.6211	中介机构 0.5034	体育工作者 0.4900	
	演艺工作者 0.4406					
第二类，政治职业群体	公检法安 0.8636	一般行政 0.8436				两个群体：公务员约300万人

① 该表根据《中国公民人文素质发展指数评判表》，《各群体不同维度指标值指数一览表》和《2004年全国教育经费执行情况统计公报》制成。
② 据《中国年鉴·2005卷》统计数据，截止到2004年底，国有企事业单位专业技术人员2 774.5万人，未包括非国有单位技术人员；又根据张忠法：《中国社会事业科技发展思路与历史任务》（载马洪、王梦奎主编《2005中国发展研究》，中国发展出版社2005年版，第129页），中国有3 200万科技人员。本文采纳张忠法的数据。
③ 据《中国年鉴·2005卷》统计数据，中国有535.4万卫生机构从业人员，其中医生、护士、护师439.0万人。

续表

分享社会资源状况	群体						群体人口数量
第三类经济职业群体	国企企管 0.6944	私企企管 0.6130	国商员工 0.5851	国企工人 0.4765	私商员工 0.4747	自由职业者 0.3702	8个群体：(1) 国企企管、私企企管、国商员工1 300万人；(2) 国有企业员工16 866万人；(3) 个体工商户4 636.54万人人员 4 299万人①
	私企工人 0.3173	个体商户 0.3024					
第四层级：文化条件较差，职业条件较差	农民工 0.0593	务农 0.0389	无职业者 0.0263				3个群体：农民、农民工、无职业者约5亿人
平均值及发展水平	0.5911 在 0.5<HQDI≤0.7，总体属于一般发展水平						2004年总人口129 988万人，就业人口76 823万人，加上未就业的中学生、退休人员，调查人口代表的是约8亿人口（不含学龄前儿童、小学生）

① 《私企年鉴·2004年卷》，中华工商联出版社2004年版。

一、文化职业群体

文化职业群体又可根据知识和专业技能的层次，以及在运用知识过程中受政府和市场影响的程度划分为以下五个层次。

1. 教师群体

从《各群体人文素质发展指数概览表》中，可以看到中学教师、高校教师、小学教师是人文素质比较高的群体。而这三个小群体有一个共同特征，该群体的职业基础是知识，从业者具有较好的教育背景（属于知识阶层），并以传授不同层次的知识作为职业；同时，政府对其职业有较强的影响力（直接掌握权力或受到权力的直接规范），市场对其职业的影响较小（不是从市场中直接分享利益，其经济来源主要由政府二次分配获得）。

从经济状况来看，高校教师的收入普遍高于中学教师，中学教师又高于小学教师；从受教育程度来看，依次为高校教师、中学教师、小学教师。而中学教师的人文素质不仅在教师群体中最高，而且在30个被调查的小群体中也是最高（79.3153）；高校教师的人文素质指标位列第二（79.2553），低于中学教师0.06分；小学教师的人文素质也较高（77.7806），在30个被调查小群体中位列第五位，但在教师群体中低于中学教师和高校教师。除了经济状况和受教育程度两个因素外，"政府对职业的影响力"（组织资源）是教师群体人文素质产生差异的重要原因。近年来，我国强调在小学实行素质教育，在高等教育阶段注重个性化发展，因而，小学教师和高校教师在教学工作方面压力相对中学教师较小。而在中学阶段，在中考和高考制度的导向作用下，中学教师工作压力最大，不仅中学生纪律性较强、学习压力大，中学教师的职业纪律在教师群体中也是最强的，工作自觉性、奉献精神也是最强的。这反映在中学教师的人文素质道德维度的指标值（73.5568）、指数值（1.000），在各群体中是最高的；中学教师的法律维度指标值（78.1052）、指数值（0.6655），仅次于公务员群体，在非专业群体中是最高的。

高校教师群体数量的迅速增长，也在一定程度上影响该群体的人文素质状况。自近20世纪90年代末以来，高校持续迅速扩大招生，从90年代初期普通高校本科每年招收67万新生，至2004年每年招收209.91万人，扩大了3余倍；研究生从每年招收3万人扩大到2004年每年招收32.63万人（其中博士生5.33万人，硕士生27.30万人），扩大了10余倍。这就造成了，高校教师的工作量成倍地增长，相应地教师自身的人文素质却难以成倍提高。同时，高校教师群体的规模也在扩大，但高校教师群体的扩大落后于本科生、研究生的扩招（本科生最大规模的扩招在 1999 年，扩招比率达到 20%，研究生的扩招则连续几年超过 20%）。到了 2004 年高校教师群体开始急剧扩大，当年全国普通高校专任教师有 85.84 万人，比 2003 年新增加 13.37 万人，增长比率达到 15.6%。高校教师群体的急剧扩大，造成该群体多数为近几年参加工作的教师，虽然学历水平得到提高，但从职业群体经验方面来看却呈下降趋势。再者，高校教师在教师群体中受到市场影响较大，该群体通过科研和教学活动较多地参加市场经济分配，经济收入较高但道德、法律素质却受到反向影响。因而，职业相对稳定、参与市场活动较少的中学教师的群体素质，反而高于高校教师。

2. 学生群体

学生群体是人文素质总体比较高的一个群体。在学生群体中，受教育程度和知识层次决定了该群体相应的人文素质水平：研究生人文素质水平最高，大学生人文素质水平次之，中学生人文素质水平位列该群体中的第三，文史哲素质、法律素质这些维度都反映了这一趋势。但在道德素质这一根本性的人文素质方面，却呈现出不规则的状态：中学生群体的道德指标值（72.7366）、指数值（0.9199），略高于研究生的同比指标值（72.5076）、指数值（0.8976），研究生群体的又略高于大学生的指标值（72.1013）、指数值（0.8579）。中学生群体的道德素质高于研究生、大学生群体，这与中学教师群体的道德素质高于高校教师群体的道德素质是一致的，其中直观的原因就是，中学生群体生活空间主要是在学校中，主要受到自己老师的影响。而大学生、研究生的社会生活空间比较广阔，既受教师的影响、受校风校纪的约束，同时也受外部社会的影响，特别是现在大学生、研究生在参与社会活动过程中，受到市场的影响比较大，在社会主义市场经济的主流价值观有待普及和法律体系不完善的情况下，大学生和研究生的道德和法律素质受到市场的反向影响。

3. 传媒工作者、医护人员、科技人员

这三个小群体的人文素质水平也比较高，各维度人文素质水平均超过我国公民人文素质的平均值，在各群体中处在第二个层级。这三个群体人文素质发展程度的成因是：该群体的从业者一般都需要具备专业教育经历，其工作具有较强的技术性和专业性；但与教师、公务员、学生群体不同的是，他们与市场经济联系更为紧密，可以直接从市场中分享经济利益，其经济收入相对较为丰厚。

这三个专业技术群体，科学素质普遍比较高，各个群体又因其专业性在各个素质维度上各有所长。科技人员的科学素质指标值（80.4854）、指数值（1.000）在全部被调查人群中是最高的，是该群体知识特长的直接反映。医护人员的道德素质（71.2255，0.7724）、法律素质（76.068，0.5603）、环保素质

(83.0127，0.7919)在文化卫生从业群体中都是最高的，体现出卫生行业较为严格的职业道德、法律约束，以及关注社会成员健康的环境意识；同时，医护人员的道德素质和法律素质并没有到达很高的水准，这与其所提供的专业技术服务受到商品经济市场化的影响不无关系。传媒工作者在文化卫生职业群体中文史哲素质的指标值（80.0229）、指数值（0.6773）比较高，反映了其专业方面的特长。不过，这三个群体的道德素质、法律素质整体水平都有局限性，体现了商品经济对该行业的影响，同时也反映出政府对文化卫生行业的法律监管不够完善，对事业单位和市场主体的法律区分与规范不够明确。

4. 第三部门从业人员

第三部门从业人员包括宗教团体、慈善机构、中介机构、基金会、社团、行业协会六个群体，该群体人文素质共同特征是在组织形态上具有非营利和非政府的性质。但由于我国第三部门发展尚不成熟，第三部门的各个群体与市场和政府有着不同形式的联系，其中社团、行业协会、基金会多数属于事业单位，与政府的联系较为密切，其经济来源也多由财政支出，其管理较为规范，从业人员一般具备较好的教育背景。从人文素质指标中可以看到，社团、行业协会、基金会的从业人员的素质指数值分别是 0.7322、0.6906 和 0.6877，在第三部门从业人员中排在前三位，都高于我国公民人文指数的平均值 0.5911。宗教团体、慈善机构、中介机构，在我国属于正在发展中的非营利社会组织，情况极不平衡，宗教团体、慈善机构的人文指数分别是 0.6439、0.6211，高于我国公民人文指数的平均值；而中介机构的人文指数是 0.5039，低于我国公民人文指数的平均值。

5. 文化事业群体中的体育工作者、演艺工作者和自由职业者

体育工作者、演艺工作者和自由职业者群体都具备一定的教育背景，有一定的专业技能，经济收入普遍比较高；但其职业行为主要遵循市场经济规律，在目前行业管理和职业道德规范不够完备的条件下，这三个群体的职业自由度比较大，职业目标主要受到市场机制的支配，因而其人文素质发展水平低于我国公民人文素质的平均值。体育工作者的人文素质指标值为 74.2521，人文素质指数值为 0.4900；演艺工作者的人文素质指标值为 73.8260，人文素质指数值为 0.4406。自由职业者群体，人文素质指标值为 73.0494，人文素质指数值为 0.3702，在三者中相对是最低的。

在需要一定教育背景和一定专业技能的职业中，与医护人员、科技人员、传媒工作者相比，体育工作者、演艺工作者、自由职业者这三个群体的人文素质相对比较低。在所有的文化职业群体中，从业者人文素质的高低，大体上反映了政府与市场的综合影响：越是受政府关注、调控制度健全的行业，其从业者的人文

素质就越高;越是市场化程度高的行业,其从业者的素质相对就越低。

二、公务员群体

公务员群体是人文素质总体水平较高的职业群体,公检法安群体的人文素质指标值(79.2539)在30个小群体中位列第三、指数值(0.8636)位列第四;一般行政群体的人文素质指标值(78.7419)、指数值(0.8436)均位列第五。公务员群体的总体人文素质比较高,主要成因在于该群体拥有不同程度的国家组织资源,在各行业群体中"政府对职业的影响力"最强。同时,该群体需要严格的任职条件,经过法定的选拔程序,因而任职的公务员普遍接受过高等教育(见表13-6:1997~2001年国家公务员学历变化情况[①]);加之,其经济收入相对稳定,物质生活条件有保障。反映在人文素质评价体系中,公检法安群体的法律维度指标值(84.5856)、指数值(1.000)在各群体中位列第一;一般行政公务员群体的法律维度指标值(79.8456)、指数值(0.7553)在各群体中位列第二,反映该群体作为国家公务的承担者、社会秩序的维护者,法律素质与其职业密切相关。而公检法安和一般行政公务员群体的道德素质应当是各群体中最好之一,但从调查数据来看,公务员群体不及知识群体(教师、学生群体)的道德素质。这反映出,在社会主义市场经济体制下,公务员群体的体制保障还不够健全,难免受到商品经济的影响;社会主义民主政治还有待进一步完善,对公务员的监督机制还不够完善。

表13-6　　　　　1997~2001年国家公务员学历变化情况[②]

	1997年		1999年		2001年	
	人数(万人)	比例(%)	人数(万人)	比例(%)	人数(万人)	比例(%)
总量	530.7	100	541.8	100	528.6	100
本科以上	232.7	43.8	70.4	13.0	91.0	17.2
大专			213.4	39.4	237.1	62.1
中专及以下	297.9	56.2	258.0	47.6	200.6	20.7

①② 资料来源:人事部《全国专业技术人员统计简要资料》(2000,2002)。转引自连玉明、武建忠主编:《中国国策报告:从"十一五"核心问题看中国未来走向》,中国时代经济出版社2005年版。

三、企管人员、工人群体和商业人员

这三个群体都是社会主义市场经济中不同层次的从业者,实现利润的最大化是他们的职业目标。从职业群体类别比较的角度来看,企管人员、工人群体和商业人员作为社会中的经济角色,他们获得经济资源较多,但获得组织资源和文化资源较少,总体来看他们比文化、政治职业群体的人文素质相对要低,其人文素质发展水平总体上低于我国公民人文素质的平均值(除企管群体外,其余各群体都低于平均水平)。以文化资源为例,据国务院发展研究中心企业研究所在 2004 年组织专家对全国 2 100 多家不同行业、不同地区、不同性质的企业进行抽样问卷调查,调查结果显示:企业从业人员以大学本科以下学历为主,其中高中(含职高、中专、技校)占 35%,大专占 25%,大学本科占 21%;企业从业人员接受高等教育的水平远远低于大多数文化类职业。并且,企业对员工培训经费的投入普遍较低,培训经费占销售收入 3‰~5‰以上的企业仅为 8.7%,而占销售收入 0.5‰以下的企业有 48.2%。[①] 由此可见,企业从业人员,特别是低层级的从业人员所享有的社会文化资源相对较少,是该群体人文素质低于文化、政治群体的主要原因之一。

在经济职业群体内部,因为企业性质的不同,各群体接受政府影响的程度、获得经济资源、文化资源的状况都有所不同,成为人文素质群体差异的主要原因。从调查统计数据可以看到,国有企业(国有控股)从业人员的人文素质高于私企从业人员,私企从业人员又高于个体工商户:国企企管人文素质指标值 76.7885,人素质指数值 0.6944,高于私企企管的人文素质指标值 75.8122,指数值 0.6130;国商员工的人文素质指标值 75.3799,指数值 0.5851,高于私商员工的人文素质指标值 74.1484,指数值 0.4747;私商员工又高于个体工商户的人文素质(指标值 72.0825,指数值 0.3024);国企工人的人文素质指标值 74.1868,指数值 0.4765,高于私企工人的人文素质指标值 72.2047,人指数值 0.3173。

国企从业人员高于私企从业人员和个体工商户的原因主要在于两个方面:

其一,国企的从业人员(包括企管、工人、商业人员)比私企从业人员相应地受到政府的监管更多。我国在从计划经济向社会主义市场经济转轨的过程中,市场规范的建立比较滞后,对私企的财物、税收、工商监管已初步建立,但

---

① 林则炎:《中国企业人力资源管理状况基本判断》,载于马洪、王梦奎主编《2005 中国发展研究》,中国发展出版社 2005 年版。

对私企的社会责任监管尚不够完备。私企的所有者和管理者、工人之间在很大程度上还体现为资本和劳动力的关系，企业具有明显的控制员工的倾向，而员工的诉求难以表达、难以实现。

其二，国有企业在实现其经济职能的同时，更多地履行了其社会责任，也可以获得更多的经济、文化资源。2004年我国企业员工（含企管和普通员工）的平均年工资是 16 024 元，其中国有企业员工的平均年工资最高，为 16 729 元；城镇集体企业员工平均年工资 9 814 元；其他企业（私企、合资企业、外资企业等）员工平均年工资为 16 259 元。国有企业从业人员的平均工资最高，所享受的其他社会福利也普遍较好。国务院发展研究中心企业研究的调查数据显示，国有企业和国有控股企业培训经费占销售收入 3‰~5‰ 以上的比例为 10.4%，高于其他性质企业 1.6~6.8 个百分点。国有及国有控股企业，基本养老保险参险率高达 96.6%，补充养老保险参险率为 32.9%，高于总体水平近一半。[①]

在经济职业群体内部，因工作岗位的性质与层级的不同，造成该群体内各小群体有着较大的差异。企管阶层的收入普遍高于公务员、事业单位以及工人群体，其薪酬构成主要包括：岗位工资、奖金、各种津贴。在一些大型国企和私企中，还对高层管理者实行"长期激励"的措施，给予虚拟股票或股权奖励，该阶层教育程度也普遍较高。经济资源和文化资源的优势是造就国企企管、私企企管人文素质较高的主要原因。而国企管理人员是这一群体中受政府约束最大的一个职业群体，国企管理人员的选任须具备相应的教育背景和职业经验，并由政府主管部门考核任命，受国企内部党组织和管理系统的约束，职务的履行还要受到政府较多的监管。国企管理人员是这一大类群体中人文素质水平最高的一个，人文素质指标值为 76.7885，人文素质指数值为 0.6944。但与同样受国家严格约束、为国家利益服务的公务员群体相比要低一个层级，公检法安的综合素质水平为 79.2539、0.8636；一般行政公务员的综合素质水平为 78.7419、指数值为 0.8436。私企企管的人文素质指标值为 75.8122，人文素质指数值为 0.6130，在经济群体中位列第二，仅次于国企企管。

四、农民和无职业者群体

农民和无职业者群体属于"三少群体"，与其他职业群体相比，他们所分享的经济资源、政治资源、文化资源都低于平均值。占有各种社会资源数量低，这

[①] 林则炎：《中国企业人力资源管理状况基本判断》，载于马洪、王梦奎主编《2005 中国发展研究》，中国发展出版社 2005 年版。

是这两个大群体人文素质相对较低的主要原因。

务农农民和农民工是我国人口数量最大的群体，我国有农村居民75 705万人，占总人口的58.2%，城镇居民54 283万人，占总人口的41.8%。农民平均占有的经济资源在各群体中是最少的群体之一。我国农村有绝对贫困人口2 610万人（年收入低于668元），低收入人口4 977万人（年收入在668元以上，在924元以下）。2004年，农村居民可支配收入2 936元，增长6.8%，城镇居民可支配收入9 422元，增长7.7%。农村居民收入相当于城镇居民收入的1/3。农村居民参加养老保险的仅有5 428万人，占农民总人口数不足10%。同时，农民是受教育程度最低的群体，农村人口平均受教育年限在7年，全国文盲约有8 700万人，绝大多数集中在农村人口中。

无职业者群体主要包括失业下岗的城镇居民和失去土地的农村居民。我国城镇失业率为4.6%，失业下岗人员总数约为1 300万人，加上农村失去土地的人口、进城但没有工作的农民，无职业人口总数约在2 000万人左右。无职业者中大多数是受教程度低、再就业能力差的城乡居民。

农民和无职业者群体在政治法律上都属于弱势群体，他们分享政治资源的能力较差，进而造成温饱问题、受教育问题、医疗问题都出现在这两个群体上。在前些年社会资源缺乏、生存压力很大和发展能力低下的"三少群体"的人文素质是各群体中相对最低的，并且其人文指数表明他们与其他群体之间的差距正在拉大。

第十四章

我国公民人文素质的效应分析

第一节 我国公民人文素质的人力资源效应

我国社会发展的战略目标是，在科学发展观的指引下建构一个富强民主文明的和谐社会，从发展进程来看可以分为以下几个阶段：在 2020 年 GDP 实现翻两番（以 2001 年为基数），我国经济总量将位居世界前列，人均 GDP 达到 3 000 美元，社会发展程度达到发达国家的水平；在 2030 年人口达到零增长率、在 2040 年实现能源和资源消耗的零增长率，到 2050 年实现环境退化的零增长率，GDP 实现翻三番（以 2020 年为基数），人均 GDP 将达到 24 000 美元，综合国力和人民的富裕程度均位居世界强国之列。

2000 年底，在世界银行发表的《增长的质量》研究报告中，把物质资源、自然资源和人力资源称作现代经济的基本要素，科技进步、经济增长以及社会发展是由三个基本要素组合作用的结果，并且世界银行的研究报告把世界上 192 个国家的资源存量分解统计为物质资源、自然资源和人力资源，这三大资源的比例为 16∶20∶64。[①] 我们建构富强民主文明的和谐社会，可以依赖的资源也可以分为物质资源、自然资源和人力资源。

经济发达的国家或地区，其社会财富的主要构成部分都是人力资源。例如，

---

① 转引自冯之浚等著：《战略研究与中国发展》，中共中央党校出版社 2002 年版，第 447 页。

新加坡和我国的香港地区，它们的自然资源几乎等于零，而其人均财富却居于世界前列，主要原因是：其财富构成的85%都来自于人力资源。

根据世界银行2000年测算的物质资源、自然资源、人力资源的综合财富，中国人均财富总量在192个国家中排在第161位。在物质资源、自然资源、人力资源三种资源中，如果以人均资源占有量来衡量，我国物质资源、自然资源都相对匮乏。就自然资源而言，很多自然资源是不可再生的，例如土地、石油、矿产等；有些是可再生但是有限的，例如淡水；并且随着人口的增长，我国人均拥有自然资源的数量呈下降趋势。目前我国人均耕地只有0.1公顷，相当于世界平均水平的42%，人均淡水资源2 257立方米，相当于世界平均水平的27%。就物质资源而言，我国私人财富的积累始于改革开放，与西方发达国家相比，在时间上相差了一二百年，人均财富总量只相当于发达国家的几十分之一。因此，在我国的三类资源之中，唯独人力资源具有巨大提升空间，我国要实现宏观发展目标、持续协调的发展，人力资源将是推动增长的第一资源。

所谓人力资源是指，在一定社会区域内，能够有效发挥效能的劳动力数量与质量的总量。就人力资源的数量而言指的是人口数量（充分就业的适龄劳动人口为正效应值，超龄劳动人口、未成年劳动人口、未充分就业的适龄为负效应值），而公民的人文素质是一个国家人力资源的最重要质量指标之一[①]，对一个国家人力资源的总量起着决定性作用（人文素质发展水平比较差的群体，其人力资源效应为负值；人文素质处于一般发展水平以上的群体，其人力资源为正值；但对不同产业，人文素质的资源效应值不同）。我国是一个人口大国，目前有13亿人口，占世界总人口的20%；劳动力的数量也居于世界首位，15~64岁的公民有8.5亿以上，劳动力数量占世界总量的25%，适龄人口就业比例位居世界第二位。按照目前人口增长速度，到2010年我国劳动力将达到9.7亿，2020年将达到9.97亿。毫无疑问，我国人力资源在数量上是世界第一位的。

从质量方面来看，2000年，"高收入国家的人文发展指数平均水平在0.93以上，其中美国、加拿大、日本分别为0.939、0.940、0.933，我国仅为0.76，在统计的160个国家中，排名第96位"[②]。中国属于人力资源质量水平偏低的国家。

但如果以人文素质指标值80为标准（人文素质一般偏上的发展水平，经过培训可以转化成为人力资本），我国高素质的劳动力有2亿多人。虽然中国15岁以上人口中有8 700万文盲，相当于德国人口的总和，但是我国高素质人口数

---

① 人口质量的指标包括人文素质，还包括健康状况（平均寿命）、生活质量（收入水平）等。
② 中国教育与人力资源报告课题组：《从人口大国迈向人力资源强国》，高等教育出版社2006年版，第101页。

量,超过欧洲劳动力的总量,也超过美国劳动力的总量。如此大量的高素质劳动力群体形成了强大的现实人力资源,同时,从发展趋势来看,我国农民群体构成了潜在的人力资源。具体而言,我国公民人文素质的人力资源效应主要体现在以下三个方面:

一、我国公民人文素质的良性群体效应

我国公民人文素质虽然存在群体差异,但总体水平接近,从高素质群体到低素质群体,构成一个呈梯次结构的人文素质分布。这样的人文素质结构可以形成良性的群体效应,符合我国当前转型时期的人力资源需求。

我国公民人文素质的良性群体效应一方面体现为人力资源的规模效应,我国大量的高素质群体既可以支持知识经济的发展,同时又形成了广大的国内消费市场;另一方面体现为人力资源的结构效应,人文素质呈梯级结构的公民群体形成了一个规模庞大的人力资源体系。

大量较高素质的公民群体是促进科学技术进步、管理规范创新、社会秩序和谐的人力资源基础。并且,随着这种群体的人数不断增多,低素质群体人数的相对减少,可以为经济的高速持续发展提供人力资本,为社会主义民主法制建设、社会文化事业的发展提供智力和文化的支持。我们可以看到,具有明显人文素质优势和技术优势的发达国家,如美国、日本、德国等,这些发达国家的大学生所占人口比例、公民受教育年限、公民职业培训的条件,都比我们国家具有优势。但是,这些国家的国内市场无法和中国相比,它们经济发展的速度、技术转化的速度在很大程度上依赖国际市场。而中国则因拥有大量的较高素质劳动力,具备广阔的国内市场。例如,我们的数字电视已在一些城市推广,而部分城乡市场仍然可以销售普通的彩色电视。销售彩显电视的企业可以继续获得前一个产业周期的利润,为下一个产业周期积累资本,同时,在数字电视投产以后,彩显电视价格大幅度降低了,可以满足大量低收入群体的需要。

再从人力资源的结构来看,任何一个现代化的社会都具有公民素质分层的结构特征,其发展需要不同层次的劳动力。我国有人数众多的较高素质群体,可以支持智力密集型的产业和社会管理事务的需要,另外,数量极为庞大的劳动力适应劳动密集型的产业和社会服务工作的需要,我国这种人力资源的优势是不言而喻的;再有,我国目前在校学习的学生,初中、高中、职业教育学生约有1亿多人,大学生约有2 000多万,这是我国社会经济文化可持续发展的后备力量,也是我们有信心实现宏伟战略目标的人力资源。

二、我国高素质公民群体的引导效应

我国公民人文素质总体发展水平不高,但人文素质发展水平较高的公民群体的数量不小,同时,我国高素质的公民群体主要从政府获得资源,政府对高素质群体的直接动员能力很强,政府可以引导高素质群体,高素质群体可以引导其他群体,形成社会发展的引导效应。

从表14-1《我国与部分发达国家25~64岁人口受教育状况的比较》中,我们可以看到,中国就业人口的受教育程度远远低于发达国家,其中接受高等教育的人口比例最低。甚至有些学者提出了,占绝大多数的低素质人口对高素质人口的"逆淘汰"问题。

表14-1   我国与部分发达国家25~64岁人口受教育状况的比较[①]

国　　家	初中级以下(%)	高中(%)	高等教育(%)	人均受教育年限(年)
美国(1999年)	13	52	35	12.74
日本(1999年)	19	50	31	12.55
英国(1999年)	18	57	25	12.46
德国(1999年)	19	58	23	12.34
韩国(1999年)	34	43	23	11.48
中国(2000年)	82	13	5	7.97

我们认为,在处在持续快速发展轨道上的中国,只要社会分配体制公正,高素质群体的引导效应是人文素质的主导方面,逆淘汰不会造成广泛影响。因为,我国的教师、学生、公务员、科技人员、国家事业单位、医护人员群体,这些群体的人文素质发展指数达到"发展程度较高"(0.7 < HQDI),而这些群体的人数将近两亿。从人数上来看,这些群体仍然是少数,但国家可以通过国家政策的引导,使他们对整个公民群体人文素质的提高起到带动作用,并以这些群体为主导力量,形成社会产业导向、政治文化主流。同时,这些高素质群体的公民分布在各个行业,形成了一个门类齐备、结构层次多样的人力资源体系。虽然我国公民人文素质总体发展水平不高,但在每一个领域、每一个地区都有相当数量的高素质引领群体,对我国各项事业的发展形成向前牵引的引导效应。

---

① 《从人口大国迈向人力资源强国》,高等教育出版社2006年版,第55页。

三、我国公民人文素质的分化效应

一个国家公民的人文素质是一种社会文化潜能,在转化成为现实的物质、政治、精神文明成果时,不同人文素质群体的转化率是有差异的。公民人文素质转化率的差异,进而造成了人力资源的两种分化效应:一种是不同素质群体的社会绩效分化;另一种是同一素质群体的社会绩效分化。

1. 不同素质群体的社会绩效分化

在各个国家都存在着不同人文素质水平群体的社会绩效分化,这种分化在一定程度上是正常现象,也就是说受过高等教育的人、知识层次高的人可以从事复杂的智力劳动,可以获得更高的社会经济回报,社会地位较高一些,文化和心理上的满足感与成就感更高一些;而受教育水平低的人、知识层次较低的人更倾向于从事简单劳动,其社会经济回报要低一些,其社会地位要低一些,文化和心理上的满足感与成就感普遍要低一些。

从我国公民人文素质发展指数可以看到,人文素质的群体差异成为我国社会阶层分化的主要原因之一。目前,我国公民人文素质指数值的差值(人文素质发展指数最高的群体中学教师0.9098,与最低的群体无职业者0.0263)已经十分惊人。如果任由公民人文素质差异自然扩大下去,社会各阶层的财富、地位差异也会随之不断扩大,最终会造成经济持续发展的障碍、公民之间贫富差距悬殊,会造成民主法制建设的困难、政府执政能力的降低,会造成社会价值观念离散、社会秩序的混乱。这种分化效应在第二~四节加以具体讨论。

2. 同一素质群体的社会绩效分化

由于社会条件的不同,同一人文素质群体(人文素质指标值接近、从事相同职业的公民群体)的社会绩效也会产生分化。就科技人员群体而言,科技人员普遍具有高等教育背景,从事专门的研究工作,但由于在不同的制度环境、经济体制中,我国科技人员的社会绩效存在很大差异。根据国家科委2003年对1 003万专业技术人员的抽样调查,"我国有300多万科技人才处于无事可做的闲置状态。另据一项调查表明,我国目前有约5 000家研究开发机构,科研人才总数达到62.5万人,但其中31万科研人才一年中没有发表一篇论文。"[①] 由此可见,在人文素质水平极为接近的群体中,由于社会环境的不同,人文素质作为人

---

① 《北京领导决策信息中心2004中国政经报告·2004中国人才危机与人才强国战略》,载于连玉明、武建忠主编《中国国策报告:从"十一五"核心问题看中国未来走向》,中国时代经济出版社2005年版。

力资源的重要内容，它的社会转化程度有着很大的差异，这种差异又进一步促成了同一群体的社会分化。从目前我国公民人文素质的发展趋势来看，如果不能有效提高某些群体的人文素质，这些群体会成为可持续发展的制约因素，对整个人力资源系统起到副作用——分化人力资源结构、降低整个人力资源系统的转化效能。

我国公民的人文素质不仅是实现可持续发展战略目标的人力资源，而且是构建和谐社会的智力支持。我国公民的人文素质所蕴藏的人力资源在多大程度上可以转化为有效的人力资本（人力资源是一种潜在的社会财富，人力资本则显示的是社会经济财富），这是构建和谐社会最为根本性的问题。以下具体分析我国公民的人文素质在构建富强民主文明的和谐社会的进程中，对经济发展、民主法治与社会文化事业所产生的影响。

第二节 我国公民人文素质对国民经济可持续增长的影响

一、我国公民人文素质的人力资本效应

西方学者最早提出了"人力资本"的理论。古典经济学家亚当·斯密、大卫·李嘉图分别指出劳动力是创造商品价值的根本要素。卡尔·马克思在劳动价值理论中进一步指出："（劳动力）这种商品具有一种独特的特性：它是创造价值的力量，是价值的源泉，并且——在适当适用的时候——是比自己具有的价值更多的价值源泉。"[1] 此后，英国经济学家阿弗里德·马歇尔在《经济学原理》一书中指出，所有经济行为中最有价值的是对人的投资，劳动力的数量和质量所产出的社会总效用构成了人力资本。到了1957年，美国经济学家罗伯特·索罗在《技术变化和总量生产函数》的论文中，进一步打破了"资本积累是经济增长的决定性因素"的传统观点，提出了"技术进步是经济增长的决定性因素"[2]。索罗拓展了传统资本理论的视野，但技术不是一个独立的要素，它体现在高素质劳动者的工作技能之中。归根结底，高素质劳动者是技术的主体。1961年，美国经济学家西奥多·舒尔茨在《人力资本投资》一书中，系统地提出了"人力资本理论"，该理论主要包括以下内容：（1）作为生产要素的资本，不仅包括物力资本（对物质资源和自然资源的开发和利用），还包括人力资本（对人力资源

---

[1] 《马克思恩格斯全集》第1卷，人民出版社，第328、329页。
[2] 转引自冯之浚等著：《战略研究与中国发展》，中共中央党校出版社2002年版，第457页。

的开发），人力资本是劳动者内在的素质，外在体现为劳动者的工作技能、创新能力；（2）人力资本的作用大于物力资本，人力资本的积累是经济增长的源泉；（3）人力资本的增长速度要比物力资本的增长速度快；（4）人力资本的积累在于教育、培训等。在舒尔茨之后，"人力资本理论"成为西方经济学的主流学派之一。

公民的人文素质在转化为人力资本的过程中具有倍增效应。有经济学家曾指出："对于体能、技能与智能的社会支付之比分别为1:3:9。这表示当社会保持一个人健全体魄所支付的费用为1时，支付其获得技能的费用为3，支付其获得智能的费用为9。从另外一个角度看，人的体能、技能和智能为社会所创造的财富与价值则为1:10:100。……如果各自抵消社会对体能、技能和智能的支付，它们对社会的'净贡献'相差在50倍以上。"① 也就是说，对公民人文素质的投资（主要包括为提高公民技能和智能的教育、培训），将产出相当于投资几十倍的经济效益。

我国教育事业的发展促进了公民人文素质的人力资本转化，为经济可持续发展提供了技能和智力的保障。从改革开放到20世纪末，我国公民平均受教育年限达到了7.9年，人文素质指标值达到了75以上，走过了相当于发达国家50年的社会发展历程。根据瑞士国际管理发展学院的《世界竞争力报告2001》（2000年数据），中国已经位列发展速度和发展水平较高的国家行列中，中国经济竞争力的各项指标如表14-2：《中国国际竞争力指标》。

表14-2　　　　　　　　　中国国际竞争力指标②

强项	排名	弱项	排名
国内生产总值	4	人均GDP	44
国内总投资	4	文盲率	
外国直接投资流入量	3	大学教育对竞争性经济的满足程度	
劳动力总量	1	国民有效专利持有率	
就业百分比	2	熟练劳动力易获得性	
人口负担系数	6	合格工程师在劳动力市场易获得性	
		公共教育经费支出占GNP比例	

① 中国科学院可持续发展研究组：《中国可持续发展研究组》，科学出版社2000年版，第74页。
② 中国教育与人力资源报告课题组：《从人口大国迈向人力资源强国》，高等教育出版社2006年版，第12页。

进入 21 世纪，教育部在《面向 21 世纪教育振兴行动计划》中指出：为了适应以高新技术为核心的知识经济，为了适应国家的综合国力和国际竞争力，中国将始终把教育置于优先发展的战略地位，以不断提升科学技术水平和知识创新水平。我国在普及义务教育的基础上，将普及高中教育、加强职业教育，并进一步推进高等教育的大众化。随着我国公民人文素质发展水平的进一步提高，我国人力经济指标中的弱项，如表 14-2 中的"大学教育对竞争性经济的满足程度"、"国民有效专利持有率"、"熟练劳动力易获得性"、"合格工程师在劳动力市场易获得性"都将得到大幅度的提升，从而 GDP 会获得持续增长，我国的经济增长也将从模仿外国转变为自主创新型。

二、我国公民人文素质对经济发展的短板效应

我国公民人文素质的短板效应，就是指某一种或几种人文素质发展不充分，以及人文素质群体发展的不均衡，造成对经济发展质量和发展速度的制约。从目前的调查数据来看，我国公民人文素质的结构、人文素质的群体分布和空间分布方面对未来经济的持续增长会造成制约。

1. 我国公民人文素质结构的短板效应：科学素质水平偏低

公民的科学素质对一个国家的经济质量与增长方式起着决定性的作用。我们可以看到，日本在经济高速增长时期（20 世纪 50 年中期到 70 年代中期），其经济年均增长率为 11.1%，经济增长中各要素的贡献分别是：资本占 23.8%，劳动力占 21%，技术进步占 55.2%。[①] 技术进步对经济增长直接贡献的产值超过 50%。再看美国，1995 年以来，知识密集型的信息产业对美国经济增长的贡献率已达 35%。自 2000 年以来全美国有半数以上的劳动力被该行业中的生产企业、信息产品用户或信息服务机构所雇用。信息技术不仅是一个强劲发展的经济领域，而且还是整个经济发展的发动机，信息技术对其他任何行业都产生了广泛的影响：在工业的增长中，有 45% 的产值是由电脑和半导体贡献的，而且提高了整个工业的劳动生产率[②]；在产值比重最高的服务业中，科学技术进步促进电子商业的发展，降低了交易成本，缩短了商品流转周期，带动了经济的整体繁荣。

从我国公民的科学素质来看，平均科学素质指标为 75.4141，平均科学素质

[①] 阎丽：《经济高速增长时期日本科技发展的特征》，载《日本研究》，1999 年第 4 期。转引自冯之浚等著：《战略研究与中国发展》，中共中央党校出版社 2002 年版，第 355 页。

[②] 冯之浚等著：《战略研究与中国发展》，中共中央党校出版社 2002 年版，第 355、261 页。

指数为 0.6015，在发展中国家中相当于中等水平，但与美国、日本、德国、法国等发达国家相比，大约落后二三十年，远比我国与这些国家的经济差距要大（以目前的经济增长速度计算，我国与美国相比差 15 年左右，根据人文发展指数测算，美国经济人口的科学素质指数大约是 0.9，远远高于我国公民科学素质指数 0.6 的数值）。中国经济可持续增长的基础在于科学技术的进步，在于经济增长方式从劳动密集型转变为科学知识密集型，而我国公民的科学素质显然不足以支持科技创新和知识密集型产业，反而成为产业转型和持续增长的一个制约因素。

2. 我国公民职业群体中的短板效应：农民群体与第三产业从业人员群体人文素质指标值相对较低

在经济发展的过程中，劳动力的素质、数量分布要与经济结构相适应。从表 14-3：《2000~2050 年中国社会经济发展目标预测》来看，如果实现 2050 年的发展目标，我国从事第一产业的人数将减少 5 倍以上，从事第二产业的人数基本保持不变，从第一产业流出的就业人口基本转向第三产业。这种就业人数的变化主要是在公民人文素质提高的带动下实现的，也就是说随着农民群体的素质不断提高，高素质的农民不断转化为第二、第三产业的从业人员（主要是第三产业的从业人员），而第三产业将是整个国民经济的支柱产业，其产值占整个 GDP 60% 以上。

表 14-3　　　　2000~2050 年中国社会经济发展目标预测

	2000		2010		2020		2050	
人口（亿人）	12.7		13.6		14.3		14.6	
GDP（万亿元）	8.9		18.2		36.5		157.2	
人均 GDP（元）	0.7		1.3		2.5		10.8	
从业人员总量（亿人）	7.2		8.0		7.4		6.2	
三次产业构成	产值比例	就业人员比例	产值比例	就业人员比例	产值比例	就业人员比例	产值比例	就业人员比例
第一产业	16.4	50.0	12.0	35.0	10.0	22.5	5.0	8.0
第二产业	50.2	22.5	49.0	27.0	45.0	30.0	35.0	24.0
第三产业	33.4	27.5	39.0	38.0	45.0	47.5	60.0	68.0

可是从目前我国农民群体和第三产业群体的素质来看，农民转向其他产业存在着素质障碍，若要第三产业支撑和带动整个国民经济的发展，也存在着从业者的素质障碍。人文素质调查数据显示，我国农民群体的人文素质指标值不足 70，

指数值在 0.06~0.03 之间。2004 年统计数据显示，农村总人口 7.6851 亿，农村劳动力为 4.2 亿；进城的农民工及其家属约 1.3 亿。在主要职业群体中，该群体人文素质指标值相对最低，贫困人口最多，提升素质最困难，转入知识密集型产业的能力最弱。如果农民群体不能融入新的产业结构之中，对中国知识密集型产业的发展会带来全局性的影响。首先，农民在新一轮的经济增长中难以分享增长的利益，会陷入新的相对贫困；其次，知识密集型产业不仅需要大量的高素质的生产者，还需要大量的高素质的消费者，一旦农民群体的绝大多数人在人文素质上掉队了，就会被知识产业的快车越落越远，甚至难以享受新技术产品。这样，中国人力资源的数量优势会因为农民群体人文素质状况无法体现出来，农民群体的素质状况反而会成为未来几年产业转型的制约因素。

再看我国第三产业的发展状况。从国际比较的角度来看，第三产业占世界各国产值的 60% 左右，低收入国家的第三产业产值平均占到 40% 左右。从表 14-3 和表 14-4 中，可以看到我国第三产业产值占 GDP 比重偏低，只有 30% 多；就业劳动力的比重偏低，占就业人口的不到 30%。再从第三产业的从业者素质和产值质量来看，2000 年，美国、日本、欧盟的服务业从业人员人均产值是 6 万美元以上，我国服务业从业人员人文素质较低，劳动生产率不高，人均产值仅为 2 000 美元左右。

表 14-4　　世界不同发达程度国家第三产业产值占 GDP 比重

分　项	服务业占 GDP 比重（%）
世界各国平均值	63
高收入国家	71
中等收入国家	61
低收入国家	43
美国	75.2
日本	63.9
德国	64.7
法国	74.1
印度	48.18
印度尼西亚	35.93
中国	33
乌克兰	16.6

资料来源：《领导决策信息》2004 年第 37 期（载连玉明、武建忠主编：《中国国策报告：从"十一五"核心问题看中国未来走向》，中国时代经济出版社 2005 年版），《中国统计年鉴·2005 卷》，中国统计出版社。

第三产业劳动生产率低下，主要由于我国服务业发展滞后，现代生产性服务不发达，归根到底是由于技术培训、研究开发、信息技术咨询、金融保险、市场销售、会计税务、法律服务等行业从业人员素质不高。以商业从业人员为例，国商员工（75.38，0.5851）、私商员工（74.15，0.4747）、个体工商户（72.08，0.3024）的人文素质指标值、指数值均低于我国公民平均值（75.56，0.5911），商业从业人员的人文素质体现在服务质量上令人堪忧。2004年，国家质检总局对零售商品抽样调查70次，被抽检商品合格率达到90%的有9次，合格率达到80%～90%不到20次，合格率平均在60%～70%之间的有20多次，合格率低于60%的有9次。面对激烈的国际技术竞争、管理竞争，我国第三产业的从业者能否不断提高自身素质，提高行业的服务水平，决定着我国整个国民经济的转型和总体技术水平的提高，也制约着我国国民经济可持续增长的节奏。

3. 我国公民人文素质在地区分布上的短板效应：经济发展与人文素质的背离

经济发展水平制约着公民人文素质的发展程度，公民人文素质又制约着经济的长期发展，因而，一个国家或一个地区，其经济发达程度和公民人文素质水平具有总体的一致性。近年的经济统计和人文素质调查数据（见表14-5），显示出我国经济最不发达省区的经济发展程度与人文素质水平是一致的，这是符合经济发展程度与人文素质发展水平成正比例关系的。但我国经济最发达地区和公民人文素质水平最高的地区，其经济发展程度与公民人文素质水平却有相当大的背离。

人文素质调查数据显示，一些经济发达地区的公民人文素质发展水平并不算高，而一些经济欠发达地区的公民人文素质发展水平较高，这表明我国公民人文素质培育和显效的不一致：经济欠发达地区培养的人才大量流入经济发达地区，对发达地区的经济发展起到促进作用。人文素质培育与显效的不一致，从长期来看会导致三个后果，其一，在经济发达地区，由于高素质人才存量超过需求量，造成高素质人才的浪费和激励不足；其二，随着高素质人才的不断流出，培育高素质人才的地区其自身经济发展的人力资源趋于匮乏，不但经济不能迅速发展，而且培育人力资源的能力也会不断下降；其三，随着人力资源的流动，发达地区和欠发达地区的贫富差距（包括经济财富和人力资源）会越来越大，最终发达地区的经济也不可能持续增长，整个国家的经济都有陷入人力资源不均衡的发展陷阱。因此，对经济发展与公民人文素质水平背离，必须采取有效措施，否则就会造成对我国国民经济持续增长的制约。

表 14-5　　部分省、自治区、直辖市乡村劳动力文化状况

（每 100 人中受教育人口，单位：人）

省、自治区或直辖市		文盲或识字很少	小学程度	初中程度	高中程度	中专程度	大专以上
发达地区	北京	1.5	7.20	56.42	19.06	9.79	6.04
	上海	4.13	24.87	46.65	10.70	9.32	4.33
	广东	4.34	26.54	54.10	10.49	3.64	0.90
人文素质前五位	新疆	7.62	41.76	40.64	7.79	1.74	0.45
	陕西	8.02	25.00	53.22	11.88	1.11	0.77
	福建	6.81	31.63	47.03	10.07	3.38	1.09
	安徽	12.60	25.48	52.35	7.33	1.55	0.69
	天津	3.04	24.65	51.75	14.78	4.35	1.45
人文素质后三位	西藏	48.02	39.92	10.59	1.19	0.17	0.11
	云南	17.66	41.75	34.82	4.58	0.91	0.27
	青海	30.52	35.94	27.74	5.47	0.73	0.10
全国平均值		7.46	29.20	50.38	10.05	2.13	0.77

资料来源：本表根据《中国农村统计年鉴·2005 卷》编制而成。

第三节　我国公民人文素质对民主法治事业的影响

　　社会主义民主法治是和谐社会的政治基础，和谐社会是以公民普遍参与，以权利平等为基本特征的政治共同体，不是为了少数人的特权设计构建的。公民的人文素质直接影响到政治参与和法治实践，可以说，公民人文素质对社会主义民主法治事业有着重要的影响。

一、公民人文素质与民主法治事业的道路选择：增量民主

　　我国的社会主义民主法治建设体现为政府与公民群体的互动发展，在互动中逐步推进民主与法治的进程，最终确立适合中国国情的民主与法治体制，以民主

与法治保障社会的真正和谐。公民人文素质的发展水平,是我国民主法治事业选择发展道路的依据。

从公民人文素质调查数据来看,公民的素质结构比较复杂,但一个十分明确的特点是:在各素质维度之中法律素质是最低指标之一。我国公民法律素质指标值为74.15,仅高于道德素质指标值(69.52),是倒数第二低的数值;法律素质指数值为0.4625,是各素质指数值中的最低值。从群体差异来看,法律素质最高的群体——公检法安,与人数最多、法律素质较低的群体——务农群体,两者的指标值差达到了16.96,指数值差达到了0.8752,差距极其显著。

这种现状决定了中国社会主义民主法治事业是一个增量民主的过程:在经济持续增长的前提下,在现有民主与法治的存量基础上,不断增进民主与法治的因素;整个民主法治的进程是一个渐进的过程,在这个过程中不能损害广大人民的利益而是不断增进广大人民的利益。[①] 增量民主意味着,政府在社会生活中扮演着一个动态的主体角色,最初的阶段,政府的职能较为全面,既履行公共服务职能,培育公民素质的均衡发展,确立社会公德的主流地位,引导社会良好风尚的形成,又要推动立法工作,完善法律体系,健全社会主义市场机制,还要引导、规范社会团体实行自治。随着公民人文素质的不断提高,社会主义民主法治即进入到第二阶段,政府要从民主与法治的推动者转变为维护者,许多社会领域问题应该由社会团体发挥作用,社会资源配置由市场来调节,只有当市场功能失调、社会团体违规的时候,政府才能加以依法加以纠正。

二、公民人文素质对建构法治政府的影响

公民权利的保障与法律体系的完备,是法治政府的两块基石。公民权利的保障是法治政府的实质性要件,法律体系完备是法治政府的形式理性要件。这两个要件的建构,都离不开公民主体权利的行使。可以说,法治政府的品质是由公民的人文素质决定的。

第一,公民权利的保障是法治政府的实质性合法性基础,而公民权利是否得到良好的保障,既是政府的责任,同时又取决于公民的权利意识和维护权利的行为。根据法律素质成因分析的结论——"职业和学历两个因素对中国公民法律素质发展水平的影响较大",政治职业群体和文化职业群体都具有良好的法律认知能力,这是维护权利的意识基础。随着我国基础教育的普及,高等教育大众化的推进,以及农民从体力型职业群体向知识型职业群体的转化,我国公民的权利

---

① 参见俞可平著:《民主与善治》,社会科学文献出版社2002年版。

意识将不断增强，维护权利的行为将更加普遍，在公民权利限制下的政府将更加健康，真正实现权力为民所用。同时，我们还要看到农民、无职业者群体由于他们文史哲素质、法律认知能力普遍偏低，在建构法治政府的进程中，属于被动群体。特别是农民群体，由于人数众多，在许多领域还需要政府单边推动，相应地对政府的制约能力极为有限。

第二，法律体系的完备是建构法治政府的规范依归。我国传统政治体制造成了政府拥有极为广泛的权力，政府承担着超额的工作量，法律规定属于政府的职能，政府在承担很多属于社会非政府领域的事务，仍然由政府承担，本应该由市场体制调整的事务，仍然在政府的掌控之中。权力过于广泛，也为某些公务人员滥用权力造成了可能。而法治政府，是权力有限的政府。法治对公民和社会团体而言，凡是法律法规没有禁止的，都属于自由的范围；对政府而言，只能在法律法规授权的范围内行使权力。法治政府的权力建立在法律规定的基础上，即政府的权力仅以法律明文规定的为限，法律没有授予的权力当然属于社会和公民。有限政府具体体现为公务员应严格遵守法律，按照法律程序执行政府职能。目前我国公务员群体的法律素质在各群体中是最高的，公检法安作为专业执法人员其法律素质指数为 1.000，一般行政人员的法律指数为 0.7553，也达到了较高的发展程度。可以说，我国公务员群体已具备了依法办事的知识素养和能力。目前所欠缺的是，我国公民法律素质的普遍偏低，致使立法只是政府和专家学者的事，由于法律认知能力、法律意识的缺乏，公民参与立法的意识、推动立法的意愿都不够强烈。法律体系的完备，在很大程度上仍然是政府自己给自己立法的事业，这是我国公民法律素质较低的消极影响。

三、公民人文素质对法治政府职能特征的影响

从职能特征上来看，法治政府是高效廉洁的公共服务型政府。政府职能实现的程度首先取决于公务员（包括一般行政人员和公检法安，这里主要指一般行政人员）的素质。一般行政人员与其他职业群体（除了部分文化群体以外）相比具有文化教育的优势，薪资待遇又有保障，因而其综合素质较高。从人文素质调查的数据来看，一般行政人员的综合人文素质指标值为 78.74，指数值为 0.8436，在各职业群体中排在第五名。其中与职业密切相关的四项素质的发展水平为：道德素质指标值为 71.42、指数值为 0.7915，文史哲素质指标值为 81.90、指数值为 0.8634，法律素质指标值为 79.85、指数值为 0.7553，科学素质的指标值为 79.26、指数值为 0.9041。我国一般行政人员的人文素质发展水平为实现高效管理、职业廉洁提供了保障，为提供规划调节经济、市场监管、社会管理、公

共服务，提供了能力保障。

但在目前政治经济体制转型时期，行政人员任职于政府，服务于公共利益，同时也受到市场的吸引，部分公务员的渎职、腐败已成为社会焦点问题之一。例如表14-6《西部地区政府行为调查》所显示的公务员职业状况，其中"办事效率太低"、"行政执法不透明、不规范"、"工作人员素质低、态度差"、"不合理收费"、"不严格依法行政"等问题，从民主法治增量发展的角度反映出，一般行政人员作为国家民主法治事业的引领者，其道德素质、文史哲、法律素质有待进一步提高。又根据中纪委2005年的统计数据，一年之内，全国就有11 071人因贪污贿赂行为受到开除党籍处分，其中7 279人被移送司法机关处理。[①] 这反映出公务员群体中，有相当一部分人为一己私利竟敢于以身试法，不仅仅是法律素质低的问题，而是需要严格依法监控的问题。

表14-6 西部地区政府行为调查[②]

行政业务主管部门		行政执法部门	
问题	比例（%）	问题	比例（%）
各类行政审批过多	21.2	行政执法不透明、不规范	29.8
手续过于繁琐	20.7	多头检查、频繁检查	18.7
办事效率太低	20.6	工作人员素质低、态度差	18.4
办事程序不透明、不规范	11.8	不合理收费	18.2
工作人员素质低、态度差	3.87	不严格依法行政	11.6
对企业经营随意干预过多	1.4		

政府能否高效廉洁地实现其职能，在很大程度上还取决于一般公民的人文素质发展水平。公民是国家真正的主人，公民的参与、监督，是促进政府高效廉洁、依法行使权力的保障。我国公民人文素质综合指数值为75.56、指标值为0.5911，属于发展较高的水平，已具备参与和监督政府活动的能力。在各维度的素质之中，我国公民的文史哲素质平均指标值达到了79.05，科学素质的平均值达到了75.41，这表明公民具备了很强的对政府行为的认知能力和理性分析能力。"素质低"已不能成为政府拒绝公民行使权利的理由。随着公民群体依法参与和监督政府活动的范围不断扩展，依法享有各项权利的落实，公民权限制政府、监督政府的能力将进一步增强。只不过，公民的法律素质有待于在行使权利

---

① 资料来源《构建和谐社会：七大难题亟须破解》，载于《新华每日电讯》2006年10月11日。
② 参见《国策研究报告·加快政府改革与职能转变》，载于连玉明、武建忠主编：《中国国策报告：从"十一五"核心问题看中国未来走向》，中国时代经济出版社2005年版。

的过程中不断提高，公民遇到政府或公务人员的低效率、渎职、违法的事件，就不仅仅是一声叹息，而是能以法律的武器加以纠正，这样就能够促进政府的运行在法制轨道上。

四、公民素质对法律秩序的影响：社会成本效应

维护法律秩序的社会成本与一个国家的公民数量成正比例关系，也就是说，一个国家的人口数量越少，维护法律秩序的成本就越低；反之一个国家的人口越多，就需要更高的社会公共支出，以负担警察、法官、行政执法人员的费用。一个国家公民的人文素质达到一般发展程度的时候①，建构法律秩序的社会成本与公民的人文素质成反比例关系，也就是说，在同样人口数量的前提下，公民的人文素质越高需要公民自觉守法意识就越强，国家相应的强制执法的成本就会越低；反之，公民的素质越低，守法意识越差，强制执法的成本就越高。这是维持社会秩序与成本支出的一般规则。

美国的教育学者还提出过一个"支出差异规则"，就是国家可以把经费投入到雇用更多警察、建更多监狱方面，也可以投到资助更多的大学生方面，但两者是有差异的：美国联邦政府一年要为一个在押囚犯支付约 3 万美元（包含囚犯的食宿等生活开支，还包括警卫人员的相关开支），而资助一个大学生完成一年的学习只需支付 6 000 美元。这个规则说明美国政府总是尽量把经费投到提高公民素质方面，只支付必要的或在不得已的情况下，才支付社会治安成本。

我国是一个人口大国，经济发达地区人口密度超过每平方公里 700 人，社会秩序成本是世界最高的国家之一。从我国公民的人文素质结构来看，道德素质指数的平均值为 65.5187，处于发展水平一般的状态；法律素质指数的平均值为 74.1547，处于发展水平较高的状态。但这两项指数低于我国公民人文素质综合指数的平均值（75.5638），道德素质为公民素质结构中第一层级的核心和基础性指标，法律素质为第二层级的主干和支撑性指标，这两个指标与社会秩序成本具有最密切的反比例关系，即公民的道德素质、法律素质越高，自觉遵守规则的意识就越强，社会秩序成本就越低。而我国公民这两项指标都低于综合素质的平均值，意味着我国公民自觉遵守法律的意识不强，还需要更多的外部控制和强制的投入。

---

① 根据政治学者的研究，当一个国家的教育普及程度达到 5% 以下，这个时候国家的管理成本很低，当国民教育普及达到 5% 以上，但低于 60% 的时候，国家治理成本会上升；教育普及程度达到 60% 以上，国家治理成本又呈下降趋势。

从国家财政支出的长期效应来看，我国应该借鉴"支出差异规则"，在教育和职业培训方面投入更多的资金，这样既可以缓解秩序压力、降低秩序成本，还可以提高人力资源的存量。但我国目前在教育和培训方面投入得少，非知识型社会流动人口数量大，公民的道德、法律素质偏低，这样可能会造成在司法、执法方面支出更多经费。如果在教育、培训支出得多，高素质的公民一般可以获得相对稳定的职业，过遵纪守法的生活，就不会造成负面的法律成本。

第四节　我国公民人文素质对社会文化事业的影响

我们所要建构的富强民主文明的社会主义和谐社会，是物质文明、政治文明和精神文明的统一体。社会主义精神文明是和谐社会的共同思想基础和精神支柱。而社会文化事业则是培育和谐文化、建构和谐机制的工程，我国公民人文素质对其具有重要的影响，主要体现在以下三个方面：

一、文史哲素质的凝聚效应

从《人文素质各维度权重表》我们可以看到，在人文素质的六个维度中，文史哲素质所占权重最高，它是人文素质结构中的核心性基础指标，对其他维度均产生重要影响。我国公民文史哲素质平均指标值为79.05，高于其他第一、二层级的指标值：道德素质指标值为69.52、法律素质的指标值为74.15、科学素质的指标值为75.41。也正是因为我国公民文史哲素质发展水平较高，对人文素质其他五个维度产生了凝聚效应。从表14-7《我国公民群体人文素质指标值的差异》来看，目前我国公民人文素质的绝对差值并不大，人文素质水平最高的群体比人文素质水平最低的群体，指标值相差10，只有一个水平层级差（从"较高水平"到"一般水平"）。在社会贫富差距、职业差距较大的条件下，能让人文素质各维度保持收敛状态，在很大程度上是文史哲素质的凝聚效应使然。

人文素质各维度权重表

维度	道德	法律	文史哲	科学	审美	环保
权重值	0.2222	0.1582	0.2525	0.1578	0.1033	0.1060

表 14-7　　　　我国公民群体人文素质指标值的差异

群体		人文素质指标值	差异	
高水平群体	中学教师	79.3153	发展程度高（Ⅰ级）	约 5 000 万人
	高校教师	79.2553		
	公检法安	79.2539	发展程度比较高（Ⅱ级）	
	研究生	79.0787		
	一般行政	78.7419		
低水平群体	无职业者	68.7419	发展程度差（Ⅴ级）	约 8 亿人
	务农	69.1407	发展程度比较差（Ⅳ级）	
	农民工	69.2046		

再者，我国公民文史哲素质的发展水平，对凝聚各群体的思想发挥着重要作用，是社会思想和而不同的基础。特别是文史哲素质中爱国意识、历史认知、文化认知、理想信念四个三级指标，体现了中华民族的优秀文化传统。延续下来的文化传统，在融和当代社会差异，凝聚不同群体思想方面发挥着积极作用。

二、第三部门从业人员人文素质的文化二元化效应

第三部门包括宗教团体、慈善机构、基金会、行业协会、社团、中介机构六个小群体。第三部门在本质上是非政府、非营利的社会组织，在政府和市场二元格局中起到信息交流、服务社会的作用。

世界发达国家的第三部门在社会服务方面发挥着重要作用。以美国为例，据加利福尼亚大学非营利组织研究中心的统计，美国有 160 万个非营利组织，其中 124 个非营利公司法人，从事社会慈善事业的机构有 70 万个。形成了包括政府监管、司法监管、行业评估与自律、个人和媒体监督等多种监控途径的规范体系。

2004 年，在民政部门登记的第三部门组织有 15.3 万个，这些第三部门组织大多从事业单位改制而来，分为国家级、省级、市级等不同层级，仍然接受主管部门或行业的指导与经费资助，从业人员也有类似于公务员的编制。与美国等发达国家相比，我国的第三部门不仅数量少，而且由于其从业人员的人文素质的差异，其所发挥的社会功能也颇为复杂。

在第三部门之中，社团、行业协会、宗教团体、基金会其从业人员的人文素质指标值均在 80~81 区间之内；慈善机构指标值为 79.49、中介机构指标值为

77.64。第三部门从业人员的人文素质反映了我国目前文化上的政府与市场的二元分化。政府在宏观调控的过程中掌握着社会资源的配置权,市场则直接决定利益分配。这种政府与市场的二元格局既是经济利益的状态,也是文化发展的两种取向:政府的官文化带有强制性、等级性的色彩,市场带商业交易的平等、趋利的色彩。官(权力)和商(利益)文化都带有弊端,又都不可缺少,第三部门是融通这两种文化、避免发生二元混同的中介。但目前我国的第三部门,有很大一部分组织要么依靠政府获得资源,要么在市场上从事营利活动,没有起到应有的中介职能,造成了政府与市场缺少正常的间接沟通,不利于社会主义市场经济的正常发育和文化整合。

三、教师与学生群体的人文素质与教育效益递减效应

教师群体包括高校教师、中学教师、小学教师,其教育的效益主要体现在学生群体(包括中学生、大学生、研究生)的社会效益上。我国教师群体与学生群体的人文素质发展水平在一定程度上放大了教育效益递减效应。

首先,教育效益递减效应是一个单纯的经济规律①。从表14-8《世界不同发展程度的国家的教育投资回报率》,我们可以看到无论是发展中国家、还是发达国家,社会和个人的教育回报率总体上呈递减趋势。

表14-8　　　　世界不同发展程度的国家的教育投资回报率

国家分类	社会回报率(%)			个人回报率(%)		
	初等	中等	高等	初等	中等	高等
低收入国家 (低于610美元)	23.4	15.2	10.6	35.2	19.3	23.5
中低收入国家 (低于2 450美元)	18.2	13.4	11.4	29.9	18.7	18.9
中高收入国家 (低于7 620美元)	14.3	10.6	9.5	21.3	12.7	13.8
高收入国家 (高于7 620美元)	…	10.3	8.2	…	12.8	7.7

资料来源:方惠坚、范德清主编:《中国高等教育的改革与发展》,清华大学出版社2001年版,第17页。

---

① 只计算投资的资本直接回报率,不把其他社会效益考虑在内。

我国教师群体、学生群体的人文素质发展水平，进一步放大了这种教育效益的递减效应。这主要体现在以下三个方面：

第一个方面，就小学教师、中学教师、高校教师而言，中学教师的教育投资高于小学教师，高校教师的教育投资高于高中教师，因而，各个教师群体的人文素质发展水平应与教育投资成正比例。但是，从教师群体的人文素质发展状况可以看到，高校教师的人文素质（指标值为79.26、指数值为0.9097）却低于中学教师的人文素质（指标值为79.32、指数值为0.9098）。高校教师除了文史哲素质和科学素质略高于中学教师以外，道德素质、法律素质、审美素质、环保素质均低于中学教师。

第二个方面，我国大量投资教育的同时，教育的高品质成果——优秀人才却在大量地流失国外。这种教育浪费，在一定程度上是公民人文素质的缺陷造成的，既有国内管理人员素质低的外因，由于缺少良好的工作环境，优秀人才难以发挥专业特长，也有"优秀人才"人文素质低的内因，国家培养多年的"优秀人才"如果他们能以国家利益为重，抛开个人私利，同样可以在艰苦的环境中创造出优异的成就。

第三个方面，应试教育方式造成了教育教师教学的简单化和学生学习的重复性，最终导致教育效益的递减。近年来，我国已开始重视素质教育，但应试教育模式在短期内还是不能彻底转变的。应试教育选拔人才的效率比较高，但在培育公民人文素质方面却呈现出一种效益递减的效应。首先，从世界各国教育发展的经验来看，教育投资的回报率具有"递减效应"（见表14-8《世界不同发展程度的国家的教育投资回报率》）。初等教育的社会回报率最高，无论是"社会回报率"还是"个人回报率"都是如此。中等教育的"社会回报率"比初等教育平均降低5%左右，中等教育的"个人回报率"比初等教育平均降低10%左右。高等教育平均每年的投入一般比中等教育的投入要高两倍以上，但社会回报率、个人回报率增长不明显，特别是在高收入国家，反而有所降低。就我国的教育投资和人文素质效益而言，到2004年为止，我国高等教育发展最为迅速。1982年，我国普通高校在校生为115.4万人，到1992年达到218.4万人，2004年达到1 333.5万人。2004年普通高校在校生人数比1982年增长11.55倍。1982年我国高等院校和研究机构在学的研究生有2.59万人，到了2004年在学研究生达到81.99万人，是1982年的31.7倍。高等教育的增长，在一定程度上反映了我国教育的总体提升，但同时也反映出我国教育投资结构和教育模式的问题。教育投资结构方面，我国在初等教育和中等教育方面投入的比重较少，而在高等教育方面投入得过高。在教育模式方面，主要是应试教育。学生从小学开始为中考做准备，进入高中以后要为高考做准备，考入大学以后，一部分学生松懈了，一部分学生要为就业准备各种证书，在强大的就业压力面前，还要考硕士研究生、博士研究生。学生在学校期间主要的任务就是准备考试，通过考试不断提高学历。我国的教育投资结构和应试教育造成了人文素质效益递减效应。大量教育经费投入到高等教育中，初等教育和中等教育的经费相应较少，从全国各层次教育的生均经费来看，小学阶段是1 129.11元，初中阶段是1 246.07元，高中阶段是1 758.63元，大学本科阶段是5 552.50元，而硕士研究生一般是本科生的1.5倍，博士研究生是本科生的2倍以上。但从人文素质上却体现不出研究生的素质比本科生的素质高出1.5倍。在我国高等教育取得快速发展的同时，我国基础教育和职业教育却呈现缺少资金、发展相对缓慢的问题。国家和家庭在高等教育方面投入了大量的资金，却因为就业形势，在高等教育方面得不到预期的回报。

第十五章

加强中国公民人文素质建设的基本思路

在当今世界，如果说科学技术是第一生产力，人力资源是第一资源，那么，公民素质就是第一国力[①]。在公民素质系统中，人文素质居于其结构的最深层，属于动力子系统。优化和提升公民人文素质既是促使公民全面自由发展的重要前提，同时也是社会全面进步的重要基础和衡量尺度。基于既符合社会整体发展的逻辑要求，又符合我国改革开放事业深层推进的需要的缘由，站在推进中国特色社会主义现代化事业的高度，通过加强公民人文素质建设大力推动经济建设、政治建设、文化建设、社会建设，无疑具有时代紧迫性，应当引起全社会的高度重视和倾力共为。

第一节 加强中国公民人文素质建设的总体目标

在"四位一体"的中国特色社会主义建设事业总体布局中，公民的人文素质建设从属于文化建设的范畴，但又和政治建设、经济建设和社会建设存在着密切的相互依赖和相互作用。提升中国公民的人文素质，是一项具有极强前瞻性、科学性、系统性、针对性、复杂性的工程，需要进行具有宽大的视野、明确的指

---

① 谈新敏主编：《公民科学文化素质研究》序，郑州大学出版社2005年版。

导思想和目标定位,以及具体的目标要求的顶层设计。

一、指导思想

迈入新世纪以后,我国进入了全面建设小康社会、加快推进社会主义现代化的新的历史发展阶段。党的十六大以来,新的中央领导集体提出了以人为本、实现科学发展、构建社会主义和谐社会、建设社会主义新农村、建设创新型国家、建设社会主义核心价值体系、推动建设和谐世界、加强党的先进性建设等重大战略思想和战略任务。具体落实和实施这些战略思想和战略任务,对于实现中华民族的伟大复兴具有极为重要的现实意义。为此,就需要将发展社会主义先进文化放到十分突出的位置,在确立社会主义核心价值体系的过程中,通过提高全体公民的人文素质,促进人的全面发展和社会文明程度的全面提高,从而使整个民族的发展能量和潜力能够充分挖掘和释放出来,推动整个国家和社会更加坚实地向前发展。

加强公民人文素质建设,是时代的呼唤和事业发展的要求,其基本指导思想应当是:以邓小平理论和"三个代表"重要思想为指导,以科学发展观为统领,以建设全面发展的社会主义小康社会和构建社会主义和谐社会为目标,动员全社会的力量并形成共建合力;积极构建党和政府为主导,企业、社会组织大力配合,民众积极参与,具有以科学的理论武装人,以正确的舆论引导人,以高尚的精神塑造人,以优秀的作品鼓舞人的制度环境和文化氛围的公民人文素质建设工作体系和教育体系;大力加强社会主义核心价值体系建设,大力加强以道德、法律、文史哲、科学、审美、环保为维度的公民人文素质的培育和提升,坚持在继承中发展,在巩固中提高,在创新中前进,逐步深化内容,不断丰富形式,着力创新方法,使公民整体人文素质随着社会主义现代化事业的推进而不断提升,使全社会的文明程度逐步提高。

二、目标定位

人文素质的优化和提升是我们这个时代最深刻的需要,它将为处于现代化过程中的整个社会赋予方向、目的和意义。中国公民人文素质建设的价值定位应当是与实现社会主义本质要求相吻合、与社会主义市场经济的运行机制相适应、与个人争取事业成功和生活幸福的人生实践相协调。与之相适应,中国公民人文素质建设的目标应该体现为三个显著提升,即最终实现公民整体人文素质的显著提升;实现以和谐首善、豁达开放、古今交融、多元一体为主要特征的中国文化魅力的显著提升；实现以社会秩序良好、人文环境浓郁、服务水准优异、社会风气淳正为主要标志的国家文明程度的显著提升。

具体而言，中国公民人文素质的建设应当符合科学发展观的要求，坚持以人为本的原则，进行六个方面的系统建设：

一是以邓小平理论和"三个代表"重要思想为指导，以科学发展观为统领，以公民道德建设为战略重点，以社会公德、职业道德、家庭美德培育为着力点，着力提高公民的道德素质；

二是对中国几千年的人文传统与人文精神进行符合现代化建设目标的重新发掘、整理和扬弃，并融合时代精神，进行切实有效的培育和熏陶，不断提高公民的文学品位、史学品位和哲学品位，提高公民的人文修养和价值修养；

三是普及法律知识，提高法律意识，塑造法律行为，全面提高公民的法律素质，使公民能够在法制的框架中更加充分地实现和发展人权，推动依法治国建设的进程；

四是全面普及科学知识，提高科学意识，培育科学精神，促进公民科学素质的提高和全社会科学水平的提升；

五是注重提升公民的审美知识、审美能力、审美观念、审美品位和审美修养，使之养成高尚的趣味和情操，升华文化修养和文明程度，为高层次社会审美文化的建构提供动力；

六是全面推进环保意识教育，普及环保知识，鼓励和引导公民的环保行为，使每个公民都能自觉地为构建可持续发展的环保型社会贡献力量。

三、具体目标

我国公民人文素质的建设涉及各个领域、各个行业、各个地区和各类人群，为了保证人文素质建设的价值定位能够落实，总体目标能够实现，需要从当前实际情况出发，针对突出问题，在3~5年的时间里实现以下几项具体的工作目标。

第一，农民和农民工群体的人文素质有较大提高。农民和农民工是占中国人口比例最大的群体，但在历史上是长期不受重视的弱势群体，因而也是人文素质发展指数相对不高的群体。如果他们的人文素质不能提高，就很难说中国公民的人文素质得到了整体性的提高。因此，采取具体措施提升这些群体的人文素质，理应成为公民人文素质建设的一个重点。这就需要进一步加强农村文化建设，积极培育农村文化市场，广泛开展文化下乡活动，组织开展形式多样的农村人文活动，同时将农民工人文素质建设工作真正纳入城市文化工作的范畴和重点，促使这一群体的精神文化生活得到改善，人文素质有大幅度的提高。

第二，青少年健康成长的人文社会环境进一步优化。青少年人文素质的培育是整个公民人文素质建设工程的基础和根基。面对转型期社会价值的断裂和混乱，加强这一群体的人文素质建设具有特别重要的现实意义和长远意义。为此，就需要有组织有计划地创造一批面向青少年的优秀文化艺术精品，打造一批未成年人人文素质建设的创新品牌；就需要构建党和政府统筹，社会多方参与，建立健全全社会关心下一代人文素质建设的工作体系；就需要在学前儿童和中小学生中积极普及人文方面的新童谣和新知识，注重加强文明礼仪教育；就需要在高等学校应进一步完善人文课程体系，优化课程结构，同时充分开发和利用第二课堂资源，使人文素质教育充分发挥基础性效应。

第三，促进人文素质终身教育体系的进一步完善。这方面的具体工作有很多，重点的应当有：重视并加强社区文化建设，使之成为公民人文素质终身教育体系的重要组成部分，推动人文教育走向基层，实现教育社会化和社会教育化的有效互动；充分利用互联网、电视电影以及手机短信等新的技术手段，使之成为公民人文素质建设的创新载体和有效形式；加强学习型组织和学习型社会的建设，积极推动全民学习、终身学习、主动学习和全面学习，全方位、多角度、全过程地促进公民人文素质的提高。

第四，建立健全公民人文素质建设工作体系。建立健全一个有力的工作体系，是有效开展公民人文素质建设工作的依托和载体。应当结合人文素质建设的新特点和新要求，优化和调整现有的精神文明建设工作体系，使之能够很好地容纳人文素质建设的内容，成为精神文明建设和人文素质建设的共有载体和框架。为此，就需要党委统一领导、党政群齐抓共管、文明委组织协调、有关部门各负其责、全社会积极参与，努力形成一种有活力和有效率的工作局面和工作氛围，推动公民人文素质和社会精神文明的尽快提升。

第五，完善与人文素质建设配套的制度法规体系。法规政策建设是公民人文素质提升的制度保障。科学民主地制定有关公民人文素质和精神文明建设的法律法规，是一项十分重要且不可忽视的工作。应当加大课题资助力度，建立健全公民人文素质评价指标体系和发展指数体系及其相应的信息数据库，使之为党和政府的有关决策提供基本依据；各地方应坚持从具体事情抓起，以解决公民行为习惯和社会风气中存在的突出问题为突破口，建立对公民不文明现象进行约束和制裁的法律法规及相应的机制。

第六，较大程度地改善和提高公民的文明行为。目前，全国许多地区和城市开始重视对公民的文明礼仪教育和道德风尚建设。"知"是"行"的基础，相关的普及宣传和教育也是必不可少的。通过比较扎实的工作，应当使文明礼仪教育实践和道德风尚建设在广大公众中的知晓率和参与率有显著提高；通过具体细致的工作，应当使公民在日常礼仪、公共秩序、社会服务、旅游出行、城乡环境、网络文明等方面的行为和素质有比较明显的改观，公民日常生活中的不文明行为和公共场所中的不文明现象明显减少。

第二节 加强中国公民人文素质建设的基本原则

公民人文素质建设是一个涉及众多要素和环节的复杂的社会工程，为了保障这一系统的有效运转和良性发展，需要遵循正确的思维准则和基本原则。

一、以人为本的原则

所谓"以人为本"，就是强调人在社会各方面的根本地位，要求人们充分认识到人既是根本目的，又是根本手段，在处理任何事物的过程中，始终都需要把促进人的全面发展作为根本目的，各项措施也要服务于人的发展。马克思主义认为，未来的理想社会应当是"以每个人的全面而自由的发展为基本原则"[1]。从根本目的上说，公民人文素质建设是要实现人的全面发展和社会的全面进步。公民人文素质建设从始至终都应承载着深切的人文关怀，一切为了人的全面发展。这种关怀不仅体现在对公民充分提供人类优秀的文化成果，更在于提供有利于人的发展的人文条件。从这个意义上来讲，人文素质建设必须将以人为本的理念贯穿到工作的各个方面、各个环节和人的发展环境的各个方面，使公民人文素质的建设过程成为切实提高公民的道德水准、文史哲基础、法律意识、科学精神、审美修养以及环保意识的过程，成为倡导文明、健康、科学的生活方式的过程，真正把教育人、引导人、鼓舞人和尊重人、理解人、关心人统一起来，最终实现以人的全面发展和社会的全面进步。

二、适应社会发展要求的原则

公民人文素质建设与整个社会的改革发展是有机互动和密切关联的，两者之间的相互作用推动着社会向"人的全面自由发展"这一最终目标不断迈进。当前我国已进入全面建设小康社会、加快推进社会主义现代化的新的历史阶段，新

---

[1] 《马克思恩格斯全集》第23卷，人民出版社，第649页。

的中央领导集体所提出一系列重大战略思想和战略任务,适应我国经济社会和现代化建设的要求,贯穿改革发展稳定各个环节,贯通经济政治文化各个方面,追求的是民主法治、公平正义、诚信友爱、充满活力、安定有序、人与自然和谐相处的美好状态。落实这些战略思想和战略任务,对于公民的人文素质提出了很高的要求。实现社会公平正义,维护社会安定团结,妥善处理人与人之间的关系,协调好人与自然的关系,从根本上说都离不开公民人文素质的提高及其整体所呈现出来的社会文明程度的提高。公民的人文素质从深层次上影响着经济发展和和谐社会建设的各个方面,加强公民人文素质建设必须适应社会发展的要求,为经济社会全面发展提供强大的精神动力和文化支持。

三、系统统筹的原则

公民人文素质建设不是一个简单的过程,而是一个融合了各种要素的复杂系统工程。这些要素相互作用、相互依赖,组成了一个有机整体,共同影响着这一工程的最终完成。因此,加强公民人文素质建设,就必须在工作中系统统筹各方面的资源、力量与环节,以求做到在既定的投入状态下,实现产出的最大化。在这一过程中,既要注重人文素质建设与文化建设中其他方面建设的协调,也应注重它与第一部门(政府组织)、第二部门(市场组织)和第三部门(非营利组织)建设的相互配合。应当本着系统统筹的原则,既发挥理论、新闻、文艺、出版等舆论宣传的职能优势,形成人文教育的合力,也要使学校、家庭、单位、社会教育相互配合与合作,形成联动机制;在组织和管理的力量上,既要注重党政群齐抓共管,也需重视文化部门的作用,同时还应促进全社会的积极参与。同时,还应当按照构建社会主义和谐社会的要求,修订文明城市、文明村镇、文明行业、文明单位的创建标准,充实市民公约、乡规民约、行业规范、学生守则的有关内容,完善新闻、出版、文艺、体育、教育、科技等各类机构的建设,使公民人文素质的基本内容渗透到企业、社区、农村等基层社会之中,融入社会生活的各个方面,多层次、多途径、多手段地促进公民人文素质的提高。

四、知行统一的原则

知行统一,是马克思主义认识论的一个基本原则,同时也构成了公民人文素质建设的关键环节。从素质形成的规律来看,人文素质的教育过程是对公民传授人文知识、培养人文情感、塑造人文意志、引导人文行为的过程,是"知情意行"四个环节相互继起、彼此促进的过程。总体而言,"知"是公民人文素质形成发展的基础;"情"是在认知的基础上产生的情感反应,是"知、意、行"的内在动力;"意"对"知、情、行"具有促进和增能的作用;"行"以人文认知为指导,受情感与意志的支配,是"知、情、意"的最终目的与落脚点。提高公民的人文素质,认知是前提、是基础,践行是归宿、是落脚点,情感与意志是中间环节和催化剂。衡量公民人文素质是否得到有效提升,主要是看公民的人文认知是否有效地转化为人文行为,是否做到了知行统一。加强公民人文素质建设的最终目的,就是要把公民的人文观念和人文知识内化为人们的自身修养,把人文要求转化为人们的自觉行动,从而实现人文认知与人文行为的统一。因此,公民人文素质的建设必须要坚持知行统一的原则,以传授人文知识为基础,涵养人文情感为关键,培养人文意志为保证,养成人文行为为归结,从而实现真正意义上的公民人文素质的提升。

五、求实创新的原则

随着改革开放和社会主义市场经济的不断发展,人们的文化生活和精神需求更加多层多样,公民人文素质建设的环境、对象、内容都发生了很大变化。公民人文素质建设必须要适应形势的发展变化,开阔视野、拓宽思路,需要在实践中积累经验,在创新中增强活力,在改进中提高水平,从而更好地与现代化的目标相适应。应当积极推动公民人文素质建设的内容创新,深入挖掘中华民族传统人文精神,融合社会主义的时代特征,探索建立与社会主义市场经济相适应、与社会主义法律规范相协调、与中华民族传统美德相承接的社会主义人文素质体系;应当积极推动公民人文素质建设的方法创新,遵循人文素质建设的特点和规律,充分体现以人为本的原则,使人文素质的提升成为公民的内在需要和精神追求,让人们在主动参与中实现自我教育和共同提高;应大胆推动公民人文素质建设手段的创新,在用好学校、家庭等传统教育基地的同时,注重运用社区、文化机构、互联网、手机短信、移动电视等新的渠道传播人文知识,陶冶人文情操,推进人文素质建设;同时,还应当积极推动公民人文素质建设的体制创新,综合运用经济、法律、行政、教育等各种措施,逐步形成引导与约束、自律与他律相结合的长效机制,促进公民人文素质和社会文明程度不断提高。

六、全员参与的原则

公民人文素质建设是"知情意行"相统一的过程,而不是强制灌输和被动接受的过程。人文素质建设和教育过程中,不能把公民仅仅看成是单向接受的客体，而应当看成是能动的和互相教育的主体。在公民人文素质建设过程中，必须坚持全员参与的原则，鼓励和引导全体公民积极主动地参与人文素质建设过程，相互启发、相互教育，彼此砥砺，共同提高。要在有效的多元主体的相互作用、相互感染和相互影响中，使每个参与者都能够对人文素质具有深刻理解和强烈认同，并在源于自身内在需要的基础上予以坚定践行。只有这样，人文素质建设才能真正见效果和获实效。如前所述，公民人文素质建设是一个庞大的系统工程，不是仅靠个别部门、少数群体的努力就能够完成的，必须充分调动党政各个部门、各人民团体、社会各界的创造力与全体公民的积极性，依靠全社会的力量进行建设。这也是公民人文素质建设必须遵循全员参与的原则的一个重要方面。

第三节　加强中国公民人文素质建设的主要抓手

一、有效纳入经济社会发展规划

公民人文素质建设和精神文明建设属于中国特色社会主义建设事业"四位一体"格局中的文化建设范畴，为全面建设小康社会宏伟目标、构建社会主义和谐社会、实现社会主义现代化、提高中国文化实力、增强中国国际竞争力提供着思想基础、舆论环境、精神动力以及文化条件，其能量和作用极为突出。但是，与第一部门（政府组织）、第二部门（市场组织）和第三部门（非营利组织）的建设相比，它又属于软件和动力范畴的建设，在过去没有受到充分的重视。公民人文素质要提高，精神文明建设要取得成就，就不能仅仅从理论上、思想上、意识上重视文化建设，更需要从制度和物质方面加大工作的力度。应当制定切实可行的各项政策和可量化执行的具体指标，为公民人文素质建设提供衡量指标和充分依据；应当切实从硬件方面加大投入，为公民人文素质建设提供必要的物质基础；各级政府应当严格落实《中共中央关于制定国民经济和社会发展第十一个五年规划的建议》、《国家"十一五"时期文化发展规划纲要》以及《关于深化文化体制改革的若干意见》中关于加强精神文明建设和文化体制改革的若干规定，将包括公民人文素质建设在内的精神文明建设切实纳入各地经济社会发展规划。从具体任务的角度看，应当包括如下内容：完善公共文化服务网络，加强农村文化建设和城市社区文化建设，建立健全文化援助机制，鼓励社会力量捐助和兴办公益性文化事业；优化文化产业布局和结构，转变文化产业增长方式，培育文化市场主体，健全各类文化市场，发展现代文化产品流通组织和流通方式，着力推进文化产业发展；切实加强文化立法，合理调整文化资源与经济资源的配置，深入推动文化体制改革和精神文明建设。

二、切实优化全面建设工作机制

在现有的精神文明建设工作框架下，拓展功能，充实内涵，优化机制。建立健全公民人文素质建设整体工作机制，必须首先坚持党的领导，保证党对工作队伍、发展方向和重大事项的领导落实到位；各级政府需要在党的领导下充分发挥宏观调控等职能作用，将人文素质和精神文明建设内容有机融入各级文化部门、文化机构工作重点之中，主导并重点扶持公益性文化事业的建设，同时抓好经营性文化产业的发展；各级文明委作为业务主管部门，应当做好组织协调工作，对精神文明和人文素质建设有关工作予以监督和指导，对成效突出的单位和个人予以表彰；相关部门应各负其责，按照职能要求，认真研究精神文明和人文素质建设的新环境、新内容、新载体和新对象，力求取得新的进展；学校、社会、家庭、单位、企业、机关、城市、社区、农村、部队、学校等各类组织及单位应相互合作，密切互动，形成多元主体共同治理的工作局面；在人文素质建设过程中，公民是最为重要的主体，他们不应当只是消极被动地适应这一过程，而是应从满足自身精神需要出发，积极主动地参与这一过程，通过相互交往与作用，相互影响，彼此促进，使公民人文素质建设工程最终落到实处。

三、着力加强全员教育体系建设

从本质上说，人文素质教育是一种"养成教育"。因此，必须高度重视和加强全员人文教育体系的建设，为全面提高公民的人文素质和社会的文明程度提供良好的外部环境和基础条件。

加强全员人文素质教育体系的建设，应当做到教育对象的普及化、教育区域的全面化、教育机构的网络化、教育媒介的多样化和教育方法的完善化，力求做到全员全程覆盖，实现公民的终身教育。在公民人文素质教育对象方面，应当注重扩面覆盖工作，使之扩大到包括农民群体、工人群体、企管人员、商业人员、公务员、教师、学生、文化卫生行业从业人员、第三部门从业人员、科技人员以及其他人员在内的所有群体，尤其要重视对农民、工人、无职业者等重点人群的全面有效的覆盖；在地区方面，不仅是发达地区而且全国各地区都需要进一步加大教育工作的力度，应当特别注重扶持老少边穷地区和中西部地区的教育发展；不仅需要继续发挥学校、家庭、单位等传统教育机构的作用，更应把广大城乡社区建设成为公民接受终身教育的新型基地,使之与传统教育机构相互交织、相互补充,共同发挥作用;不仅需要重视传统教育媒介如广播、电视、报纸、刊物等大众媒体以及电影、电视剧、戏曲、音乐、舞蹈、美术、摄影、小说、诗歌、散文、报告文学等各类文艺作品对于公民的文化品位、文化气质的影响,同时更要充分发挥网络这一新型媒介对于影响公民的思维习惯、生活方式、文明程度的重要作用,注重网络建设的人文含量,将其真正成为传播人文知识、塑造人文环境、提高人文素质的重要媒介和载体。在方法上,应进一步科学化和实效化,注重潜移默化的作用和效果,既需要树立典型,抓先进性教育,同时也要注重普遍性的推广,关注普通人的需求,调动最广大群众参与到人文素质建设的过程中来。

四、强力推进基层基础教育工作

公民人文素质建设,重在打好基础,抓好社会各个领域基层和基础教育工作,是加强公民人文素质建设的重要抓手。

打好青少年人文素质教育的基础,是提高公民人文素质的前提所在,必须大力加强学校人文素质教育工作,使青少年从小循序渐进地夯实人文底蕴。学生人文知识向人文素质的转化,是一个复杂的系统过程,需要教育行政部门进行通盘规划,构建从基础教育到高等教育由浅入深、由表入里的递进培育体系;需要各层次各类学校合理配置优质教育资源,以高水平的课堂教学为阵地,以高品位的校园文化为载体,以高效应的社会实践为桥梁,以高标准的先进人物为示范,深度启发学生的人文兴趣,引导学生的价值取向,开启学生的智慧心灵,为知识向素质的转化提供追求的动力和效仿的方法,使其人文素质逐步得到提高。

农民是占中国人数最多的群体,农村是人文素质建设工作的重要前沿阵地,抓好农民的人文素质教育,是提高公民人文素质的重点之一。各级政府应加大投入,加强乡村文化设施建设,坚持以政府为主导,以乡镇为依托,以村为重点,以农户为对象,发展县、乡镇、村文化设施和文化活动场所,建立健全农村公共文化服务网络,将人文素质教育内容普及到农村各个角落,实现和保障好农民群众的基本文化权益。同时要发挥市场机制的作用,充分调动各方面力量参与农村文化建设,为农村提供更多更好的人文产品和服务。

社区是城市居民生活和交流的重要场所,也是进行公民人文素质教育的重要基本场所。社区教育具有方式灵活、内容广泛、对象普遍、贴近生活等传统学校教育所不可比拟的优势,在提高社区成员人文素质方面,发挥着不可替代的作用。各个城市应当立足社区居民的教育需求来充分调配和整合社区内外各种教育资源，充分发挥社区教育对学校教育的补充和延伸功能，通过组织开展形式多样的人文教育活动，营造健康向上的社区文化氛围，把人们的业余兴趣和闲暇时光吸引到文化交流和文明促进上来。

　　企事业单位及各类社会组织也是对公民进行人文素质教育的重要基本场所，各企事业单位及社会组织应该把对组织成员的人文素质培育与本单位的业务工作有机结合，实现良性互动和促进。从组织文化建设的角度看，各企事业单位及社会组织应该将提升组织成员的人文素质作为开发和利用人力资源的着力点，加大与组织目标相适应的人文素质教育培训力度，促进组织成员养成符合工作发展要求的高品位人文情怀。同时，应当采取有效的激励措施和办法，把组织成员的文明行为表现纳入考核和奖惩的框架，从积极的方面促使其养成良好的人文素质，为提高全社会的文明程度做出组织应有的贡献。

第十六章

加强中国公民人文素质建设的具体对策

中国公民人文素质建设需要创新思路、措施和方法，本章主要是从人文素质教育体系建设、活动载体创新、互联网及其他媒体运用、文化资源开发与整合、政府工作机制建设等方面，进行富有创新性的对策性解析和设计，以求对实际工作有所启发和借鉴。

第一节 加强公民人文素质教育体系建设

人文素质教育体系是公民人文素质建设赖以进行的平台和依托，是一个由家庭、学校、单位、城乡社区等各类功能单元有机组成的复杂系统。加强公民人文素质教育体系建设，需要遵循系统的规律和要求，加强并充分发挥各功能单元的作用，并实现各功能单元作用的整合。

一、注重强化家庭的人文教育功能[1]

家庭是学生接受人文素质教育的第一课堂，家长是孩子养成人文素质的第一老师，家庭中的人际关系和教育方法，对孩子人文素质养成直接发挥影响作用的

---

[1] 引用石亚军、赵伶俐等著：《人文素质教育：制度变迁与路径选择》，中国人民大学出版社2008年版，第189~194页。

重要因素。

家庭是孩子人文素质养成的第一课堂，对孩子人文素质的养成具有基础性的重要意义。家庭生活促进了孩子身心的健康成长，为孩子人文素质的养成奠定了最根本的生理和心理基石；家庭生活展现了孩子观察世界的端正视线，为孩子人文素质的养成创造了认识情景；家庭提供了孩子从襁褓到独立、从依赖到自立的能力发展空间，为孩子人文素质的养成产生了助力；家庭营造了浓缩社会秩序的和谐氛围，为孩子人文素质的养成前置了社会体验的生态。

家长是孩子的第一老师，对孩子人文素质的养成具有奠基性、穿透性甚至永久性的关键作用。家长的价值取向，深深影响着孩子的利益观、荣辱观，对孩子人文素质的社会伦理构成，产生极大的定位作用，因此，家长应该培养自身优良的人文素质和高尚的人格魅力，确立起高度的人文境界、人文品位的榜样力量，营造优良的家庭文化，为孩子打下优良人文素质的价值基础；家长的职业态度，深深影响着孩子的进取精神、责任意识，对孩子人文素质的精神风貌构成，产生极大的渗透作用，因此，家长应该在孩子面前始终保持高昂的精神状态，在重视孩子学习进步的同时，更要重视他们人文素质的提高；家长的生活情趣，深深影响着孩子的生活格调，对孩子人文素质的生活追求构成，产生极大的旁通作用，因此，家长必须注重修炼高雅的生活情趣，以此充实自己的人格修养，也优化孩子的人文素质。

家庭中的人际关系，是家庭生活的存在方式，是家长与孩子之间的桥梁和纽带，是家庭中的社会关系，对孩子人文素质的养成起着耳濡目染、潜移默化的熏陶作用。家长与家长之间真正保持相互尊重、相互关爱、相互支持的关系，对孩子人文素质的养成发挥的是间接的助推作用。这种关系必然对孩子产生两种强烈的心理效应：一种是家长个人的人格魅力效应；另一种是家长群体的合力效应。这两种效应的叠加，必然通过孩子对家长敬重情理的带动，形成孩子对尊重人、关心人、帮助人等人文美德的自觉效仿。因此，家长不可把彼此之间的关系仅仅看做两个人和长辈的事情，应该明白这种关系的教育作用，高度重视彼此之间和睦关系的营造和维护，给孩子的身心健康发展确立坚强的精神支柱，为孩子优良人文素质的养成提供充裕的精神养分；家长与孩子之间保持相互尊重、相互关爱、相互支持的关系，对孩子人文素质的养成发挥的是直接的助推作用，必然为孩子营造出身临其境的家庭人文景观和人文氛围，因此，家长应该高度重视建立与孩子的这种关系，切不可高高在上，只是对孩子提供生活保障，而忽略他们全面的身心发展，只是对孩子进行教导甚至一味地训斥，而忽略与孩子的心灵互动，把对孩子人文素质的培养，建立在错误的平台和轨道上。

家庭对孩子人文素质的培养成功与否，从根本上并不取决于培养目标的高低，而取决于家长带领孩子朝着既定方向行进的方式。家长实施的教育方法对孩子人文素质的养成，具有特殊的实效性。孩子人文素质的优劣，当然与家长的文化水平有关，但是，并不是文化水平高的家长就一定能够培养出孩子高质量的人文素质，许多具有高质量人文素质的孩子，他们家长的文化水平也并不是顶尖的，其中的根本原因，就是家长实施的教育方法是否具有有效性。

单靠家庭教育，并不能解决人文素质教育的所有问题，家庭在培养孩子人文素质中切合实际的一个作用，就是启迪孩子的人文兴趣和感受。在孩子那里，人文素质对于他们成长发展的重要性，不是在接受人文素质教育之前，而是在之中和之后才能被认识和掌握的。要使他们喜欢和接受这种教育，首先要使他们对这种教育发生兴趣，找到感觉，有了兴趣和感觉，才会有对人文素质教育内容的兴奋度和占有欲。正确的教育方法，是符合教育规律的方法，在教育过程的推移中，不能急于使孩子快速实现人文成熟，而应该通过广泛深入的启迪，使孩子从内心发掘出自觉的人文向往和追求，找到适合自己特点的素质发展方向；在孩子出现问题时，不能采取简单的压制手段进行调整，而应该通过耐心细致的引导，使孩子增强对正确的人文价值的兴趣和感觉，以自觉地在正确和错误、优秀和不良之间进行选择和取舍。

单靠家庭教育，不仅不能解决人文素质教育的所有问题，也不能使人文素质教育一蹴而就，家庭在培养孩子人文素质中切合实际的另一个作用，就是激发孩子的人文智商和情商。在孩子那里，人文素质的深厚内涵和底蕴，形成于在学校和社会更大范围内的家庭后教育和家庭外教育，在家庭教育中，激发他们的人文智商和情商，尤为现实和重要。要使孩子今后拥有深厚的人文内涵和底蕴，就要使他们对人文素质教育的内容具有智慧把握力和情绪驾驭力，具有这些能力，才能使他们强化对人文素质教育内容的兴奋度和占有欲。正确的教育方法，应该把工夫下在培养孩子的人文智慧和人文情怀上，通过说理、解惑、鼓励、鞭策，使孩子在智力层面和情绪层面建立起对人文素质的认同感和判断力，增强作为智力控制和情绪调整的能力，提高自我把握人文素质发展方向和力度的智商和情商。

二、突出强调学校的人文教育作用[①]

学校是学生接受人文素质教育的第二课堂，校园里所有有生命或无生命、有形或无形、有声或无声的教育影响要素，都会对学生的人文素质的养成产生直接

---

① 引用石亚军、赵伶俐等著：《人文素质教育：制度变迁与路径选择》，中国人民大学出版社 2008 年版，第 194~199 页。

或间接、表象或深层、暂时或长远、这样或那样的作用。

学校的系统性教育和精英性教育，把学生人文素质的养成引入体系化的高起点。对于人文素质教育而言，如果说家庭教育是入门教育，那么学校教育就是体系教育，体系化的人文素质教育，是学生养成成熟的人文素质的前提条件；学校的高端性研究和集约性研究，把学生人文素质的养成带到学术化的高势能。对于人文素质教育而言，如果说家庭教育是启蒙教育，学校教育就是内涵教育，学术化的人文素质教育，是学生养成成熟的人文素质的核心条件；学校的聚合性创造和整合性创造，把学生人文素质的养成推向价值化的高位序。对于人文素质教育而言，如果说家庭教育是基础教育，学校教育就是实体教育，价值化的人文素质教育，是学生养成成熟的人文素质的关键条件。

教师是学生敬慕的偶像和效法的标杆，与家长相比，对于学生人文素质的养成而言，其作用更具有冲击力和穿透性，其影响更快速、更直接、更深刻。教师是通过言传和身教两种手段，对学生人文素质的养成发挥设计和疏导作用，产生思想和行为的影响的。学生在学校接受系统化、学术化、价值化的人文素质教育，需要教师从培养的目标和规格上指明培养方向，从课程和活动的结构和内容上引领发展路径。因此，教师必须对学生优良人文素质的养成树立起高度的责任感，不论是专业课程教师，还是人文素质课程教师，都要真正担负起教书育人的职责，要帮助学生正确选择学习课程和课外活动，要在课程讲授中帮助学生了解和把握正确的学术方向，要帮助学生把握是非原则，使他们的人文素质朝着正确的路子健康发展；学生在学校接受系统化、学术化、价值化的人文素质教育，直接从教师的治学态度、教学水平、谋事方法、处世行为中受到直观的教益。因此，教师应该高度重视自己在学生面前的言谈举止，用严格的态度、严谨的作风、严密的方式从事教育和培养工作，以高尚的人格力量对学生学会做人尽职尽责。

课程是学生增长见识的视窗和经受锤炼的熔炉，是学校人文素质教育的主渠道，课程内容的水平是高还是低，课程方法的活力是大还是小，都会对学生人文视野的宽窄、人文内涵的厚薄、人文胸怀的广狭，人文能力的大小形成因果联系。优秀课程以高水平的教学内容为滋养，对学生人文素质的养成起着奠定基础性学养的作用。在深化人文素质教育中，要通过加强精品课程的建设，以高水平的学科带头人为骨干，以高水平的科学研究为动力，带动所有人文素质课程水平和质量的不断提高，为学生优良人文素质的养成构建优质的培养平台；优秀课程以充满活力的方法为法宝，对学生人文素质的养成起着激发创造性能力的作用。创造和实施充满活力的教学方法，要运用因材施教的原理，针对特定专业的特点，特定个性的学生，特定人文素质教育的目标，借鉴其他国家、其他学校、其他教育类型的有效做法和先进经验，创造具有极大适应性的教学方法体系。

社团活动和社会实践是学生人文素质养成的第二课堂，在人文素质教育中是不可或缺的重要环节和阶段。人文素质是通过人文知识的接收、消化和应用养成的，社团活动和社会实践为人文知识的接收、消化和应用，提供了理论联系实际的机会；人文素质是通过学生在动脑思考问题，动手解决问题的过程中，找到自身的生发点和增长点而养成的，社团活动和社会实践为实现动脑和动手的结合，创造了丰富多彩的资源；人文素质是顺应时代的发展趋势，通过对优良人文传统的传承和创新养成的，社团活动和社会实践为实现传承和创新构筑了物质的和精神的条件。

校园文化对于学生人文素质的养成具有熏陶、镌刻、滋补的功能，发挥着夯实学生精神底蕴和意志品质的功效。包括校魂、校训、办学理念、教育教学思想和观念、党风、政风、学风、教风、校风等在内的校园文化，是学校的精神底蕴、文化内涵和学术品位，是学校在长期办学过程中，治学、治校成果和经验的精神积淀，通过代复一代人的磨合、交流、耦合，经过办学实践的酿制、筛选、提炼而逐步成型的。促进人的全面发展，是校园文化对学生人文素质养成的重要作用之一。实现全面发展，是在教育理念与时代相结合、教学硬件与软件相结合、育人环境与要素相结合、使学生做人与做学问相结合的过程中得到促进和实现的。包含正确价值观、高尚人格准则、强烈的创新精神的校园文化，围绕学校的整体培养目标，通过体现上述四个结合，在使学生争取实现综合素质优良，政治思想过硬，道德品行高尚，专业知识扎实，勇于创新和创业，具有较强的实践能力，能够适应社会需要的德智体全面发展的人才的目标上，形成强烈的心灵感应，并逐步变为内在品质；培养人才的爱校敬业精神，是校园文化对于学生人文素质养成的重要作用之二。培养爱校敬业精神，是在加强教书与育人相结合、思想理论教育与思想政治工作相结合、教师的教育与校园文化的培育相结合的过程中实现的。校园文化不教给学生具体的专业知识，但是它们给学生以风气的熏陶，理念的镌刻和精神的滋补。厚重的校魂、前沿的理念、优良的校风使学生在理解了学校教育对自己的人生道路意味着什么，勤奋学习和艰苦锻炼对自己的人生价值学习意味着什么的价值目标后，以坚强的精神力量和意志品质去迎接挑战，克服困难，不断实现人生发展道路上的一个又一个目标。

可见，在知识经济高速发展、市场竞争日益激烈的今天，学校应注重培养全方位、高素质的人才，切实改变重知识传授而轻人文素质培养的做法，通过加强课程建设、举办人文素质教育系列讲座、切实发挥好思想政治教育课的作用、加强教师队伍的师德建设、提高学生的社会实践能力，全方位多角度地加强对学生的人文素质教育。

三、拓展企事业单位的人文教育功能

现代企事业单位已不单单是一个经济组织或一个社会组织，作为重要的劳动场所和社会核心部门，它同时还担负着社会教育的责任。在知识经济高速发展的今天，人是生产的核心要素，加强员工的人文素质是现代企事业单位立足和发展的前提和保障。只要意识到这一点，这些单位是有动力来提升其成员的人文素质的。换言之，企事业单位可以成为公民人文素质建设的重要组成部分。

具体来说，企事业单位可以多种形式介入其成员人文素质的教育和提升。

首先，应当是树立以人为本的理念，切实体现对职工的人文关怀，在提高职工工资福利及实现困难职工保障等方面都真正有所作为，在经营运作中都有所体现。

其次，还应根据职工队伍思想变化的新特点，有针对性地开展思想政治工作和人文教育工作，使两者有机融汇、同步提高。

再次，各单位在进行员工培训时，除了岗位技能的内容外，还应适当增加人文素质方面的培训内容。

最后，各企事业单位还应积极配合政府和社区的工作，在职工中有计划地开展劳动法规、社会治安、文明礼貌、环境保护等主题教育活动，培养全方位、高素质的"好职工"、"好公民"，促进本单位员工人文素质全面、整体的提升。

四、加强城市社区人文教育机制建设

公民人文素质提升是一个长期的复杂过程，需要注重工作机制的长效性。一个人的一生，大部分时间都是在社区中度过的，通过发展社区教育来提高公民的人文素质，是一条非常重要而又不可替代的途径。

首先是要建立健全社区教育机构，使之能够整合和发挥社区内各系统、部门、机构、社团等的作用。社区教育机构（社区市民学校或社区学院）以一定范围的社区为操作空间，充分吸收学校及其他公益性机构参与其中，广泛开展面向社区不同人群的人文素质教育及科技、文化和法律等活动，可以不断地提高社区居民的人文素质。

其次是要积极动员社区内的各类教育资源。应当采取具体措施，鼓励和组织各种学校教师及相关志愿者参与社区教育活动，传播科学和人文知识，提高公民人文素质。

最后是应强化政府对社区教育的管理与服务职能。有关政府部门应对本区域社会成员的教育需求有充分了解，制订好发展规划，增加相关投入，统筹相关资源，协调相关关系，为社区的公民人文素质教育提供保障条件。

五、着重加强农村人文教育体系建设

农村人文教育应紧密联系农村实际，突出农村特色。

首先是要加强农村扫盲和教育工作。近年来，我国农村的扫盲工作已取得一定成绩，但在西部或边远地区的农村中，文盲或半文盲还大量存在。因此，必须将扫盲工作坚持不懈地抓下去。乡镇政府必须深入基层，收集一手数据，详细制订扫盲计划，严格做到劳动力群体的彻底扫盲。应当继续深入开展"三下乡"活动，严格落实《义务教育法》，防范学龄儿童失学，切实保证农民通过获得基本教育而完成自身人文素质提升的第一个步骤。

其次是在有条件的地方应尽快启动"万村书库"工程。要把"万村书库"工程作为让农民读书、致富和提高农民人文素质的惠民项目来抓。一是积极宣传、多渠道捐书。通过举行赠书仪式和"万村书库"挂牌仪式，以及利用广播、电视、报纸等媒体的报道，形成"万村书库"进乡村的积极舆论氛围。应当动员市、县政府机关、学校和社会公益组织在社会范围内广泛开展捐书活动。二是建立健全图书管理制度。定点设置图书馆，确定专、兼职图书管理人员，做好图书的分类和借阅等管理工作。三是充分动员。鼓励农民读书。通过村广播、板报、个人借阅、定期开放图书室等方式促使读书活动在农村广泛开展，促进农民人文素质逐步提高。

再次是要开展"农民终身教育计划"。提高农民的人文素质必须注重对农民的终身教育。一是通过各级农村组织建立"农民教育培训中心"、"农民文化技术学校"、"科普培训基地"等培训和再教育机构，全面加强农民的文化教育、思想教育、道德教育和农业科技教育。二是不断探索实施农民终身教育的新形式，通过自编培训教材、专家与专业教师集中授课、多媒体教学、远程网络教育、科技下乡、现场参观等多种形式，来提高农民的人文素质。三是在农村倡导文明、健康、科学的生活方式。各个村庄可以根据自身情况开展"文明户"、"环保户"、"守法户"等评比活动，唤醒和促进文明、守法和环保意识，全面提高农民的人文素质。

第二节　创新公民人文素质建设活动载体

培育人文精神，提高人文素质，各类创新型的活动是极为重要的载体，它有助于改变只注重说教而不注重实效的单向传输模式，有利于潜移默化式地提高公民的人文素质。通过公民广泛参与的、不同层面和不同形式的人文活动，来强化人文认知、树立人文意识和塑造人文行为，是实施公民人文素质建设工程的重要方面。

一、开展好大型的人文素质相关活动

公民人文素质建设是一项涉及全社会的系统工程，需要中央部门以社会主义核心价值观为指导，从全局性、指向性和指导性的原则出发，进行科学规划设计和组织推动相关的教育活动。

一是应在全社会范围内开展好"公民道德实践年"、"文明礼仪年"等主题鲜明的活动和"继承优良传统，弘扬先进文化"等类型的大型活动，通过中央电视台、卫星电视台等覆盖面较广的电视媒体和在全国有影响力的网站、报刊等媒体，充分进行宣传和报道，营造良好的社会人文氛围。

二是注重创新科技和科普活动的形式，提高公民的科学素质。利用"全国科技宣传日"、"全国科学技术大会"等活动载体，通过设立"科技成果奖"、"科技普及奖"、"科技创新奖"等各种奖项，加强新闻媒体的宣传和报道力度，吸引公民关注科学、学习科学、爱好科学。各级电视台"科技频道"、"科技栏目"等除了制作一些主题鲜明的科普节目外，还可创新节目形式，举办如"与航天英雄面对面"、"科技专家会客厅"等多种形式的节目，并通过网络和电话等互动工具，让广大民众能参与提问和讨论，提高广大公民特别是青少年学生对科学的兴趣，提高其科学素质。

三是利用"法律宣传日"、"普法教育"等宣传活动，通过"今日说法"、"法治在线"、"法治中国"等在全国有重要影响的电视节目，以及"法治论坛"等互动性较强的普法类节目，加强对公民的法治宣传和教育，增强公民的守法、护法意识，提高公民的法律素质。

四是通过"世界环境日"、"植树节"、"自然保护区周年纪念"等大型环保活动，广泛宣传环境保护的知识和意义；利用网络投票、短信投票等方式评选

"绿色中国年度人物"、"绿色社区",并设立类似"中华环境奖"、"地球奖"等环保奖项,增强互动的效果,吸引公民对环保的关注和参与,提高其环保意识和环保素质。

五是各大电视台、网站可通过专题节目或教育专栏,开展公民文艺审美教育,培养公民的审美理念;各级文化、艺术团体和协会,可在较大范围内举办"绘画大赛"、"服装设计大赛"、"艺术作品展览",开展各种传统民俗文艺活动,将传统美与现代美有机结合,培养公民欣赏美、创造美的意识和能力,提高其审美素质。

二、以文明城区与文明乡镇创建活动带动公民人文素质的提高

从空间范围看,城区、乡镇的公民人文素质建设在整体人文素质建设系统中处于中观层次,起着承上启下的作用。在此层面上开展好文明创建活动,对于带动公民人文素质的建设和提高具有重要作用,应本着承接性、特色性和协调性的原则,加强这方面的工作。

一是将文明区县(地区)、乡镇创建活动作为提高公民道德素质的龙头工程,细致周到地开展各项工作。如组织开放式的"公德论坛"系列活动,制作"公德卡"(有关"市民文明守则"、"市民道德规范"等内容的卡通卡)发放给行人,在城区街道设立公益广告牌,加强人文宣传。

二是在城区、乡镇开展经常化的"全民节约行动"、"科学生活"等活动,通过街头现场问答、专题电视节目、橱窗展等形式,有针对性地在各行业、各人群中开展节约教育,普及节约知识、卫生知识、生活常识,提倡科学健康的生活方式,提高公民的环保素质和科学素质。

三是各城区、乡镇应借助"公民法治日"、"全民普法教育"等活动,通过地方电台、电视台、报纸、广告展牌等多种媒体形式,以及讲座、论坛、现场解答等方式,在辖区内开展相关主题的法治教育。地方法院还可就一些公众比较关心,但又不涉及国家安全和个人隐私的案件进行"公开审判",有序安排公民参加,培养公民懂法、守法的意识,提高公民的法律素质。

四是鼓励各地根据自身历史、文化、自然状况、民俗民风等,发掘优良历史传统和文化内涵,据此开展丰富多彩的文化特色区域创建活动。如通过"舞龙狮"、"赛龙舟"、"民歌大赛"和参观英雄纪念馆、历史博物馆、文学艺术馆,以及纪念城市文化名人、美术图片展等活动,增加各地尤其是各城市的文化底蕴,丰富公民的人文知识和提高公民的人文素质。

三、以城乡文明社区创建为契机搞好基层公民人文素质建设

社区和村庄作为人们居住和生活的场所，是提升公民人文素质最基层、最直接的场所。在这一层面上开展的活动，应当遵循具体性、灵活性和易接受性的原则，要把工作做深做细。

一是抓好城市文明社区创建工作。在此过程中，应充分发挥社区党组织和群众自治组织的作用，激发社区群众在人文素质建设中的积极性和创造力。例如，在社区内组建各种业余文艺队，自编自演各类文艺节目；利用寒暑假开展"老少携手，公德在社区"等宣传实践活动，广泛吸引青少年志愿者参加。继续深入开展"四进社区"（科技、教育、卫生和文化）活动，实施好"四个一"工程，即在社区内开辟一块法制宣传园地，设立一个法律服务联系箱，每户赠送一本《公民法律知识读本》，每月开展一次律师进社区法律咨询服务活动。需要强调的是，对于这些活动和工程，政府部门和社会应予以适当的经费支持和投入，使之能够持续地开展下去。

二是深入开展文明村镇创建活动。各地应当以推进社会主义新农村建设为目标，以提高农民的整体人文素质为根本出发点，积极推进文明村镇建设。尤其是要加强对落后地区和老少边穷地区文明村镇创建活动的指导和支持。在文明村创建工作中，应当注重引导农民树立人文观念和人文意识，通过"万村书库"工程和"三下乡"等工作，使农民人文素质的提高真正落到实处。建议在广大乡村开展绿化、美化、亮化、净化等"四化"活动，开展"科技户"、"环保户"、"文明户"等评比活动，采取具体措施逐步消除农村中柴草乱垛、粪土乱堆、垃圾乱倒、污水乱泼、禽畜乱放等"五乱"现象，切实提高农民讲道德、学科学、懂法律、重环保的观念和意识，提高其人文行为水平。

四、组织开展好机关单位的文明创建和人文素质建设活动

政府机关和企事业单位是人文素质建设的主要力量和主要阵地之一，应当本着针对性、自主性和实效性的原则，组织开展好这一层面的工作。

一是可以在机关单位组织开展"讲礼仪、树新风"等类型的活动，把文明礼仪教育实践活动作为道德风尚建设的基础工程，促进机关公务人员和单位职工人文素质的提高。围绕生活礼仪、社会礼仪、工作礼仪、涉外礼仪等主要内容，

开展文明礼仪进机关、进单位等活动，培养公务人员礼貌执法、企业职工文明上岗的意识。

二是可以开展"诚信经营促发展，文明服务添光彩"等类型的主题教育实践活动，在机关单位加强诚信建设，着力培育重信誉、守信用、讲信义的良好风尚。应当注重开发和利用现代信息技术，建立完善单位和个人的信用档案，加强对失信行为的法律惩戒。通过具体的诚信建设活动，可以加强机关单位成员的道德教育和法律教育，提高相应的素质。

三是鼓励和引导企事业单位结合自身特点创立组织文化，实施人本管理，加强人文关怀，力促团结协作。对于企事业单位以"自建"或"共建"形式开展的"文明单位"创建活动，有关方面应予以积极支持和帮助。在开展"知识竞赛"、"演讲比赛"，组织员工参观博物馆、文化馆，举办培训、讲座等各种活动时，都应有意识地融汇人文素质建设的环节和内容，打好单位人文素质建设的基础。

五、搞活学校和家庭层面的人文素质活动

学校和家庭是公民接受人文教育最早和最基础的课堂。在此层面上开展人文素质活动，应当注重灵活性、多样性、趣味性和活泼性，追求实际效果。

一是开展形式多样的主题活动和学生社团或兴趣小组活动，做到寓教于乐。可以通过开展诸如"养成道德习惯，争做合格公民"、"争做守法小公民"、"一帮一科技传播行动"、"争做环保卫士"等类型的主题活动，采取校会、班会、黑板报、电视、专题讲座、书法大赛、读书会、才艺展示、文艺表演等手段，全方位推进校园人文素质建设。

二是可以建立"社区活动联系卡"制度，即寒暑假期间学生持卡向其家庭所在的社区报到，由社区组织他们从事一些公益性活动，并将表现突出的事迹及时反馈给学校，由学校及时进行表彰和鼓励，激发学生努力向善的动力和积极性。

三是切实搞好"五好家庭"、"文明礼仪进家庭"、"文明出行，从家庭成员做起"等主题活动，引导家庭成员逐步形成相互学习、相互感染和自我教育的机制，发挥出家庭在人文教育方面应有的作用。

第三节　发挥并规范网络及其他媒体的作用

与传统媒体相比，互联网在信息容量、时效、多媒体特性、实时互动等方面均具独特优势，同时它还具有与报刊、电视、广播等媒体相互渗透、兼容、互动和开放的特点，正逐步成为公众获取知识、传播信息、宣传理念、分享价值的最为重要的渠道。互联网及电视、广播、报刊等现代媒体为公民人文素质的建设提供了广阔的空间和渠道，其功能作用需要充分发挥和科学利用。

一、发挥好校园网络的作用

大中学生是互联网使用频率最高的群体之一，他们思维活跃，对新事物敏感，网络对其各方面的影响不可忽视，有关部门和方面特别是高等院校应当加强校园网络建设与管理，使之对提高学生的人文素质发挥出应有的作用。一是应当将互联网的技术性和人文教育的渗透性有机结合，成倍放大人文教育的功效。应充分利用网络技术发展所提供的博客、E-mail、QQ 和 MSN 等方法手段，改造和优化传统的德育及思想政治工作，增强各类参与主体的互动，在参与和互动中实现人文知识和人文精神的内化。针对学生关心的热点和难点问题，及时开设博客网站，组织学有专长的教师担任博主，开辟师生网上交流新渠道，答疑解惑，提高素质。二是需要加强制度建设，规范网络文化。学校应根据社会对学生网络行为的道德需求，及时开展网络道德教育，倡导网络文明新风；应根据大、中、小学学生的不同情况，有针对性地制定网络道德约束机制，规范其网络行为。

二、重视社区网络的建设

社区网络具有贴近群众、贴近生活、利用率高等特点，在公民人文素质建设过程中需要发挥好它的作用。一是可以在社区网站上建立社区电子意见信箱、信息咨询与交流平台，方便居民与社区及政府互动；二是可以采取活泼形象的形式将社区文明公约等内容有效地传递给居民，以促进社区文化的建设；三是在社区网站上建立适合居民日常生活需求的电子图书馆，以之为依托经常开展社区人文知识学习与交流，不断提高居民的人文素养；四是社区网站通过与普法、科普等网站的链接,为居民打开更大视野和人文学习的渠道;五是政府应当在社区网络和其他公益性网络建设上增加投入,加强建设,使互联网更加充分地发挥出普及人文知识、加强人文教育、增强人文互动的作用。

三、加强互联网的安全建设和规范管理

当前,党和政府应高度重视网络安全与文明建设,制定相关法规与政策,改进和提高技术手段,促使互联网业健康发展。一是必须加大投入,支持网络技术人员研制开发防范技术,过滤黑、灰、黄信息流,阻止其进入学校和社区,防止其对青少年和社会的不良影响;二是要完善相关法律、法规,规范网络行为,净化网络空间,为公民人文素质建设营造健康安全的网络环境。

四、协同发挥其他媒体的作用

电视、广播、报刊等其他媒体与互联网相互开放与交织,在公民人文素质建设中需要发挥其协同效应。以公民的科普教育为例,除了网络工作外,社区可以增设科普橱窗,报刊可以开辟科普专栏,电台、电视台可合理安排播出科普节目和科普公益广告,有关部门还可以组织摄制一批科普电影、电视片等,开展经常性的巡演、巡展活动,等等。其他方面的人文素质教育也是如此。通过多种媒体的协同作用,应着力营造好公民人文素质建设的舆论导向和环境氛围。

第四节 开发整合公民人文素质建设所需文化资源

公民人文素质建设既需要人、财、物等有形资源,更需要无形的文化资源。根据是否营利,可将其供给方式区分为公共供给和市场供给,它们分别归属文化事业和文化产业的不同范畴,需要遵循不同的开发和整合思路与途径。

一、加强文化事业发展和公益性文化资源整合

文化事业是指由国家或社会兴办的面向全体公民或社会某一部分人的非营利

性的文化事业单位及其场所和所开展的各项活动①。它具有公共性、社会性和非营利性等特征，可以弥补市场供给的缺陷，保证在较大范围内提供基础性文化资源，促进公民文化权益的公平实现。加强文化事业发展，整合公益性文化资源，可以为公民人文素质建设提供良好的基础。

（一）加快公共文化基础设施等硬件建设

公共文化基础设施是公民人文素质建设的重要物质基础。推进人文素质建设工作，需要逐步形成各类文化设施齐全、布局合理的公共文化设施网络。首先是政府需要加大对文化事业的财政投入，通过冠名权等方式吸引非政府资金投入公共文化设施建设，形成政府与社会相结合的多元筹资机制，争取建成一批具有现代水平的公共文化设施。其次是在公共文化设施建设的规划与管理方面，应发挥好文化主管部门的职能作用，真正做到科学规划、合理布局、经济实用、造福于民。再次是加大图书馆、博物馆、文化馆和文化站等公益性文化事业馆站建设力度，特别是要加快建设乡镇文化馆、图书馆、文化站以及社区、企事业单位的文化活动场所等基层文化设施建设，以便利公民人文活动的开展。最后是要加强文博事业，形成各行业和专题博物馆全面发展的博物馆体系，为提升公民人文素质提供适宜的场所和载体。

（二）加大基层公益性文化资源供给

基层公益性文化资源与公民的文化生活关系最直接、联系最密切，需要花大力气开发与整合。首先是要建立社区文化资源共享机制，将驻区机关、团体、学校、企事业单位的文化、教育、体育、娱乐设施和场地等，以适当方式向社区开放，使之得到有效整合与利用。其次是高度重视农村文化资源的供给，如建立村庄图书阅览室、媒体网络室，开展科技、文化、卫生下乡活动等，着力增加对农村文化"软"和"硬"资源的供给，为农民群体的人文素质建设提供保障条件。

（三）开发整合文化事业发展的人力资源

公民人文素质建设和文化事业发展需要公众的广泛参与。首先是建立有效的考核评估机制，促使有关部门及其工作人员明确职责，分解任务，落实到人，在公民人文素质建设中发挥职能作用；其次是以适度的物质和精神激励，调动企事业单位人员积极参与公民人文素质建设；最后是采取具体措施吸引和动员志愿人

---

① 杨晓风、牟家仁：《试谈公益性文化事业建设》，载于《学术交流》，1998年第3期。

员参与。例如，搞好志愿人员需求数量、需求类型、需求领域等信息服务，使志愿人员能够有的放矢地参与人文素质建设活动；实行应有的工作保险，消除志愿人员工作时的后顾之忧；实施应有的奖励，提高志愿人员参与人文素质建设的精神满足感和动力等。

二、加快文化产业发展步伐和经营性文化资源的开发

文化产业是"在先进文化的指导下，生产文化产品和服务，以满足人们日益增长的文化需求的产业"[①]。它主要是通过市场供给机制来提供文化资源。"文化产业作为一种按照工业标准生产、再生产，存储以及分配文化产品和服务的经营活动，其复制性、批量化、标准化的生产特征，决定了它是一种更易于被大众所普遍接受的大众文化和通俗文化，有着巨大的消费潜力。"[②] 大力发展文化产业，对于克服文化资源公共供给的低效率，为公民人文素质建设提供形式多样的文化产品，具有十分重要的意义。

（一）加强文化资源开发的市场机制建设

加强市场机制建设是发展文化产业的前提和基础。

首先是应建立高效的信息共享机制。党和政府有关部门应当为文化市场良性运转提供充分的信息服务，推动有关主体建立信息共享机制，如利用现代技术网络建立信息交流平台，建立并维护好信息数据库等；行业协会组织应经常性地举办活动，交流新的发展理念和创新思路，促进文化产业健康发展，使之为公民人文素质建设做出应有的贡献。

其次是要建立有效的资源互补机制。针对当前一般性文化资源重复配置、特色性文化资源闲置或短缺的问题，应当鼓励和引导各类主体进行跨地区、跨行业、跨所有制的投资和经营，突破地区、部门、行业、所有制等的封闭状态，实现资源的有效互补和整合。

再次是充分运用现代科学技术，更加有效地整合各种文化资源，力求创造出更具竞争力的文化载体和文化形式。应深入研究文化资源与现代科技结合的有效途径，大力发展数字电视、移动电视、移动通讯、电子出版等高科技产业，推动文化产业的跨越式发展。

最后是打造大型文化企业集团，带动整个文化产业链和文化产业群加快发

[①] 尹世杰：《关于发展文化产业的几个问题》，载于《经济科学》，2002年第5期。
[②] 王永章：《积极稳妥推进文化产业发展》，载于《政策》，2003年第3期。

展。应当"鼓励依托有实力的文化企业,以市场为导向,以资本和业务为纽带,运用联合、重组、兼并、上市等方式,整合优势资源,重点发展一批拥有自主知识产权和文化创新能力、主业突出、核心竞争力强的大型文化产业集团。"①

(二) 着力培育文化品牌

随着经济社会的不断发展,人们对文化产品的需求正日益朝着个性化、高层次发展,开始注重其品质与品牌,文化品牌的影响力正不断扩展。文化品牌是一种无形资源,培育文化品牌,打造特色文化精品,可以促使公民人文素质建设向着更高阶段发展。

首先是应树立品牌意识。一个具有深刻文化内涵的文化品牌,可以倡举高品位价值境界和深层次品行底蕴的人格修养,有助于深度挖掘公民人文素质所蕴含的价值。社会各方面对此应有充分认识,着力树立品牌意识,重视文化品牌的培育。

其次是要做好品牌的设计与开发。品牌设计"就是为企业的产品策划设计一个好的牌子,并通过商标注册最终成为企业的产品品牌。设计品牌是实施品牌运营的基础环节,也是品牌意识强弱的最直接体现。"② 有关主体在设计文化品牌时应以历史文化积淀为基础,充分体现产品的人文底蕴和文化内涵,同时还应注意与现实与科学元素的有机结合,使之具有持久的生命力。

最后是要注意对品牌的维护。文化品牌在各类人群中产生巨大影响力的基础是品牌形象和品牌权威的确立。如果不能有效维护文化品牌,则极易削弱其形象和权威,造成其在公民人文素质建设中影响力的断裂。同时,如果文化品牌原有的文化底蕴和文化内涵被歪曲或不当理解,则可能扭曲人们对人文素质基本价值理念的认知,使人文素质建设的方向发生偏离。因此,必须加大对文化品牌形象与权威的保护力度,强化公民对文化品牌固有文化底蕴和内涵的正确理解和认识,避免人文素质建设走向歧路。

(三) 积极完善文化产业政策

文化产业政策是政府通过塑造市场环境来管理文化产业的主要途径,它确定了文化产业发展的边界,规范着文化产业主体的行为,界定了文化产业为公民人文素质建设提供文化资源的形式和手段。建立和完善文化产业政策体系,可以为公民人文素质建设塑造良好的市场环境。

---

① 侯晓滨、赵全新:《加强品牌运营,提升企业核心竞争力》,载于《生产力研究》,2004 年第 1 期。
② 张彩凤:《论我国文化资源的产业化开发》,载于《中共济南市委党校学报》,2005 年第 3 期。

首先是要加强文化产业立法。在此方面我国虽已做了一些实质性工作，初步建立了一批规范文化产业和文化市场的法律法规，如《中华人民共和国商标法》、《中华人民共和国专利法》、《中华人民共和国著作权法》、《中华人民共和国文物保护法》、《广播电视管理条例》、《音像制品管理条例》、《出版管理条例》等，但总体而言仍显数量不足，很多领域还存在法律空白。另外，这些法律、法规位阶尚不够高，尚缺乏应有的权威。因此，必须加快文化产业立法研究和立法进程，为公民人文素质建设工程的顺利实施提供权威保障。

其次是要建立完善的文化产业管理政策体系。一是完善规范文化市场主体行为的相关政策，保证公民人文素质建设市场性文化资源的合理、有序供给；二是建立文化产业发展的立项政策，以项目招标、分级立项的方式从多个层次对公民人文素质进行建设；三是发展文化产业投资政策，保证对人文素质建设市场性文化资源供给的资金支持；四是发展文化产业创新政策，激励和引导公民人文素质建设方法与途径的自主创新；五是加强文化资源开发、文化产品的利用以及文化品牌的保护政策，扩大人文素质建设市场性文化资源供给的数量并提高其质量。

最后是要培育现代文化市场体系。健全完善的现代文化市场体系对于有效配置文化资源和供给公民人文素质建设所需市场资源，具有重要作用。为此，应制定和完善有关规范和发展经纪、代理、评估、鉴定、推介、咨询、拍卖等中介机构的政策，引导推行知识产权代理、市场开发、市场调查、信息提供、法律咨询等专业化、社会化服务；进一步统一文化市场管理，创造公开、公平、公正的市场竞争环境，为高效开发和整合公民人文素质建设所需文化资源创造良好条件。

第五节 着力加强政府工作机制建设

在公民人文素质建设系统工程中，党和政府（以下简称政府）始终处于关键和核心位置。政府能力的高低及其工作机制完善与否，最终关系到公民人文素质建设最终目标的实现程度。因此，政府工作机制建设问题需要引起格外重视。

一、建立有力的组织领导机制

建立科学合理、责任明确、运转高效的组织领导机制是实施公民人文素质建设工程的前提。各级党委、政府应将公民人文素质建设切实摆到重要议事日程，真正融入精神文明建设工作，加强组织领导，抓好规划、落实和督促检查。

首先是建立党政联席会议制度，形成党政齐抓共管局面。各级党政部门、人民团体应明确自身在公民人文素质建设中的职责和任务，以联席会议的形式加强沟通与协作，协同工作，形成合力。工、青、妇等组织应发挥自身优势，做好所联系群体的人文素质教育工作。

其次是可以考虑在各级文明委加挂公民人文素质建设委员会的牌子，实行"一套人马两块牌子"。这既有利于把党和政府对人文素质建设的领导、指导、协调等工作和精神文明建设统一起来，同时还可以丰富精神文明建设的内涵，为其提供具体明确的抓手，激发其应有的活力。公民人文素质建设委员会应经常掌握公民人文素质动态，及时指导相关方面和单位的工作；在其指导和督促下，人文素质建设可以和学校教育、行业创建、社区发展等工作紧密结合起来，有效扩大人文素质建设的渗透力和覆盖面。

最后是要把公民人文素质建设工作情况纳入党政干部的绩效考核范畴，科学设立考核测评指标体系，定期进行客观全面的评估或考核，并将考核结果运用到相应的奖惩方面，争取在领导层形成推动人文素质建设的激励和约束机制。

二、建立政府主导、社会参与的多元筹资机制

公民人文素质建设涉及方面很多，需要一定力度的资金支持，需要建立政府主导、社会参与的多元筹资机制。

首先是明确政府对公民人文素质建设主要投资主体的地位。各级政府应合理地确定相关资金预算，加大财政投入力度，按照财政增加幅度逐步提高资金投入比例。应优化人文素质建设的项目设计，确保财政投入取得良好效益。当前应注意加强对公民人文素质建设研究、公民人文素质指数体系及数据库建设、人文素质教育培训、未成年人教育活动场所、网络文明建设、精神文明宣传阵地建设等方面的资金支持，做好人文素质建设的基础工作。

其次是制定优惠政策，鼓励和吸引各种社会投资和捐资，拓宽筹资渠道，着力构建多渠道、多层次的资金投入机制，使公民人文素质建设得到应有的财力和物力支持。

三、建立以城带乡和城乡共建的协调发展机制

在我国，与城乡二元结构相对应，人文资源也主要集中在城市，农村地区则比较匮乏，这不利于公民人文素质的整体提升。针对这种局面，建立以城带乡、城乡共建的协调发展机制，不失为一个好的主意。

首先是要发挥城市在人才、信息、技术、管理等方面的优势,帮助农村建设公共文化设施、改善文化条件、开展各方面的素质培训,推动城市现代文明向农村传播,实现现代文明生活方式对农民传统生活方式的渗透。

其次是应组织协调各城市机关单位与农村行政村结成共建对子,实行"一对一"的传帮带。发挥城市高等院校、科研院所密集的优势,鼓励各类专业人才定期到农村开展试验、调查、宣传、培训等工作,帮助农民提高综合素质。

最后是政府财政资金和多元筹集的人文建设资金重点向农村倾斜,帮助农村地区建设集基层文化中心、科普中心、培训中心、娱乐中心于一体的综合场所,使之成为对农民开展文化、道德、法律、科普、环保等教育和活动的重要基地。

四、建立全面覆盖而又重点突出的培养教育机制

公民人文素质建设的对象虽然是全体公民,但是各个群体的情况又相差较大。政府在开展工作时,应坚持对象全面性和工作重点性的有机统一。

就对象的全面性而言,需要做好以下工作:一是将农民、工人、企管人员、商业人员、公务员、教师等各类人群都纳入公民人文素质建设体系,不能有所遗漏和存在工作空白;二是定期对各群体、各地区公民人文素质状况进行调查分析,及时巩固本群体、本地区水平较高的素质层面,着重提升本群体、本地区水平较低的素质层面;三是在不同行业、不同组织、不同职业、不同地区内建立起相对完善的人文素质教育培养机制,加强相互间的交流和互动,努力形成群体间、地区间以及群体与地区间横向、纵向交叉渗透的人文素质培养和教育网络。

就人文素质建设工作的重点性而言,应当着重搞好人文素质指数较低人群及地区的人文素质建设工作。对于农民和农村来说,政府部门除了加强资金投入和以城带乡等工作外,还应在充分发掘和保护农村优秀传统文化资源、剔除不良传统和陋习等方面,切实加大工作力度,并使这一过程成为农民人文素质提升的过程。对于欠发达地区和人文素质指数偏低的地区,上级政府部门应合理确定资源的分配数量和比例,适时加强资源的转移和补助,使各地区和各群体的人文素质建设能够均衡发展,不致出现"短板效应"。

五、建立理论与实践有机结合的研究机制

公民人文素质的综合性、复杂性以及动态发展性,要求政府部门和社会各界重视相应的系统理论研究和现实应用研究,以把握其规律性,推动实际工作。

首先是政府部门应牵头设立公民人文素质建设研究基地，组织高等院校、科研院所和政协、人大代表中相关专家学者，以专兼职相结合的方式，对与公民人文素质建设相关的重要课题进行系统研究。

其次是要设置公民人文素质建设研究专项基金，采取课题牵引的办法，每年围绕一些重要理论和实践课题，采取领导、专家和群众相结合形式展开研究，对各地区创造的有关经验和做法进行概括和提升，这既有利于提炼理论，又有利于推动实际工作。

再次是定期召开公民人文素质建设理论研讨会，设立"人文素质论坛"，促使各种观点交流对话、良性互动，充分展示理论和实践方面的研究成果，为公民人文素质建设提供应有的智力支持。

最后是要抓好理论成果向实践转化的环节。可以有现实操作性的研究成果，可以采取"以点带面、逐步推广"的方式，先在有代表性的行业、地区、组织进行试点，使相关的理论观点得到检验、修正和完善，之后再在更大范围内推广。

六、建立科学合理的评价机制

科学合理的评价机制可以引导出良好的人文素质建设行为。具体地说，这一机制应包含以下内容：一是主体上的广泛性。只有促使社会中每个组织、每个公民都关注和参与人文素质评价，才能产生广泛的社会影响力，增强对被评价者的激励和约束。同时，参与评价本身又是一个很好的人文素质教育和学习过程，人们评价中可以发现自身的不足，并设法加以改进。二是范围上的综合性。公民人文素质评价应当从道德、文史哲、法律、科学、审美、环保等维度全方位地进行，不能以偏概全。三是标准上的科学性。公民素质的每一个方面都具有丰富的内涵，其测评指标和观测点需要进行科学合理的设计，不能草率和随意。四是作用上的实效性。人文素质评价的目的是掌握情况、科学决策，发现问题、改进工作，政府部门应积极地将评价结果运用于实际工作。

七、营造健康向上的社会环境和氛围

公民人文素质总是在一定的社会环境中进行建设的。政府部门应着重从以下方面营造人文素质建设的社会环境和氛围：一是在全社会倡导和践行社会主义荣辱观，加强社会主义核心价值体系建设，努力形成公民人文素质建设的价值共识；二是加强公共文化设施建设，做好文物保护等工作，为公民人文素质建设营造良好的物质环境；三是加快社会科学、文学艺术、新闻出版、广播影视等各项事业的发展，多向社会提供文化底蕴坚实、艺术价值较高的文化产品；四是积极开展社会救助、慈善和环保等类型的志愿者活动，广泛发动公民特别是青少年参与，为公民人文素质的建设营造良好的社会组织环境。

图表目录

表目录

表 2-1　七大行政区域划分表　43
表 3-1　人文素质评价指标一览表　46
表 3-2　6个维度重要性两两比较结果表　48
表 3-3　各维度评价标准权重计算表　49
表 3-4　各维度权重表　49
表 3-5　中国公民人文素质评价指标体系权重计分表　50
表 3-6　A1 道德维度指标量化计分表　54
表 3-7　A2 法律维度指标量化计分表　57
表 3-8　A3 文史哲维度指标量化计分表　59
表 3-9　A4 科学素质维度指标量化计分表　63
表 3-10　A5 审美素质维度指标量化计分表　65
表 3-11　A6 环保维度指标量化计分表　66
表 3-12　中国公民人文素质评价指标评价等级表　68
表 4-1　中国公民人文素质发展指数评判表　77
表 4-2　各群体人文素质发展指数等级评判分布表　80
表 5-1　各群体不同维度指标和指数值一览表　82
表 5-2　东、西、中部地区各维度人文素质评价指标和发展指数一览表　84
表 5-3　东、中、西、东北地区人文素质评价指标和发展指数一览表　84
表 5-4　东、中西部地区各维度人文素质评价指标和发展指数一览表　85
表 5-5　南北方地区各维度人文素质评价指标和发展指数比较表　85
表 5-6　七大行政区域人文素质评价指标和发展指数一览表　86
表 5-7　七大行政区域人文素质评价指标和发展指数综合排名表　87
表 5-8　不同地区道德维度人文素质评价指标和发展指数排名表　87
表 5-9　不同地区法律维度人文素质评价指标和发展指数排名表　87
表 5-10　不同地区文史哲维度人文素质评价指标和发展指数排名表　88
表 5-11　不同地区科学维度人文素质评价指标和发展指数排名表　88

表5-12　不同地区审美维度人文素质发展指标和指数排名表　88
表5-13　不同地区环保维度人文素质评价指标和发展指数排名表　89
表5-14　七大行政区域人文素质评价指标和发展指数各维度排名
　　　　一览表　89

表6-1　人文素质评价指标总体平均值分层比较表　91
表6-2　人文素质评价指标总体平均值维度比较表　91
表6-3　人文素质发展指数总体平均值分层比较表　93
表6-4　人文素质发展指数总体平均值维度比较表　94
表6-5　按性别构成的人文素质指标指数一览表　97
表6-6　按年龄构成的人文素质评价指标和发展指数一览表　99
表6-7　按工龄构成的人文素质评价指标和发展指数一览表　99
表6-8　按学历构成的人文素质评价指标和发展指数一览表　100
表6-9　各群体人文素质评价指标等级评价分布表　102
表6-10　按经济区域和发达程度人文素质评价指标指数一览表　103
表7-1　按性别构成的道德维度指标情况　105
表7-2　按性别构成的道德指标观察样本描述　105
表7-3　按性别构成的道德指标描述统计分析　106
表7-4　按性别构成的道德指标估计量输出结果　107
表7-5　按性别构成的道德指标百分位数输出结果　107
表7-6　按性别构成的道德指标奇异值比较表　108
表7-7　按性别构成的道德指标正态性检验　108
表7-8　按性别构成的道德指标方差齐性检验结果　109
表7-9　按性别构成的道德指标独立样本检验输出表　112
表7-10　按性别构成的公共道德行为调查结果表　114
表7-11　按性别构成的职业道德行为调查结果表　115
表7-12　按性别构成的家庭道德行为调查结果表　115
表7-13　按年龄构成的道德维度指标情况　116
表7-14　按年龄划分的样本描述　117
表7-15　按年龄构成的道德指标描述统计分析　117
表7-16　按年龄构成的道德指标估计量输出结果 M　118
表7-17　按年龄构成的道德指标百分位数输出结果　118
表7-18　按年龄构成的道德指标奇异值比较表　119
表7-19　按年龄构成的道德指标正态性检验　119

表 7 – 20	按年龄构成的道德指标方差齐性检验结果	120
表 7 – 21	青少年和中老年的道德指标独立样本检验输出表	123
表 7 – 22	按年龄构成的道德常识调查结果表	125
表 7 – 23	按年龄构成的公共道德行为调查结果表	126
表 7 – 24	按年龄构成的职业道德行为调查结果表	126
表 7 – 25	按年龄构成的家庭道德行为调查结果表	127
表 7 – 26	按工龄构成的道德维度指标情况	127
表 7 – 27	按工龄构成的道德指标描述统计分析	128
表 7 – 28	按工龄构成的道德指标百分位数输出结果	129
表 7 – 29	按工龄构成的道德指标奇异值比较表	130
表 7 – 30	按工龄构成的道德指标正态性检验	131
表 7 – 31	按工龄构成的道德指标方差齐性检验结果	131
表 7 – 32	按工龄构成的道德指标主观认同和客观趋向比较表	133
表 7 – 33	按工龄构成的公共道德行为调查结果表	135
表 7 – 34	工龄和道德指标相关分析取值表	135
表 7 – 35	工龄和道德指标相关分析表	135
表 7 – 36	按工龄构成的职业道德行为调查结果表	136
表 7 – 37	按工龄构成的家庭道德行为调查结果表	137
表 7 – 38	按学历构成的道德维度指标情况	138
表 7 – 39	按学历构成的道德指标描述统计分析	139
表 7 – 40	按学历构成的 M 统计量	140
表 7 – 41	按学历构成的道德指标百分位数输出结果	140
表 7 – 42	按学历构成的道德指标奇异值比较表	141
表 7 – 43	按学历构成的道德指标正态性检验	142
表 7 – 44	按学历构成的道德指标方差齐性检验结果	142
表 7 – 45	按学历构成的道德指标主观认同和客观趋向比较表	145
表 7 – 46	按学历构成的道德约束调查结果表	145
表 7 – 47	按学历构成的道德常识调查结果表	145
表 7 – 48	按学历构成的公共道德行为调查结果表	146
表 7 – 49	按学历构成的职业道德行为调查结果表	147
表 7 – 50	按学历构成的家庭道德行为调查结果表	147
表 7 – 51	按群体构成的道德维度指标情况	148
表 7 – 52	按群体构成的道德维度相关指标排序表	149
表 7 – 53	按群体构成的道德指标描述统计分析	151

表 7-54	按群体构成的 M 统计量	152
表 7-55	按群体构成的道德指标百分位数输出结果	153
表 7-56	按群体构成的道德指标奇异值比较表	154
表 7-57	按群体构成的道德指标正态性检验	155
表 7-58	按群体构成的道德指标方差齐性检验结果	156
表 7-59	按群体构成的道德指标主观认同和客观趋向比较表	159
表 7-60	按群体构成的道德常识调查结果表	161
表 7-61	按群体构成的公共道德行为调查结果表	162
表 7-62	按群体构成的职业道德行为调查结果表	163
表 7-63	按群体构成的家庭道德行为调查结果表	163
表 7-64	按经济区域和发达程度构成的道德维度指标情况	165
表 7-65	按区域构成的道德指标描述统计分析	166
表 7-66	按 4 个区域构成的 M 统计量	167
表 7-67	按 4 个区域构成的道德指标正态性检验	168
表 7-68	按发达程度构成的道德指标正态性检验	168
表 7-69	按地域构成的道德指标方差齐性检验结果	168
表 7-70	按发达程度构成的道德指标方差齐性检验结果	168
表 7-71	按区域构成的道德指标主观认同和客观趋向比较表	171
表 7-72	按群体构成的道德常识调查结果表	172
表 7-73	按区域构成的公共道德行为调查结果表	173
表 7-74	按经济区域和发达程度构成的职业道德行为调查结果表	173
表 7-75	按经济区域和发达程度构成的家庭道德行为调查结果表	174
表 8-1	按性别构成的法律维度指标和指数情况	177
表 8-2	按性别构成的法律指标描述统计分析	178
表 8-3	按性别构成的法律指标百分位数输出结果	179
表 8-4	按性别构成的法律指标奇异值比较表	179
表 8-5	按性别构成的法律指标正态性检验	180
表 8-6	按性别构成的法律指标方差齐性检验结果	180
表 8-7	按性别构成的法律指标独立样本检验输出表	182
表 8-8	按性别构成的法律诉求调查结果表	183
表 8-9	按性别构成的法律性质认识情况调查结果表	183
表 8-10	按性别构成的法律认知情况调查结果表	184
表 8-11	按性别构成的法律行为调查结果表	184
表 8-12	按年龄构成的法律维度指标和指数情况	185

表 8 - 13	按年龄构成的法律指标描述统计分析	185
表 8 - 14	按年龄构成的法律指标正态性检验	186
表 8 - 15	按年龄构成的法律指标方差齐性检验结果	187
表 8 - 16	按年龄构成的法律诉求调查结果表	188
表 8 - 17	按年龄构成的法律性质认识情况调查结果表	188
表 8 - 18	按年龄构成的法律认知情况调查结果表	189
表 8 - 19	按年龄构成的法律行为调查结果表	189
表 8 - 20	按工龄构成的法律维度指标和指数情况	190
表 8 - 21	按工龄构成的法律指标描述统计分析	191
表 8 - 22	按工龄构成的法律指标正态性检验	192
表 8 - 23	按工龄构成的法律指标方差齐性检验结果	192
表 8 - 24	按工龄构成的法律诉求调查结果表	193
表 8 - 25	按工龄构成的法律性质认识情况调查结果表	194
表 8 - 26	按工龄构成的法律认知情况调查结果表	194
表 8 - 27	按工龄构成的法律行为调查结果表	195
表 8 - 28	按学历构成的法律维度指标和指数情况	196
表 8 - 29	按学历构成的法律指标描述统计分析	197
表 8 - 30	按学历构成的法律指标正态性检验	198
表 8 - 31	按学历构成的法律指标方差齐性检验结果	198
表 8 - 32	按学历构成的法律诉求调查结果表	199
表 8 - 33	按学历构成的法律性质认识情况调查结果表	200
表 8 - 34	按学历构成的法律认知情况调查结果表	200
表 8 - 35	按学历构成的法律行为调查结果表	201
表 8 - 36	按群体构成的法律维度指标情况	202
表 8 - 37	按群体构成的法律维度相关指标排序表	203
表 8 - 38	按群体构成的法律指标描述统计分析	204
表 8 - 39	按群体构成的法律指标正态性检验	205
表 8 - 40	按群体构成的法律指标方差齐性检验结果	206
表 8 - 41	按群体构成的法律诉求调查结果表	207
表 8 - 42	按群体构成的法律性质认识情况调查结果表	208
表 8 - 43	按群体构成的法律认知情况调查结果表	208
表 8 - 44	按群体构成的法律行为调查结果表	209
表 8 - 45	按经济区域和发达程度构成的法律维度指标情况	210
表 8 - 46	按区域构成的法律指标描述统计分析	211

表8-47　按区域构成的法律诉求调查结果表　212
表8-48　按区域构成的法律性质认识情况调查结果表　213
表8-49　按区域构成的法律认知情况调查结果表　213
表8-50　按区域构成的法律行为调查结果表　214
表9-1　按性别构成的文史哲维度指标和指数情况　217
表9-2　按性别构成的文史哲指标描述性统计分析　218
表9-3　按性别构成的文史哲指标M-统计量　219
表9-4　按性别构成的文史哲指标正态性检验　219
表9-5　按性别构成的文史哲指标方差齐性检验结果　219
表9-6　按性别构成的爱国民族意识调查结果表　221
表9-7　按性别构成的人权意识状况调查结果表　222
表9-8　按性别构成的文史哲认知情况调查结果表　222
表9-9　按性别构成的文化取向调查结果表　223
表9-10　按性别构成的价值观取向调查结果表　224
表9-11　按性别构成的生活观取向调查结果表　225
表9-12　按性别构成的爱情观取向调查结果表　225
表9-13　按年龄构成的文史哲维度指标和指数情况　226
表9-14　按年龄构成的文史哲指标描述性统计分析　227
表9-15　按年龄构成的文史哲指标正态性检验　228
表9-16　按年龄构成的文史哲指标方差齐性检验结果　228
表9-17　按年龄构成的爱国民族意识调查结果表　229
表9-18　按年龄构成的人权意识状况调查结果表　230
表9-19　按年龄构成的文史哲认知情况调查结果表　230
表9-20　按年龄构成的文化取向调查结果表　231
表9-21　按年龄构成的价值观取向调查结果表　232
表9-22　按年龄构成的生活观取向调查结果表　233
表9-23　按年龄构成的爱情观取向调查结果表　234
表9-24　按工龄构成的文史哲维度指标和指数情况　235
表9-25　按工龄构成的文史哲指标描述性统计分析　235
表9-26　按工龄构成的文史哲指标正态性检验　236
表9-27　按工龄构成的文史哲指标方差齐性检验结果　237
表9-28　按工龄构成的爱国民族意识调查结果表　238
表9-29　按工龄构成的人权意识状况调查结果表　239
表9-30　按工龄构成的文史哲认知情况调查结果表　239

表9-31	按工龄构成的文化取向调查结果表	241
表9-32	按工龄构成的价值观取向调查结果表	242
表9-33	按工龄构成的生活观取向调查结果表	243
表9-34	按工龄构成的爱情观取向调查结果表	244
表9-35	按学历构成的文史哲维度指标和指数情况	244
表9-36	按学历构成的文史哲指标描述性统计分析	245
表9-37	按学历构成的文史哲指标正态性检验	246
表9-38	按学历构成的文史哲指标方差齐性检验结果	246
表9-39	按学历构成的爱国民族意识调查结果表	248
表9-40	按学历构成的人权意识状况调查结果表	248
表9-41	按学历构成的文史哲认知情况调查结果表	249
表9-42	按学历构成的文化取向调查结果表	250
表9-43	按学历构成的价值观取向调查结果表	251
表9-44	按学历构成的生活观取向调查结果表	252
表9-45	按学历构成的爱情观取向调查结果表	253
表9-46	按群体构成的文史哲维度指标情况	254
表9-47	按群体构成的文史哲指标描述性统计分析	255
表9-48	按群体构成的文史哲指标正态性检验	257
表9-49	按群体构成的文史哲指标方差齐性检验结果	257
表9-50	按群体构成的爱国民族意识调查结果表	259
表9-51	按群体构成的人权意识状况调查结果表	259
表9-52	按群体构成的文史哲认知情况调查结果表	260
表9-53	按群体构成的文化取向调查结果表	262
表9-54	按群体构成的价值观取向调查结果表	264
表9-55	按群体构成的生活观取向调查结果表	265
表9-56	按群体构成的爱情观取向调查结果表	266
表9-57	按经济区域和发达程度构成的文史哲维度指标情况	268
表9-58	按区域构成的文史哲指标描述性统计分析	269
表9-59	按区域构成的爱国民族意识调查结果表	270
表9-60	按区域构成的人权意识状况调查结果表	271
表9-61	按区域构成的文史哲认知情况调查结果表	271
表9-62	按区域构成的文化取向调查结果表	273
表9-63	按区域构成的价值观取向调查结果表	274
表9-64	按区域构成的生活观取向调查结果表	275

表9-65	按区域构成的爱情观取向调查结果表	276
表10-1	按性别构成的科学维度指标和指数情况	278
表10-2	按性别构成的科学指标描述性统计分析	279
表10-3	按性别构成的科学指标M-统计量	280
表10-4	按性别构成的科学指标正态性检验	280
表10-5	按性别构成的科学指标方差齐性检验结果	281
表10-6	按性别构成的科学价值调查结果表	282
表10-7	按性别构成的科学常识认知情况调查结果表	283
表10-8	按性别构成的科学行为取向调查结果表	284
表10-9	按年龄构成的科学维度指标和指数情况	285
表10-10	按年龄构成的科学指标描述性统计分析	286
表10-11	按年龄构成的科学指标正态性检验	286
表10-12	按年龄构成的科学指标方差齐性检验结果	287
表10-13	按年龄构成的科学价值调查结果表	288
表10-14	按年龄构成的科学常识认知情况调查结果表	289
表10-15	按年龄构成的科学行为取向调查结果表	290
表10-16	按工龄构成的科学维度指标和指数情况	290
表10-17	按工龄构成的科学指标描述性统计分析	291
表10-18	按工龄构成的科学指标正态性检验	292
表10-19	按工龄构成的科学指标方差齐性检验结果	292
表10-20	按工龄构成的科学价值调查结果表	294
表10-21	按工龄构成的科学常识认知情况调查结果表	295
表10-22	按工龄构成的科学行为取向调查结果表	296
表10-23	按学历构成的科学维度指标和指数情况	297
表10-24	按学历构成的科学指标描述性统计分析	298
表10-25	按学历构成的科学指标正态性检验	298
表10-26	按学历构成的科学指标方差齐性检验结果	299
表10-27	按学历构成的科学价值调查结果表	300
表10-28	按学历构成的科学常识认知情况调查结果表	301
表10-29	按学历构成的科学行为取向调查结果表	302
表10-30	按群体构成的科学维度指标情况	303
表10-31	按群体构成的科学指标描述性统计分析	304
表10-32	按群体构成的科学指标正态性检验	306
表10-33	按群体构成的科学指标方差齐性检验结果	306

表10-34	按群体构成的科学价值调查结果表	308
表10-35	按年龄构成的科学常识认知情况调查结果表	309
表10-36	按群体构成的科学行为取向调查结果表	311
表10-37	按经济区域和发达程度构成的科学维度指标情况	312
表10-38	按区域构成的科学指标描述性统计分析	313
表10-39	按区域构成的科学价值调查结果表	314
表10-40	按区域构成的科学常识认知情况调查结果表	316
表10-41	按区域构成的科学行为取向调查结果表	317
表11-1	按性别构成的审美维度指标和指数情况	320
表11-2	按性别构成的审美指标描述性统计分析	321
表11-3	按性别构成的审美指标 M-统计量	322
表11-4	按性别构成的审美指标正态性检验	322
表11-5	按性别构成的审美指标方差齐性检验结果	323
表11-6	按性别构成的审美意识调查结果表	324
表11-7	按性别构成的审美常识情况调查结果表	325
表11-8	按性别构成的文化取向调查结果表	325
表11-9	按年龄构成的审美维度指标和指数情况	326
表11-10	按年龄构成的审美指标描述性统计分析	326
表11-11	按年龄构成的审美指标正态性检验	327
表11-12	按年龄构成的审美指标方差齐性检验结果	327
表11-13	按年龄构成的审美意识调查结果表	328
表11-14	按年龄构成的审美常识情况调查结果表	329
表11-15	按年龄构成的文化取向调查结果表	329
表11-16	按工龄构成的审美维度指标和指数情况	330
表11-17	按工龄构成的审美指标描述性统计分析	331
表11-18	按工龄构成的审美指标正态性检验	332
表11-19	按工龄构成的审美指标方差齐性检验结果	332
表11-20	按工龄构成的审美意识调查结果表	333
表11-21	按工龄构成的审美常识情况调查结果表	334
表11-22	按工龄构成的文化取向调查结果表	334
表11-23	按学历构成的审美维度指标和指数情况	335
表11-24	按学历构成的审美指标描述性统计分析	336
表11-25	按学历构成的审美指标正态性检验	337
表11-26	按学历构成的审美指标方差齐性检验结果	337

表 11-27	按学历构成的审美意识调查结果表	338
表 11-28	按学历构成的审美常识情况调查结果表	339
表 11-29	按学历构成的文化取向调查结果表	339
表 11-30	按群体构成的审美维度指标情况	340
表 11-31	按群体构成的审美指标描述性统计分析	341
表 11-32	按群体构成的审美指标正态性检验	343
表 11-33	按群体构成的审美指标方差齐性检验结果	343
表 11-34	按群体构成的审美意识调查结果表	345
表 11-35	按群体构成的审美常识情况调查结果表	345
表 11-36	按群体构成的文化取向调查结果表	346
表 11-37	按经济区域和发达程度构成的审美维度指标情况	347
表 11-38	按区域构成的审美指标描述性统计分析	348
表 11-39	按区域构成的审美意识调查结果表	349
表 11-40	按区域构成的审美常识情况调查结果表	350
表 11-41	按区域构成的文化取向调查结果表	351
表 12-1	按性别构成的环保维度指标和指数情况	354
表 12-2	按性别构成的环保指标描述性统计分析	355
表 12-3	按性别构成的环保指标正态性检验	356
表 12-4	按性别构成的环保指标方差齐性检验结果	356
表 12-5	按性别构成的环保意识状况调查结果表	357
表 12-6	按性别构成的环保认知情况调查结果表	357
表 12-7	按性别构成的环保取向调查结果表	358
表 12-8	按年龄构成的环保维度指标和指数情况	358
表 12-9	按年龄构成的环保指标描述性统计分析	359
表 12-10	按年龄构成的环保指标正态性检验	360
表 12-11	按年龄构成的环保指标方差齐性检验结果	360
表 12-12	按年龄构成的环保意识状况调查结果表	361
表 12-13	按年龄构成的环保认知情况调查结果表	362
表 12-14	按年龄构成的环保取向调查结果表	362
表 12-15	按工龄构成的环保维度指标和指数情况	363
表 12-16	按工龄构成的环保指标描述性统计分析	364
表 12-17	按工龄构成的环保指标正态性检验	365
表 12-18	按工龄构成的环保指标方差齐性检验结果	365
表 12-19	按工龄构成的环保意识状况调查结果表	366

表 12-20	按工龄构成的环保认知情况调查结果表	367
表 12-21	按工龄构成的文化取向调查结果表	367
表 12-22	按学历构成的环保维度指标和指数情况	368
表 12-23	按学历构成的环保指标描述性统计分析	369
表 12-24	按学历构成的环保指标正态性检验	370
表 12-25	按学历构成的环保指标方差齐性检验结果	370
表 12-26	按学历构成的环保意识状况调查结果表	371
表 12-27	按学历构成的环保认知情况调查结果表	372
表 12-28	按学历构成的文化取向调查结果表	373
表 12-29	按群体构成的环保维度指标情况	373
表 12-30	按群体构成的环保指标描述性统计分析	375
表 12-31	按群体构成的环保指标正态性检验	376
表 12-32	按群体构成的环保指标方差齐性检验结果	376
表 12-33	按群体构成的环保意识状况调查结果表	377
表 12-34	按群体构成的环保认知情况调查结果表	378
表 12-35	按群体构成的环保取向调查结果表	379
表 12-36	按经济区域和发达程度构成的环保维度指标情况	380
表 12-37	按区域构成的环保指标描述性统计分析	381
表 12-38	按区域构成的环保意识状况调查结果表	382
表 12-39	按区域构成的环保认知情况调查结果表	383
表 12-40	按区域构成的环保取向调查结果表	384
表 13-1	我国公民群体人文指标和人文指数差异状况	387
表 13-2	我国公民人文素质各维度差异状况	388
表 13-3	各群体人文素质发展指标概览表	394
表 13-4	我国就业人数和结构变化	395
表 13-5	各群体人文素质发展程度分化状况	399
表 13-6	1997~2001年国家公务员学历变化情况	404
表 14-1	我国与部分发达国家25~64岁人口受教育状况的比较	411
表 14-2	中国国际竞争力指标	414
表 14-3	2000~2050年中国社会经济发展目标预测	416
表 14-4	世界不同发达程度国家第三产业产值占GDP比重	417
表 14-5	部分省、自治区、直辖市乡村劳动力文化状况	418
表 14-6	西部地区政府行为调查	422
表 14-7	我国公民群体人文素质指标值的差异	425

表 14-8　世界不同发展程度的国家的教育投资回报率　426

图目录

图 2-1　按职业群体分类图　42
图 3-1　人文素质评价指标的层次图　45
图 3-2　公民人文素质"整体—分项"评价模型图　69
图 3-3　公民人文素质"递进—层次"评价模型图　69
图 3-4　公民人文素质"反馈—决策"模型图　70
图 4-1　人文素质发展指数体系图　78
图 6-1　按性别构成的6个维度指标值和指数值比较图　98
图 7-1　按性别构成的道德指标茎叶图　111
图 7-2　按性别构成的道德指标正态概率图　111
图 7-3　按性别构成的道德指标离散正态概率图　112
图 7-4　按性别构成的道德指标主观认同和客观趋向比较图　114
图 7-5　按年龄构成的道德指标茎叶图　122
图 7-6　按年龄构成的道德指标正态概率图　122
图 7-7　按年龄构成的道德指标离散正态概率图　123
图 7-8　按年龄构成的道德指标主观认同和客观趋向比较图　124
图 7-9　按工龄构成的道德指标直方图　132
图 7-10　按工龄构成的道德指标正态概率图　133
图 7-11　按工龄构成的道德指标离散正态概率图　134
图 7-12　按学历构成的道德指标直方图　143
图 7-13　按学历构成的道德指标盒须图　144
图 7-14　群体道德维度指标排序图　150
图 7-15　按群体构成的道德指标直方图　158
图 7-16　按群体构成的道德指标盒须图　159
图 7-17　按群体构成的道德主观认同调查结果趋向图　160
图 7-18　按群体构成的现实道德影响调查结果趋向图　160
图 7-19　不同群体对自由理解调查结果比较图　161
图 7-20　按4个区域构成的道德指标直方图　169
图 7-21　按发达程度构成的道德指标直方图　169
图 7-22　按4个区域构成的道德指标离散正态概率图　170
图 7-23　按发达程度构成的道德指标离散正态概率图　170
图 7-24　不同职业群体道德素质指标值　175

图 7-25	不同学历群体的道德素质指标值	175
图 8-1	按性别构成的法律指标直方图	181
图 8-2	按性别构成的法律指标正态概率图	181
图 8-3	按性别构成的法律指标离散正态概率图	181
图 8-4	按年龄构成的法律指标盒须图	187
图 8-5	按工龄构成的法律指标盒须图	193
图 8-6	按学历构成的法律指标盒须图	199
图 8-7	按群体构成的法律指标盒须图	206
图 8-8	按区域和发达程度构成的盒须图	212
图 8-9	不同职业群体的法律素质指标值	215
图 8-10	不同学历群体的法律素质指标值	215
图 9-1	按性别构成的文史哲指标直方图	220
图 9-2	按性别构成的文史哲指标盒须图	220
图 9-3	按年龄构成的文史哲指标盒须图	228
图 9-4	按工龄构成的文史哲指标盒须图	237
图 9-5	按学历构成的文史哲指标盒须图	247
图 9-6	按群体构成的文史哲指标盒须图	258
图 9-7	按区域和发达程度构成的盒须图	269
图 9-8	不同职业群体的文史哲素质指标值	276
图 9-9	不同学历群体的文史哲素质指标值	277
图 10-1	按性别构成的科学指标直方图	281
图 10-2	按性别构成的科学指标盒须图	282
图 10-3	按年龄构成的科学指标盒须图	287
图 10-4	按工龄构成的科学指标盒须图	293
图 10-5	按学历构成的科学指标盒须图	299
图 10-6	按群体构成的科学指标盒须图	307
图 10-7	按区域和发达程度构成的盒须图	314
图 10-8	不同职业群体的科学素质指标值	318
图 10-9	不同学历群体的科学素质指标值	318
图 11-1	按性别构成的审美指标盒须图	323
图 11-2	按年龄构成的审美指标盒须图	328
图 11-3	按工龄构成的审美指标盒须图	332
图 11-4	按学历构成的审美指标盒须图	338
图 11-5	按群体构成的审美指标盒须图	344

图11-6	按区域和发达程度构成的盒须图	349
图11-7	不同职业群体的审美素质指标值	352
图11-8	不同学历群体的审美素质指标值	352
图12-1	按性别构成的环保指标盒须图	356
图12-2	按年龄构成的环保指标盒须图	361
图12-3	按工龄构成的环保指标盒须图	366
图12-4	按学历构成的环保指标盒须图	371
图12-5	按群体构成的环保指标盒须图	377
图12-6	按区域和发达程度构成的盒须图	382
图12-7	不同职业群体的环保素质指标值	384
图12-8	不同学历群体的环保素质指标值	385

参考文献

1. 共青团北京市委主编：《北京青年发展报告》，人民出版社2003年版。
2. 郗杰英主编：《当代中国青年发展状况指标体系研究》，文心出版社2005年版。
3. 马润海、戚本超主编：《公民道德建设评价体系》，学习出版社2004年版。
4. 国家统计局国民经济综合统计司编：《优秀统计分析报告集萃》，中国统计出版社2003年版。
5. 教育部体育卫生与艺术教育司、教育部艺术教育委员会、全国高校音乐教育学会组编：《美的启迪》，高等教育出版社2003年版。
6. 连玉明、武建忠主编：《中国国策报告：从"十一五"核心问题看中国未来走向》，中国时代经济出版社2005年版。
7. 中华人民共和国统计局：《中国统计年鉴·2005卷》。
8. 中国教育年鉴编辑部：《中国教育年鉴·2005卷》，《2004年全国教育经费执行情况统计公报》。
9. 中国科学院可持续发展研究组：《中国可持续发展研究组》，科学出版社2000年版。
10. 新华社：《中国年鉴·2005卷》，新华出版社2006年版。
11. 《私企年鉴·2004年卷》，工商联出版社2004年版。
12. 《领导决策信息》2004年第37期。
13. 中国教育与人力资源报告课题组：《从人口大国迈向人力资源强国》，高等教育出版社2006年版。
14. 陈至立：《中国教育改革与发展七大进步》，原教育部部长陈至立于2002年12月26日在教育部年度教育工作会议上的讲话，新华网，http：//www.xinhuanet.com。
15. 陈筠泉、殷登祥：《新科技革命与社会发展》，科学出版社2000年版。
16. 樊纲、王小鲁、张立文、朱恒鹏：《中国各地区市场化进程报告》，载于

《中国经济学》,2003年。

17. 方惠坚、范德清主编:《中国高等教育的改革与发展》,清华大学出版社2001年版。

18. 冯建军:《生命与教育》,教育科学出版社2004年版。

19. 冯之浚等著:《战略研究与中国发展》,中共中央党校出版社2002年版。

20. 顾明远:《教育:传统与变革》,人民教育出版社2004年版。

21. 何晓群:《现代统计分析方法与应用》,中国人民大学出版社2003年版。

22. 胡顺延、胡功民主编:《中国中部地区社会结构变迁》,社会科学文献出版社2002年版。

23. 侯晓滨、赵全新:《加强品牌运营,提升企业核心竞争力》,载于《生产力研究》,2004年第1期。

24. 贾俊平:《统计学》,清华大学出版社2004年版。

25. 金一鸣:《中国素质教育政策研究》,山东教育出版社2004年版。

26. 李岚清:《李岚清教育访谈录》,人民教育出版社2003年版。

27. 李路路:《再生产的延续——制度转型与城市社会分层机构》,中国人民大学出版社2003年版。

28. 李培林、李强、孙立平等:《中国社会分层》,社会科学文献出版社2004年版。

29. 李春玲:《断裂与碎片——当代中国社会阶层分化实证分析》,社会科学文献出版社2005年版。

30. 林则炎:《中国企业人力资源管理状况基本判断》,载于马洪、王梦奎主编《2005中国发展研究》,中国发展出版社2005年版。

31. 刘凤泰主编:《提高文化素质,培养创新人才——高等学校加强文化素质教育的探索》,高等教育出版社1999年版。

32. 马克思、恩格斯:《马克思恩格斯全集》,人民出版社1956年版。

33. 邱东:《谁是政府统计的最后东家》,中国统计出版社2003年版。

34. 谈新敏主编:《公民科学文化素质研究》,郑州大学出版社2005年版。

35. 魏学来主编:《智慧的痛苦》,中国人民大学出版社2004年版。

36. 王玄武、骆郁廷:《思想教育、政治教育、道德教育比较研究》,武汉大学出版社2002年版。

37. 王永章:《积极稳妥推进文化产业发展》,载于《政策》,2003年第3期。

38. 吴鹏森、房列曙:《人文社会科学基础》,上海人民出版社2000年版。

39. 吴波:《现阶段中国社会阶级阶层分析》,清华大学出版社2004年版。

40. 解思忠:《国民素质忧思录》,作家出版社1997年版。

41. 阎丽：《经济高速增长时期日本科技发展的特征》，载于《日本研究》，1999年第4期。转引自冯之浚等著：《战略研究与中国发展》，中共中央党校出版社2002年版。

42. 余源培：《人的需要和人的全面发展——对我国全面建设小康社会的一种哲学审视》，载于人大复印报刊资料《哲学原理》，2003年第2期。

43. 袁正光：《科学精神与人文精神》，央视《百家讲坛》http://www.cctv.com。

44. 杨振宁：《科学、教育与中国现代化》，人民日报出版社1987年版。

45. 杨兴林：《国民素质论》，湖南教育出版社2001年版。

46. 杨晓风、牟家仁：《试谈公益性文化事业建设》，载于《学术交流》，1998年第3期。

47. 尹世杰：《关于发展文化产业的几个问题》，载于《经济科学》，2002年第5期。

48. 钱源伟：《社会素质教育导论》，广东教育出版社2001年版。

49. 张楚廷：《大学人文精神构架》，湖南师范大学出版社1996年版。

50. 张彩凤：《论我国文化资源的产业化开发》，载于《中共济南市委党校学报》，2005年第3期。

51. 周宏、高长梅：《科学教育与人文思想全书》上卷，中国物资出版社1999年版。

52. 周远清：《科学教育与人文教育的融合是高等教育发展的必然要求》，在2002年高等教育国际论坛上的讲话。

53. 石亚军、赵伶俐：《人文素质教育：制度变迁与路径选择》，中国人民大学出版社2008年版。

54. 《构建和谐社会：七大难题亟须破解》，载于《新华每日电讯》，2006年10月11日。

55. 中国汽车网指数体系网，http://ci.chinacars.com/。

56. 苏州工业园区人力资源指数体系网，http://www.siphrd.com/hrindex/intro5.php。

后 记

在课题主成果《中国公民人文素质研究——数据评析与对策建议》最终完稿的这一刻，作为首席专家，我的心情并不轻松，压力产生于成果形成之前的责任，持续于成果运用之后的义务。

回想三年以前，当教育部第一次推出哲学社会科学研究重大课题攻关项目，并向全国高校招标时，我和我的同事们更多的是以激情和勇气加入了投标的行列，这种激情和勇气来自于对人文社会科学的朴素钟情以及这个课题散发的天然魅力。回顾三年之间，从中标的兴奋转入履行职责的冷静开始，我们深切地意识到，由那种朴素钟情和天然魅力带来的，是难度至极的严峻挑战和巨大压力，前行俨然不能止于激情和勇气。回应如何才能拿出一份合格答卷的考问，我们迈开了科学攀登的步伐，在这一课题的综合性上寻找我们的局限和缺失以缩短学科差距，在这一课题的前沿性上切入我们的探索和追求以弥补学术不足，在这一课题的创造性上孵化我们的智慧和发现以实现研究的突破，求真务实所要求的工作的细致性、调查的真实性、研究的科学性始终照印着我们的学术足迹，覆盖着课题行程的每一个环节。终于，伴随着艰辛与苦涩，我们与课题设计的终点越来越近。到了理应喘歇的时候，我们突然发现，这个课题永远没有终点，公民人文素质的提高和发展需要漫长的过程，对这个过程的评价和促进绝不可一蹴而就。大约是走入课题的深处更加领略到人文的厚重和宽博，三年前参与投标的激情和勇气在今天又一次复活，坚定了我们把这个课题继续做下去的决心和信心，我们将迎接一轮又一轮的挑战，期待着中国公民人文素质的状况离理想状态和现代化建设的要求越来越近。

看到累累的成果，我们当然为自身的学术视野和课题能力在研究成果的孕育、成形、破胞的过程中得到不断扩展和提升感到苦有所值，但是，这些都微不足道。我们最珍惜的是做这一课题的机会，最珍视的是各方面的朋友对课题的研究给予的指导。我们以最真诚的心情，感谢教育部提出了"繁荣哲学社会科学计划"及"中国公民人文素质现状调查与对策研究"这一重大课题攻关项目，感谢课题评审组的专家把这一机会确定给我们，感谢中期检查组的专家对我们调查阶段工作和成果给予的肯定和研究阶段工作给予的指导，感谢调查数据专家鉴定组的专家对我们调查数据的认定和调查工作的鼓励，感谢所有关心、支持、指导我们课题研究的学者、朋友，我们将把课题的结题当作新的研究征途的起点，在大家的共同努力下，使已经形成的成果不断得到充实、提高、完善，使今后的研究工作不断拓展和深入，使促进中国公民人文素质提升的事业长盛不衰。

本报告是课题的主成果，是课题组全体同仁在共同参与调查、研究中付出的劳作和智慧的结晶，由石亚军总策划、确定框架，统定稿。各章撰稿人：导论和第一章石亚军；第二章至第六章邓宇；第七章至第十二章刘俊生、邓宇；第十三章至第十四章张生；第十五章李程伟；第十六章李程伟、石亚军。郑真江在组织全国调查，统计所有调查数据，协助编辑部分著述，整理本报告的重要数据，协助调整本报告的技术形式等方面，承担大量工作，作出了突出贡献。课题中期检查和结题评审的两个专家组对课题高效优质的研究提出了富有重要价值的意见，经济科学出版社的漆熠编辑为研究成果的出版付出了高质量的劳作，在此一并致谢。

在课题全部成果中，我们参考和引用了一些学者的文献资料，特此向文献资料的作者致谢。在本报告中，引用了本课题组已出版的成果，特此说明。

我们期待着学界以及社会各界人士的批评、指导和斧正。

已出版书目

书　名	首席专家
《马克思主义基础理论若干重大问题研究》	陈先达
《网络思想政治教育研究》	张再兴
《高校思想政治理论课程建设研究》	顾海良
《马克思主义文艺理论中国化研究》	朱立元
《弘扬与培育民族精神研究》	杨叔子
《当代科学哲学的发展趋势》	郭贵春
《当代中国人精神生活研究》	童世骏
《面向知识表示与推理的自然语言逻辑》	鞠实儿
《中国大众媒介的传播效果与公信力研究》	喻国明
《楚地出土戰國簡册［十四種］》	陳　偉
《中国特大都市圈与世界制造业中心研究》	李廉水
《WTO主要成员贸易政策体系与对策研究》	张汉林
《全球经济调整中的中国经济增长与宏观调控体系研究》	黄　达
《中国产业竞争力研究》	赵彦云
《东北老工业基地资源型城市发展接续产业问题研究》	宋冬林
《中国民营经济制度创新与发展》	李维安
《东北老工业基地改造与振兴研究》	程　伟
《中国加入区域经济一体化研究》	黄卫平
《金融体制改革和货币问题研究》	王广谦
《中国市场经济发展研究》	刘　伟
《我国民法典体系问题研究》	王利明
《中国农村与农民问题前沿研究》	徐　勇
《城市化进程中的重大社会问题及其对策研究》	李　强
《中国公民人文素质研究》	石亚军
《生活质量的指标构建与现状评价》	周长城
《人文社会科学研究成果评价体系研究》	刘大椿
《教育投入、资源配置与人力资本收益》	闵维方
《创新人才与教育创新研究》	林崇德
《中国农村教育发展指标研究》	袁桂林
《高校招生考试制度改革研究》	刘海峰
《基础教育改革与中国教育学理论重建研究》	叶　澜
《处境不利儿童的心理发展现状与教育对策研究》	申继亮
《中国和平发展的国际环境分析》	叶自成

即将出版书目

书　名	首席专家
《中国司法制度基础理论问题研究》	陈光中
《完善社会主义市场经济体制的理论研究》	刘　伟
《和谐社会构建背景下的社会保障制度研究》	邓大松
《社会主义道德体系及运行机制研究》	罗国杰
《中国青少年心理健康素质调查研究》	沈德立
《学无止境——构建学习型社会研究》	顾明远
《产权理论比较与中国产权制度改革》	黄少安
《中国水资源问题研究丛书》	伍新木
《中国法制现代化的理论与实践》	徐显明
《中国和平发展的重大国际法律问题研究》	曾令良
《知识产权制度的变革与发展研究》	吴汉东
《全国建设小康社会进程中的我国就业战略研究》	曾湘泉
《现当代中西艺术教育比较研究》	曾繁仁
《数字传播技术与媒体产业发展研究报告》	黄升民
《非传统安全与新时期中俄关系》	冯绍雷
《中国政治文明与宪政建设》	谢庆奎